# La Ciencia de la Luz

## Una introducción a la Astrología Védica

श्रीः

# La Ciencia de la Luz
# ज्योतिर्विद्या

## Una introducción a la Astrología Védica
## वेदाङ्गज्योतिषप्रदीपिका

**Por**
**Freedom Tobias Cole**

**Traducción de Gabriel Bize y Eleonora Zilli**

Primera Edición 2024
La Ciencia de la Luz, Volumen I
ISBN-13: ISBN: 978-1-953678-03-4



Diseño del Zodiaco de la cubierta por Leighton Kelly, Freedom Cole y Zack Darling

Imágenes punteadas por P. Stephen v. Rohr,
Cinco imágenes de Chakra por Sarajit Poddar
Todos los demás diagramas de Freedom Cole


Publicado por Science of Light LLC.
Nevada City, CA

Science of Light

www.ScienceofLight.net
www.cienciadelaluz.com

# INTRODUCCIÓN

La Astrología Védica es una ciencia antigua y hermosa de auto-descubrimiento que nos enseña como funciona la vida, como encajamos en un panorama más grande, nuestro propósito de estar acá, y la meta de nuestra vida. Este estudio y práctica enriquece nuestra propia vida y nos permite ayudar a otras personas a enriquecer las suyas, entregándoles guía en todos los aspectos de la vida, desde su carrera al amor y la salud. Como profesor de Yoga y Āyurveda, Estoy sorprendido de las perspectivas tan profundas ofrecidas por el entendimiento de esta compleja, pero siempre inspiradora ciencia.

Viajé alrededor del mundo para estudiar con muchos profesores Occidentales y de India antes de conocer un Guru de la India que fue capaz de responder cualquier pregunta que le hiciera acerca de esta ciencia. Estar en clases con sus estudiantes avanzados hizo que me diera vueltas la cabeza; a veces hasta me tuve que sujetar del asiento de mi silla. La manera en la que mi cerebro procesó la información y mi visión de la realidad cambió - fue un cambio en mi propia consciencia, desde entender que todo en el universo está conectado, a entender como está todo conectado.

Este libro establece una base firme para expandir la conciencia hacia las enseñanzas más elevadas de la Astrología Védica. Muchos libros tienen como objetivo ayudar a una persona a leer su carta y las cartas de los demás; este es un componente importante y también se enseña en este libro, pero además aquí se presenta una capa mucho más profunda de información astrológica. Es al establecer unas bases adecuadas que florecerá plenamente la flor empoderada de la intuición. Una comprensión técnica establece las raíces, y es la fuerza de las raíces la que muestra el poder del árbol.

He pasado los últimos años investigando temas más avanzados en Astrología Védica, pero he sentido que la falta de fundamentos adecuados limita la audiencia de tal investigación. Este libro intenta crear una comprensión honesta y completa de los principios astrológicos Védicos. Planeo seguir esta edición con dos libros más, integrando el conjunto completo de herramientas que una persona necesitará para tener un enfoque holístico y una comprensión como un Astrólogo Védico calificado. Este libro es Astrología Védica para principiantes. Cada capítulo podría ser un libro completo en sí mismo, pero mi objetivo aquí es asegurarme de que una persona tenga una visión general del campo de esta ciencia, con una estructura capaz de contener todas las demás técnicas que luego uno aprenda.

Ofrezco este libro para que los estudiantes de Astrología Védica encuentren las gemas de la Astrología sin deambular durante años buscando donde están minas. He utilizado el antiguo texto de Mahārṣi Parāśara, el abuelo de la Astrología India, como base para este libro. Su texto es una mina de oro llena de gemas infinitas, y este libro aclara los secretos que se encuentran en él. El estudio sistemático de este texto abrirá las puertas a esta antigua ciencia de la luz.

# Dedicatoria

Este libro está dedicado a mi Parātparaguru, Śrī Jagannāth Rath.
Él hizo accesible la ciencia secreta del Jyotiṣa para todos a través de la gracia de Paramparāguru Śrī Achyutānanda Dāsa.

|| Vṛṣabhaṁ carṣaṇīnāṁ

Viśvarūpamadābhyam

Bṛhaspatiṁ vareṇyam ||

Auṁ Śrīṁ Dhlīṁ Jyotirbrahmāya Namaḥ

# Agradecimientos

El nivel de conocimientos presentados en este libro no hubiera sido posible sin las enseñanzas de Pandit Sanjay Rath y la tradición de Śrī Achyutānanda Dāsa de Orissa, India. Necesito agradecer a todos los otros estudiantes y gurus de SJC, demasiados para nombrarlos, por todo lo que han hecho para ayudarme en este camino de la Astrología Védica. La capacidad de terminar este libro no hubiera sido posible sin el soporte de mi Madre y Abuela.

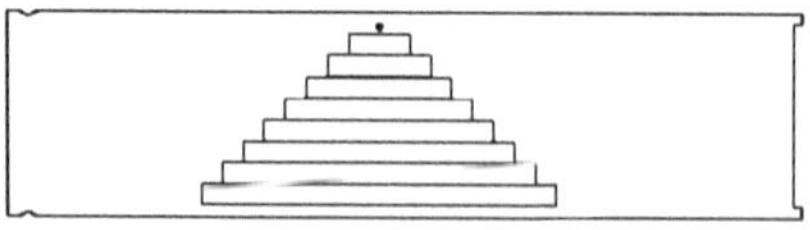

Cada portada de los capítulos contiene un aspecto del Śrī-Chakra, partiendo con el bindu (punto) en la portada del primer capítulo y gradualmente construyendo el Chakra completo. Por lo tanto el libro mirado lateralmente es el Śrī-Chakra en tres dimensiones. La construcción externa del yantra simboliza la construcción interna del conocimiento.

ॐ

गणानां त्वा गणपतिं हवामहे कविं कवीनामुपमश्रवस्तमम्
ज्येष्ठराजं ब्रह्मणां ब्रह्मणस्पत आ नः शृण्वन्नूतिभिः सीदसादनम्

Gaṇānāṁ tvā gaṇapatiṁ havāmahe kaviṁ kavīnāmupamaśravastamam
Jyeṣṭharājaṁ brahmaṇāṁ brahmaṇaspata a naḥ śṛṇvannūtibhiḥ sīda sādanam

Lo mejor es comenzar cualquier clase o libro de Jyotiṣa cuando
Júpiter (El Guru) está ubicado en el ascendente.
Cuando esto no es posible, necesitamos poner al Guru en el ascendente.
El ascendente (Lagna) representa nuestra cabeza.
Cuando Guru está sobre nuestra cabeza somos guiados por el camino correcto.
Por el canto del auṁ, somos capaces de poner al Guru sobre nuestras cabezas para asegurar
que nuestra inteligencia sea conducida en la dirección correcta.

## Edición del 2006

Por muchos años he buscado en las aguas de la Astrología Védica tratando de darle sentido a todo dentro de este gran océano. A veces deseando haber estudiado algunos temas u otros un poco antes. Este libro para principiantes está destinado a introducir lo que yo considero son los principios fundamentales para un Astrólogo Védico. Los principiantes no saben cuales de las multitudes de técnicas de la Astrología Védica priorizar, pero con esta guía los estudiantes sabrán lo que necesitan entender e investigar más. Existen varias fuentes para profundizar cada uno de los temas que se encuentran en este libro; está diseñado para ser una guía en el proceso de aprendizaje y dar una dirección dentro de este vasto océano, tal como lo haría un faro (pradīpaka).

Este material es lo que enseño durante mis clases locales y conferencias públicas. La mayoría de este fue escrito durante los fines de semana y las tardes del 2006 para las clases de Vyāsa SJC. Eric Rosenbush ayudó con la edición del contenido. Vivek Nath Sinha editó el Sánscrito en esta primera versión final. Cualquier sugerencia constructiva sobre el texto es bienvenida.

Estoy agradecido por todas las lecciones que me ha dado la vida. El trabajo duro me ha permitido entender las necesidades de mis clientes de una mejor manera y a desarrollar humildad. Una historia que me gustaría compartir que me permitió tener esta realización es de una amigo mío que fue a consultar el oráculo de las placas de cobre en Kakatpur, Orissa. Generalmente se debe llegar temprano y permanecer sentado en una larga línea de espera mientras llega el lector del oráculo. Debido a que era la primera vez que mi amigo iba a los interiores de Orissa y que hubo problemas de comunicación entre él y su conductor, el conductor lo llevó directamente a la casa del lector del oráculo, Pandit Amaresvar Mishra. Era temprano en la mañana antes que el "Achyutānanda Center" hubiera abierto, y el lector del oráculo se encontraba arando el campo con su dos toros.

Esta situación me recuerda el mensaje enseñado por Rāja ṛṣi-Janaka; incluso un gran rey debe arar su propio terreno. Los deberes de un rey o de un gran lector de oráculos vienen después de las necesidades básicas de la propia auto-subsistencia. El trabajo duro nutre la disciplina y controla los sentidos. Todos somos personas ocupadas, pero debemos crearnos el tiempo para este gran estudio y seguir realizando todas las tareas que el mundo requiere de nosotros.

## Edición del 2020

Esta nueva edición contiene correcciones de la edición anterior y algunas imágenes nuevas. La nueva portada ahora coincide con la del segundo volumen. Se cambió la fuente para que fuera compatible con Kindle, lo que alteró el diseño de las páginas. Esto dio lugar a algunos párrafos nuevos, que se utilizaron para responder preguntas que han surgido durante los últimos doce años. Agregamos en el apéndice, una guía de contenido de los textos asociados a Jyotiṣa. Finalmente, el libro ahora tiene un índice que usado en conjunto con la tabla de contenidos, ayudará a encontrar la mayoría de los temas en el texto.

Puedes enviar tus comentarios a:

Freedom Cole
200 Coyote St. #2665
Nevada City, CA 95959 USA
o freedomfamily@gmail.com

# Prefacio

La Astrología Védica es llamada Jyotiṣa en sánscrito, el estudio de la luz (*jyoti*). Está enraizada en una tradición que tiene miles de años. El sabio Parāśara vivió aproximadamente entre 2 y 3.000 A.C. Para el beneficio de todos, Parāśara dejó un escrito llamado *Bṛhat Parāśara Horā Śāstra* (generalmente abreviado BPHS).

Un día por correspondencia, mi Jyotiṣa Guru, Pandit Sanjay Rath, me dijo, "Freedom debes trabajar duro para lograr que el texto del *BPHS* esté completamente dentro de ti". Él me había dado la tarea de enseñar a 12 estudiantes el antiguo texto astrológico sánscrito *Bṛhat Parāśara Horā Śāstra* en un plazo de dos años. Muchos estudiantes no estuvieron ni siquiera al nivel de comenzar a entender estas enseñanzas, y debieron aprender los principios fundamentales primero. En ese momento comencé a enseñar clases para principiantes basada principalmente en el texto del *Bṛhat Parāśara Horā Śāstra* que condujo al material de este libro.

Es mi visión, ver un día la Astrología Védica siendo enseñada en Universidades occidentales. Este texto está escrito para el nivel mental de un estudiante universitario de primer año. El propósito es que un novato pueda ser capaz de seguir el texto, pero no es comida para bebés, ni diluido para las masas. Requerirá dedicación y estudio poder dominar este material. Utilizar una copia del *Bṛhat Parāśara Horā Śāstra* será de gran beneficio para el lector, aunque la primera vez a través del texto puede no ser necesario.

Las traducciones de *BPHS* y el sánscrito en este texto son mías a menos que se indique lo contrario. He trabajado duro para hacer traducciones precisas, proporcionando las palabras sánscritas con sus múltiples significados para así facilitar su referencia y, sin embargo, mantener la lectura agradable y fluida.

Mi estudio de este texto me ha demostrado que *BPHS* es muy sistemático en su enfoque y orden de capítulos. Hay algunos astrólogos modernos que creen que BPHS es solo un compendio de varias fuentes antiguas, pero un estudio y comparación profunda revelará todo lo contrario. Este texto tiene como objetivo enseñar en un orden similar al que ha presentado el material Ṛṣi Parāśara, y revelará un enfoque tradicional de Jyotiṣa que se encuentra insinuado en otros textos antiguos sobre el tema. Una vez que se estudie en este formato tradicional, se aclarará el orden de la información presentada en otros textos antiguos. Esto indica un estilo de enseñanza, o transmisión del conocimiento, que he tratado de seguir en este texto, manteniéndolo lo suficientemente simple para que el principiante lo entienda.

Este texto está diseñado para ayudar a preparar a los estudiantes para leer y comprender Bṛhat Parāśara Horā Śāstra. Mi Jyotiṣa Guru solía decir que no se trata de escribir un libro nuevo, se trata de comprender los que ya tenemos. Este texto servirá para guiarlo a uno a través de BPHS de una manera sistemática señalando qué leer, cuándo y cómo. No es posible cubrir todo en *BPHS* en este libro introductorio, por lo tanto, textos futuros describirán el material en un nivel superior cubriendo más aspectos con mayor detalle. Este texto ofrece una base para comprender la Astrología Védica clásica. Al completar este texto, uno debería tener la capacidad de usar *BPHS* como su libro principal de Jyotiṣa, como ha sido el caso durante miles de años en el estudio tradicional de la Astrología Védica. Este texto no es el final de todo; se ofrece como el comienzo de un viaje hacia la tradición establecida por los Sabios acerca del dominio de sí mismo y la comprensión universal.

## La tradición de Ṛṣi Parāśara

Este texto aclara las enseñanzas fundamentales de Parāśara. El uso de elementos tales como carakārakas, ārūḍhas y argalā se han malinterpretado en Occidente y se han etiquetado como "Astrología Jaimini". En el pasado, la gente ha rotulado todo lo que no entendía en *BPHS* como Astrología Jaimini. Ṛṣi Jaimini fue un alumno de Parāśara, y su libro es llamado *Upadeśa* (notas complementarias oídas del maestro). Este libro ofrece una visión clara de las enseñanzas de Parāśara únicamente del BPHS. Las aclaraciones y complementos de Jaimini se estudiarán en libros más avanzados. En este texto sólo se utilizan dos notas de Jaimini como aclaración; El orden de Jaimini para el análisis de la fuerza y en el capítulo de Argalā donde Parāśara dice planeta sombríos (en singular) y Jaimini aclara que se refiere a Ketu, no a Rāhu.

## Resumen de los Capítulos para Profesores

El primer capítulo presenta la idea general de la Astrología y sus principios básicos. Esto es para que el principiante se familiarice con los términos e ideas fundamentales. La información astrológica se basa en los primeros versos del *Graha-Guṇasvarūpa-Adhyāya* (capítulo planetario) de Parāśara, donde Parāśara menciona brevemente los planetas y las estrellas. Esta información se complementa con algo de astronomía básica (*Gola*), para que una persona se familiarice con el cielo y el movimiento natural del sistema solar antes de intentar interpretarlo. Me he dado cuenta de que las personas a menudo se pierden en el papel o en la pantalla de la computadora y olvidan que la Astrología no son simplemente números escritos frente a ellos, sino cuerpos masivos de energía que se mueven a través del universo. La sección inicial tiene como objetivo permitir que dicha realización y comprensión se conviertan en parte de nuestra psique y, con suerte, ampliar la perspectiva de los principios que luego se van a estudiar.

El segundo capítulo establece una base Védica adecuada a través de la comprensión de la estructura de la filosofía Védica. Se profundizará la realización de la profunda cosmología en la que se fundamenta la Astrología Védica. Muchos de estos temas se mencionan a menudo al comienzo de las obras introductorias de Jyotiṣa, pero rara vez se dan detalles más profundos o se discute sobre la importante relación que la información filosófica significa para el astrólogo. Esta primera sección es un intento de arrojar algo de luz acerca de lo mencionado anteriormente, para que los Vedas, sus miembros y los miembros de Jyotiṣa no parezcan extraños, sino que se sientan como parte de uno mismo. He evitado las creencias euro-centristas sobre los Vedas y me he enfocado en la visión filosófica aceptada por los eruditos védicos tradicionales.

El tercer capítulo profundiza en los planetas. La primera sección se basa en *Graha-Guṇasvarūpa-Adhyāya* (capítulo planetario) de Parāśara. Me he centrado en las enseñanzas de Parāśara con algunas referencias extras de fuentes tradicionales complementarias para así brindar una comprensión completa de los planetas. La sección final de este capítulo presenta los tres tipos de kārakas basados en el *Kāraka-Adhyāya* (capítulo de kāraka). El siguiente capítulo, basado en el *Avatārakathana-Adhyāya* (capítulo de los Avatares) utiliza las descripciones de los Avatares hindúes para profundizar en la comprensión de los planetas. Parāśara presenta esto primero y luego describe a los planetas, invertí el orden de estos dos capítulos para las audiencias occidentales que no están familiarizadas con el concepto de Avatār. Luego se introducen deidades adicionales para los planetas, pero esto no se profundizará hasta volúmenes posteriores.

Los capítulos sobre rāśi (signos) y bhāva (casas) se basan principalmente en los propios capítulos de Parāśara con sólo unas pocas fuentes complementarias señaladas claramente en el texto. Las Varga (divisiones de los signos) se presentan al momento de describir los rāśis, ya que así es como la mayoría de los textos clásicos mencionan los signos. He seguido el orden tradicional de describir un signo como una colección o montón (rāśi) de muchos "signos". Con respecto al capítulo de bhāvas, primero he desglosado los diversos formatos de casas que se utilizan en toda la India con explicaciones para cada uno de ellos de acuerdo con la tradición de Śrī Achyutānanda. La información concreta acerca de las casas está en un orden similar al dado por el Sabio. Al final del capítulo se incluye información de las casas de una carta praśna según el *Praśna Mārga de Harihara* para dilucidar cómo cambian los significados de las casas de acuerdo a la situación. Por esta misma razón, las casas de las Varga D-9 y D-10 se analizan sólo brevemente y luego se cubren con más profundidad en el capítulo de las cartas divisionales. El Apéndice II contiene una traducción del *Bhāveśa-Phala-Adhyāya* para complementar este capítulo. Es arcaico para algunos resultados, pero servirá para profundizar la comprensión de las casas.

El capítulo sobre fuerza y estados es una recopilación cronológica y un resumen de varias enseñanzas sobre las posiciones planetarias que Parāśara ha mencionado a lo largo de todo el texto, desde *Graha-Guṇasvarūpa-Adhyāya* hasta *Iṣṭa-Kaṣṭa-Adhyāya*. He eliminado gran parte de los cálculos matemáticos en esta lección introductoria. Los cálculos exactos de Viṁśopaka, Ṣaḍbala, etc., y sus significados específicos, se cubrirán en lecciones posteriores.

El capítulo sobre bhāvapadas sigue al capítulo sobre fuerza según BPHS. Es una introducción muy resumida y con poco énfasis en el *Upapada* (punto de matrimonio), pero una introducción que beneficiará al principiante. Luego le sigue el capítulo Argalā que muestra la interacción de las casas desde múltiples lagnas para tener un enfoque más vivo y dinámico de la carta. En esta versión no incluí una sección completa sobre el kārakāṁśa como sí lo ha hecho Parāśara, sino que añadí información para principiantes sobre el kārakāṁśa en la sección de las cartas divisionales.

El capítulo sobre Yogas es una introducción muy breve a los múltiples capítulos que siguen en BPHS describiendo variedades de Yogas. Acá he sido más general, ya que es un gran trabajo en sí mismo explicar todos estos capítulos. Se ha dado importancia a la comprensión de la estructura conceptual de percepción de las combinaciones e interacciones planetarias.

El capítulo sobre nakṣatras es complementario a las enseñanzas generales de Parāśara. Está respaldado por la declaración del Sabio en el *Graha-Guṇasvarūpa-Adhyāya* (v.7) que dice que "la comprensión de las nakṣatras debe aprenderse del śāstra general". Por esta razón se ha suministrado acá este capítulo. Su breve mención implica que se asume que los estudiantes tienen fácil acceso a esta información, tal cual como la personas actuales tiene acceso a los 12 signos del zodíaco. Más tarde, Parāśara habla de varias técnicas de nakṣatra por lo cual uno necesitará entender la información presentada aquí para ser capaz de luego comprender el BPHS. Dedicaré un texto completo en el futuro al uso tradicional de las nakṣatras. Un aspecto destacado de este capítulo es la descripción de las deidades Védicas de cada nakṣatra. Estas interpretaciones provienen de una combinación de investigaciones Védicas, como se señala, que fue encausada por la interpretación de Varāhamihira y Vaidyanātha Dīkṣita de las nakṣatras y también de las profesiones recomendadas en Dhruva-Nāḍi, según la traducción de Sanjay Rath en *Crux of Vedic Astrology*.

Los capítulos siguientes corresponderán a lo que actualmente son las traducciones al inglés del segundo volumen de *Bṛhat Parāśara Horā Śāstra*. El capítulo daśā sigue directamente a las nakṣatras y sólo se enfoca en las técnicas daśā basadas en nakṣatra. Dado que es una introducción para principiantes, he optado por reservar otros daśās para el siguiente nivel. En este capítulo, hay ejercicios práticos donde se solicita a los estudiantes que hagan un seguimiento de estas técnicas leyendo secciones específicas en *BPHS*. Esto servirá para el doble propósito de familiarizar al estudiante con la existencia de otros daśās entregados en el texto y guiarlo a mantenerse orientado dentro de la gran cantidad de información ofrecida en estos capítulos. Parāśara profundiza mucho en aṣṭakavarga después de hablar de daśās, pero aquí sólo se presentará brevemente.

He añadido un capítulo sobre la interpretación de cartas divisionales después del de daśas. Parāśara no habla directamente sobre la interpretación de todas estas Vargas, sólo se asegura de que los planetas sean examinados en todas las divisiones. Los principios básicos de Parāśara de Argalā y Yogas se utilizan para comprender la mayoría de las situaciones dentro de Varga.

La parte final de *BPHS* trata sobre maldiciones, doṣas y sus remedios. El capítulo sobre remedios de este libro se basa principalmente en *BPHS*, añadiendo información de otros textos tradicionales que ayudan a comprender el marco conceptual necesario para utilizar dichos remedios. En el segundo volumen se darán más detalles sobre los remedios.

El capítulo de pañchāṅga trata sobre los principios fundamentales de las cinco ramas del tiempo enseñados por Śrī Achyutānanda Paramaparā. A esto le sigue un resumen de las enseñanzas de Parāśara sobre los defectos del tiempo al momento de nacer y sus remedios. Para el lector, el capítulo de pañchāṅga sigue al capítulo sobre remedios para lograr mayor coherencia. Las reglas principales para interpretar pañchāṅga son la determinación de la fuerza. Es por esta razón que generalmente enseño el capítulo de pañchāṅga después del capítulo sobre fuerza y estados, donde los estudiantes pueden practicar la aplicación de las reglas de fuerza para determinar estos resultados.

El tema de pañchāṅga a menudo se pasa por alto por la Astrología Védica moderna en occidente, ya que no hay correlaciones con la Astrología occidental. Parāśara presenta varios capítulos sobre esta área, incluidos remedios que muestran el gran énfasis que los astrólogos tradicionales ponen en estas condiciones del tiempo. Los resultados indicados por el pañchāṅga nos mostrarán resultados fructíferos o estériles en la interpretación de las cartas. En Āyurveda, las hierbas se prescriben en conjunto con una dieta equilibrada adecuada. Sin la base de una dieta adecuada, las hierbas solo tendrán un efecto a corto plazo. De la misma manera, las "fallas del tiempo" son la base elemental que debe ser equilibrada para que otros remedios sean efectivos.

En el capítulo final sobre la interpretación de la carta, he tratado de poner en perspectiva todas las técnicas mencionadas anteriormente para su aplicación adecuada en la lectura de una carta. Se han dado ejemplos en las clases orales, subidos online en www.learnvedicastrology.org, y se aconseja escucharlos para ver cómo se aplican estas técnicas. Es importante que un principiante siga estas reglas paso a paso en un comienzo hasta que se convierta en algo natural para él. Luego, se aconseja que comience a desarrollar su propio enfoque de la carta, comprendiendo los principios fundamentales y utilizando su intuición.

Freedom Tobias Cole
14 de Septiembre, 2006
El Cerrito, California

# Notas sobre los Símbolos Diacríticos:

*Jyotiṣa* a menudo se traduce como Astrología Védica. La palabra a veces se escribe como "Jyotish", que es el sonido en español de la pronunciación moderna en hindi de dicha palabra. Jyotiṣa es la transliteración correcta desde el antiguo idioma sánscrito. El hindi se relaciona con el Saṁskṛta de la misma manera que el esspañol se relaciona con el latín. Un médico aprende latín para hablar sobre el cuerpo humano, refiriéndose específicamente al hueso de la parte superior de la pierna como fémur, en lugar de hueso del muslo. Este texto utiliza la transliteración sánscrita tradicional en todas partes. En el apéndice se incluye una guía de pronunciación del sánscrito acompañada de una pequeña lección para ayudar a aprender los signos diacríticos utilizados en este texto y ayudar al lector a pronunciar las palabras en sánscrito lo mejor posible sin un maestro en persona. Las marcas diacríticas están de acuerdo con Omkarānanda Aśram, que era un estándar para el sánscrito en línea en el momento de escribir este texto y el protocolo de todo el material del Śrī Jagannath Center.

Creo que uno debería aprender las palabras y decirlas de forma correcta incluso mentalmente, por lo tanto, aquí se promueve la pronunciación correcta del sánscrito y la conciencia. Se han dejado algunas palabras sin transliteración para facilitar la comprensión a aquellos que ya están familiarizados con la traducción al inglés menos "correcta", así como para ayudar a los estudiantes a reconocer estas palabras en otros textos modernos; específicamente, la palabra transliterada *Saṁskṛta* se escribe como sánscrito, y *Svami* de la forma comúnmente usada, *Swami*. El ca (च) no aspirado y el cha aspirado (छ) están escritos de la misma manera en este texto para el público occidental. Por ejemplo, la palabra para Luna es *candra* (चन्द्र) pero está anglicanizada como *chandra* (छन्द्र). Esta utilización también existirá para *chara* (movible) que se transliteraría correctamente como *cara*, o *Chatur* (cuatro) que propiamente sería *catur*.

El sánscrito tiene un método para combinar palabras que están una al lado de la otra, lo que cambia la forma escrita real de las palabras. Por motivos gramaticales, he puesto un guión entre palabras que deberían escribirse juntas pero que aparecen separadas para la comprensión y la pronunciación al Español. Por ejemplo, el "capítulo sobre significados" sería gramaticalmente correcto escrito como *Kārakādhyāya*, pero aparece como *Kāraka-Adhyāya* para facilitar la comprensión del estudiante principiante.

No existen realmente las mayúsculas al transliterar. En general, he utilizado las reglas gramaticales del inglés al respecto. Al estudiar versos en sánscrito, he tratado de dar el sánscrito original, la transliteración y luego la traducción para que los estudiantes estudien el verso en sí mismo tal como lo entrega Parāśara. Esto es importante porque hay muchas controversias y el conocimiento de las palabras originales del sabio es invaluable. En algunos lugares donde se traducen grandes secciones de texto que no son controversiales, sólo he hecho referencia al original y he omitido la transliteración o el sánscrito para ahorrar espacio.

## Transliteración

| अ | आ | इ | ई | उ | ऊ | ऋ | ॠ |
|---|---|---|---|---|---|---|---|
| a | ā | i | ī | u | ū | ṛ | ṝ |

| ऌ | ॡ | ए | ऐ | ओ | औ | अं | अः |
|---|---|---|---|---|---|---|---|
| ḷ | ḹ | e | ai | o | au | aṁ | aḥ |

| क | ख | ग | घ | ङ |
|---|---|---|---|---|
| ka | kha | ga | gha | ṅa |

| च | छ | ज | झ | ञ |
|---|---|---|---|---|
| ca | cha | ja | jha | ña |

| ट | ठ | ड | ढ | ण |
|---|---|---|---|---|
| ṭa | ṭha | ḍa | ḍha | ṇa |

| त | थ | द | ध | न |
|---|---|---|---|---|
| ta | tha | da | dha | na |

| प | फ | ब | भ | म |
|---|---|---|---|---|
| pa | pha | ba | bha | ma |

| य | र | ल | व | श | ष | स | ह | क्ष |
|---|---|---|---|---|---|---|---|---|
| ya | ra | la | va | śa | ṣa | sa | ha | kṣa |

# Índice

Introducción ... V
Dedicatoria ... VII
Agradecimientos ... VIII
Edición del 2006 ... X
Edición del 2020 ... X
Prefacio ... XI
La tradición de Ṛṣi Parāśara ... XII
Resumen de los Capítulos para Profesores ... XII
Notas sobre los Símbolos Diacríticos: ... XV
Transliteración ... XVI

**Capítulo 1. Descripción general** ... 1

Los planetas ... 4
Las casas ... 6
Los signos ... 6
La astronomía ... 8
El tiempo ... 13

**Capítulo 2. Fundamentos védicos** ... 15

Comprensión de los antecedentes: fundamentos védicos ... 16
I. Los cuatro Veda Samhitas ... 17
Las cuatro partes de los Vedas ... 24
II. Los Vedāṅgas, los seis Aṅgas o ramas de los Vedas ... 27
III. Los cuatro Upāṅgas ... 36
Fundamentos de Jyotiṣa ... 38
Karma, las leyes de acción y reacción ... 40

**Capítulo 3. Grahas, los planetas** ... 43

Los elementos, la esencia de la realidad (Tattva) ... 46
Guṇas ... 47
Varṇa, la casta de los planetas ... 48
Los planetas como indicadores naturales (Naisargika Kārakas) ... 48
Sūrya, el Sol ... 49
Chandra, la Luna ... 51
Maṅgala, Marte ... 54
Buddha, Mercurio ... 56

Guru, Júpiter 58
Śukra, Venus 60
Śani, Saturno 61
Rāhu y Ketu, los Nodos Norte y Sur 63
Upagrahas, los planetas secundarios 66
Las relaciones planetarias naturales 66
Exaltación y debilitación 67
Benéficos y maléficos 68
Vakra, movimiento retrógrado 68
Aṣṭaṅgata, combustión 69
La maduración de los planetas 69
Los períodos de tiempo naturales de la vida 70
Los períodos de tiempo planetarios 70
Gochara, el movimiento de los planetas (tránsitos) 71
Kāraka, los indicadores 72
**Capítulo 4. Devata, las deidades** 77
Los Avatāras de Viṣṇu asociados a los planetas 78
Paramparā y Parāśara 82
Bhāgavata Mantras 93
Devatās adicionales 93
Devī 96
**Capítulo 5. Rāśi, los signos** 97
Medidas básicas del tiempo 99
Ayanāṁśa 100
Rāśi 102
Las guṇas 105
Tattvas 107
Las direcciones y distancias 108
Los rāśi diurnos y nocturnos 109
Nombres de los Rāśi 109
Rāśi Dṛṣṭi, los aspectos de los signos 112
Akṣara Rāśi Chakra 114
Los rāśi mantras 114
Los Ādityas mantras 115
Los Jyotir-Liṅgas mantras 116
Varga, las divisiones de los rāśi 119
Introducción a las deidades de las cartas divisionales 121
Parāśara Dreṣkāṇa 121
Chaturthāṁśa 123
Saptāṁśa 123
Navāṁśa 125
Daśāṁśa 126
Dvadaśāṁśa 126
Viṁśāṁśa 127

**Capítulo 6. Bhāva, las casas** 131
Chakras, los tipos de carta 132
Dibujando la carta a mano 141
Significados de las casas 142
Bhāvāt Bhāvam 142
Kendras 143
Paṇaphara y Āpoklima 145
Duḥsthāna 146
Upachaya 146
Bhāva-Viveka-Adhyāya de Parāśara 147
Bhāveśa, los regentes de las casas 149
Los regentes de la sexta y octava casa 151
Bādhakasthāna y Bādhakeśa 151
Bhāveśa, los regentes de las casas y el ascendente 152
Integración de Rāśi y Bhāva 154
Bhāva Kāraka 157
Graha Dṛṣṭi, los aspectos de los planetas 158
Casas en la carta praśna 160
Las casas en las cartas divisionales 161
**Capítulo 7. La fuerza y el estado** 163
Naisargika Sambandha, las relaciones naturales 164
Tatkālika Sambandha, las relaciones temporales 165
Astaṅgata, la combustión 167
Graha-yuddha, la guerra planetaria 167
Avasthā 168
Maraṇa-Kāraka-Sthāna 171
Puntos de transición 173
Ṣaṣṭyaṁśa, la sexagésima división 174
Vaiśeṣikāṁśa, la división de excelencia 178
Viṁśopaka, la fuerza divisional 179
Prosperidad y destrucción de una casa 180
Ṣaḍbala 182
Ṣaḍbala de las casas 185
Reglas de fuerza de Jaimini 186
**Capítulo 8. Bhāvapadas, la percepción** 189
Cálculos de los Bhāvapadas 190
Regencias duales de Acuario y Escorpio 193
Los significados de cada Ārūḍha Pada 194

**Capítulo 9. Argalā, la interacción** 197
Fundamentos de Argalā 198
Argalā de casas individuales 202
Argalā desde diferentes casas 204
Dos formas de utilizar argalā 206
Śubha y aśubha argalā 207
**Capítulo 10. Sambandha y Yogas** 211
Sambandha y Yogas 212
Graha Sambandha 212
Bhāva Sambandha 213
Yogas en Jyotiṣa 214
Rāja Yogas 216
Yogas lunares 217
Yogas solares 219
Introducción a los Rāja Yogas 220
Lakṣmī-Nārāyaṇa Yoga 222
Yogas adicionales 224
Dvigraha Yogas, las conjunciones de dos planetas 227
Pañca Mahāpuruṣa 229
**Capítulo 11. Nakṣatras, las estrellas** 233
Las nakṣatras en el cielo 234
La división en 27 nakṣatras 235
Grados de las nakṣatras 236
Yogatārā 237
La 28ª nakṣatra 237
Referencias en los Śāstras 238
Nakṣatra Devatā 242
Otros planetas en las Nakṣatras 271
Símbolos de las nakṣatras 272
Muhūrta 274
Las divisiones de las Nakṣatras: los 108 padas 275
Hoḍa Chakra 276
Navatāra Chakra 278
Tārā especiales 280
Sarvatobhadra Chakra 281
Ghātaka Nakṣatra 282
Prāṇa 283
Kālachakra 283

**Capítulo 12. Daśā, predecir en el tiempo** 287
Predicciones en el tiempo (timing) 288
Cálculo de Viṁśottarī Daśā 289
Nakṣatra Daśās condicionales 297
Interpretación de Viṁśottarī Daśā 299
**Capítulo 13. Varga-Chakra, las divisionales** 321
Varga Chakra, interpretación de las cartas divisionales 322
Principios generales 326
Agrupaciones de las varga 328
Navāṁśa (D-9), la carta del alma, habilidades y el amor 329
I. Kārakāṁśa 329
Deidades de los signos de navāṁśā 332
II. Trinos: habilidades y talentos 332
Rectificación 336
III. Kalatra: cónyuge 337
Sexualidad 338
Daśāṁśa (D-10), la carta de la carrera y profesión 340
Saptāṁśa (D-7), la carta de los hijos 345
La carta divisional Horā (D-2) 347
La carta divisional caturaṁśa (D-4) 348
La carta divisional pañcāṁśa (D-5) 348
La carta divisional ṣaṣṭhāṁśa (D-6) 349
Dvādaśāṁśa (D-12), la carta de los padres 350
Ṣoḍaśāṁśa (D-16), la carta de las comodidades y los vehículos 351
Viṁśāṁśa (D-20): espiritualidad 352
Caturviṁśāṁśa (D-24), la carta del conocimiento y la educación 354
Triṁśāṁśa (D-30), la carta de las desgracias 356
Khavedāṁśa (D-40), la carta del linaje materno
Akṣavedāṁśa (D-45), la carta del linaje paterno 357
Ṣaṣṭyaṁśa (D-60), la carta de la vida pasada 359
Las cartas divisionales superiores 362
**Capítulo 14. Introducción a los remedios** 363
Introducción a los remedios 364
I. Causa de la aflicción 366
II. El planeta que indica el remedio 367
III. Forma del planeta o rāśi que indica el remedio 368
IV. El planeta y signo en que se encuentra 371
V. Posición en casas, trinos y aspectos 374
VI. Duración o cantidad del remedio 374
VII. Mantras védicos para Graha Śānti 375
Nāma mantras 377
Notas acerca de las ceremonias del fuego 378
VIII. El momento para realizar el remedio 379

**Capítulo 15. Pañchāṅga** 381
Pañchāṅga, las cinco extremidades del tiempo 382
I. Vāra, el día solar 383
II. Nakṣatra, la constelación lunar 388
III. Tithi, el día lunar 390
IV. Karaṇa, el medio día lunar 398
V. Yoga, la unión del Sol y la Luna 400
Pañcāṅga-Doṣas, los defectos en el tiempo 401
**Capítulo 16. La interpretación** 407
El arte de la interpretación 410
I. Mantras apropiados 410
II. Lagna y lagneśa: posición y situación 412
III. Planetas en casas 412
IV. Conjunción de planetas 412
V. Nakṣatra de la Luna 413
VI. Ātmakāraka y Ārūḍha lagna 414
VII. Maldiciones y bendiciones 415
VIII. Regentes del Pañcāṅga 415
IX. Aplicabilidad del daśā 416
X. Trinos de Navāṁśa 416
XI. Confirmación de la carta 417
XII. Evaluación de los problemas de la persona 417
XIII. Hablando acerca de la carta 418
XIV Remedios 418
**Apéndices** 421
Apéndice I. Lecciones de sánscrito 422
Mātṛkā Sṛṣṭikrama-Nyāsa (nyāsa según el orden de creación) 433
Apéndice II: Bhāveśa-Phala-Adhyāya (regentes de las casas) 437
Apéndice III. Salida de la Luna aproximada de acuerdo con el tithī 444
Apéndice IV. Índice de textos principales 445
**Bibliografía** 453
**Índice analítico** 456
**Acerca del Autor** 463
**Acerca de los Traductores** 464

# Capítulo 1

## Descripción general

•

La Astrología y astronomía Védica, también conocida como Jyotiṣa, es una de las ciencias más antiguas de la humanidad y en el viejo mundo alcanzó su cúspide más allá de lo que es concebible para el hombre moderno. Tan mágica e increíble como las computadoras y sus infinitas capacidades serían para alguien de hace 2,000 años, la ciencia del Jyotiṣa sigue siendo inentendible para el hombre moderno, a pesar que sus cimientos se basan en principios lógicos derivados de la astronomía y del mundo natural. Este capítulo es una introducción a la compleja, aunque lógica ciencia antigua de Jyotiṣa, la cual ha sobrevivido miles de años dentro de la tradición védica de India.

Existen tres factores importantes en Jyotiṣa de los cuales todo se deriva: las *estrellas*, el *cielo* y los *planetas* que se mueven a través de los dos anteriores. La parte en movimiento del cielo (estrellas y constelaciones) está dividida en **signos** y la parte estacionaria del cielo está dividida en **casas**. Las casas indican las áreas de la vida comunes a todos los seres humanos y los signos que están en movimiento, indican las *situaciones* dentro de esas áreas de la vida. Los planetas se moverán dentro de estas dos (casas y signos) creando las diversas situaciones posibles dentro del mundo.

## Los planetas

Existen nueve planetas que son usados en Jyotiṣa. Entre mejor sean entendidos los planetas, más se revelará esta ciencia de luz entregando un perfecto entendimiento intuitivo del universo completamente consciente en el que vivimos. Alguna información puede parecer muy técnica, pero una vez entendida será una herramienta para percibir las interconexiones de esta vida multidimensional. De la misma manera que un pintor va a la escuela y estudia con un maestro por años antes de comenzar a crear sus propias obras en base a los principios de líneas y color, así también nosotros necesitamos los fundamentos básicos de Jyotiṣa antes de comenzar a ver el pasado, presente y futuro de los seres vivos junto con sus eventos. Las energías de los arquetipos representados por los planetas son los bloques que construyen nuestra realidad consciente. Cuanto más se entiendan los planetas, mejor se comprenderá el universo y el destino de los seres vivientes.

| Planeta | Graha | Símbolo | Regencia (Rāśi) | Día de la semana (Vāra) |
|---|---|---|---|---|
| Sol | Sūrya | ☉ | Leo | Domingo |
| Luna | Chandra | ☽ | Cáncer | Lunes |
| Marte | Maṅgala | ♂ | Aries / Escorpio | Martes |
| Mercurio | Buddha | ☿ | Géminis / Virgo | Miércoles |
| Júpiter | Guru | ♃ | Sagitario / Piscis | Jueves |
| Venus | Śukra | ♀ | Tauro / Libra | Viernes |
| Saturno | Śani | ♄ | Capricornio / Acuario | Sábado |
| Nodo Norte | Rāhu | ☊ | Corregente de Acuario | Ninguno (sábado por la noche) |
| Nodo Sur | Ketu | ☋ | Corregente de Escorpio | Ninguno (martes por la noche) |

Los siete planetas principales que son visibles a simple vista han sido el foco de estudio de todas las culturas del mundo antiguo. Los siete días de la semana se basan en estos siete planetas. Los dos nodos lunares (Rāhu y Ketu) son puntos matemáticos que cuando se alinean con la eclíptica del Sol, producen los eclipses de Sol y Luna. Estos puntos no observables se denominan planetas sombríos *(chāya-grahas)* en la Astrología Védica.

Los planetas son agrupados en *saumya* y *krūra*. Saumya quiere decir 'amistoso', 'gentil', 'alegre', 'sereno' o 'auspicioso'. Krūra significa 'cruel', 'intenso', 'feroz', 'despiadado' o 'duro'; es la misma raíz de la palabra 'cruel'. Los planetas saumya (amistosos) otorgan buenos resultados en las áreas de la vida con las que se asocian. Los planetas krūra (crueles) dañan o destruyen el área de la vida con la cual se están asociando. Por ejemplo, si en el área del matrimonio hay un planeta benéfico como Júpiter, la persona tendrá un gran crecimiento y soporte en su vida de pareja. Si un maléfico como Marte está en el área *(casa)* de la pareja, existirán discusiones y la posibilidad de ruptura del matrimonio. Júpiter rige sobre la buena suerte y la expansión, mientras que Marte rige sobre las peleas y las rupturas. De esta forma los planetas se agrupan ya sea en saumya o krūra.

| Saumya | Krūra |
|---|---|
| Júpiter | Saturno |
| Venus | Rāhu / Ketu |
| Mercurio | Marte |
| Luna | Sol |

A los planetas se les asignan géneros *(liṅga)* de acuerdo a Parāśara.[1] La Luna y Venus son femeninos *(yuvati)*. Sol, Marte y Júpiter son masculinos *(nara)* y Mercurio y Saturno son neutros *(klība)*. Saturno representa al niño prepúber que no se ha diferenciado sexualmente. Marte es el joven adolescente por convertirse en hombre. Júpiter es el hombre casado y el Sol es el individuo convirtiéndose en padre. En el momento que el hombre quede viudo será cómo Rāhu. Una niña antes de su pubertad es como Mercurio, después de la pubertad es como Venus. Cuando se casa y tiene hijos es como la Luna y después que su esposo fallece es como Ketu. De esta manera los planetas representan a cada uno de los géneros a lo largo de todas las etapas de la vida.

| **Planeta** | **Nombre en sánscrito** | **Atributo (verso 12-13)** | **Posición (verso 14-15)** | **Color (verso 16-17)** |
|---|---|---|---|---|
| Sol | Ravi | Alma de todo (*sarvātmā*) | Rey | Rojo oscuro (*raktaśyāma*) |
| Luna | Chandra | Mente (*manas*) | Reina | Blanquecino (*gauragātra*) |
| Marte | Maṅgala | Fuerza, poder (*satva*) | Jefe del ejército (*neta*) | Rojo (*rakta*) |
| Mercurio | Buddha | Dador del habla (*vāṇi-pradāyaka*) | Príncipe (*rājakumāra*) | Pasto verde oscuro (*durvaśyāma*) |
| Júpiter | Guru | Dador de conocimiento y felicidad (*jñānasukhada*) | Consejero / Ministro | Blanquecino / Amarillo / Marrón (*gauragātra*) |
| Venus | Śukra | Dador de vitalidad (*vīryapradāyaka*) | Consejero / Ministro | Marrón oscuro (*śyāva*) |
| Saturno | Śani | Dador de dolor (*duḥkhadaḥ*) | Sirviente (*preṣya*) | Negro (*kṛṣṇa*) |
| Rāhu | Rāhu | engaño, ilusión (*moha*) | Ejército (las masas) | |
| Ketu | Ketu | espiritualidad (*mokṣa*) | Ejército | |

En el capítulo tres Ṛṣi Parāśara enumera muchos de los significados de los planetas: Mercurio es el dador del habla y su posición indicará el poder de nuestro habla, de la misma forma la posición de la Luna natal revelará la naturaleza de la mente de la persona. El entendimiento de los significado de los planetas, sus fortalezas, sus debilidades y cómo se relacionan con nuestras vidas, es el foco de estudio de un principiante de Astrología Védica.

1 *Bṛhat Parāśara Horā Śāstra*, capítulo 3: Graha-guṇa-svarūpa-adhyāya, 11-19

## Las casas

Las casas representan las áreas de nuestras vidas, las partes de nuestro cuerpo y su salud, el tipo de comida que comemos, la situación de nuestro hogar, etc. Existen un total de doce casas cada una representando un área diferente de nuestras vidas.

| Casa | Significados externos | Personas | Cuerpo |
|---|---|---|---|
| 1 | Cuerpo, salud, fuerza | El Ser | Cabeza |
| 2 | Riqueza, comida, sustento | Familia cercana | Garganta |
| 3 | Esfuerzo, coraje, fuerza de voluntad | Hermanos | Brazos, hombros |
| 4 | Hogar, felicidad, corazón | Madre | Pecho |
| 5 | Inteligencia, discernimiento | Hijos, estudiantes | Plexo solar |
| 6 | Enemigos, casos legales, enfermedades | Sirvientes, mascotas | Abdomen bajo |
| 7 | Negocios, interacción social | Cónyuge | Región pélvica |
| 8 | Deudas, préstamos, enfermedades crónicas | Prestamistas | Ano |
| 9 | Guru, maestros, filosofía | Padre | Muslos |
| 10 | Karma, carrera, ocupación | Jefe, padre biológico | Rodillas |
| 11 | Ingresos monetarios | Amigos | Pantorrillas |
| 12 | Hospitales, ashram, extranjero, tiempo libre | Cobradores, los que nos producen pérdidas | Pies |

Estas doce casas son como el mapa de nuestras vidas. Su entendimiento no sólo nos permitirá leer una carta astrológica védica, sino que también ayudará a dilucidar cómo es el funcionamiento de la vida, reconociendo y apreciando la interconexión del universo completo.

El horizonte hacia el este por donde sale el Sol es la primera casa, denominada el ascendente. En sánscrito se llama *lagna*, que significa que es el punto de amarre de la carta. El punto del horizonte hacia el oeste por donde el Sol se esconde es la séptima casa. Las casas existen en una posición estática en el cielo sobre nosotros: son las divisiones del cielo.

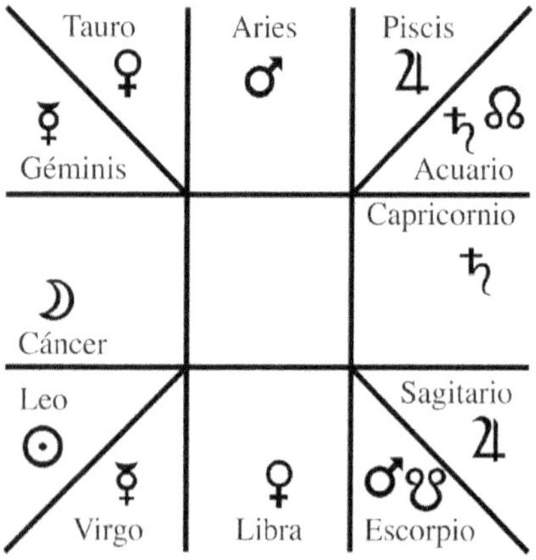


## Los signos

Los signos y sus constelaciones, conocidos como *rāśi* en sánscrito, se mueven a través del cielo y a través de las casas estableciendo las situaciones para cada una de las áreas de nuestras vidas. Por ejemplo, Virgo rige sobre los jardines y si coincide con la cuarta casa del hogar, el nativo se sentirá más cómodo en una vivienda que tenga un jardín bien cuidado. Cáncer rige los lugares acuáticos y si coincide con la cuarta casa, hará a la persona feliz en un lugar cercano al agua o con una fuente de agua en el patio. De esta manera, las casas son las áreas de la vida y los signos indican las situaciones dentro de ellas.

El signo del zodíaco que se encuentre en el lado este del horizonte del cielo (casa uno) al momento del nacimiento es el signo ascendente, o lagna. Este es el punto que establece la posición de cada signo dentro de las casas del horóscopo natal. El lagna (ascendente) cambia aproximadamente cada dos horas durante el día.

En la Astrología Védica éste es considerado uno de los puntos más importantes de la carta ya que determina la relación entre casas y planetas. En la astrología occidental la mayoría de las personas están más interesadas en su signo solar, pero en Jyotiṣa las personas están más interesadas en su ascendente. El signo del Sol es importante, ya que es el lugar desde donde el *ātma* (el ser) se manifiesta, pero incluso esto se entiende observando la casa donde se encuentra el Sol contada desde el ascendente. El lagna indica nuestra inteligencia y cómo la aplicamos; también es uno de los indicadores primordiales del cuerpo, que es lo que nos ata a este mundo.

| # | Signos | Rāśi (verso 3) | Color (versos 6-24) | Lugares y situaciones (Praśna Mārga XV.123-128) |
|---|---|---|---|---|
| 1 | Aries | Meṣa | Rojo (*rakta*) | *Bosques*, minas de oro y plata, minas de diamantes, canales, moradas de serpientes |
| 2 | Tauro | Vṛṣabha | Blanco (*sveta*) | *Campos*, cultivos, granjas, lugares hermosos y exuberantes |
| 3 | Géminis | Mithuna | Verde, esmeralda o amarillento (*harit*) | *Ciudades*, parques, lugares de adoración, lugares con piedras preciosas, lugares de fiesta y entretenimiento |
| 4 | Cáncer | Karka | Rosado (*paṭala*) | *Canales*, tanques de agua de la ciudad, extensiones de agua, lugares frecuentados por ninfas celestiales |
| 5 | Leo | Siṁha | Pálido, amarillo claro (*pāṇḍu*) | *Colinas*, lugares frecuentados por leones y otros animales salvajes, lugares elevados, establos de vacas, lugares visitados por Brahmanas y Devas |
| 6 | Virgo | Kanyā (*Kumārikā*) | Brillante, varios colores (*chitra*) | *Ciudades*, templos, establos de caballos y elefantes, la costa y apartamentos para mujeres |
| 7 | Libra | Tula | Negro (*kṛṣṇa*) | *Mercados*, calles, bazares, bosques |
| 8 | Escorpio | Vṛścika | Anaranjado (*piśa*) | *Pozos*, hormigueros, estanques (humedales) |
| 9 | Sagitario | Dhanu | Dorado, Amarillo (*piṅgala*) | *Bosques*, casas de descanso, cuarteles militares, campos de batalla, muros |
| 10 | Capricornio | Makara (*Nakra*) | Varios colores, con manchas (*karbura*) | *Ríos*, deltas de ríos, bosques, áreas habitadas por tribus salvajes |
| 11 | Acuario | Kumbha | Café oscuro (*babhru*) | *Lagos*, igual que Capricornio |
| 12 | Piscis | Mīna | Color de los peces (*mīna*) | *Océanos*, cuevas profundas, lugares acuáticos, templos |

El *lagna* (ascendente) representa el cuerpo y el signo en el que se encuentra tendrá una gran influencia en las características físicas del individuo. Como la cuarta casa rige sobre el hogar, el signo que corresponda con esa casa tendrá una gran influencia en esta área de nuestras vidas. Si un planeta benéfico (*saumya*) se ubica en la cuarta casa, este otorga soporte a todas las buenas cualidades de ese signo llevando buenas personas a nuestro hogar; mientras si un planeta maléfico (*krūra*) está posicionado en la casa cuatro, sacará todos los malos aspectos de ese signo llevando negatividad a la vida familiar. De esta manera, se determinan los detalles acerca de la vida de la persona: el signo representa la situación o el entorno (inanimado), mientras que los planetas representan personas o seres vivos (animados).

Existen múltiples capas y niveles de interpretación dentro de una carta. Se puede leer desde el punto de vista del nativo en relación a su trabajo en el mundo, o se puede leer completamente como el cuerpo físico de la persona. Por ejemplo, la tercera casa representa los brazos y hombros; si Marte, un planeta destructivo se posiciona en esa área, entonces existe una gran posibilidad de que los brazos puedan sufrir algún daño o accidente. Si Saturno está en la casa tres, puede provocar artritis en los brazos. La casa cuatro es la del hogar y si Saturno se posiciona en esa área, la vida hogareña será más áspera y solitaria. En un nivel físico, Saturno también provocará irregularidades en los latidos cardíacos o un corazón que necesitará de mucha más actividad para entrar en calor. De esta manera, el mundo es como un maṇḍala que existe dentro del cuerpo físico, en el mundo externo de una persona y en cada una de las interacciones de la vida. Todo está interconectado según la visión de la carta védica (Jyotiṣa).

El *cielo* fijo se divide en doce casas de 30 grados cada una. Las *estrellas* en el cielo se dividen en doce signos que están en constante movimiento. Mientras las casas permanecen fijas, los signos se mueven. Las casas representan las áreas de la vida que todos tenemos, tales como la madre, el padre, el cuerpo físico, etc. Los signos se mueven a través de estas casas para indicar las situaciones en estas áreas de la vida. Los *planetas* indican donde la energía de la vida está más concentrada y si ésta es positiva o negativa. Todos tenemos situaciones y planetas positivos o negativos, todos tenemos luz y sombra: es sólo una cuestión de dónde se encuentra y cuándo se manifiesta.

## La astronomía

La astronomía es una rama del Jyotiṣa llamada *Gola*. Antes de adentrarnos en los significados metafísicos y los diagramas místicos de Jyotiṣa, es importante entender de dónde viene toda esta información. Estamos sobre un planeta que está girando alrededor del Sol y somos parte de un sistema solar interactuando con el universo entero. Antes de leer esta información, cierra tus ojos por unos momentos y medita en el hecho de que estamos sobre un planeta esférico que está rotando a cientos de kilómetros por hora. Siente como al mismo tiempo estamos girando alrededor del Sol. Deja que tu conciencia se expanda, permite el entendimiento de dónde estás físicamente dentro de este universo y absorberlo dentro de tu conciencia. Posteriormente visualiza y vuélvete consciente de la Luna girando alrededor de la Tierra así como nosotros giramos alrededor del Sol. Finalmente lleva y expande tu conciencia hacia fuera en los millones de otros sistemas solares que tan sólo parecen ser pequeñas estrellas en el cielo sobre nosotros; sólo toma unos pocos momentos para cerrar tus ojos y ser consciente de dónde estás en relación con el universo.

Ahora, si lo pudiste visualizar en su totalidad, probablemente sientas una sensación de expansión, una sensación de la enorme cantidad de energía contenida en el movimiento del universo. Es importante tener en cuenta que nuestro sistema solar es básicamente plano; desde una vista lateral, se vería plano tal como un plato. El sistema solar no se parece a un átomo con moléculas moviéndose en diferentes direcciones, sino que todos los planetas giran dentro de una órbita latitudinal de 7 grados alrededor del Sol. Este cinturón alrededor del Sol donde se mueven todos los planetas se llama eclíptica. En el diagrama a continuación, se puede ver una vista lateral de nuestro sistema solar, en el que todos los planetas se mueven en un mismo plano.

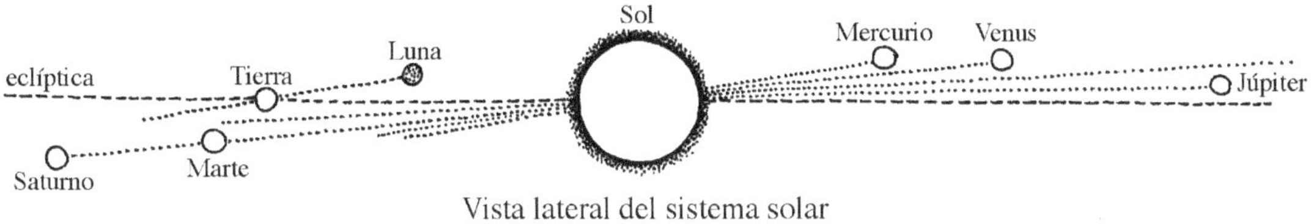

Vista lateral del sistema solar

Aunque es la Tierra la que se encuentra en la eclíptica del Sol, desde nuestro punto de vista pareciera que fuera el Sol el que está en la eclíptica con todos los demás planetas. Este cambio de percepción es muy importante a tener en cuenta. Siendo consciente de la realidad heliocéntrica, Jyotiṣa usa un modelo geocéntrico para calcular el cómo las estrellas y los planetas están afectando las energías en la Tierra. Nuestra preocupación es lo que sucede aquí en la Tierra; por lo tanto, se usa un diagrama geocéntrico para interpretar el cielo. De esta manera todos los planetas y las luminarias se mueven por la eclíptica.

Vista lateral del sistema Tierra-Luna

Incluso la Luna se mueve aproximadamente en ese mismo plano pero con una inclinación de 5 grados. Esto permite que se perciba la Luna como si se encontrara en el mismo plano que los otros planetas.

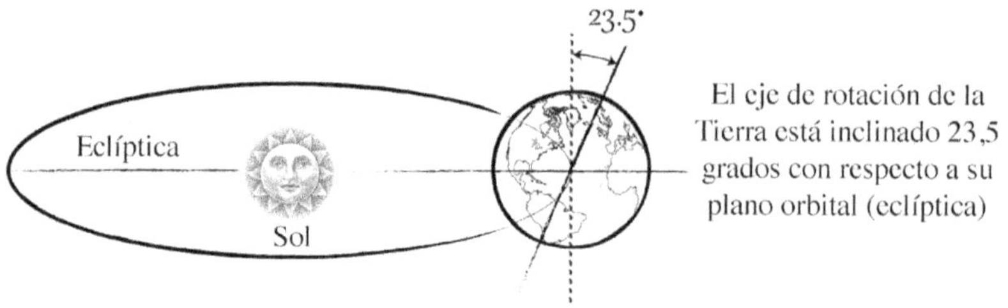


Hay que agregar algunas variables más para tener una imagen holística de las relaciones astronómicas de nuestro sistema solar. La Tierra no gira en una posición vertical perfectamente perpendicular; hay una ligera inclinación en relación con el plano de su revolución alrededor del Sol. El eje terrestre que va de polo norte a polo sur, tiene una inclinación de 23,5 grados con respecto al plano de la eclíptica.

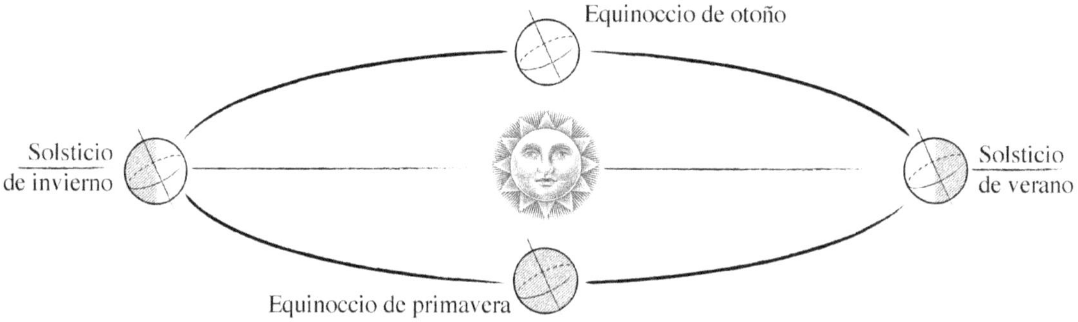


Esta diferencia de ángulo crea dos factores importantes en Jyotiṣa. El primer fenómeno que se produce son las estaciones del año a medida que la Tierra va girando alrededor del Sol. Esto provoca dos equinoccios y dos solsticios.

El otro punto importante de este ángulo de inclinación de 23,5 grados de la Tierra es la forma en que los planetas se mueven por el cielo. Desde nuestra posición en la Tierra, la eclíptica se ve ligeramente a un costado del cielo, no directamente sobre nuestras cabezas, y es en esta parte del cielo que todos los planetas se mueven. La forma más fácil de entender esto es observar la trayectoria del Sol durante todo el día; es por esto que a la eclíptica se le llama *ravimārga* (el camino del Sol) en sánscrito.

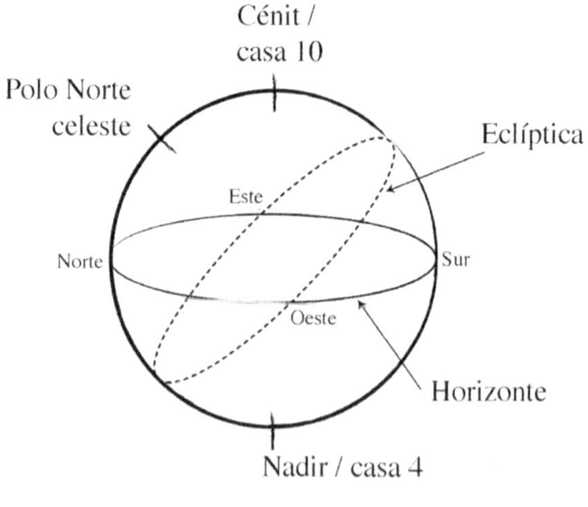

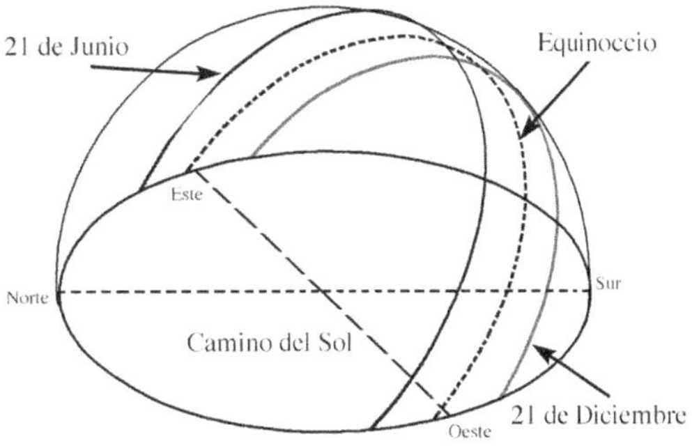


Todos los demás planetas siguen este camino. Dado que los planetas solamente se mueven en relación a estrellas específicas dentro de la eclíptica, esas estrellas adquieren una importancia específica y son las que forman el zodíaco *(bha-chakra)*.

Existe una leve diferencia en la trayectoria aparente del Sol durante el paso de las diferentes estaciones, que se observa como un ligero cambio de altura. En los observatorios antiguos se construyeron enormes edificios para calcular esta variación y en todo el mundo se erigieron templos alineados con ésta diferencia para permitir que la luz entrara durante ciertas épocas del año. El siguiente diagrama muestra el curso anual del Sol a lo largo de la eclíptica.

Puede haber miles de millones de estrellas en todo el cielo que nos rodea, pero son aquellas que caen dentro de la eclíptica por las cuales se percibe que los planetas se están moviendo. La Tierra realiza una rotación completa sobre su eje cada 24 horas y con respecto a las estrellas tarda exactamente 23 horas, 56 minutos y 4,09 segundos (aproximadamente 4 minutos menos de 24 horas). La rotación de la Tierra crea el día y la noche. Las 12 horas que la tierra mira hacia el Sol se llaman día *(dina o ahar)* y las 12 horas que mira en dirección opuesta al Sol se llaman noche *(rātri)*. Un día y una noche juntos se denominan *ahorātra*.

Al eliminar la *'a'* de enfrente y la *'tra'* del final de *ahorātra*, se forma la palabra para hora que en sánscrito es llamada *horā*. Un reloj de Sol funciona marcando en un círculo incrementos de 15 grados para demarcar las horas (horās), ya que cada hora, la Tierra gira 15 grados. Hay doce signos del zodíaco divididos en 30 grados cada uno; entonces cada signo contiene dos horās de 15 grados cada uno y la Tierra tarda 2 horas en rotar a través de un signo. La rama de Jyotiṣa que se ocupa de la interpretación del horóscopo se llama Horā Śāstra (la ciencia de las horas, que es el movimiento de la Tierra y del cielo).

Desde nuestra perspectiva en la Tierra parece que los signos se mueven por el cielo (aunque somos nosotros los que realmente nos movemos). Desde la Tierra, se percibe que las estrellas ascienden por el este y se ponen por el oeste.

El signo que se eleva en el este se llama signo ascendente (*lagna*) y tarda *aproximadamente* 2 horas

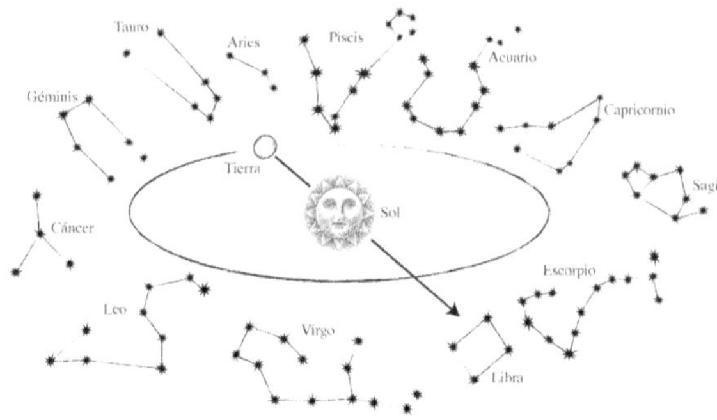


en subir. Cuando nace alguien o algo, el signo del lagna es el punto más importante a considerar. La *fecha de nacimiento* determina la posición de los planetas, mientras que la *hora y el lugar* mostrarán qué estrellas hay en el cielo en el momento del nacimiento y, por lo tanto, indicarán el lagna.

Tal como debido a la rotación de la Tierra pareciera que las estrellas se mueven por el cielo, la revolución de la Tierra alrededor del Sol hace que parezca que el Sol se mueve un grado por día. Por lo tanto, cuando decimos que el Sol está en Libra, en realidad es que la Tierra está en Aries mirando al Sol con el signo de Libra de fondo.

El zodíaco se mueve a través del cielo en el sentido de las agujas del reloj. El Sol, la Luna y los planetas observables avanzan a través del zodíaco en sentido opuesto (anti horario). Por ejemplo, si el Sol está en los 7 grados de Aries, se moverá durante el día en el sentido de las agujas del reloj junto con Aries que se mueve en sentido horario. Pero, ya que el Sol se mueve un grado cada día, avanzará

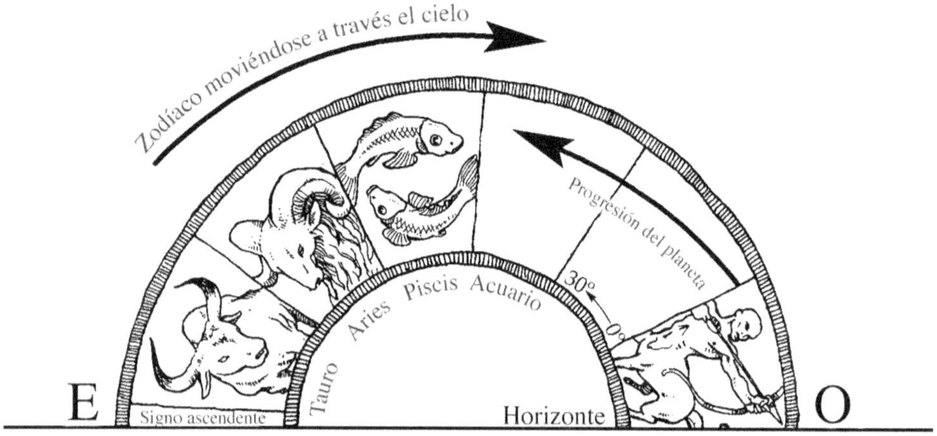


en sentido contrario a las agujas del reloj hacia los 8 grados de Aries al día siguiente y a los 9 grados de Aries al día siguiente. Entonces, mientras el zodíaco se mueve de este a oeste a través del cielo, se percibe que el Sol progresa o avanza de oeste a este a través del zodíaco.

Esto nos conduce a nuestro siguiente tema, el tiempo (kāla). El zodíaco es el Kālarūpa de Viṣṇu o su manifestación como el 'tiempo' a través del zodíaco.[2] Nuestro día se basa en la rotación de la Tierra, la semana se basa en la progresión de los planetas, el mes en los ciclos de la Luna y el año en la revolución de la Tierra alrededor del Sol. El tiempo, por su propia naturaleza, se basa en las estrellas y los planetas. Para tener una comprensión práctica de las características básicas del tiempo, es importante relacionarse con el universo en el que vivimos. Este entendimiento también indicará la relevancia de la información presentada en una carta astrológica de Jyotiṣa y permitirá que la mente comience a calcular el universo dentro de su cabeza.

2 *Bṛhat Parāśara Horā Śāstra*, Rāśi-svarūpa-adhyāya, 2

# El tiempo

Los primeros indicadores de tiempo en Jyotiṣa son el Sol y la Luna, que representan al Padre y a la Madre. Es a través del tiempo que todo ocurre: todo nace, madura, fructifica y muere. Por lo tanto, todo lo que se verá o predecirá debe hacerse dentro de los márgenes del tiempo. En Jyotiṣa, el tiempo es cualitativo y posee una energía particular: comprender su energía es comprender una dimensión del ser. El ser material existe en el pasado, presente y futuro.

El tiempo tiene cinco elementos que crean las diversas energías experimentadas en la cualidad del mismo, y que determinan las cinco ramas del tiempo en la Astrología Védica. A continuación se presentarán las fases lunares *(tithi)* para ayudar a dar una idea de cómo se mueven las estrellas y los planetas desde un punto de vista geocéntrico. Su movimiento crea el tiempo y es el momento del nacimiento el que determina la carta representativa del karma que se experimentará en esta vida.

Los planetas se mueven de una manera progresiva a través del zodíaco, el cual es dividido en doce signos de 30 grados cada uno. El Sol avanza aproximadamente un grado por día, por lo que rodeará el zodíaco de 360 grados en un año. La Luna se mueve aproximadamente 12 grados al día. Cada mes la Luna recorre todo el zodíaco, mientras que el Sol recorre un signo en los 30 días de un mes.

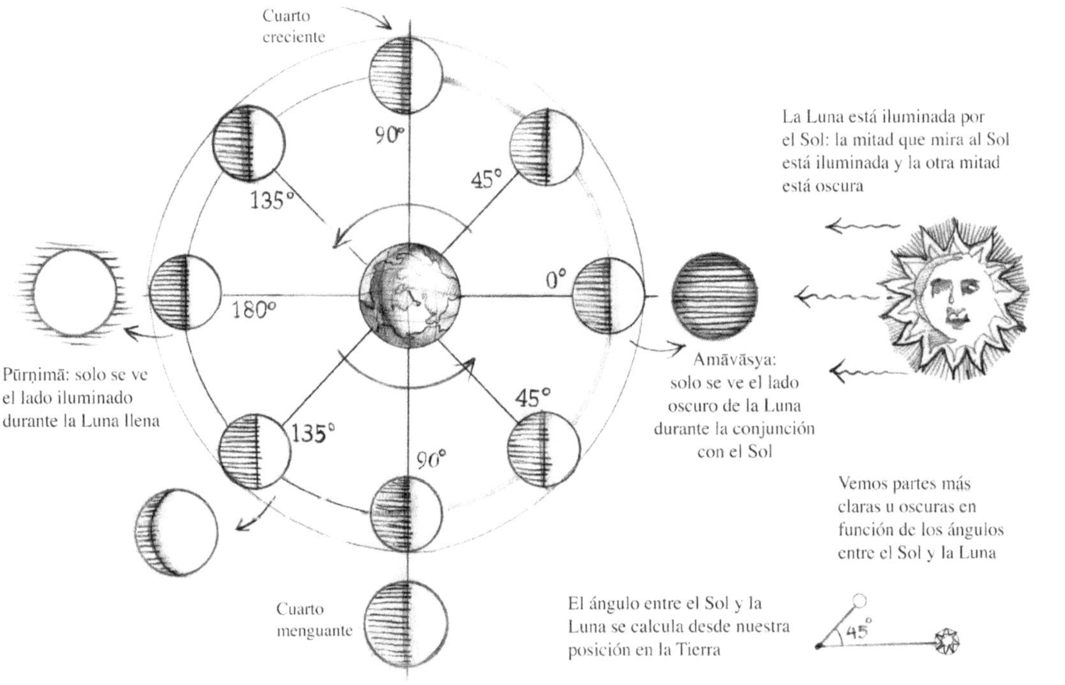


El diagrama anterior muestra la posición de la Luna observada desde la Tierra en relación con el Sol. Durante cada fase el Sol y la Luna tendrán un cierto ángulo de distancia entre sí. De esta forma, la posición de la Luna en el cielo puede ser observada con respecto a la del Sol.

Durante la Luna llena el Sol y la Luna están separados 180 grados (como se muestra en el diagrama), por lo que cuando el Sol se pone, la Luna sale; eso significa que la Luna es visible en el cielo toda la noche y se pone cuando sale el Sol. La siguiente tabla resume las horas de salida y puesta de la Luna. Esta fue una información muy importante para las culturas antiguas. Incluso en los *Rollos del Mar*

*Muerto* hay tablas que explican la hora de salida y puesta de la Luna según la fase en que se encuentra. Los *Rollos del Mar Muerto* dicen que cuando la Luna está llena, "gobierna toda la noche en medio del cielo, y se esconde cuando sale el Sol, y así comienza la Luna a menguar".[3]

Con el cambio del ángulo entre el Sol y la Luna consecutivamente cambiará la hora de salida de la Luna. Cuando la Luna está menguando, saldrá cada vez más tarde en la noche; en el cuarto menguante la Luna saldrá a medianoche. Hasta que llegue a Luna nueva, cuando se percibe que el Sol y la Luna están en el mismo lugar en el zodíaco, ella saldrá al amanecer y se pondrá junto con él Sol, por lo que no será visible en el cielo. A medida que empiece a crecer más, comenzará a salir casi una hora más tarde cada día: primero una hora después del amanecer, posteriormente después de un día saldrá dos horas después de la salida del Sol, y después de otro día más aproximadamente tres horas después del amanecer. En cuarto creciente la Luna saldrá a las 12 del mediodía y estará directamente sobre nuestras cabezas al momento de la puesta del Sol.

Con esta información técnica, ahora debería haber una mejor comprensión de las fases lunares *(tithis)*. Lleva esta información al exterior y comienza a predecir a qué hora saldrá la Luna. Éste es un ejercicio para principiantes que permite que el estudio de la astrología se experimente de forma práctica en el exterior, en el cielo. De esta manera, estarás mirando el firmamento y no hacia un pedazo de papel o la pantalla de un computador.

| **Fase (*Tithi*)** | **Tiempo que la Luna está antes / después del Sol** | **Salida de la Luna (este)** | **Luna en el medio cielo** | **Puesta de la Luna (oeste)** |
|---|---|---|---|---|
| Nueva | Unos pocos minutos | Amanecer | Mediodía | Atardecer |
| Cuarto creciente | 6 horas después | Mediodía | Atardecer | Medianoche |
| Llena | 12 horas después | Atardecer | Medianoche | Amanecer |
| Cuarto menguante | 6 horas antes | Medianoche | Amanecer | Mediodía |

Te volverás consciente de la danza de las luminarias en el cielo y poco a poco serás más consciente de los ciclos naturales que han sido oscurecidos por vivir en casas con luz artificial. Esta conexión con el ciclo natural del tiempo será la primera práctica *(sādhana)* de Jyotiṣa para el principiante. El Sol, la Luna, los planetas y las estrellas deben cobrar vida.

## - EJERCICIO PRÁCTICO -

1 Usando un calendario mensual, anota las fases de la Luna, investiga y predice cuándo saldrá la Luna cada día del mes. Compruébalo observando el cielo real y toma conciencia de los cuerpos celestes y sus ciclos tal como los astrólogos de la antigüedad.

3 Wise, Abegg, & Cook. Qumran texts, 4Q317

# Capítulo 2

## Fundamentos védicos

श्रीं

## Comprensión de los antecedentes: fundamentos védicos

La Astrología Védica se considera una rama de los Vedas y sin al menos una pequeña comprensión de estos antiguos textos sagrados de la India, aprender Jyotiṣa sería como enseñarle a una persona a usar el volante sin que sepa qué es un automóvil. Si fueras a una tribu de la jungla y le contaras a los lugareños que un automóvil es una caja sobre círculos que lleva a una persona de un lugar a otro muy rápidamente, es posible que ahora ellos tengan una definición de un automóvil, pero aún así no sabrían lo que es. Por esto, solo una definición de los Vedas no es suficiente. La Astrología Védica es una rama de los Vedas, cuya comprensión y objetivo aclarará el propósito mismo de Jyotiṣa. Los Vedas se describen generalmente como cuatro textos que contienen una colección de oraciones y enseñanzas, pero cuando un astrólogo dice "Vedas" se refiere a mucho más que eso.

Los Vedas tienen un significado literal y también conceptos más profundos relacionados con la adoración, āyurveda, el yoga, la autorrealización y otras ciencias védicas. Estos textos tienen un poder mántrico detrás de cada sílaba y palabra, y las diferentes métricas en las que se cantan sus versos también poseen una variedad de significados. Los Vedas mismos no están destinados a ser leídos y estudiados en libros antiguos, sino a estar vivos y ser cantados. Por lo tanto, para un estudio más completo de los Vedas, también se debe aprender a cantarlos correctamente. Aprenderemos al menos un verso de los Vedas y estudiaremos sus diversos aspectos.

Entender completamente los Vedas y todas sus ramas nos tomaría varias vidas, pero un conocimiento general es el primer paso. En este capítulo primero entenderemos cómo están divididas las ciencias védicas, llamadas moradas del conocimiento. Posteriormente aprenderemos como funciona cada una de ellas para complementar este entendimiento general; además con pequeñas lecciones se integrarán todos los aspectos de los Vedas en nuestro estudio de Jyotiṣa. Finalmente estaremos listos para aprender el propósito de los Vedas y gracias a esto podremos ver también el propósito original y milenario de Jyotiṣa y cómo este todavía se puede aplicar a los seres humanos en la actualidad.

A continuación presentamos las catorce 'moradas' del conocimiento (caturdaśa-vidya) más otras cuatro adicionales, para posteriormente analizar cada una de ellas utilizando la misma numeración de esta lista.

**I. Los cuatro Veda Samhitas**

1. Ṛgveda
2. Yajurveda
3. Sāmaveda
4. Atharvaveda

**II. Los Vedāṅgas, los seis Aṅgas o ramas de los Vedas**

5. Śikṣā, la pronunciación y la fonética (nariz y aliento)
6. Vyākaraṇa, la gramática y la sintaxis (boca)
7. Chandas, la métrica para la recitación védica (pies y piernas)
8. Nirukta, el léxico y la etimología (oídos)
9. Jyotiṣa, la astronomía y la astrología (ojos)
10. Kalpa, manual de los rituales (manos y brazos)

**III. Los cuatro Upangas**

11. Mimāmsā
12. Nyāya
13. Purāṇas
14. Dharmaśāstra

**IV. Los cuatro Vidyasthānas adicionales, las moradas del conocimiento**

15. Āyurveda, la medicina
16. Arthaśāstra, la economía
17. Dhanurveda, la guerra
18. Gandharvaveda, la música

# I. Los cuatro Veda Samhitas

Los cuatro Vedas están compuestos por himnos que fueron 'vistos' por los sabios (*ṛṣis*); se dice que fueron escuchados, no escritos ni pensados, y por lo tanto no fueron creados por el hombre (*apauruṣeya*). Los ṛṣis son llamados mantra-draṣṭās, aquellos que vieron los mantras. Tal como Colón no creó América al descubrirla, se cree que los Vedas siempre estuvieron presentes: son la naturaleza inherente del universo que los ṛṣis vieron en estados de profunda meditación. Las palabras de los Vedas son multidimensionales y tienen múltiples niveles de interpretación.

Durante el período inmediatamente anterior a la guerra del Mahābhārata, Kṛṣṇa Dvaipāyana, quien llegó a ser conocido como Vedavyāsa (el compilador de los Vedas), tomó las 1.180 sakhas (secciones) de los mantras védicos y las dividió en los cuatro Vedas. Desde entonces se han perdido muchos de estos sakhas. Sin embargo, los Vedas se consideran eternos, sin principio ni fin, esta naturaleza eterna se refiere a las verdades espirituales que son reveladas dentro de los propios Vedas. Swami Śivānanda de la Divine Life Society dice: "Los Vedas son Verdades espirituales eternas. Los Vedas son una encarnación del conocimiento divino. Los libros pueden destruirse, pero el conocimiento no puede desaparecer: el conocimiento es eterno. En ese sentido, los Vedas son eternos".

## I.1. Ṛgveda

El Ṛgveda es el primer Veda el cual contiene oraciones y alabanzas a los devas (divinidades). Este es la base de los otros Vedas y la raíz a partir de la cual evolucionaron; por esto, la referencia al Ṛgveda y a sus versos es el fundamento de las teorías y prácticas de la ciencia védica. El Ṛgveda está escrito en versos llamados mantras (o *ṛks*) y está compuesto por 10 mandalas, 102 sūktas (himnos) y contiene 10.552 mantras. Su lenguaje es multidimensional y tiene muchos niveles de interpretación.

Los Vedas no nos dicen que un camino sea correcto y otro incorrecto. Estos textos sagrados están adorando lo divino e invocando las verdades más elevadas que existen en su interior, proclamando que con indagación y sabiduría podemos ir hacia adentro y encontrar la Verdad del universo dentro de nosotros mismos. Esto se puede apreciar en el 'Himno de la creación' (*nāsadīya*), una de las más famosas secciones del Ṛgveda debido a su excelencia poética y profundidad metafísica:

1. Entonces no había ni inexistencia ni existencia. No existía ni el reino del espacio ni el cielo que está más allá. ¿Qué fue lo que se movió? ¿Y dónde? ¿Qué daba protección? ¿Había allí algún agua inmensamente profunda?

2. Entonces no había muerte ni inmortalidad. No había ningún signo distintivo del día o la noche. Esa Unidad, sin aire, respiró por su propio impulso. Aparte de eso, no había nada más en absoluto.
3. Al principio la oscuridad estaba oculta por la misma oscuridad. Sin ninguna distinción, todo era agua (potencialidad de creación). La fuerza vital estaba cubierta de vacío, ese Uno surgió a través del poder del calor.
4. El deseo se apoderó de Él en el principio, siendo esa la primera semilla de la mente. Los sabios buscando con sabiduría en su corazón, encontraron el vínculo entre la existencia y la inexistencia.
5. Su rayo de luz (raśmi) se extendió a través de todo. ¿Había un abajo? ¿Había un arriba? Había plantadores de semillas; había fuerzas poderosas. Había impulso abajo; había capacidad dadora arriba.
6. ¿Quién realmente lo sabe? ¿Quién lo proclamará aquí? ¿De dónde fue producido? ¿De dónde viene esta creación? Los dioses vinieron después, con la creación del universo. ¿Quién sabe entonces de dónde surgió todo?
7. ¿De dónde ha surgido esta creación? Quizás se formó ella misma, o tal vez no lo hizo. Él que la mira desde lo alto, en lo más alto del cielo, solo él lo sabe, o tal vez no lo sabe.[1]

El Ṛgveda establece las bases de la mayoría de los conceptos de las ciencias védicas, incluida la astrología de la India. Por ejemplo, aquí se presenta la noción que los seres individuales son almas aisladas que provienen del Uno. Así como las moléculas de agua dejan una olla de agua hirviendo, el alma individual (*jīvātman*) abandona al Alma Suprema (*paramātman*) debido al calor del deseo, llamado *rajas guṇa*; es esta energía creativa (*rajas guṇa*) la que causó la creación original y continúa provocando que el ser humano cree y haga cosas nuevas.

Los Vedas apoyan la búsqueda de diversos caminos que mejor se adapten al individuo y no declaran un 'camino correcto' ni la última palabra en todo; tampoco dicen que la respuesta final esté disponible, pero los "sabios que buscan en sus corazones con sabiduría" tienen la capacidad de ver la conexión entre lo que está aquí y ahora con lo que fue antes de esta existencia en la que nos encontramos actualmente. La indagación y examinación es el espíritu arraigado dentro de los textos védicos.[2] El conocimiento externo nunca tendrá un fin o conclusión final, mientras que el conocimiento interno tiene un fin en las verdades universales de nuestra naturaleza más profunda.

A continuación se muestran otros versos importantes tomados del Ṛgveda:

अग्निमीळे पुरोहितं यज्ञस्य देवमृत्विजम् । होतारं रत्नधातमम् ॥

*agnimīḷe purohitaṁ yajñasya devam ṛtvījam, hotāraṁ ratnadhātamam.*

"Glorifico a Agni, el sumo sacerdote (*purohita*), la luz radiante (*deva*), el que invoca a los devas (*ṛtvija*) al sacrificio, quién representa la oblación y que es el poseedor de las gemas más magníficas".

1 Ṛgveda X.129 traducido por Burde, Jayante, *Rituals, Mantras, and Science*, p. 102
2 Rao, S.K. Ramachandra, Ṛgveda *Darśana*, p. 288

Esta es la primera línea del Ṛgveda y como en cada uno de los Vedas los versos iniciales son muy importantes para poder comprender todo su contenido. En esta línea se alaba al elemento fuego (*agni tattva*) que se relaciona con la percepción y la visión espiritual: es la luz de la comprensión y de la realización. Es el fuego que eleva y ofrece nuestras oraciones a la divinidad y es el fuego que proviene del tercer ojo, el que abre la mente a una conciencia superior y cuya luz interior despierta el camino espiritual. Esa luz, llamada Agni, es el sumo sacerdote que tiene el poder de invocar a los devas y ofrecerles nuestras oraciones; estos rezos provocan el despertar del tercer ojo para poder acceder a los reinos superiores de percepción donde aguardan las gemas de la sabiduría. Libros enteros están escritos acerca de versos como el que acabamos de analizar, por lo que esta explicación es solo una breve idea para poder obtener un poco de comprensión y establecer una conexión con estos textos antiguos. De la misma manera, los siguientes versos seleccionados tienen varias posibles traducciones.

महो अर्णः सरस्वती प्र चेतयति केतुना । धियो विश्वा विराजति ॥

*maho arṇaḥ sarasvatī pra cetayati ketunā, dhiyo viśvā virājati*. (Ṛg Veda 1.30.12)

"Solo la educación puede ayudarnos a comprender el conocimiento del universo, que es igual a un océano. Ilumina la mente de todos".

"Sarasvati, como un gran océano, aparece con su rayo; ella gobierna todas las inspiraciones".

"El gran río (la palabra), Sarasvati avanza hacia la percepción iluminando toda la inteligencia como la de un Rey".

"Sarasvati manifiesta a través de sus actos un río poderoso, y (en su propia forma) ilumina todo entendimiento".

देवान् देवयते यज

*devān devayate yaja* (Ṛg Veda 1.15.12)

"Una persona que desea la devoción debe adorar a los dioses".

"El que practica la adoración de los dioses es el que conoce a los dioses".

"El que adora a los que entregan la luz es el que posee la luz".

इन्द्रं मित्रं वरुणमग्निमाहुरथो दिव्यः स सुपर्णो गरुत्मान्
एकं सद् विप्रा बहुधा वदन्त्यग्निं यमं मातरिश्वानमाहुः

*indraṁ mitraṁ varuṇamagnimāhuratho divyaḥ sa suparṇo garutmān*
*ekaṁ sad viprā bahudhā vadantyagniṁ yamaṁ mātariśvānamāhuḥ (Ṛgveda 1.164.46)*

"Ellos realizan ofrendas al divino Indra, Mitra, Varuṇa y Agni, y luego al gran Garuḍa, el que posee alas.

Los videntes hablan de muchas formas de aquel Ser Único. Ellos hacen ofrendas a Agni, Yama y Mātariśvān".

La traducción de estos textos tan antiguos es muy difícil. Transmitir el significado original sin agregar demasiadas palabras que no están en el original, o elegir qué concepto o aspecto del verso resaltar en la traducción y mantener cierto flujo poético, no es fácil.

Este último verso comienza con la adoración a varios devas, luego menciona que los sabios dan diversas palabras (*vadanti*) al Uno, o podría decirse que le dan varios nombres a ese Uno, pero no utilizan la palabra nombre; simplemente se dice que lo llaman o hablan de él de diferentes maneras. La palabra bahudhā puede significar 'diferentes maneras', o 'diferentes formas', o 'diferentes direcciones', por lo que también podría traducirse como 'que se habla de él en diferentes formas'.

*Ekaṁ* sat significa 'ese', o 'el real', o 'la existencia única', que claramente indica la intención de una forma individual de divinidad. Con bahudhā traducido como 'repetidamente', también podría significar que 'una divinidad se invoca repetidamente' a pesar de que se utilizan muchos nombres diferentes.

El verso termina nuevamente con los nombres de varias deidades; esto es pura poesía y sería como llamar a tu esposa diciéndole: "cariño, amada, ven mi única esposa, preciosa, hermosa". Si cada palabra sánscrita del verso original estuviera traducida al español, también podría sonar así: "Oblaciones al rey divino, amigo divino, gran castigador, fuego sagrado y ave celestial, los videntes hablan del 'Ser Único' de muchas maneras, fuego sagrado, señor de la muerte, avivador de la flama, a ti te lo ofrecemos".

'El Uno' está siendo invocado con muchos nombres o muchos aspectos de su presencia. El verso dice que estas diversas deidades están recibiendo oblaciones y están siendo adoradas (*āhu*), por lo que en medio de esta adoración y sus diversas invocaciones, el vidente recuerda que es solo al 'Uno' a quien se le ofrece, no a sus muchas manifestaciones. Esta es la enseñanza constante del Ṛgveda, que todo puede ser personificado como divino, visto como dios y que no hay muchos sino un solo ser divino que se manifiesta de muchas maneras. Todo es dios y puede ser invocado, pero hay solo un 'Ser'.

De acuerdo a una interpretación ritualística (*adhiyajña*), las deidades son adoradas externamente a uno mismo. Según la interpretación teológica (*adhidaivata*), las deidades se están comprendiendo conceptualmente. Según la interpretación interna (*adhyātma*), todas las deidades representan aspectos de uno mismo. Estas diferentes interpretaciones no se contradicen, sino que se complementan: la interpretación adhiyajña se usa para actividades ritualísticas (karma), la interpretación adhidaivata se usa para comprender a la deidad (*bhakti*) y la interpretación adhyātma se usa para comprender nuestra naturaleza (*jñāna*).

Desde la perspectiva adhyātma, Indra es el controlador interno, Mitra es el día, la voz interna amistosa que nos da soporte, mientras que Varuṇa es la noche, la voz pesimista y castigadora. Agni es la conciencia representada como la cognición de la realidad y Garuḍa es el aspecto perceptor del yo (sus dos alas son los aspectos relativos a los dos hemisferios del cerebro). Garuḍa es el modo de percibir, Agni es consciente de esa percepción, Mitra y Varuṇa la delimitan e Indra actúa sobre ella. Yama es la guía sobre nuestra propia mortalidad, mientras que Mārtariśvān es el deseo de vivir. Entonces, el verso anterior también podría traducirse libremente como: "El soberano interior, el yo que apoya y castiga, la conciencia y la percepción son todos divinos, los videntes hablan de muchas formas del uno mismo, ellos son conscientes de la vida y la muerte".

## I.2. Yajurveda

El Yajurveda es el segundo Veda que describe los ritos y sacrificios que complementan a los mantras del Ṛgveda. Se centra en el yajña (adoración) y es utilizado principalmente por los sacerdotes. El Yajurveda se divide en dos versiones primarias: blanco y negro.

El Yajurveda Negro es el mayor de los dos y está dividido en 7 kāṇḍas (libros) de 44 praśnas (capítulos), cada uno de los cuales contiene 651 anuvākas (secciones) y 2.198 kaṇḍikās (piezas compuestas por 50 palabras). El Yajurveda Blanco consta de 40 adhyāyas (capítulos), 303 anuvākas (secciones) y 1.975 kaṇḍikās.

A continuación se muestran algunos versos para ayudar a establecer una conexión con el Yajurveda:

वसोः पवित्रमसि द्यौरसि पृथिव्यसि मातरिश्वनो घर्मोऽसि विश्वधा असि ।
परमेण धाम्ना दृहस्व मा ह्वार्मा ते यज्ञपतिर्ह्वार्षोत् ॥

*vasoḥ pavitramasi dyaurasi pṛthivyasi mātariaśvano dharmo'si viśvadhā asi/*
*paramena dhāmnā dṛhasva mā hvārmā te yajñapatirhvārṣont//*(Yajur Veda I.2)

"El yajña (ritual) actúa como un purificador, vuelve explícito, verdadero y perfecto el conocimiento, se esparce en el espacio a través de los rayos del Sol, purifica el aire, es el pilar del universo y también nos entrega bienestar a través de su exaltada labor. Nos corresponde a nosotros, los eruditos y sus seguidores, no renunciar a la realización de los rituales".[3]

अग्ने वेर्होत्रं वेर्दूत्यमवतान्त्वां द्यावापृथिवी अव त्वं द्यावापृथिवी
स्विष्टकृद्देवेभ्य इन्द्र आज्येन हविषा भूत्स्वाहा सं ज्योतिषा ज्योतिः ॥

*agne verhotraṁ verdūtyamavatāntvāṁ dyāvāpṛthivī ava tvaṁ dyāvāpṛthivī sviṣṭakṛdevebhya indra ājyena haviṣā bhūtsvāhā saṁ jyotiṣā jyotiḥ//* (Yajur Veda II.9)

"Oh Fuego, protege al Sol y la Tierra, que protegen el ritual. Así como el Fuego adueñándose del ritual de fuego y actuando como un enviado, protege al Sol y la Tierra, así protégenos a nosotros Indra, el realizador de actos nobles para los eruditos. Así como el Sol combinando la luz con luz a través de las oblaciones puestas en el fuego, protege al cielo y la tierra, así Dios nos protege con la luz del conocimiento espiritual. ¡Esto es así ordenado por el Veda!"[4]

**El capítulo XV entrega algunos dichos hermosos:**

"El conocimiento da placer.
La práctica de la verdad da tranquilidad.
El cultivo de rasgos nobles da paz mental.
La libertad de movimiento como la de un río da independencia.
La vida después de la muerte da consuelo.
El Sol nos da conocimiento.
La luz del conocimiento da felicidad.
La acción que quita el pecado, da luz.
La concentración de la mente da fuerza".[5]

## I.3 Sāmaveda

El Sāmaveda se canta ya que es la interpretación musical de los Ṛg-mantras. El Ṛg y el Yajur se recitan en tres notas, mientras que el Sāma se canta utilizando los siete svaras (notas). Se cree que Sāma-gāna es la base de sapta-svara (las siete notas) en la música clásica india. El Sāmaveda contiene 1.875 mantras y solo unos pocos (menos de cien) son sus propios mantras, mientras que el resto son los mismos que el Ṛgveda en un orden diferente.

3 Capítulo I.2 del *Yajurveda*, traducido por Devi Chand
4 Capítulo II.9 del *Yajurveda*, traducido por Devi Chand
5 *Yajurveda* Capítulo XV.4-5, traducido por Devi Chand

En el Bhagavad Gitā, Kṛṣṇa se identifica a sí mismo como el Sāmaveda: "Entre los Vedas, yo soy el Sāmaveda" (10-22). Él le da gran importancia al Sāmaveda al identificarse a sí mismo con este Veda. El canto del Sāmaveda puede estabilizar la mente y llevarnos a la paz. A continuación se muestran algunos versos tomados del Sāmaveda:

त्वमिमा ओषधीः सोम विश्वास्त्वमपो अजनयस्त्वं गाः ।
त्वमातनोरुर्वाऽन्तरिक्षं त्वं ज्योतिषा वि तमो ववर्थ ॥

*tvamimā oṣadhīḥ soma viśvāstvamapo ajanayastvaṁ gāḥ|*
*tvamātanorurvāntarikṣaṁ tvaṁ jyotiṣā vi tamo vavartha||*

"Oh Soma (Luna), has creado a las hierbas, al agua, al ganado y los parientes,
has expandido la vasta atmósfera y has dejado a un lado la oscuridad a través de la Luz".[6]

आ प्रागाद्भद्रा युवतिरह्नः केतुन्त्समीत्त्ररुत ।
अभुद्भद्रा निवेशनी विश्वस्य जगतो रात्री ॥

*ā prāgādbhadrā yuvatirahnaḥ ketuntsamīrtsati|*
*abhudbhadrā niveśanī viśvasya jagato rātrī||*

"La noche, que brinda descanso al mundo entero, fue una fuente de felicidad.
Ahora ha llegado este joven y dichoso amanecer, que impulsa las luces del día".[7]

एष सुर्यमरोच्चयत् पवमानो अधि द्यवि । पवित्रे मत्सरो मदः ॥

*eṣa suryamarocayat pavamāno adhi dyavi| pavitre matsaro madaḥ||*

"Este Dios omnipresente, da brillo al Sol en el cielo y otorga gozo y felicidad al alma pura".[8]

"El sādhaka (practicante) vuelve su vida pura y divina al encender la llama
del conocimiento en su mente".[9]

"Buscando el Sol brillante, purificándose en los cielos más altos,
la mente se aclara y se intoxica apasionadamente".

## I.4 Atharvaveda

El Atharvaveda es el cuarto Veda que contiene hechizos para sanar y dañar, e información sobre enfermedades, fisiología humana, estructura social, astrología, espiritualidad y yoga. En este texto podemos encontrar el himno que celebra la maravilla de la creación, llamado *pṛthvi-sūkta*, y también mantras para protegerse de las dificultades, para destruir enemigos o para corregir los errores de pronunciación y las realizaciones incorrectas que pueden ocurrir durante las prácticas de los otros tres Vedas. En la época de Ṛṣi Vāsiṣṭa, el padre de Ṛṣi Parāśara, el Atharvaveda no se consideraba parte de los tres Vedas ortodoxos, pero en la época de Vedavyāsa, el hijo de Parāśara, éste se incluyó como la

6 Variación de los autores sobre la traducción de Devi Chand, *Sāma Veda* (604), Āraṇyaka Kāṇḍa Capítulo 3, Década III.3
7 *Sāma Veda* (608), Āraṇyaka Kāṇḍa, Capítulo 3, Década III.7, traducción por Devi Chand
8 *Sāma Veda* (1284), Libro V, Capítulo 2, Década V.5, traducido por Devi Chand
9 Traducción online anónima

cuarta división ya que el mismo Parāśara deseaba que su hijo aprendiera los cuatro Vedas. El Gāyatri mantra tiene tres pasos (*padas*) y se dice que se relaciona con los primeros tres Vedas. Por lo tanto, se realiza una iniciación separada (*upanāyanam*) para estudiar el Atharvaveda.

Había un ṛṣi llamado Atharvan que era un gran maestro de este Veda. Algunos dicen que el nombre A-*tharva* ('no' - 'movimiento', 'inconstancia') significaría 'desprovisto de movimiento', lo que haría referencia a la 'concentración'. El Atharvaveda es similar al Ṛgveda, pero pone más énfasis en los asuntos prácticos del mundo y contiene mantras para deidades que no se mencionan en los otros Vedas. La importancia del Artharvaveda puede ser juzgada por los Upaniśads que forman parte de él: Praśna, Muṇḍaka y Māndūkya Upaniṣads.

Mientras que los otros tres Vedas comienzan con alabanzas al dios del fuego, Agni, el Atharvaveda comienza con alabanzas a Vāchaspati, el regente del habla. A continuación se muestran algunos versos para establecer una conexión con el Atharvaveda:

अक्ष्यौ नौ मधुसंकाशे अनीकं नौ समञ्जनम् ।
अन्तः कृणुष्व मां हृदि मन इन्नौ सहासति ॥

*akṣyau nau madhusaṅkāśe anīkaṁ nau samañjanam|*
*antaḥ kṛṇuṣva māṁ hadi mana innau sahāsati|| (Kāṇḍa VII, himno 36)*

"Que las hermosas miradas entre marido y mujer sean dulces como la miel, que nuestros rostros se vean igualmente hermosos. En tu pecho, alójame; que ese espíritu more en los dos".[10]

यदि वासि तिरोजनं यदि वा नद्य स्तिरः ।
इयं ह मह्यं त्वामोषधिर्बद्ध्वेव न्यानयत् ॥

*yadi vāsi tirojanaṁ yadi vā nadya stiraḥ|*
*iyaṁ ha mahyaṁ tvāmoṣadhirbaddhveva nyānayat||(Kāṇḍa VII, himno 36)*

"Oh esposo, si estás lejos más allá de los ríos, lejos de los hombres,
este voto nupcial parecerá atarte y te traerá de regreso a mí".

## Mantra contra hechiceros y demonios

1. ¡Qué esta oblación traiga a los hechiceros, como un río (lleva) espuma! ¡El hombre o la mujer que ha realizado esta (hechicería), esa persona se proclamará aquí a sí mismo!
2. Este jactancioso (hechicero) ha venido aquí: ¡recíbelo prontamente! ¡Oh Brihaspati, subyúgalo! ¡Oh Agni y Soma, atraviésenlo!
3. ¡Mata a la descendencia del hechicero, oh bebedor de soma (*Indra*), y sométela (a él)! ¡Haz caer el ojo más lejano y más cercano de ese fanfarrón (demonio)!
4. ¡Oh Agni Jātavedas, dondequiera que percibas la progenie de estos devoradores encubiertos (*atrin*), tú, poderosamente fortalecido por nuestro encanto, mátalos, mata a su (prole), oh Agni, atravesándolos cien veces![11]

10 *Atharvaveda* (1819), Kāṇḍa VII, himno 36, traducción por Devi Chand
11 Traducción de Maurice Bloomfield, IV.VI, 60

Mantra para obtener un esposo

1. Este aryaman (pretendiente) con la cresta de cabello suelto viene aquí al frente (de la procesión), buscando un esposo para esta solterona y una esposa para este hombre sin esposa.
2. Esta doncella, oh aryaman, se ha cansado de ir a las bodas de otras mujeres. ¡Ahora, sin falta, oh aryaman, irán otras mujeres a su fiesta de bodas!
3. El Creador (*Dhātar*) sostiene (*didhhra*) esta tierra, Dhātar sostiene los cielos y el Sol. ¡Qué Dhātar le dé a esta mujer soltera un marido conforme a su propio corazón![12]

Mantra con regaliz para asegurar el amor de una mujer

1. De la miel nace esta planta, con miel la excavamos para ti. De la miel eres engendrado, ¡llénanos de miel!
2. ¡Qué en la punta de mi lengua yo tenga miel, en la raíz de mi lengua la dulzura de la miel! ¡Entonces solo en mi poder estarás, deberás venir según mi deseo!
3. Dulce como la miel es mi llegada, dulce como la miel mi partida. Con mi voz hablo tan dulce como la miel, ¡qué pueda llegar a ser tal como la miel!
4. Soy más dulce que la miel, más dulce que el regaliz. ¡Ojalá tú, sin falta, me anheles sólo a mí, (como una abeja) anhela una rama llena de miel!
5. ¡Te he rodeado de una caña de azúcar pegajosa, para remover tu aversión, para que no me tengas rechazo![13]

Mantra para calmar los celos

1. De gente que pertenece a todo tipo de personas, ha sido traído aquí desde el lejano Sindhu (Indo), según mi opinión, ha sido entregado el mismísimo remedio para los celos.
2. ¡Como si un fuego lo estuviera quemando, como si el bosque en llamas ardiera en varias direcciones, eso celos suyos tu apagas, como el fuego (se apaga) con el agua![14]

## Las cuatro partes de los Vedas

Cada uno de los Vedas consta de cuatro partes. El libro principal de cada Veda junto con sus himnos es llamado *Mantra Saṁhita*. Su segunda división son los *Brāhmaṇas*, que son explicaciones de los mantras y rituales, mientras que su tercer parte es llamada *Āraṇyakas*, qué son las interpretaciones filosóficas de los rituales. La última sección son los *Upaniṣads*, que es donde se encuentra el conocimiento de los Vedas. Cada una de las cuatro partes se relaciona con una etapa definida de la vida. Los **Mantra Saṁhitas** de los Vedas, citados anteriormente, están especialmente destinados a ser estudiados durante la fase de estudiante (*brahmachārya*) de la vida, es decir los primeros 25 años de vida. La relación de las cuatro partes de los Vedas con las cuatro etapas de la vida no significa que después de los 25 uno deje de estudiar los mantras de los Vedas; esta es solamente una guía de cuál es el enfoque principal dentro de un tema que es más grande que una vida completa de estudio.

12 ibíd., III. I. 8
13 ibíd., IV.I, 34
14 ibíd., IV.VII, 45

Los **Brāhamaṇas** son similares a manuales que explican las prácticas védicas y están destinados a ser utilizado por un individuo cuando es cabeza de familia (*gṛhastha*), es decir esa fase de la vida que va aproximadamente de los 25 a 50 años de edad cuando la persona se casa y tiene hijos. El ritual religioso se realiza en el hogar y en ocasiones especiales para asegurar la prosperidad del conocimiento, la riqueza y el dharma. Los rituales se realizan para limpiar el propio karma, para purificarse a sí mismo y poder tener un conocimiento y una comprensión más elevada.

Los **Āraṇyakas** explican el por qué se realizan los diversos rituales indicando su propósito esotérico, exponen el significado interno de las oraciones de los Mantra Saṁhitas enseñando una forma simbólica e interna de adoración. Esta parte está destinada a la tercera fase de la vida llamada *vānaprashta*, desde aproximadamente los 50 a los 75 años de edad, después de que los propios hijos se conviertan en padres. Antes de llegar a esta etapa, lo ideal es apoyar el buen funcionamiento dentro de la sociedad; luego, idealmente, uno comienza a enfocarse gradualmente más en la realidad no material. Los Āraṇyakas profundizan el proceso de entrada a la meditación y revelan el significado esotérico de los Vedas. Esta sección se relaciona con el chakra del tercer ojo y la capacidad de percibir lo que está más allá. Luego de los Āraṇyakas siguen los Upaniṣads. Como una analogía con la naturaleza se considera que si los Saṁhitas védicos son el árbol, los Brāhmaṇas son las flores, los Āraṇyakas la fruta inmadura y los Upaniṣads son la fruta madura (*phala*).[15] Las partes precedentes de los Vedas están destinadas a llévanos a través del camino del conocimiento, mientras que los Upaniṣads son el camino directo a la realización.

Los **Upaniṣads** son el fruto de los Vedas, la porción final. Upa significa 'cerca' o 'hacia', 'ni' significa 'en', śad significa 'remoción' o 'destrucción'.[16] Por lo tanto, pueden considerarse como las enseñanzas que nos llevan hacia la eliminación de la ignorancia o hacia la destrucción del yo individual y su falta de entendimiento, fusionando al individuo con el Ser omnisciente y universal. Los Upaniṣads enseñan el objetivo espiritual de los Vedas y son la base del hinduismo moderno.

Los Upaniṣads revelan los medios directos para comprender la naturaleza de jīvātman (el alma individual) y paramātman (el alma suprema). Los Veda Samhitas y Brāhmaṇas se basan en karma kāṇḍa[17], el camino de las obras y acciones con la finalidad de purificar el cuerpo y la mente para estar en condiciones para la realización. Los Āraṇyakas se relacionan con upāsana kāṇḍa, es decir con la adoración y la meditación que purifica nuestro corazón. Los Upaniṣads tratan de jñāna kāṇḍa, el significado interno más puro y el conocimiento que conduce a la liberación.

Las revelaciones más profundas de la comprensión védica son explicadas claramente en los Upaniṣads, de los cuales proviene la filosofía llamada Vedānta. *Anta* significa 'fin', 'conclusión', 'final', 'cantidad total', 'parte interior', 'interior' y 'cercanía'. De esta manera, la filosofía Vedanta nos lleva a acercarnos a los Vedas explicando la enseñanza interna de estos textos, que una vez comprendida, nos proporciona un conocimiento completo de los Vedas llegando a la sabiduría final.

15 Śrī Chandrasekharendra Sarasvati MahāSvāmiji, *HinduDharma: Los Vedas, Los Upanishads*

16 "Upaniṣad viene de 'dhātu sad' que significa 'destruir', 'mover', 'aflojar,' con los prefijos 'upa', 'ni' y el sufijo 'kvip'". Kaṭhopaniṣad Bhāṣhya por Śaṅkara

17 Karma kāṇḍa también se conoce como purvamīmāmsā y Jñāna kāṇḍa también como uttaramīmāmsā.

Cada Veda Saṁhitā tiene uno o varios Upaniṣads, que son su esencia espiritual condensada en 'grandes dichos', considerados como mantras en los cuales meditar. Estos dichos son conocidos como Mahāvākyas y revelan nuestra verdadera naturaleza. Cuando un individuo renuncia al mundo por la vida espiritual (sannyāsa), es iniciado en los cuatro *Mahāvākyas* principales que lo guían a realizar su unidad con Brahman (Dios más allá de toda percepción).

## Mahāvākyas

Los **Upaniṣads** se han resumido en frases o mantras que contienen sus enseñanzas fundamentales. Estos conocimientos clave de los Upaniṣads se denominan Mahāvākyas.

| Mahāvākya | Upaniṣad |
|---|---|
| prajñānaṁ brahma<br>(Brahman es el conocimiento supremo) | Aitareya del Ṛg Veda |
| ahaṁ brahmāsmi<br>(Yo soy Brahma, Dios) | Bṛhadāraṇyaka del Yajur Veda |
| aham-asmi /brahmāham-asmi | Taittirīya del Kṛṣṇa Yajur Veda |
| tat-tvam-asi<br>(Tu eres Eso) | Chāndogya del Sama Veda |
| ayam-ātmā-brahma<br>(Este Ser permanente es Brahman) | Māndūkya del Atharva Veda |

El objetivo de los Vedas se puede enunciar de muchas formas; lo que he tratado de presentar aquí es la base para que la esencia de ese objetivo se vuelva visible. Se puede decir que el propósito es el conocimiento de Uno mismo o el conocimiento de Dios, pero estas son solamente palabras. Sólo estudiando, practicando, meditando y siendo plenamente consciente podemos iluminarnos hacia las profundidades de los Vedas. Como Jyotiṣa es una ramas de estas antiguas escrituras sagradas, es una forma de que los Vedas actúen y logren su objetivo. Por eso debemos comprender el objetivo de los Vedas si queremos entender el verdadero objetivo de Jyotiṣa.

Si los Vedas fueran personificados los Upaniṣads serían su corona. Esta antropomorfización de los Vedas se llama *Veda Puruṣa*, que literalmente significa los Vedas como un ser humano. En esta personificación el Veda Puruṣa tiene seis miembros (aṅgas) a través de los cuales trabaja en este mundo. Los seis vedāṅgas son: Śikṣā (fonética), Vyākaraṇa (gramática), Chandas (métrica), Nirukta (léxico y etimología), Kalpa (manual de rituales) y Jyotiṣa (astronomía, astrología). Cada miembro, o rama, está entretejida con la otra y el conocimiento de una ayuda a comprender todas las demás. La comprensión de estos miembros ayuda a comprender los Vedas y el camino hacia la realización que está contenido en ellos.

# II. Los Vedāṅgas, los seis Aṅgas o ramas de los Vedas

**II.5. Śikṣā**, la pronunciación y la fonética (nariz y aliento del Veda Puruṣa)

*Śrota* significa 'oído' y śruti significa 'aquello que se escucha'; los Vedas se llaman śruti ya que se han transmitido oralmente durante miles de años. Los lingüistas han entendido que la pronunciación humana cambia cada doscientos años, como se puede observar con el inglés antiguo en relación al inglés escrito en la Constitución de los Estados Unidos, y en relación con el inglés americano que se habla modernamente. Los Ṛṣis védicos estaban conscientes de esto y desarrollaron la ciencia de la fonética en una forma muy avanzada para mantener la pronunciación correcta de los Vedas a lo largo del tiempo. Śikṣā (pronunciación) es el aliento vital de los mantras védicos, que los mantiene vivos e infundidos con prāṇa (energía vital).

Se dice que la recitación incorrecta no da los resultados esperados, tal como una estación diferente en la radio no sintonizará el programa musical correcto. La rama de śikṣā se ocupa de todos los asuntos que están relacionados con la pronunciación correcta. Cada fonema (letra o sonido) debe pronunciarse correctamente con su duración y variaciones tonales adecuadas.

El fonema es una unidad sonora que debe pronunciarse con claridad, la que se logra mediante un conocimiento profundo de cómo se produce el sonido en la boca. Por ejemplo, en inglés, la diferencia entre una 'v' y una 'w' es que la 'v' se pronuncia con el labio inferior doblado y los dientes superiores entran en contacto con él para crear el sonido. La 'w' se pronuncia con los labios girados y sin contacto de los dientes con los labios. Esta comprensión clara y consciente de cómo se crea el sonido en la boca y en el cuerpo, se utiliza para pronunciar correctamente los mantras sánscritos.

La medida o duración del fonema es el tiempo en que se pronuncia, y determina dos tipos de sílabas: cortas (*hrasva*) y largas (*dīrgha*). Las sílabas cortas se mantienen durante un tiempo (mātrā) mientras que las largas se mantienen durante dos tiempos. Esto afecta la forma en que se pronuncian y se recitan las palabras y mantras.

La variación y acentuación tonal (*svaras*) es un sistema destinado a dar pureza tonal a los mantras védicos, y determina tres tipos de sílabas: elevadas (*udatta*), bajas (*anudātta*) y caída (*svarita*). Estas variaciones deben ser aprendidas de un maestro, pero a veces se pueden ver indicadas en mantras sánscritos con líneas por encima y por debajo de las letras.

Otro elemento de śikṣā es la combinación de letras llamadas *sandhi*, que se refiere al cambio de pronunciación que ocurre cuando se combinan dos letras. Podemos ver que esto ocurre en inglés con la palabra 'cupboard' que se compone de las palabras 'cup' y 'board'. Cuando la 'p' y la 'b' se pronuncian juntas, se convierte en 'bb' (cubboard). La 'p' dura se convierte en una 'b' suave en la pronunciación, pero en inglés las letras escritas no cambian. Por el contrario, en sánscrito la escritura cambiará para adaptarse al sonido apropiado. Las reglas que gobiernan este cambio de sonido son parte de śikṣā. Un ejemplo en sánscrito es la palabra 'jagat', que significa 'universo'. En 'jagannātha' la 't' se convierte en una 'n', que significa 'señor (nātha) del universo'. En 'jagadambā' la 't' se convierte en una 'd' suave, que significa la 'Madre (ambā) del universo'.

De esta manera, las reglas de pronunciación son muy complejas, ya que incluso pequeños cambios pueden afectar la eficacia de un mantra. La rama de śikṣā forma la base de Mantra Yoga y Śabda Yoga. En Jyotiṣa será importante para la pronunciación correcta de la terminología astrológica, recitar correctamente los mantras usados para la práctica personal y para dar remedios exitosos que involucren mantras.

**- EJERCICIO PRÁCTICO -**

Este es el Gāyatrī mantra, uno de los más importantes dentro de los Vedas y para los Jyotiṣis. A continuación, primero aparece el mantra y posteriormente su versión ghanapāṭha, un ejercicio similar a un trabalenguas usado para obtener el śikṣā correcto del mantra, es decir para pronunciar sus palabras correctamente en lugar de incorrectamente. Estudiaremos este mantra a través de las distintas ramas de los Vedas.

| | |
|---|---|
| तत्सवितुर्वरेण्यं<br>भर्गो देवस्य धीमहि ।<br>धियो यो नः प्रचोदयात् ॥ | tatsaviturvareṇyaṁ<br>bhargo devasya dhīmahi<br>dhiyo yo naḥ pracodayāt |

॥गायत्रीमन्त्रः ॥

||gāyatrīmantraḥ||

॥घनपाठः ॥

||ghanapāṭhaḥ||

तथ्सवितु-स्सवितु-स्तत्तथ्सवितुर्वरेण्यं वरेण्यगं सवितु स्तत्तथ्सवितुर्वरेण्यम्।

tathsavitu-ssavitu-stattathsaviturvareṇyaṁ

vareṇyagṁ savitu stattathsaviturvareṇyam|

सवितुर्वरेण्यं वरेण्यगं सवितु-स्सवितुर्वरेण्यं भर्गो भर्गो वरेण्यगं सवितु-स्सवितुर्वरेण्यं भर्गः।

saviturvareṇyaṁ vareṇyagṁ savitu-ssaviturvareṇyaṁ bhargo

bhargo vareṇyagṁ savitu-ssaviturvareṇyaṁ bhargaḥ|

वरेण्यं भर्गो भर्गो वरेण्यं वरेण्यं भर्गो देवस्य देवस्य भर्गो वरेण्यं वरेण्यं भर्गो देवस्य।

vareṇyaṁ bhargo bhargo vareṇyaṁ vareṇyaṁ bhargo devasya

devasya bhargo vareṇyaṁ vareṇyaṁ bhargo devasya|

भर्गो देवस्य देवस्य भर्गो भर्गो देवस्य धीमहि धीमहि देवस्य भर्गो भर्गो देवस्य धीमहि।

bhargo devasya devasya bhargo bhargo devasya dhīmahi

dhīmahi devasya bhargo bhargo devasya dhīmahi|

देवस्य धीमहि धीमहि देवस्य देवस्य धीमहि। धीमहीति धीमहि।

devasya dhīmahi dhīmahi devasya devasya dhīmahī| dhīmahīti dhīmahi|

धियो यो यो धीयो धियो यो नो नो यो धियो धियो योनः।

dhiyo yo yo dhīyo dhiyo yo no no yo dhiyo dhiyo yonaḥ|

यो नो नो यो योनः प्रचोदयात्प्रचोदयान्नो यो योनः प्रचोदयात्।

yo no no yo yonaḥ pracodayātpracodayānno yo yonaḥ pracodayāt|

नः प्रचोदयात् प्रचोदयान्नो नः प्रचोदयात्। प्रचोदयादिति-प्र-चोदयात्॥

naḥ pracodayāt pracodayānno naḥ pracodayāt| pracodayāditi-pra-codayāt||

**II.6. Vyākaraṇa**, la gramática y la sintaxis (boca)

La palabra obtiene vida (su aliento) a través de śikṣā y gracias a vyākaraṇa (boca) alimenta y sostiene a los Vedas, de la misma manera que el Veda Puruṣa, la antropomorfización de los Vedas, se sustenta y se nutre de la gramática. Bhartṛhari dijo: "En este mundo no es posible la comprensión excepto si va acompañada del habla; todo conocimiento brilla por medio del habla. Es el habla lo que une el conocimiento de las artes y la artesanía; todo cuanto se produce, se diferencia a través de esto".[18] Sin el conocimiento de la gramática, no se pueden entender los Vedas. Vyākaraṇa aporta comprensión (*jñāna*) y, por lo tanto, en la India es enseñada tradicionalmente en los templos de Śiva. La gramática es la danza de las palabras y se cree que la danza de Śiva dio origen a la ciencia del lenguaje. "El sonido es la más elevada de las formas percibidas de Paramātman (el Ser Supremo) y el lenguaje está obviamente conectado con él. Es el cometido de śikṣā y vyākaraṇa refinar, aclarar y convertir al lenguaje en un medio para el bienestar de nuestro Ser (Ātma, alma)". "Si los sonidos son percibidos correctamente y empleados en el habla, no solo servirán para comunicarnos, sino también para limpiarnos interiormente".[19] La gramática es una de las ramas más importantes de los Vedas.

La gramática hace posible explicar por escrito conceptos complejos y espirituales, y también permite agregar decoraciones al habla haciéndola más hermosa. Cuando se llevó el sánscrito a China, los chinos se sorprendieron por su sofisticación. Antes de esta introducción, su producción escrita se compuso de manera similar a listas, pero después de la introducción del sánscrito hubo poesía. De esta manera la gramática es la danza de las palabras, como Śiva bailando.

Los tres textos principales de la gramática sánscrita están escritos por Pāṇini, Vararuchi y Patāñjali. Se dice que en el año 700 A. C. Pāṇini compuso sus obras sobre la gramática después de haber practicado la adoración a Śiva en los Himālayas. Su *Aṣṭādhyāyī* contiene las reglas completas de gramática y el conocimiento del antiguo lenguaje védico. Pāṇini no solo describió reglas gramaticales estáticas, sino que registró un tipo de gramática *generativa*. Las reglas eran fundamentales para que continuamente se pudieran crear nuevas palabras. Pandita Vāgīśa Śāstrī de Vārāṇasī tomó una palabra raíz y creó 65.000 palabras gramaticalmente correctas a partir de esa raíz para mostrar el poder generativo de la gramática sánscrita. Los lenguajes de programación de computadoras modernas tienen muchas similitudes con la gramática sánscrita debido a su poder de cómputo.

Patañjali, famoso por sus *Yoga Sūtras*, también escribió sobre gramática debido a su capacidad para purificar el habla (*vaṇi*), el cuerpo (*śarīra*) y la conciencia (*chitta*). Él escribió el comentario más influyente sobre Pāṇini, que se llama Mahābhāṣya (el gran comentario).

Vararuchi, quien escribió un comentario llamado Vartikā sobre los Sūtras de Pāṇini, explica cinco objetivos de la gramática: el primero es proteger (*rakṣa*) la comprensión de los Vedas; el segundo objetivo es enseñar cómo derivar palabras (*uha*); el tercer propósito de la gramática es que las palabras sean hermosas, fluidas al oído y fáciles de entender (*laghu*); el cuarto objetivo es proporcionar las bases para entender una palabra, eliminando así la ambigüedad (*asandeha*), ya que a menudo una palabra se entiende por su contexto dentro de una oración; y, finalmente, el quinto propósito de la gramática es proporcionar la capacidad de comprender textos escritos (*āgama*) y crear trabajos futuros. Al comienzo del Mahābhāṣya, Patañjali enumera 13 propósitos, que incluyen la riqueza del entendimiento a través

18 *Vākyapadīya*, Capítulo 1, vv.123 y 125

19 Śrī Chandrasekharendra Sarasvati MahāSvāmiji, *HinduDharma: Vyakarana*, Estudios lingüísticos y religión

del significado correcto (*arthajñāna*) y la riqueza del dharma (*dharma lābha*). La gramática es una parte importante para comprender los Vedas y la literatura sánscrita relacionada a ellos.

Las escrituras principales de Jyotiṣa están escritas en sánscrito y para comprenderlas correctamente se necesita tanto el conocimiento de la gramática, como la comprensión del Jyotiṣa dada por un guru. En la era actual, muchas personas confían en traducciones defectuosas que llevan a muchos conceptos erróneos, así que no se puede confiar en un traductor no especializado, en lugar del propio conocimiento de gramática o en un guru que se preocupa por sus estudiantes.

**II.7. Chandas**, la métrica de la recitación védica (pies y piernas)

Chandas son las diversas métricas que se utilizan para la recitación védica y que son similares en estructura a las métricas de poesía tradicional, como por ejemplo el soneto. Hay siete chandas védicos primarios llamados gāyatrī, triṣṭubh, bṛhatī, paṅkti, uṣṇik, anuṣṭubh y jagatī. Otras métricas se desarrollaron posteriormente, pero estos siete son los chandas originales en las que se recitan los Vedas. En estos textos sagrados se describe que el carruaje del Sol tiene una rueda, que representa el año, y es tirado por siete caballos que representan los siete colores que emanan del Sol. Estos siete caballos y colores también se relacionan con las siete métricas (*sapta chandas*), que llevan los mantras de los Vedas a su objetivo. En el *Śatapatha-Brāhmaṇa*, cada métrica está conectada con una época del año, un Ṛṣi, una dirección, un vāyu (corriente de viento) y otras asociaciones relacionadas con su funcionamiento espiritual interno. Por ejemplo, Gāyatrī se relaciona con Agni, la respiración, la dirección este, el tiempo de la primavera, Ṛṣi Vāsiṣṭa y el establecimiento de los diez vāyus en un sólo vāyu. Anuṣṭubh se relaciona con lokas (planos de existencia) celestiales, el oído, la dirección norte, la época otoñal, Ṛṣi Viśvāmitra y el asentamiento de los deseos del oído en un sólo sonido.

Cada verso de los Vedas se recita de acuerdo con los chandas apropiados. No sólo las palabras y la gramática tienen un significado, sino que los chandas agregan otra capa de significado a los mantras. Por ejemplo, gāyatri chandas tiene 24 sílabas de longitud y se compone de tres líneas (*padas*) de ocho sílabas (*akṣaras*), que se consideran los tres pasos que dio Viśṇu en su encarnación de Vāmana (Júpiter); por lo tanto, gāyatrī chandas se utiliza para bhāgya (obtener suerte y bendiciones) en los esfuerzos. Anuṣṭup chandas se compone de cuatro padas de ocho akṣaras (32 sílabas en total), y, por tener un pada más (línea o pie) se relaciona con la devoción (bhakti), se considera una métrica devocional. Triṣṭubh chandas tiene 44 sílabas y los cuatro padas se componen de once sílabas cada uno; esta métrica se relaciona con el dios de las tormentas y la destrucción Rudra y se usa en versos que llevan esta energía destructiva y supresora. Cada mantra tiene ocho niveles de interpretación y los chandas le agregan un significado e interpretación más profundos. Se pueden encontrar más detalles en el texto *Nirukta* de Yāska y *Bṛhaddevatā* de Śaunaka.

Tradicionalmente, la información no escrita era fácil de recordar cuando estaba en una canción o en una poesía. Dado que los textos Védicos están destinados a ser memorizados, la métrica ayuda a memorizar grandes cantidades de información que de otro modo sería imposible en forma de prosa. Chandas también asegura que el mantra se conserve en su forma completa, ya que se notará cualquier pérdida de información, incluso una sílaba. El texto de referencia principal para la métrica se llama *Chanda Sūtra* de Piṅgala.

El Veda Puruṣa se mantiene de pie sobre los chandas como si fueran sus piernas y pies. Los chandas proporcionan una base y habilidad de movimiento, y su versión correcta asegurará que el mantra nos lleve a su objetivo y resultado a medida que la métrica nos mueve hacia el propósito previsto. De esta manera, la métrica correcta es importante para los remedios que involucran mantras o stotras (himnos de alabanza).

### - EJERCICIO PRÁCTICO -

Después de aprender estos chandas, uno puede recitar cualquier verso de los textos astrológicos antiguos. Compara el número de sílabas del Gāyatrī mantra anterior con el número de sílabas del siguiente mantra. ¿En qué chandas está este mantra? Mira el Bhagavad Gītā y otros textos de Jyotiṣa y cuenta las sílabas de los versos.

त्र्यम्बकं यजामहे सुगन्धिं पुष्टिवर्धनम्
उर्वारुकमिवबन्धनान् मृत्योर्मुक्षीय मामृतात्

*tryambakaṁ yajāmahe sugandhiṁ puṣṭivardhanam*
*urvārukamivabandhanān mṛtyormukṣīya mā'mṛtāt*

**II.8. Nirukta**, el léxico y la etimología (oído)

Nirukta es la interpretación etimológica de una palabra desde sus raíces y sus diversas variaciones. El sabio Sāyaṇācārya describe nirukta como "*arthavabodhe nirpekṣatāya padjataṁ yatra tat niruktaṁ*", que significa "colección de palabras independientes que nos ayudan a comprender su significado". Los nairuktas son etimólogos que se ocupan de la derivación de palabras.

La gramática es el uso correcto de la palabra, pero el significado más profundo de las palabras se entiende a través de nirukta. Recuerda que los Vedas creen en el poder del sonido como aquello que creó todo, que lo revelará todo y que puede llevarnos de regreso a la fuente de todo. La vibración sonora de la palabra es la esencia de la naturaleza del objeto en sí. Los aspectos más profundos de nirukta han encontrado su mayor desarrollo en los textos tántricos, donde se ha escrito una gran cantidad de literatura sobre el poder del sonido. En este nivel, el sonido se divide en letras individuales (*akṣaras*), cada una de las cuales tiene su propio significado energético. El sonido 'ra' está asociado con el calor, el fuego y el ardor, mientras que el sonido 'va' está asociado con el agua. De esta manera todas las palabras tienen un significado energético detrás de ellas que se puede llegar a entender sin conocer el significado intelectual de esa palabra.

El uso más común de nirukta es el uso de las raíces de las palabras para comprender sus significados. El sánscrito no es un idioma literal, como el inglés de hoy día, sino que es un lenguaje conceptual. Cuando usamos el idioma sánscrito, nuestra mente conceptual se expandirá para poder pensar en patrones de pensamiento más holísticos y unificados. Por ejemplo, la palabra 'coche' significa 'algo con cuatro ruedas que se conduce' y tiene una definición muy específica, mientras que la palabra sánscrita correspondiente es '*vāhana*', que significa 'llevar', 'transportar' o 'traer.' Es la palabra para automóvil en el sentido de que un coche es algo que te lleva de un lugar a otro, pero un caballo o una motocicleta también son vāhana. Una nave espacial también es un vāhana. De esta manera el idioma sánscrito es

conceptual y permite que la mente piense de una manera más fluida. Esta raíz vaha se convirtió en el latín veho, que luego se convirtió en la palabra vehículo de hoy en día.

Nighaṇṭu es el término sánscrito para referirse a un diccionario y el más famoso fue compuesto por Yāska (un predecesor de Pāṇini) en el siglo VIII A.C.; este contiene listas de palabras, sinónimos y comentarios, se reconoce por su antigüedad y arroja luz no solo sobre el lenguaje, sino también sobre la comprensión social y científica en los tiempos védicos. Cuando se redactó este nighaṇṭu, muchas palabras de los Vedas ya se habían vuelto arcaicas y no eran entendidas por completo. Yāska dio derivaciones de las palabras y los significados conocidos en su época, y las interpretó desde un punto de vista ritualístico (*adhiyajña*), un punto de vista teológico (*adhidaivata*) y un punto de vista simbólico (*adhyātma*) estableciendo la convención de tres niveles de interpretación. Además enumeró los puntos de vista de diversas escuelas de pensamiento con un enfoque muy abierto que deja que el lector medite sobre una palabra y llegue a su propia conclusión. De esta manera, exhibe la verdadera naturaleza de una persona espiritual (*brāhmaṇa*) que está abierta al aprendizaje y siempre expande su mente al comprender puntos de vista opuestos. Por eso debemos utilizar varios puntos de vista para comprender un tema más profundamente, sin apegarnos a ninguno en particular.

Yāska dice que nirukta es una especie de tapas (austeridad) que nos permitirá apreciar la luz que brilla en medio de las palabras utilizadas en un mantra. Nirukta implica la comprensión del significado de la raíz de una palabra, el entendimiento del cambio gramatical que genera su forma actual, y la comparación de varias palabras similares para entender cómo se usa la palabra con una comprensión conceptual adecuada. A veces, una palabra puede tener dos significados, pero desde el nivel de nirukta tiene un sólo significado conceptual. Por ejemplo, la palabra 'Jiva' significa 'alma' (el alma individual) y también es un nombre para el planeta Júpiter.

¿Qué es el alma? ¿Por qué se llama a Júpiter con el mismo nombre si se supone que es el Sol el que representa el atma (alma) de una persona? Existen muchos puntos de vista de diversas religiones e incluso la ciencia sobre qué es el alma. Nuestra definición para estos propósitos debe ser *científica* y en relación con la *ciencia* védica. La palabra Jīva proviene de la palabra raíz '*jiv*' que, según Pāṇini, significa 'prāṇadhāraṇe', que se traduce como 'sustentar la vida', 'mantenerse vivo', 'nutrir' y que literalmente significa 'retener (*dhāra*) energía vital (prāṇa)'. Esta misma raíz 'jiv' origina la raíz latina *vivo* y *vita* (vida).[20] En sánscrito obtenemos las palabras jīvanti (vida), jīvada (el que acaba con la vida, enemigo), jīvadaśā (existencia mortal), jīvadāna (dar vida), jīvana (dar energía vital, animar), jīvanavidambana (desilusión en la vida, vivir en vano). Jīva ha sido definido por Monnier Williams como 'vivo', 'existente', 'saludable', 'que causa vida', 'cualquier ser vivo', 'cualquier cosa viva', 'la vida', 'el principio de vida' y 'el alma personal'. Entonces Jiva puede entenderse como 'aquello que contiene la fuerza vital en el cuerpo'. Ya sea que se crea que es una fuerza espiritual o una reacción química en el cerebro, esta definición es suficiente para ambos puntos de vista. Júpiter es el planeta de Jyotiṣa que protege la fuerza vital. Los aspectos maléficos y las combinaciones para la muerte temprana son removidos por el aspecto de Júpiter. De esta manera, a menudo se le da el nombre de Jīva a Júpiter.

20 Hill y Harrison, *Dhātupāṭh*, p. 344

Comprender una palabra en este nivel es el propósito de nirukta. En Jyotiṣa, hay muchos términos que ocultan conceptos hermosos, profundos y enriquecedores mediante la comprensión de las palabras que los nombran.

## - EJERCICIO PRÁCTICO -

Para este ejercicio realizaremos un nivel muy básico de nirukta, ya hemos visto anteriormente un ejemplo para una sola palabra. Examinaremos un mantra védico completo para poder comprenderlo mejor porque los mantras deben entenderse, no decirse a ciegas. Este es el poder de nirukta que es el oído de los Vedas. El oído representa no sólo escuchar, sino también la comprensión de lo que se escucha. Nirukta es el oído a través del cual se percibe la palabra.

**Tat:** 'Eso', 'lo evidente por sí mismo', 'Parabrahma'

**Savituḥ:** 'impulsor', 'excitador', 'vivificador,' 'que despierta', 'el Sol como Āditya'. Compuesto por la raíz 'sa' que es 'creación' (*sarga*) y la raíz '*tṛ*' que significa 'hacedor' o 'el que produce la creación'. 'Savitṛ' es el aspecto creativo del Sol, también asociado con Brahmā, el creador. También se usa en los Upaniṣads para referirse al Ser (brillando como el Sol) que crea nuestra realidad.

**Vareṇyam:** la raíz '*vṛ*' significa 'elegir' y, como adjetivo, significa literalmente 'lo elegible' o 'lo digno de ser elegido'. La forma verbal '*varaṇa*' significa 'el acto de elegir, desear, cortejar u honrar'. La traducción común es 'adorable', 'elegido por todos', 'excelente', 'mejor entre', 'deseado', 'loable', 'que invoca el corazón'.

'Eso' que es evidente por sí mismo es la forma más elevada de despertar.

**Bargaḥ:** 'luz', 'poder', 'resplandor', 'lleno de vida', 'refulgente', 'consumidor de todos los defectos de avidyā', 'la fuente auto-refulgente'.

**Devasya:** 'brillante', 'divino', 'el iluminador' o 'revelador de todo'; literalmente 'de los deva'.

**Dhīmahi:** 'meditamos', la raíz es '*dhyo*', que también origina la palabra 'dhyāna'. Meditamos sobre la fuente auto-refulgente que es iluminadora de todo.

**Dhiyo:** 'sabidurías', plural de la palabra 'dhī' que significa 'inteligencia', 'comprensión', 'intención', 'disposición', 'opinión', 'las facultades de la inteligencia e intuición'.

**Naḥ:** 'nuestro'.

**Prachodayāt:** 'debería inspirarnos, dirigirnos, impulsarnos hacia adelante'. La raíz '*chod*' significa 'inspirar', 'instigar' o 'incitar a seguir adelante', mientras que el prefijo '*pra*' significa 'mucho', 'lo que enfatiza', 'mucha dirección'. Se trata de un estado de ánimo subjetivo (debería), no de una orden sino más bien de una petición que requiere la gracia de a quien se le pide (*que él pueda inspirar* nuestra sabiduría).

Por favor dirige, orienta, amplía el poder de nuestra inteligencia.

**II.9. Kalpa**, manual de rituales (manos y brazos)

Kalpa es el último Vedaṅga, pero lo discutiremos antes de Jyotiṣa para que podamos comprender a la astrología dentro de todos los demás miembros. Kalpa es la gran ciencia de los rituales en la cual interactuamos con el universo personificado considerándolo como una red o una matriz que puede ser desplegada mediante la comprensión adecuada tanto de los elementos que lo componen, como del equilibrio de esos mismos en nuestras vidas individuales. Personificando e invocando varias energías universales y equilibrándolas con las vibraciones sonoras de mantra y las ofrendas elementales adecuadas, podemos armonizar nuestras vidas.

Kalpa es también la verdadera práctica de mantras védicos y cualquier ritual asociado a ellos. Por ejemplo, Agni Gāyatrī se realiza solo mirando hacia el este, temprano en la mañana, con la mano sobre un recipiente con agua. El Savitṛ Gāyatrī se recita después de bañarse y antes de comer mientras sale el Sol. De la misma forma que nirukta ayuda a explicar el significado de las palabras en un mantra, kalpa es el uso práctico de estas frases sagradas gracias al cual al practicante se le revela el contenido trascendental y el verdadero significado interno de los mantras védicos.

Existen muchos rituales elaborados que se realizan para diversos problemas de la vida. Los textos principales de kalpa son los Śrauta Sūtras que detallan los rituales y los Sulba que contienen el cálculo del espacio físico donde se realiza el ritual. Se dice que Dharma Sūtra (sobre ética y costumbres) y Gṛhya Sūtras (sobre la vida doméstica) también son parte de Kalpa, ya que nuestra vida diaria es un ritual en sí mismo. Hay muchos Kalpa Sutras diferentes que se relacionan con cada uno de los cuatro Vedas.

Existe un gran debate sobre si Tantra Śāstra se originó desde los Vedas, el budismo o previo a ambos. El gran cuerpo del tantra se basa principalmente en textos de nirukta, yoga y kalpa. Aunque no es directamente védico ya que en él se usan deidades ajenas a estos textos, los principios subyacentes usados por los tantras tienen sus raíces en estas ciencias védicas, así como la geometría tiene sus raíces en el álgebra.

### - EJERCICIO PRÁCTICO -

Empieza a cantar el Savitṛ Gāyatrī por la mañana, después de un baño y antes de comer. Usa una mālā y repite el mantra 108 veces. Deja que el sonido, la luz y la comprensión del mantra despierten su máximo potencial. Intenta hacerlo todos los días o tómate un periodo de 40 días en el que no falles ni un solo día. El Ṛṣi es Viśvāmitra, su chanda es Gāyatrī y su devatā es Savitā.

**II.10. Jyotiṣa**, la astronomía y la astrología (ojos)

Finalmente llegamos a nuestro tema principal, Jyotiṣa como un miembro de los Vedas (*Vedāṅga*). Todo hasta ahora ha encajado perfectamente: el cuerpo de conocimiento divino (*Veda*) y el método de transmitirlo de una persona a otra (*Vedāṅga*). Ya que el resto del texto tratará sobre Jyotiṣa, no entraremos en su mecánica aquí, solo tocaremos por que es considerado un Vedaṅga y los ojos de los Vedas. La palabra sánscrita para 'ojo' es 'netra', que significa 'conducir' y 'guiar'. El ojo es el órgano que guía el cuerpo; de la misma manera, Jyotiṣa es la luz que guía el conocimiento védico.

Jyoti es una de las palabras para 'luz' en sánscrito. Representa la luz como el principio divino de la vida, la luz del conocimiento, la luz de un ser iluminado, la luz de estar vivo. Como los planetas son las luces en el cielo que nos guían, también se les llama Jyoti, y es este nivel de luz el que estudia Jyotiṣa.

Jyotiṣa percibe esta increíble red en forma de matriz a través de la cual todo está conectado. La armonía se obtiene a través de los rituales del Kalpa Vedāṅga, pero es Jyotiṣa quien decide qué ritual se debe realizar y cuándo, el porqué se hace y cómo funciona. Kalpa es la ofrenda de la dīpa (lámpara) a la divinidad. Jyotiṣa es el ojo que nos dice cuándo ofrecer la lámpara y a qué forma de la divinidad para lograr los resultados que iluminarán nuestras vidas. Cuál de los miles de mantras y rituales necesita utilizar cada individuo se calcula de acuerdo a su karma individual que se puede ver en la carta natal. Ninguna persona es igual y todos necesitan prácticas espirituales, propósitos de vida y camino hacia la realización individualizados de acuerdo con su propia historia kármica. En el Upaveda (rama védica secundaria) del āyurveda se dice que ninguna medicina es buena para todos, ni todo es bueno para alguien. Esta capacidad de comprender al individuo es fundamental para las ciencias védicas. Jyotiṣa indica el camino para alcanzar las metas de la vida y alcanzar la meta de los Vedas; es el ojo que guía nuestras vidas hacia la máxima realización en todos los niveles de la existencia humana.

El Savitur Gāyatrī está relacionado con el Sol naciente en su forma de Savitṛ, quién es el impulsor, energizador y dador de vida. El Sol está conectado a la primera casa de la salud, así como también con la décima casa de la carrera y del reconocimiento. El principal planeta que destruye la salud es Saturno (envejecimiento y enfermedad). El planeta principal que destruye la carrera y el reconocimiento es también Saturno (pobreza y mala fama). Cuando Saturno está aspectando o transitando sobre el ascendente o la décima casa, es necesario realizar el Gāyatrī mantra para protegerse de los efectos negativos de Saturno. Cuando Saturno aflige al Sol, uno puede recitar el Gāyatrī mantra para elevarse del sufrimiento, traer salud al cuerpo y éxito en la vida. Como el Sol es el representante del yo, también es un mantra para revelar el conocimiento del yo interior oculto en nuestra oscuridad interna. De esta manera, Jyotiṣa entiende todos los mantras y rituales y los usa con comprensión, tal como nirukta permite que uno comprenda el significado de un mantra.

El conocimiento de los Vedas tiene seis lados tal como un diamante; cuando miras dentro de cualquier lado, ves la luz reflejada desde todos los otros lados. De esta manera, cualquiera de los Vedāṅga dará una idea de todas las demás ramas. Aprender verdaderamente la Astrología 'Védica' es aprender aspectos de cada uno de los seis Vedāṅga.

## III. Los cuatro Upāṅgas

'Upa' significa 'secundario' y, por lo tanto, estas son las ramas secundarias de los Vedas.

**III.11. Mīmāṁsā**, la investigación e indagación

Mīmāṁsā consiste en las reglas para la interpretación de la filosofía védica. Uno de los textos más antiguos y fundamentales es el Mīmāṁsā Sūtra de Jaimini. El conocimiento de los Vedas no debe tomarse a ciegas, sino que debe entenderse profundamente con la razón a través de la examinación, la investigación, la indagación, la discusión y la reflexión. De la misma manera, las reglas de Jyotiṣa no están destinadas a ser memorizadas y seguidas ciegamente; la razón más profunda detrás de todos los principios es que se comprendan y apliquen correctamente.

**III.12. Nyāya**, la ciencia de la lógica

Nyāya es el antiguo sistema de lógica de la India similar a la filosofía analítica moderna. La lógica occidental tradicional se basa en principios lógicos aristotélicos, mientras que nyāya es una

epistemología que utiliza cuatro medios para obtener conocimiento (*pramāṇa*): pratyakṣa (percepción), anumāna (inferencia), upamāna (comparación) y śabda (enseñanzas de las autoridades). Estos cuatro métodos distinguen las opiniones falsas del conocimiento válido.

Para una investigación adecuada en el campo de la astrología, estos componentes de nyāya y mīmāṁsā deben entenderse y ser aplicados. Muchos astrólogos occidentales intentan practicar la Astrología Védica a través de la intuición y la canalización, sin aprender nunca los conceptos básicos del análisis lógico védico. Esto conduce a la decadencia de Jyotiṣa en el mundo moderno. Estos métodos de análisis se utilizan en general entre las ciencias védicas, incluido Jyotiṣa.

**III.13. Purāṇas**, las historias y mitologías

Los purāṇas son una colección de historias tradicionales. Muchas de estas historias son enseñanzas espirituales y astrológicas ocultas en mitos antiguos sobre sabios y devas elaborados a partir de los Vedas. Muchos de estos textos toman una historia a la que se alude en los Vedas y dan su explicación. Por ejemplo, los Vedas llaman a Viṣṇu como el que conquista en tres pasos, pero la historia completa de los tres pasos que dio para conquistar el mundo se encuentra en los purāṇas.

El Viṣṇu Purāṇa y el Śrīmad Bhagavata son los textos primarios relacionados con Jyotiṣa, aunque todos los otros también contienen enseñanzas astrológicas. Las diferentes escuelas religiosas asignan supremacía a diferentes purāṇas. Por ejemplo, los adoradores de la diosa (*śaktas*) usan el Devi Mahātmyā, que es un texto que proviene del Markaṇḍeya Purāṇa. Existen 18 textos principales (*Mahā-Purāṇas*) y otros cientos secundarios; todos desempeñan un papel importante al enseñar a los estudiantes de Jyotiṣa la mitología que acompaña a los diversos grahas y devas que se usan en la Astrología Védica tradicional.

A lo largo de este texto, habrá referencias y narraciones de historias purāṇicas, como el batido del océano de leche. El estudio de los purāṇas o el estudio de estas historias y mitologías tradicionales compuestas de material arquetípico, es importante para un astrólogo. Mucha de esta información tiene lecciones prácticas de vida y comprensión del crecimiento espiritual transmitidas a través de historias que permiten a la mente captar fácilmente un concepto o recordar su contenido hasta que finalmente revela las joyas de su sabiduría. Tanto la información contenida en estas historias, como la capacidad de transmitir información a través de la analogía son importantes para los astrólogos. Se puede comenzar a estudiar los purāṇas según la deidad que esté relacionada con nuestro período de tiempo presente (*daśā*); por ejemplo, durante Júpiter daśā se puede estudiar el Vāmana Purāṇa, y durante Rāhu daśā se puede leer el Varāha Purāṇa.

**III.14. Dharmaśāstra**, Manusmṛti y smṛti

Dharma śāstra son los textos que tratan sobre las leyes sociales, culturales y nacionales que gobiernan a las personas y se cree que el primero de estos fue Manusmṛti. Los Dharma śāstras son smṛtis (aquello que se recuerda) y tienen una autoridad secundaria, mientras que śruti (aquello que se escucha) tiene más importancia que los textos posteriores cronológicamente. Śruti es aquello que los Ṛṣis **escucharon** (realizaciones), mientras que smṛti es lo que se **recuerda** y es compuesto por los humanos mortales; ambos son fuentes autorizadas. Por ejemplo, las reglas sobre las cuatro etapas de la vida (*varnāśramas*) están detalladas en estos libros. Brahmachārya es la primera etapa de la vida, que es aproximadamente los primeros 25 años, en los que uno es un estudiante. Gṛhastaya es la parte de la vida de trabajar y ser cabeza de familia, que dura aproximadamente desde los 25 hasta los 50 años. Vanaprastiya es cuando

uno comienza a alejarse de la vida mundana y enfocarse en la espiritualidad. Saṁyasin es la etapa final de la vida en la que uno se enfoca exclusivamente a la espiritualidad. El objetivo del Dharma śāstra es la regulación social basada en los principios de la Verdad enseñados en los Vedas. Aunque las leyes cambian a través del tiempo y las leyes antiguas no se parecen a las leyes modernas, se sabe que autores como Yajñavalkya y Parāśara actualizaron las leyes para adaptarlas a sus tiempos.

**IV. Las cuatro Vidyāsthānas adicionales, las moradas del conocimiento**

Las catorce autoridades del dharma (*dharma-pramānas*) abarcan todo el conocimiento religioso védico. Las primeras catorce son tanto moradas del dharma (*dharma-sthānas*), como del conocimiento (*vidyā-sthānas*). En cambio las últimas cuatro, formando un total de dieciocho moradas del conocimiento, no son dharmasthānas (moradas del dharma) pero si califican para ser moradas del conocimiento (*vidyāsthānas*).[21] Estas cuatro ciencias adicionales se denominan comúnmente Upa-Vedas o textos védicos secundarios. Estas cuatro ciencias están llenas de enseñanzas de Jyotiṣa relativas a su área específica de aplicación.

- 15 Āyurveda, la ciencia de la vida y la medicina
- 16 Arthaśāstra, la ciencia de la política y la economía
- 17 Dhanurveda, la ciencia de la guerra y las artes marciales
- 18 Gandharvaveda, la ciencia de la música

## Fundamentos de Jyotiṣa

Habiendo vislumbrado la enormidad de las ciencias védicas, podemos ahora comprender que Jyotiṣa es una disciplina con una profundidad comparable al océano. Habiendo desglosado las ramas principales de los Vedas entre las que se encuentra Jyotiṣa, ahora desglosaremos las diversas ramas de la Astrología Védica. Existen tres skandhas de Jyotiṣa. Skandha significa sección, parte o división; esta palabra en anatomía hace referencia al hombro (o región desde el cuello hasta la articulación del hombro) y en un árbol es la parte del tronco donde las ramas comienzan a crecer (o los lugares donde las ramas se desprenden del tallo principal). Por lo tanto, skandha se refiere a los departamentos principales dentro de la ciencia de Jyotiṣa, dentro de la cual existen otras subdivisiones. Debido a esta división en tres a veces los skandhas son entendidos como sus tres ojos.

## Skandhas, las partes de Jyotiṣa

**Gaṇita**, el ojo derecho (Sol), es la ciencia de los cálculos que incluye álgebra, geometría esférica y otras matemáticas celestiales para la astronomía; requiere perfección de cálculo porque un pequeño error puede marcar una gran diferencia. Los principales textos de esta rama se denominan siddhāntas, que son tratados científicos sobre matemáticas, astronomía y cosmología.

**Horā**, el ojo izquierdo (Luna), es la ciencia de la astrología donde los datos astronómicos se interpretan con significado interpersonal; es también el estudio de la naturaleza cualitativa del tiempo y su efecto en la vida. Su texto principal es el Bṛhat Parāśara Horā Śāstra. Bṛhat significa 'grande', 'vasto' y 'abundante'. Parāśara es uno de los Ṛṣis del Ṛgveda y el padre de la Astrología Védica. Horā

21 Śrī Chandrasekharendra Sarasvati MahāSvāmiji, *HinduDharma: Los Vedas*, las catorce moradas del conocimiento

Śāstra es la ciencia de horā. De esta palabra obtenemos la palabra horóscopo y horoscopía (elaboración e interpretación de horóscopos). El término 'horā' ingresó al idioma griego y es el origen de nuestra palabra hora.

**Saṁhitā**, el tercer ojo (Júpiter y Agni), significa recopilación de versos o un texto sobre una ciencia en particular. En Jyotiṣa se refiere a las diversas enseñanzas de la comprensión de los fenómenos naturales, a veces llamadas astrología natural. Toda la vida se comprende a través de Jyotiṣa y los diferentes acontecimientos de nuestra existencia se registran y se interpretan en estos diversos textos. Terremotos, cometas, arco iris, palmas de las manos, marcas y formas del rostro, sueños, presagios, sonidos, etc, son aspectos de saṁhitā. Los horóscopos para estados, países o las masas también se incluyen en saṁhitā. Esta parte de la Astrología Védica otorga la capacidad de usar la esencia del conocimiento de Jyotiṣa para realizar pronósticos en todas las áreas de la vida con todos sus elementos.

Tradicionalmente se aprende primero gaṇitā con su diversos cálculos matemáticos necesarios para hacer una carta natal; posteriormente se aprende horā para la interpretación de estos datos, y finalmente, después de comprender los movimientos del universo y cómo interpretarlos, se expande esta comprensión a todos los aspectos de la vida en la rama de saṁhitā. Los ciclos de tiempo que afectan el movimiento de la vida, la relación entre los elementos personales internos y los fenómenos externos, los significados de los animales, colores o personas, lo que revelan y significan para el pasado, presente y futuro son los entendimientos que se dan con estas tres ramas. La vida se convierte en un maestro, hablándole a quién la comprende y revelando que no hay secretos dentro de un universo despierto y consciente. De esta manera, Jyotiṣa son los ojos del conocimiento que guían a los sabios.

## Ṣaḍaṅgas, los seis miembros de Jyotiṣa

Los seis miembros, que provienen de las tres ramas anteriores, son áreas más definidas de Jyotiṣa, que necesitan ser entendidas para volverse un buen astrólogo védico.

1. **Gola** es la ciencia de la astronomía y literalmente significa 'globo'. Gola representa el aspecto de poder mirar el cielo y comprender el movimiento de los planetas y las estrellas, y requiere del cálculo de la posición y los movimientos planetarios, como por ejemplo cuando un planeta está en el lado visible del hemisferio y cuando un planeta no es visible en determinada estación. La astronomía védica se basa en pratyakṣa, que significa 'evidencia visible', 'presente ante los ojos', 'perceptible', 'ocular', 'percepción directa o comprendida por los sentidos', que es uno de los métodos de comprobación de la filosofía Nyāya. Algunos dicen que esto se refiere sólo a '*ojo desnudo*', como sí ver a través de un telescopio no fuera una percepción del propio ojo. Tradicionalmente, ésta era una ciencia compleja y profunda, pero en la práctica moderna ha sido reemplazada en gran medida por la existencia de observatorios astronómicos y tecnología informática. Gola se clasifica dentro del skandha de gaṇita.

2. **Gaṇita** es la rama compuesta únicamente de las matemáticas, es el aṅga (miembro) más específico de gaṇita skandha, y se centra en el cálculo de períodos de tiempo y sphutas (puntos de los grados) en una carta. Con las computadoras modernas, su importancia a menudo se pasa por alto, pero el conocimiento adecuado de esta rama nos permitirá poder corregir los cálculos de los programas que pueden cometer errores. El cálculo de cartas y daśās (períodos de tiempo) nos lleva a comprender el

funcionamiento interno de los métodos de Jyotiṣa y los resultados obtenidos por estos métodos. El cálculo de una carta también nos permite ser más conscientes de su funcionamiento interno y que esta cobre vida dentro de nuestra conciencia.

3. **Jātaka** es la ciencia de interpretar horóscopos individuales, a veces llamada astrología natal. Jāta significa 'nacer', 'hacerse presente' y jātaka es el espacio y el tiempo de quien nace, es el mapa del cielo bajo el cual nos manifestamos, y que indica nuestro destino. Jātaka es la rama principal de horā.

4. **Praśna** es la interpretación del cielo en el momento en que surge una pregunta. Praśna significa literalmente 'pregunta' y en Jyotiṣa representa una indagación sobre el pasado, el presente o el futuro. Cuando surge una pregunta, la misma energía que indica esa duda nos da la respuesta. Esa energía se observa calculando y leyendo, la carta de las posiciones planetarias al momento de responder la pregunta. Estas cartas praśna se utilizan para responder preguntas, rectificar la hora de nacimiento, determinar la intención de una persona, determinar los detalles inmediatos de una situación o profundizar la comprensión de jātaka. Las casas y los planetas tendrán un significado diferente de acuerdo a la pregunta o la razón para calcular la carta del praśna.

5. **Muhūrta** es llamada astrología electiva y literalmente significa 'un momento' o 'un instante'; también se refiere a un espacio de tiempo de 48 minutos. La astrología electiva se utiliza para elegir el momento para comenzar un nuevo esfuerzo; tal como el destino de una persona se puede ver en su carta natal, el nacimiento de un negocio o matrimonio puede indicar la salud y la longevidad de esa unión. Esta comprensión implica tener en cuenta las posiciones planetarias al iniciar actividades importantes para asegurar su éxito y prosperidad.

6. **Nimitta** es la ciencia de los augurios y la capacidad de leer la vida como un todo, y consiste en comprender fenómenos naturales como por ejemplo cuándo los pájaros vuelan bajo, se sabe que va a llover. Este miembro toma en cuenta los sonidos que produce un animal, un automóvil o un objeto cuando se realiza una pregunta, y observa el estado de nuestra respiración cuando salimos de viaje o recibimos una llamada telefónica para determinar el éxito y el fracaso de nuestros esfuerzos. Nimitta reconoce si un remedio será beneficioso o perjudicial; es una ciencia de la conciencia y la comprensión de que el mundo que te rodea está vivo e interactúa contigo constantemente. Esta es la rama más importante de saṁhitā, que incluye otras como la quiromancia o la lectura facial, consideradas secundarias para poder interpretar una carta natal básica o una carta praśna. Estas son las seis ramas de Jyotiṣa que un astrólogo debe estudiar para volverse completamente capaz y competente.

## Karma, las leyes de acción y reacción

La configuración del cielo en el momento del nacimiento es un mapa de nuestro karma. Ṛṣi Parāśara enseña que el dharma se sustenta en esta ley de causa y efecto: las buenas acciones reciben efectos benéficos mientras que las acciones dañinas reciben efectos negativos. Viṣṇu, la energía asociada con el sustento, toma la forma de los nueve planetas védicos (*grahas*) para mantener el dharma mediante la ley del karma. El karma que se ve en la carta astrológica no es un destino externo, sino más bien es un mapa de nuestras tendencias (*saṁskāra*) creado por acciones pasadas. Otra consideración a tomar en cuenta es que la probabilidad del futuro se basa en las tendencias presentes; de esta manera, un astrólogo védico necesita comprender los fundamentos de las leyes del karma y los efectos producidos por maldiciones y bendiciones. Existen cuatro tipos de karma y tres niveles de intensidad.

## Los cuatro tipos de karmas

**Saṁchita karma:** saṁchita significa 'amontonado', 'acumulado' y 'denso', y saṁchita karma es la suma total de todas las acciones que uno ha realizado en el pasado.

**Prārabdha karma:** prārabdha significa 'iniciado' o 'emprendido'. Esta es la porción de saṁchita karmas que estamos destinados a experimentar en la vida presente. El momento del nacimiento es causado por el prārabdha karma que se revela en la carta natal y que es el tipo de karma principal que el astrólogo puede analizar basándose en la posición de los planetas en las cartas natales.

**Kriyamāṇa karma:** kriyamāṇa significa 'haber terminado'. Los karmas basados en nuestras elecciones en esta vida presente están plantando semillas para lo que recibiremos en el futuro. La mayoría de los astrólogos creen que el destino es debido a los dos tipos anteriores de karma, ya que son los resultados creados por las propias acciones pasadas que ya han finalizado. Kriyamāṇa karma presenta el debate sobre el destino y la cantidad de libre albedrío que posee un individuo. Los resultados de las acciones presentes de una persona se pueden ver en un praśna.

**Āgama karma:** āgama significa 'venir' o 'acercarse'. Āgama karma son las reacciones creadas por nuestros deseos. Si uno desea un objeto, una acción o una posición fuertemente, entonces los deseos de la mente harán que estos karmas se manifiesten en el futuro de la vida presente o en las vidas futuras. Se utiliza muhūrta (astrología electiva) para crear los mejores resultados de las acciones que uno planea emprender.

## Las tres intensidades del karma

Las tres intensidades del karma se basan en la cantidad de factores que indican un resultado particular en la carta. Las indicaciones se evalúan mediante cuatro factores: la casa, el regente de la casa, el kāraka (indicador) de la casa y el arūḍha (imagen) de la casa. También los signos fijos indican que el karma es más dṛḍha (fijo), los signos duales son dṛḍha-adṛḍha y los signos móviles son adṛḍha (no fijo).

**Dṛḍha karma:** dṛḍha significa 'sujetado', 'apretado', 'cerrado', 'confirmado', 'seguro', 'duro', 'fuerte' y 'sólido'. Es un karma fijo que es muy difícil de cambiar. Buddha lo llamó "escrito en piedra".

**Dṛḍha-Adṛḍha karma:** adṛḍha es lo opuesto a dṛḍha y significa 'no firme'. Este es el nivel intermedio de intensidad donde el cambio de karma puede ocurrir a través de un esfuerzo determinado y perseverancia.

**Adṛḍha karma:** puede cambiarse fácilmente a través de buenas acciones o buenas decisiones y medidas correctivas de un individuo, Buddha lo llamó "escrito en la arena".

Para un astrólogo, adṛḍha es el más difícil de predecir, ya que es cambiante, mientras que dṛḍha karma será más claro ya que existen múltiples factores que están indicando una situación particular y eso facilitará hacer predicciones precisas. Para adṛḍha karma asesoraremos al cliente y le daremos consejos. Los remedios astrológicos se basan en cambiar la dirección de nuestras elecciones, intención, conciencia, buena asociación y finalmente las acciones. Para dṛḍha-adṛḍha karma, daremos consejos, remedios y acciones para ayudar a dar forma y dirección a esa área de la vida. Además de los consejos, entregaremos pūjā, mantra, donaciones, un buen muhūrta y otros remedios similares. Cuando veamos señales de dṛḍha karma, la tarea es ayudar al individuo a darle sentido a la situación. Ayudaremos a la persona a encontrar una manera saludable de aceptar ese karma en su vida.

Una enfermedad que sea dṛḍha karma no tiene cura, así como una pareja que no puede tener hijos tiene un karma fijo. En estos casos, el astrólogo ayuda a la persona a darle sentido a su sufrimiento al discutir el contexto transpersonal. C.G. Jung dijo que uno puede sufrir o de manera neurótica o dándole un significado. Las condiciones en la carta natal indicarán las acciones de vidas pasadas responsables del presente. Un astrólogo experto le da significado al adṛḍha karma de manera que crea una dirección beneficiosa para su cliente.

Existe mucho debate sobre el libre albedrío (*mati*) y el destino (*vidhi*). Este debate es de tipo dualista, ya que existe el libre albedrío que tiene el individuo y el destino que proviene de alguna fuente externa. Dependiendo del estado de conciencia de la persona, la relación de ambos términos irá variando.

Desde una perspectiva no dual, existe una sola fuente de la cual todo hace parte. No se trata de conquistar o cambiar el destino, porque somos uno con todo lo que existe. Ramana Maharshi enseñó a morar en aquello que trasciende tanto al destino como al libre albedrío.[22] Él decía que por el desarrollo y la conección con la sabiduría discriminativa, uno conoce tanto la fuente del libre albedrío como la del destino: nos convertimos en testigos que observan los desarrollos de los ciclos de la vida.

22 Charlas con Ramana Maharshi, charla 209, 426; y Ulladu Narpadu v.19

# Capítulo 3

## Grahas, los planetas

## Grahas, los planetas

La palabra sánscrita para planeta es graha, que significa 'agarrar,' 'obtener', 'percibir', 'detener' o 'aferrar', y es similar a la palabra en inglés 'grab', que significa 'agarrar' y que comparte la misma raíz lingüística. Si bien la palabra 'planeta' no incluye al Sol ni a la Luna, el término 'graha' sí. Existen nueve grahas básicos en Jyotiṣa, que se llaman así porque son los agentes causales que mantienen en orden la 'manifestación' del plano material, pránico (del prāṇa) y mental. Ellos son los instrumentos a través de los cuales opera la ley del karma. A continuación se presentan unas las primeras enseñanzas entregadas por el sabio Parāśara:[1]

अवताराण्यनेकानि ह्यजस्य परमात्मनः ।
जीवानां कर्मफलदो ग्रहरूपी जनार्दनः ॥ ३ ॥

*avatārāṇyanekāni hyajasya paramātmanaḥ I*
*jīvānāṁ karmaphalado graharūpī janārdanaḥ II 3II*

Hay muchas encarnaciones del Espíritu Supremo innaciente,
Janārdana[2] Viṣṇu toma la forma de los nueve grahas para entregarle
a los seres vivos (jiva) los resultados de sus karmas,

दैत्यानां बलनाशाय देवानां बलबृद्धये ।
धर्मसंस्तापनार्थाय ग्रहाज्जाताः शुभाः क्रमात् ॥ ४ ॥

*daityānāṁ balanāśāya devānāṁ balabṛddhaye I*
*dharmasaṁstāpanārthāya grahājjātāḥ śubhāḥ kramāt II 4 II*

Para destruir la fuerza de los demonios y aumentar el poder de los devas
encarnó como los esplendorosos grahas y así sostener el dharma.

El Espíritu Supremo (paramātman) adopta muchas formas[3], es decir que fundamentalmente existe una sola Fuente de la cual proceden todas las cosas. Esta Fuente, en su energía de mantenedor (Viṣṇu), sostiene el equilibrio mediante la forma de los planetas para entregar a los seres vivientes los resultados de sus propias acciones. Los planetas no son agentes que están en contra nuestra, sino más bien son un mapa divino que hemos creado a través de nuestras propias acciones, de nuestras actividades en diversas vidas, de las tendencias que hemos generado y que se manifestarán en esta existencia.

Los planetas representan la ley del karma que es la encargada de sostener el dharma. Nuestra configuración individual de los planetas nos indica qué karma está surgiendo en nuestras vida, así como la fuerza de los planetas nos enseña cómo está surgiendo ese karma y su ubicación nos indica cuándo y dónde estará surgiendo. Todos nuestros buenos acontecimientos son merecidos y todas nuestras

1 Bṛhat Parāśara Horā Śāstra, Avatāra-kathana-adhyāya

2 *Jana* significa 'engendrar', 'nacimiento' o 'los que nacen' (hombres y criaturas) y *Ardana* significa 'mover' o 'quitar', por lo tanto Viṣṇu puede ser quien mueve a todas las criaturas a manifestarse, a todos los seres a nacer o es quien destruye la necesidad de renacer (el dador de mokṣa).

3 Bhagavad Gītā (IV.7-8) darmasaṁsthāpanārthāya saṁbhavāmi yuge yugeII Con el propósito de establecer la justicia, yo mismo aparezco milenio tras milenio.

| | |
|---|---|
| Sol | Alma |
| Luna | Mente |
| Rāhu | Sentido del Yo |
| Marte | Fuego (agni) |
| Mercurio | Tierra (pṛthvi) |
| Júpiter | Espacio (ākāśa) |
| Venus | Agua (jala) |
| Saturno | Aire (vāyu) |

calamidades son para aprender de nuestros errores y evolucionar a un estado superior en cada vida.[4] Este es el concepto básico detrás del propósito y función de los grahas en la Astrología Védica: decretan los diversos tipos de karma que adquirimos. Observamos a los planetas en el cielo y como marcas en la carta natal, pero en realidad viven dentro de nosotros como la naturaleza de nuestras tendencias, motivando nuestras acciones. Los grahas son los indicadores arquetípicos (kārakas) a través de los cuales se va desenvolviendo el karma.

Todas las situaciones y sucesos de la vida surgen a través de estos nueve grahas. Tal como los números comienzan a repetirse después de llegar a nueve (... 6, 7, 8, 9, 1+0, o 1+1, o 1+2), todos los números se relacionan con combinaciones del uno al nueve; de la misma manera, si el universo fuera un programa de computadora, todas las partes estarían formadas por los números del uno al nueve y sus variaciones. De esta forma, los planetas y sus combinaciones crean las acciones de todo el mundo manifestado.

Es a través del alma, la mente y los cinco elementos que componen la realidad, que los grahas afectan todo lo existente: el Sol es el alma (ātman), la Luna es la mente (manas) mientras que Rāhu es el sentido de individualidad (ahaṅkāra). Rāhu y Ketu son también las perturbaciones mentales y psíquicas de la mente y el alma. Los otros cinco planetas visibles se relacionan con los cinco elementos.

En la Astrología Védica el Sol, la Luna, Rāhu y los cinco planetas encargados de los elementos son los ocho factores de la creación, que a su vez son controlados por las tres guṇas.[5] Cada uno de los cinco elementos tiene un estado experiencial distinto: la tierra es sólida y es nuestra base estable, el agua fluye y es maleable, el fuego es caliente y transformador, el aire es gaseoso y cambiante, y por último el espacio (ākāśa) es amplio, abierto, receptivo y armónico. Cuanto mejor se comprendan cada uno de los cinco elementos y las tres guṇas, mejor se podrá comprender a los grahas desde un nivel intuitivo. Cada manifestación dentro del espacio y el tiempo se compone y está activada por las tres guṇas y los cinco elementos.

4 Tantrāloka 28.237-351

5 *Bhagavad Gītā* (VII.4) enumera estos factores como los ocho componentes de la creación (*prakṛti*) como la tierra (*bhumis*), agua (*āpas*), fuego (*analas*), viento (*vāyu*), espacio (*kham*), mente (*manas*), razón (*buddhis*) y el sentido del yo (*ahaṅkāra*).

## Los elementos, la esencia de la realidad (Tattva)

| | | |
|---|---|---|
| **Tierra** *(prthvi)* | Creador, forma, creación de la realidad material, elemento sólido que define la forma, manifestación de los aspectos sólidos del cuerpo como los huesos y los dientes, el olor; el apāna vāyu está relacionado con la tierra creando un flujo descendente de energía o excreción. Conectado al sustento, la comida, el dinero, la riqueza y la forma en que lo obtenemos. |  |
| **Agua** *(jala)* | Sustentador, amor, flujo, conexión, relaciones sociales, cultura, creatividad, dador de vida, inmunidad, curación, salud, vitalidad, atracción sexual, reproducción, juventud y jóvenes, maleabilidad, belleza, voluptuosidad, crecimiento, rejuvenecedor, limpieza, enfriamiento, sabor, regulación de la temperatura, circulación. |  |
| **Fuego** *(agni)* | Transformación, digestión, calor, convierte la comida en energía, activación del sistema nervioso, animar, movimiento, luz, vista, ojos, comprensión, disciplina, celibato, poder, fuerza, ira, frustración, combustión, ardor, irritación, inflamación, ebullición, cocinar, alquimia. |  |
| **Aire** *(vāyu)* | Destructor, Rudra, separación, diferenciación, disminución, menguando, agotando, destrucción, movimiento, chitta o campo mental como el telón de cine para la mente, Kālachakra, tiempo y maduración (*phalana*), vāta en el cuerpo como la causa del envejecimiento, decadencia, enfermedad, sufrimiento y muerte, se relaciona con el sentido del tacto a través de la piel. |  |
| **Espacio** *(ākāśa)* | Abundante, en todas partes y en todo, todo está en él, existencia, alma, une las cosas armoniosamente, linaje, Śrī Chakra, oído, audición, las enseñanzas del guru, verdadero conocimiento, plenitud, verdadero contentamiento (*santoṣa*), ākāśa despierta al guru dentro del cuerpo y la mente, que nos da intuición (*prātibhā*), guru interior; ākāśa otorga espacio para la vida, buen espacio (sukha), coordina todos los demás elementos, asegura que la *vida* continúe, fuerza vinculante, pegamento armonizador. |  |

## Guṇas

La mente está influenciada por los cinco elementos y las tres guṇas (atributos), que son estados cualitativos de la naturaleza: tamas es la pesadez que se densifica en la naturaleza física de las cosas, mientras que rajas es la energía de la creación, del movimiento rápido, de la vida, de todas las actividades, y sattva es energía de equilibrio y de sustento. Estos tres atributos son necesarios para la creación, la subsistencia y la transformación de todas las actividades de la vida.

A nivel material todos los elementos de la vida pueden clasificarse en una de estas tres guṇas: las cosas que traen embotamiento, pesadez, inercia y falta de conciencia en la mente y el cuerpo son tamas; las cosas que traen codicia, ansiedad, turbulencia, distracción a la mente y al cuerpo son rajas; las cosas que aportan armonía, conocimiento y comprensión son sattva. Por ejemplo, al relacionarlas con la luz, tamas obscurece, rajas es demasiado brillante y sattva es una iluminación perfecta. En términos de movimiento, tamas no se mueve cuando uno necesita acción, rajas se mueve cuando uno necesita estar quieto, sattva se mueve cuando se necesita movimiento y está quieta cuando se necesita estabilidad.

| Tamas | Rajas | Sattva |
|---|---|---|
| Transformadora, aburrida, lenta, sin pensar ni preocuparse, inconsciente, destrucción, entropía, Śiva, *Balarāma* | Creativa, rápida, apresurada, codiciosa, llena de deseos, Brahmā, Sarasvatī, *Subhadra* | Conciencia elevada, energía equilibrada y sostenida, que trae la verdad y la conciencia, Viṣṇu, *Jagannātha* |
| **Marte, Saturno,** *los Nodos* | **Venus, Mercurio** | **Sol, Luna, Júpiter** |

Como se puede ver de la tabla anterior, los planetas se relacionan con las tres guṇas. Los planetas sattva sostienen la vida y aportan beneficios armoniosos a la vida de uno: el Sol proporciona los recursos, la Luna da sostenimiento y Júpiter indica el uso adecuado de nuestra inteligencia. Los planetas rajas usan energía para llevar creatividad a nuestras vidas: Venus otorga energía creativa a través de los seres vivos, en el amor, el sexo y el disfrute sensorial, mientras que Mercurio da energía creativa a través de cosas materiales como negocios, productos comerciales, información, libros, revistas, etc. Los planetas tamas transforman la vida eliminando lo viejo y dando espacio a lo nuevo: Marte rompe el mundo material para crear y diseñar nuevos objetos, así como Saturno usa el tiempo, el envejecimiento y las enfermedades para terminar la vida y permitir el renacimiento.

En Jyotiṣa los planetas sattva son llamados el trípode de la vida y a medida que se profundiza en su comprensión, queda claro que son los planetas más importantes para una vida feliz y armoniosa. Ellos representan los tres ojos: el ojo derecho (Sol), el ojo izquierdo (Luna) y el tercer ojo (Júpiter). La mayoría de los remedios para una vida material y espiritual próspera involucran a estos planetas.

## Varṇa, la casta de los planetas

Siguiendo el sistema de castas de la India, Júpiter y Venus son *brahmanas*, es decir que indican los caminos del aprendizaje, el conocimiento, la enseñanza y la guía. El trabajo de un brāhmana es leer las escrituras espirituales y guiar al resto de la sociedad. Júpiter es el planeta brāhmana sattva y representa la espiritualidad por el bien más amplio de la sociedad (*dharma*) y la liberación (*mokṣa*). Venus es el planeta brāhmana rajas y representa el aprendizaje espiritual para el beneficio propio (*artha*) y el aumento de los placeres de la vida (*kāma*). De esta manera comenzamos a combinar sus diversas formas de categorizarlos para profundizar nuestra comprensión de los grahas. El Sol y Marte son *kṣatriyas*, pertenecientes a la casta de guerreros y políticos: Marte es el kṣatriya tamas, que defiende a través de medios físicos como el ejército y la policía, mientras que el Sol es kṣatriya sattva, que defiende promulgando leyes y aplicándolas mediante el castigo. La Luna y Mercurio son *vaiśya*, la casta de los comerciantes: Mercurio es un comerciante con energía rajas como el clásico empresario que vende productos y aumenta los márgenes de ganancia, mientras que la Luna es más el comerciante sociable con energía sattva, que trabaja vendiendo cosas beneficiosas para la vida o servicios sociales. Saturno y los Nodos representan la casta trabajadora *śudra*: Saturno es el artesano normal o el obrero hábil y Rāhu representa a los trabajadores extranjeros (*mleccha*).

| **Brāhmaṇa** | **Kṣatriya** | **Vaiśya** | **Śudra** |
|---|---|---|---|
| Júpiter, Venus | Sol, Marte | *Luna, Mercurio* | *Saturno, Nodos* |

## Los planetas como indicadores naturales (Naisargika Kārakas)

Cada planeta tiene muchos significados y por lo tanto es imposible enumerarlos todos ya que todo lo escrito en una enciclopedia completa puede llegar a correlacionarse con uno de los nueve planetas. Sin embargo, se proporcionan listas para ayudar a comprender las energías y acciones de un planeta. Varios autores estarán en desacuerdo sobre ciertos significados, por lo que es importante no apegarse a un significado en particular, sino comprender el principio, el patrón y el arquetipo que representa el planeta. Estos significados también se pueden dividir en subgrupos infinitos.

Tomando un ejemplo, los bosques están indicados por Leo, pero los árboles están regidos por Mercurio; la madera que se utilizará para la carpintería está regida por Júpiter, pero la acción de construir está gobernada por Saturno y la estructura arquitectónica está regida por el Sol. La casa terminada está gobernada por Ketu, mientras que la tierra en la que se construye una casa está regida por Marte, así como el Feng Shui (vāstu) de la propiedad está regido por Saturno. Las hierbas del jardín están gobernadas por la Luna, mientras que las gemas enterradas bajo la tierra están gobernadas por Saturno.

Veámoslo con otro ejemplo, en el bosque hay muchos árboles: los frutales están regidos por Júpiter, mientras que los árboles sin frutos por Mercurio; los espinosos están regidos por Marte, los decorativos por Venus, los estériles por Saturno y los árboles fuertes con troncos gruesos están regidos por el Sol. De igual manera el indicador natural de casas (vivienda) es Ketu, pero dentro de ese significado, Luna y Venus juntos pueden dar una casa lujosa. Marte da una casa hecha de ladrillos, Júpiter una de madera, el Sol una de fardos de paja y Saturno una de piedras. Si no supiéramos qué tipo de casa entregaría Júpiter, podríamos suponer que daría una casa con gran cantidad de madera, dado que él es el regente de este material. De este modo los significados naturales de los planetas deben entenderse de una manera aplicable y práctica.

Las listas son infinitas ya que todo en el mundo creado puede ser clasificado en consecuencia; por lo tanto, primero se empieza por comprender la energía de cada uno de los planetas y posteriormente, a medida que se aprenden los diversos significados de cada planeta, se intenta comprender por qué se relacionan con un determinado objeto, por ejemplo, por qué las aves se relacionan con el Sol y los carneros con Marte. Sin un razonamiento lógico, uno no es capaz de recordar largas listas de significados, pero después de comprenderlos, estos significados se convierten en sentido común.

## Sūrya, el Sol

Parāśara describe que el Sol posee "ojos dulces y de color marrón (*madhupiṅgala*), una figura cuadrada, su constitución es pitta, es inteligente (*dhīman*), masculino y con tendencia a la calvicie (*alpakacha*)". [6]

El Sol entrega su energía luminosa para que todas las cosas prosperen y crezcan, como la semilla que necesita la luz adecuada para convertirse en planta, sin la cual no crecerá bien, pero con demasiada se quemará. Este graha representa los recursos que necesitamos para sobrevivir y para que toda la vida sobreviva. Toda la energía proviene del Sol, incluso el carbón y el petróleo se crearon a partir de depósitos antiguos que originalmente Sūrya trajo a la vida. El viento no soplaría si no fuera por el calor y el enfriamiento producido por el Sol. La energía solar e incluso los alimentos que se cultivan para sustentar a todos los seres vivos no existirían, si el Sol no proporcionara su energía dadora de vida.

Este graha representa el alma, la luz interior que guía nuestras vidas y energiza nuestro ser. Existen almas sin cuerpo, pero no hay cuerpos sin alma: el alma es un ingrediente clave para la vida. Si el alma no es feliz, el cuerpo enferma y muere porque el alma es su verdadera guía.

El Sol representa posición, respeto, gobierno y poder, indicando al rey dentro de la sociedad y al padre a nivel personal. Sūrya indica el dharma, el camino correcto para vivir. El trabajo del rey es defender el dharma de un país, garantizar que la sociedad viva de una manera adecuada y armoniosa; de esta manera es un guerrero de sattva, que en los tiempos modernos se ha convertido en políticos. El trabajo del padre es inculcar el dharma, la forma adecuada para que su hijo viva su vida plenamente; el padre es responsable de desarrollar en un niño el sentido de uno mismo, la autoestima.

En un nivel superior, el Sol representa el alma, pero en el ser encarnado esto se convierte en ahaṁkāra, el sentido del yo, que se identifica con la creación material. Rāhu (Nodo Norte) es el planeta que oscurece la mente con el apego a creer que el ser es una creación material, en lugar de percibir que somos el alma detrás de la creación. La ignorancia es no reconocer el alma verdadera, sino creer en este mundo transitorio. El Sol es llamado sarvātma (el alma de todo), el nivel del 'alma' donde no hay diferencia entre tú, yo o cualquier otra persona. La Luna y

6 Bṛhat Parāśara Horā Śāstra, Graha-guṇa-svarūpa-adhyāya, 23

los otros planetas en realidad no tienen luz propia, sino que sólo reflejan la del Sol, así mismo todas las personas en nuestras vidas son sólo reflejos de la realidad kármica de nuestra alma.

El Sol indica la existencia de una realidad donde sólo hay un Ser, a veces llamado Puruṣa, el Ser Cósmico. El reflejo de esta unidad, cuando se convierte en dos, es a través de la energía femenina de la Luna por medio de la cual se manifiesta el mundo material. A través de la energía masculina del Sol nacen las almas de todos los seres y juntos, el Sol y la Luna representan al dios y la diosa que crean la realidad. La Luna representa el mundo dual en el que trabaja la mente, mientras que el Sol representa la unidad de la conciencia donde el alma encuentra paz en aquello que está más allá del proceso de pensamiento.

Sūrya representa la espiritualidad e indicará nuestra relación con la espiritualidad en la vida. El Sol es luz y conocimiento que quema la falsedad; por esto cuando los planetas se acercan demasiado a él (combustión), su naturaleza material se quema, pero sus significados espirituales se purifican y se aclaran. El conocimiento más elevado del Sol está más allá del plano material. Este graha, caliente y puro, quema la inercia de tamas guṇa: tal como al salir por el horizonte en el amanecer destruye la oscuridad de la noche, el Sol quema la ignorancia, la oscuridad, la lentitud y la falsedad. Sūrya elimina las toxinas del cuerpo y por eso es representado por aves majestuosas, como un águila que come serpientes; es por esto que Garūḍa, el águila mística, es invocada cuando una persona sufre por toxinas y venenos, para luchar contra la energía oscura que permite que estos elementos existan.

El Sol entrega la luz que vuelve visible la verdad, dando la capacidad de ver con claridad, de tener visión y de percibir correctamente. El famoso mantra al Sol llamado *Savitṛ Gāyatrī* se usa para invocar la claridad del Sol en el intelecto, para iluminar la mente y el proceso de pensamiento. Nuestra verdadera naturaleza es clara, luminosa, brillante y Sūrya quema nuestro mal karma y la oscuridad que opaca nuestra visión verdadera.

Este Sol es la energía dadora de vida de la creación y toda vitalidad proviene de él, por lo tanto, el Sol representa la salud, mientras que Saturno representa la oscuridad y la enfermedad. El Āyurveda enfatiza que las rutinas regulares son importantes para una vida saludable y Saturno es irregular, mientras que el Sol es el planeta más regular, moviéndose por el zodiaco aproximadamente un grado cada día. Nuestro año de 365 días se redondea a los 360 grados del zodíaco y es debido al movimiento del Sol que se originó la medida de un grado y se creó la duración de un año, mes y día. El Sol es el planeta más regular, en el que reside la conciencia del tiempo y la creación no solo de las estaciones del año, sino también de los bio-ritmos en las plantas y animales, relacionándose con el corazón y sus pulsaciones. Este graha gobierna el ritmo tanto de la naturaleza como del sonido, el ritmo de la música y los instrumentos musicales. El Sol está representado en la mitología conduciendo una carroza tirada por siete caballos, que se relacionan con los siete antiguos chandas (ritmos) de los Vedas;[7] son estos ritmos y vibraciones que se manifiestan como los siete colores, porque el color proviene del sonido, ya que todo se manifiesta primero a través de la vibración del sonido. El Sol es brillante, colorido y musical: es el alma de todo lo que tiene vida.

**Significados médicos:** Asthi dhātu. **Cabeza**, *ojo derecho*, vista, circulación, corazón, vitalidad general de una persona, esqueleto, columna e identidad.

7 Viṣṇu Purāṇa II.8.6

**Enfermedades:** trastornos pitta, problemas de los huesos, anomalías de la columna o dolor de columna, dientes, fortalezas y debilidades constitucionales, vitalidad, corazón y circulación, función ocular, dolores de cabeza, traumatismos craneoencefálicos, calvicie, inflamaciones, lesiones causadas por cuadrúpedos. Psicológicamente, un Sol afligido causa la sombra de la vergüenza. Indica varios tipos de trastornos de la personalidad como narcisistas y de personalidad limítrofe (borderline) debido a problemas de desarrollo de la identidad.

## Chandra, la Luna

Parāśara describe a la Luna teniendo una constitución "vāta-kapha con un cuerpo grande y ancho, es sabia (*prājñā*), con buena intuición (*dṛś*), hablar dulce, es cambiante y voluble, y es una romántica desesperada (*madanātura*)".

La Luna es un reflejo del Sol y aunque el Sol es físicamente mucho más grande que ella, desde nuestro punto de vista parecen del mismo tamaño. La Luna es la energía *yin* femenina y el Sol es la energía *yang* masculina. El movimiento de estos dos grahas es la danza de Śiva y Śakti, el dios y la diosa.

Como el Sol se relaciona con el padre, la Luna se relaciona con la madre. Él gobierna el día y ella gobierna la noche. Sūrya es dador de recursos y Chandra es quien utiliza dichos recursos, y en la astrología financiera, él indica la oferta y ella la demanda.

La Luna es la madre dando cariño y cuidado, brindando el apoyo para vivir y para que todos los eventos prosperen; como una madre que ama a todos sus hijos, Chandra es amigable con todos los planetas. Las combinaciones planetarias con la Luna mostrarán la calidad de la madre en nuestra vida, mientras que su posición indicará la presencia de la madre en nuestra vida. De la misma manera que el padre inculca el dharma, la madre infunde la naturaleza psicológica y la salud emocional en un niño. La Luna representa a la madre, así como el desarrollo dentro del vientre materno y el desarrollo en la primera infancia, etapas que afectan la psicología de la mente humana.

La mente es muy cambiante y está coloreada por sus asociaciones, mientras que el Sol es de un sólo color que quema la falsedad. La Luna es la mente que en la vida material se mezcla con las ilusiones de nombre y forma. Si Chandra está con Saturno, la madre será dura o emocionalmente distante o no estará disponible y el niño tendrá una visión pesimista de la vida, mientras que si la Luna está con Júpiter, la madre será amable y se preocupará, proporcionando al niño una visión optimista de la vida. Ketu, el Nodo Sur, asociado con Chandra (mente) trae habilidad psíquica o tendencias esquizofrénicas, mientras que Rāhu, el Nodo Norte, con la Luna provoca confusión y adicciones en las tendencias mentales. Chandra indica la salud mental en general y la resiliencia emocional.

La Luna indica cómo nos relacionamos emocionalmente con los demás, jugando un papel importante en las relaciones. En la 'teoría del apego' moderna se describen cuatro estilos de apego que indican cómo las personas experimentan las

relaciones. Una Luna benéfica asociada con benéficos indica un estilo de 'apego seguro' y las personas con esta característica creen inconscientemente que sus necesidades serán satisfechas y, por lo tanto, muestran confianza y empatía con una tendencia a construir relaciones significativas a largo plazo. La Luna afligida por Saturno nos indica un estilo de 'apego evitativo' porque las personas con esta combinación creen inconscientemente que sus necesidades no serán satisfechas y, por lo tanto, evitan los conflictos; a menudo se vuelven emocionalmente distantes en las relaciones y encuentran formas de no estar disponibles. La Luna afligida por Marte indica un estilo de 'apego ambivalente' porque las personas con esta característica sienten que no pueden confiar en que se satisfagan sus necesidades; a menudo se sentirán ansiosos, culpables, controladores, enojándose fácilmente. La Luna afligida por Rāhu nos indica un estilo de 'apego desorganizado' donde las personas luchan con la confusión y carecen de una estrategia para satisfacer sus necesidades; pueden ser desconfiadas, insensibles y caóticas en la forma en que manejan sus relaciones. Para determinar el estilo de apego, necesitamos evaluar también la casa cuatro. La Astrología Védica ofrece varios remedios para ayudar a aumentar la energía sattva en la Luna y a desarrollar relaciones emocionales más seguras.

La Luna representa a la familia en general, desde la más cercana hasta los conceptos más amplios, como la comunidad de vecinos y comunidades sociales. Este graha representa a la sociedad y nuestra interacción con ella, donde se relacionan muchas mentes distintas. La Luna indica nuestro nivel de preocupación social: cuando ella se asocia con Júpiter (expansión), el individuo tendrá un alto nivel de interés social, mientras que si se asocia con Saturno (retracción) habrá desinterés, distanciamiento y el deseo de estar solo.

Chandra es voluble y cambiante, tal como sus muchas fases: es benéfica entre más cercana a estar llena, mientras que se vuelve maléfica, oscura y difícil, cuanto más cerca a ser nueva. En el Āyurveda, la Luna llena es kapha (tipo de cuerpo más robusto) mientras que la nueva es vāta (tipo de cuerpo más delgado). Chandra es el planeta que se mueve más rápido a través del cielo, al igual que la mente cambia de dirección rápidamente, los pensamientos y las emociones se mueven rápidamente a través de la mente.

La mente se mueve a medida que el prāṇa fluye en el cuerpo y donde esta va, el prāṇa la seguirá. Existe una relación directa entre la respiración y el plano mental: cuando la mente tiene miedo, la respiración se acelera, mientras que cuando hay tranquilidad a nivel mental, la respiración se calma; por eso los Yoguis controlan la respiración para poder controlar la mente, trascender el mundo efímero y alcanzar la esencia del absoluto.

El Sol indica la realidad verdadera, mientras que la Luna representa su reflejo ilusorio ya que la mente trabaja a través de imágenes que nos evocan emociones y que pueden reflejar la realidad o no. La forma en que la mente elige percibir la realidad se basa en la Luna natal del individuo, que nos mostrará su equilibrio emocional, así como la constelación lunar (*nakṣatra*) donde ella se encuentra, indicará cómo la mente procesa la realidad de ese individuo.

La mente trabaja a través de los órganos de los sentidos y es por eso que en la mitología a veces se representa a la Luna tirada por cinco caballos que simbolizan a los cinco sentidos que 'alimentan' nuestros estímulos mentales. En el Āyurveda la mente es tratada a través de cinco terapias sensoriales y el verdadero rejuvenecimiento para la mente ocurre cuando descansa de estos estímulos, proceso conocido como *pratyāhāra*, el retraer de los sentidos: es en ese momento que la Luna detiene firmemente a los cinco caballos de la mente. El exceso de estímulos agota la mente, creando ansiedad, esto se puede observar cuando Rāhu se asocia con la Luna.

La Luna es suave, vulnerable y se lastima, quiebra y daña fácilmente. Este graha representa el hogar que es un lugar de seguridad: la Luna es más feliz cuando está posicionada de forma segura en una carta, así como sufre más cuando se siente vulnerable mostrando más dificultad para procesar emociones y sentimientos. La felicidad y la tristeza son estados mentales, estados ilusorios fluctuantes tal como todas las demás emociones. La verdadera felicidad se encuentra al nivel del Sol (alma), más allá de las fluctuaciones y la naturaleza voluble de la Luna, que debe ser canalizada en una dirección que permita a los prāṇas ser más saludables y crear un estado fundamental de bienestar. Esto se logra mediante el bhakti yoga, la práctica de la devoción hacia una fuerza superior, que provocará un estado de felicidad (*sukha*) en la mente. La mente trabaja a través de patrones de pensamiento, que pueden ser negativos conduciéndonos a la infelicidad mental, o positivos dirigiéndonos al bienestar. El desarrollo del bhakti crea patrones positivos que dirigen la mente hacia la felicidad. Estos patrones, y cómo poder corregirlos, se ven desde la situación de la Luna natal del individuo, lo que nos indicará cómo dirigir mejor la mente y a través de qué arquetipos. La madre de la Luna era Anusūyā, la mujer más pura y devota del mundo.

La Luna es acuosa y emocional, se relaciona con la melodía y el canto; una persona que tiene las bendiciones de este graha será un buen cantante, con una voz melodiosa. Cuando las personas se limpian con agua, la Luna se fortalece y crea el deseo de cantar, es por eso que a muchos les encanta cantar mientras se duchan.

La lluvia nutre y alimenta a todas las plantas de la tierra, proveyendo a cada forma de vida; por eso Chandra se relaciona con la lluvia y con el crecimiento de las plantas, siendo el indicador principal de todos los alimentos y hierbas. Otros planetas también se relacionan con esto pero de manera secundaria. Los ajíes o chiles pueden ser regidos por Marte y la pimienta negra por el Sol, pero todas las hierbas crecen gracias a la nutrición de la Luna, y todas las sanaciones ocurren a través del cuidado de la Madre. Son las bendiciones de la Luna y Mercurio las que nos convierten en un sanador que trabaja con la medicina. Mercurio se relaciona con la ciencia y los instrumentos de la medicina, mientras que la Luna se relaciona con el lado curativo y energético de la medicina. En occidente los dos se han separado un poco, pero se necesita la unión de ambos para un sistema de curación completo. Se dice que la Luna es amistosa con todos los planetas, pero a Mercurio le desagrada la Luna; así, vemos la circunstancia natural de que los sanadores valoran los aparatos modernos, mientras que la ciencia moderna no acepta el método de curación lunar, llamándolo "alternativo". Chandra era el hijo de Ṛṣi Atri, uno de los principales sabios relacionados con el Āyurveda.

El estado de la mente dirige el prāṇa y una mente tranquila produce la calma y el equilibrio de vāta doṣa, la constitución de aire. Cuando vāta está equilibrado, Agni (la digestión) es fuerte y, por lo tanto, ojas (la inmunidad) es fuerte. La verdadera sanación y la salud descansan en la mente, en encontrar su equilibrio y su calma. La mejor forma de aquietar la mente, como por ejemplo la meditación, se verá de acuerdo con el estado y la ubicación de la Luna natal de un individuo.

**Significados médicos:** Rakta dhātu. **Rostro**, sangre, fluidos corporales, estómago, pulmones, *ojo izquierdo*, senos, capacidad de sustento del útero, ovarios, fertilidad, nutrición, membranas mucosas.

**Enfermedades:** trastornos vāta (para una Luna menguante) y trastornos de kapha (para una Luna creciente), trastornos de la sangre y del sistema linfático, edema, embotamiento, pereza, mal humor, trastornos menstruales y hormonales, cánceres de mama, trastornos del sueño, tuberculosis, miedo a animales acuáticos. Aflicciones sobre la Luna indican falta de seguridad o incapacidad para relajarse, así como pueden indicar trastornos emocionales o del estado de ánimo como depresión, ansiedad, trastorno bipolar y susceptibilidad a trastorno de estrés postraumático..

## Maṅgala, Marte

Parāśara describe a Marte como "cruel, desconsiderado y que tiende a tener los ojos enrojecidos, disfruta de la carne (*pala*) y de su esposa (*dāra*), tiene constitución pitta, se enoja fácilmente (*khrodha*) y tiene una cintura delgada".

Este planeta es ardiente como el fuego, feroz, agresivo y vigoroso. El Sol es el rey y Marte es el general que ejecuta su voluntad, tiene una mentalidad de soldado y le gusta pelear. Maṅgala tiene grandes habilidades de liderazgo, pero por ser un planeta tamas él no piensa, sólo sigue órdenes. Su trabajo es proteger y como guardián se relaciona tanto con la policía como con los soldados; la policía no crea las leyes, sólo las hace cumplir, así como un soldado no elige al enemigo, solo sigue órdenes y lucha.

Externamente Marte se relaciona con el fuego, que entre otras cosas cocina la comida, protegiendo así al cuerpo al matar los gérmenes. Internamente este planeta se relaciona con el poder de la digestión, llamado Agni, que cuando es fuerte, digiere adecuadamente la comida protegiendo al cuerpo de las toxinas (*āma*).

El Sol es la vitalidad del cuerpo, pero es el general del Sol en su forma de Agni (digestión) el que crea la salud y la vitalidad. Según el Āyurveda, Agni regula la fuerza de todos los tejidos corporales (*dhātus*) a través de la digestión y la asimilación de la energía adecuada; además controla los niveles de energía del cuerpo y es indicador de nuestra fuerza.

Ṛṣi Parāśara enseña que Marte se relaciona con el tejido nervioso y el sistema nervioso. El rey (Sol) y la reina (Luna) trabajan a través de su general (Marte) que ejecuta todas sus órdenes; de esta manera el alma y la mente, o los lados derecho e izquierdo del cerebro, controlan el cuerpo a través del sistema nervioso. El trabajo es realizado por los sirvientes (Saturno) que se relacionan con los músculos, que realizan el trabajo duro siguiendo las órdenes del sistema nervioso. Si los músculos dejan de funcionar, el sistema nervioso no tiene a nadie a quien mandar, así como de manera inversa, si el sistema nervioso funciona mal, los músculos no saben qué hacer; de esta forma los nervios y los músculos tienen una estrecha interrelación cuando se trata de una enfermedad degenerativa.

Marte es pitta doṣa, la constitución de fuego, y se relaciona con la bilis del cuerpo, cuyo exceso genera la hiper-acidez que se relaciona a este planeta. Cuando pitta doṣa aumenta, también aumenta la irritabilidad o la frustración, relacionadas a menudo con un deseo excesivo de querer controlar una situación. Las personas influenciadas por Marte necesitan esforzarse para tratar de no controlar todo y dejarse llevar, deben tener más fe y confianza para equilibrar su naturaleza guerrera.

Este graha se llama también Kuja o Bhauma, ambos significan 'nacido de la tierra', porque se dice que Marte nació de la personificación de la propia Madre Tierra; esta es la razón por la que este planeta se relaciona con la tierra, terrenos y propiedades. Como guerrero, Marte es quien protege las propiedades y el país, quien adquiere más terrenos mediante la conquista y, al mismo tiempo, es el planeta que indica el celibato; por eso la adoración de deidades relacionadas a Marte, como Hanumān o Kartikeya, son las que ayudan a progresar en el camino del celibato. Venus es agua y amor, mientras que Marte es fuego y quema; Venus es el bombero que tiene el poder de apagar a Marte, es decir de acabar con el celibato. Cuando Marte y Venus están juntos, la capacidad de ser célibe o reservado con el sexo se extingue, dirigiéndonos al exceso en la sexualidad.

Las deidades asociadas a Marte son reconocidas por su fuerza y son Rudras, los grandes destructores. Maṅgala puede generar accidentes que son muy perjudiciales para el cuerpo físico, porque está asociado con dañar, lastimar, desgarrar, sangrar, matar y cualquier tipo de violencia. Cuando un planeta está

bajo una maldición y Marte está involucrado, el planeta experimenta violencia o ira. Este graha quema, por lo tanto, se asocia con el olor a quemado, así como la piel u órganos irritados e inflamados se asocian a Marte, de la misma manera el fumar cigarros y la quema de hierbas.

Cuando Maṅgala está dando sus bendiciones, la persona se vuelve experta en artes marciales, tiene talento para las cosas mecánicas y tiene muy buena mente para temas técnicos como la ingeniería. Marte otorga dinamismo, gran energía, brillo y tiene la habilidad de profundizar en un tema en particular, lo que le otorga una enorme capacidad para investigar. Este graha a menudo tendrá un conocimiento muy profundo de una rama específica, pero no un conocimiento completo como Mercurio y Júpiter.

Marte tiene atracción por el conocimiento oculto. A este planeta le gusta particularmente el lado más oscuro de la realidad mística y Parāśara dice que Marte hace que uno se vuelva experto en mantras oscuros (*mantra-abhichāra-kuśalī*). Maṅgala no solo tiene el poder de controlar ejércitos, sino que también el de controlar las energías de las sombras más oscuras; es por esta razón que el māraṇa tantra, el rito para obtener la habilidad o el poder de matar, se ejecuta principalmente los martes.

El hijo de la tierra tiene el poder de matar y, dentro de los siete reinos (*sapta loka*), es el regente del plano terrestre (*bhūmi loka*); es por eso que este plano también es llamado mṛtyu loka, el reino donde todo muere, y los seres de este plano están constantemente involucrados en la práctica de la guerra, ya que los más poderosos gobernarán *mṛtyu loka*. Marte indica romper y todas las cosas eventualmente se romperán, incluso las grandes montañas. Este planeta puede comportarse bien, pero no es ni amable ni blando y es muy infeliz cuando una situación requiere esto de él.

Marte es un hermano que protege a su familia y como todos estamos hechos del barro de la Tierra, todos somos considerados hermanos cuando nos relacionamos con la Tierra como Madre.

**Significados médicos:** Majjā dhātu, sistema nervioso, **pecho**, *cejas*, nervios, control muscular, sangre, hemoglobina, endometrio, resistencia, fuerza, hígado, bazo, vesícula biliar, médula ósea, órganos sexuales.

**Enfermedades:** trastornos pitta, acné, úlceras, forúnculos, accidentes, lesiones, cortes, hemorragias, cirugías, quemaduras, abortos espontáneos, endometriosis, hígado, vesícula biliar, bilis, trastornos de la sangre pitta, trastornos del sistema nervioso autoinmune, trastornos menstruales, disuria, armas, hemorroides, hemorragias, tabaquismo y enfermedades causadas por él. Marte puede dar problemas de frustración, ira, rabia y resentimiento.

## Buddha, Mercurio

Parāśara describe a Mercurio como "atractivo (que tiene una forma hermosa), distinguido (*śreṣṭha*), usa las palabras con doble significado, tiene sentido del humor y hace bromas, es encantador (*ruchira*) y es tri-doshico (tiene una mezcla de las tres constituciones)".

Mercurio es el hijo nacido de la relación ilícita entre la Luna y Tārā, la esposa de Júpiter, la Luna indica los sentimientos y la naturaleza emocional de la mente, mientras que la esposa de Júpiter representa el Śakti (poder) de la inteligencia; creando a partir de su unión un hijo que representa la naturaleza pensante y discriminatoria de la mente, es decir la toma de decisiones.

Mercurio es un planeta rajas con mucha energía. Tanto Venus, como Mercurio se encuentran entre la Tierra y el Sol y naturalmente se mueven rápidamente por el cielo; por eso les gusta aprovechar y hacer mucho con su tiempo, más cosas de las que el tiempo les permite, moviéndose más rápido que la Tierra misma. Mercurio se relaciona con actividades e intercambios comerciales, transacciones y el mundo de los negocios en general.

Este graha tiene habilidades financieras, es bueno organizando y gestionando. Por esta razón los trajes que usan la gente de negocios se relacionan con este aspecto de Mercurio, así como los mercados financieros de rápido movimiento.

Mercurio se relaciona con el habla y la articulación, rigiendo la lectura, la escritura y todas las formas de comunicación, y siendo naturalmente estudioso y bueno para enseñar o dar conferencias. Mercurio ama el aprendizaje y la información que se comparte a través del habla u otros métodos de comunicación. Este graha es llamado *buddhipradāya*, el que da buena capacidad de pensamiento, comprensión e inteligencia. Se relaciona con el elemento tierra el cual da forma a todas las cosas, Mercurio tiene la habilidad de organizar y crear estructuras para el conocimiento y la información. Júpiter representa el vasto océano de conocimiento, mientras que Mercurio es la departamentalización en colegios y universidades que enseñan la información en un formato estructurado. Mercurio le da al conocimiento una estructura definitiva (tierra) tal como las hileras de vegetales en un jardín, mientras que Júpiter mantiene el conocimiento pulsando, como el océano donde no existe un límite definido. Júpiter se asocia a la información entregada en una relación tradicional de gurú-estudiante, mientras que Mercurio se asocia a la información compartida en una clase con un gran número de estudiantes. Júpiter se relaciona al conocimiento espiritual superior que alimenta el alma, mientras que Mercurio se relaciona al conocimiento mundano que mueve el mundo y tiene una aplicación práctica en nuestro día a día.

Mercurio se asocia a un príncipe y el Sol con el rey, existiendo siempre una tensión subyacente en el príncipe esperando a convertirse en rey, y por lo tanto en la astrología política Mercurio se relaciona con el segundo al mando o el que espera llegar al poder. Para que un rey permanezca en el poder, a menudo se realizan rituales para apaciguar a Mercurio como una forma enérgica de apaciguar a aquellos que desean derrocar el poder y la posición del rey. Como Mercurio se relaciona con los negocios y el capitalismo, casi siempre tiene más poder que el rey en cómo influye en la gente y dirige el foco del poder; es similar a la relación entre el jefe (Sol) y su secretaria quien realmente hace el trabajo más simple comprendiendo algunos de los detalles más sutiles de la acción, pero no tiene el poder, la posición o el control. Mercurio se relaciona con la posición de administrar la información o procesar los datos.

Este planeta rige la retención de la memoria, mientras que Rāhu rige el olvido y la pérdida de la conciencia; de esta manera estos dos grahas se oponen entre sí, donde si algo se olvida, no es recordado y lo que se recuerda, no se olvida. Mercurio es llamado *durbuddhināśa*, el que elimina o destruye la mala

comprensión, el mal discernimiento y las malas nociones. Parāśara dice que un Mercurio fuerte vive una vida de sattva (*sāttvika*) y es a través de esta energía que puede triunfar sobre Rāhu. Mercurio rige sobre la vegetación y los alimentos frescos del jardín, mientras que Rāhu indica la comida chatarra, conservada o las sobras. Rāhu es poco claro y confuso, mientras que Mercurio es claro y conciso. Cuando Mercurio está debilitado, la persona usará demasiadas palabras para describir algo que es simple. Rāhu crea conflictos, mientras que Mercurio está interesado en mediar entre las personas, no en discutir o pelear.

Mercurio se conoce como Saumyagraha, o el planeta amistoso, por su disposición amigable y servicial. Este graha se relaciona con el entretenimiento e indica la sala de estar o los lugares de interacción social y diversión. A Mercurio le gustan los juegos y deportes en donde hay un ganador y un perdedor, pero la gente juega en conjunto, no como Marte amante de competencias donde hay un ganador, pero la gente muere. Mercurio indica fingir y se relaciona con los actores, también rige sobre el humor, tal como un niño riendo, que se toma todo a la ligera y disfruta de la vida, mientras no esté afligido en la carta. Este graha es ingenioso y bueno para crear juegos de palabras.

Mercurio también se relaciona con el momento en medio de dos extremos o *sandhi*, el momento entre la noche y el día; por eso, en el Āyurveda los sabores asociados a este planeta son los sabores mixtos. Se sabe que Mercurio es andrógino, ni extremadamente masculino ni femenino, sino en el medio de ambos. El término griego 'hermafrodita' proviene de la unión de Hermes (Mercurio) y Afrodita (Venus). Mercurio está conectado con las personas transgénero, así como con la bisexualidad, las distintas orientaciones sexuales e identidades de género. En los Purāṇas, incluso Mercurio tomó como esposa a un hombre que había sido transformado en mujer por una maldición de Śiva.

Este planeta a menudo es adorado en la forma de una niña antes de la pubertad, antes que desarrolle su sexualidad; por estar relacionado con la niñez, las personas fuertemente influenciadas por Mercurio actúan de manera juvenil incluso a medida que envejecen. El Sol actúa correctamente, la Luna cuidadosamente, Marte se comporta de manera intimidante, Saturno de manera avejentada, mientras que Mercurio es juvenil y está lleno de ideas frescas. Mercurio tiene agilidad, conciencia corporal, permite que una persona sea experta en Yoga (*yogavid*) y otorga destreza y habilidades con nuestras manos. Mercurio es un libre pensador (*svatantra buddhi*), a diferencia de Marte, que sigue órdenes. La juventud de Mercurio lo vuelve muy influenciable a otros planetas, actuando beneficamente, si se asocia con planetas benéficos (*saumya*), o comportándose como maléfico, si se asocia con planetas crueles (*krūra*); este graha es muy adaptable a cualquier entorno en el que se encuentre y, por lo tanto, es muy importante tomar en cuenta con quien está acompañado.

**Significados médicos:** Rasa dhātu. **Caderas**, sistema linfático y piel, *frente*, neuronas espejo, garganta, cuello, boca, lengua, cerebro anterior o prosencéfalo, habla.

**Enfermedades:** desequilibrios tridoṣika, problemas a la piel, memoria (problemas de aprendizaje, enfermedad de Alzheimer), problemas de discriminación y razonamiento, aberraciones mentales, crisis nerviosas, vértigo, trastornos del habla, temblores, ticks, problemas de oídos, nariz, garganta y pulmones, trastornos hormonales del peso, impotencia, generalmente indica a quienes sufren o sufrieron de intimidaciones, acoso o burlas (bullying).

## Guru, Júpiter

Parāśara describe a Júpiter con "un cuerpo grande, pesado (*guru*), cabello y ojos rojizos, constitución kapha, inteligencia (*dhīman*) y experto en todas las escrituras". Júpiter se relaciona con ākāśa, el elemento éter o espacio, que se encuentra en todas las cosas, en todas las partes, omnipresente y que desde la perspectiva védica es el pegamento que mantiene unido al universo, creando armonía y salud en todas las cosas. Júpiter es apacible y representa paz y armonía en todos los niveles. Cuando este graha va a la batalla, se parece a Gandhi luchando mediante ahiṁsā (la no violencia) o una oración para superar obstáculos. Júpiter no trata de vencer en contra de la oposición, trata de poner a la oposición de su lado.

Este planeta es más fuerte al amanecer cuando comienza el día y, como tal, las bendiciones de Júpiter son buenas para comenzar cualquier nuevo evento. Este es el planeta con más sattva otorgando felicidad y satisfacción. Representa el conocimiento, la sabiduría y la comprensión, Júpiter también indica los Vedas o el texto principal de cualquier religión, tal como el conocimiento más alto que es amplio, holístico y lo abarca todo. Se dice que cualquier mantra dirigido a Júpiter es considerado como un elogio al conocimiento (jñāna-stuti).

Este planeta es el mayor de los benéficos, trayendo bendiciones, conocimiento, gracia y riqueza dondequiera que se posicione. Cuando mira a otro planeta o casa entrega energía y apoyo ayudando a superar cualquier problema. Júpiter es generoso y dadivoso, relacionándose tanto con la suerte y la riqueza, como con el lugar donde se guarda el dinero, la caja fuerte del banco o la tesorería. Este graha nos indica el valor de las cosas, es decir cuanto valen.

Júpiter indica los valores personales, lo que tiene sentido en la vida, lo que se piensa que es importante; por ejemplo si está con Mercurio, se valora la escritura, mientras que si está con la Luna, entonces hay altos valores sociales, y si está con el Sol, la espiritualidad y la verdad son lo más valorado. Cuando Rāhu se une a Júpiter, destruye esos valores. Mientras Júpiter es respeto y pureza espiritual, Rāhu es falta de respeto y contaminación material: Júpiter es bondad y Rāhu es engaño. Júpiter elimina los valores negativos de Rāhu, pero Rāhu contamina la energía benéfica de Júpiter. Rāhu es el caos y Júpiter es la calma, por lo que sus acciones e ideales se oponen entre sí.

Júpiter representa la vida, la vivacidad, el alma individual (*jīvātmā*), mientras que el Sol es el alma de todos. Este graha es lo que mantiene la fuerza vital en el cuerpo y cuando se acerca la muerte, es Júpiter o el alma individual, quien tiene el poder de detener la muerte; de lo contrario, nada más puede hacerlo. Júpiter protege la vida y representa la paz, a diferencia de Marte, que representa la guerra y la matanza, por lo que sus 'fuerzas' se oponen entre sí; pero cuando están juntos, Marte seguirá completamente a Júpiter y la combinación dará resultados positivos.

En Āyurveda Júpiter gobierna el sabor dulce y le gustan estos tipos de alimentos, pero los que son naturalmente dulces y saludables. Júpiter rige las frutas y los árboles frutales, mientras que Venus rige las flores que se ven hermosas y huelen bien, así como Mercurio rige las plantas verdes que no tienen frutos, ni flores; es importante notar que Júpiter rige los árboles frutales que tienen una utilidad para nosotros, de la misma manera que se relaciona también con obtener los resultados finales de una acción (*phalana*), es decir el fruto final de nuestro arduo trabajo.

Si el dharma fue fuerte en vidas anteriores, los frutos que nos dará en esta vida a través de Júpiter son una buena pareja y hermosos hijos, porque los niños no son solo el fruto del útero, sino el fruto de nuestro dharma pasado (vida correcta), así como un buen cónyuge es una de las mayores bendiciones y

el resultado de haber seguido el camino benéfico de Júpiter en una vida anterior. Por lo contrario Marte, el soldado, provoca abortos y pérdidas espontáneas, ya que su exceso de fuego no da sustento al útero. Júpiter da vida y satisfacción, es la alegría que surge a través de sattva, tanto así que en la antigüedad, los sabios védicos sirvieron a Júpiter como a una divinidad, mientras que sus esposas sirvieron a Júpiter cuidando del esposo y los hijos, ambos son considerados servicios al Guru,

En sánscrito el nombre de Júpiter es Guru, que significa 'maestro', 'guía' y 'consejero'. Los sonidos de su nombre representan la luz (ru) vertida sobre la oscuridad (gu), por lo que es capaz de eliminar la oscuridad de la ignorancia. Este planeta es un sacerdote ritualístico y disfruta de las ceremonias con ofrendas (*pūjā*). Llamado Devaguru, el maestro de los dioses, Júpiter nos guía a los reinos superiores y potencia las buenas tendencias de la mente, por lo tanto cuando él está sobre la mente (sobre la cabeza), el pensamiento será guiado en la dirección correcta. Por lo contrario, cuando Saturno esté sobre nuestra cabeza, existirán acciones que nos lleven al trabajo duro y al sufrimiento. Por esta razón antes de realizar un ritual hindú, se le reza una oración al Guru para que él se siente sobre nuestras cabezas, porque él es el guía del Supremo y el sacerdote del rey. De esta manera también se relaciona con Jesús guiándonos al Padre (Sol) y la Verdad.

El estado y la condición en que se encuentre Júpiter indicarán la percepción que tendremos de lo divino porque este planeta representa nuestro concepto individual de la divinidad y como la experimentamos. Júpiter es tanto Dios, como el Guru, tomando en cuenta que Dios es considerado la causa (*kāraṇa*) de una situación, mientras que el Guru es el que ejecuta (*kārya*) las acciones en dicha situación. De esta manera Dios es la causa de todas las cosas, pero se ejecutan y se experimentan a través del Guru. Nuestra situación con el guru material no es más que un reflejo del propio karma personal relativo al guru.

En un plano material el guru puede manifestarse como un maestro espiritual en nuestras vidas si hay suficiente *bhāgya* (buen karma acumulado). El guru también puede manifestarse en nuestra vida a través de múltiples formas más pequeñas de maestros o también como una forma trascendental de guru según lo indicado por la ubicación natal de Júpiter (indicando a Śiva, Viṣṇu, Dakṣiṇāmūrti, Dattatreya, Tripurasundari o Jesús, etc.); de esta manera Guru es solo una manifestación que está 'realizando' la acción 'causada' por lo divino. Júpiter es la luz del conocimiento, la verdad y la comprensión real.

**Significados médicos:** Medas dhātu.**Vientre**, epiplón, grasa, bazo, páncreas, oído, *nariz*. Júpiter gobierna el cerebro físico, el bienestar mental y la facultad mental de crear significados.

**Enfermedades:** trastornos de kapha, obesidad, bazo, diabetes, problemas de oído, sordera, problemas de peso, pereza, alergias, ictericia, enfermedades crónicas, nutrición, tumores, hinchazones. Júpiter juega un papel importante en la resiliencia tanto física como mental. La aflicción de Júpiter se manifiesta en trastornos mentales como los trastornos obsesivo-compulsivos, las fobias y la esquizofrenia.

## Śukra, Venus

Parāśara describe a Venus como "alguien que es feliz, tiene un cuerpo agradable y deseable, es de calidad superior (*śreṣṭha*), con hermosos ojos, es poeta, tiene una constitución kapha-vāta y tiene cabello rizado".

La vida en la tierra solo es posible con la cantidad adecuada de agua, como en el caso de una semilla que germina produciendo vida, cuando recibe la cantidad necesaria de agua. Venus representa este poder dador de vida del agua y se relaciona con el tejido reproductivo del cuerpo (semen y ovarios), siendo de esta manera tanto el ingrediente, como el lugar del proceso creativo. Śukra se relaciona con las hormonas del cuerpo, específicamente con las que hacen posible la reproducción y que dirigen la mente para que se llene de pensamientos relacionados a la sexualidad; esta es la naturaleza instintiva de un ser diseñado para procrear, que conduce al nivel inicial de atracción erótica.

La sexualidad se relaciona con el elemento agua, al igual que el amor y las relaciones; es más, los ideales del amor se relacionan con la guṇa del planeta Śukra en la carta natal. Cuando Venus se posiciona en un signo sattva con planetas sattva, un individuo tendrá ideales de amor y fidelidad verdaderos, mientras que cuando este graha se posiciona en un signo rajas o se asocia con planetas rajas, entonces el amor y la sexualidad se convierten en un deseo fuerte y la vida amorosa de la persona está impulsada por los deseos sexuales; cuando tamas influye en Venus, entonces el amor se convierte en un medio de sustento y la gente se casa por riqueza, seguridad u otros razones superficiales. La guṇa de Śukra mostrará cómo este impulso sexual instintivo surge en el individuo, mostrando los ideales de una persona sobre el amor y lo que está buscando en una relación.

Cuando alguien está enamorado, observa todo desde la cima del mundo porque el amor es energizante y vivificante. En Āyurveda hay un concepto llamado ojas, que se relaciona con el funcionamiento saludable del sistema inmunológico y se percibe en nuestro resplandor del aura. Ojas es una forma sutil, una vibración superior del elemento agua, que indica la salud, la protección y soporte a la salud. Venus indica el estado de ojas y nuestra capacidad de aumentarlo o agotarlo, por lo que este graha es el planeta encargado del rejuvenecimiento.

En la mitología védica se dice que Venus tiene el poder de devolver la vida a los muertos, esto puede ser entendido desde múltiples niveles. En el nivel físico, cuando una persona está enferma o cerca de la muerte, es el poder de Venus el que puede curar y devolver la salud a una persona; una forma en que este planeta hace esto es con la recitación del famoso mantra Mahāmṛtyuñjaya (*Tryambakaṁ yajāmahe...*) que exalta el poder de Venus y puede proteger e infundir vida. En otro nivel este planeta devuelve la vida a los muertos al asegurarse de que renaceremos gracias a la procreación; si nadie estuviera creando bebés, no habría forma de que el alma regresara de entre los muertos. De la misma manera, cuando un meditador saca de su mente los hábitos o pensamientos carnales, son los impulsos instintivos de Venus los que tienen la capacidad de restaurarlos y llevarlos de vuelta al proceso de pensamiento. Uno puede trabajar para eliminar la emoción de los celos, pero tan pronto como surja una situación, esa emoción de los celos volverá a la vida para atacar la mente. El amor puro es una emoción deva, mientras que las emociones como los celos, la codicia o el odio son emociones asura (demonio).

Venus es llamado el guru (maestro) de los demonios (*asura-guru*), es el maestro de los que no ven la luz, mientras que Júpiter es el guru de los dioses (*devas*). Esto nos muestra a Śukra como la fuerza que guía todos nuestros deseos, indicando nuestra naturaleza inferior y trabajando con nuestros deseos instintivos. Júpiter rige la mano derecha y Venus rige la mano izquierda, por lo que cuando una persona toma el camino de trabajar con el deseo en lugar de disciplinar el deseo, entonces está tomando el camino de la mano izquierda, es decir del asura-guru.

Mitológicamente Śukra nació como hijo del gran Ṛṣi Bṛghu y a pesar que manifiesta energía femenina en todos sus niveles, la mitología védica percibe al planeta Venus como masculino. Tanto la Luna como Venus representan a las mujeres, pero la Luna es un planeta sattva e indica la naturaleza equilibrada de una madre, mientras que Venus es un planeta rajas e indica a la bailarina llena de deseo antes de la maternidad. La Luna indica una energía cariñosa y nutritiva, mientras que Venus indica la belleza y la sexualidad en una mujer, él es el indicador de la lujuria; por eso una persona con la mente intranquila y con un Venus fuerte poseerá un deseo sexual disperso y descontrolado.

La deidad asociada con Venus es Lakṣmī, la diosa de la riqueza y la prosperidad, nacida del batido del océano de leche (la Vía Láctea) al igual que la forma griega de Venus (Afrodita) surgió del océano. Así como Lakṣmī representa la abundancia y prosperidad en el amor y la riqueza, Venus también representa tanto la abundancia como la riqueza, dinero, amor y salud.

**Significados médicos:** Śukra dhātu. **Pelvis**, *mejillas*, sistema inmunológico, sistema reproductivo, hormonas, semen, ovarios, útero, sistema urinario, riñones, amor propio y autovaloración.

**Enfermedades:** trastornos vata y kapha, enfermedades de transmisión sexual, disfunción sexual, problemas renales y del tracto urinario, diabetes, trastornos hormonales y endocrinos, enfermedades de la cara, los ojos, las vías lagrimales, enfermedades autoinmunes, autodesprecio, sensación de falta de valor, trauma sexual.

## Śani, Saturno

Parāśara describe a Saturno como "de cuerpo largo y delgado, ojos amarillos con tono marrón rojizo, constitución vāta, con dientes grandes, perezoso y cansado (*alasa*), tullido en las piernas (*paṅgu*), duro (*khara*) y con el pelo erizado y grueso".

El agua es la esencia de la vida y cuando el agua se seca, la vida se acaba, porque el elemento aire seca al elemento agua, provocando el proceso de envejecimiento y muerte. Cuando algo posee agua y juventud, es maleable y fresco como un árbol joven, pero cuando el elemento aire aumenta, las cosas se vuelven duras e inflexibles como un palo viejo y seco. Saturno como elemento aire está representado por un anciano de barba gris.

Como Saturno es el que se mueve más lentamente de los siete planetas védicos, se le representa caminando lentamente y cojeando; por esta razón Śani es el planeta relacionado con la cojera y la pérdida de una extremidad o parte del cuerpo, el se relaciona con la energía de la separación; tal como las hojas de otoño se secan y caen de los árboles, este graha rige el tiempo de morir y movernos hacia adentro.

Śani se relaciona con la soledad y la meditación, así como con la disciplina de la vida espiritual, aunque para algunos la soledad física también puede ser interna. Saturno está conectado con el aislamiento de la separación y controla la muerte, el morir y la pérdida de las personas que amamos en vida. La pérdida crea sufrimiento en la vida debido a nuestros apegos y a través de la pérdida aprendemos a desvincularnos.

Todo debe morir un día y por lo tanto envejecer a medida que la energía de Saturno aumenta en su interior. Los cuerpos que envejecen son propensos a las enfermedades y Saturno trae padecimientos de dos maneras: con el tiempo el envejecimiento trae descomposición natural al cuerpo y, en segundo lugar, a medida que los procesos naturales del cuerpo se estancan, las impurezas y las toxinas se acumulan en el interior creando enfermedades. Saturno se relaciona con la suciedad y la impureza, que en un nivel energético interno, se eliminan con el mantra 'auṁ viṣṇave namaḥ'.

Śani hace que las cosas alcancen su madurez, relacionándose con el envejecimiento que madura físicamente el cuerpo, haciendo sufrir a las personas y rompiendo apegos para traer madurez emocional y espiritual. De esta manera Saturno está conectado con el proceso de maduración, porque todas las cosas llegan con el tiempo.

Mientras que el Sol indica la realeza y las personas en posiciones poderosas, Saturno indica a la gente común que hace que un reino funcione. El Sol representa a un rey y su monarquía, mientras que Saturno es la democracia y la voz de la persona promedio.

Júpiter indica expansión y crecimiento, mientras que Saturno indica contracción y estrechez de enfoque. Júpiter indica buena suerte y tranquilidad en la vida, contrariamente a Saturno que representa el trabajo duro y el éxito a través de nuestro propio sudor y por eso, si Saturno es fuerte en una carta natal, la persona trabajará muy duro en su vida. Saturno se relaciona con la agricultura y el trabajo de extraer los alimentos de la tierra y en muchas civilizaciones antiguas fue personificado como una deidad agrícola capaz de castigar a través de malas circunstancias que dañarían la cosecha. Este graha gobierna los oficios y habilidades tradicionales y cuando él indica nuestras bendiciones, entonces dominamos las habilidades de nuestros antepasados.

Saturno es un anciano y un gran defensor de la tradición, la cual se trata de seguir 'las viejas formas', los patrones y hábitos establecidos, como por ejemplo cuando las personas se vuelven muy tradicionales y usan la ropa de sus antepasados evitando el cambio.

Saturno está personificado como el que castiga y que provoca miedo. Como indicador kármico representa los pecados (mal karma) cometidos en el pasado. Cualquier sufrimiento 'causado' por Saturno es solo el retorno de las propias acciones negativas hechas en el pasado, en esta vida u otras. El mejor remedio para el sufrimiento que trae Saturno es la purificación de nuestros karmas pasados a través de la práctica espiritual.

**Significados médicos:** Rasa dhātu. **Muslos** (que permiten el movimiento de las piernas y controlan el caminar), músculos, nervios, barbilla, colon, recto, rodillas, piernas, articulaciones.

**Enfermedades:** trastornos de vāta, estreñimiento, enfermedades crónicas, artritis, gota, reumatismo, parálisis, espasmos, miedo, fobia, alcoholismo, melancolía, depresión, agotamiento, envejecimiento, cáncer por toxinas o vejez, enfermedades de las piernas, cojera, amputación, sordera, deformidad, osteoporosis, caries.

## Rāhu y Ketu, los Nodos Norte y Sur

La historia de Rāhu y Ketu proviene de la famosa narración del batido del océano de leche (la Vía Láctea) y el surgimiento del néctar de la inmortalidad (*amṛta*). Los devas aprendieron que batiendo el océano de leche podían obtener amṛta tal como la mantequilla emerge de la leche batida, pero no podían hacerlo solos y se vieron forzados a pedir ayuda a los demonios (*asuras*). Usando una gran montaña (*Mandara*) y una enorme serpiente (*Ānanta*) como varilla para batir, los devas y los asuras

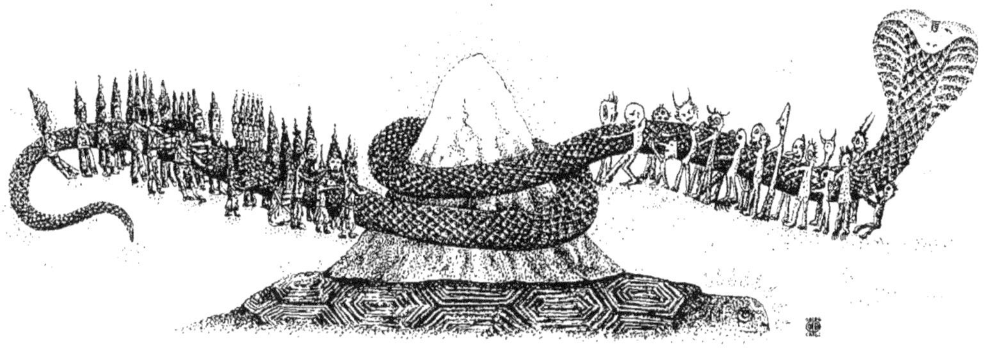

trabajaron juntos para lograr batir el océano. Cuando surgió el amṛta, los asuras se lo robaron, pero los devas pudieron recuperar el néctar con la ayuda de Viṣṇu, quien le dio una gota a cada uno de ellos. Viṣṇu estaba evitando repartir este néctar a los asuras, pero uno de ellos llamado Svarbhānu fue más inteligente, se disfrazó de deva y se puso en fila para recibir el néctar, escondiéndose entre el Sol y la Luna. Viṣṇu le alcanzó a servir una gota de néctar y, mientras caía, el Sol y la Luna descubrieron y revelaron su verdadera identidad. Viṣṇu tomó su arma, el chakra, y separó la cabeza de Svarbhānu del cuerpo en el mismo momento en que el néctar aterrizó en su boca; esa gota lo volvió inmortal, pero con su cabeza separada del cuerpo. Fue puesto en el cielo con los otros inmortales, pero está continuamente persiguiendo al Sol y la Luna por el destino que le provocaron. La cabeza es Rāhu mientras que el cuerpo es Ketu. Se dice que Rāhu intenta tragarse la Luna, pero como no tiene cuerpo, sale justo después de ingerirla; esta es la representación de un eclipse lunar, mientras que Ketu está más relacionado con los eclipses solares.

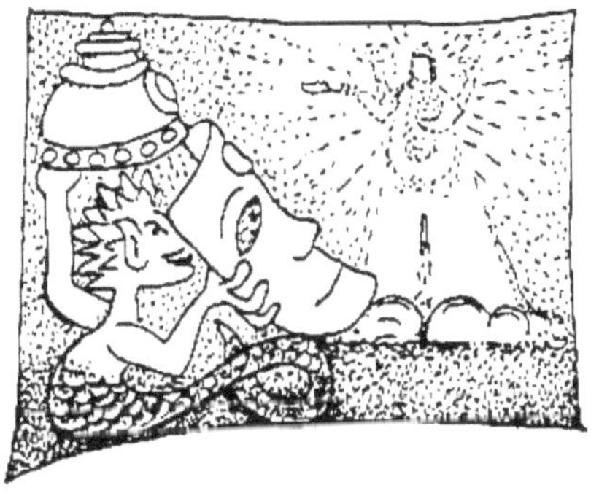

Rāhu y Ketu son entidades sin cuerpo, que solo tienen forma etérica, y se llaman planetas sombríos (*chāya-grahas*), representando las fuerzas que no pueden ser vistas. Como Rāhu es la cabeza que no tiene cuerpo, indica la ilusión de la mente por el mundo material, mientras que Ketu, quien no tiene cabeza, puede indicar la locura de no tener mente, como un esquizofrenia, o la espiritualidad del estado de no-mente, como sahaja o la mente de un principiante zen.

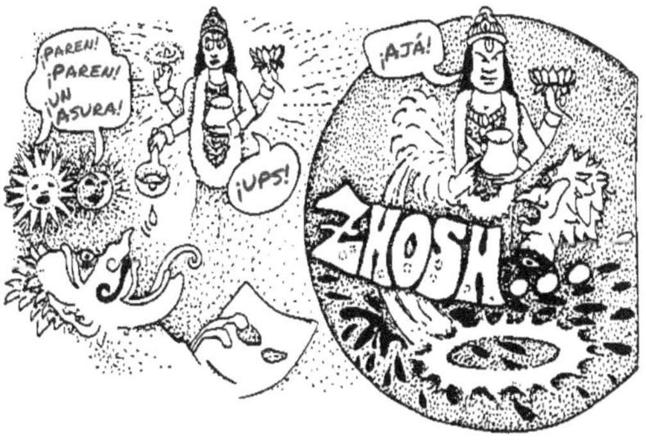

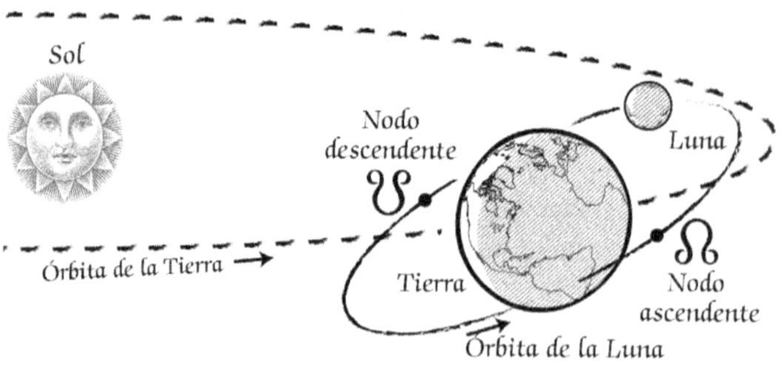


Astronómicamente Rāhu y Ketu son creados por la alineación del Sol, la Luna y la Tierra. Existe un espacio de cinco grados de separación angular entre el plano de la eclíptica de la Tierra alrededor del Sol y el plano de la eclíptica de la Luna alrededor de la Tierra, y los puntos donde estos dos planos se cruzan se llaman los Nodos lunares, que es donde pueden ocurrir los eclipses. Estos puntos nodales retroceden a través del zodíaco en función de la oscilación de la Luna.

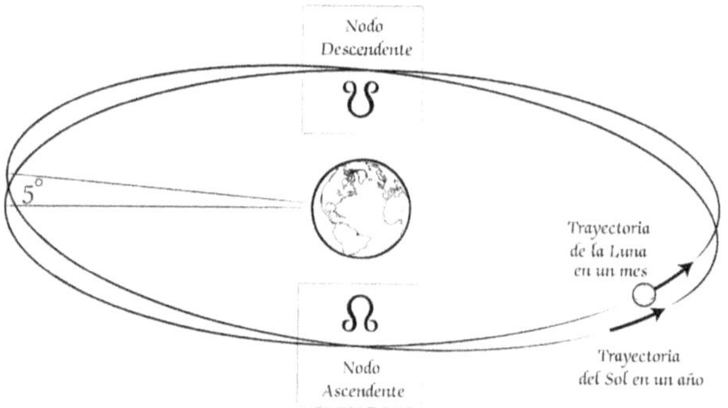


Los 'Nodos reales' (en inglés 'true nodes') tienen un movimiento retrógrado y directo debido a la ligera oscilación lunar, pero Jyotiṣa usa *principalmente* los 'Nodos promedio' (en inglés 'mean nodes') que siempre son retrógrados y se calculan como un movimiento promedio sin tener en cuenta dicha oscilación. De esta forma, el Sol y la Luna siempre tienen un movimiento directo, mientras que Rāhu y Ketu siempre retrógrado. Son los cinco planetas relacionados con los cinco elementos los que pueden cambiar entre movimiento retrógrado y directo.

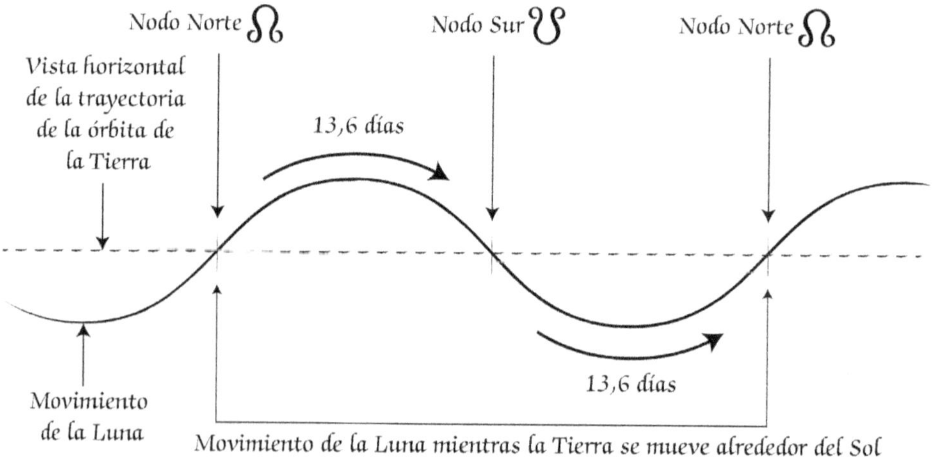

## Rāhu, el Nodo Norte

Parāśara describe a Rāhu como "de cuerpo azul (u oscuro), que produce humo u oscurecimiento (*dhūmrākāra*), vive en los bosques (tribales), provoca miedo, es inteligente (*dhīman*) y tiene una constitución vāta".

Rāhu es similar a Saturno en su naturaleza elemental de aire y de secar las cosas, pero Saturno representa tristeza mientras que Rāhu la conmoción o trauma, Saturno es el lado oscuro natural de la vida mientras que Rāhu es el lado oscuro demente que no piensa con claridad, llevando oscuridad y engaño a la mente. Rāhu se relaciona con la adicción y las sustancias extrañas, indicando todo tipo de drogas que alteran la mente.

Rāhu es impuro y sucio, envenenando cualquier cosa con la que se asocia; por ejemplo junto con Venus creará un sentido sucio de sexualidad, con Mercurio hará que uno use la mente de una manera engañosa, y con Júpiter le faltará el respeto a la vida. Rāhu causa perturbación y experiencias abrumadoras que no somos capaces de digerir.

En el lado beneficioso, Rāhu otorga la capacidad de trabajar con productos químicos, metales y maquinaria pesada, y también dará atracción a cosas que son extranjeras, pudiendo dar incluso lugar a viajes al extranjero. Es benéfico para los negocios y la política donde mentir, engañar y robar de la manera más fraudulenta son cosas que sacan adelante a la gente y la hacen ganar mucho dinero.

**Significados médicos: manos**, *boca, labios, oídos*, sentido de ubicación, sobre-estimulación sensorial, experiencias negativas con funciones extrasensoriales.

**Enfermedades:** trastornos de vāta, enfermedad crónica, sistema nervioso desequilibrado, experiencias traumáticas y disociación, falta de conciencia corporal, enfermedades mentales, trastorno de estrés postraumático, fobias, histeria, locura, posesión, problemas de control de impulsos, adicción, trastornos obsesivo/compulsivo y bipolar, Trastorno de Identidad Disociativo (TID), intoxicaciones, toxemia, parásitos, cáncer, trastornos psíquicos, lepra, pesadillas, insomnio.

## Ketu, el Nodo Sur

Parāśara dice que las serpientes creadas a partir de Svarbhānu son similares a su apariencia: Ketu es más como una nāga (serpiente de mayor vibración) mientras que Rāhu es sarpa (serpiente inferior). Ketu es como Marte en muchos sentidos, con calor y energía. Marte se relaciona a la madre tierra y fue del barro de la tierra que la diosa Parvati creó a Gaṇeśa, la deidad con cabeza de elefante relacionada con Ketu: la forma de la tierra que posee Marte fue transformada y se convirtió en Ketu. De la misma manera, los terrenos y las propiedades están relacionados a Marte, pero las casas están gobernadas por Ketu, ya que un ladrillo cocido es lo mismo que la tierra pero en una forma viva.

Gaṇeśa es el guardián a la puerta de entrada de la Madre y reside en el chakra raíz controlando quién tiene acceso a la energía kuṇḍalīni. Ketu gobierna las puertas y las cerraduras de las puertas, entregando la llave o negándola, manteniendo los obstáculos en tu camino o eliminándolos. Ketu es beneficioso para los esfuerzos espirituales pero no para los esfuerzos materiales, es Rāhu quien indica el camino de

*bhoga* (disfrute material), mientras que Ketu enseña el camino de la espiritualidad y el yoga (*mokṣa*).

Ketu y Rāhu se relacionan con entidades incorpóreas, mostrando espíritus y fantasmas, en especial cuando Ketu esté con Saturno indicando problemas con fantasmas. Por tratarse de entidades etéreas incorpóreas, la Astrología Védica usa remedios etéreos para lidiar con estos problemas.

Rāhu destruye al Sol, a la Luna y el signo donde se encuentre, mientras que Ketu destruye a los planetas (los cinco elementos) y la nakṣatra en que se encuentre.

**Significados médicos: piernas**, *cabello*, funciones extrasensoriales, experiencias místicas.

**Enfermedades:** trastornos de pitta, confusión mental, sentimientos de aislamiento, esquizofrenia, accidentes, epidemias, fiebres eruptivas, enfermedades virales e infecciosas, catástrofes, parásitos, virus, tuberculosis, confusión de diagnóstico, cirugías incorrectas, tartamudeo del habla, perturbación psíquica, posesión por espíritus.

## Upagrahas, los planetas secundarios

Los planetas secundarios importantes en el sistema tradicional son **Gulika** (*Gk*) y **Mandi** (*Md*), que son puntos matemáticos basados en la hora de salida de Saturno durante el día. Gulika indica el veneno (negatividad) que uno toma para sí mismo, mientras que Mandi mostrará el veneno que uno le da a los demás. Estos son puntos secundarios importantes en relación con enfermedades como el cáncer o para comprender actividades delictivas.

## Las relaciones planetarias naturales

Parāśara describe las relaciones naturales entre los siete planetas principales en el capítulo de los grahas. Se considera que Rāhu actúa como Saturno y Ketu como Marte, por lo que sus relaciones de amistad serán equivalentes. Estas relaciones son importantes para ver qué tan bien funcionan juntos los planetas cuando interactúan. También indicarán cómo actúa el planeta cuando está en la casa de otro planeta.

| **Graha** *(El planeta es)* | **Mitra** *(amistoso con)* | **Sama** *(neutral con)* | **Śatru** *(enemigo con)* |
|---|---|---|---|
| Sol | Luna, Marte, Júpiter | Mercurio | Venus, Saturno |
| Luna | Sol, Mercurio | Marte, Júpiter, Venus, Saturno | Ninguno |
| Marte | Sol, Luna, Júpiter | Venus, Saturno | Mercurio |
| Mercurio | Sol, Venus | Marte, Júpiter, Saturno | Luna |
| Júpiter | Sol, Luna, Marte | Saturno | Mercurio, Venus |
| Venus | Mercurio, Saturno | Marte, Júpiter | Sol, Luna |
| Saturno | Mercurio, Venus | Júpiter | Sol, Luna, Marte |

## Exaltación y debilitación

Los planetas son fuertes o débiles según el signo y la casa en la que se encuentren. Existen signos específicos que exaltan (*uccha*) un planeta y le permiten dar sus resultados de manera completa, así como existen signos que debilitan (*nīca*) un planeta, haciendo que tenga dificultades para manifestar sus resultados. El signo mūlatrikoṇa permite que el planeta ejecute sus deberes (*dharma*) en su máximo potencial, y cuando un planeta está en su propio signo, da buenos resultados ya que se siente como en casa. Otros signos serán positivos o negativos para el planeta según su relación con el regente de ese signo (amigo, neutral, enemigo).

| ***Graha* (Planeta)** | ***Uccha* (exaltación)** | ***Nīca* (debilitación)** | ***Mūlatrikona* (Oficina)** | ***Svakṣetra* (Propio signo)** |
|---|---|---|---|---|
| Sol | Aries (10) | Libra (10) | Leo (0-20) | Leo (20-30) |
| Luna | Tauro (0-3) | Escorpio (3) | Tauro (3-30) | Cáncer |
| Marte | Capricornio (28) | Cáncer (28) | Aries (0-12) | Aries (12-30) y Escorpio |
| Mercurio | Virgo (0-15) | Piscis (15) | Virgo (15-20) | Virgo (20-30) y Géminis |
| Júpiter | Cáncer (5) | Capricornio (5) | Sagitario (0-10) | Sagitario (10-30) y Piscis |
| Venus | Piscis (27) | Virgo (27) | Libra (0-15) | Libra (15-30) y Tauro |
| Saturno | Libra (20) | Aries (20) | Acuario (0-20) | Acuario (20-30) y Capricornio |
| Rāhu | Géminis y Tauro[8] | Sagitario y Escorpio | Virgo[9] | Acuario |
| Ketu | Sagitario y Escorpio | Géminis y Tauro | Piscis | Escorpio |

En esta tradición Rāhu y Ketu tienen dos signos de exaltación o debilitación: Géminis y Sagitario son las exaltaciones llamadas *bhoga* y se relacionan con asuntos externos, mientras que Tauro y Escorpio son las exaltaciones llamadas *āyus*, lo que significa que se utilizan en asuntos relacionados con la salud y predicciones en el tiempo.

Bṛhat Parāśara Horā Śāstra ofrece un resumen de estas fuerzas en porcentajes: un planeta exaltado dará el 100 % de sus efectos, mientras que cuando está debilitado, sus resultados serán cercanos al 0%. La siguiente tabla muestra las proporciones relativas a la posición de los planetas en los signos.

8 *El Libro de las Razones* del siglo X de Abraham Ibn Ezra (2.16.9) dice que según los 'científicos indios' (de los que él era consciente) los tres grados de Géminis eran la exaltación de Rāhu y la debilitación de Ketu.

9 Discusión en Bṛhat Parāśara Horā Śāstra, Daśā-phala-adhyaya, 34-36. Hay muchas opiniones sobre la dignidad de Rāhu y Ketu; algunos usan a Leo como la exaltación āyus de Ketu, algunos usan a Géminis y Sagitario como los signos de mūlatrikona; también existen otras opiniones.

| **Relación de fuerza de Parāśara**<br>*Graha Guṇasvarūpa Adhyāya, v.59-60* | |
|---|---|
| Exaltado | 100% |
| Mūlatrikoṇa | 75% |
| Propio signo | 50% |
| Signo de un amigo | 25% |
| Signo neutral | 12.5% |
| Debilitación o enemigo | 0% |

## Benéficos y maléficos

Los planetas se dividen en benéficos (*saumya*) y maléficos (*krūra*) naturales[10] Según Parāśara, el orden de benéficos de mayor a menor es Venus, Júpiter, Mercurio y Luna Llena,[11] considerando el primero como el más benéfico para propósitos mundanos y materiales, mientras que para asuntos del alma, Júpiter se considera como el mayor benéfico. Mercurio será benéfico, si está solo y bien posicionado, porque si se asocia con maléficos, se comportará de manera similar a con quien se junta, y le dará a ese planeta su brillantez intelectual, como por ejemplo, con Rāhu puede ser un ladrón muy inteligente.

Los más maléficos en orden de mayor a menor son Marte, Saturno, Sol y Luna con poca luz; en este orden el primero es para asuntos materiales, porque para los asuntos internos Saturno se vuelve el más maléfico. Rāhu es más maléfico que ambos Marte o Saturno. Ocasionalmente Rāhu puede estar posicionado entregando una gran cantidad de riqueza, pero lo hará a través de métodos krūra (crueles) cuando lo haga. Ketu será maléfico para los asuntos mundanos y se vuelve benéfico para la espiritualidad y el matrimonio.

La Luna es parte de ambas listas en función de su cantidad de luz; de esta manera, la mente puede ser nuestro mejor amigo o nuestro mayor enemigo. Estas son las características naturales benéficas (*saumya*) y maléficas (*krūra*) de los planetas. En cada carta individual, la naturaleza funcional de cada planeta cambiará ligeramente convirtiéndose en benéficos funcionales (*śubha*) o maléficos funcionales (pāpa). Por ejemplo, para ascendentes Libra, Saturno es un benéfico funcional (*śubha*) y Júpiter adquiere atributos maléficos funcionales (*pāpa*). Júpiter seguirá siendo un benéfico natural (*saumya*), pero se convertirá en un maléfico funcional (*pāpa*) para Libra. Esto es debido a las casas que rige y se explicará más adelante en el capítulo dedicado al entendimiento de las casas.

## Vakra, movimiento retrógrado

La geometría de las diferentes órbitas elípticas de los planetas y de la Tierra alrededor del Sol a veces puede hacer que un planeta parezca moverse hacia atrás por el zodíaco, fenómeno perceptible solamente desde nuestra perspectiva dentro la Tierra. Este movimiento retrógrado aparente hacia atrás nos indica que incluso lo que parece estar retrocediendo sigue evolucionando desde una perspectiva universal.

10 Bṛhat Parāśara Horā Śastra, Graha-guṇa-svarūpa-adhyāya, 11
11 Bṛhat Parāśara Horā Śastra, Yogakāraka-adhyāya, 8-10

Según la Astrología Védica los planetas retrógrados se vuelven tres veces más fuertes para dar sus efectos. Cuando un planeta está directo, actúa como el Sol y la Luna, mientras que cuando se vuelve retrógrado, actúa como Rāhu y Ketu, indicando deseos pasados que deben cumplirse en relación con las indicaciones naturales de ese planeta. Júpiter retrógrado dará fuertes deseos de tener hijos, riqueza o aprendizaje, mientras que Venus retrógrado dará un fuerte deseo de amor y relación, etc. Los benéficos pueden volverse más beneficiosos cuando están retrógrados y los maléficos pueden ser más perjudiciales, basados en su naturaleza en la carta.[12]

Cuando un planeta debilitado (*nīca*) se vuelve retrógrado, actúa como exaltado (*uccha*); a esto se le llama nīca bhanga, es decir invertir la situación de esa debilitación. Cuando un planeta uccha está retrógrado, actúa como debilitado, o también llamado *uccha bhaṅga*.[13]

## Asṭaṅgata, combustión

Cuando un planeta está demasiado cerca al Sol sus significados naturales son quemados, lastimando sobre todo sus significados externos. A veces la combustión puede ser beneficiosa para los significados internos o espirituales del planeta. Generalmente la combustión ocurre entre 8° y 12° desde el Sol, pero algunos astrólogos usan grados más específicos.

## La maduración de los planetas

Los grahas maduran en diferentes momentos de la vida, cada uno representa distintas edades, como se puede apreciar en el siguiente gráfico que muestra su tiempo principal de maduración. Cuando una persona cumple 16 años, se desarrolla su sentido del dharma y la espiritualidad, así como cuando cumple 21 años, su sentido de identidad madurará hasta convertirse en quien cree que es. A los 24 años la mente madura y la vida emocional se desarrolla, luego a los 25 madura la comprensión del amor y las relaciones, culminando a los 28 años con el uso correcto de la pasión. Las habilidades comerciales alcanzan su madurez alrededor de los 32 años, mientras que la comprensión de cómo se mueve el tiempo en la vida se logra a los 35 años. Estas edades de maduración indican que existe una progresión natural hacia la comprensión y la madurez en la vida, tal como un anciano que es más sabio por haber experimentado más en la vida y por haber alcanzado la madurez de estos planetas.

| Planeta | Edad |
|---|---|
| Júpiter | 16 |
| Sol | 21 |
| Luna | 24 |
| Venus | 25 |
| Marte | 28 |
| Mercurio | 32 |
| Saturno | 35 |
| Rāhu | 42 |
| Ketu | 48 |

Estos grahas están posicionados de manera diferente en la carta individual de cada uno. Por ejemplo Venus puede indicar la madurez de la sexualidad, pero para una persona eso puede significar que decide establecerse y casarse, mientras que para otra puede significar que decide volverse homosexual o no casarse; es la situación particular en que se encuentre cada planeta, la que indicará qué tipo de resultados llegan al madurar. La ubicación de los grahas también nos indicará algunos resultados materiales (*phalana*) en la vida,

12 Sārāvali of Kalyāṇāvarma V.39

13 Sārāvali V.14 y Horā Ratnam de Balabhadra (I.77) dicen que un planeta exaltado pierde su fuerza cuando se encuentra retrógrado.

como por ejemplo Marte ubicado en la casa de las inversiones podría manifestar adquisición de terrenos a los 28 años, mientras que el Sol en la casa de los vehículos indicaría un auto nuevo a los 21 años.

Existe otro esquema de madurez para los planetas que le asigna al Sol entre 21 y 22 años, la Luna entre 23 y 24 años, Venus entre 25 y 26, Marte entre 27 y 28, Mercurio entre 29 y 30, Júpiter entre 31 y 33 y Saturno entre 34 y 36. Estos sistemas son muy similares a excepción de Júpiter y Mercurio.

## Los períodos de tiempo naturales de la vida

La duración natural de la vida está regida por un planeta en particular, lo que indica el foco del desarrollo humano durante esos años. El primer año de vida está regido por la Luna, que indica que el desarrollo se centra en nutrirse y ajustar la conciencia sensorial. El siguiente período es el de Marte que indica el desarrollo de la vida independiente, mientras que el de Mercurio indica que el individuo comenzará su educación para aprender a vivir en el mundo. Venus indica la madurez sexual y el desarrollo del afecto, así como Júpiter indica el paso adelante para propósitos más elevados en nuestra vida. El Sol indica alcanzar la cima de la vida material y el comienzo del viaje espiritual del alma (*ātmā*) y por último Saturno indicará que nuestro desarrollo pasó a convertirse en el proceso de envejecimiento. Estos períodos se basan en el desarrollo natural del ser humano y cada fase se divide nuevamente en secciones más pequeñas (*antardaśā*) que indican un desarrollo más particular dentro de esa fase específica de la vida.

| Planeta | Edad |
|---|---|
| Luna | 0-1 |
| Marte | 1-3 |
| Mercurio | 3-12 |
| Venus | 12-32 |
| Júpiter | 32-50 |
| Sol | 50-75 |
| Saturno | 75+ |

## Los períodos de tiempo planetarios

Cada planeta representa una cantidad especial de tiempo[14] y estos no son los periodos que demoran en sus tránsitos. Esta información se utiliza mucho para praśna, la carta astral que responde a una pregunta, para indicar cuándo sucederá un evento. Por ejemplo, cuando la Luna indica el comienzo de un evento, este sucederá muy pronto, mientras que si Marte indica un evento relacionado a la obtención de un nuevo trabajo, este será en cuestión de semanas. Cuando Júpiter es la respuesta a cuándo una persona se casará, será en cuestión de meses, y si el Sol determina el tiempo antes de la reencarnación, será en un periodo de ayana (6 meses) antes de que la persona renazca. De esta forma el período indicado por los planetas se utiliza para cronometrar los eventos a manifestarse.

| Planeta | BPHS v.33 | Periodo de tiempo |
|---|---|---|
| Sol | Ayana | 6 meses (½ año) |
| Luna | Muhūrta | 48 minutos |
| Marte | Vāra | Día de 24 horas |
| Mercurio | Ṛtu | 2 meses (estación) |
| Júpiter | Māsa | 1 mes |
| Venus | Pakṣa | ½ mes (15 días) |
| Saturn | Samā | 12 meses (año) |
| Rāhu | Aṣṭamāsa | 8 meses (240 días) |
| Ketu | Trimāsa | 3 meses (90 días) |

El Sol rige un *ayana* que es de seis meses, que es el tiempo relacionado con el movimiento del Sol de un solsticio al siguiente. La Luna rige un *muhūrta*, indicando que los resultados serán rápidos, ya que este graha es el que se mueve más rápido.

14 Bṛhat Jātaka II.14, Praśna Mārga XIV.81

Marte rige sobre un día, por estar asociado con el elemento fuego y la energía que solo dura un día antes de necesitar rejuvenecimiento. Mercurio gobierna las estaciones ya que se relaciona a las variaciones del año y su efecto en el reino vegetal.

Júpiter rige el mes lunar (es decir, de Luna llena a Luna llena) por estar asociado con la fructificación de la Luna llena que completa un período de tiempo. Venus rige una quincena, ya que es la mitad del ciclo lunar que contiene quince tithis, secciones regidas por este planeta. Venus tiene una mitad oscura y otra luminosa claramente diferenciadas, mientras que Júpiter no separa las cosas en buenas o malas, sino que ve la utilidad y el lugar apropiado dentro de todo. Júpiter es el deva-guru y Venus es el asura-guru, maestro de los que no tienen luz. Cuando se batía el océano de leche, se usó una gran serpiente y los asuras tenían la opción de qué extremo de la serpiente usar y eligieron la cabeza pensando que era la mejor decisión, pero se trataba de una serpiente de mil cabezas llena de colmillos y que escupía veneno. Entonces los devas tomaron la cola que era una singularidad de visión y tenían unidad, mientras que los asuras tomaron la cabeza con muchos puntos de vista que estaban llenas de todo tipo de venenos y diferenciaciones.

Rāhu y Ketu representan períodos de tiempo extraños y Parāśara dice que Rāhu gobierna ocho meses mientras que Ketu gobierna tres meses.[15] Saturno representa un año, el período más largo de todos, lo que indica que él es como la cámara lenta de lo que va a suceder, representando la paciencia que lleva a las situaciones a su maduración.

## Gochara, el movimiento de los planetas (tránsitos)

Los planetas se mueven constantemente y un buen astrólogo tiene un conocimiento general de qué tan rápido se mueve cada graha. El gráfico a continuación indica el movimiento longitudinal 'promedio', con el cual se debe estar familiarizado. La Luna es el graha que se mueve más rápido, cambiando de signo cada dos días y medio. Mercurio y Venus están ambos en un signo de poco menos de un mes, ya que sus órbitas están entre la Tierra y el Sol. El Sol es percibido como si se moviera a la velocidad de la Tierra, mientras que Marte tiene una órbita mayor tardando unos dos meses en moverse a través de un signo y cuando se vuelve retrógrado, puede parecer que permanece en un signo por más tiempo. Júpiter está en un signo durante aproximadamente un año y demora un ciclo de doce años para dar una vuelta completa al zodíaco; cualquiera que sea el signo que está transitando Júpiter, este obtiene sanación y crecimiento. Rāhu y Ketu están en un signo durante un año y medio y sobre cualquier signo que Rāhu transite, lo angustia. Saturno tiene una órbita muy grande y pasa dos años y medio en un signo.

| **Graha** | **Diariamente** *(Bhukti)* | **A través de un signo** *(Bhabhoga)* | **Grados Anualmente** | **Completa los 360°** *(Bhagaṇa)* |
|---|---|---|---|---|
| Luna | 13° 20' | 2,5 días | ------- | 1 mes |
| Mercurio | 1° 40' | Alrededor de un mes | Cerca de 360° | 88 días |
| Venus | 1° 36' | Alrededor de un mes | Cerca de 360° | 224,7 dias |
| Sol | 1° | 1 mes | 360° | 1 año (365,25 días) |

15 Bṛhat Parāśara Horā Śāstra, Graha-guṇa-svarūpa-adhyāya, 46. *aṣṭau māsāśca svarbhānoḥ ketormāsatrayaṁ*

| Graha | Diariamente *(Bhukti)* | A través de un signo *(Bhabhoga)* | Grados Anualmente | Completa los 360° *(Bhagaṇa)* |
|---|---|---|---|---|
| Marte | 0° 31' | 2 meses | 191° | 687 días (1,9 años) |
| Júpiter | 0° 5' | 1 año | 30° | 361,04 días (11,9 años) |
| Rāhu | 0° 3' | 1,5 años | 20° | 18,6 años (6793,4 días) |
| Saturno | 0° 2' | 2,5 años | 12° | 29,5 años |

## Kāraka, los indicadores

Kāraka significa 'hacer', 'actuar', 'quién o qué produce o crea', y es instrumental para provocar una acción, es decir es el instrumento que produce cierto efecto. Por ejemplo, si estás enfermo, el kāraka será el planeta que lo indicará, o si tu madre se enferma, el kāraka será el planeta que mostrará ese resultado. La importancia de estos kāraka es determinar cuál es el planeta correcto a evaluar para resultados específicos. En el capítulo de Parāśara sobre este tema (*Kāraka-Adhyāya*) menciona diferentes tipos de kārakas, que dividiremos en tres grupos principales: Brahmā, Śiva y Viṣṇu.

| Deidad | Guṇa | Kāraka | # | Uso |
|---|---|---|---|---|
| Brahmā | Rajas | Naisargika - Natural | 9 | Instrumento natural de la acción |
| Viṣṇu | Sattva | Chara - cambiante | 8 | Naturaleza del alma interna |
| Śiva | Tamas | Sthira - estático | 7 | Salud y longevidad |

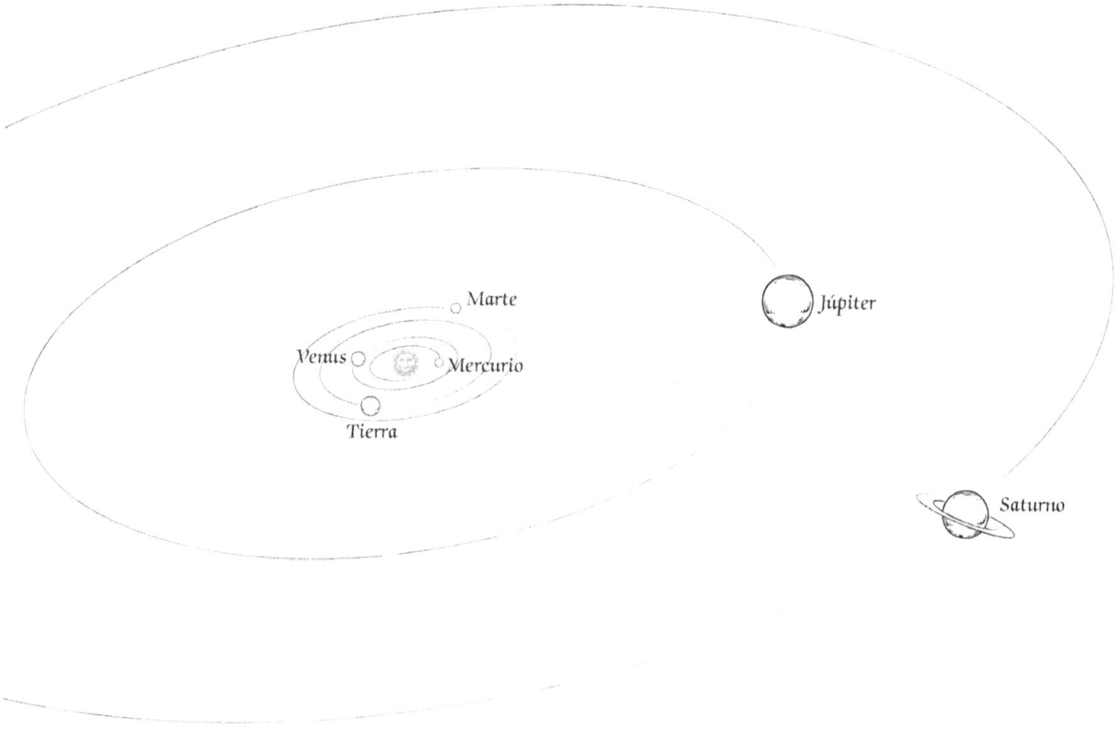

## Naisargika Kārakas, los indicadores naturales

Brahmā es la energía creativa del universo conocida como rajas y es a través de esta energía que se crearon todas las cosas, las que son percibidas por nuestros ojos y las que están más allá de dicha percepción, todas fueron creadas por rajas. Como se discutió anteriormente, cada uno de los nueve grahas tiene significados relacionados a esta categoría, los cuales son conocidos como significados naturales (*naisargika*) y que son la forma en que el universo funciona espontáneamente a través de un objeto. Por ejemplo, el Sol actúa a través de la pimienta negra, la Luna a través de la sal. Esta es la forma natural en que la energía creativa hizo el mundo.

## Charakārakas

Viṣṇu es la energía sustentadora del universo conocida como sattva. Los seres vivientes se sostienen a través del alma individual (*jīvātmā*) dentro de ellos mientras que los objetos inanimados tienen un *jaḍātmā* que los sustenta; en sánscrito *Jīva* significa vivo y *jaḍa* significa inanimado. Cuando una silla se rompe, su uso ya no es para sentarse, se ha convertido en solo pedazos de madera, su jaḍātmā se perdió, así como cuando una persona muere, se convierte en carne y huesos podridos, es debido a la jīva que abandonó el cuerpo. Ambos después de romperse o morir volverán a los elementos de los que procedían y la fuerza que los mantiene vivos asegurando su existencia y propósito es *Viṣṇu*, la energía sustentadora. El alma de las personas y las cosas cambiará de acuerdo a diversas situaciones y para entender *este nivel del ser* usamos los charākārakas.

El graha de mayor grado es el significador del alma (*Ātmakāraka*) y es el planeta que representa nuestra alma. Para este cálculo no utilizamos Ketu, ya que es el planeta que indica la liberación (*mokṣa*) y las almas que alcanzaron Ketu como Ātmakāraka ya no están aquí en la tierra. Rāhu tiene siempre un movimiento retrógrado a través de los signos y por lo tanto su grado se calcula hacia atrás, es decir tomando el grado de Rāhu y restándole 30 grados: esto nos dará la distancia recorrida por Rāhu dentro de un signo. Posteriormente a este cálculo, podemos ver qué planeta tiene el grado más alto y analizar el alma de la persona.

Parāśara dice que el Ātmakāraka (AK) es el kāraka principal, un rey entre todos los demás.[16] Así como un rey gobierna un país y los asuntos del país serán controlados por el rey, de la misma manera el AK controla nuestras vidas. Si el rey de un país es bueno, todos sus ministros realizarán buenas acciones, mientras que si el rey de un país es malvado, su gabinete se llenará de escándalos y actos negativos. El planeta que se convierta en AK, nos indica la naturaleza interna de la persona y es la semilla del sentido del yo (*ahaṅkāra*).

El Sol es el kāraka natural (*naisargika*) que indica el alma, es el mismo para todas las personas y cuando nos referimos al concepto del alma en general, utilizamos al Sol como el kāraka natural. El planeta Ātmakāraka indica la naturaleza específica del alma del individuo, indica el color o el sabor del alma de esa persona en particular y es el planeta a través del cual tenemos más karma para trabajar en esta vida, por lo que cuando hablamos de la naturaleza del alma de una persona, utilizamos el planeta Ātmakāraka.

16 Bṛhat Parāśara Horā Śāstra, Kāraka-adhyāya, 6-12

## Planetas como Ātmakāraka[17]

| | |
|---|---|
| **Sol** | Cuando el Sol se convierte en AK, indica que la persona tendrá un profundo valor por el poder, la posición y el respeto. Esto sugiere que la persona tiene que aprender a ser humilde para superar su karma asociado con el ego. |
| **Luna** | La Luna como AK indica que la persona debe ser cariñosa y compasiva, y que la vida familiar, comunitaria y social son importantes para ella. La persona necesita superar el concepto de apego familiar a pequeña escala y debe darse cuenta de que el mundo entero es su familia. |
| **Marte** | Marte como AK indica que la persona puede ser demasiado competitiva o agresiva, necesitando aprender a tener una competencia saludable y abstenerse de todas las formas de violencia siguiendo el camino de la no violencia (ahiṁsā). |
| **Mercurio** | Mercurio como AK indica que la persona está muy interesada en la comunicación (como el correo) y la información (como los libros). La persona debe controlar su forma de hablar, debatir menos y ser veraz en todo momento. |
| **Júpiter** | Júpiter como AK indica que la persona tiene afinidad por la expansión y la sabiduría, necesitando estar abierta a las opiniones de los demás y siempre debe respetar al Gurú, al esposo y cuidar a los niños. |
| **Venus** | Venus como AK indica que la persona se preocupa por la estética, la música y la creatividad. La persona requiere controlar su energía sexual y abstenerse de la lujuria y el sexo ilícito. |
| **Saturno** | Saturno como AK indica que la persona verá tristeza en su vida y comprenderá el sufrimiento de los demás. La persona debe practicar no hacer sufrir a los demás, sino compartir el dolor de los demás. |
| **Rāhu** | Rāhu indica que la persona puede ser engañada con frecuencia o no es consciente de las situaciones en las que se enreda, necesitando practicar un buen discernimiento, abstenerse del engaño, ser claros y transparentes con sus intenciones. |

El Ātmakāraka es el planeta con el que tenemos más karma para trabajar en esta existencia y por lo tanto, los significados naturales de ese planeta juegan un papel importante en nuestra vida. Si en la carta existen problemas con este planeta, entonces se experimentarán dificultades que nos afectan a nivel del alma. Si el planeta Ātmakāraka está afligido en el horóscopo, el individuo tendrá sufrimiento a nivel del alma con respecto a los significados naturales de ese planeta. También existen otras combinaciones con el planeta Ātmakāraka que pueden hacer que una persona sea poderosa y famosa.

La ubicación del AK en relación con los otros charakārakas mostrará la interacción con estas otras almas en la vida de la persona y la relación con ciertas áreas de la vida a nivel del alma. El planeta Ātmakāraka mostrará el sabor del alma del individuo, mientras que el segundo planeta con el grado más alto indicará la naturaleza de aquellos que aconsejan al individuo; así como el AK es el rey, el Amātyakāraka (Amk) es el ministro o el que guía nuestros logros en la vida. Todos los planetas excepto Ketu representan una de estas relaciones o una cualidad a nivel del alma con la que uno interactúa en la vida. El planeta con el menor grado indicará la naturaleza del alma de la pareja, como también representará las riquezas (*Śrī*) indicando la relación a nivel del alma con el dinero.

17 Información basada en la lección: *Ātmakāraka I* por Sanjay Rath

| Grado | Charakāraka[18] | |
|---|---|---|
| Mayor | Ātmakāraka | Alma individual, la naturaleza interna, similar al Sol, karma para que el alma trabaje y supere |
| Segundo | Amātyakāraka | Ministro, consejero, guía, liderazgo, similar la Luna, karma yoga, qué hacer por el mundo |
| Tercero | Bhrātṛkāraka | Hermanos, quienes se mantienen cercanos en momentos de necesidad, conocimiento, intercambio de información, Gurú (iniciación) |
| Cuarto | Mātṛ-kāraka | Madre, guías para la comprensión, el corazón, la curación, la devoción (bhakti) (tierra natal) |
| Quinto | Pitṛ-kāraka | Padre (implantación biológica del alma), sentido del deber y dharma, capacidad de dar protección a los demás (religión) |
| Sexto | Putra-kāraka | Hijos, aquello que carga nuestro futuro. Poder y aquello sobre lo que tienes poder (seguidores o simpatizantes, equivalente al poder político) |
| Séptimo | Jñāti-kāraka | Parientes, los que están íntimamente relacionados, la comunidad, el parentesco, grupo, círculo cercano, los que comparten un objetivo común |
| Menor | Dara-kāraka | Cónyuge, pareja, testigo de tu vida, riquezas |

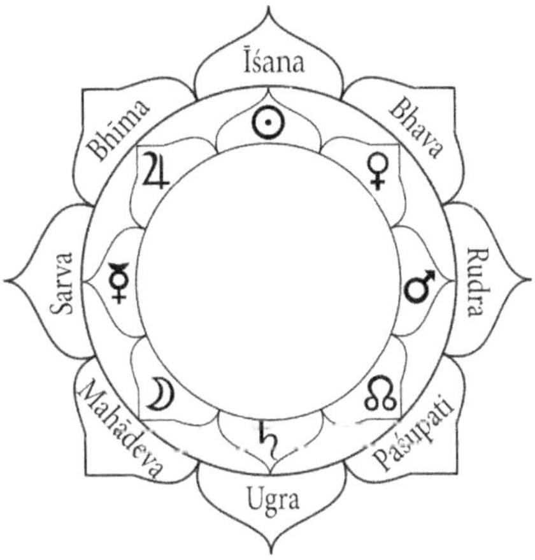

Ocho formas 'Ātmā' de Śiva

Parāśara enseña que hay dos tipos de esquemas de charakāraka, uno que usa ocho planetas y otro que usa siete planetas.[19] La tradición Achyutānanda enseña que el esquema de ocho planetas es para seres vivos y él de siete es para seres inanimados. La causa de la creación es el deseo, que está representado por Rāhu, y si estuviéramos libres del deseo y del apego no habríamos encarnado. Son nuestros propios deseos los que nuevamente nos estimulan a procrear y traer a otro ser vivo a este plano de existencia. Entonces desde un nivel relacionado al alma, encarnamos por nuestro propio deseo y, en un nivel físico, encarnamos por el deseo de nuestros padres. De esta manera, para los seres vivos Rāhu indica el deseo y Putra-kāraka indica nuestra descendencia, mientras que para las cosas inanimadas como un automóvil o una casa, no hay deseo propio de nacer, ni tienen deseo de reproducirse, y por lo tanto, no hay necesidad de Rāhu o el Putra-kāraka. Podemos analizar problemas, en relación con los charākāraka, en la carta de un país para saber dónde se distorsiona la conciencia de esa cultura, pero un país no encarna otras almas, solo dos humanos pueden hacer eso. De esta forma en las cartas de seres vivos usamos ocho charakārakas y para las cartas de cosas inanimadas usamos los siete charakārakas sin Rāhu o Putra kāraka.

18 Bṛhat Parāśara Horā Śāstra, Kāraka-adhyāya, 13-16
19 Bṛhat Parāśara Horā Śāstra, Kāraka-adhyāya, 1-2

### Reemplazo de Charakāraka

Parāśara enseña que cuando dos planetas obtienen el mismo grado independientemente del signo, el planeta de menor grado (considerando los minutos) eventualmente reemplazará el papel del otro planeta en su rol de charakāraka.[20] Por ejemplo, si el Ātmakāraka es Venus (23° 30') y el Amātyakāraka es el Sol (23° 22'), entonces habrá un reemplazo en la edad natural del planeta: y el planeta de menor grado se convertirá en AK, en este caso el Sol, y el alma reflejará entonces más cualidades solares en lugar de las cualidades de Venus. La naturaleza del planeta que está produciendo el reemplazo indicará la naturaleza del cambio y los indicadores del planeta de menor grado serán reemplazados por el planeta sthira kāraka de esa misma posición. Esto indicará grandes transformaciones a nivel del alma en nuestras vidas.

## Sthira Kārakas

Śiva es la energía destructiva y transformadora del universo conocida como tamas; es esta energía que permite que los cinco elementos manifiesten su forma física entregándonos un cuerpo físico, y es debido a que nacemos en un cuerpo, que tendremos que envejecer y morir un día. Cuando se analiza la salud y la longevidad en la carta se utilizan los Sthira-kārakas, dentro de los cuales Rāhu y Ketu no están incluidos debido a que no tienen cuerpos físicos y por lo tanto no indicarán longevidad física.

| | |
|---|---|
| Más fuerte entre Sol y Venus | Padre |
| Más fuerte entre la Luna y Marte | Madre |
| Marte | Hermana y hermano menor, cuñado |
| Mercurio | Parientes maternos, tíos, tías, primos |
| Júpiter | Abuelos paternos, *esposo* |
| Venus | *Esposa*, abuelos maternos, suegro y suegra |
| Saturno | *Hijos*, hermano y hermana mayor |

Estos significados no serán muy utilizados por el principiante, pero son importantes para comprender que Phalita-jyotiṣa (predecir los resultados futuros) y Āyurjyotiṣa (predecir y curar la salud) tienen ciertos fundamentos diferentes.

Tomando como ejemplo la madre, para analizar su naturaleza se observará la situación de la Luna, mientras que para comprender su naturaleza interna, tomaremos en cuenta el Mātṛ-kāraka, y para predecir la salud de la Madre, utilizaremos al planeta más fuerte entre la Luna o Marte como significador de su salud y longevidad.

20 Bṛhat Parāśara Horā Śāstra, Kāraka-adhyāya, 17

# Capítulo 4

## Devata, las deidades

## Devatās

Se le preguntó al sabio Yajñavalkya: "¿Quiénes son las treinta y tres mil deidades?" Y él respondió: "Treinta y tres mil son sus poderes, pero de hecho hay treinta y tres dioses".[1] Los dioses o deidades, llamados devatās, ***son la raíz de todas las manifestaciones de las fuerzas astrológicas*** vistas como los treinta y tres devas. Por lo tanto es importante comprender cómo estas se manifiestan a través de los varios planetas, sus fuerzas, guṇas (las cualidades de las que está compuesto el universo) y otras combinaciones diferentes. Estas diversas formas pueden ampliar nuestra comprensión de los planetas así como éstos, a su vez, pueden ampliar nuestra comprensión de los devatās. Podemos percibir los planetas desde muchos ángulos diferentes, ya que cada uno de ellos puede ser una forma de Śiva, o de Gaṇeśa, o de la Madre divina, pero las primeras formas que estudiaremos son las de Viṣṇu.

El mito tiene el poder de introducir imágenes en la mente inconsciente, abriendo mil puertas para el entendimiento. Ya sea que creamos en las deidades hindúes o no, los mitos despertarán un entendimiento más profundo tanto consciente como inconsciente de las energías planetarias.

## Los Avatāras de Viṣṇu asociados a los planetas

Las primeras formas de devatās o devas que describe Parāśara, son las encarnaciones (*avatāras*) de Viṣṇu. Un avatāra es una deidad que desciende para nacer en un cuerpo físico e interactuar en la tierra. Las siguientes son breves introducciones a los avatāras de Viṣṇu para entender plenamente los planetas a través de ellos. Las formas de Viṣṇu, relacionadas a los planetas, muestran las cualidades sáttvicas más elevadas de cada uno de ellos.

| **Encarnaciones de Viṣṇu de los planetas**[2] | |
|---|---|
| Sol | Rāma |
| Luna | Kṛṣṇa |
| Marte | Nṛsiṁha |
| Mercurio | Buddha |
| Júpiter | Vāmana |
| Venus | Paraśurāma |
| Saturno | Kūrma |
| Rāhu | Sūkara (Varāha) |
| Ketu | Mīna (Matsya) |

Parāśara enseña que Viṣṇu encarna como los planetas para defender y sustentar el dharma a través de la ley del karma: si hicimos una mala acción, tendremos un mal posicionamiento (*doṣa*) de los planetas y sufriremos en la vida. Ellos se asegurarán que obtengamos nuestros karmas positivos o negativos. Así es como ellos defienden el dharma y por eso son encarnaciones de Viṣṇu, sostiene al mundo a través de la ley del karma. Parāśara nos da una lista de todos los avatāras relacionados a los planetas. Cada una de las diez encarnaciones de Viṣṇu está asociada a los nueve planetas más el ascendente, pero Parāśara sólo menciona las nueve relativas a los planetas y no nos entrega la lista de todos los diez. La siguiente sección es una transcripción de una conferencia dada sobre los avatāras.

1 XI Kaṇḍa, 6 Adhyāya, Tercer Brāhmaṇa, v. 4-5

2 Bṛhat Parāśara Horā Śāstra, Avatāra-kathana-adhyāya, v.5-7

## Varāha, el jabalí

Rāhu indica el deseo y fue esa *semilla de deseo* que inició todo el universo, así como nuestras encarnaciones individuales en este planeta. El avatāra asociado a Rāhu es la encarnación del jabalí cuya historia comienza cuando la tierra estaba bajo el agua. Viṣṇu encarna como un jabalí para sumergirse y sacar la tierra a la superficie; una vez que salió a flote, la tierra estuvo lista para que los seres vivos la poblaran. En muchas culturas existe un mito de creación similar a este en que la tierra surge de las aguas. Los sumerios mataron a *Tiamat* y extendieron su cuerpo por todas las aguas para crear la tierra. También está escrito en la Biblia: «En el principio Dios creó los cielos y la tierra. Y la tierra estaba desordenada y vacía, y las tinieblas cubrían la faz del abismo. Y el Espíritu de Dios se movía sobre la faz de las aguas. Y dijo Dios: 'Sea la luz'; y fue la luz ".[3] Allí estaba la faz del agua profunda y nada más. Este concepto existe en muchas tradiciones: la manifestación de la tierra a partir de las aguas cósmicas; las aguas que dan a luz a la tierra. La Biblia dice que fuimos creados a imagen de Dios, mientras que según la visión védica nosotros somos el microcosmos que refleja el universo, que es el macrocosmos. De la misma manera que se crea el universo, también nosotros somos creados. Así como la tierra salió de las aguas, nosotros también vivimos dentro del útero en el líquido amniótico y cuando se rompe el agua, nacemos.

Varāha avatāra se relaciona con la causa de nuestro nacimiento como la encarnación de Viṣṇu de Rāhu, que representa el deseo que sustenta. Es ese anhelo el que nos hizo entrar en este cuerpo y tener estos karmas, mismos que crearon la necesidad de volver a *nacer*. Rāhu nos empuja a un cuerpo físico a través de sus deseos, mientras que Ketu representa el período de tiempo en el que dejamos el cuerpo. Viṣṇu se encarnó como un jabalí que nos entregó la Tierra, indicando el deseo por la creación *material*. Rāhu representa más específicamente el anhelo por la creación material, es decir, el deseo material. Sin dicha característica nuestros deseos se enfocarían hacia Dios y no reencarnaríamos en el plano terrestre: es nuestro deseo por el mundo material lo que nos lleva al plano físico.

Rāhu representa el ahaṅkāra, el sentido del 'yo' o 'ego', y cuando Rāhu es negativo en un carta, el sentido del ego es incorrecto, provocando que la mente sólo piense en lo que el 'yo' puede obtener en cada situación. Varāha eleva el sentido del 'ego' a una escala mayor, llevándonos a considerar que estamos compartiendo este planeta y haciendo parte de una red más grande de personas que interactúan entre sí. El *Ahirbudhnya Saṁhita* dice que Varāha rescata a los que se han ahogado (en el mundo material) y destruye la ignorancia en el corazón. Por esta razón la adoración de esta encarnación elimina las motivaciones egoístas, poco saludables y proporciona un enfoque adecuado.

3 Génesis 1:1-1:3

## Remedios

En la práctica Varāha avatāra se utiliza como remedio para Rāhu. Todos los avatāras de Viṣṇu nos muestran el aspecto exaltado de los planetas y cómo funcionan cuando operan en su nivel sáttvico más alto. Varāha salvó la Tierra, por lo que Rāhu en su estado más elevado es el deseo material que es beneficioso para el mundo. Ejemplos de esto son las personas con el deseo de crear una escuela, un hospital u otros lugares o situaciones donde las personas pueden disfrutar (*kāma*) lo que necesitan experimentar en sus vidas; otro ejemplo más extremo es el de una persona que se encadena a una excavadora para evitar que un bosque sea talado. Entonces la forma más elevada de Rāhu es la que salva al mundo material o hace del mundo un lugar más beneficioso para todos. Esto requiere un deseo altruista por el planeta, el más alto nivel de deseo: querer salvar al mundo y hacerlo un lugar mejor. Cuando adoramos a Rāhu en la forma de Viṣṇu como Varāha, invocamos esta energía.

Si queremos equilibrar un mal karma, debemos crear uno positivo en relación con aquel negativo que hemos creado anteriormente. Para que los remedios funcionen, el karma positivo futuro que generamos al poner nuestros esfuerzos en temas humanitarios, equilibra las cosas negativas que hicimos en el pasado. Hay un concepto llamado *Deśakālapātra*: el país *(deśa)* , el tiempo *(kāla)* y la persona *(pātra)*. Como astrólogos tomamos en cuenta a la persona, el período de tiempo y el lugar para realizar nuestro análisis. Hoy en día los remedios antiguos, como regalarle una vaca a un brahmana u ofrecer huevos dorados de serpiente, no son muy prácticos y son ínfimos comparados con lo que está sucediendo en el mundo de la actualidad. Necesitamos hacer donaciones a lugares que estén trabajando para salvar el planeta, ayudando a la vida en la tierra porque nos estamos convirtiendo en una comunidad globalizada. De la misma manera, cuando hacemos algo negativo, nuestro karma está afectando a la comunidad global. Cuando estamos realizando un remedio basado en Varāha avatāra, debemos hacer algo para intentar mejorar la comunidad mundial.

Hacer donaciones a lugares como Greenpeace, el Sierra Club u otras organizaciones que trabajan para proteger la naturaleza y la tierra, sería una forma práctica de propiciar a Rāhu representado en esta energía.

## Matsya, el pez

Ketu toma la forma de Mīna, que significa 'pez' y es mejor conocido como Matsya avatāra, cuya historia es similar a la del mito del diluvio judeocristiano. Todos estos diversos mitos de naturaleza arquetípica se encuentran en las culturas del mundo, en la Biblia, en los Vedas y en las culturas africanas; lo mismo ocurre con la historia del diluvio.[4]

Los sabios (*Ṛṣis*) sabían que Viṣṇu había nacido como un pez y un rey lo encontró en el agua donde se lavaba. El pez le dijo que se encontraba en peligro de ser devorado por los otros peces mientras era pequeño; por eso le pidió al rey que lo cuidara hasta que creciera y luego que lo soltara. El rey lo hizo y cuando finalmente soltó el pez, este le dijo que hiciera un bote para la inundación que se avecinaba.

Cuando finalmente llegó el diluvio, los sabios ataron el pez al bote donde se encontraba el rey cargando los Vedas y dejando que el pez lo guiara durante el tiempo del diluvio. No había remos, ni adónde ir ya que todo estaba inundado. El significado simbólico del barco sin remos indica que cuando

4 Śatapatha Brāhmaṇa, Manu-Matsya Kathā, 1.8.1.1-11

no podemos controlar lo que está sucediendo, debemos rendirnos a lo divino (Viṣṇu, el omnipresente). Con los Vedas (conocimiento espiritual) en la mano, podemos mantenernos firmes y confiar en que Viṣṇu nos hará superar estos períodos desconocidos y de cambio.

Los períodos de tiempo de un Ketu posicionado negativamente a veces pueden ser momentos de confusión en los que el aspecto lógico de la mente se vuelve disfuncional o, en el peor de los casos, las personas experimentan crisis psicológicas o 'pierden la cabeza' durante ese período de tiempo. Cuando esto pasa, necesitamos buscar las fuerzas superiores que nos guían en la vida. Un Ketu bien posicionado a menudo brindará momentos de gran percepción espiritual y alineación con aspectos de la vida que están más allá del reino visible.

La enseñanza espiritual más profunda es que cuando dejamos el cuerpo, si tratamos de controlar hacia dónde va nuestra alma, podemos perdernos. Todo lo que tenemos que hacer es invocar lo divino, de la forma más natural de acuerdo a nuestra religión: confiando en la divinidad y manteniendo nuestra mente fija en Dios, seremos guiados a través del más allá. Llevando solo los Vedas, el conocimiento espiritual que hemos adquirido en esta vida, nos entregamos a lo divino. La naturaleza material de lo que hemos aprendido no nos acompaña a través de nuestras siguientes vidas. Solo los Vedas, la raíz del conocimiento del alma, va con nosotros acompañándonos al otro lado. Si enfocamos nuestra mente en Viṣṇu, la divinidad que impregna todo, seremos guiados hacia un nuevo nacimiento o hacia donde se supone que debemos ir después de morir de acuerdo con nuestro karma. Matsya avatāra se relaciona con la espiritualidad, ya que Ketu es el indicador espiritual (*mokṣa kāraka*) e indica la naturaleza de ofrecer nuestra alma a la omnipotencia de Dios. Si tu ahaṅkāra (sentido del 'yo') cree que tiene el control, niegas su omnipotencia; por eso no funciona el decir: "Está bien Dios, me ofrezco a ti solo una hora de mi tiempo, pero el resto está bajo mi control". Ketu nos enseña que debemos entregarnos plenamente, no solo físicamente, sino mentalmente y al nivel de nuestra alma: tenemos que entregarnos plenamente a lo divino *(ātma-nikśepa)* para que éste pueda guiarnos por completo. El *Ahirbudhnya Saṁhitā* compara el camino de la rendición *(śaraṇāgati)* con un bote donde el peregrino sube y se sienta, permitiendo que el barquero reme. De esta forma Matsya nos permite soltar el control y ser guiados.

## Remedios

Matsya avatāra indica la exaltación de Ketu, resaltando su naturaleza más elevada y sáttvica. Ketu indica nuestra percepción espiritual y nuestra forma más natural de percepción, que es interna, ya que Ketu no tiene cabeza. Cuando Ketu es débil o no está bien ubicado en la carta, provocará fundamentalismo y mentalidad cerrada, llevando a la persona a no estar abierta a una nueva comprensión o nuevas formas de percibir. Cuando Ketu está bien posicionado, la persona tiene una visión amplia, de mente abierta y fácilmente es capaz de ver y comprender nuevas ideas, percibiendo la unidad de toda la creación. De modo que cuando queremos llevar a Ketu a un nivel de comprensión de mente abierta y tolerante es necesario hacerlo a través de Matsya avatāra.

Cuando Ketu es el planeta que sostiene un matrimonio (casa dos desde el Upapada Lagna, "UL" o punto de matrimonio), si Ketu no es fuerte, ese matrimonio no durará porque habrá una cierta naturaleza fundamentalista y de mente cerrada; si Ketu es fuerte, el matrimonio se mantendrá y se nutrirá a través

de una percepción comprensiva y expansiva. Cuando somos capaces de llevar a Ketu al nivel del Matsya avatāra, la persona o el matrimonio tendrá una cualidad de aceptación y apertura de mente, y esa naturaleza sostendrá el matrimonio o la relación.

Usamos las formas de Viṣṇu para *sostener* el matrimonio. Si es Rāhu quien da sustento a un matrimonio, entonces la persona podría ser demasiado materialista y esto destruirá la relación. Al elevar a Rāhu a ese nivel de Viṣṇu en el que trabaja para la manutención del mundo y el dharma, esto en cambio ayudará la relación. De esta manera estamos usando las formas de Viṣṇu para llevar a los planetas a su nivel más alto de sattva. Más que simplemente adorar las formas del graha, invocamos a Viṣṇu en sus encarnaciones como planetas para entregar sustento.

Las formas tradicionales de propiciar a Ketu eran alimentar a los peces o mantenerlos en un acuario o estanque para alimentarlos. Ejemplos de formas prácticas de propiciar a Ketu serían apoyando los esfuerzos para proteger el océano y la vida marina, ayudando a salvar el salmón salvaje, apoyando la 'Ley de conservación de peces marinos' del Sierra Club, o las iniciativas de agua limpia y otras organizaciones de esta naturaleza. Varāha tiene el objetivo de elevar el mundo material y sus remedios están directamente relacionados con esto. Matsya tiene que ver con el espíritu y mejorar nuestro karma espiritual; practicar la rendición es un elemento clave para propiciar a Ketu.

## Paramparā y Parāśara

**Un alumno pregunta:** "¿De dónde proviene esta información y cómo se relaciona con las enseñanzas de Parāśara?"

**Respuesta:** Parāśara espera que el estudiante ya conozca esta información, que según la tradición es el guru quien la enseña de acuerdo con los Purāṇas. Por ejemplo, Parāśara indica claramente que el Sol se encarna como Rāma; ¿qué hace el estudiante con esa información? No puede hacer nada a menos que el maestro se lo enseñe, esa es la tradición. Parāśara nos brinda toneladas de información y solo con el conocimiento adecuado podemos aplicarla. Nuestra tradición proviene de Parāśara. Vyāsa, el hijo de Parāśara, viajó por la India enseñando y ese conocimiento pasó de maestro a alumno hasta nosotros, hasta ahora mismo, y esa es la forma tradicional, la sucesión ininterrumpida de conocimientos de un guru al siguiente, es llamada paramparā. Cuando tienes un verdadero guru de un paramparā védico, la información proviene de ese linaje.

Por eso después de estudiar con mi guru, comencé a comprender los Vedas, porque todo lo que él dijo provenía de este conocimiento védico. De eso se trata el paramparā: el conocimiento se transmite y ¡está vivo! Si fueramos capaces de leer a Parāśara y entenderlo todo, entonces todo el mundo sería un astrólogo perfecto. Cada verso necesita múltiples niveles de enseñanzas para comprenderlo completamente. Parāśara simplemente dice que Rāhu es la encarnación del jabalí, pero no cuenta la historia de Varāha, porque espera que el estudiante vaya a leer la historia correspondiente; él solamente nos entrega las bases fundamentales. Nadie podría decir que Rāhu encarnó como Kṛṣṇa o que Rāhu encarnó como Sai Baba. Rāhu encarnó como Varāha, la Luna encarnó como Kṛṣṇa. Lo que está haciendo Parāśara es aclarar esos hechos. Son el maestro y la tradición los que le dan el significado y aplicación más profunda a este conocimiento.

## Kūrma, la tortuga

Saturno encarnó como Kūrma, que significa 'tortuga', durante el mito del batido del océano de leche. Debemos estudiar en profundidad todas estas historias de los avatāras de Viṣṇu, que se encuentran en los Purāṇas, los libros mitológicos. Durante ciertos períodos planetarios, mientras trabajamos con un planeta específico, es ideal estudiar más las historias de un avatāra específico como una forma de elevar y aprovechar al máximo ese período de tiempo.

El mito del batido del océano de leche comienza con 54 dioses *(devas)* y 54 demonios *(asuras)*, que representan las 54 buenas y 54 malas cualidades del hombre. Los devas deciden batir el océano de leche; a un nivel macrocósmico el océano de leche es la Vía Láctea en el cielo, mientras que los 54 devas y 54 asuras son las 108 divisiones del cielo llamadas *navāṁśa*.

El Sol indica medio año, llamado āyana, mientras que Saturno rige un año completo, llamado samā. Al Sol le toma un año, o 108 navāṁśas, dar la vuelta completa al zodíaco de 360°, tardando 54 navāṁśas para atravesar un āyana (de solsticio a solsticio); es decir, demora la mitad de un año en su trayecto sur que es el tiempo de los asuras y la otra mitad en su rumbo hacia el norte que es el tiempo de los devas. Este cambio de tiempo está asociado a Saturno.

Astronómicamente esto se convierte en el batido del océano cósmico, el batido de la Vía Láctea. A nivel interno está representando nuestras buenas y malas cualidades, así como nuestra conciencia, que es simbolizada por la Vía Láctea. Para batir el océano de leche y extraer el néctar de la inmortalidad *(amṛta)*, los devas y los asuras pusieron una montaña en el medio de ese océano y usaron una serpiente para que al rotarla batiera el océano de leche, la Vía Láctea.

A nivel macrocósmico dicha montaña es la estrella polar con el zodíaco girando a través del cielo y el Sol yendo y viniendo hacia los devas y los asuras que agitan nuestras vidas. A nivel microcósmico la serpiente representa a kuṇḍalini, la montaña representa a *suṣumna*, el eje energético central que atraviesa el cuerpo y simboliza el equilibrio, mientras que los devas y los asuras representan los canales energéticos derecho e izquierdo, caliente y frío. Cuando batimos la conciencia con la montaña central *(suṣumna)* buscamos aquello que está más allá de la muerte *(amṛta)*.

Cuando se depositó la montaña por primera vez en el océano, no giraba; por lo tanto Viṣṇu tomó la forma de una tortuga (*Kūrma*) y se ubicó bajo la montaña para que pudiera rotar. Esa rotación representa el batido de nuestro karma. A nivel del macrocosmo esto sucederá a medida que el Sol se mueva por el cielo y el tiempo naturalmente asegurará que todo el karma se cumpla. A nivel interno nuestra práctica espiritual puede agitar nuestro karma más rápidamente y Saturno representa todo el karma negativo acumulado que necesita ser experimentado o quemado. Es el sufrimiento de este planeta el que hace que nos volvamos espirituales o comencemos a trabajar quemando nuestro dolor y karmas negativos que nos atan a este mundo. Cuando empezamos la práctica espiritual y a trabajar con la energía kuṇḍalīni, comenzamos a batir nuestra conciencia y a trabajar a través de nuestro karma negativo. De esta manera Saturno es la base y el apoyo de la práctica espiritual.

Saturno prepara el escenario para que podamos comenzar con el batido. Estando conectado a *apānavāyu*, la energía que sirve para enraizar, Saturno ancla el chakra raíz para que la energía pueda comenzar a girar y a partir de ahí comience a producirse el crecimiento espiritual. Kūrma representa la quema adecuada de nuestro mal karma; podemos sufrirlo o comenzar a hacer tapasya (meditación profunda), remedios y a practicar la espiritualidad, quemando estos karmas y purificando nuestra conciencia. Esta es la forma correcta de enfrentar nuestro mal karma, a través de la espiritualidad y la práctica espiritual, o simplemente sufriremos a lo largo de la vida. Este es el comienzo del camino espiritual, cuyo progreso llega cuando comenzamos a enfrentar todo el karma negativo que hemos acumulado, que se almacena como negatividad en nuestra conciencia y se revela como las cualidades negativas en nuestras acciones.

## Remedios

Kūrma representa la activación y purificación de nuestros karmas, llevando a Saturno al nivel más alto. Kūrma avatāra trata de limpiar nuestro karma negativo de la manera más productiva, un elemento muy importante del progreso espiritual. Saturno en esta encarnación nos permite comenzar a lidiar con la negatividad en nuestra vida de una manera que podamos digerirla y batirla adecuadamente, convirtiéndola en algo mejor.

Saturno puede hacer que una persona se vuelva dura por las malas experiencias en la vida, tanto pasadas, como presentes. Son justamente estas malas experiencias las que pueden hacernos más humildes y mejores personas, en lugar de volvernos duros de corazón. Kūrma trae la fuerza del movimiento capaz de romper la energía bloqueada y estancada.

Sí Saturno indica el sostenimiento de una relación, pueden surgir muchos obstáculos por karmas del pasado, que pueden romper la armonía entre la pareja: una relación centrada en lidiar con los problemas del otro es insostenible. Las formas de mantener una relación saturniana implican crecer, lograr aprender de lecciones pasadas, asumir juntos un nuevo aprendizaje espiritual, progresar, hacer sādhana (práctica espiritual diaria) y quemar las negatividades internas. Esto es capaz de crear cimientos firmes en los que se puede basar una relación, considerando los problemas que surgen como elementos de crecimiento espiritual. Esta es la diferencia entre un Saturno débil y uno elevado al nivel de Viṣṇu.

## Narasiṁha, el hombre-león

El avatāra relacionado a Marte se llama Narasiṁha, 'nara' significa 'hombre' y 'siṁha' significa 'león'. Esta es la última encarnación con forma animal y es mitad león y mitad hombre. Cabe destacar que todos los planetas maléficos son avatāras animales: Ketu, Rāhu, Saturno y Marte. Este es el último avatāra animal, habiendo evolucionado hasta convertirse en un león.

La historia de Narasiṁha avatāra comienza con un demonio que se había convertido en emperador del mundo y tenía poderes mágicos que había adquirido a través de la práctica tántrica y que lo protegían: no lo podía matar ni un humano, ni un animal; no podía morir de día, ni de noche; no podía ser asesinado dentro de una construcción, ni fuera; no podía morir en el suelo, ni en el cielo. Él consideraba que debía ser adorado como una deidad, en vez de adorar a una energía invisible. Este demonio era peor que un ateo: él era anti-Dios.

Cuando el demonio dejó embarazada a su esposa, los otros seres de luz (*devas*) encontraron una manera de interceder. El divino Ṛṣi Nārada Muni, visitaba y contaba historias espirituales a esa mujer embarazada y por lo tanto el bebé escuchándolas se volvió muy espiritual desde el vientre. Esta es una lección importante en la crianza de los niños e indica la importancia del tiempo mientras el bebé está en el vientre materno: todo lo que la madre escucha o hace, influye y condiciona la *mente* del niño e incluso el estado emocional de la madre es muy importante ya que afecta directamente la mente del bebé mientras aún está en el vientre. Así que Nārada le contó todo tipo de historias y enseñanzas de Viṣṇu, por lo que el niño nació increíblemente espiritual, un gran devoto de Dios. El padre demonio no estaba complacido porque su hijo, llamado Prahlāda, estaba difundiendo enseñanzas espirituales sobre el amor por Dios y convirtiendo a las personas del materialismo a un estilo de vida simple y devocional.

El padre demonio creó todo tipo de estrategias para que su hijo muriera 'accidentalmente', como por ejemplo una estampida de elefantes. Nada funcionó, ya que Viṣṇu siempre protegería a Prahlāda porque él estaba lleno de devoción suprema. Finalmente el padre demonio vio frustrados sus intentos por destruir a su hijo de forma encubierta y, listo para ponerle fin, se enfrentó a Prahlāda directamente y le dijo: "¿Qué es esta basura de Dios de la que sigues hablando?" Empezó una larga y profunda discusión sobre Dios, acerca de dónde se encuentra ese ser Omnipresente y Omnisciente. Al final el padre demonio dijo: "No hay Dios. Y si es así, ¿dónde está?"

Prahlāda respondió: "Está en todas partes, *Sarvavyāpakeśvara,* en todas partes y en todo". Viṣṇu es omnipresente, está en todo y es el elemento relacionado al espacio (ākāśa tattva).

El demonio no podía ser asesinado durante el día o la noche, sin embargo, la discusión resultó ser al atardecer, el momento entremedio de ambos. En el argumento el demonio enojado dijo de manera burlesca: "Si Dios está en todas partes, ¿me estás asegurando que Dios está en este pilar de piedra aquí?"

Estaban parados en la entrada de uno de sus palacios, ni adentro, ni afuera. Prahlāda contestó que sí y luego su padre enojado golpeó y rompió en pedazos ese pilar de piedra, del cual emergió esta forma de Viṣṇu con cabeza de león, feroz e iracunda tras haber sido golpeado. Narasiṁha levantó al padre demonio y lo puso en su regazo, para que no estuviera ni en el suelo, ni en el cielo, no era de día, ni de noche, no estaba dentro de la casa, ni fuera de la casa, al estar en la puerta. Narasiṁha mató al padre demonio y entonces Prahlāda se convirtió en un rey muy espiritual.

## Remedios

Narasiṁha representa la protección de los devotos, a lo divino. Cuando nos rendimos a la divinidad, bajando nuestras manos y no peleando, ahí es cuando Dios viene y nos protege. Narasiṁha nos enseña a reconocer la necesidad de estar protegidos. El camino de goptṛ (guardián) es cuando tomamos a Dios como nuestro único protector y nos abrimos a la protección divina; con esto viene viśvāsa, la confianza en un benefactor supremo para que nuestros esfuerzos sean exitosos.

El aspecto exaltado de Marte protege a los devotos. En un nivel más profundo el demonio fue asesinado porque no pudo ver a Dios en todas partes y usó esa ignorancia *(avidyā)* para promover sus propias ganancias personales. La naturaleza inferior de Marte fue destruida por un niño que irradiaba devoción y pureza. Marte generalmente se representa como un niño pequeño, como en su forma de Śiva (*Kartikeya*). Es muy importante acercarse a Marte con la actitud de un niño porque si somos demasiado controladores, su energía puede ser muy peligrosa y destructiva. Cuando nos aproximamos a Marte de una manera inocente y desinteresada, la devoción infantil elimina todos los obstáculos y el ego se destruye.

Marte en su naturaleza inferior nos dará muchos problemas de lucha, disputa y control, relacionados con el elemento fuego. Cuando invocamos la forma de Viṣṇu de Narasiṁha, estamos eliminando el ego controlador negativo y despertando al niño devocional que existe dentro. Esto elimina la energía de lucha, ya que el nivel más alto de Marte es el del guerrero interno, que lucha la batalla espiritual. Narasiṁha elimina la actitud agresiva que se proyecta para compensar la propia debilidad. Al adorar a Narasiṁha, invocamos la energía exaltada de Marte que da fuerza interior a través de una fe firme en la protección y guía divinas.

## Vāmana, el niño brāhmaṇa con paraguas

La encarnación de Viṣṇu relacionada a Júpiter es un pequeño niño brāhmaṇa que lleva un paraguas para protegerse del sol. El paraguas es símbolo de posición y poder, como también una protección suave que entrega alivio de las durezas de la vida.

Después de que Narasiṁha mató al demonio, su hijo Prahlāda se convirtió en rey, tuvo un hijo llamado Virochana y un nieto llamado Bali. Cuando este último se convirtió en rey, conquistó la tierra y comenzó a realizar todo tipo de rituales mágicos para obtener el poder de conquistar los tres mundos. Habiendo conquistado la tierra y el cielo, el demonio Bali tenía que realizar un ritual más para conquistar el paraíso. Cuando estaba a punto de comenzar su ritual final, todos los dioses suplicaron a Viṣṇu que interviniera en la situación. Vāmana indica el aspecto de Júpiter que nos devuelve al camino correcto cuando la negatividad se ha apoderado de nuestras vidas.

El rey demonio Bali tuvo que realizar una última pūjā (ritual de adoración), en que todos los brāhmaṇas, sacerdotes y personas espirituales podían acudir a él y pedirle lo que necesitaban como parte del ritual. Viṣṇu se encarnó como Vāmana, un pequeño niño brāhmaṇa, y se dirigió a ver al rey Bali.

El demonio vio a Vāmana y dijo: "Veo que eres un santo, pídeme cualquier cosa, ¿qué puedo darte?" y Vāmana contestó: "No necesito riquezas. Solo quiero la tierra que pueda tomar en tres pasos. Entrégame la tierra que corresponda a esos tres pasos". Simbólicamente esto representa el espacio necesario para ser enterrado. En aquel entonces tradicionalmente los difuntos en la India eran incinerados; posteriormente se recogerían los huesos para ponerlos en una olla y enterrarlos. Los tres pasos marcaban el pedazo de tierra necesario para enterrar la urna.

Vāmana pidió tres pasos y el Rey le dijo: "Vamos, te puedo dar cualquier cosa, incluso un reino entero; puedes tener lo que quieras porque yo te lo daré". Y Vāmana contestó: "Solo tres pasos; prométeme tres pasos".

El guru del rey demonio le dijo: "No, no le des lo que pide, ese niño no es un brāhmaṇa normal". El rey contestó: "Él es solamente un pequeño, mientras que yo soy el dueño de todo. Le daré lo que quiere". El rey hizo el ritual para garantizar a Vamana los tres pasos de tierra.

Después del ritual el pequeño niño brāhmaṇa se hizo cada vez más grande y con su primer paso atravesó toda la tierra. Creció aún más y con el segundo paso cruzó todo el cielo; sin ningún otro lugar donde pisar, Bali se inclinó y dijo: "Pisa mi cabeza". El demonio se rindió ofreciéndose a sí mismo, por lo que Vāmana dio el tercer paso sobre la cabeza de Bali, destruyendo la cualidad demoníaca del rey y devolviendo el dharma al mundo. Este es el poder de Júpiter para regresar las cosas a su estado natural. Vāmana en su forma gigantesca se conoce como *Trivikrama*, el que conquista todo en tres pasos.

Narasiṁha, la encarnación de Viṣṇu relacionada a Marte, fue feroz y violenta, sorprendiendo al rey demonio y destrozándolo con las garras de sus manos. La encarnación de Viṣṇu asociada a Jupiter fue pacífica y gentil, se le acercó respetuosamente al rey demonio y con modestia conquistó y restauró el orden en el mundo. Ambas encarnaciones encontraron la forma más ingeniosa para vencer a los demonios, quienes representan nuestros obstáculos, y de la misma manera su adoración nos ayuda a encontrar la forma de superar los obstáculos respectivos a esos planetas.

## Remedios

Tratándose del planeta más benéfico, Júpiter da abundancia, pero a veces ni siquiera esto es suficiente: cuando está retrógrado o débil, hay descontento, mientras cuando está exaltado, hay alegría interior. Cuando Júpiter da sustento a una relación, necesitará abundancia y dharma. En su nivel más alto Júpiter indica que la totalidad de los tres mundos, es decir todo, pertenece a Dios y todo es Dios.

En la historia de Vāmana avatāra no hay tanta negatividad como en las otras encarnaciones. Incluso Bali no era tan malo como demonio en relación con los otros y hasta podríamos decir que era bastante agradable, ya que muchos decían que era mejor administrador que los propios dioses. Desafortunadamente desarrolló una sed de poder y perturbó el orden natural. A través de Vāmana atraemos el estado más elevado de Júpiter, donde todo se re-alinea con su propósito y se cumple el dharma; en este estado natural se pueden realizar grandes logros.

Cuando se despierta el pleno poder del dharma inherente, éste será capaz de obtener todo. Júpiter obtiene la victoria con métodos pacíficos, no con la guerra. El movimiento por la paz de Gandhi se llamó Satyagraha, que significa 'sostener la verdad'; Júpiter es el kāraka de la verdad y significa acción no violenta. Bali otorgó tres pasos al modesto brāhmaṇa y luego, al ver el poder de Vāmana, se rindió; de esta manera, Júpiter logra la victoria defendiendo el dharma.

## Paraśurāma, el guerrero que se convirtió en meditador

Venus es el elemento agua que elimina el exceso de fuego, tal como un bombero. El avatāra de Viṣṇu relativo a Venus es un guerrero poderoso, muy hábil, que encarnó para eliminar el exceso de políticos sedientos de sangre en la tierra. El avatāra de Viṣṇu conocido como Paraśurāma encarnó durante una época en la que los poderes políticos se estaban volviendo muy corruptos y había guerras, luchas y derramamiento de sangre innecesario. Paraśurāma es conocido por su hacha de guerra, mientras que Rāma lleva un arco y Kṛṣṇa lleva una flauta. Estas armas nos hablan de un aspecto de sus poderes; el hacha de batalla tiene dos lados, mostrando una naturaleza dual. Se dice que el hacha es capaz de cortar las raíces del árbol del karma.

Durante el tiempo de Paraśurāma, los ashrāms de los Ṛṣis estaban siendo quemados y la gente no estaba a salvo. Debido al intenso derramamiento de sangre y a la brutalidad, Viṣṇu se encarnó como Paraśurāma y juró matar a la clase guerrera y política (kṣatriya), que eran culpables de toda esta destrucción. En ese momento incluso el ashrām de Parāśara fue destruido por los Haihayas. Paraśurāma encarnó para restaurar el dharma matando a todos esos kṣatriyas, esto representa la actitud de Venus con respecto a la venganza. Cuando el corazón sale lastimado en el amor viene una energía vengativa muy peligrosa y dolorosa a nivel emocional; un Venus afligido puede provocar este tipo de sufrimiento.

Paraśurāma era conocido como un guerrero hábil y magistral, tal como Venus está relacionado con la gracia y el baile. Cuando Paraśurāma estaba en el campo de batalla, su habilidad era incomparable; además fue un gran guru de muchos linajes de artes similares al kung fu y al tai chi. Forjó todo tipo de armas con su habilidad creativa y fue un gran maestro de la guerra. Posteriormente en la guerra del Mahābhārata los guerreros se jactaban: "Oh, estudié con alguien que era discípulo de Paraśurāma".

Paraśurāma fue una encarnación parcial de Viṣṇu y después de conocer a Rāma, fue a Ṛṣikeśa para realizar su práctica espiritual (*sādhana*). En este tiempo se purificó de todas las matanzas que había cometido para que esta encarnación pudiera limpiar sus acciones cometidas. De la misma manera que el

Sol purifica a Venus, el encuentro con Rāma llevó la purificación a Paraśurāma. Los vaiṣṇavas, devotos de Viṣṇu, lo adoran como *Hṛṣīkeśa*. '*Hṛṣ*' significa 'regocijarse', 'excitar' o 'despertar', y '*hṛṣīka*' son los órganos de los sentidos que le otorgan esta sensación a la mente. Hṛṣīkeśa es el señor de los sentidos que ganó la batalla sobre las emociones. Por esto se asocia al avatāra relativo a Venus como el guerrero que terminó la batalla y que se esfuerza para purificar el mal interior, y no como el Paraśurāma sediento de sangre y vengativo.

## Remedios

Venus puede ser celoso, vengativo y de naturaleza competitiva. Cuando Venus sostiene una relación, habrá problemas relacionados con los celos. Al invocar el avatāra Hṛṣīkeśa, estamos apelando a esta energía de Viṣṇu que representa la finalización de la batalla, donde ya no hay necesidad de competir y podemos dejar de luchar para dedicarnos a cultivar la belleza interior. En una carta Venus siente su mayor incomodidad en la sexta casa, la casa de las competencias. Un Venus saludable indica dónde estamos trabajando para embellecer creativamente nuestro ser interior en lugar de competir con los demás. El arte es algo que cultivamos desde dentro y por eso la adoración de Hṛṣīkeśa ayuda a elevar a Venus para que esté trabajando en cultivar el arte y la belleza interna y no en la competencia externa.

## Rāma, el rey ideal

La energía del Sol encarnó como el famoso rey Rāma; para su completo entendimiento se requiere leer y estudiar el gran clásico llamado Rāmāyaṇa. Los dos avatāras principales de Viṣṇu son Rāma y Kṛṣṇa, y al analizar estas dos deidades importantes, estamos profundizando nuestra comprensión del Sol y la Luna. Mientras que los otros planetas son los cinco tattvas, o cinco elementos, las fuerzas primarias del Sol y la Luna son las del alma y la mente respectivamente y como tales están por encima de la creación física.

El Mahābhārata contiene las historias centrales de Kṛṣṇa y el Rāmāyaṇa las de Rāma. Estas historias épicas entran en detalles y complejidades increíbles que nos ayudan a comprender las diversas energías y aspectos de estos avatāras. El Mahābhārata y Rāmāyaṇa caen bajo la clasificación de Purāṇas y a menudo se les llama 'Las grandes epopeyas'.

En el Rāmāyaṇa el príncipe Rāma es el heredero del trono, pero cuando su padre muere, lo pierde frente a su hermano menor y es enviado a la jungla por catorce años, tiempo durante el cual estuvo en su Saturno mūla daśā.[5] Se suponía que Rāma iba a ser el rey, pero cayó del poder, fue exiliado a la jungla y le crecieron las rastas. Mientras estaba en la jungla, le robaron a su esposa y así comienza la búsqueda donde Rāma reúne un ejército de monos y osos con Hanumān como general para conquistar al demonio, Rāvaṇa, que le había robado a su amada esposa Sītā.

El Sol es el rey y se supone que está a cargo, debiendo estar en el trono haciendo que el país funcione. Cuando el Sol tiene problemas, hay una caída del poder provocada por Saturno que tiene una relación enemiga con el Sol: Saturno derriba al rey. En lugar de ser rey, en esta historia el Sol es enviado al bosque durante un período de catorce años, indicando su caída debido a la maldición de Saturno. Con la ayuda de Hanumān, una encarnación de Rudra (Śiva), Rāma conquistó Lanka, la ciudad de Rāvaṇa,

5 Mūla daśā es una técnica de predicción, basada en períodos temporales, que indican nuestras maldiciones y bendiciones.

y rescató a Sītā. A nivel interno el rey demonio tiene diez cabezas que representan los cinco sentidos y sus cinco acciones. La flecha de Rāma que mata a Rāvaṇa, es la discriminación correcta y por eso nos tranquilizamos por medio de la adoración de Rāma.[6] Mediante la tranquilidad interior nos convertimos en reyes de nosotros mismos, al igual que Rāma regresa a su reinado.

Teniendo en cuenta la relación enemiga entre el Sol y Saturno, siempre que tenemos problemas con Saturno, tratamos de fortalecer el Sol. El Sol es fuerza vital, la única luz verdadera en el cielo, mientras que Saturno es muerte, decadencia por envejecimiento, todo lo contrario al Sol. Por esta razón la protección de Saturno se logra llevando al Sol a su nivel más alto de sattva, a través de la adoración a Rāma, quien en nuestra vida nos permite ser el rey que se supone debemos ser. Sea cual sea la posición que debemos alcanzar en nuestra vida, lo haremos con el poder de Rāma. Gandhi expulsó a los británicos de la India con un solo mantra: él de Rāma. Se puso de pie y dijo repetidamente: "Rāma Rāma Rāma". Este es el único mantra que dijo, solamente usó este nombre, y con eso recuperó la India. Ese es el poder del Sol exaltado y el de Rāma avatāra, que al ser invocado a través de su nombre, permitió que la India se levantara y se volviera independiente.

## Remedios

Cuando hay problemas de salud y Saturno nos aflige, cuando nos sentimos oprimidos y necesitamos alzarnos en la vida, necesitamos el poder de Rāma. El Sol representa al gobierno, a los problemas con los funcionarios públicos y las políticas gubernamentales. La adoración a Rāma lo elevará a uno a una posición adecuada.

Cuando el Sol sostiene una relación, en ella debe existir la salud y la vitalidad. Si el Sol es débil (o Saturno está afligiéndolo), es posible que no haya suficiente energía, poder y vitalidad para mantener la relación, o incluso que la enfermedad destruya esa relación. La adoración de Rāma disipa esta angustia, brindando poder, luz, salud y una vida adecuada. Eleva a la persona y trae una relación de empoderamiento en lugar de una relación oprimida y controladora como Saturno.

6 Sātvata Saṁhitā 12, 151-152

## Kṛṣṇa, el flautista

En el Bhagavad Gītā Kṛṣṇa repite lo que su tío abuelo lejano Parāśara dijo anteriormente acerca de los avatares:

यदा यदा हि धर्मस्य ग्लानिर् वति रत।
अभ्युत्थानम् अधर्मस्य तदाऽत्मानं सृजाम्यहम्॥७॥

*yadā yadā hi dharmasya glānir bhavati bhārata|*
*abhyutthānam adharmasya tadā'tmānaṁ sṛjāmyaham||IV.7||*

Cada vez que surge una disminución en la rectitud (*dharma*),
Y el camino equivocado (*adharma*) se vuelve prominente, me encarno.

परि णाय साधूनां विनाशाय च दुष्कृताम्।
धर्मसंस्थापनार्थाय सं वामि युगे युगे॥८॥

*paritrāṇāya sādhūnāṁ vināśāya ca duṣkṛtām|*
*dharmāsaṁsthāpanārthāya sambhavāmi yuge yuge||IV.8||*

Para la protección de los piadosos y la destrucción de los malvados,
Para establecer el camino correcto (*dharma*), yo mismo desciendo yuga (era) tras yuga.

Las enseñanzas del Mahābhārata y del Bhagavad Gītā son lo que usamos para comprender a Kṛṣṇa, que muchos asocian con la imagen de un dios azul de dibujos animados que corre realizando milagros. Al leer algunas de las historias tradicionales, aprendemos que Kṛṣṇa era una persona real. Observando el ejemplo viviente de la santa Mātā Amṛtānandamayī, vemos a una mujer real, un ser humano que podemos ver y tocar, con un cuerpo.

De la misma manera Kṛṣṇa nació como un ser humano normal, pero hizo cosas sobrenaturales que nos permiten saber que era un ser superior encarnado en un cuerpo físico. Él era un líder político de un pequeño reino en la India; algunos creían que era divino, otros no. Kṛṣṇa fue al parlamento y argumentó su política, pero su fama se debe a que durante una guerra familiar él entregó las enseñanzas del Bhagavad Gītā, algunas de las más elevadas sobre el yoga, incluyendo jñāna yoga, karma yoga y bhakti yoga.

Kṛṣṇa es la encarnación de Viṣṇu relacionada a la Luna, quien indica la mente. La definición de yoga de Patañjali es '*yogas-chitta-vritti-nirodaha*': yoga es el cese o el control de las ondas mentales; esas ondas existen en la mente, como un haz de olas de pensamiento. Kṛṣṇa enseña cómo equilibrar esas ondas y entrar en paz con la mente. Como hemos mencionado anteriormente, Kṛṣṇa carga su flauta y algunas de las historias sobre él describen cómo todas las gopis (pastoras) vienen corriendo a bailar mientras él la toca y cómo él se divide en múltiples realidades pasando tiempo, bailando y haciendo el amor con todas ellas. Esa flauta es el nāda (sonido supremo) del que se habla en el yoga y representa la vibración del Auṁ que existe internamente. Cuando meditamos y escuchamos ese sonido interno, todos los sentidos se retraen creando *pratyāhāra* (absorción de los sentidos), se fusionan y bailan con el Señor que se encuentra en todo, pero emana como el Uno.

Kṛṣṇa tiene que ver con la mente, tanto con pratyāhāra, su control y su funcionamiento, como con todos sus aspectos lúdicos. Existen varias historias entretenidas de Kṛṣṇa realizando travesuras. La mayoría de los otros avatāres derrotan a un solo demonio, mientras que en las historias de los Purāṇas, específicamente el Bhagavat Purāṇa, Kṛṣṇa derrotó muchos demonios. Esto se debe al asedio constante de pensamientos y sentimientos negativos en nuestra mente y de las cosas que debemos superar. Kṛṣṇa representa el estado exaltado de la mente, que sabe cómo controlarse a sí misma.

## Remedios

Cuando la Luna sostiene una relación, esta cambiará rápidamente pasando por muchos altibajos. Podemos usar a Kṛṣṇa para llevar a la Luna a su estado más elevado creando estabilidad mental y desarrollando al mismo tiempo el conocimiento de cómo comprender y equilibrar la mente. No existe nada que equilibre la mente más que la devoción (bhakti), que por eso está asociada a Kṛṣṇa; cuando pensamos en él, lo primero que nos viene a la mente es devoción y esto se debe a la capacidad del bhakti para controlar la mente, creando el equilibrio adecuado para permitir que las cosas se mantengan y fructifiquen adecuadamente. Todos los aspectos del yoga que se enseñan en el Bhagavad Gītā serán beneficiosos para la mente y el empoderamiento de la Luna.

## Buddha, el iluminado

Buddha, además de ser un nombre de Mercurio, significa literalmente 'sabio', 'erudito', 'inteligente', así como 'despierto' o 'consciente'. Proviene de la raíz 'buddh' que significa 'comprensión', 'percepción' y 'discernimiento'. Buddha es aquel capaz de alcanzar estas cualidades, aunque para la religión budista este título se refiere a un estado más profundo de conciencia que llega a través del discernimiento adecuado, también conocido como 'conciencia iluminada' o 'iluminación'. Algunos hindúes más ortodoxos dirán que Buddha no puede ser un avatāra de Viṣṇu y que esta parte del texto de Parāśara está corrompida. Esto es lo que dice el verso y no es nuestro trabajo definir si está mal; a nosotros nos corresponde entender por qué Parāśara hizo esa declaración.

Bṛhat Parāśara Horā Śāstra es un texto más antiguo que la época de Buddha avatāra. Entonces, ¿algún autor agregó el nombre de Buddha o Parāśara habla de Buddha avatāra y posteriormente Gautama utilizó este título? El nombre de Mercurio en sánscrito es Buddha y eso es todo lo que Parāśara dijo en su época, enseñando que Mercurio sigue su propio dharma, su propio camino, es muy independiente *(sva-tantra)*. De esta manera Buddha avatāra se independizó de los Vedas, lo que lleva a los hindúes fundamentalistas a desacreditar a Buddha como una encarnación de Viṣṇu; pero la mayoría del hinduismo ve no solo a Buddha sino también a Jesús como una encarnación de Viṣṇu.

Durante la época de Buddha algunos de los brāhmaṇas estaban haciendo cosas realmente absurdas, similar a la época en que Jesús entró en los templos, tiró las mesas y quiso realizar una reforma. De la misma manera Buddha quería generar pureza y la mayoría de sus enseñanzas dan principalmente la esencia de los Vedas, pero sin los rituales védicos que se estaban convirtiendo más en una estafa para hacer dinero, que en compartir enseñanzas espirituales.

## Remedios

Cuando la forma de Viṣṇu relacionada a Mercurio encarnó como Buddha, sus enseñanzas fueron acerca del discernimiento de la mente, como usar el intelecto para comprender lo que es real y lo que no es real, y sobre como profundizar en la realidad para usar correctamente el intelecto.

Para entender la aplicación práctica de Budda avatāra, usamos la mente y la capacidad intelectual de discriminar (*buddhi*), y aplicamos correctamente este conocimiento. Cuando Mercurio se vuelve negativo, existe un exceso de discriminación que se convierte en prejuiciosa, sin razón e hipercrítica. Buddha avatāra toma esa mente crítica y discriminatoria y la pone a trabajar en la dirección correcta: discerniendo lo real de lo irreal, la verdad de la falsedad, diferenciando lo transitorio de lo eterno y descubriendo nuestra naturaleza eterna. Si Mercurio sostiene una relación, puede existir un exceso de críticas que son capaces de destruir la relación. La adoración de Buddha avatāra nos permitirá utilizar nuestro intelecto de una manera más armoniosa y productiva, hacia adentro y evolucionando en lugar de enfocarnos afuera tratando de desmoronar las cosas.

## Bhāgavata Mantras

Los mantras para las encarnaciones de Viṣṇu son remedios seguros y eficaces que cualquier astrólogo puede prescribir.

| Planeta | Bhāgavata Dvādakṣari Mantras |
|---|---|
| Sol | auṁ namo bhagavate rāmachandrāya |
| Luna | auṁ namo bhagavate vasudevāya |
| Marte | auṁ kṣauṁ namo bhagavate nṛsiṁhāya |
| Mercurio | auṁ namo bhagavate budhadevāya (o balabhadrāya) |
| Júpiter | auṁ namo bhagavate śrīvāmanāya (o trivikramāya) |
| Venus | auṁ namo bhagavate hṛṣīkeśāya |
| Saturno | auṁ namo bhagavate kūrmadevāya |
| Rāhu | auṁ bhūr namo bhagavate varāhāya |
| Ketu | auṁ namo bhagavate matsyadevāya |

## Devatās adicionales

Parāśara menciona otras variaciones de deidades más adelante en el Bṛhat Parāśara Horā Śāstra, que se utilizan para distintos fines. Los planetas rara vez se manifiestan en su forma simple en nuestra vida o espiritualidad. Comúnmente se presentan a través de varias formas de deidades. Como astrólogo védico (*jyotiṣī*) uno necesita aprender de qué forma se manifiesta un planeta en la vida de la persona para que esta pueda interactuar con esa fuerza planetaria arquetípica de la manera más directa posible. A continuación se muestra un listado dado por Parāśara como una manera de acercarse al planeta para pedir su ayuda (*krama*). Luego Jaimini, quien fue estudiante de Parāśara, da una lista que se usa para aplacar a los planetas.

| Planeta | BPHS Parāśara v.18 | Jaimini 1.2.72-81 |
|---|---|---|
| Sol | Agni (Vahni) | Śiva |
| Luna | Agua (Ambu) | Gaurī |
| Marte | Skanda (Śikhija) | Skanda |
| Mercurio | Viṣṇu | Viṣṇu |
| Júpiter | Indra (Viḍojas) | Sāmba Śiva |
| Venus | Indrāṇi (Śachī) | Lakṣmī |
| Saturno | Brahmā (Khagānā) | Viṣṇu y dioses inferiores |
| Rāhu | | Tāmasī, Durgā |
| Ketu | | Gaṇeśa, Skanda |

Esta lista puede ser aún más específica para una carta individual. Esta es una ciencia compleja para comprender a los devas, los portadores de luz en nuestra vida. Harihara es un autor clásico de un texto Jyotiṣa de Kerala, llamado Praśna Mārga. Él dice: “Ya sea el karma pasado de uno favorable o desfavorable, y su manera de expresarse, el astrólogo debe adivinarlo cuidadosamente”.[7] A continuación se muestra una lista más detallada proporcionada por él:

| | Harihara Praśna Mārga Ch.XV | |
|---|---|---|
| Sol | Todos los signos | Śiva (Jyotir-Liṅga) |
| | 1er drekkana (decanato) de signos duales | Subramanyam |
| | 2do drekkana de signos duales | Ganeśa |
| Luna | Luna fuerte | Durgā |
| | Luna débil | Kālī |
| | Débil y en signos de Marte | Cāmuṇḍā |
| Marte | Signos impares | Skanda, Bhairava, etc |
| | Signos pares | Cāmuṇḍā, Bhadrakālī, etc |
| Mercurio | Signos móviles y duales | Viṣṇu āvātara |
| | 1er y 2do drekkana de signos fijos | Śrī Kṛṣṇa |
| | 3er drekkana de signos fijos | Viṣṇu āvātara (o Śakti) |
| Júpiter | Representa la divinidad en todos los signos | Mahāviṣṇu, los signos y las conjunciones especificarán su forma |
| Venus | Signos sáttvicos | Annapūrṇā |
| | Signos rajásicos | Lakṣmī |
| | Signos tamásicos | Yakṣā (Rādhā) |
| Saturno | Śāstādika | Maestros tradicionales (Ṛṣi), Viṣṇu |
| Rāhu | Sarvagaṇa | Cualquier tipo de deidad (serpientes) |

7 Traducción de Raman, B.V. *Praśna Mārga*, capítulo XV, v.1, p.496

Júpiter y la novena casa representan como nos aproximamos a los reinos de la filosofía y la divinidad. Harihara dice: "Júpiter representa la divinidad suprema. Si es favorable, todas las deidades favorecerán al nativo. Si no es favorable, todas las deidades serán desfavorables". Júpiter representa como podemos percibir y relacionarnos con la divinidad.

En general el Sol representa al Śiva-liṅgam (representación simbólica de Śiva) en todos los signos y también indica la divinidad en su naturaleza más incorpórea, austera y absoluta. En la forma de Rāma, el Sol representa a la divinidad como la Verdad. En el suave y redondo Śiva-liṅgam, el Sol indica ese núcleo sin límites que mantiene unida a toda la manifestación.

La Luna representará varias formas de la madre divina: Durgā es la madre protectora que ayuda al ser emocional a sentirse seguro y protegido, mientras que Kālī es la forma oscura de la madre que ayuda a curar el miedo, el dolor y la negligencia, así como Cāmuṇḍā es la madre enojada nos ayuda a lidiar con la ira, la violencia y el abuso.

Marte puede manifestarse como una deidad masculina en signos impares y masculinos, y como una deidad femenina en signos pares y femeninos. Marte es una deidad protectora y guerrera, que está presente en todas las culturas. Mercurio indicará algún Viṣṇu avātara ya que es un planeta rajásico y representa dichas formas. Júpiter manifestará la forma más elevada de Viṣṇu o la figura de Dios en la religión específica de la persona. La forma exacta se verá alterada por signos y conjunciones. La conjunción entre Júpiter y Mercurio indica la forma de Vedavyāsa, que fue un gran maestro sabio, del que se dice que es una encarnación de Śiva y Viṣṇu.

Venus se manifestará en los tres aspectos diferentes de las tres guṇas. Annapūrṇa significa lleno de comida, nutrición completa o sustento perfecto; a esta diosa sáttvica se le reza cuando estamos contentos con lo que tenemos, con las necesidades básicas de la vida. Lakṣmī es rájasica porque representa la riqueza y la prosperidad, así como las comodidades del elemento agua; a ella se le reza cuando queremos más satisfacción para nuestras necesidades básicas. Los signos tamásicos mostrarán la adoración de los Yakṣas, que son espíritus de la naturaleza. Nuestra tradición recomienda el uso de Rādhā para estas posiciones, ya que tiene el poder de eliminar a la versión tamásica de Venus y de elevar los ideales del individuo. En el mundo de hoy esta versión del planeta representará fe y en deidades paganas basadas en la tierra.

Para Saturno su devatā es Śāstā. Ādi Śaṅkara dió la siguiente definición: "Śāstā es aquel que instruye a todos por medio de śruti, smṛti, etc."[8] Saturno toma la forma de los antiguos sabios, nuestra tradición a menudo usará a Nārāyaṇa porque Jaimini menciona a Viṣṇu para propiciar a Saturno. El nombre Śasta se refiere directamente a Viṣṇu en el *Spandapradīpikā* de Utpala (que cita el *Pāñcarātra Upaniṣad*), así como en el *Lakṣmī Tantra*.

Rāhu se menciona como todo tipo de deidades o gaṇas, que son tipos inferiores de deidades. Cuando este planeta es negativo, se manifestará como una fe materialista, creyendo en el dinero y en los criminales. Cuando es beneficioso, indicará adoración a la naturaleza, a las serpientes o dragones, y aquellos que encuentran consuelo en los bosques. La tradición enseña que invocar a Durgā es lo mejor para equilibrar a Rāhu, ya que es ella quien elimina toda forma de durgati (desgracia, angustia y desorganización). No mencionado aquí, Ketu representa a Gaṇeśa, el devatā con cabeza de elefante. Rāhu representa la obstrucción y enfrente de él está siempre Ketu quien indica la puerta de salida para esos bloqueos. De esta manera Ketu elimina todos los obstáculos cuando se invoca en su forma particular de Gaṇeśa relacionada a la carta.

8 Harisson, Hill, *Dhātu-Pāṭha*, Bhāṣya sobre el Viṣṇu Sahasranāma 35 por Śaṅkara

## Devī

Cuando un planeta está en su exaltación actuará como Viṣṇu; en cambio cuando un planeta está debilitado (*nīca*), tomará la forma de la Madre (*Śakti*), que es aquella que nutre, consuela, protege y nos permite volvernos fuertes (*śakti*). Es importante entender a estas formas maternales de los planetas: cuando el planeta es débil, carece de comprensión, carece de conocimiento (*vidyā*). Las formas *Mahāvidyā* (gran conocimiento), son el aspecto del conocimiento de la creación (*prakṛti*). A través de su adoración se gana la comprensión de la naturaleza de un planeta purificando su ignorancia. Por esta razón las formas Mahāvidyā se usan para los planetas nīca y para los planetas que están bajo una gran aflicción.

La Luna representa a Durgā u otras diosas madres protectoras; de manera similar Mercurio y Júpiter pueden indicar varias formas de Sārasvatī u otras diosas del aprendizaje. Venus representa a las diosas de la riqueza y la abundancia, como Lakṣmī o aquellas que dan amor y relaciones. Las formas de la Madre como Durgā, Sārasvatī y Lakṣmī siempre son beneficiosas (Śrī Śakti) para una persona y son buenas para la adoración diaria general.

Las formas Mahāvidyā deben usarse únicamente a través de un guru cualificado. Ellas son Nīla Śakti, y es esta la forma en que purifican a un planeta y posiblemente podrían tener efectos secundarios negativos, si se usan incorrectamente. Mahāvidyā es el pináculo del Tantra y deben usarse con prudencia; su uso es para astrólogos más avanzados que son plenamente conscientes de lo que están haciendo con remedios astrológicos.

| **Planeta** | **Mahāvidyā** |
|---|---|
| Sol | Mātaṅgī |
| Luna | Bhuvaneśvari |
| Marte | Bagalāmukhī |
| Mercurio | Tripurasundarī |
| Júpiter | Tārā |
| Venus | Kamalātmikā |
| Saturno | Kālī |
| Rāhu | Chinamastā |
| Ketu | Dhūmāvatī |
| Lagna | Bhairavī |

La Madre es vidyā (conocimiento) y si ella no está con nosotros, entonces estamos en avidyā (ignorancia). Por eso la adoración a Devī (Madre) es crucial para un Jyotiṣī o cualquier otra persona que busque el conocimiento o el dominio de una ciencia védica, desde el nivel más bajo de aparavidyā hasta el nivel más alto de ātmavidyā y el conocimiento divino.

# Capítulo 5

## Rāśi, los signos

## Rāśi

Existen 12 signos (*rāśi*) tanto en la astrología occidental como en la india, en sánscrito la palabra rāśi significa 'montón', 'grupo', 'compilación' o 'una medida de cantidad'; en Jyotiṣa un rāśi representa una determinada cantidad de grados. El Sol tarda 365 días en dar la vuelta a la Tierra y atravesar el zodíaco, por lo que este número se convirtió a 360 para fines de una división exacta. Un círculo tiene 360 grados y aproximadamente ese es el tiempo que tarda el Sol en dar la vuelta a la Tierra, por lo tanto el Sol se mueve aproximadamente un grado todos los días. Esto explica por qué en la antigüedad medían el círculo en 360 grados y no en un sistema decimal de 100 o 1000 grados.

Hay alrededor de 12,3 meses lunares en cada revolución de la Tierra alrededor del Sol y este número se redondea hacia abajo a 12 meses. La trayectoria de 360 grados se divide en 12 meses, cada uno compuesto por 30 grados o 30 días. Estos cálculos matemáticos crearon de esta manera los meses de nuestro calendario que a su vez se correlacionaron con el movimiento exacto del Sol. Un rāśi es la agrupación de estos 30 grados, cada uno con sus propias cualidades.

Los signos son el kāla (tiempo) rūpa (forma) del Ser Cósmico; es decir, son la forma de la divinidad universal como tiempo o la encarnación del tiempo. En la astrología occidental existe una controversia con respecto al 13° signo porque el zodíaco occidental es simbólico, considerando que 'signo' significa literalmente 'símbolo'. Pero el zodíaco de la India no puede tener un 13° signo, ya que se basa en un cálculo de tiempo que se superpone en el espacio para formar los 12 'signos' del Sol. Por lo tanto, rāśi es una medida de tiempo, proyectada en el espacio. Esto hace que el zodíaco sea una forma antropomórfica del tiempo: el Kālapuruṣa

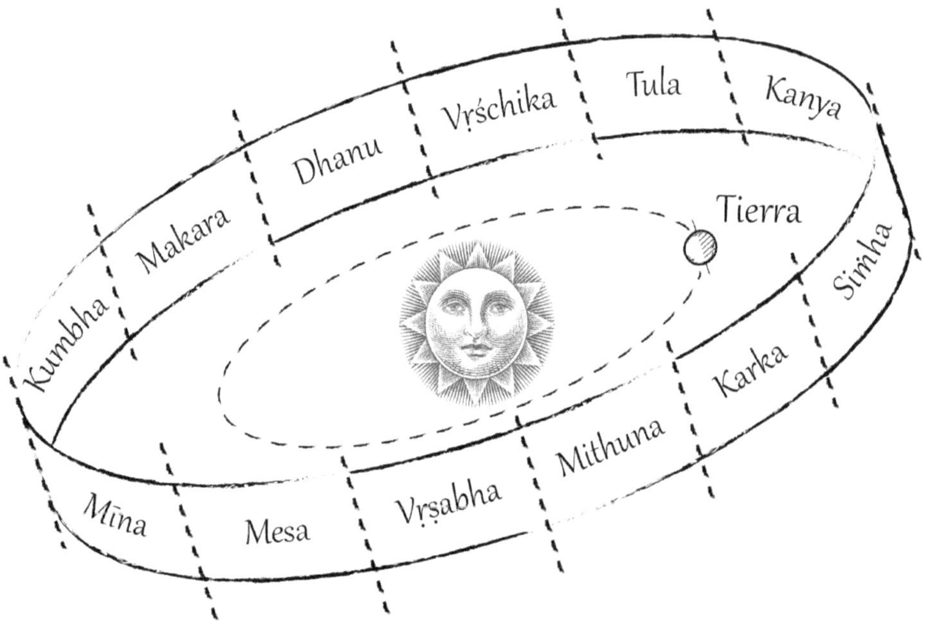

## Medidas básicas del tiempo

***Mes sideral:*** período de tiempo en el que la Luna pasa por las doce constelaciones (27.3217 días) de las estrellas del zodíaco. Esto se relaciona con las nakṣatras, las mansiones lunares.

***Mes sinódico:*** período de tiempo que va de una Luna llena a la siguiente (29.5306 días). Esto se relaciona con los tithi.

El mes sinódico es más largo, lo que significa que las lunas llenas ocurren en un signo diferente cada mes. La Luna tarda 27 días en volver al mismo espacio (nakṣatra), pero tarda 29,5 días en volver a la misma fase (tithi). El zodíaco es creado debido a que cada mes la Luna llena ocurre en uno de los 12 signos diferentes. De Luna llena a Luna llena (un mes sinódico) el Sol se mueve 30 grados. De esta manera, nosotros no fuimos los creadores de los signos, sino que están ahí en el tiempo y nosotros simplemente los observamos.

## Mes lunar intercalario (mes extra)

12 meses sinódicos promedian 354,3672 días (10,9 menos que un año solar)
36 meses sinódicos en 3 años solares, son en promedio 29 días menos o 1 mes lunar sinódico.

Como el año solar tiene 12,3 meses lunares, se agrega un mes lunar intercalario cada 2 años y 2/3 para sincronizar los ciclos del Sol y la Luna. Un período intercalario de tiempo es parte importante de muchas culturas tradicionales; el sistema védico utiliza un mes lunar completo, convirtiéndolo en un tiempo sagrado para alinear el Sol y la Luna, o un tiempo sagrado para alinear la Mente y el Alma.

***Año tropical:*** período de tiempo que va de un equinoccio vernal al siguiente (365,2422 días). Según el sistema tropical Aries comienza en el momento del equinoccio de primavera, calculando el zodíaco en función de dónde está la Tierra en relación con el Sol. Esta es la razón por la que los astrólogos tropicales occidentales dan tanta importancia a la posición del Sol en una carta.

***Año sideral:*** período de tiempo en el que el Sol pasa por los doce rāśi (365,2564 días). Según el sistema sideral Aries comienza en el momento en que el Sol entra en la constelación de las estrellas relacionadas con el signo de Aries. Con este cálculo el momento del equinoccio de primavera caerá en un lugar diferente cada año. Esta es la razón por la que en este sistema la estrella que se eleva al nacer (lagna) es el punto más importante de la carta.

| Días | Horas | Minutos | Segundos |
|---|---|---|---|
| 365 | 5 | 48 | 45,2 |
| 365 | 6 | 9 | 9,8 |

(1 minuto de arco es igual a 2 minutos de tiempo)

La diferencia entre el año tropical y sideral es de 20 minutos, los cuales crean el ayanāṁśa, que significa 'la porción diferente al equinoccio'. Cada año esta distancia aumenta, creando una mayor variación entre el zodíaco sideral y tropical. La astrología védica utiliza el zodíaco sideral para humanos y el zodíaco tropical para eventos relacionados con la Tierra, como predicciones meteorológicas o de terremotos.

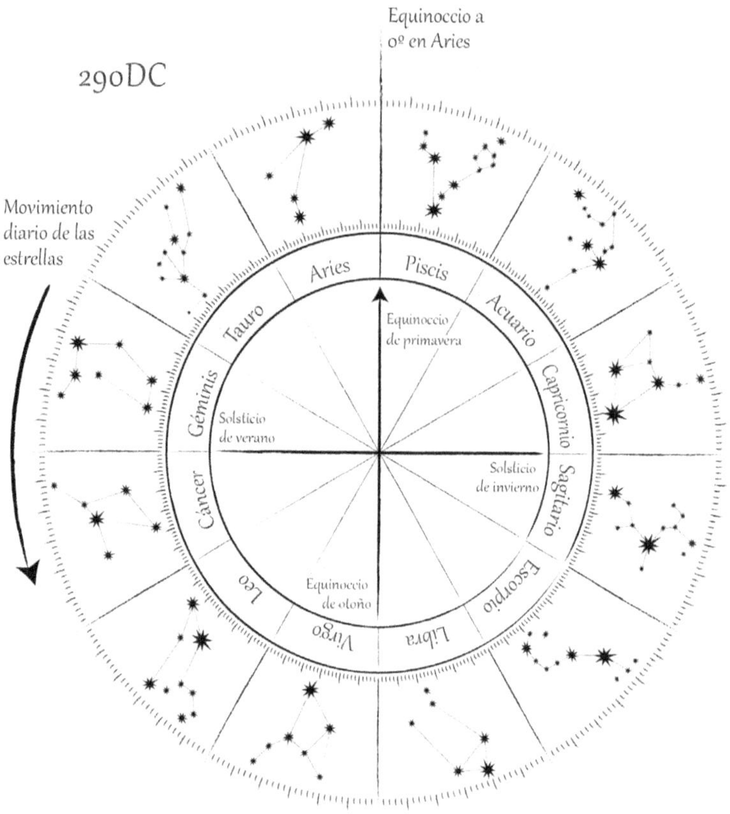


## Ayanāṁśa

Existen ligeros desacuerdos sobre el grado exacto del ayanāṁśa basados en variaciones del cálculo astronómico. Las tablas a continuación muestran la variación en el cálculo del punto donde realmente comienzan lo signos del zodíaco. Estos puntos indican lo que aparentemente es una pequeña diferencia, pero al hacer cálculos astronómicos muy refinados, esta diferencia puede cambiar los períodos de tiempo de la carta en meses. El ayanāṁśa comúnmente aceptado, oficializado por el gobierno de la India, se llama Lahiri ayanāṁśa.

| **Nombre del Ayanāṁśa** | **Punto de referencia** |
|---|---|
| Lahiri (Chitra Pakṣa) | Spica (Chitra) a 0 Libra |
| Fagan-Bradley | Spica (Chitra) a 29°06'05" Virgo |
| De Luce | Zeta Piscium (Revati) |
| Raman | Cálculo de BV Raman |
| Krishnamurti | Cálculo de Krishnamurti |

En un momento dado ambos zodíacos eran idénticos, pero hay una lenta precesión que crea una diferencia cada vez mayor entre los dos zodíacos. La palabra sánscrita *sāyana* (con el equinoccio) se refiere al cálculo de los planetas a partir del punto equinoccial vernal, que origina el zodíaco tropical. La posición *nirayana* ("no" con el equinoccio) de los planetas da origen al zodíaco sideral. En general la astrología occidental es tropical (*sāyana*) y la astrología védica es sideral (*nirayana*).

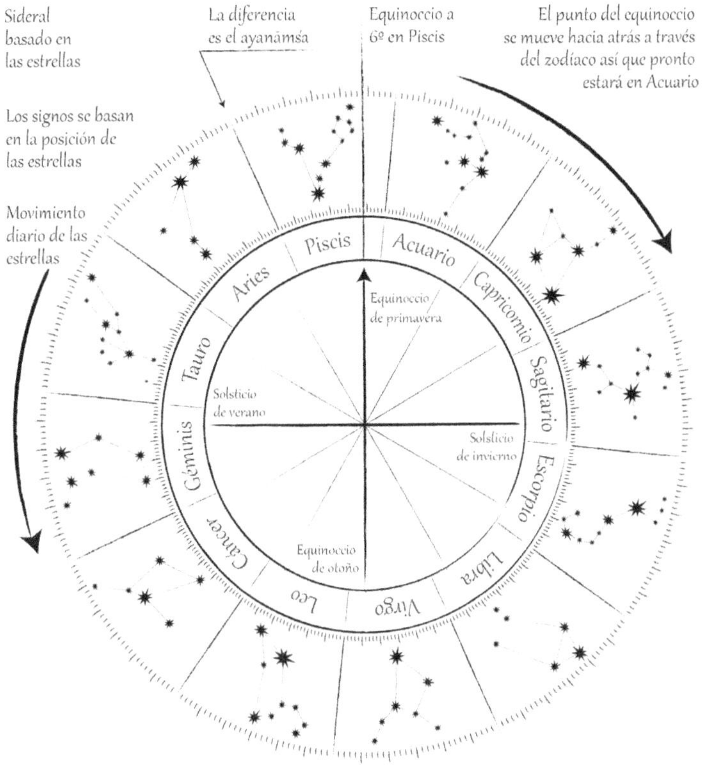


2000DC

La siguiente tabla muestra el momento en que los ayanāṁśas más importantes estaban correlacionados con el zodíaco tropical, la discrepancia se debe a la diferencia en los puntos de referencia en el cielo. Antes de ese período de tiempo, el zodíaco sideral estaba por delante del signo Aries, mientras que ahora está detrás de él: la precesión hace que retroceda a través del zodíaco.

| Ayanāṁśa | 1900 | 1950 | 2000 | 2050 | Tabla de correspondencias |
|---|---|---|---|---|---|
| Lahiri | 22°28'02" | 23°09'34" | 23°51'17" | 24°33'41" | 290 d.C. |
| Raman | 21°00'28" | 21°42'00" | 22°23'43" | 23°06'07" | 395 d.C. |
| Fagan-Bradley | 23°20'56" | 24°02'28" | 24°44'11" | 25°26'35" | 221 d.C. |
| De Luce | 18°45'00" | 19°26'32" | 20°08'15" | 20°50'39" | 560 d.C. |

La diferencia entre el año tropical y sideral es de veinte minutos que cada año se suman a los anteriores; esta misma diferencia hace que el punto del equinoccio se mueva aproximadamente 1 grado cada 72 años y alrededor de 1,4 grados cada 100 años, es decir unos 14 grados, correspondientes a una nakṣatra de 13°20', cada 1000 años. Por esta razón podemos decir que la interpretación de un milenio se basa en la nakṣatra correspondiente y las diversas edades de la humanidad pueden estar marcadas por el movimiento de la precesión a través de las nakṣatras.

El Ṛgveda describe el equinoccio de primavera en la nakṣatra Rohiṇī (Tauro); posteriormente se marca en la nakṣatra Kṛttikā (las Pléyades). Actualmente este equinoccio está en la nakṣatra Uttarabhādra y se moverá a Pūrvābhādra nakṣatra antes de pasar al signo de Acuario.

## Rāśi

En la tabla a continuación estudiaremos los signos (*rāśi*) en lo que se llama el chakra de Bṛhaspati, también conocido como la 'Carta del sur de la India'. Los signos permanecen fijos dentro de este estilo de tabla, cada signo está gobernado por un planeta llamado el regente del signo. Comprender a su regente nos ayudará a entender las cualidades de dicho signo, ya que los signos son las manifestaciones de las energías planetarias. Cada signo corresponde a un número, empezando con 1 para Aries y terminando con 12 para Piscis; de esta manera podemos ver que Cáncer, el signo de la Luna, es el cuarto signo de la tabla, mientras que Leo, el signo del Sol, es el quinto. Los números impares indicarán una energía masculina y extrovertida, mientras que los números pares reflejan una energía femenina, suave e interna. En la tabla a continuación, cada planeta tiene asociados dos números uno par y otro impar, menos el Sol y la Luna que rigen un signo cada uno: el Sol, planeta masculino, gobierna el signo impar de Leo (5) y la energía introspectiva y femenina de la Luna gobierna el signo par de Cáncer (4).

| | | | |
|---|---|---|---|
| Piscis | Aries | Tauro | Géminis |
| Acuario | | | Cáncer |
| Capricornio | | | Leo |
| Sagitario | Escorpio | Libra | Virgo |

A cada lado de Cáncer y Leo, los signos del rey y la reina, están los signos del príncipe Mercurio; estos son Géminis (3) que representa la energía externa y directa de Mercurio, la habilidad en la comunicación y el amor por los juegos, y Virgo (6) que manifiesta la energía interna femenina de Mercurio, las cualidades de refinamiento, pureza y perfeccionismo. Venus rige dos signos a cada lado de Mercurio: Libra, su signo impar (7) indica la energía externa de Venus como actor y comerciante, y Tauro, representa su signo par (2) y la energía introspectiva de Venus que se manifiesta en el deseo de comodidades, buenos alimentos y bellas posesiones. A cada lado de estos están los signos regidos por Marte: Aries, el signo impar (1) que muestra la fuerza masculina, externa y agresiva de Marte, y Escorpio, el signo par (8) que manifiesta la energía introspectiva, más femenina y el guerrero espiritual relacionado con Marte. Júpiter tiene sus regencias a ambos lados de Marte en los signos de Sagitario (9) y Piscis (12): el primero indica el control masculino de la justicia a través de la ley, el sistema judicial y la batalla relacionada con el dharma, mientras que el segundo, Piscis, manifiesta la expresión femenina de la espiritualidad de Júpiter en un océano de unidad. Frente a Leo y Cáncer están los dos signos regidos por Saturno: Capricornio (10) es el signo femenino par que indica el trabajo dedicado de su regente y Acuario (11) es el signo masculino impar que manifiesta el trabajo creativo que Saturno

| | | | | |
|---|---|---|---|---|
| 1 | Aries | ♈ | Impar / masculino | Marte |
| 2 | Tauro | ♉ | Par / femenino | Venus |
| 3 | Géminis | ♊ | Impar / masculino | Mercurio |
| 4 | Cáncer | ♋ | Par / femenino | Luna |
| 5 | Leo | ♌ | Impar / masculino | Sol |
| 6 | Virgo | ♍ | Par / femenino | Mercurio |
| 7 | Libra | ♎ | Impar / masculino | Venus |
| 8 | Escorpio | ♏ | Par / femenino | Marte (Ketu) |
| 9 | Sagitario | ♐ | Impar / masculino | Júpiter |
| 10 | Capricornio | ♑ | Par / femenino | Saturno |
| 11 | Aquario | ♒ | Impar / masculino | Saturno (Rāhu) |
| 12 | Piscis | ♓ | Par / femenino | Júpiter |

realiza como artesano. Rāhu y Ketu rigen de manera secundaria dos signos: Acuario está co-regido por Rāhu, además de Saturno, y Escorpio está co-regido por Ketu, además de Marte.

Cada signo posee cierta apariencia física, doṣas y complexión. La apariencia del signo afectará las características físicas de una persona, la casa indica el área específica de la vida y el signo indicará cómo se ve esa área. De la misma manera, el ascendente indicará nuestro propio cuerpo y el signo asociado al lagna describirá la forma del cuerpo de la persona; de este modo el ascendente se puede deducir en base a las características físicas de una persona. Los planetas posicionados en un signo dominarán por sobre las características del signo, por lo que es importante tener en cuenta la naturaleza del signo como también las modificaciones producidas por las características de un planeta. Si el signo es débil, los significados relacionados serán débiles.

| # | **Rāśi** | **BPHS, Rāśi Svarūpādhyāya v.6-24** | **Doṣa** |
|---|---|---|---|
| 1 | Aries | Cuerpo grande *(bṛhad-gātra)* | Pitta |
| 2 | Tauro | Alto *(dīrgha)* | Kapha |
| 3 | Géminis | Cuerpo bien proporcionado *(sama-gātra)* | Vāta |
| 4 | Cáncer | Cuerpo grueso *(sthaula tanū)* | Kapha-vāta |
| 5 | Leo | Cuerpo grande *(bṛhad-gātra)* | Pitta |
| 6 | Virgo | Cuerpo medio *(mādhya)* | Vāta-kapha |
| 7 | Libra | Cuerpo medio *(mādhya tanū)* | Vāta-kapha |
| 8 | Escorpio | Bajo y delgado (svalpa), peludo | Kapha-pitta |
| 9 | Sagitario | Cuerpo bien proporcionado *(sama-gātra)*, brillo fuerte *(tejas)* | Pitta-kapha |
| 10 | Capricornio | Cuerpo grande *(bṛhad-gātra)* | Vāta-kapha |
| 11 | Aquario | Cuerpo medio *(mādhya tanū)* | Vāta |
| 12 | Piscis | Cuerpo mediano *(mādhya deha)*, saludable *(svastha)* | Kapha |

Parāśara nos enseña que los signos son el tiempo personificado (*kālarūpa*), que cada signo se relaciona con una región del cuerpo y tiene su propia constitución ayurvédica. Esto es importante en relación con la salud, las enfermedades, los accidentes y la determinación de la constitución.

| # | Rāśi | Verso 4 de BPHS | Asociaciones comunes |
|---|---|---|---|
| 1 | Aries | Cabeza | **Cabeza**, cerebro, nervios |
| 2 | Taurus | Rostro | **Cuello**, cara, nariz, ojos, boca, dientes, lengua, cavidad bucal, garganta, amígdalas |
| 3 | Géminis | Brazos | **Parte superior del pecho**, cuello, hombros, clavículas, brazos, manos, esófago, tráquea |
| 4 | Cáncer | Corazón, pecho (*hṛd*) | **Cavidad torácica**, senos, corazón, pulmones, diafragma, esófago |
| 5 | Leo | Estómago, abdomen (*kroḍa*) | **Plexo solar**, región sobre el ombligo, estómago, hígado, vesícula biliar, bazo, duodeno, intestino delgado, corazón |
| 6 | Virgo | Cadera, lomos, glúteos (*kaṭi*) | **Región abdominal inferior**, abdomen inferior, intestino grueso |
| 7 | Libra | Abdomen bajo, vejiga (*basti*) | **Región pélvica**, tracto urinario, riñón, útero, ovarios, vagina, pene, testículos, próstata, vejiga, uretra, ingle, semen, óvulo |
| 8 | Escorpio | Zonas erógenas, ano (*guhya*) | **Genitales externos**, escroto, testículos, colon, recto, el área de los genitales sudorosos y sucios |
| 9 | Sagitario | Muslos | **Caderas**, muslos, región lumbar, nervio ciático, habilidad para caminar |
| 10 | Capricornio | Rodillas (*jānu*) | **Rodillas**, rótula, hueco poplíteo |
| 11 | Acuario | Pantorilla (*jaṅgha*) | **Pantorrillas**, tobillos, tibias |
| 12 | Piscis | Pies | **Pies** |

La obra clásica *Sārāvalī* dice que un planeta maléfico actuando adversamente sobre un signo indicará falta de desarrollo o algún tipo de deformidad en relación con el órgano correspondiente del Kālapuruṣa. Por tanto, si Saturno está en Piscis con aspectos maléficos la persona podría tener problemas en los pies. Todos los planetas marcan las áreas del cuerpo en las que están ubicados, aunque a veces solo de manera sutil y puede que no se manifieste hasta después del nacimiento, como por ejemplo una cicatriz o quemadura en el área de Marte. La energía de una casa está directamente relacionada con la fuerza y el estado del signo correspondiente.

## Las guṇas

Existen dos aspectos de las guṇas, que tenemos que considerar si queremos comprender los rāśis, su naturaleza intrínseca y su objetivo externo.[11] Para conocer la naturaleza intrínseca del signo, miramos a su planeta regente; por ejemplo, los planetas sátvicos, Júpiter, el Sol y la Luna corresponden a los sattva rāśis, indicando el estado intrínseco o natural del signo. Luego está el objetivo externo de la guṇa relacionada con cada uno de los signos móviles (*chara*), duales (*dvisvabhāva*) y fijos (*sthira*), indicando como actúa el signo en el mundo. Los signos chara tienen mucha energía y son rajásicos, los signos sthira son más estables y son tamásicos, mientras que los signos dvisvabhāva son una mezcla de estas dos energías y son sáttvicos en su objetivo.

| # | Rāśi | Regente | Naturaleza | | Cualidad del Rāśi | Objectivo | | Resultado |
|---|---|---|---|---|---|---|---|---|
| 1 | Meṣa | Marte | Tamas | | Chara | Rajas | | Sattva |
| 2 | Vṛṣabha | Venus | Rajas | | Sthira | Tamas | | Sattva |
| 3 | Mithuna | Mercurio | Rajas | | Dvisvabhāva | Sattva | | Tamas |
| 4 | Karka | Luna | Sattva | | Chara | Rajas | | Tamas |
| 5 | Siṁha | Sol | Sattva | | Sthira | Tamas | | Rajas |
| 6 | Kanyā | Mercurio | Rajas | | Dvisvabhāva | Sattva | | Tamas |
| 7 | Tulā | Venus | Rajas | | Chara | Rajas | | Rajas |
| 8 | Vṛścika | Marte | Tamas | | Sthira | Tamas | | Tamas |
| 9 | Dhanu | Júpiter | Sattva | | Dvisvabhāva | Sattva | | Sattva |
| 10 | Makara | Saturno | Tamas | | Chara | Rajas | | Sattva |
| 11 | Kumbha | Saturno | Tamas | | Sthira | Tamas | | Tamas |
| 12 | Mīna | Júpiter | Sattva | | Dvisvabhāva | Sattva | | Sattva |

La guṇa del regente del signo muestra la naturaleza intrínseca o la cualidad natural del signo. El orden de la creación, sthira, chara, dvisvabhāva, muestra la guṇa del objetivo del signo. La combinación de estos dos mostrará el resultado final que realmente logra un signo y que se muestra en la última columna.

Aries está gobernado por el planeta tamásico Marte, por lo que su naturaleza intrínseca es tamas, lento, pesado, dormido todo el tiempo. El signo es chara (movible), por lo que los objetivos son demasiados y con un exceso de energía. Siendo de naturaleza perezosa, el nativo de Aries solo realiza las tareas muy importantes que se propone emprender y el resultado final es sattva; de esta manera, la guṇa que aún no se ha dado se convierte en el resultado. Escorpio también está gobernado por el planeta tamásico Marte y es un signo sthira (fijo), por lo que tiene pocos objetivos. Si la energía y los objetivos son limitados, no se logra mucho por lo que la energía acumulada, es decir el resultado, es tamásico; por esta razón Escorpio es el mejor signo para actividades tamas. El resultado se basa en la naturaleza intrínseca del regente y el objetivo del signo.

1 Rath, Sanjay, conferencia introductoria para Vyāsa SJC, 2005

Con respecto al zodiaco las guṇas están trabajando en un esquema de cuadrantes, de tal forma que a cada guṇa se le asignan cuatro signos. Se define así un cuadrante rajas (Aries, Cáncer, Libra, Capricornio), un cuadrante tamas (Tauro, Leo, Escorpio y Acuario) y un cuadrante sattva (Géminis, Virgo, Sagitario y Piscis).

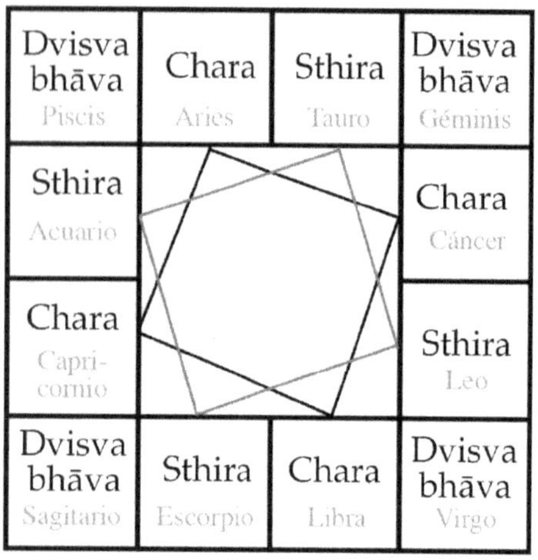


Tauro está gobernado por el planeta rajásico Venus y por lo tanto tiene naturalmente mucha energía para hacer muchas cosas. Al ser un signo sthira (fijo), su naturaleza tamas otorga pocos objetivos o lo que quiere es compartir energía; con pocos objetivos y con mucha energía, el resultado final es sáttvico ya que todas las tareas se completan con un gasto de energía cuidadosamente medido. Libra también está gobernado por el planeta rajásico Venus y por lo tanto tiene mucha energía intrínseca para crear; por ser chara (móvil) este signo tiene muchos deseos y objetivos, lo que lo vuelve muy exitoso en actividades rajas. Cuando la naturaleza intrínseca y el objetivo externo se alinean, hay éxito en ese tipo de actividades.

Géminis está gobernado por el planeta rajas Mercurio, lo que le da mucha energía creativa; este signo es dvisvabhāva (dual), por lo que tiene objetivos sattva e intenciones muy elevadas. Pero sattva solo se puede obtener a través de sattva, por lo que el objetivo final no es alcanzado y es tamásico. Virgo es lo mismo que Géminis, ya que es regido por un planeta rajásico y es un signo dvisvabhāva, lo que lo lleva nuevamente a un resultado tamas. Estos signos necesitan calmarse y aprender a adoptar una naturaleza más sáttvica.

Cáncer está gobernado por la sátvica Luna, que le otorga una naturaleza intrínseca equilibrada y afectuosa; es un signo chara, rajas, lo que le da el deseo de alcanzar muchos resultados utilizando a menudo todo tipo de métodos para lograr sus objetivos. El resultado final es tamas, ya que no se puede lograr sattva a través de rajas. Debido a la ambición, Cáncer se quema y cae en tamas; sólo al establecer metas realistas, la Luna podrá lograr lo que busca sin perder. Leo está gobernado por el sátvico Sol que desea defender el dharma; este signo es sthira y muestra un objetivo tamas, ya que el trabajo del rey es castigar al malhechor. La energía acumulada o resultado, es rajas con un crecimiento del ahaṅkāra (egocentrismo) y de la creencia en el poder.

Sagitario tiene como regente al sátvico Júpiter y es dvisvabhāva dándole un objetivo sattva. Los signos con objetivos sattva son los regidos por Júpiter y Mercurio, que muestran el aprendizaje, la enseñanza, el estudio y la búsqueda del conocimiento. El resultado final de Sagitario es sattva. Piscis nuevamente es sátvico tanto en su naturaleza como en su objetivo, lo que hace que estos signos sean positivos para el éxito de actividades sattva.

Capricornio está gobernado por el tamásico Saturno, lo que le da una naturaleza pesada, perezosa y oscura; este signo es chara, que provoca muchos objetivos y el resultado final es sattva. Este es el objetivo de los Aghori, secta hindú practicante de rituales extremos, que esperan alcanzar el conocimiento sattva y una mente equilibrada a través de su naturaleza tamas y su actividad rajas. Acuario también está gobernado por el planeta tamásico Saturno y al ser un signo sthira hace que su resultado final sea exitoso para las actividades de tamas.

Si hay dos guṇas diferentes entre la guṇa del planeta que rige el signo y la del objetivo del signo, el resultado final es la tercera guṇa, la que queda fuera. Si el planeta y el objetivo del signo son los mismos, el resultado será la misma guṇa.

# Tattvas

Cada uno de los signos está regido por uno de los cuatro elementos burdos, considerando que el quinto, el espacio (*ākāśa*) impregna todo y está en todos los signos. Los elementos se usan junto con la cualidad (chara, dvisvabhāva y sthira) de los signos. Por ejemplo, Aries (*Meṣa*) es chara y fuego y como un fuego móvil que cambia rápidamente, es fácil de enojar pero también rápido para calmarse. Leo (*Siṁha*) es sthira y fuego y como un fuego fijo que arde constantemente, continúa su camino con fuerza, sin darse por vencido ni cambiar de opinión fácilmente. Sagitario (*Dhanu*) es dvisvabhāva y fuego, trabaja por la justicia, cambia de opinión a veces, pero no sin razón, trabajando como un gobernante a largo plazo y un estratega de guerra a corto plazo. De esta forma la combinación entre estos dos aspectos debe conjugarse para comprender la motivación completa de cada uno de los signos.

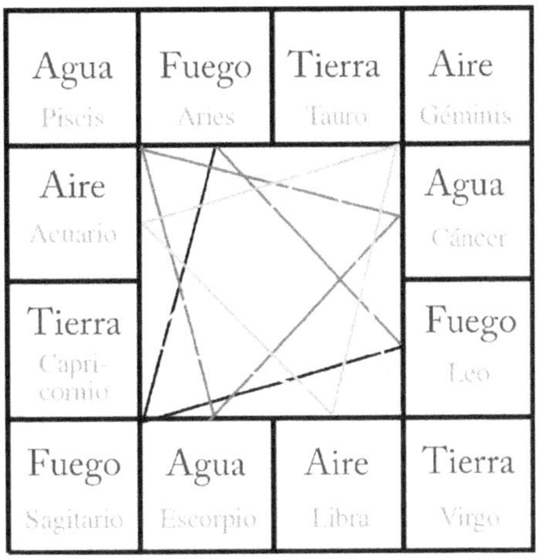


Cada guṇa se expresa a través de cada elemento, de manera que cada signo tiene una combinación única de elemento y guṇa. Los tattvas (elementos) están en trígono (*trikoṇa*) o relación de 120° entre sí, mientras que las guṇas están en un cuadrante (*kendra*) o relación de 90° entre sí.

Cuando los planetas están en kendra mutuas, tienen la misma guṇa, la cual se manifiesta a nivel mental dando soporte a la misma percepción y enfoque; por lo tanto piensan de la misma manera y se ayudan mutuamente. Cuando los planetas están en trikoṇa entre sí, comparten el mismo elemento.[2] Los elementos trabajan en el plano físico y muestran que los planetas se apoyarán en las acciones y recursos de los demás, ya que están haciendo las cosas de la misma manera y con el mismo apoyo. Por lo tanto trinos al Sol y cuadrantes a la Luna se vuelven importantes porque el Sol está a cargo de los recursos y la Luna gobierna la mente y cómo usamos los recursos.

| | | | | |
|---|---|---|---|---|
| 3 | Guṇas | Cuadrantes (*kendra*) | 90° | Soporte a la mente, percepción |
| 4 | Tattvas | Trinos (*trikoṇa*) | 120° | Soporte a recursos, materiales |

Existen cuatro tattvas correspondientes a las cuatro yugas[3], que son consideradas como las eras o ciclos de tiempo por los que pasa el universo en la gran escala de la evolución. Existen fases enormes de tiempo como también periodos más pequeños de cada yuga, los cuales se reflejan en nuestras propias vidas. Lo mejor es aprender acerca de las fases a gran escala que suceden a lo largo del tiempo y posteriormente será más fácil ver cómo pasamos por estos períodos en nuestra vida en una escala más pequeña.

| | | |
|---|---|---|
| Satya | Fuego | Dharma - propósito de vida |
| Tretā | Tierra | Artha - riqueza |
| Dvāpara | Aire | Kāma - placer |
| Kali | Agua | Mokṣa - espiritualidad |

2 *Astronomica* de Manilius (2.670-692) las Kendras están atadas por sangre (matrimonio / parentesco), mientras que los signos en trinos están conectados por amistad (sentimientos del corazón). Los signos adyacentes interactúan como vecinos y signos alternos como invitados.

3 Raman, B. V. *Praśna Mārga* de Harihara, XVI.122

*Satya yuga* se relaciona con los signos de fuego (Aries, Leo y Sagitario) ya que este elemento (agni) es el más espiritual y dhármico. El fuego y el agua no se llevan bien, por lo que en Satya yuga hay un fuerte dharma pero pocas posibilidades de liberación (mokṣa).

*Tretā yuga* se relaciona con los signos de tierra. Este elemento no se lleva bien con el aire por lo que en Tretā yuga habrá mucho artha (sentido, propósito) pero poca felicidad en las relaciones. La historia de Rāma avatāra ocurrió durante la época de Tretā yuga y gira en torno a la pérdida de su esposa y la batalla para recuperarla.

*Dvāpara yuga* se relaciona con los signos de aire; una vez más, el aire y la tierra no se llevan bien, por lo que en Dvāpara yuga hay mucho disfrute de las relaciones pero poca riqueza. En la historia de Kṛṣṇa avatāra, él tiene múltiples esposas y amantes (*kāma*), pero enfrenta una batalla por un reino (*artha*).

*Kali yuga* se relaciona con los signos de agua. Elemento que no se lleva bien con el fuego, por lo que en Kali yuga existe la posibilidad de alcanzar la liberación, pero no hay dharma. El Dharma está presente cuando las cosas se hacen de acuerdo con la ley natural o el propósito innato de uno en la vida. Por ejemplo, los reyes son buenas personas y los delincuentes son encarcelados, pero en Kali yuga los ladrones se convierten en reyes y la gente buena es encarcelada; no se sigue el dharma de la naturaleza, pero mokṣa es más fácil de alcanzar. Por supuesto, cuando los buenos están demasiado ocupados como reyes, es difícil concentrarse en la espiritualidad, pero mientras estás atascado en el sufrimiento, es fácil recordar e invocar nuestro concepto personal de Dios.

Es provechoso el poder contemplar cómo estos elementos están conectados a cada una de las yugas y su correspondiente enfoque en la vida (dharma, artha, kāma y mokṣa) y cómo estos se conectan con los signos a través de su elemento.

## Las direcciones y distancias

Cada uno de los elementos indicará una de las direcciones cardinales. Los signos chara, sthira, etc, indicarán una distancia dentro de esa dirección, ya que cada dirección tiene una distancia lejana (chara), una distancia cercana (sthira) y una distancia media (dvisvabhāva). Trinos indican los recursos para satisfacer nuestras necesidades y estas direcciones indican dónde los podemos encontrar.

| Tattva | Dirección |
|---|---|
| Fuego | Este |
| Tierra | Sur |
| Aire | Oeste |
| Agua | Norte |

Las direcciones asociadas a los elementos se relacionan con las direcciones naturales o chara rāśis. De esta manera, el Este corresponde a los signos de fuego partiendo por Meṣa (Aries), el Sur a los signos de tierra desde Makara (Capricornio), el Oeste a los signos de aire desde Tulā (Libra) y el Norte a los signos de agua desde Karka (Cancer).

| | |
|---|---|
| Chara (móvil) | lejos |
| Sthira (fijo) | cerca |
| Dvisvabhāva (dual) | medio |

Los signos chara poseen mucha energía rajásica e indican una distancia lejana, como si se tratara de algo fuera del estado o en el extranjero. Los signos sthira indican una distancia relativamente reducida, como si la persona trabajara en su propia ciudad natal, conociendo a su esposa en su propia ciudad natal, etc. Los signos dvisvabhāva muestran una distancia media, que oscilará desde fuera de la propia ciudad natal hasta fuera del estado natal, dependiendo de la fuerza de las indicaciones. Combinando estos dos significados, Aries nos indica una gran distancia hacia el Este; de la misma manera considerando los otros dos signos de fuego, Leo nos indica una distancia muy corta hacia el Este, mientras que Sagitario

nos indica una distancia media hacia el Este. El mismo método de combinar distancia y dirección se aplica a todos los demás signos.

Por ejemplo, el elemento y la guṇa de la séptima casa puede indicar desde dónde vendrá la pareja: si en la séptima casa se encuentra Capricornio (Makara), que es tierra (sur) y movible (lejos), la pareja vendrá de un lugar lejano al sur.

## Los rāśi diurnos y nocturnos

| | | | |
|---|---|---|---|
| Ambas *Mīna* | Trasera *Meṣa* | Trasera *Vṛṣa* | Delantera *Mithuna* |
| Delantera *Kumbha* | | | Trasera *Karka* |
| Trasera *Makara* | | | Delantera *Siṁha* |
| Trasera *Dhanu* | Delantera *Vṛśchika* | Delantera *Tula* | Delantera *Kanya* |

La tabla a continuación muestra los rāśis diurnos y nocturnos con información relativa a la forma en que ascienden en el cielo, enseñando primero la parte trasera (*pṛṣṭodaya*) o la parte delantera (*śirṣodaya*). El *Jātaka Pārijāta* tiene una declaración que facilita recordar la dirección de ascenso. "Meṣa (Aries), Vṛṣabha (Tauro), Mithuna (Géminis), Karka (Cancer), Dhanu (Sagitario) y Makara (Capricornio) poseen fuerza en la noche. Con excepción de Mithuna (Géminis) estos ascienden por su parte trasera".[4] Así que todos los signos fuertes de noche ascienden en el cielo enseñando su parte trasera (de espaldas), mientras que los signos fuertes de día se levantan enseñando su parte delantera (de frente), a excepción de Mithuna. Mīna (Piscis) asciende tanto de frente como de espalda, ya que son dos peces juntos y por lo que uno siempre está mirando hacia adelante y el otro siempre mirando hacia atrás. Esta información se utilizará para cálculos específicos de predicciones en el tiempo y fuerza, y se indican aquí como referencia.

## Nombres de los Rāśi

| | | | |
|---|---|---|---|
| Venus | Sol | Luna | Rāhu |
| | Exaltación (Uccha) | | Júpiter |
| Marte | | | |
| Ketu | | Saturno | Mercurio |

Existen muchos nombres para cada signo que revelan sus diversos significados. Una pequeña introducción a estos nombres ayudará a entender mejor los signos. Al comprender estos nombres junto con su planeta regente, guṇas, tattvas y qué planetas se exaltan o debilitan en dichos signos, podemos comenzar a obtener el significado más profundo detrás de cada signo. Los signos indican lugares o situaciones, mientras que los planetas indican personas, animales o cosas en esas situaciones. *Jātaka Pārijāta* dice que los signos habitan la región apropiada a su símbolo. Por ejemplo Aries está representado por un carnero y estos animales viven en regiones montañosas, por lo que este signo se correlaciona con áreas montañosas

Aries se conoce como Meṣa, que se traduce como 'carnero', 'oveja' o 'cualquier animal que produce lana'. La palabra latina Aries también significa 'carnero'. Además de las áreas montañosas, Aries se relaciona con los lugares donde hay extracción de minerales y piedras preciosas. Aries

4 *Jātakapārijāta* de Vaidyanātha I.14

también se llama *Aja*, que significa 'macho cabrío' o 'carnero', pero también significa 'instigador', 'impulsor' y 'líder de un rebaño'. Esta energía de liderazgo de Meṣa le da al Sol su exaltación si se encuentra ahí, mientras que su dureza pone demasiada carga sobre la clase trabajadora debilitando a Saturno en este signo.

Tauro corresponde a la palabra 'toro' en latín y en sánscrito *vṛṣa* significa 'toro', 'macho de cualquier animal' o 'macho fuerte y potente'. Tauro se relaciona con tierras agrícolas, pastos, bosques, pequeñas aldeas. La Luna que gobierna los productos lácteos, las plantas y las hierbas se exalta en Vṛṣabha, que representa los lugares de donde provienen estas cosas; también le da a la Luna, un graha lujurioso, la vitalidad para expresarse en este signo.

Géminis proviene del latín *geminus* que significa 'gemelo' y se refiere a Cástor y Pólux de la mitología griega, quienes en la tradición occidental se consideran como dos gemelos varones. En la tradición védica Géminis es visto como una pareja en un abrazo amoroso y Parāśara describe a Mithuna como una pareja que sostiene una maza y un laúd. Mithuna significa literalmente 'pareja' (hombre y mujer) o 'copulación'; también se refiere a la 'otra parte de algo' o al 'complemento o compañero de algo'. Géminis se relaciona con lugares de placer como parques, lugares de entretenimiento, áreas de juego y, en general, sitios a los que vas cuando estás saliendo con alguien por primera vez. Rāhu, el planeta de los negocios turbios, obtiene su bhoga (exaltación) en Géminis por sus vínculos con el juego y la prostitución.

Cáncer significa 'cangrejo' en latín y en sánscrito *karka* significa 'cangrejo hembra'. Este signo se relaciona con lagos, estanques, bancos de arena, ríos y otros lugares acuáticos. Cáncer está relacionado con la actividad de bañarse y a Júpiter le encanta la limpieza. Karka muestra el aspecto limpio y purificador de la Luna, y por eso Júpiter se exalta en este signo; la Luna también es emocional y Júpiter ahí puede generar emociones positivas. Marte es áspero y sucio y demasiado tamásico para Cáncer, por lo que se debilita en este signo. Las emociones son acuosas y suaves; Júpiter trae alegría y satisfacción, mientras que Marte indicará trauma o violencia.

Leo significa 'león' en latín y en sánscrito *siṁha* significa 'león', así como 'héroe' o 'persona eminente'. Siṁha se relaciona con las cuevas y los bosques de las montañas profundas, por ello este rāśi indica junglas y desierto. También es el signo de autoridad, poder, control y se relaciona con el gobierno.

Virgo significa 'virgen' en latín, así como *kanyā* significa 'niña', 'virgen' o 'hija', dando la sensación de algo casto e inmaculado. El *Jātaka Pārijāta* describe al rāśi kanyā como "una mujer en un bote que sostiene granos y fuego en sus manos". Kanyā representa la tierra y los jardines cultivados, Mercurio se exalta en este tipo de ambiente arreglado y organizado, que constantemente necesita de atención y manutención para permanecer hermoso; así que Mercurio ama a kanyā porque es organizado. Venus se debilita en este signo debido al control y la limitación que las reglas de pureza imponen al elemento amoroso; así que Venus ahí indican amor con condiciones.

Libra significa 'balanza' en latín y *tulā* significa lo mismo en sánscrito. La palabra tulā representa el concepto de 'pesar', 'comparar', 'encontrar una medida o una cantidad igual' y en general representa la igualdad. El *Jātaka Pārijāta* dice que Libra está simbolizado por "una persona que sostiene una balanza", donde la báscula representa tanto mercados, como lugares de negocios; balanzas como esta se utilizan para pesar los productos y otros bienes para la compra en los mercados tradicionales. Libra también indica el peso delicadamente equilibrado que se necesita en ambos lados de una balanza para

cumplir su función. Tulā se relaciona con el mercado o bazar de una ciudad con artículos valiosos, entretenimiento y actividades sociales. El Sol se debilita aquí, ya que le gusta tener poder y control sobre todas las cosas, mientras que Saturno se exalta en este signo ya que representa a la persona trabajadora común que cree que todos deberían ser iguales, y Libra representa el poder de la democracia.

Escorpio significa 'escorpión' en latín y *vṛścika* significa lo mismo en sánscrito. Este signo se relaciona con desiertos, lugares que tienen agujeros, y también se asocia con lugares de aguas turbias, rancias o sucias. El veneno del escorpión muestra los peligrosos poderes que esconde su aguijón. Vrischika está regido por Marte, como también por Ketu, indicando tanto el lado oculto de Marte, como la búsqueda interna de Ketu.

| | | | |
|---|---|---|---|
| Mercurio | Saturno | | Ketu |
| | Debilitación (Nīcha) | | Marte |
| Júpiter | | | |
| Rāhu | Luna | Sol | Venus |

Sagitario significa arquero, ya que '*sagitta*' es 'flecha' en latín; dhanu en sánscrito significa 'arco', lo que sostendría un arquero. El *Jātaka Pārijāta* describe a Dhanu como "un hombre armado con un arco y una flecha, y la parte inferior de su cuerpo es la de un caballo". Parāśara dice que "tiene dos 'piernas' en los primeros 15 grados y cuatro 'piernas' en los segundos 15 grados, y sostiene un arco (*dhanudhāra*)". Sagitario está conectado a lugares donde se encuentran caballos, carros y elefantes, y representa a la clase alta, políticos, guerreros, etc., quienes normalmente tendrían establos para estos animales.

Capricornio proviene del latín *caper* que significa 'cabra' y cornio que significa 'cuerno', contrariamente al sánscrito cuyo nombre es makara que significa una 'especie de monstruo marino' con el cuerpo de un cocodrilo y la cabeza de un ciervo o una cabra. También se llama *nakra*, que significa 'cocodrilo' y está asociado con regiones fluviales y lugares de muerte, como campos de batalla, cementerios, etc. En la India los muertos se queman tradicionalmente cerca de un río y los restos son arrojados y comidos por criaturas de tipo makara. Estos crematorios también están asociados con el camino tántrico de la mano izquierda, que revela el lado más oscuro de *ma-kāra*, realizando las prácticas de las cinco M (consumir alcohol, carne, pescado, granos tostados y tener relaciones sexuales). Marte se exalta en este signo, ya que tiene la capacidad de trabajar con el poder oculto de makara, mientras que Júpiter, el sacerdote, está debilitado en Capricornio, ya que necesita ser puro para lograr el éxito con los devas.

Acuario en latín significa 'portador de *agua*', imagen muy similar descrita por Parāśara quien dice que Kumbha está representado por "un hombre que sostiene un cántaro". Kumbha indica una vasija o contenedor de agua, así como también esta asociado a lugares de almacenamiento de agua, como represas y lugares de contención de agua.

Piscis es el plural de la palabra latina *piscis* que significa 'pez'; Parāśara dice que Mīna está representada por "dos peces atados con la cabeza y la cola en posición invertida". Este signo se relaciona con el océano y las grandes extensiones de agua, por lo que esta expansión provoca la debilitación de Mercurio, ya que al ser incapaz de estructurar esta inmensidad termina perdiéndose en las palabras; por eso cuando Mercurio se debilita entra en un estado de preocupación, y se vuelve callado o usa

las palabras en exceso. Venus obtiene aquí la exaltación indicando amor ilimitado e incondicional. El avatāra de Viṣṇu relacionado a Venus practicó la meditación profunda al final de su encarnación en Ṛśikeśa, la ciudad de los ṛṣis. Piscis es el signo de los Ṛṣis donde Venus alcanza su versión mas elevada.

## Rāśi Dṛṣṭi, los aspectos de los signos

Cada Rāśi tiene un aspecto sobre ciertos otros signos. Dṛṣṭi significa 'vista', 'ver', 'contemplar', 'considerar' y así mismo la palabra *aspecto* puede significar 'apariencia visual desde cierto punto de vista' o 'una forma en que la mente puede ver algo'. La palabra 'aspecto' proviene del latín *ad-specere* (mirar).[5] De esta manera 'dṛṣṭi' y 'aspecto' tienen la misma raíz y significado. El aspecto de un signo (*rāśi dṛṣṭi*) es el acto de mirar e influir sobre otro signo. Todos los signos chara (móviles) aspectan a los signos sthira (fijos), excepto al que está al lado, así como todos los signos sthira aspectan a los signos chara excepto al adyacente, mientras que los signos duales se aspectan entre sí. Si uno de estos rāśis contiene un planeta, este también aspectará a esos signos

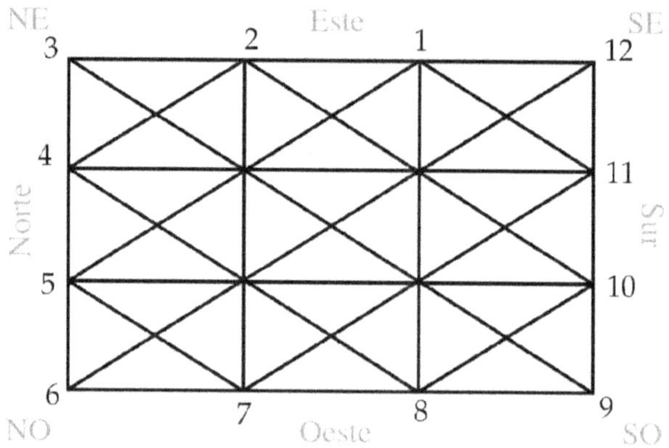


El Mahā-Dṛṣṭi Chakra, literalmente 'el gran diagrama de las visiones', muestra los aspectos a través de un diagrama descrito por Parāśara, quien dice: "sigue la línea desde Géminis (3) a Sagitario (9), de allí a Virgo (6), de allí a Piscis (12) y luego de regreso a Géminis (3)", los signos duales se aspectan entre sí. El signo de Aries (1) aspecta a Leo (5), Escorpio (8) y Acuario (11) porque tratándose de un chara rāśi, aspecta a todos los sthira rāśi excepto al que está junto a él (Tauro). Rāśi-dṛṣṭi indica los recursos materiales que influyen en un signo y su casa. Cuando logramos comprender la interacción entre las guṇas rajas y tamas, podemos comprender cómo los signos interactúan entre sí y sus efectos.

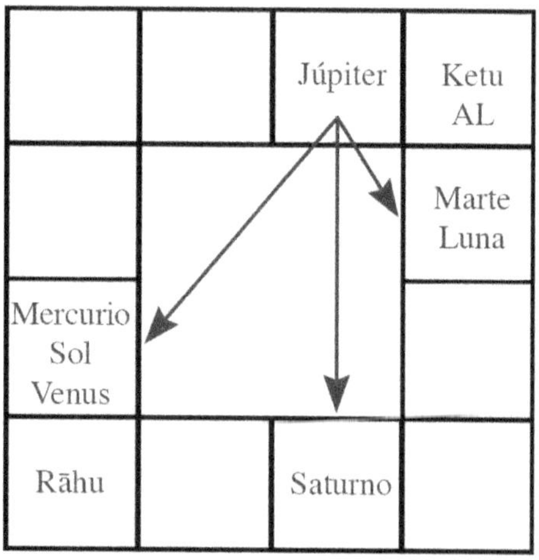


Los signos duales Dvisvabhāva son sattva guṇa y por lo tanto interactúan consigo mismos: Son los profesores (Júpiter) y los estudiantes o los eruditos (Mercurio) interactuando. Los signos chara son rajásicos y tienen un exceso de energía que necesitan liberar, mientras que los signos sthira son tamásicos y carecen de energía. Los signos chara se pueden comparar con un repartidor de pizzas con mucha energía móvil y los signos sthira representan a la persona en el sofá llamando para recibir la entrega con energía fija y deficiente. Los signos sattva están cocinando para sí mismos, y compartiendo sus comidas entre ellos.

5 La astrología helenística también tiene un elaborado sistema de relaciones/aspectos de signos. Estos son discutidos por Maniliues en su *Astronomica* (2.270-650)

Por lo tanto lo signos interactúan bilateralmente: es una tendencia natural que sattva mantiene a sattva a través de si misma, así como rajas y tamas interactuan entre sí. Por ejemplo, cuando bebemos café (rajas) nos volvemos hiperactivos con energía extra, pero el efecto posterior es menos energía (tam as) y cansancio; este es el caso de la interacción de rajas y tamas.

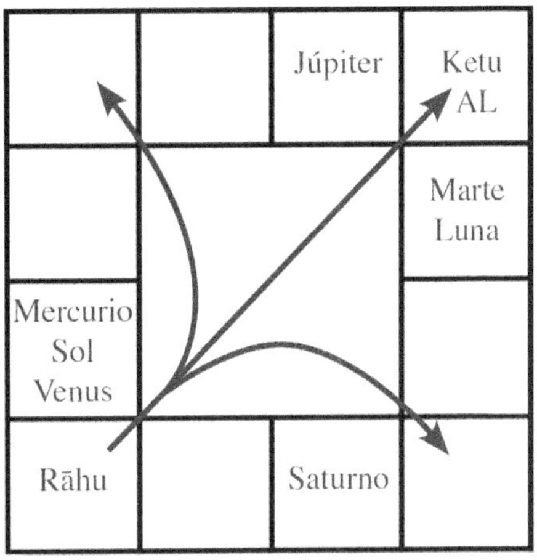


Tomemos como ejemplo la carta de Oprah Winfrey, donde Júpiter está en Tauro, rāśi que aspecta a todos los signos chara excepto el que está al lado, es decir aspecta a Cáncer, Libra y Capricornio, excluyendo a Aries al cual no es capaz de aspectar. Si un planeta está en un signo, también estará aspectando los mismos lugares que ese signo. Júpiter está en Tauro y tiene rāśi dṛṣṭi sobre Cáncer (que contiene a Marte y la Luna), Libra (que contiene a Saturno) y Capricornio (que contiene a Mercurio, el Sol y Venus). Júpiter indica la abundancia de recursos disponibles para los signos (situaciones y lugares) y planetas (personas con las que interactúa) a los que está aspectado. En el ejemplo de la carta de Oprah todos los planetas excepto los nodos reciben el apoyo de Júpiter y esto se considera una gran bendición porque este planeta da poder a los signos y planetas que reciben el aspecto de él. Al mismo tiempo, Saturno está en Libra aspectando a todos los signos sthira, excepto al adyacente, es decir no aspecta a Escorpio, pero sí a Acuario, Tauro y Leo.

Cada signo dvisvabhāva (dual) está aspectando a los otros signos dvisvabhāva y, por lo tanto Sagitario aspecta a Piscis, Géminis y Virgo. Rāhu, indica conmoción, causa traumas y crea bloqueos, se posiciona en Sagitario en la carta de Oprah y está aspectando a Piscis sin planetas, a Géminis que contiene a Ketu y a Virgo que no contiene planetas. Rāhu está dañando muy pocos planetas en la carta de Oprah.

Los aspectos benéficos fortalecen a los planeta y signos involucrados, dotándolos de recursos. El aspecto de un planeta hacia su propio signo es una gran protección para esa casa, incluso si es un maléfico porque un planeta nunca dañará su propio signo. El mejor aspecto es el de Júpiter, ya que indica que hay mucho apoyo y recursos para la casa que aspecta. Mercurio es el segundo mejor aspecto, ya que indica que la casa que recibe su aspecto tiene las habilidades para prosperar. El regente de su propia casa es el siguiente mejor aspecto para fortalecer y proteger una casa. Saturno otorgará trabajo duro a una casa mientras que Ketu traerá ayuda u objetos espirituales. De esta forma, cada uno de los planetas entregará recursos u oportunidades según sus significados naturales.

## - EJERCICIO PRÁCTICO -

1. Lee el capítulo en *Bṛhat Pārāśara Horā Śāstra* sobre los signos (*rāśi-svarūpa-adhyāya*).
2. Ya deberías haber estudiado y meditado sobre las cualidades de los grahas. Ahora toma cada uno de los signos de acuerdo al día del planeta regente; Medita sobre cómo dichos signos reflejan a su regente particular, la energía masculina o femenina, el elemento y su cualidad chara, sthira y dvisvabhāva.
3. Estudiantes avanzados deben leer *Jātaka Pārijāta* de Vaidyanāth Dīkṣita (capítulo 1) y *Sārāvalī* de Kalyāṇa Varmā (capítulo 22-29).

4. Estudiantes avanzados deben comparar el capítulo en *Bṛhat Pārāśara Horā Śāstra* sobre aspectos (*rāśi-dṛṣṭi-kathana-adhyāya*) y *Jaimini Upadeśa Sūtra* 1.1.2 y 1.1.3.

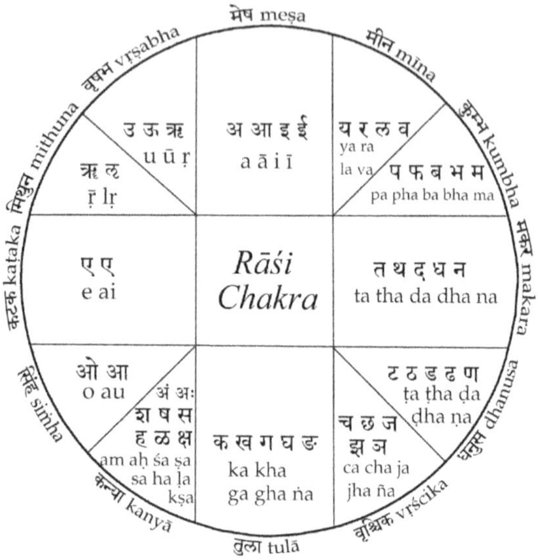


## Akṣara Rāśi Chakra

Existen varios sistemas para correlacionar los signos con sonidos. En un sistema se le asigna a cada signo una vocal: Aries *a* corta, Tauro *ā* larga, Géminis *i* corta, Cáncer *ī* larga, Leo *u* corta, Virgo *ū* larga, Libra *e*, Escorpio *ai*, Sagitario *o*, etc. La tabla a continuación nos muestra otro sistema. Estos diferentes métodos tienen varios propósitos, como nombrar negocios o activar la casa con mantra.

Hay tres tipos principales de mantras para los rāśi: para mejorar o fortalecer los significados innatos (sattva), para activar o producir resultados (rajas) y para purificar o deshacerse de los problemas (tamas).

## Los rāśi mantras

Los mantras de los Rāśi se utilizan para fortalecer un signo y volverlo amigable. Estos mantras se relacionan con los diversos aspectos de Viṣṇu, invocando la energía sattva sustentadora y estabilizadora de los signos.[6] Estos mantras son lo suficientemente suaves como para que no puedas lastimar a nadie al recomendarlos.

| | | |
|---|---|---|
| Aries | ॐ विष्णवे नमः | ॐ viṣṇave namaḥ |
| Tauro | ॐ वासुदेवाय नमः | ॐ vāsudevāya namaḥ |
| Géminis | ॐ केशवाय नमः | ॐ keśavāya namaḥ |
| Cáncer | ॐ राधाकृष्णाय नमः | ॐ rādhākṛṣṇāya namaḥ |
| Leo | ॐ हरिहराय बालमुकुन्दाय नमः | ॐ hariharāya bālamukundāya namaḥ |
| Virgo | ॐ ह्रीं पिताम्बराय परमात्मने नमः | ॐ hrīṁ pitāmbarāya paramātmane namaḥ |
| Libra | ॐ श्रीरामदाशरथये नमः | ॐ śrīrāma-dāśarathaye namaḥ |
| Escorpio ♂ | ॐ नराय नमः | ॐ narāya namaḥ |
| Escorpio ☋ | ॐ नारायणाय नमः | ॐ nārāyaṇāya namaḥ |
| Sagitario | ॐ ह्रीं श्रीं क्रीं धरणीधराय नमः | ॐ hrīṁ śrīṁ krīṁ dharaṇī-dharāya namaḥ |

6 Mantras del Śrī Acyutānanda Paramparā , presentados de acuerdo con *Vedic Remedies in Astrology*, p.181

| | | |
|---|---|---|
| Capricornio | ॐ श्रीं वत्सलाय नमः | ॐ śrīṁ vatsalāya namaḥ |
| Acuario ♄ | ॐ क्लीं गोविन्दगोपालाय नमः | ॐ klīṁ govinda-gopālāya namaḥ |
| Acuario ☊ | ॐ श्रीं उपेन्द्राय अच्युताय नमः | ॐ śrīm upendrāya acyutāya namaḥ |
| Piscis | ॐ क्रीं रथाङ्गचक्राय नमः | ॐ krīṁ rathāṅga-cakrāya namaḥ |

## Los Ādityas mantras

Los doce signos se ven como los doce hijos de la Madre Aditi, por lo que se les llama Ādityas. *Diti* significa 'cortar', 'partir', 'dividir', 'diferenciar' y *Aditi* es 'aquello que no está dividido o limitado'. La Madre Aditi es la madre universal que es ilimitada y está en todas partes. Diti es la hermana de Aditi, que representa la separación y el aspecto diferenciador de la mente; ella dio a luz a todos los asuras (seres sin luz), llamados demonios. Aditi representa la unidad de la conciencia y la capacidad de ver esa unidad en toda la vida y los seres vivos; de ella nacieron todos los devas, los portadores de luz.

Los doce Ādityas son los doce signos solares del zodíaco (*bha-chakra*), que nos muestran con qué recursos contamos para trabajar; ellos representan el aspecto de la creación que da lugar a los frutos de la vida. El Sol hace que todo funcione en la Tierra: el día se crea por el Sol, la energía vital proviene del Sol, todas las cosas crecen con el Sol que las alimenta, todos los combustibles provienen del Sol, ya sea directamente o indirectamente como el petróleo o el carbón que hace miles de años eran vegetación nutrida por el Sol. Sin el Sol, la Tierra moriría y ya no produciría las cosas necesarias para la vida. Los Ādityas representan esta naturaleza dadora de vida del Sol y sus diversas formas de entregar recursos a lo largo del año.

| **Rāśi** | **Āditya** | **Āditya mantra**[7] | |
|---|---|---|---|
| Aries | Dhata | ॐ घृणिः धातादित्य नमः | ॐ ghṛṇiḥ dhātāditya namaḥ |
| Tauro | Aryamā | ॐ घृणिः अर्यमादित्य नमः | ॐ ghṛṇiḥ aryamāditya namaḥ |
| Géminis | Mitra | ॐ घृणिः मित्रादित्य नमः | ॐ ghṛṇiḥ mitrāditya namaḥ |
| Cáncer | Varuṇa | ॐ घृणिः वरुणादित्य नमः | ॐ ghṛṇiḥ varuṇāditya namaḥ |
| Leo | Indra | ॐ घृणिः इन्द्रादित्य नमः | ॐ ghṛṇiḥ indrāditya namaḥ |
| Virgo | Vivasvān | ॐ घृणिः विवस्वानादित्य नमः | ॐ ghṛṇiḥ vivasvānāditya namaḥ |
| Libra | Pūṣan | ॐ घृणिः पुषादित्य नमः | ॐ ghṛṇiḥ puṣāditya namaḥ |
| Escorpio | Parjanya | ॐ घृणिः पर्जन्यादित्य नमः | ॐ ghṛṇiḥ parjanyāditya namaḥ |
| Sagitario | Aṁśumān | ॐ घृणिः अंशुमानादित्य नमः | ॐ ghṛṇiḥ aṁśumānāditya namaḥ |
| Capricornio | Bhaga | ॐ घृणिः भगादित्य नमः | ॐ ghṛṇiḥ bhagāditya namaḥ |
| Acuario | Tvaṣṭa | ॐ घृणिः त्वष्टादित्य नमः | ॐ ghṛṇiḥ tvaṣṭāditya namaḥ |
| Piscis | Viṣṇu | ॐ घृणिः विष्णु आदित्य नमः | ॐ ghṛṇiḥ viṣṇu-āditya namaḥ |

7 Mantras y grámatica basada en el aṣṭākṣari mantra del *Sūrya upaniṣad*

La disponibilidad de recursos para sobrevivir y lograr todas las cosas en la vida se obtiene a través de los signos solares, los cuales representan no solo la situación en un área particular de la vida, sino también los recursos en esa área. El Sol hace crecer todos los recursos, de la misma manera, el rāśi donde se encuentre el Sol nos otorga todos los recursos en nuestras vidas. los rāśi muestran el fruto (*phala*) que recibiremos. Cuando los Ādityas son fuertes, hay prosperidad y abundancia, y cuando son débiles, hay pobreza y escasez de recursos particulares

Los Āditya mantras se inician pronunciando la invocación *Auṁ*, seguida de la petición *ghṛṇiḥ*, que significa 'brilla por favor'. Posteriormente se pronuncia el nombre del *Āditya* específico, seguido de la palabra *Āditya*. Estos son los mantras generales de los Āditya que le piden al rāśi que brille intensamente. Los signos solares se pueden adorar con estos mantras en un loto de doce pétalos ofreciendo pasta de sándalo a cada pétalo mientras se dice el mantra.

Los Rāśi mantras se usan para apaciguar la energía de un signo, volverlo amistoso y sattva, fortaleciendo el signo de una manera holística y amable. Los Ādityas mantras energizan un signo y activan sus recursos: todo lo que se encuentra en esa casa será activado por los Ādityas mantras, los cuales se relacionan con la energía creativa del signo. Los Jyotir-liṅgas mantras purifican y exaltan un signo, permitiendo que se manifieste su naturaleza superior; ellos se relacionan con el aspecto de Śiva de purificar y eliminar tamas guṇa.

## Los Jyotir-Liṅgas mantras

Los Jyotir-liṅgas se relacionan con los signos, tal como el Sol se relaciona con el ātmā. El Śiva liṅgam se relaciona con Puruṣa (conciencia suprema), mientras que el yoni, en el que reside, se relaciona con Prakṛti (manifestación física de la realidad). De manera similar el liṅgam es el ātman (conciencia individual) y el yoni es el cuerpo (personificación). El Ātmā es el Sol, el Sol es Śiva y Śiva es el guru: el Ātmā es el gurú más elevado. Antes de la realización de Dios viene la realización del yo (*ātmā*) y (*vidyā*). El Sol se manifiesta como los doce Ādityas, que son las doce energías solares conocidas como signos solares. Los rāśi son creados por la relación del Sol y la Luna, Puruṣa y Prakṛti, o el alma y la mente. Los rāśis son los Śiva-liṅgas celestes, mientras que los Jyotir-liṅgas son la esencia central del rāśi, su luz más interna. La adoración del Jyotir-liṅga nos lleva a ese conocimiento fundamental de esa luz.

Los raśis indican el lugar y la situación, mientras que los grahas muestran a los seres animados. Los rāśis indican como Puruṣa se fusionó con Prakṛti para crear una realidad sustancial dentro de la cual existen los planetas y ātmās: son las luces y sombras las que crean la realidad. Los Jyotir-liṅgas iluminan la mente hacia una esencia superior despertando el alma-luz-conciencia en diversas áreas de nuestra vida, y quemando tamas para que pueda existir el conocimiento y sattva. Las formas de Viṣṇu sostienen al planeta y lo llevan a sattva elevándolo. Śiva (*Jyotir-liṅga*) nos lleva a sattva quemando la negatividad presente.

A medida que uno aprenda más Jyotiṣa, se prescribirán varios remedios basados en estos Śiva-liṅgas. Nuestra primera enseñanza y remedio será sobre la purificación del propio ātman. La narración de las historias de los avatāras de Viṣṇu nos dará la enseñanza interna. Rāma, la encarnación del Sol, iba a luchar contra el rey demonio Rāvaṇa; antes de partir para la batalla, instaló el Rāmeśvara Jyotir-liṅga relacionado con el signo de Aries, la exaltación del Sol. Śri Kṛṣṇa, avatāra de la Luna, instaló el Somanātha Jyotir-liṅga relacionado con el signo Tauro, la exaltación de la Luna. De esta manera, ambos

adoraron al Śiva Liṅga que naturalmente exaltaba quiénes eran. Por lo tanto tomamos el Ātmakāraka (planeta con el grado más alto) y adoramos el Jyotir-liṅga correspondiente, que exalta quiénes somos, para purificar nuestro ātman. Esto permite que el Ātmakāraka sea un buen rey y ayude a todos los demás grahas a actuar de acuerdo con su naturaleza superior.

| Rāśi | Jyotir-liṅgas[8] | Jyotir-liṅga Mantra |
|---|---|---|
| Aries | Rāmeśvara | ॐ namaḥ śivāya namo rāmeśvarāya |
| Tauro | Somanātha | ॐ namaḥ śivāya namaḥ somanāthāya |
| Géminis | Nāgeśvara | ॐ namaḥ śivāya namo nāgeśvarāya |
| Cáncer | Omkāreśvara | ॐ namaḥ śivāya nama omkāreśvarāya |
| Leo | Vaidyanātha | ॐ namaḥ śivāya namo vaidyanāthāya |
| Virgo | Mallikārjuna | ॐ namaḥ śivāya namo mallikārjunāya |
| Libra | Mahākāla | ॐ namaḥ śivāya namaḥ kāleśvarāya |
| Escorpio | Ghuśmeśvara | ॐ namaḥ śivāya namo ghuśmeśvarāya |
| Sagitario | Viśvanātha | ॐ namaḥ śivāya namo viśvanāthāya |
| Capricornio | Bhīmaśaṅkara | ॐ namaḥ śivāya namo bhīmaśaṅkarāya |
| Acuario | Kedārnātha | ॐ namaḥ śivāya namaḥ kedārnāthāya |
| Piscis | Tryambakeśvara | ॐ namaḥ śivāya namas tryambakeśvarāya |

Para practicar estos mantras existen dos opciones: adoramos al Śiva-liṅga con el mantra Jyotir-liṅga o meditamos en el ātman mientras repetimos este mantra. Para crear el mantra del Jyotir-liṅga usamos un poco de gramática sánscrita: primero iniciamos pronunciando la invocación *Auṁ*, posteriormente añadimos el mantra *Namaḥ Śivāya*, que significa 'alabanzas a quien elimina tamas'; luego agregamos la variante apropiada de la palabra *namo*, que nuevamente significa 'alabanzas', 'reverencia' o 'adoración', y por último cambiamos el nombre del Jyotir-liṅga a la forma dativa (a quien estemos ofreciendo el Jyotir-liṅga). En sánscrito la preposición va al final de la palabra como una posposición y por esto la forma dativa 'a Śiva' se traduce como *Śivāya*, donde la terminación 'āya' corresponde a la preposición 'a'. Hay otras variaciones de estos mantras, como por ejemplo "namaḥ śivāya somanāthāya vaṁ vaṁ saḥ", que es más específico de Somanātha, pero el método anterior es el más simple y eficaz para comenzar a trabajar con todos los Jyotir-liṅga.

8 Śiva-mahāpurāṇam, Śatarudra saṁhitā, Capítulo 24 y Koṭi saṁhitā, capítulos 14-32.
Ver también Dvādaśa Jyotirliṅga de Ādi Śaṅkara

## Varga, las divisiones de los rāśi

Los Rāśis indican una amplia visión general de la vida, pero hay muchos más detalles que se deben examinar. Por ejemplo, puede que tengas buen karma con hijos, pero si tienes cinco, se necesita una forma de diferenciar el karma con cada uno de ellos. La división de los signos en secciones más pequeñas permite la creación de posicionamientos más precisos para los planetas. Esta sección es una introducción a la división de los signos, su interpretación se ampliará más adelante. Las divisiones de los signos se utilizan para evaluar la fuerza del planeta, que cambiará dependiendo de su ubicación en diferentes divisiones (*vargas*) de los signos. Los clásicos introducen las vargas (cartas divisionales) en la misma sección que las descripciones de los rāśi; esto se debe a que las vargas son las divisiones del rāśi chakra.

Varga significa 'división', 'clase separada' o 'todo lo que se incluye en una categoría', y cuando los signos se dividen en nuevas cartas, esta división se llama varga. Rāśi se llama D-1 o primera carta divisional, mientras que cuando cada signo se divide por la mitad, es llamado D-2 (Sol y Luna) o la carta *Hora*. Cuando cada rāśi se divide en tres porciones, esta carta divisional se llama D-3 (rajas, tamas y sattva) o carta *dreṣkāṇa*. La cuarta carta divisional está dividida en base a los tattvas. Por ejemplo en el signo Aries, al igual que en todos los otros signos, están contenidas estas diferentes características. Los diferentes grados de un signo contendrán estas naturalezas; ésta es la razón por la cuál tradicionalmente las vargas se enseñan al comienzo del aprendizaje del estudiante. Existen 16 divisiones primarias y a continuación se muestra el ejemplo del signo Aries desglosado de la primera hasta la décima varga. Cabe destacar que el Sol en 2 grados de Aries está exaltado en seis de estas divisiones, lo que lo vuelve muy fuerte, mientras que el Sol en 27 grados está exaltado en una sola división y debilitado en otra. De esta manera, cada mitad de un grado de un rāśi cuenta una historia completamente diferente.

<table>
<tr><th>D-1</th><th>D-2</th><th>D-3</th><th>D-4</th><th>D-7</th><th>D-9</th><th>D-10</th></tr>
<tr><td rowspan="10">Aries<br>0° - 30°</td><td rowspan="5">Leo<br>0° - 15°</td><td rowspan="3">Aries<br>0° - 10°</td><td rowspan="2">Aries<br>7° 30'</td><td>Aries 4° 17' 8.57"</td><td>Aries 3° 20'</td><td>Aries 3°</td></tr>
<tr><td>Tauro 8° 34' 17"</td><td>Tauro 6° 40'</td><td>Tauro 6°</td></tr>
<tr><td rowspan="3">Cáncer<br>15°</td><td rowspan="2">Géminis 12° 51' 25"</td><td>Géminis 10°</td><td>Géminis 9°</td></tr>
<tr><td rowspan="4">Leo<br>10° - 20°</td><td>Cáncer 13° 20'</td><td>Cáncer 12°</td></tr>
<tr><td rowspan="2">Cáncer 17° 8' 34"</td><td>Leo 16° 40'</td><td>Leo 15°</td></tr>
<tr><td rowspan="5">Cáncer<br>15° - 30°</td><td rowspan="3">Libra<br>22° 30'</td><td>Virgo 20°</td><td>Virgo 18°</td></tr>
<tr><td rowspan="2">Leo 21° 25' 43"</td><td>Libra 23° 20'</td><td>Libra 21°</td></tr>
<tr><td rowspan="3">Sagitario<br>20° - 30°</td><td>Escorpio 26° 20'</td><td>Escorpio 24°</td></tr>
<tr><td rowspan="2">Capricornio<br>30°</td><td>Virgo 25° 42' 52"</td><td rowspan="2">Sagitario 30°</td><td>Sagitario 27°</td></tr>
<tr><td>Libra 30°</td><td>Capricornio 30°</td></tr>
</table>

Cada pequeña porción de una división se llama aṁśa, que en sánscrito significa 'parte' o 'porción'. D-10 tiene 10 (*daśa*) porciones (*aṁśa*) y en sánscrito se llama *daśāṁśa*. Parāśara enumera 16 vargas principales en Bṛhat Pārāśara Horā Śāstra y cada una tiene un uso diferente en relación con un área específica de la vida. Maitreya, el estudiante de Parāśara preguntó: "Muni, escuché de ti acerca de las cualidades de los planetas y de los signos, por favor cuéntame acerca de las divisiones de los signos".

Parāśara responde: "Maitreya, existen 16 vargas que han sido descritas por el bisabuelo del mundo, Brahmā, y las explicaré".

| Aṁśa | Tamaño en grados | Nombre v.3-4[9] | Propósito (*viveka*) v.1-7[10] |
|---|---|---|---|
| 1 | 30° | Rāśi | *Deha*, el cuerpo y su apariencia (general, para todos los aspectos de la vida) |
| 2 | 15° | Horā | Riquezas |
| 3 | 10° | Dreṣkāṇa | Hermanos (*bhrātṛ*), salud, bienestar (*saukhya*) |
| 4 | 7° 30' | Turyaṁśa | Bendiciones, buena suerte (*bhāgya*), propiedades |
| 7 | 4° 17' 8,5" | Saptāṁśa | Hijos y nietos (*putrāpautra*) |
| 9 | 3° 20' | Navāṁśa | Cónyuge, consorte (*kalatra*), habilidades |
| 10 | 3° | Daśāṁśa | Frutos abundantes, éxito, carrera (*mahatphala*) |
| 12 | 2° 30' | Sūryāṁśa | Padre, madre, padres (*pitṛ*) |
| 16 | 1° 52' 30" | Ṣoḍāśāṁśa | Comodidades y prosperidad (*sukha*) o falta de ella (*asukha*), vehículos (*vāhana*) |
| 20 | 1° 30' | Viṁśāṁśa | Adoración (*upāsana*) |
| 24 | 1° 15' | Vedabāhvāṁśa | Conocimiento, aprendizaje, escuela, ciencia (*vidyā*) |
| 27 | 1° 6' 40" | Bhāṁśa | Fortalezas (*bala*) y debilidades (*abala*) |
| 30 | 1° 00' | Triṁśāṁśa | Resultados de la desgracia, mala suerte (*ariṣṭaphala*) |
| 40 | 0° 45' | Khavedāṁśa | Bueno (*śubha*) y malo (*aśubha*), linaje materno |
| 45 | 0° 40' | Akṣavedāṁśa | Todas las indicaciones, linaje paterno |
| 60 | 0° 30' | Ṣaṣṭyaṁśa | Todas las indicaciones, karma de la vida anterior |

Parāśara luego da dos ejemplos, diciendo que un planeta posicionado en un *ṣaṣṭyaṁśa* maléfico dañará los significados de su casa, y un planeta en un *ṣoḍāśāṁśa* benéfico entregará prosperidad. De esta forma las vargas indicarán la fuerza de un planeta en diferentes ámbitos de la vida.

Siempre debemos ver el signo del planeta tanto en la carta divisional rāśi (D-1) como en la navāṁśa (D-9) para hacer una evaluación precisa de él: navāṁśa indicará qué recursos y bendiciones tiene una persona en su vida, mientras que rāśi indicará lo que una persona hace con esos recursos. Tomando un ejemplo simplificado, si el planeta Mercurio que rige el habla, está exaltado en rāśi, puede hacer que la persona sea un buen orador, pero si está debilitado en navāṁśa, la persona puede no tener nada de qué hablar o pocas oportunidades para hacerlo. Si el planeta está debilitado en rāśi, la persona no será un buen orador, pero si está exaltado en navāṁśa, la persona tendrá mucho de qué hablar y muchas oportunidades para dar conferencias. Estas bendiciones en navāṁśa no se utilizarán a menos que rāśi tenga la fuerza suficiente para utilizarlas, así como la utilidad de la carta rāśi no podrá alcanzar sus alturas a menos que sea apoyada por navāṁśa. Por lo tanto las diversas fortalezas y debilidades de las posiciones en las vargas deben analizarse en conjunto. Cuando un planeta está en el mismo signo en rāśī y navāṁśa, se llama *vargottama* y esto vuelve muy fuerte sus significados. La primera porción de los signos chara, la parte media de los signos sthira y la última de los signos duales es vargottama.

9 Bṛhat Parāśara Horā Śāstra, Ṣoḍaśavarga-adhyāya
10 Bṛhat Parāśara Horā Śāstra, Vargaviveka-adhyāya

## Introducción a las deidades de las cartas divisionales

Además del posicionamiento de lo grahas en diferentes signos, cada varga está gobernada por varios devatās; estas deidades se utilizan para comprender mejor a los planeta en esa área de la vida y que tipo de remedios utilizar

| D2 | Regente Horā (0° - 15°) | Regente Horā (15° - 30°) |
|---|---|---|
| Aries | Sol (Devas) | Luna (Pitṛs) |
| Tauro | Luna (Pitṛs) | Sol (Devas) |
| Géminis | Sol (Devas) | Luna (Pitṛs) |
| Cáncer | Luna (Pitṛs) | Sol (Devas) |
| Leo | Sol (Devas) | Luna (Pitṛs) |
| Virgo | Luna (Pitṛs) | Sol (Devas) |
| Libra | Sol (Devas) | Luna (Pitṛs) |
| Escorpio | Luna (Pitṛs) | Sol (Devas) |
| Sagitario | Sol (Devas) | Luna (Pitṛs) |
| Capricornio | Luna (Pitṛs) | Sol (Devas) |
| Acuario | Sol (Devas) | Luna (Pitṛs) |
| Piscis | Luna (Pitṛs) | Sol (Devas) |

D2 es la primera división de un signo y se llama horā porque un signo tarda aproximadamente dos horas en ascender y le toma una hora (*horā*) a un signo para ascender 15 grados, por lo que la carta horā es la división de un signo en estas dos partes de 15 grados cada una. Solo hay dos regentes en la D-2: el Sol y la Luna. El primer horā de un signo impar está regido por el Sol y el segundo horā por la Luna, mientras que el primer hora de un signo par está regido por la Luna y el segundo por el Sol. El Sol se relaciona con los Devas y la Luna con los Pitṛs (los Ancestros). Por lo tanto los Devas o Ancestros se convierten en la deidad que representa un planeta con respecto a la riqueza y el sustento. Los planetas masculinos son más fuertes en horās solares y los planetas femeninos son más fuertes en horās lunares. La carta Horā se relaciona con la riqueza y el sustento, tal como los significados de la segunda casa; aquellos que se dedican a la astrología para negocios se enfocan en profundidad a entender esta carta divisional.

## Parāśara Dreṣkāṇa

La división de un signo en tres partes (*aṁśas*) de diez grados cada una se llama dreṣkāṇa (D-3), de la cual existen muchas variaciones. Cada signo se divide en tres partes: la primera parte corresponde al signo en sí, la segunda al quinto signo desde el original y la tercera parte corresponde al noveno signo desde el original. Por lo tanto la carta dreṣkāṇa divide cada signo en las tres cualidades (*guṇas*) con las que está en trinos.

Por ejemplo, en el signo de fuego Aries los primeros diez grados son *chara* fuego (Aries), los segundos diez grados son *sthira* fuego (Leo), los terceros diez grados son *dvisvabhāva* fuego (Sagitario). De la misma manera el signo de tierra Tauro se divide en los signos de tierra sthira, dvisvabhāva y chara. Géminis se divide en los signos de aire dvisvabhāva, chara, sthira. Cada signo se divide en las guṇas de su elemento.

| D3 | 1ª (0° - 10°) | 2ª (10° - 20°) | 3ª (20° - 30°) |
|---|---|---|---|
| Aries | Aries - Móvil<br>Rajas<br>Śrī Nārada | Leo - Fijo<br>Tamas<br>Śrī Agastya | Sagitario - Dual<br>Sattva<br>Śrī Durvāsa |
| Tauro | Tauro - Fijo<br>Tamas<br>Śrī Agastya | Virgo - Dual<br>Sattva<br>Śrī Durvāsa | Capricornio - Móvil<br>Rajas<br>Śrī Nārada |
| Géminis | Géminis - Dual<br>Sattva<br>Śrī Durvāsa | Libra - Móvil<br>Rajas<br>Śrī Nārada | Acuario - Fijo<br>Tamas<br>Śrī Agastya |
| Cáncer | Cáncer - Móvil<br>Rajas<br>Śrī Nārada | Escorpio - Fijo<br>Tamas<br>Śrī Agastya | Piscis - Dual<br>Sattva<br>Śrī Durvāsa |
| Leo | Leo - Fijo<br>Tamas<br>Śrī Agastya | Sagitario - Dual<br>Sattva<br>Śrī Durvāsa | Aries - Móvil<br>Rajas<br>Śrī Nārada |
| Virgo | Virgo - Dual<br>Sattva<br>Śrī Durvāsa | Capricornio - Móvil<br>Rajas<br>Śrī Nārada | Tauro - Fijo<br>Tamas<br>Śrī Agastya |
| Libra | Libra - Móvil<br>Rajas<br>Śrī Nārada | Acuario - Fijo<br>Tamas<br>Śrī Agastya | Géminis - Dual<br>Sattva<br>Śrī Durvāsa |
| Escorpio | Escorpio - Fijo<br>Tamas<br>Śrī Agastya | Piscis - Dual<br>Sattva<br>Śrī Durvāsa | Cáncer - Móvil<br>Rajas<br>Śrī Nārada |
| Sagitario | Sagitario - Dual<br>Sattva<br>Śrī Durvāsa | Aries - Móvil<br>Rajas<br>Śrī Nārada | Leo - Fijo<br>Tamas<br>Śrī Agastya |
| Capricornio | Capricornio - Móvil<br>Rajas<br>Śrī Nārada | Tauro - Fijo<br>Tamas<br>Śrī Agastya | Virgo - Dual<br>Sattva<br>Śrī Durvāsa |
| Acuario | Acuario - Fijo<br>Tamas<br>Śrī Agastya | Géminis - Dual<br>Sattva<br>Śrī Durvāsa | Libra - Móvil<br>Rajas<br>Śrī Nārada |
| Piscis | Piscis - Dual<br>Sattva<br>Śrī Durvāsa | Cáncer - Móvil<br>Rajas<br>Śrī Nārada | Escorpio - Fijo<br>Tamas<br>Śrī Agastya |

Cada parte en D-3 está asociada a un Ṛṣi; si el aṁśa es chara (móvil), está regido por el Devarṣi Nārada, relacionado con la naturaleza omnipresente de Viṣṇu; si es un signo sthira (fijo), está regido por Brahmarṣi Agastya, uno de los siete grandes Ṛṣis de la Osa Mayor y asociado al Jyotiṣa, mientras que los signos dvisvabhāva (dual) están regidos por Maharṣi Durvāsa, quien es conocido por su poder y su ira.

En la sección anterior de este capítulo los doce signos del zodíaco se entendieron primero como *un todo*, cada uno de ellos teniendo un regente individual. Posteriormente los signos se clasificaron en *dos categorías*, pares e impares, yin y yang. Luego los signos se clasificaron en *tres categorías*, las tres cualidades de chara, sthira y dvisvabhāva, o rajas, tamas y sattva. Luego los signos se categorizaron en *cuatro grupos* según los elementos tierra, agua fuego y aire. Todos estos significados deben integrarse para comprender los principios fundamentales de los signos. Aries está regido por Marte, es un signo

masculino e impar, es chara (móvil) y es del elemento fuego; de esta información surge todo el conocimiento básico de la naturaleza del signo.

En esta sección sobre los rāśi, descubrimos que cada signo se puede dividir en partes. Primero categorizamos los doce signos del zodíaco como pares e impares, yin y yang, dentro de las cartas divisionales cada signo se divide individualmente en yin y yang en la carta D-2. Con respecto a la categorización de los signos del zodíaco en las tres cualidades, en la D-3 cada signo individual se divide en estas tres cualidades. Los doce signos también se clasifican según los cuatro elementos, así como en la D-4 cada uno de ellos se divide en cuatro partes. Del mismo modo los humanos tenemos una naturaleza particular, tal como un signo regido por un planeta. Externamente los humanos son hombres o mujeres, pero en el interior, cada persona tiene aspectos masculinos y femeninos en su ser. Una persona puede tener la naturaleza rajas como Aries, pero dentro de sí misma aún posee las tres guṇas. De la misma manera cada signo se asocia a uno de los cuatro elementos, pero en su interior aún contendrá algún aspecto de los otros elementos.

## Chaturthāṁśa

La cuarta carta divisional se relaciona con las bendiciones que uno obtiene en la vida; también se relaciona con propiedades, la posesión de terrenos y la situación de una persona en el hogar. La primera parte del signo está regida por el mismo signo, la siguiente porción está regida por el siguiente signo en kendra (cuadrante), es decir el cuarto signo desde el original. La tercera porción está regida por la segunda kendra desde el signo original, es decir el séptimo signo desde el original, y la cuarta porción está regida por el último kendra desde signo original, es decir el décimo signo desde el original. De esta manera cada guṇa se divide en los cuatro elementos. Por ejemplo Aries es chara y está compuesto por chara fuego (Aries), chara agua (Cáncer), chara aire (Libra) y chara tierra (Capricornio).

| D4 | Deidad | Aries | Tauro | Géminis | Cáncer | Leo | Virgo | Libra | Escorpio | Sagitario | Capricornio | Acuario | Piscis |
|---|---|---|---|---|---|---|---|---|---|---|---|---|---|
| (0° - 7° 30') | *Sanaka* | Aries | Tauro | Géminis | Cáncer | Leo | Virgo | Libra | Escorpio | Sagitario | Capricornio | Acuario | Piscis |
| (7° 31' - 14° 59") | *Sānanda* | Cáncer | Leo | Virgo | Libra | Escorpio | Sagitario | Capricornio | Acuario | Piscis | Aries | Tauro | Géminis |
| (15° - 22° 29') | *Kumāra* | Libra | Escorpio | Sagitario | Capricornio | Acuario | Piscis | Aries | Tauro | Géminis | Cáncer | Leo | Virgo |
| (22° 30' - 30°) | *Sanātana* | Capricornio | Acuario | Piscis | Aries | Tauro | Géminis | Cáncer | Leo | Virgo | Libra | Escorpio | Sagitario |

## Saptāṁśa

La carta D-7 se relaciona con los esfuerzos creativos e hijos, y es la primera de las llamadas divisiones cíclicas ordenadas, en las que cada división se rige por el orden natural del rāśi chakra: cada signo impar se alinea para comenzar su división desde su propio signo. Aquí los regentes de las divisiones son los diversos *rasa*, que en sánscrito significa 'sabores', 'jugos', 'emociones'. Esto se debe a que el rasa (estado anímico) de la séptima casa en el momento de hacer el amor determina la naturaleza del niño. Al dividir los 12 signos en 7 partes cada uno, se crean las 84 saptāṁśas del zodíaco, 42 en signos impares y 42 en signos pares.

En esta varga los signos impares y masculinos comienzan con kṣāra (jugo ácido), mientras que los signos pares y femeninos terminan con kṣāra. Los signos pares comienzan con el enfriamiento de jala (agua corriente), mientras que los signos impares terminan con jala. La variación entre par e impar es una característica habitual en las cartas varga. Observamos que los signos impares comienzan con ellos mismos, como por ejemplo Aries, y los signos pares terminan con ellos mismos, como en el caso de Tauro.

| Grados de signos impares | Rasa | Aries | Géminis | Leo | Libra | Sagitario | Acuario |
|---|---|---|---|---|---|---|---|
| 1ª (0 - 4° 17') | Kṣāra *(jugo ácido)* | Aries | Géminis | Leo | Libra | Sagitario | Acuario |
| 2ª (4° 18' - 8° 33') | Kṣīra *(leche)* | Tauro | Cáncer | Virgo | Escorpio | Capricornio | Piscis |
| 3ª (8° 34' - 12° 50') | Dadhi *(yogurt)* | Géminis | Leo | Libra | Sagitario | Acuario | Aries |
| 4ª (12° 51' - 17° 07') | Ghṛta *(ghee, mantequilla clarificada)* | Cáncer | Virgo | Escorpio | Capricornio | Piscis | Tauro |
| 5ª (17° 08 - 21° 24') | Ikṣu *(caña de azúcar)* | Leo | Libra | Sagitario | Acuario | Aries | Géminis |
| 6ª (21° 25' - 25° 41') | Madhu *(miel)* | Virgo | Escorpio | Capricornio | Piscis | Tauro | Cáncer |
| 7ª (25° 42'- 30°) | Jala *(agua pura)* | Libra | Sagitario | Acuario | Aries | Géminis | Leo |

| Grados de signos pares | Rasa | Tauro | Cáncer | Virgo | Escorpio | Capricornio | Piscis |
|---|---|---|---|---|---|---|---|
| 1ª (0 4° 17') | Jala *(agua pura)* | Escorpio | Capricornio | Piscis | Tauro | Cancer | Virgo |
| 2ª (4° 18' - 8° 33') | Madhu *(miel)* | Sagitario | Acuario | Aries | Géminis | Leo | Libra |
| 3ª (8° 34' - 12° 50') | Ikṣu *(caña de azúcar)* | Capricornio | Piscis | Tauro | Cáncer | Virgo | Escorpio |
| 4ª (12° 51' - 17° 07') | Ghṛta *(ghee, mantequilla clarificada)* | Acuario | Aries | Géminis | Leo | Libra | Sagitario |
| 5ª (17° 08 - 21° 24') | Dadhi *(yogurt)* | Piscis | Tauro | Cáncer | Virgo | Escorpio | Capricornio |
| 6ª (21° 5' - 25° 41') | Kṣīra *(leche)* | Aries | Géminis | Leo | Libra | Sagitario | Acuario |
| 7ª (25° 42'- 30°) | Kṣāra *(jugo ácido)* | Tauro | Cáncer | Virgo | Escorpio | Capricornio | Piscis |

## Navāṁśa

La carta D-9 es uno de las cartas divisionales más utilizadas, siempre debe ser revisada antes de dar declaraciones o predicciones. Aquí los 12 signos se dividen en 9 partes, generando un total de 108 aṁśas. Los signos se asignan cíclicamente y los signos chara (móviles) comienzan desde su propio signo. La navāṁśa nos indica el soporte y los recursos de un planeta de acuerdo a su fuerza; también nos muestra las habilidades heredadas de vidas pasadas, así como la naturaleza del cónyuge en la vida actual. Aquí los signos son de característica deva, rākṣasa (demonio) o manuśya (humano): los signos deva se relacionan con sattva y la búsqueda del conocimiento, los signos manuśya se relacionan con los seres humanos y la búsqueda de riquezas, y los signos rākṣasa se relacionan con la búsqueda de poder y dominio.

| **D9** | **Aries** | **Tauro** | **Géminis** | **Cáncer** | **Leo** | **Virgo** | **Libra** | **Escorpio** | **Sagitario** | **Capri-<br>cornio** | **Acuario** | **Piscis** |
|---|---|---|---|---|---|---|---|---|---|---|---|---|
| **0° -<br>3° 20'** | Aries<br>Móvil<br>Rajas<br>Deva | Capricor-<br>nio<br>Móvil<br>Rajas<br>Manuśya | Libra<br>Móvil<br>Rajas<br>Rākṣasa | Cáncer<br>Móvil<br>Rajas<br>Deva | Aries<br>Móvil<br>Rajas<br>Manuśya | Capricor-<br>nio<br>Móvil<br>Rajas<br>Rākṣasa | Libra<br>Móvil<br>Rajas<br>Deva | Cáncer<br>Móvil<br>Rajas<br>Manuśya | Aries<br>Móvil<br>Rajas<br>Rākṣasa | Capricor-<br>nio<br>Móvil<br>Rajas<br>Deva | Libra<br>Móvil<br>Rajas<br>Manuśya | Cáncer<br>Móvil<br>Rajas<br>Rākṣasa |
| **3° 21 -<br>6° 39** | Tauro<br>Fijo<br>Tamas<br>Manuśya | Acuario<br>Fijo<br>Tamas<br>Rākṣasa | Escorpio<br>Fijo<br>Tamas<br>Deva | Leo<br>Fijo<br>Tamas<br>Manuśya | Tauro<br>Fijo<br>Tamas<br>Rākṣasa | Acuario<br>Fijo<br>Tamas<br>Deva | Escorpio<br>Fijo<br>Tamas<br>Manuśya | Leo<br>Fijo<br>Tamas<br>Rākṣasa | Tauro<br>Fijo<br>Tamas<br>Deva | Acuario<br>Fijo<br>Tamas<br>Manuśya | Escorpio<br>Fijo<br>Tamas<br>Rākṣasa | Leo<br>Fijo<br>Tamas<br>Deva |
| **6° 40'-<br>9° 59'** | Géminis<br>Dual<br>Sattva<br>Rākṣasa | Piscis<br>Dual<br>Sattva<br>Deva | Sagitario<br>Dual<br>Sattva<br>Manuśya | Virgo<br>Dual<br>Sattva<br>Rākṣasa | Géminis<br>Dual<br>Sattva<br>Deva | Piscis<br>Dual<br>Sattva<br>Manuśya | Sagitario<br>Dual<br>Sattva<br>Rākṣasa | Virgo<br>Dual<br>Sattva<br>Deva | Géminis<br>Dual<br>Sattva<br>Manuśya | Piscis<br>Dual<br>Sattva<br>Rākṣasa | Sagitario<br>Dual<br>Sattva<br>Deva | Virgo<br>Dual<br>Sattva<br>Manuśya |
| **10° -<br>13°19'** | Cáncer<br>Móvil<br>Deva | Aries<br>Móvil<br>Manuśya | Capricor-<br>nio<br>Móvil<br>Rākṣasa | Libra<br>Móvil<br>Deva | Cáncer<br>Móvil<br>Manuśya | Aries<br>Móvil<br>Rākṣasa | Capricor-<br>nio<br>Móvil<br>Deva | Libra<br>Móvil<br>Manuśya | Cáncer<br>Móvil<br>Rākṣasa | Aries<br>Móvil<br>Deva | Capricor-<br>nio<br>Móvil<br>Manuśya | Libra<br>Móvil<br>Rākṣasa |
| **13°20' -<br>16° 39'** | Leo<br>Fijo<br>Manuśya | Tauro<br>Fijo<br>Rākṣasa | Acuario<br>Fijo<br>Deva | Escorpio<br>Fijo<br>Manuśya | Leo<br>Fijo<br>Rākṣasa | Tauro<br>Fijo<br>Deva | Acuario<br>Fijo<br>Manuśya | Escorpio<br>Fijo<br>Rākṣasa | Leo<br>Fijo<br>Deva | Tauro<br>Fijo<br>Manuśya | Acuario<br>Fijo<br>Rākṣasa | Escorpio<br>Fijo<br>Deva |
| **16° 40' -<br>19° 59'** | Virgo<br>Dual<br>Rākṣasa | Géminis<br>Dual<br>Deva | Piscis<br>Dual<br>Manuśya | Sagitario<br>Dual<br>Rākṣasa | Virgo<br>Dual<br>Deva | Géminis<br>Dual<br>Manuśya | Piscis<br>Dual<br>Rākṣasa | Sagitario<br>Dual<br>Deva | Virgo<br>Dual<br>Manuśya | Géminis<br>Dual<br>Rākṣasa | Piscis<br>Dual<br>Deva | Sagitario<br>Dual<br>Manuśya |
| **20° -<br>23° 19'** | Libra<br>Móvil<br>Deva | Cáncer<br>Móvil<br>Manuśya | Aries<br>Móvil<br>Rākṣasa | Capricor-<br>nio<br>Móvil<br>Deva | Libra<br>Móvil<br>Manuśya | Cáncer<br>Móvil<br>Rākṣasa | Aries<br>Móvil<br>Deva | Capricor-<br>nio<br>Móvil<br>Manuśya | Libra<br>Móvil<br>Rākṣasa | Cáncer<br>Móvil<br>Deva | Aries<br>Móvil<br>Manuśya | Capricor-<br>nio<br>Móvil<br>Rākṣasa |
| **23° 20 -<br>26° 39'** | Escorpio<br>Fijo<br>Manuśya | Leo<br>Fijo<br>Rākṣasa | Tauro<br>Fijo<br>Deva | Acuario<br>Fijo<br>Manuśya | Escorpio<br>Fijo<br>Rākṣa | Leo<br>Fijo<br>Deva | Tauro<br>Fijo<br>Manuśya | Acuario<br>Fijo<br>Rākṣa | Escorpio<br>Fijo<br>Deva | Leo<br>Fijo<br>Manuśya | Tauro<br>Fijo<br>Rākṣa | Acuario<br>Fijo<br>Deva |
| **26° 40' -<br>29° 59'** | Sagitario<br>Dual<br>Rākṣasa | Virgo<br>Dual<br>Deva | Géminis<br>Dual<br>Manuśya | Piscis<br>Dual<br>Rākṣasa | Sagitario<br>Dual<br>Deva | Virgo<br>Dual<br>Manuśya | Géminis<br>Dual<br>Rākṣasa | Piscis<br>Dual<br>Deva | Sagitario<br>Dual<br>Manuśya | Virgo<br>Dual<br>Rākṣasa | Géminis<br>Dual<br>Deva | Piscis<br>Dual<br>Manuśya |

Hay algunos fundamentos simples de recordar para hacer fácil el cálculo mental de la carta navāṁśa. Cada uno de los signos móviles comienza desde el propio signo: la primera navāṁśa de Aries es Aries, la primera navāṁśa de Cáncer es Cáncer, la primera navāṁśa de Libra es Libra y la primera navāṁśa de Capricornio es Capricornio. Los demás signos comienzan con la navāṁśa de su signo móvil en trígonos: la primera navāṁśa de Tauro es Capricornio, que es el signo móvil de su trígono, la primera navāṁśa de Géminis es Libra, que es el signo móvil de su trígono. De esta manera, si un planeta está posicionado

en la tercera navāṁśa de Escorpio, tenemos que considerar que el conteo parte desde el signo móvil en trino a Escorpio, es decir Cáncer, por lo tanto la tercera navāṁśa es Virgo.

## Daśāṁśa

La carta D-10 se relaciona con la vida laboral y es la primera de las divisiones no cíclicas entre signos. En esta carta los planetas debilitados son favorables para el dinero, ya que indican que se utiliza cualquier medio para adquirir riqueza. Las deidades se relacionan con los regentes de las ocho direcciones cardinales y de las dos relativas a la dirección ascendente y descendente, que sumadas se refieren a los diez tipos de trabajo. Los signos impares y masculinos comienzan con su propio signo mostrando un enfoque hacía si mismos, mientras que los signos pares y femeninos comienzan con el noveno signo que muestra un enfoque en el dharma. Las deidades para un signo impar comienzan con Indra, mientras que los signos pares lo hacen al revés y comienzan con Ānanta, Brahma, etc.

| D10 | Deidad | Aries | Taurus | Géminis | Cáncer | Leo | Virgo | Libra | Escorpio | Sagitario | Capricornio | Acuario | Piscis |
|---|---|---|---|---|---|---|---|---|---|---|---|---|---|
| 0° - 3° | *Indra* | Aries | Capricornio | Géminis | Piscis | Leo | Tauro | Libra | Cáncer | Sagitario | Virgo | Acuario | Escorpio |
| 3° - 5° 59' | *Agni* | Tauro | Acuario | Cáncer | Aries | Virgo | Géminis | Escorpio | Leo | Capricornio | Libra | Piscis | Sagitario |
| 6° - 8° 59' | *Yama* | Géminis | Piscis | Leo | Tauro | Libra | Cáncer | Sagitario | Virgo | Acuario | Escorpio | Aries | Capricorniov |
| 9° - 11° 59' | *Rākṣasa* | Cáncer | Aries | Virgo | Géminis | Escorpio | Leo | Capricornio | Libra | Piscis | Sagitario | Taurus | Aqu |
| 12° - 14° 59' | *Varuṇa* | Leo | Tauro | Libra | Cáncer | Sagitario | Virgo | Acuario | Escorpio | Aries | Capricornio | Géminis | Piscis |
| 15° - 17° 59' | *Vāyu* | Virgo | Géminis | Escorpio | Leo | Capricornio | Libra | Piscis | Sagitario | Tauro | Acuario | Cáncer | Aries |
| 18° - 20° 59' | *Kubera* | Libra | Cáncer | Sagitario | Virgo | Acuario | Escorpio | Aries | Capricornio | Géminis | Piscis | Leo | Tauro |
| 21° - 23° 59' | *Īśana* | Escorpio | Leo | Capricornio | Libra | Piscis | Sagitario | Tauro | Acuario | Cáncer | Aries | Virgo | Géminis |
| 24° - 26° 59' | *Brahma* | Sagitario | Virgo | Acuario | Escorpio | Aries | Capricornio | Géminis | Piscis | Leo | Tauro | Libra | Cáncer |
| 27° - 30° | *Ānanta* | Capricornio | Libra | Piscis | Sagitario | Tauro | Acuario | Cáncer | Aries | Virgo | Géminis | Escorpio | Leo |

## Dvadaśāṁśa

La carta D-12 se relaciona con los padres y hace referencia a cuatro deidades que se repiten tres veces. Aquí existe una falta de continuidad entre signos. El signo parte desde sí mismo y termina con el duodécimo signo.

| D12 | Deidad | Aries | Tauro | Géminis | Cáncer | Leo | Virgo | Libra | Escorpio | Sagitario | Capricornio | Acuario | Piscis |
|---|---|---|---|---|---|---|---|---|---|---|---|---|---|
| 0°-2° 30’ | ***Gaṇeśa*** | Aries | Tauro | Géminis | Cáncer | Leo | Virgo | Libra | Escorpio | Sagitario | Capricornio | Acuario | Piscis |
| 2° 30’-5° 00’ | ***Aświnī*** | Tauro | Géminis | Cáncer | Leo | Virgo | Libra | Escorpio | Sagitario | Capricornio | Acuario | Piscis | Aries |
| 5° 00’-7° 30’ | ***Yama*** | Géminis | Cáncer | Leo | Virgo | Libra | Escorpio | Sagitario | Capricornio | Acuario | Piscis | Aries | Tauro |
| 7° 30’-10° 00’ | ***Sarpa*** | Cáncer | Leo | Virgo | Libra | Escorpio | Sagitario | Capricornio | Acuario | Piscis | Aries | Tauro | Géminis |
| 10° 00’-12° 30’ | ***Gaṇeśa*** | Leo | Virgo | Libra | Escorpio | Sagitario | Capricornio | Acuario | Piscis | Aries | Tauro | Géminis | Cáncer |
| 12° 30’-15° 00’ | ***Aświnī*** | Virgo | Libra | Escorpio | Sagitario | Capricornio | Acuario | Piscis | Aries | Tauro | Géminis | Cáncer | Leo |
| 15° 00’-17° 30’ | ***Yama*** | Libra | Escorpio | Sagitario | Capricornio | Acuario | Piscis | Aries | Tauro | Géminis | Cáncer | Leo | Virgo |
| 17° 30’-20° 00’ | ***Sarpa*** | Escorpio | Sagitario | Capricornio | Acuario | Piscis | Aries | Tauro | Géminis | Cáncer | Leo | Virgo | Libra |
| 20° 00’-22° 30’ | ***Gaṇeśa*** | Sagitario | Capricornio | Acuario | Piscis | Aries | Tauro | Géminis | Cáncer | Leo | Virgo | Libra | Escorpio |
| 22° 30’-25° 00’ | ***Aświnī*** | Capricornio | Acuario | Piscis | Aries | Tauro | Géminis | Cáncer | Leo | Virgo | Libra | Escorpio | Sagitario |
| 25° 00’-27° 30’ | ***Yama*** | Acuario | Piscis | Aries | Tauro | Géminis | Cáncer | Leo | Virgo | Libra | Escorpio | Sagitario | Capricornio |
| 27° 30’-30° 00’ | ***Sarpa*** | Piscis | Aries | Tauro | Géminis | Cáncer | Leo | Virgo | Libra | Escorpio | Sagitario | Capricornio | Acuario |

## Viṁśāṁśa

La carta D-20 se relaciona con la práctica espiritual y la adoración, donde cada signo se relaciona con una forma de la Madre divina, que da dirección a la mente en la vida espiritual. El cálculo se invierte para los signo impares y pares. Esta primera tabla muestra los signos impares y las deidades correspondientes, mientras que la segunda tabla presenta el mismo contenido para los signos pares.

| D20 | | Impar | | | | | |
|---|---|---|---|---|---|---|---|
| | *Devi* | **Aries** | **Géminis** | **Leo** | **Libra** | **Sagitario** | **Acuario** |
| 0° - 1° 30' | Kālī | Aries | Leo | Sagitario | Aries | Leo | Sagitario |
| 1° 31' - 2° 59' | Gauri | Tauro | Virgo | Capricornio | Tauro | Virgo | Capricornio |
| 3° - 4° 29' | Jayā | Géminis | Libra | Acuario | Géminis | Libra | Acuario |
| 4° 30' - 5° 59' | Lakṣmī | Cáncer | Escorpio | Piscis | Cáncer | Escorpio | Piscis |
| 6°- 7° 29' | Vijayā | Leo | Sagitario | Aries | Leo | Sagitario | Aries |
| 7° 30' - 8° 59' | Vimalā | Virgo | Capricornio | Tauro | Virgo | Capricornio | Tauro |
| 9° - 10° 29' | Sātī | Libra | Acuario | Géminis | Libra | Acuario | Géminis |
| 10° 30' - 11° 59' | Tārā | Escorpio | Piscis | Cáncer | Escorpio | Piscis | Cáncer |
| 12° - 13° 29' | Jvālāmukhi | Sagitario | Aries | Leo | Sagitario | Aries | Leo |
| 13° 30' - 14° 59' | Śvetā | Capricornio | Tauro | Virgo | Capricornio | Tauro | Virgo |
| 15° - 16° 29' | Lalitā | Acuario | Géminis | Libra | Acuario | Géminis | Libra |
| 16° 30' - 17° 59' | Bagalāmukhī | Piscis | Cáncer | Escorpio | Piscis | Cáncer | Escorpio |
| 18° - 19° 29' | Pratyaṅgra | Aries | Leo | Sagitario | Aries | Leo | Sagitario |
| 19° 30' - 20° 59' | Śachī | Tauro | Virgo | Capricornio | Tauro | Virgo | Capricornio |
| 21°- 22° 29' | Raudri | Géminis | Libra | Acuario | Géminis | Libra | Acuario |
| 22° 30 - 23° 59' | Bhavāni | Cáncer | Escorpio | Piscis | Cáncer | Escorpio | Piscis |
| 24° - 25° 29' | Varadā | Leo | Sagitario | Aries | Leo | Sagitario | Aries |
| 25° 30' - 26° 59' | Jayā | Virgo | Capricornio | Tauro | Virgo | Capricornio | Tauro |
| 27° - 28° 29' | Tripurā | Libra | Acuario | Géminis | Libra | Acuario | Géminis |
| 28° 30' - 30° | Sumukhī | Escorpio | Piscis | Cáncer | Escorpio | Piscis | Cáncer |

Todos los signos comienzan desde un signo de fuego que indica la importancia del dharma en la espiritualidad y la necesidad de tapasya (penitencia, austeridad, disciplina) para progresar espiritualmente. La primera palabra del Ṛgveda es Fuego (Agni) y el fuego tiene el poder de llevar todas las cosas hacia la divinidad. Todos los signos terminan sus divisiones con signos de agua que muestran que el objetivo final es mokṣa (liberación espiritual, felicidad verdadera). El fuego eleva las bendiciones, para que entonces caiga la lluvia.

El último signo es el octavo desde el primero que comienza la carta divisional. Por ejemplo Aries comienza desde Aries (fuego) y termina con Escorpio (agua), que es el octavo signo desde este. Tauro comienza con Sagitario (fuego) y termina con el octavo, Cáncer (agua). Géminis comienza con Leo y termina con el octavo signo, Piscis.

| D20 | | Even | | | | | |
|---|---|---|---|---|---|---|---|
| | *Devi* | **Tauro** | **Cáncer** | **Virgo** | **Escorpio** | **Capricornio** | **Piscis** |
| 0° - 1° 30' | Dayā | Sagitario | Aries | Leo | Sagitario | Aries | Leo |
| 1° 31' - 2° 59' | Medhā | Capricornio | Tauro | Virgo | Capricornio | Tauro | Virgo |
| 3° - 4° 29' | Chinnamastā | Acuario | Géminis | Libra | Acuario | Géminis | Libra |
| 4° 30' - 5° 59' | Piśāchini | Piscis | Cáncer | Escorpio | Piscis | Cáncer | Escorpio |
| 6°- 7° 29' | Dhūmavati | Aries | Leo | Sagitario | Aries | Leo | Sagitario |
| 7° 30' - 8° 59' | Mataṅgi | Tauro | Virgo | Capricornio | Tauro | Virgo | Capricornio |
| 9° - 10° 29' | Bālā | Géminis | Libra | Acuario | Géminis | Libra | Acuario |
| 10° 30' - 11° 59' | Bhadrā | Cáncer | Escorpio | Piscis | Cáncer | Escorpio | Piscis |
| 12° - 13° 29' | Arunā | Leo | Sagitario | Aries | Leo | Sagitario | Aries |
| 13° 30' - 14° 59' | Analā/Śītalā | Virgo | Capricornio | Tauro | Virgo | Capricornio | Tauro |
| 15° - 16° 29' | Piṅgalā | Libra | Acuario | Géminis | Libra | Acuario | Géminis |
| 16° 30' - 17° 59' | Chuchchukā | Escorpio | Piscis | Cáncer | Escorpio | Piscis | Cáncer |
| 18° - 19° 29' | Ghorā | Sagitario | Aries | Leo | Sagitario | Aries | Leo |
| 19° 30' - 20° 59' | Varāhī | Capricornio | Tauro | Virgo | Capricornio | Tauro | Virgo |
| 21°- 22° 29' | Vaiṣṇavi | Acuario | Géminis | Libra | Acuario | Géminis | Libra |
| 22° 30 - 23° 59' | Sītā | Piscis | Cáncer | Escorpio | Piscis | Cáncer | Escorpio |
| 24° - 25° 29' | Bhuvaneśvarī | Aries | Leo | Sagitario | Aries | Leo | Sagitario |
| 25° 30' - 26° 59' | Bhairavi | Tauro | Virgo | Capricornio | Tauro | Virgo | Capricornio |
| 27° - 28° 29' | Maṅgala | Géminis | Libra | Acuario | Géminis | Libra | Acuario |
| 28° 30' - 30° | Aparajitā | Cáncer | Escorpio | Piscis | Cáncer | Escorpio | Piscis |

Los signos móviles, fijos y duales tienen todos el mismo orden que indica la naturaleza de la espiritualidad según sus respectivos ascendentes. Los signos móviles comienzan con la autoindagación de Aries y terminan con la transformación personal de Escorpio. Los signos fijos tienen malos hábitos difíciles de cambiar y comienzan con la limpieza de Sagitario (Viṣṇu) y terminan con la devoción de Cáncer. Los signos duales comienzan con el aprendizaje y la educación de Leo (Śiva) y terminan con la universalidad de Piscis. La naturaleza del signo, su comienzo y su final revelan la naturaleza del enfoque de ese signo hacia la espiritualidad.

## - EJERCICIO PRÁCTICO -

Toma tu propia carta natal y usando los grados de los planetas, encuentra la división de cada planeta y su deidad en las distintas cartas varga. Deberás usar Bṛhat Pārāśara Horā Śāstra u otra fuente para completar todo este cuadro. El ejemplo está escrito en gris para que se pueda escribir encima.

| | Lagna | Sol | Luna | Marte | Mercurio | Júpiter | Venus | Saturno | Rāhu | Ketu |
|---|---|---|---|---|---|---|---|---|---|---|
| D-1 | 12° Aries | 18° Acuario | | | | | | | | |
| | Marte | Saturno | | | | | | | | |
| D-2 | Sol Leo | Luna Cáncer | | | | | | | | |
| | Devas | Pitṛs | | | | | | | | |
| D-3 | Leo | Géminis | | | | | | | | |
| | Agastya | Nārada | | | | | | | | |
| D-4 | Cáncer | | | | | | | | | |
| | Sanandana | | | | | | | | | |
| D-7 | Géminis | | | | | | | | | |
| | Dadhi | | | | | | | | | |
| D-9 | Cáncer | | | | | | | | | |
| | [illegible] | | | | | | | | | |
| D-10 | Leo | | | | | | | | | |
| | Varuna | | | | | | | | | |
| D-12 | | | | | | | | | | |
| | | | | | | | | | | |
| D-16 | | | | | | | | | | |
| | | | | | | | | | | |
| D-20 | | | | | | | | | | |
| | | | | | | | | | | |
| D-24 | | | | | | | | | | |
| | | | | | | | | | | |
| D-27 | | | | | | | | | | |
| | | | | | | | | | | |
| D-30 | | | | | | | | | | |
| | | | | | | | | | | |
| D-40 | | | | | | | | | | |
| | | | | | | | | | | |
| D-45 | | | | | | | | | | |
| | | | | | | | | | | |
| D-60 | | | | | | | | | | |
| | | | | | | | | | | |

# Capítulo 6

## Bhāva, las casas

## Bhāvas, las casas

Existen doce casas llamadas *bhāvas* en sánscrito, término que literalmente significa 'ser', 'existencia', 'ocurrencia', 'apariencia', 'estado mental', 'manera de actuar', 'conducta', 'estado o condición de algo', 'estado de ser', 'verdad', 'realidad', 'lo que es o existe', 'todos los objetos terrenales'. Todas las cosas que existen y cada aspecto de nuestras vidas se pueden dividir en estas doce áreas de existencia, conocidas como bhāvas.

En la India y en todo el mundo se usan diferentes formatos para definir las secciones correspondientes a cada casa. Estos diagramas en Astrología Védica se llaman *yantras* y son los vehículos que indican las doce áreas de existencia. En Occidente la representación gráfica usada es un chakra circular, mientras que en la India existen tres chakras principales para describir los estados de ser en nuestras vidas. Estos chakras rāśi muestran la conciencia de la persona a la que pertenece la carta.

## Chakras, los tipos de carta

Los tres chakras muestran la misma información pero cada uno en un formato único, poniendo énfasis en un área diferente. Se recomienda comenzar con el chakra del Norte de la India, luego aprender el Sur de la India y finalmente aprender a usar el Este de la India. El familiarizarse con los tres chakras permite interpretar una carta con un punto de vista multidimensional, pudiendo usar cualquier casa, planeta o signo como ascendente. Esto permite una mayor flexibilidad y un enfoque más versátil como jyotiṣī. Si usamos solo un chakra, nos quedaremos atascados con una forma particular de ver e interpretar las cartas porque cada una de ellas activa una parte diferente de nuestro cerebro. Si solo utilizamos una, nunca seremos tan flexible en nuestra forma de pensar como podemos serlo al conocer todas las cartas.

| | | | | |
|---|---|---|---|---|
| Norte de la India | Bhṛgu-chakra | Venus | Sentido antihorario | Basado en las casas, los signos se mueven |
| Sur de la India | Guru-chakra | Júpiter | Sentido horario | Basado en los signos, las casas se mueven |
| India del Este | Sūrya-chakra | Sol | Sentido antihorario | Basado en los signos, las casas se mueven |
| Occidente | Círculo | | Sentido antihorario | Basado en las casas, los signos se mueven |

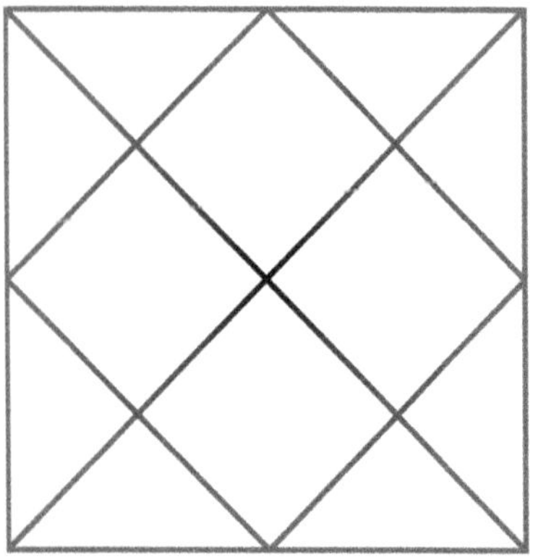

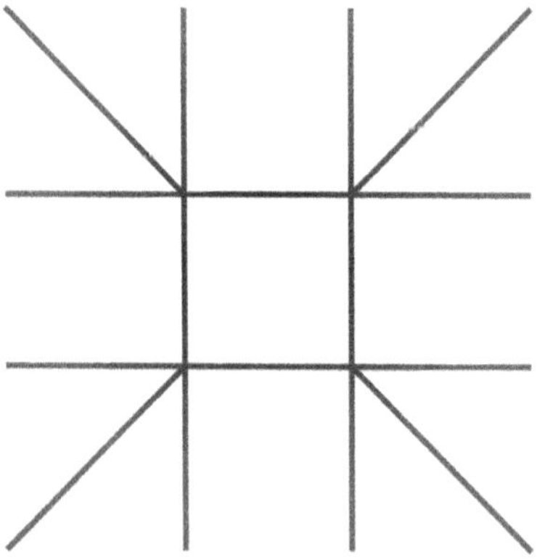

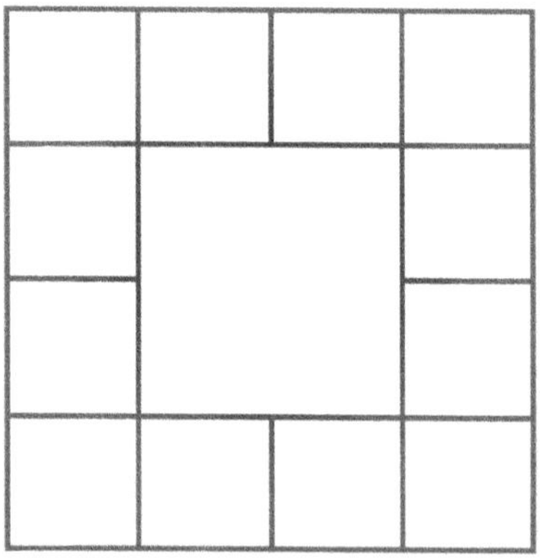

## Bhṛgu Chakra, la carta del Norte de la India

La carta del Norte de la India está compuesta de diamantes y es diferente de las otras dos cartas porque en esta las casas siempre se quedan fijas. El lagna es siempre la primera casa y se muestra en el diamante central superior. Los signos se mueven por las casas en sentido contrario a las manecillas del reloj. Para usar esta carta, debemos memorizar la posición de las casas, de acuerdo con los números escritos en el ejemplo a continuación.

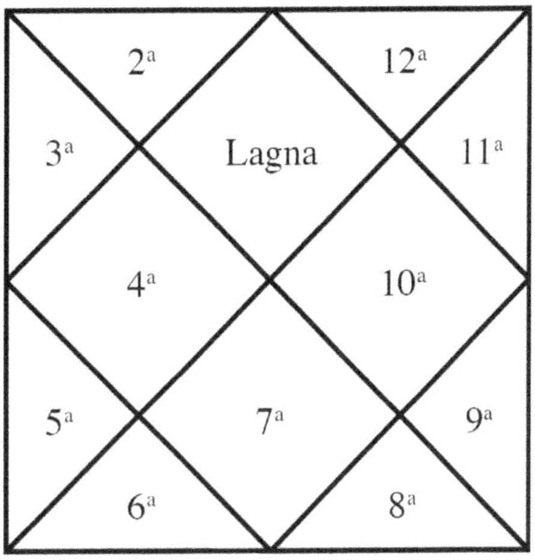


Viendo el cielo desde la tierra, las casas permanecen en el mismo lugar mientras que las estrellas se mueven por el cielo. La primera casa siempre es el amanecer (Este) y la séptima casa siempre es el lugar del atardecer (Oeste). El signo que asciende en el horizonte oriental reside en la primera casa y se lo conoce como lagna o ascendente. Los signos del zodíaco (*rāśi*) se posicionan consecutivamente en cada casa en el sentido contrario a las agujas del reloj en orden numérico después del ascendente. Los signos se identifican con un número, tal como se representa en la tabla a continuación.

| | | | |
|---|---|---|---|
| 1 | Aries | 7 | Libra |
| 2 | Tauro | 8 | Escorpio |
| 3 | Géminis | 9 | Sagitario |
| 4 | Cáncer | 10 | Capricornio |
| 5 | Leo | 11 | Acuario |
| 6 | Virgo | 12 | Piscis |

Ascendente Géminis

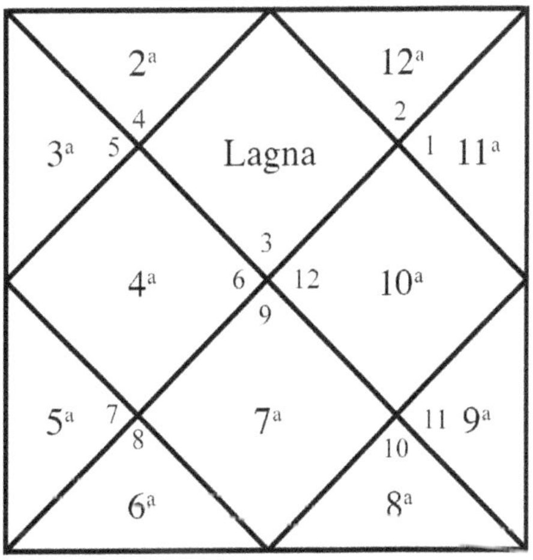


La carta de ejemplo tiene a Géminis como lagna, por lo que el número 3 que representa a este rāśi se escribe en la primera casa. La segunda casa se convierte en Cáncer con el número 4 escrito allí para representar el signo. Las casas siempre permanecen en el mismo lugar, mientras que los signos del zodíaco se moverán correspondientemente a través de las casas.

### - EJERCICIO PRÁCTICO -

1. Toma tu propia carta y escríbela a mano. Pon el número del signo en el lagna y escribe los números de los signos correspondientes en cada casa. Esto te ayudará a aprender a distinguir las casas de los signos dentro de ellas.

## Trayendo vida a la carta del Norte de India

El Bhṛgu-chakra está diseñado tomando como referencia la línea del horizonte, que corta la primera casa por la mitad, es decir la mitad del lagna está debajo del horizonte y la otra mitad está por encima del horizonte. Solo para el propósito de comprender esta orientación, la carta de la izquierda está girada para mostrar el horizonte.

El Sol sale en la primera casa y se pone en la séptima casa. Ambas casas están cortadas a la mitad por el horizonte (15 grados por debajo del horizonte, 15 grados por encima). Desde la primera casa hasta la séptima es la noche, indicando una energía interna.

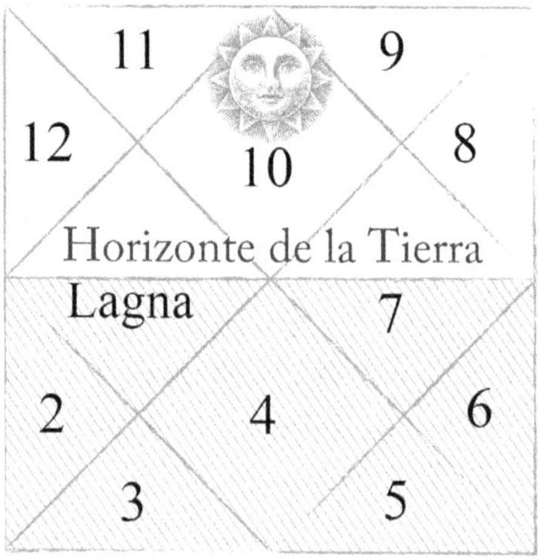


Desde la séptima casa hasta la primera es el día, indicando la expresión visible y externa de la vida. La cuarta casa es la medianoche mientras que la décima casa es el mediodía. La parte iluminada y la parte oscura de la carta tienen energías diferentes: la noche es interna, mientras que el día es externo. Entonces podemos aprender algo sobre los planetas en función de si están en la parte nocturna o diurna de la carta.

Examinando el Bhṛgu-chakra con el lado derecho hacia arriba, cuando el Sol sale, se ve como una media circunferencia y está justo sobre la línea ascendente. Es importante observar esto afuera en la naturaleza.

Cuando el chakra se gira de lado, se puede proyectar sobre el cielo visible para ver la posición de los planetas. Todos los planetas siguen el mismo curso que el Sol, moviéndose a lo largo de la eclíptica. Cuando se ubica el lado derecho de la carta hacia arriba, muestra nuestro lado izquierdo (noche) y derecho (día).

Usando el Sol como el primer ejemplo ya que es el guardián del tiempo, comenzamos a ver su movimiento dentro de la carta y cómo se relaciona con el cielo y con las casas.

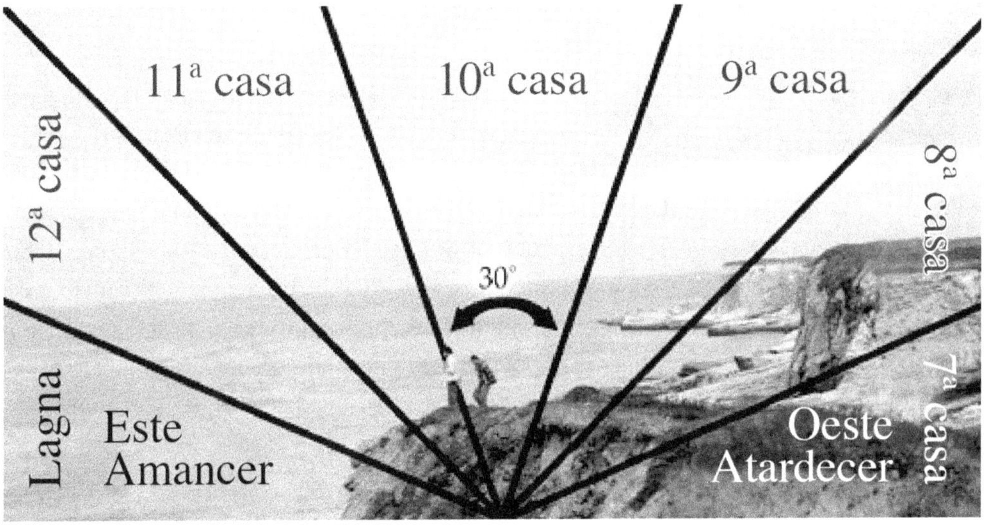


Para que el aprendizaje sea más fácil, generalizaremos estableciendo el amanecer a las 6 a.m. y el atardecer a las 6 p.m. El Sol sale por el centro del lagna a las 6 de la mañana y se queda en la primera casa hasta las 7 a.m. Luego entrará a la casa 12 y estará allí de 7 a 9 de la mañana, después de lo cual seguirá a la casa 11 y permanecerá allí hasta las 11 de la mañana. El Sol estará en la casa 10 de 11 am a 1 pm. Este punto central cerca de las 12 p.m. donde el Sol está en el punto más alto y caluroso, se llama el medio cielo.

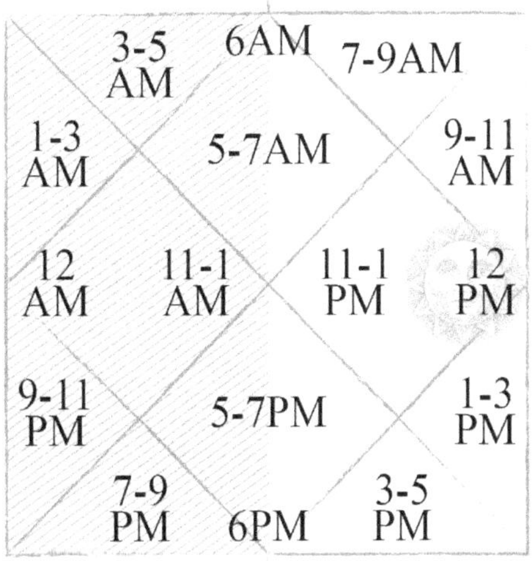


**- EJERCICIO PRÁCTICO -**

2. Observa la posición del Sol en tu carta y ve cómo se correlaciona con la hora de tu nacimiento. Ten en cuenta que puede haber alguna variación según las diferentes épocas del año dependiendo de la hora del amanecer.
3. Observa el Sol a lo largo del día y elabora algunas cartas para ver cómo se mueve por las casas.

Debemos acostumbrarnos a leer la carta y percibirla correctamente antes de comenzar su interpretación metafísica. La primera carta de ejemplo muestra a un nativo nacido a las 12 p.m. durante la época del año en que el Sol estaba en Leo. Esto posiciona al Sol en la décima casa y también hace que esta misma casa esté regida por Leo. Si el Sol está en la décima casa regida por Leo, entonces el ascendente debe ser Escorpio ya que las casas se quedan fijas y Escorpio está a cuatro signos de Leo.

En la segunda carta el nativo nació al atardecer mientras el Sol estaba en Escorpio. Esto hará que el lagna sea Tauro, por lo que cuando el Sol se escondió, la constelación de Tauro se elevaba en el horizonte oriental

**- EJERCICIO PRÁCTICO -**

4. La siguiente carta pertenece a un nativo que nació a la medianoche mientras el Sol estaba en Sagitario. ¿Cuál era el lagna, qué estrellas que se elevaban en el horizonte oriental, cuando nació el nativo?

5. En el siguiente ejemplo, ¿en qué casa está el Sol? ¿A qué hora nació el nativo? Si nació el 20 de noviembre, ¿cuál sería el lagna? Si nació el 1 de abril, ¿cuál sería el lagna? Para esto tienes que entender en qué signos se encuentra el Sol durante los diferentes meses del año (esto será diferente en la Astrología Védica que en la tropical occidental).

6. En el siguiente ejemplo, ¿en qué casa está el Sol? ¿Aproximadamente a qué hora nació el nativo? Si nació el 1 de noviembre, ¿cuál sería el lagna? Si nació el 21 de abril, ¿cuál sería el lagna?

Ahora que las casas tomaron una dimensión física para ti en el cielo, puedes usar el Bhṛgu-chakra conscientemente.

7. Mira tu carta para ver como estaba el cielo cuando naciste y dónde estaban los planetas proyectando tu carta al cielo. ¿En qué lugar del cielo o bajo el horizonte se encontraba el Sol cuando naciste? ¿Qué otros planetas estaban ubicados en la parte visible del cielo a la luz del día?

8. Tómate un tiempo para calcular la carta justo después de la puesta del Sol para tu locación. Sal y ubica los planetas y la Luna. Predice dónde deberían estar antes de salir a buscarlos en el cielo. Predice cuándo se pondrá o cuándo saldrá Venus y tómate el tiempo para observarlo. ¿En qué épocas del año es visible Júpiter en el cielo? Calcula y observa esto.

## Guru-chakra o Bṛhaspati-chakra, la carta del Sur de la India

La carta del sur de la India está hecha de cuadrados y organiza los signos en el sentido de las agujas del reloj. Es usada para enseñar los signos porque nunca cambian; en su lugar, las casas son las que se mueven en la carta. El ascendente se marca con un símbolo y las casas proceden en el sentido de las agujas del reloj desde esa marca. El Lagna está marcado por una línea que cruza la casa o escribiendo Lag (Lagna) o Asc (Ascendente). El movimiento de los signos en el sentido de las agujas del reloj es el que se percibe desde el punto de vista del Sol.

| | | | |
|---|---|---|---|
| Piscis | Aries | Tauro | Géminis |
| Acuario | | | Cáncer |
| Capricornio | | | Leo |
| Sagitario | Escorpio | Libra | Virgo |

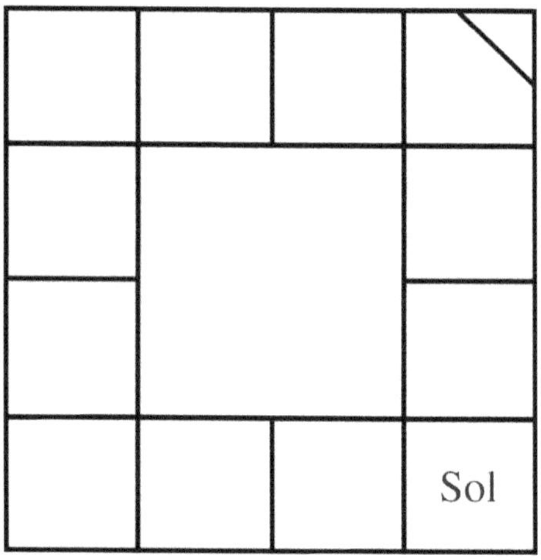


En este ejemplo una línea cruza a través de Géminis, el tercer signo, que es entonces la primera casa (lagna). El Sol se ubica en la casa 4 en Virgo, el cuarto signo desde el lagna. El recuento de casas siempre incluye la casa desde la que comienza el recuento. De esta manera, los signos siguen siendo los mismos y las casas cambiarán dependiendo del lagna.

**- EJERCICIO PRÁCTICO -**

9. En la siguiente carta del Sur de la India, ¿Cuál es el signo (rāśi) del lagna? ¿Qué rāśi y casa (bhāva) contiene al Sol?

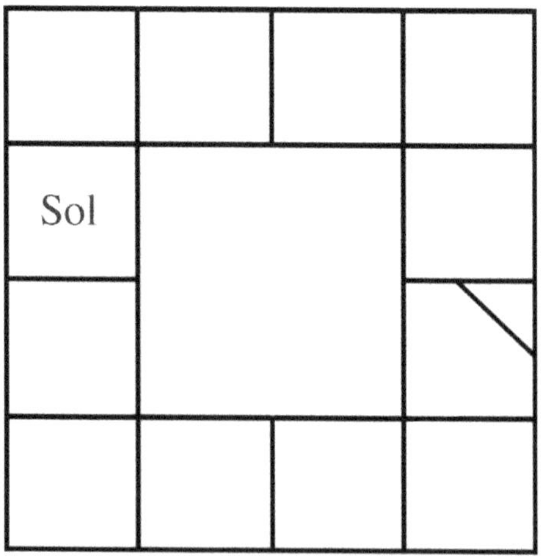


Al contrario de la carta del Norte de la India que representa la percepción de las casas desde el punto de vista de la Tierra, la carta del Sur de la India muestra el movimiento de la Tierra mientras los signos permanecen inmóviles en el universo. Como si una fuerza superior los observara desde fuera de la tierra, los signos y el Sol permanecen inmóviles mientras quien cambia de casa mientras va girando es la tierra. Se considera que esta carta está regida por Júpiter, llamado Guru o Bṛhaspati en sánscrito, quien se dice trae prosperidad a quienes la usan, ya que Júpiter es el kāraka (indicador) de riqueza. Este estilo de cartas se llama Guru-chakra.

10. Primero dibuja tu propia carta en el estilo del Sur de la India, ubicando a todos los planetas en los signos correspondientes.

11. ¿Qué planetas están *uccha* (exaltados) y qué planetas están *nīca* (debilitados)?

    Guru-chakra siempre se utiliza cuando se practica *Vāstu*, el Feng Shui de la India. El rāśi de Aries está alineado con la dirección oriental. Según las reglas de Vāstu el centro de la habitación debe permanecer vacío. Al centro se le llama *Brahmasthānam*, el lugar de Dios, y es el vacío que todo lo abarca (*śūnya*) en el centro de todo; por esta razón, es mejor dejar este centro abierto y despejado.En la carta de ejemplo, Aries se alineó al Este del dormitorio de una persona. La puerta cae en Aries. El altar está en Piscis y Acuario. La mesa circular está en Géminis. El escritorio está en Sagitario y Capricornio, mientras que la silla del escritorio está en Escorpio. La cama está cayendo en Leo y Virgo. Si una persona entrara a la habitación y tomara asiento, podríamos ver en qué signo estaba sentada. ¿Se sentará junto a la puerta en Tauro, o se sentará cerca de la cama en Libra, o se sentará en la silla del escritorio en Escorpio? Al mirar los signos en la Tierra, uno siempre usará el Guru-chakra.

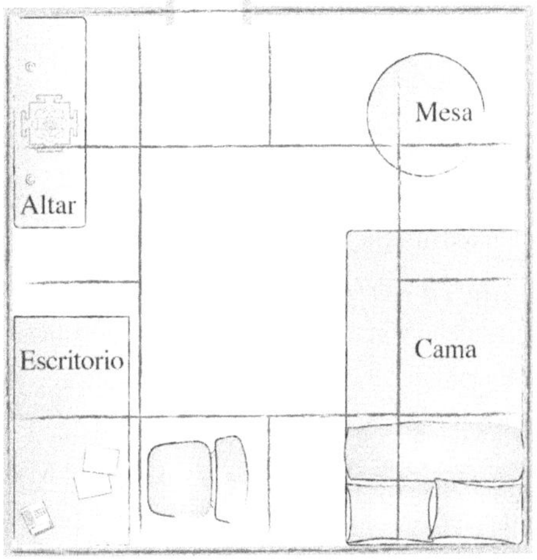


12. Dibuja el plano de tu casa para luego superponer el Guru-chakra sobre dicho plano manteniendo Aries en la dirección Este. ¿En qué habitación se encuentra tu lagna? ¿En qué habitación se encuentra el regente de tu lagna? Cabe mencionar que en Vāstu el diseño de la casa se basa en el cálculo de la fuerza (*aṣṭakavarga*) de los signos.

13. Dibuja el plano de tu dormitorio para luego superponer el Guru-chakra. ¿Dónde está Venus en tu dormitorio? Si es posible, trata de arreglar tu cama para que esté en el lugar de Venus, ya que este planeta es el kāraka de las camas y en Vāstu la distribución de la habitación se basa en la posición del kāraka relacionado a ese propósito. Si tienes una lámpara de pie, intenta ponerla en la posición del Sol. Teniendo en cuenta estos factores, ¿qué tan adecuada es tu habitación para tus propósitos individuales?

# Sūrya-chakra, la carta del Este de la India

La carta del Norte de la India está hecha de diamantes y diagonales; de manera similar la del Sur de la India está formada completamente por cuadrados y líneas rectas. La carta del Este de la India está compuesta por diamantes y cuadrados, para parecerse al Sol con sus rayos emanando de él.

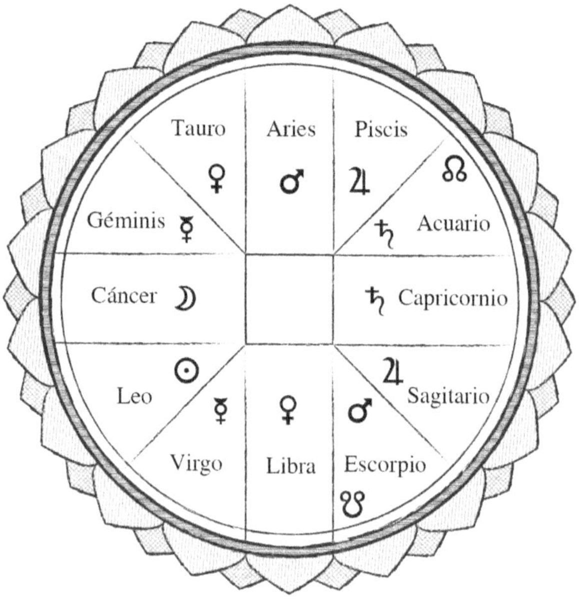


Los signos permanecen en la misma posición y las casas se mueven. El ascendente se escribe en un signo y las casas se contabilizan a partir de él. A partir de ahí, los signos se organizan en sentido antihorario en la carta, ya que se perciben desde la tierra mirando al cielo.

En la carta de ejemplo el ascendente es Géminis y el Sol está en la cuarta casa en Virgo. Para mirar las kendras desde él nos fijamos en los triángulos que apuntan en la misma dirección que el ascendente, en este caso Virgo, Sagitario y Piscis.

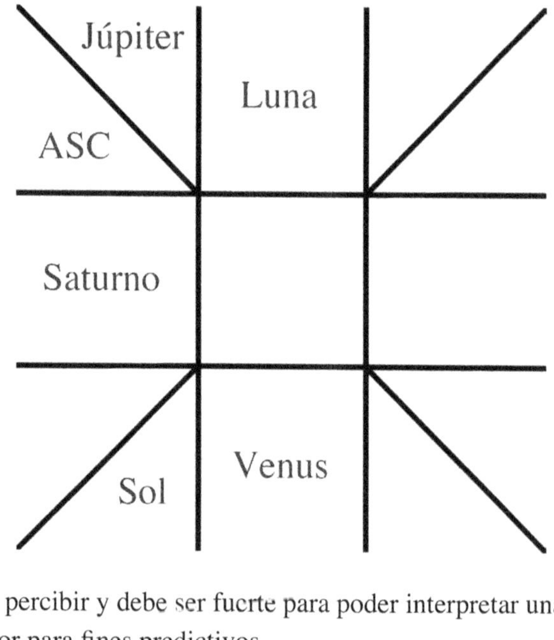


La Luna está en la casa 11 en Aries. Los chara rāśis son todos los cuadrados centrales, por lo que este tipo de carta pone énfasis en estos signos. Los sthira rāśis son todos los triángulos que apuntan en el sentido de las manecillas del reloj y contra el sentido del zodíaco. Los dvisvabhāva rāśis son los triángulos que apuntan en sentido antihorario y en sentido del zodiacal.

Sūrya es el planeta que rige la visión, el ver, el percibir y debe ser fuerte para poder interpretar una carta astrológica. Sūrya-chakra se considera la mejor para fines predictivos.

## Dibujando la carta a mano

Es importante ser capaz de dibujar la carta a mano, especialmente en un inicio. La carta es un yantra de la encarnación humana, es decir una representación geométrica sagrada que contiene todos los potenciales de un individuo, y que debe estudiarse de esta forma antes de pasar a usar cartas generadas por computadora. Antes de dibujar cualquier tipo de carta, primero se recita un pequeño mantra a Gaṇeśa y posteriormente se dice un pequeño mantra a Sūrya, el dios Sol.

Este tipo de carta se debe dibujar en sí con lápiz negro, mismo que se usa para dibujar los signos en la carta del Norte de la India. En el Sūrya-chakra los planetas se escriben con bolígrafo rojo, porque con este color se dice que cobran vida y revelarán mucho más al astrólogo.

Para ser un buen astrólogo uno debe ser capaz de leer cualquiera de los tres chakras, pero eso llegará con el tiempo. Para no apegarse demasiado a un solo estilo y permanecer flexible, es importante usar diferentes chakras. Múltiples lagnas se pueden analizar fácilmente en las cartas del Sur y Este de la India, pero la del Norte de la India requiere que dibujemos cada lagna por separado, ya que cambia la carta completa. A medida que comencemos a aprender acerca de las casas, usaremos la carta del Norte de la India porque las casas permanecen fijas, mientras que los signos cambian de lugar.

**- EJERCICIO PRÁCTICO -**

14. Ahora que lo comprendes mejor, dibuja tu carta una vez en el estilo del Sur de la India, una en el del Este de la India y tres veces en estilo del Norte de la India como es explicado a continuación:
    a. una con el lagna en la primera casa (cuerpo físico),
    b. la segunda con la Luna como la primera casa (cuerpo sutil) que es llamada Chandra lagna.
    c. la tercera con el Sol como primera casa (cuerpo causal) que se llama Sūrya lagna.
15. Dibuja una carta del Sur de la India con el procedimiento y los colores adecuados.
16. Dibuja una carta del Este de la India de la misma manera. Utiliza estas carta dibujadas a mano para los ejercicios prácticos que se ofrecen en este libro.

## Significados de las casas

En Astrología Védica existen muchos niveles de significados para cada una de las doce casas, que reflejan todos los aspectos de la vida. La tabla a continuación describe múltiples significados para cada casa: las significaciones externas e internas primarias, las personas que la casa representa y la región del cuerpo regida por cada casa. Si hay planetas posicionados en una casa específica, entonces sabemos que hay más karma fijo en esa área de la vida. Tanto la casa como el signo natural de esa casa cargan la energía de esos significados. Por ejemplo, tanto la cuarta casa de la carta, como el cuarto signo de Cáncer, representan la energía del pecho y los senos: la casa indicará el pecho y los senos de manera más física, mientras que el signo representará más las emociones, sentimientos y el sentido de hogar, seguridad y estabilidad, que se ubican simbólicamente en el pecho, senos y pulmones.

| Casa | Significados externos | Personas | Cuerpo | Significados internos |
|---|---|---|---|---|
| 1 | Cuerpo | El Ser | Cabeza | Fuerza |
| 2 | Riqueza, comida, sustento | Familia cercana | Garganta | Habla |
| 3 | Esfuerzos | Hermanos | Brazos, hombros | Valentía |
| 4 | Casa | Madre | Pecho, senos Pulmones | Emociones, sentimientos |
| 5 | Inteligencia, discernimiento | Hijos, estudiantes | Plexo solar | Pratibha, intuición |
| 6 | Enemigos | Sirvientes, mascotas | Abdomen bajo | Malos hábitos |
| 7 | Negocios | Cónyuge | Región pélvica Genitales externos | Deseo |
| 8 | Deudas | Prestamistas | Genitales internos ano | Vulnerabilidad |
| 9 | Guru, maestro | Padre | Muslos | Dharma |
| 10 | Karma, carrera, ocupación | Jefe, padre | Rodillas | Respeto |
| 11 | Ganancias | Amigos | Pantorrillas | Logros |
| 12 | Tiempo en el que estamos ausentes, tierras extranjeras, hospitales, ashram | Cobradores, los que nos producen pérdidas | Pies | Dormir, descansar, meditar |

## Bhāvāt Bhāvam

*Bhāvāt Bhāvam*, que significa 'la casa desde la casa' o 'casas derivadas', es un principio importante en Jyotiṣa que nos ayuda a comprender las diversas indicaciones de las casas. Según este concepto los signos desde una casa tendrán los mismos significados para esa área particular de la vida, que el lagna tiene respectivamente para uno mismo. Por ejemplo, la cuarta casa se relaciona con la madre y la quinta casa es la segunda desde la cuarta, por lo que significa la familia cercana de la madre. La sexta casa es la tercera casa desde la cuarta, por lo que indica los hermanos de la madre, es decir tíos y tías maternos del nativo. La séptima casa es la cuarta desde la cuarta que representa a la abuela materna del nativo, así

como la sexta casa es la madrastra porque es la casa de la hermana de la madre. La décima casa es la muerte de hermanos y hermanas porque es la octava desde la tercera casa de hermanos. Este método de contar desde una casa a la siguiente se puede aplicar a todas las casas otorgándonos múltiples capas de significados. Todo lo que pertenece a nuestra realidad se muestra en nuestra carta. La carta Rāśi (D-1) se usa principalmente para relaciones familiares de una generación más arriba, mientras que la D-12, D-40 y D-45 se pueden usar para ir más atrás en la historia familiar.

Parāśara organiza las casas en varios grupos: kendras (cuadrantes o angulares), paṇaphara (sucesivas), āpoklima (cadentes), koṇa (trinos o trígonos), dusthāna (casas que causan sufrimientos), chaturāśrayas (de protección) y upachaya (de crecimiento).[1] Estas clasificaciones son importantes de entender para la interpretación, así como para calcular la manifestación de los eventos.

## Kendras

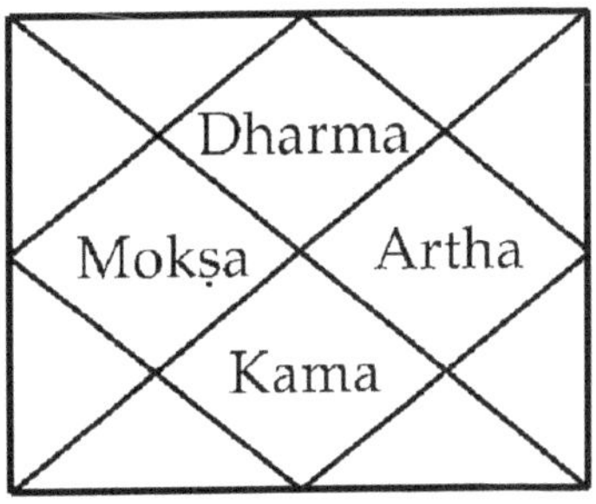


Las *kendras* (angulares) son las cuatro casas centrales: primera, cuarta, séptima y décima. Estas cuatro casas indican los cuatro pilares u objetivos de la vida (ayana) hacia los que apunta la vida humana para lograr el éxito y encontrar la realización. Los cuatro objetivos son dharma, artha, kāma y mokṣa.

Dharma se define como el propósito por el cual un individuo nace. Por ejemplo, una vaca no tiene religión, pero tiene un dharma que es el de producir leche, por lo que dharma no es religión; se trata de lo que la persona necesita hacer por sí misma y por la sociedad para mejorar el mundo: es un aspecto innato de la contribución personal al mundo. El dharma de un carpintero es construir casas, el dharma de un escritor es escribir, el dharma de una silla es proporcionar un lugar para sentarse, etc. El camino natural y el propósito de un objeto o persona se analiza a través de su dharma kendra y sus trinos (casas 1, 5 y 9). La primera casa es el yo innato, la quinta indica su inteligencia y aprendizaje y la novena representa el respeto por los mayores, las bendiciones del gurú y el conocimiento.

Artha significa 'lo que sostiene' y en la cultura occidental es representado por el dinero, la riqueza o la adquisición de objetos valiosos; en la antigüedad esto también podría haber incluido artículos de trueque. Artha es la meta humana de lograr un sustento material y una seguridad financiera que se logra principalmente a través del trabajo y el dinero. El artha y el dharma de una persona pueden ser diferentes. Por ejemplo, un carpintero que hace carpintería durante el día puede estar buscando artha y por la noche enseña yoga practicando su dharma. Es una bendición cuando el dharma y el artha son los mismos y una persona realmente puede ganarse la vida a través de su proprio dharma. Nuestro trabajo y ganancias se analizan desde la artha-kendra y sus trinos (casas 10, 2 y 6). La décima casa indica la carrera profesional, la segunda el dinero ahorrado para mantenerse y la sexta el trabajo duro y el servicio realizado. Estas son las casas artha para el individuo, siendo la décima la más importante ya que representa de manera más directa el verdadero significado de artha.

1 Bṛhat Pārāśara Horā Śāstra, Vargaviveka-adhyāya, 33-36

Kāma es el deseo básico y la necesidad humana de amor, compañía, disfrute, felicidad emocional y sensorial. Kāma se relaciona con la sexualidad, el matrimonio, la pareja, los hijos y la adquisición de las cosas que queremos en la vida para nuestro propio disfrute. La capacidad de satisfacer estos deseos se analiza desde la kāma-kendra y sus trinos (casas 7, 11 y 3). La séptima casa es la kāma kendra primaria y indica al cónyuge o pareja, la undécima casa el dinero que se adquiere y las cosas que se compran con él, la tercera casa los juegos, pasatiempos, socializar y todo lo que se deriva de eso.

Mokṣa significa 'libertad' o 'liberación' y se refiere a nuestra espiritualidad y crecimiento espiritual; incluye todo lo que libera nuestro espíritu interior y nuestro sentido del Ser. Las casas mokṣa son las 4, 8 y 12. La cuarta casa es la mokṣa kendra primaria y se relaciona con el corazón y su enfoque o dirección (*gati*) en la vida; esto reafirma que el ingrediente más crítico para mokṣa es un corazón puro. La octava casa es el trabajo interno que uno necesita hacer para crecer espiritualmente, se relaciona con kuṇḍalinī. La duodécima casa es el tiempo que pasamos solos o alejados del mundo en nuestra práctica espiritual.

La carta del Norte de la India hace que ver y trabajar con los trígonos sea muy fácil. Las cuatro casas del medio destacan mostrando los cuatro ayana (pilares u objetivos de la vida), pudiendo facilmente observar sus respectivos trígonos. Los cuatro diamantes interiores corresponden a las kendras 1, 4, 7 y 10, llamadas *Viṣṇu-sthānas*, los lugares de Viṣṇu y la energía del sustento. Los trígonos correspondientes a las Koṇa 1, 5 y 9 son llamados *Lakṣmi-sthānas*, los lugares de Lakṣmi y el poder del sustento. Los trígonos a cada kendra son importantes porque le darán soporte o debilitarán ese ayana u objetivo de la vida.

## - EJERCICIO PRÁCTICO -

17. En la traducción de los significados de las casas, observa el uso del principio Bhāvāt Bhāvam en los significados dados para las casas sexta, novena y undécima. Estos pequeños ejemplos apuntan a las múltiples formas en que se puede aplicar este principio. La novena casa indica al hermano de la esposa porque es la tercera casa (hermanos) desde la séptima casa (cónyuge). Explique los otros ejemplos de Bāvāt Bhāvam dados aquí.
18. Usando la novena casa para el padre, ¿qué casa indicará a los hermanos del padre y cuál mostrará a los hijos del padre?
19. Calcula qué planetas están en qué ayana de vida. ¿Qué ayana tiene más planetas?
20. ¿En qué ayana se encuentran el planeta que rige el lagna, la Luna y el Sol? ¿Qué planetas dominan tus kendra y dan forma a tu personalidad? ¿A través de cuál ayana?

## Paṇaphara y Āpoklima

Paṇaphara

Āpoklima

La quinta casa desde cada kendra es llamada casa paṇaphara, Que se podría observar como la casa sucesiva a cada kendra . La casa que sigue después de una paṇaphara es un āpoklima, que también es la novena casa desde cada kendra. Paṇapara significa 'antes' o 'escalar' en griego, así como Āpoklima significa 'pendiente', 'declive' o 'caída' en griego[2]; en la astrología occidental estas últimas casas se llaman 'cadentes', definición que deriva de término latín para 'caída' o 'declive', por lo que caen lejos de las angulares o cuadrantes. Las kendra son la cima y una casa conduce hacia ella y la otra desciende desde ella. Tomando como ejemplo el lagna, la segunda casa indica el aumento de dinero y las ganancias, mientras que la duodécima representa las disminuciones y las pérdidas.

Las casas paṇaphara se relacionan con los recursos que tenemos para alcanzar una meta y el esfuerzo necesario para realizar ese objetivo. Las āpoklimas son las ambiciones de las otras dos casas. Existe una relación con los signos naturales del zodíaco: los signos sthira (fijos) se relacionan con los recursos de las casas paṇaphara, mientras que los signos dvisvabhāva (duales) se relacionan con el objetivo final de las casas āpoklima, y los signos chara (movibles) se relacionan con el rajas natural que instiga la meta.

En los trígonos del dharma (1, 5 y 9), el lagna es la kendra que muestra la esencia y la naturaleza de la persona. Si Marte se encuentra aquí, la persona puede ser un luchador y tener la intención de ser un soldado. La quinta casa es la inteligencia de la persona que sustenta el tipo de soldado que será y a qué nivel ascenderá. La novena casa es el dharma de la persona que indica su sentido del deber de servir y proteger. En los trígonos artha (2, 6 y 10) la décima casa es una kendra y es la naturaleza de la carrera de la persona, en qué línea de trabajo puede estar interesado el nativo. La segunda casa es la paṇaphara que muestra los recursos, la riqueza de la persona, su potencial de inversión, así como la familia de la que provienen y los rasgos adquiridos de su familia cercana. La sexta casa es la āpoklima que indica el tipo de trabajo o servicio que el nativo quiere realizar o la cantidad de empleados con los que tiende a trabajar y contratar. De esta manera las casas se analizan en relación con los objetivos de la vida.

La personalidad general de un individuo está indicada por los planetas más fuertes en kendra y el área de la vida asociada con esa kendra indicará lo que le da forma a su personalidad. La décima casa es la kendra más fuerte (trabajo), luego la séptima (cónyuge), luego la cuarta (vida hogareña) y finalmente la personalidad innata que se analiza desde el lagna.

2 Algunos eruditos utilizaron algunas palabras prestadas del griego para afirmar que la astrología védica vino de Grecia, sin reconocer que desde el 300 a.C. hasta el 200 d.C., el griego era un idioma comúnmente hablado en el noroeste de la India. Se sabía que los indianos del norte y del sur de la India estaban en las cortes de Alejandría en Egipto, así como en las escuelas budistas. Hubo un intercambio intercultural sobre muchos temas.

## Duḥsthāna

Existen tres casas llamadas duḥsthāna, o también 'casas trik', palabra que se refiere al número tres. *Duḥkha* significa 'dolor', 'sufrimiento', 'estrés' y 'tristeza', y *sthāna* significa 'lugar', por lo que el término duḥsthāna se refiere a las tres casas que causan sufrimiento natural al individuo. Éstas son la sexta casa de los enemigos y enfermedades, la octava casa de deudas y sufrimientos y la duodécima casa de las pérdidas. Los planetas en estas ubicaciones indican algún tipo de sufrimiento; incluso si hay algunos aspectos positivos, los beneficios de planetas en estas casas a menudo son experimentados como problemáticos por el individuo.

Los planetas maléficos en la casa seis harán que seamos buenos luchando, pero otorgará muchos enemigos con quien luchar; los benéficos en esta misma ubicación harán que los nativos sean propensos a no pelear y que los enemigos sean muy inteligentes. Ambos tipos de planetas se vuelven más susceptibles a las enfermedades cuando se posicionan en una duḥsthāna. Los planetas en la casa ocho se sentirán vulnerables y débiles; Mercurio aquí indica investigaciones de alto nivel y Saturno en la octava indica conocimiento de la longevidad, pero incluso benéficos ahí causan sufrimientos. La casa doce casa indica pérdidas, enemigos secretos, gastos y solo dos planetas saben manejar bien la casa doce: Venus ahí indica beneficios con comercio exterior y el *bādhakeśa*, el planeta que causa obstáculos (regente del bādhakasthāna), es beneficioso aquí ya que los obstáculos se pierden.

## Upachaya

*Upachaya* significa 'crecimiento', 'acumulación', 'elevación', por lo que las casas upachaya son las responsables del crecimiento y progreso; aquí los planetas tienden a dar mejores resultados con el tiempo. Éstas son la tercera, sexta, décima y undécima casa desde el lagna. Kriyamāṇa karma, el que se crea en esta vida, proviene principalmente de estas casas y algunos dicen que son las casas del libre albedrío. Las indicaciones de estas casas crecerán a medida que la persona envejezca.

La tercera casa indica cómo iniciamos una comunicación u obtenemos lo que queremos; es como usamos nuestras manos para adquirir lo que deseamos o cómo manejamos las cosas. La sexta casa es cómo reaccionamos cuando no conseguimos lo que queremos; los planetas que se encuentran aquí nos indican nuestros malos hábitos y enfermedades, que con decisiones conscientes podemos superar o seguir padeciendo. En una situación desafiante, la tercera casa es nuestra respuesta inmediata mientras que la sexta casa nos indica nuestra segunda reacción. Los benéficos en las casas tres y seis vuelven a la persona suave y gentil, mientras que los maléficos hacen que una persona sea más agresiva y capaz de defender su punto de vista; los maléficos indican acciones enérgicas y la posibilidad de crear karma negativo y los benéficos aquí vuelven a la persona amable, pero puede que no sean tan exitosa.

Las casas décima y undécima muestran el trabajo que hacemos y lo que obtenemos de él. La profesión que elijas hacer puede mejorarte a ti mismo y al mundo, o no, y lo que elijas ganar con ese trabajo, cómo gastas el dinero ganado y la energía invertida en adquirir ganancias materiales por placer, cambiará tu futuro para bien o para mal.

Las casas tres (tri), seis (ṣaḍ) y once (āya) se llaman casas triśaḍāya. Si bien pueden mejorar con el tiempo, estas casas poseen una connotación más negativa en la carta. Tanto los planetas en estas casas, como sus regentes crean desafíos en la vida (el regente de la casa diez no está incluido); las gemas como remedios para estos planetas se evitan porque nadie busca constantes desafíos. Cuando un planeta está creando una combinación positiva, se reduce si además rige también una casa triśaḍāya.

## Bhāva-Viveka-Adhyāya de Parāśara

El sabio Ṛṣi Parāśara proporciona una lista de las indicaciones para cada casa. Adhyāya significa 'capítulo' y viveka significa 'discernir' o 'distinguir', por lo que el capítulo trata sobre los factores distintivos de cada casa tal como los da el Muni.

Primera casa (lagna-bhāva): cuerpo (*deha*), apariencia o forma (*rūpa*), intelecto (*jñāna*), complexión (*varṇa*), fuerza y debilidad (*bala-abala*), felicidad (*sukha*) y tristeza (*duḥkha*), naturaleza innata o integridad (*svabhāva*).

Segunda casa (dhana-sthāna, el lugar de la riqueza): riqueza y tesoros (*dhana*), ganancias y comida (*dhānya*), familia (*kuṭumba*), muerte y longevidad (*mṛtyu*), amigos (*mitrika*), metales (*dhātu*), piedras preciosas (*ratna*) y todo lo de valor monetario, etc. (*sarva*).

Tercera casa (duścikya, el lugar de pensamientos malos y necios): coraje, fuerza, poder, heroísmo, intensidad (*vikrama*), sirvientes, asistentes y apoyo (*bhṛtya*), hermanos (*bhrātrādi*), enseñanzas del gurú o conocimiento proveniente de escuchar el guru (*upadeśa*), caminatas o viajes cortos (*prayāṇaka*), muerte de los padres (*pitrorvai maraṇa*).

Cuarta casa: vehículos (*vāhana*), parientes, familiares, amigos (*bandhu*), madre (*matṛ*), felicidad, bienestar, comodidad (*saukhya*), pureza (*kanya*), tesoros y lugar para almacenar tesoros (*nidhi*), tierras y propiedad (*kṣetra*), casa y hogar (*gṛha*).

Quinta casa: amuletos y diagramas sagrados (*yantra*), hechizos y oraciones sagradas (*mantra*), aprendizaje y conocimiento (*vidyā*), intelecto (*buddhi*), capacidad de gestión (*prabandhaka*), hijos (*putra*), corrupción y caída desde una posición elevada (*rājya-apabhraṁśa*), angustia mental (*dīna*).

Sexta casa: tío materno (*mātula*), causa de la muerte (*antaka*), enemigos (*śatru*), heridas, furúnculos, cicatrices, llagas, cáncer (*vraṇa*), madrastra (*sapalīmātṛ*), portar arco y armas (*chāpī*).

Séptima casa (jāyā-bhāva): esposo/a y cónyuge (*jāyā*), viajes de media distancia (*madhya-prayāṇa*), comercio (*vāṇijya*), objetos extraviados y pérdida momentánea (*naṣṭa-kṣaṇa*), muerte (*maraṇa*).

Octava casa: longevidad (*āyus*), batallas, guerras, disfrute por luchar (*raṇa*), enemigos, engaño (ripu), portar armas (*chāpī*), fortalezas (*durga*), herencias (*mṛtadhana*), conocimiento del pasado y del futuro (*gatyanukādika*) y cosas similares a lo anterior, etc (*sarva*).

Novena casa (dharma-sthāna, el lugar del dharma): fortunas (*bhāgya*), hermano de la esposa (*syāla*), justicia (*dharma*), esposa del hermano (*bhrātṛpatnyā*), viajes a lugares sagrados y santuarios, peregrinaciones (*tīrtha-yātrā*).

Décima casa (vyoma-sthāna, el lugar del cielo): poder, gobierno, autoridad, realeza (*rājya*), trabajo variable, sustento, profesión actual (*ākāsha-vṛtti*), respeto, honor, arrogancia, orgullo (*māna*), padre (*pitṛ*), asignaciones de negocios en el extranjero, vivir fuera de casa (*pravāsya*), obligación, deuda y deber (*ṛṇa*).

Undécima casa (bhava-sthāna, el lugar de adquisición y prosperidad): recepción de varios artículos valiosos (*nānā-vastubhavasyāpi*), esposa del hijo (*putra-jāyā*), ingresos, rentas, ganancias, beneficios (*āya*), crecimiento, incremento, prosperidad (*vṛddhi*), animales de granja (que se usaban como dinero en la antigüedad) (*paśu*).

Duodécima casa: pérdida, desperdicios, gastos (*vyaya*), conocimiento sobre el enemigo y sobre el trabajo o la oportunidad de nuestros enemigos secretos (*vairivṛttānta*), las propias pérdidas deben ser conocidas (*vyayācchaiva hī jṣātavyamītī*).

Estos son aspectos generales de cada una de las casas. No debemos esperar que un texto explique de una sola vez algo tan vasto como un chakra que representa todos los aspectos de la existencia; a medida que se profundice el estudio de Jyotiṣa, habrá varias capas que se desplegarán para profundizar en la esencia de cada casa. Por ejemplo, la novena casa representa al gurú, pero Parāśara no mencionó esto en sus significados de las casas; sin embargo más tarde enseña que benéficos en la casa nueve nos vuelven respetuosos con ancianos y maestros, mientras que maléficos en la novena casa harán que una persona dude y le falte el respeto al gurú y a los ancianos.[3] De esta manera las diversas capas de las casas se revelan a través de otras enseñanzas.

Siempre trate de utilizar la lógica y comprender por qué una casa se relaciona con un área determinada. En algunos casos, habrá desacuerdo entre los astrólogos, como si se debe usar la casa novena o la décima para mostrar al padre. Lógicamente esto se resuelve en que la décima casa es la séptima de la cuarta casa, que muestra al amante de la madre y por lo tanto al padre biológico. La novena es la casa que te guía (*dharma*) y que te protege. Los sabios védicos definen al padre como aquel que cría a un individuo enseñándole los caminos de la vida y brindándole protección y cobijo, lo que demuestra que el padre actuante es la novena casa.

Sin embargo, Jyotiṣa nunca es solo lógica, uno debe equilibrar la lógica (solar y masculino) con el sentimiento (lunar y femenino) para abrir completamente el tercer ojo y obtener la comprensión intuitiva completa. Por ejemplo, la mente lógica memoriza que el cuarto bhāva se relaciona con la casa, el hogar, la madre, la felicidad y el corazón físico y emocional. La mente sensible puede apreciar cómo este bhāva nos muestra el hogar como un reflejo de mundo emocional de una persona, nos enseña el impacto de la madre en la realidad emocional del nativo, y los planetas ubicados aquí nos muestran las diferentes características del corazón del nativo. Entonces, juntando esta información, podemos predecir la naturaleza de la infancia, la felicidad y los eventos de una persona que influyen en la vida del individuo con claridad empática.

3 Bṛhat Pārāśara Hora Śāstra, Kārakāṁśa-adhyāya, v.50-53

## Bhāveśa, los regentes de las casas

En Astrología Védica cada casa ocupa un signo completo; el planeta que rige ese signo se convierte en el regente (*īśa*) de la casa (*bhāva*), llamado *bhāveśa*. El regente del lagna se llama lagneśa; su estado y posición se vuelven muy importantes para la primera casa. En el Bhāveśa-Phala-Adhyāya, el capítulo sobre los resultados y los efectos de los regentes de las casas, Parāśara enumera las indicaciones para cada regente en cada casa. A continuación se presenta una pequeña sección relacionada con el lagneśa en las doce casas.

## El regente del Lagna en:

Primera casa: cuerpo feliz y bendecido (*dehasukhabhāg*), brazos fuertes, buena fuerza (*bhuja-vikramī*), inteligente, astuto (*manasvī*), inestable, voluble (*caṣcala*), que tiene dos esposas (*dvibhārya*).

Segunda Casa: fuerza (*bāla*), dotado de ingresos o ganancias (*lābhavān*), maestro, erudito (*paṇḍita*), feliz (*sukhī*), educado y culto (*suśīla*), respetuoso de la ley (*dharmavi*), respetable (*mānī*), que tiene muchas esposas (*bahu-dāra*), buenas cualidades (*guṇairyuta*).

Tercera Casa: valiente como un león (*siṁha-tulya-parākramī*), capaz de lograr, triunfador (*sarva-sampadyuta*), respetado (*mānī*), que tiene dos esposas (*dvibhārya*), buena inteligencia (*matimān*), feliz (*sukhī*).

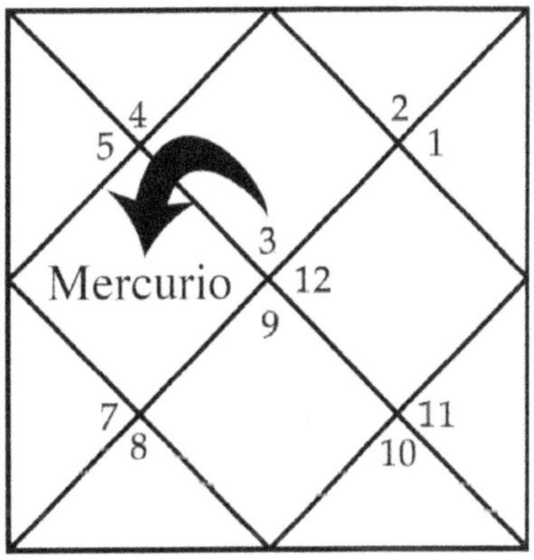


Cuarta Casa: fuerte (*bāla*), entrega felicidad a la madre y al padre (*pita-mātṛ-sukhānvita*), con muchos hermanos (*bahu-bhrātṛ-yuta*), que tiene amor, afecto, pasión (*kāmī*), tiene buenas cualidades y forma (*guṇa-rupa-samanvita*).

Quinta Casa: felicidad a través de niños (*suta-saukhya*), moderado, razonable (*madhyama*), pérdida del primer hijo (*prathama-apatya-nāśa*), respetable (*mānī*), que se enoja fácilmente (krodhī), querido por las autoridades (*nṛpa-priya*).

Sexta Casa: preocupado por problemas de salud, falta de felicidad a través del cuerpo (*deha-saukhya-vivarjita*), problemas con los enemigos si está aspectado por maléficos (*pāpādhye-śatrutaḥ*), desgracia, aflicción, dolor si no está aspectado por benéficos (*pīḍā-saumyadṛṣṭivivarjite*).

Séptima Casa: si el regente de la 7ª es maléfico perjudica la longevidad de la pareja o de la relación (*bhāryā-tasya-na-jīvati*), un planeta benéfico puede volver a la persona errante (*śubhe'ṭano*) y pobre (daridra), indiferente (*virakta*) o relacionado con autoridades (*nṛpa*).

Octava Casa: hábil en el conocimiento de poderes sobrenaturales y conocimiento oculto (*siddha-vidyā-viśārada*), enfermo (*rogī*), ladrón, deshonesto (*caura*), se enoja fácilmente (*mahākrodhī*), alguien que juega o pelea (*dyūtī*), adúltero (*paradāraga*).

Novena Casa: afortunado (*bhāgya*), muy querido por la gente (*vāṣjana-vallabha*), adorador de sattva devatās (*viṣṇubhakta*), inteligente y elocuente en el habla (paṭurvāgmī), felicidad a través de cónyuge, hijos y riqueza (*dāra-putra-dhanairyuta*).

Décima Casa: tener felicidad y comodidades a través del padre (*pita-saukhya-samanvita*), liderazgo, respeto, realeza (*nṛpa-mānya*), conocido entre el público, popular (*jane khyātaḥ*), riquezas adquiridas por uno mismo (*svārjita*).

Undécima Casa: siempre ganando, adquiriendo (*sadā-lābhasamanvita*), con buenos modales y cultos (*suśīla*), popular (*khyāta*), famoso (*kīrti*), muchas esposas (*bahudāra*), buenas cualidades (*guṇairyuta*).

Duodécima casa: preocupado por problemas de salud, falta de comodidad en el cuerpo (*deha-saukhya-vivarjita*), si el graha no está aspectado por o en conjunción con benéficos (*śubha-dṛgyoga-varjita*), la persona desperdicia dinero en artículos inútiles y no rentables (*vyartha-vyayī*), y se enoja fácilmente (*mahā-krodhī*).

El regente del lagna indica nuestra inteligencia y cómo la aplicamos. El kāraka para el regente del lagna es Júpiter (inteligencia). Las indicaciones de la casa mostrarán cómo y con que propósito la persona dirige el uso de su inteligencia; el tipo de casa también revelará la naturaleza de los significados de la casa. Por ejemplo, el lagneśa en la segunda casa indica una persona que tiene mucha riqueza y que usa su inteligencia para lograr este fin; al ser la segunda casa positiva, esto permite que los significados de las casas interactuen de buena manera. La primera casa es la salud y el cuerpo y si el lagneśa se encuentra ahí, la salud estará bien, pero si estuviera ubicado en la casa seis u ocho, la salud y el cuerpo sufrirían. De esta manera los significados de la casa se ven afectados por la ubicación de su regente. Por ejemplo, la ubicación del regente de una casa dede el *lagna* es la experiencia de ese aspecto de la vida. Pero la ubicación del regente de una casa *contando desde esa misma casa*, muestra cómo esa casa aplica su inteligencia.

La segunda casa muestra la riqueza almacenada y si su regente se posiciona en la novena desde esta, la persona tiene suerte con la riqueza, pero si su regente está en la sexta desde esta, la persona tendrá pérdida de riqueza a través de los enemigos (litigios). Todas las casas deben verse de esta forma y consecuentemente la interpretación se convierte en un arte.

De manera similar la calidad del regente de una determinada casa también influye en la casa que ocupa; es decir, las casas benéficas tienen regentes benéficos. Por ejemplo, el regente de la novena casa trae suerte a cualquier área en la que se encuentre, mientras que el regente de la duodécima trae gastos a cualquier casa que ocupe. El regente de la cuarta trae felicidad a cualquier casa que ocupa, mientras que los regentes de la sexta y octava traen problemas y enfermedades en las casas en las que se encuentran.

### - Ejercicio Práctico -

21. Calcula todas las ubicaciones de los regentes de las casas en tu carta con su estado; por ejemplo, para un ascendente Piscis, el lagneśa Júpiter en la primera casa (signo propio), el segundo regente Marte en la séptima casa (signo neutral), el tercer regente Venus en la quinta casa (signo neutral). Recuerda interpretar la naturaleza de la ubicación de la casa a través del estado del planeta.
22. Lee el capítulo sobre los efectos de los regentes de las *bhāva* (Bhāveśa-Phala-Adyāya) en *Bṛhat Pārāśara Horā Śāstra* o el resumen en el 'Apéndice II' de este libro.

## Los regentes de la sexta y octava casa

Según la Astrología Védica la enfermedad es causada por planetas maléficos, así como por los regentes de las casas seis y ocho. Para determinar los problemas de salud se vuelve importante *la casa donde está ubicado* el regente de la casa seis y *el signo donde se encuentra* el regente de la casa ocho.

Los signos son creados por el propio universo y muestran la naturaleza originaria del nativo. De esta forma el regente de la casa ocho indicará los defectos que heredamos de nuestra familia, sociedad y con los que fuimos creados (*nija-doṣa*). Estas son debilidades y defectos internos que debemos trabajar para purificarnos. Si el regente de la casa ocho está en Cáncer, puede indicar problemas en el pecho y los pulmones, independientemente de la casa en la que se encuentre.

Las casas están determinadas por el momento en que el alma toma nacimiento, e indican el karma que creamos para nosotros mismos. Por lo tanto, la ubicación del regente de la casas seis toma importancia, ya que son las acciones negativas realizadas contra nosotros mismos (*ṣaḍripu*). El regente de la seis necesita disciplina para poder vivir de manera correcta a fin de evitar las enfermedades causadas por si mismo. El regente de la seis posicionado en la casa cuatro causará problemas con el pecho, el corazón, los pulmones, independientemente del signo en el que se encuentre.

## Bādhakasthāna y Bādhakeśa

*Bādhaka* significa 'obstaculizar' u 'oprimir desde un obstáculo'; por esto se le pide a Gaṇeśa, él que remueve los obstáculos, que los elimine. Una casa específica se convierte en una casa bādhaka (*bādhaksthāna*) y su regente se convierte en el graha (*bādhakeśa*) que causa el obstáculo. Este es un tema más avanzado que solo se mencionará brevemente aquí, el bādhakeśa trabaja a nivel sutil y solo se remedia con métodos sutiles.

El bādhakeśa cambia dependiendo de la cualidad del lagna. Para un lagna móvil (*chara*) el bādhakasthāna es la undécima casa lo que vuelve al regente de la casa once el bādhakeśa. Para un lagna fijo (*sthira*) el bādhakasthāna es la novena casa, lo que vuelve al regente de la casa nueve el bādhakeśa. Para un lagna dual (*dvisvabhāva*) el bādhakasthāna es la séptima casa, lo que vuelve al regente de la casa siete el bādhakeśa.

El kāraka (indicador) del bādhakeśa es Rāhu, es decir el planeta que se convierte en bādhakeśa a veces actuará como Rāhu causando obstáculos a la casa en la que se encuentra. Por ejemplo, si el bādhakeśa se encuentra en la segunda casa, podría provocar obstáculos con el dinero, mientras que si está en la décima casa entonces puede crear obstáculos relacionados con la carrera; en la primera casa provoca problemas de salud extraños y difíciles de curar. Se convierte en un planeta importante en la astrología médica (*āyurjyotiṣa*), ya que creará confusión en las enfermedades y las hará difíciles de curar. En otras áreas creará bloqueos, demoras, confusiones y otros obstáculos.

| Cara Lagna | Sthira Lagna | Dvisvabhāva Lagna |
|---|---|---|
| Aries, Cáncer,<br>Libra, Capricornio | Tauro, Leo,<br>Escorpio, Acuario | Géminis, Virgo,<br>Sagitario, Piscis |
| 11ª casa | 9ª casa | 7ª casa |
| 11º regente | 9º regente | 7º regente |

## Bhāveśa, los regentes de las casas y el ascendente

En el capítulo Yogakāraka Adhyāya, Parāśara nos enseña cómo cambia la naturaleza de los planetas según las casas que rigen. Parāśara dice que el lagna da buenos resultados porque rige una kendra y un koṇa. Las casas quinta y novena son buenas en lo que respecta a la riqueza (*viśeṣa-dhana*) y de manera similar también las casas séptima y décima son buenas ya que se relacionan con la felicidad (*viśeṣa-sukha*). Los planetas que rigen las casas tres, seis y once producen resultados negativos (*pāpa phala*). (versos 2-4)

Los regentes de la ocho, dos y once darán resultados según su asociación en la carta: si estos regentes también rigen casas positivas, son fuertes y están bien situados, pueden crear combinaciones beneficiosas; si rigen casas negativas, son débiles o están en conjunción con maléficos, crearán problemas. La razón de los resultados negativos del regente de la ocho (*aśubha*) se basan en que su regencia es la casa doce desde la nueve, lo que indica la pérdida del dharma y del camino correcto. El regente de la casa ocho se vuelve más maléfico si también rige la casa tres, seis u once y se vuelve más benéfico si rige un trikoṇa. Que el Sol y la Luna sean dueños de la casa ocho no crea un problema (*doṣa*). (versos 5-7) Cualquier planeta que es al mismo tiempo regente de una kendra (1, 4, 7, 10) y una koṇa (1, 5, 9) se llama yogakāraka y se vuelve poderoso y capaz de dar buenos resultados. (verso 13)

Los regentes de la casa dos y siete también asumen el papel de māraka, es decir que determinan el final de nuestra longevidad. Esto puede otorgarles significados negativos en relación con la salud y será importante usarlos en Āyur-jyotiṣa.

Se ha descrito el resultado de estos regentes de las casas para poder entender la naturaleza funcional de un planeta en una carta. Los diferentes signos ascendentes tienen naturalezas distintas, lo que indica que algunos planetas se comportan como planetas benéficos o buenos (*śubha*), y otros se comportan como planetas maléficos o negativos (*pāpa*) para esa persona. Júpiter, el benéfico natural (*saumya*), siempre realizará acciones benéficas, pero según la carta, esto puede no ser beneficioso para la persona. Por ejemplo, si la sexta casa está regida por Júpiter, indicará que nuestros enemigos y competidores son inteligentes y tienen buenos recursos financieros, característica muy positiva para ellos, pero no particularmente para el individuo, por lo que se convierte en un maléfico funcional (*pāpa*). Saturno es un maléfico natural (*krūra*), pero cuando rige la décima y la novena casa, se asegurará de que la carrera de uno crezca continuamente, por cualquier medio. Estas acciones pueden no ser positivas, pero le darán al individuo buenos resultados en su vida profesional.

Con esto en mente, Parāśara dice que al determinar su naturaleza funcional, los planetas benéficos ( saumya) pierden su naturaleza buena (*śubha*) cuando rigen kendras, y los planetas maléficos (*krūra*) pierden su naturaleza negativa (*pāpa*) cuando rigen kendras. Las casas kendra funcionan mejor cuando están regidas por maléficos naturales porque aseguran que esas áreas centrales de la vida estén protegidas y crezcan.

Parāśara describe cada signo ascendente para enumerar cómo estos planetas cambian sus cualidades para el nativo. Se toma un tiempo adicional con el lagna Aries para dar un ejemplo y luego cubre brevemente los otros signos. Aquí doy los detalles de Parāśara con algunas notas.

Para el lagna Aries, Marte será śubha ya que es un maléfico que rige una kendra y también es regente la casa ocho neutral. Saturno, Mercurio y Venus son maléficos (*pāpa*). Saturno es el regente de la diez, lo cual es bueno, pero su regencia sobre la casa once (*triṣaḍāya*, y *bādhaka*) lo convierte en pāpa. Mercurio es el regente de la tres y seis, que son ambas triṣaḍāya. Venus es un benéfico que rige una kendra, lo que le hace perder su naturaleza positiva, y además es regente de la dos y siete, lo que también lo convierte en māraka. Júpiter y el Sol son śubha, de naturaleza positiva, para el lagna Aries. Júpiter es el regente tanto de la casa nueve como de la doce, cuya característica es de cambiar de acuerdo con el significado de su otra regencia que en este caso es la nueve, que es śubha. El Sol es benéfico por ser regente de la casa cinco koṇa. La conjunción entre los regentes de la nueve y diez normalmente es muy beneficiosa, pero Parāśara agrega que la conjunción de Júpiter y Saturno no será tan beneficiosa ya que Saturno es un maléfico natural y funcional. En esta declaración Parāśara nos guía en cómo usar la naturaleza funcional de los planetas. Las combinaciones (*yoga*) darán muy buenos resultados si son creadas por planetas śubha, de naturaleza positiva, y darán resultados menos beneficiosos si son creadas por planetas pāpa, de naturales negativa.

Para el lagna Tauro, Júpiter y Venus son maléficos. Mercurio dará un poco de resultados śubha, mientras que Saturno y el Sol son definitivamente śubha. Saturno es un yogakāraka y, por lo tanto, puede dar muy buenos resultados para Tauro. (verso 23)

Para el lagna Géminis, Marte, Júpiter y el Sol son maléficos, mientras que Venus es el único planeta śubha. La conjunción de Júpiter y Saturno es similar al lagna Aries. (verso 25)

Para el lagna Cáncer, Venus y Mercurio son maléficos mientras que Marte, Júpiter y la Luna son śubha. Marte es un dador de yoga (*pūrṇa yogakāraka*) y por lo tanto dará resultados auspiciosos. (verso 27) Marte rige la casa cinco que es beneficiosa (*kona*) y es un maléfico que rige la casa diez (*kendra*). Al regir una kendra y una kona y siendo positivas cada una de estas regencias, se vuelve completamente competente para dar buenos resultados a Cáncer.

Para el lagna Leo, Mercurio, Venus y Saturno son maléficos. Marte, Júpiter y el Sol son śubha. Júpiter es regente de una *koṇa* y Venus es regente de una *kendra*, por lo tanto, no podrán dar resultados tan beneficiosos. (verso 29) (Aquí Marte es un yogakāraka ya que es el regente de la cuatro (*kendra*) y la nueve (*koṇa*), pero no es tan beneficioso como para Cáncer porque además es el regente del bādhakasthāna).

Para el lagna Virgo, Marte, Júpiter y la Luna son maléficos, mientras que el Sol da resultados según su asociación (*sāhacarya*) en la carta. Mercurio y Venus son śubha y por consiguiente pueden crear un yoga muy beneficioso. (verso 31)

Para el lagna Libra, Júpiter, Sol y Marte son maléficos, así como Venus es neutral (*sama*). Saturno y Mercurio son śubha y la conjunción de la Luna y Mercurio puede dar lugar a posiciones poderosas en la vida (*rāja yoga*). (verso 33)

Para el lagna Escorpio, Venus, Mercurio y Saturno son maléficos, mientras que Marte es neutral (*sama*). Júpiter y el que crea la noche (Luna) son śubha. El Sol y la Luna juntos pueden crear resultados beneficiosos (*yogakāraka*). (verso 35)

Para el lagna Sagitario, solo Venus es maléfico. Júpiter da resultados neutrales mientras que Marte y el Sol son śubha. El Sol y el Mercurio crean una combinación beneficiosa. (verso 37)

Para el lagna Capricornio, Marte, Júpiter y la Luna son maléficos, mientras que el Sol entrega resultados neutros, y Venus y Mercurio son śubha. Se dice que Venus es el dador de combinaciones beneficiosas. (versos 39-40)

Para el lagna Acuario, Júpiter, Luna y Marte son maléficos, así como Mercurio da resultados *neutrales* (*madhya*). Venus y Saturno son śubha, y Venus se convierte en el dador de combinaciones que dan posiciones de poder (*rāja-yogakāraka*). (verso 41)

Para el lagna Piscis, Saturno, Venus, Sol y Mercurio son maléficos, mientras que Marte y la Luna son śubha. La combinación de Marte y Júpiter da resultados beneficiosos (*yogakāraka*). (verso 43)

Cada signo ascendente adquiere una naturaleza diferente y se aproximará a las diversas áreas de la vida con distintas actitudes según el funcionamiento de los planetas en su carta. Siempre observa las combinaciones de planetas en la carta, para luego ver en qué casas están ubicados y analiza qué regentes de las casas se están combinando. Todo este análisis hará que incluso la misma combinación de planetas sea muy diferente para los distintos lagnas. Tomamos como ejemplo el lagna Escorpio con Júpiter y la Luna en el mismo signo que corresponde a la unión del quinto y noveno regentes, lo cual es muy bueno para la prosperidad. Esta misma conjunción de planetas para el lagna Leo corresponde a la unión del octavo y duodécimo regente, lo que indicará la necesidad de deshacerse de un problema.

## Integración de Rāśi y Bhāva

En la astrología de los periódicos occidentales, se presentan a menudo varias declaraciones simples dadas para cada uno de los signos del zodíaco, como Aries es de mal genio o Virgo es organizado. Estas declaraciones demasiado simplificadas no conducen a una integración holística de la carta. La siguiente sección quiere presentar un sistema integral de comprender los signos entendiendo las casas de cada una de ellos.

Júpiter y el Sol son los planetas más religiosos y la novena casa gobierna la religión, por lo que Aries, Cáncer y Sagitario son naturalmente los ascendentes más religiosos debido a que sus novenas casas están regidas por el Sol o Júpiter. Saturno y Rāhu son los planetas menos religiosos, por lo que Géminis y Tauro son naturalmente los ascendentes menos religiosos porque tienen a Saturno y Rāhu rigiendo la novena casa. Esto se modificará según los planetas posicionados en la nueve y otras combinaciones especiales.

La cuarta casa representa la disponibilidad emocional, la Luna y Venus son los planetas más emocionales, mientras que Saturno es el menos emocional. Eso determina que Aries, Cáncer y Acuario tienden naturalmcnte a ser más emocionales, y Libra y Escorpio tienden a estar menos disponibles emocionalmente. Esta característica se modificará si en esta casas está presente un planeta. Por ejemplo, si un ascendente Aries tiene a Saturno en la cuatro, estará menos disponible emocionalmente debido a la ubicación de ese planeta. Los signos tendrán una tendencia natural que se verá modificada por la ubicación planetaria.

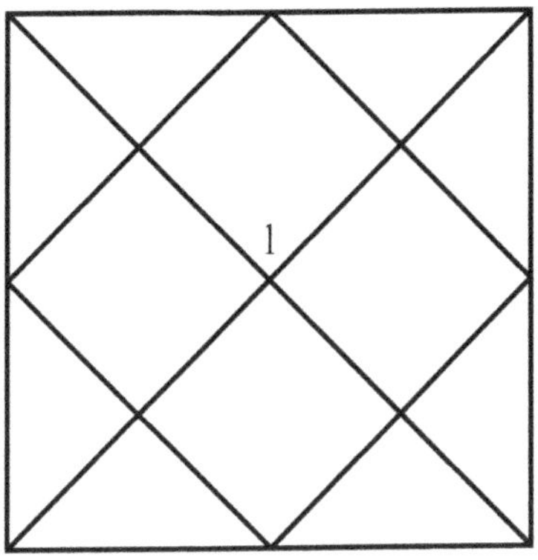
1
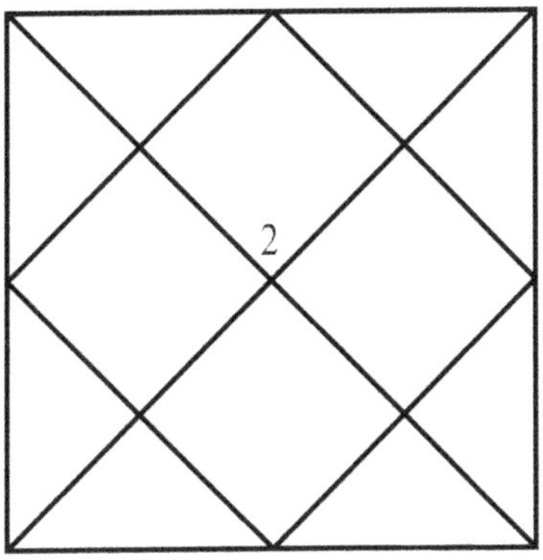
2
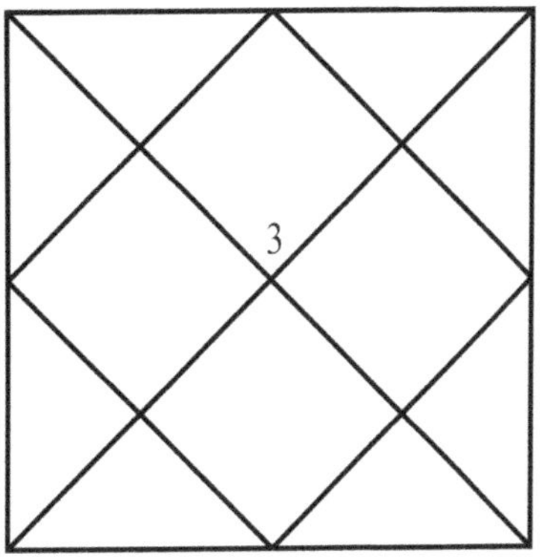
3
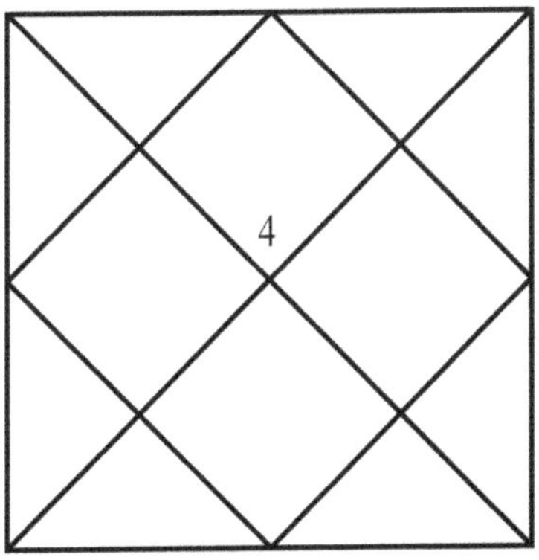
4
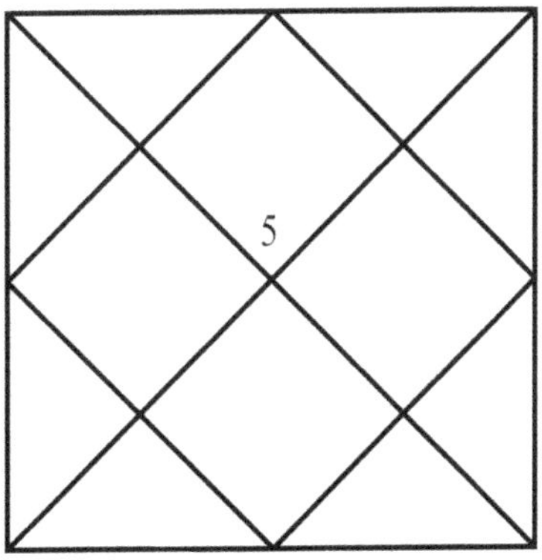
5
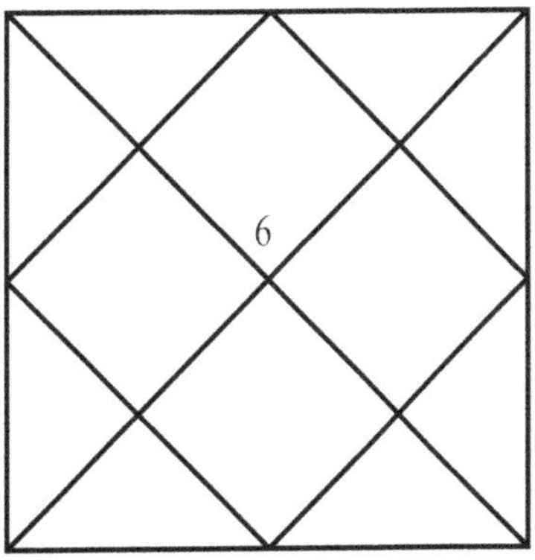
6
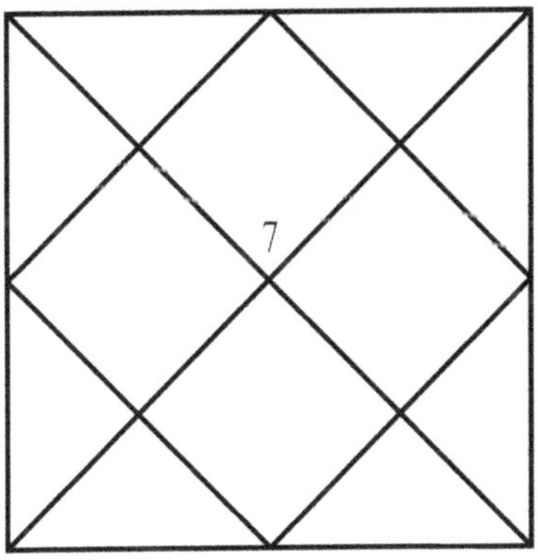
7
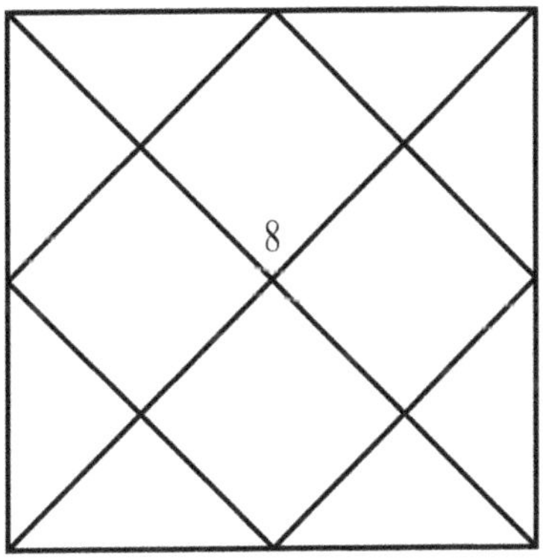
8
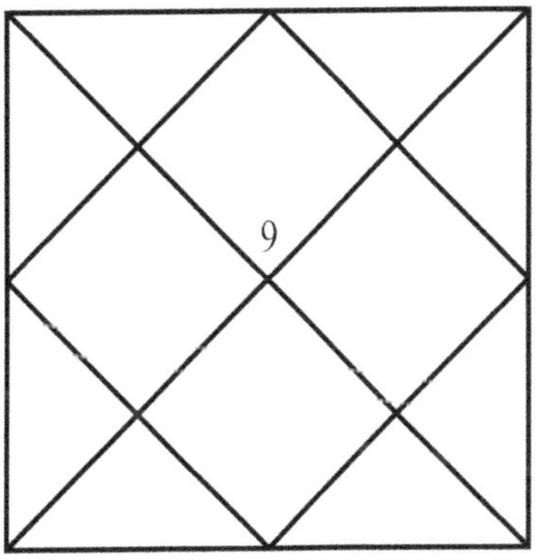
9

10
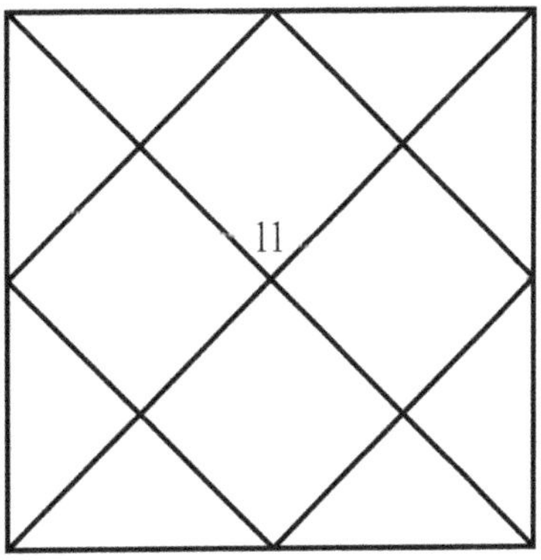
11
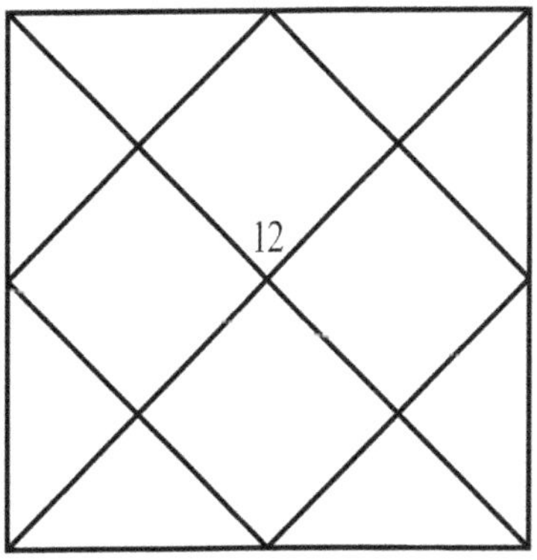
12

El ascendente Leo tiene a Capricornio como su sexta casa y Saturno como sexto regente tiende a enemistarse con la clase trabajadora. Aquí Saturno también indica sirvientes que crearán problemas en la vida de un ascendente Leo. En el caso del ascendente Géminis, Marte gobierna la sexta casa y tenderá a tener más problemas con la policía o con lesiones. Si consideramos al ascendente Cáncer con Sagitario en la sexta, las dificultades se pueden dar con los jueces.

Es más probable que un ascendente Acuario tenga problemas de autoridad porque el Sol se debilita en la casa nueve, mientras que para Capricornio, el Sol está debilitado en la casa diez, por lo que es más probable que tenga problemas con el concepto de autoridad en el lugar de trabajo. Virgo tiende a sentirse incómodo con las mujeres ya que Venus se debilita en Virgo, mientras que Escorpio es menos capaz de lidiar con las emociones porque la Luna se debilita ahí. Escorpio tiene muchos bloqueos con la autoridad y la religión, ya que su novena casa es bhādakasthāna, y por lo mismo los ascendentes regidos por Mercurio y Júpiter tienen más bloqueos en el área de las relaciones.

En lo que se refiere a los planetas, Mercurio, Venus y Júpiter tienen el habla más dulce, mientras que Marte es el más duro y Saturno es contundente. Eso significa que Tauro puede tener un buen habla, mientras que Sagitario puede ser demasiado directo y Piscis puede ser duro con sus palabras. Todo esto puede verse alterado por la naturaleza de los planetas en la segunda casa. La tercera casa es el nivel de agresividad de una persona y si maléficos rigen esta casa hacen que uno sea más agresivo mientras que si benéficos rigen esta casa hacen que uno sea más pasivo. Entonces, aunque Piscis puede ser duro con sus palabras, es más pasivo y es menos probable que compartan esas palabras de manera directa, mientras que Acuario usará palabras más dulces, pero será más contundente para conseguir lo que quiere.

A medida que aprendamos más técnicas, cada una de ellas podrá aplicarse para comprender la naturaleza del lagna rāśi. Se podría escribir un libro completo sobre los signos de esta manera e incluso no ser capaz de explicarlo todo. Por eso es importante comprender los principios, más que memorizar declaraciones simples sobre cada signo. Cuando comprendemos cómo los signos actúan en un entorno, también somos capaces de integrar cómo las ubicaciones planetarias modifican la naturaleza del signo.

### - EJERCICIO PRÁCTICO -

23. Teniendo en cuenta cada uno de los doce lagna, extrae toda la información analizando los planetas que dominan las casas benéficas y los planetas que dominan las casas maléficas para cada ascendente. Nota la relación de estos regentes benéficos y maléficos con el regente de cada lagna, para familiarizarte con la situación de cada casa para cada Lagna.
24. Calcula el bādhakasthāna y bādhakeśa para cada lagna. Fíjate tanto en la casa, el signo y del planeta kāraka que crean obstáculos para ese lagna.
25. Estudia el capítulo sobre Yogakāraka (*yogakāraka-adhyāya*) en *Bṛhut Pārāśara Horā Śāstra*.
26. Especula sobre la personalidad diferente de cada lagna basado en los planetas que son śubha, de naturaleza positiva, y los que son pāpa, de naturaleza negativa. Por ejemplo, para Tauro, si Saturno es śubha, es posible que pueda soportar mucho o disfrutar trabajando. Para Géminis, si Venus es el planeta śubha principal, ¿no los haría eso creativos y artísticos?
27. En tu propia carta y en una de otro lagna, recorre cada casa y compara sus actitudes hacia las doce áreas de la vida.

## Bhāva Kāraka

Además de evaluar los planetas posicionados en una casa y la condición del regente de la casa, también necesitamos evaluar el kāraka de la casa para comprender profundamente la carta. El kāraka indica la relación que un individuo tiene con la energía arquetípica representada por el planeta. Un arquetipo se define como el patrón original a partir del cual se copian o se basan todas las cosas del mismo tipo, similar a un prototipo. Por ejemplo la Luna es el prototipo de la madre, la crianza, el cuidado, el sentimiento, el apoyo y el hogar. El kāraka es la estructura causal sobre la cual se construye el resto de la vida, como los huesos del cuerpo sobre los cuales se forman los músculos y luego la piel. El kāraka dará la estructura raíz y la casa, y el regente de la casa tomará forma alrededor de esto.

| Kāraka-Adhyāya v.34 | |
|---|---|
| Lagna | Sol |
| 2ª | Júpiter |
| 3ª | Marte |
| 4ª | Luna |
| 5ª | Júpiter |
| 6ª | Marte |
| 7ª | Venus |
| 8ª | Saturno |
| 9ª | Júpiter |
| 10ª | Mercurio |
| 11ª | Júpiter |
| 12ª | Saturno |

Cada casa tiene un *kāraka principal*, que indica los significados naturales de la casa, y solamente algunas tienen kārakas *secundarios*. Aquí es donde los significados de los planetas y las casas comienzan a mezclarse para realizar un análisis adecuado de la carta. Cuando el bhāva kāraka está fuerte y está bien posicionado en cuadrantes o trígonos, fortalece las cualidades de esa casa.

Consideremos la quinta casa que nos indica la inteligencia y las capacidades mentales de la persona. Si Júpiter, quien naturalmente representa la inteligencia, está débil, esto afectará la quinta casa que no podrá ser completamente fuerte. Si al contrario Júpiter está fuerte, esto ayudará la quinta casa que no podrá ser completamente débil. Por ejemplo, si la quinta casa contiene maléficos, esto podría indicar que la persona toma decisiones equivocadas. Si Júpiter también está débil, la inteligencia (*dhi*) es menor en la persona y tendrá tendencia a elegir incorrectamente o usar mal su juicio. Si Júpiter está fuerte, el nativo estará más consciente de las decisiones equivocadas que toma y trabajará más duro para evitar la inclinación negativa en la casa. De la misma manera, los benéficos en la casas cinco indican a una persona que toma buenas elecciones. Si Júpiter está débil, el nativo puede tener una buena idea de qué hacer, pero carece de la inteligencia para conocer el camino exacto, o del conocimiento pleno para tomar una decisión correcta, o carece de la inteligencia para seguir su sentido común. De esta forma, hay que siempre tener en cuenta la casa y su kāraka para entender los resultados finales de la casa.

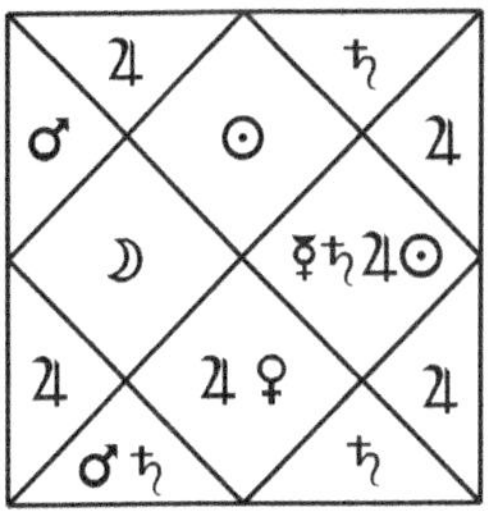


Algunas casas tienen múltiples kārakas, como por ejemplo la cuarta casa que puede representar a la Madre, propiedades, casas y vehículos. El kāraka para la madre es la Luna, para propiedades es Marte, para casas es Ketu, para vehículos es Venus. El bhāva kāraka indicará qué significados externos se ven afectados por los sufrimientos o bendiciones sobre una casa. Entonces, si la casa cuatro está débil, pero la Luna está fuerte, la madre no sufrirá tanto. Si la cuarta casa está débil y Venus está débil, entonces la persona tendrá problemas con vehículos. Si la cuarta casa está fuerte y Ketu está débil, la persona no tendrá mucha suerte con casas, pero si Marte está fuerte, puede que le vaya bien con las propiedades. Por lo tanto, para entender la fuerza de un significado de una casa, debemos analizar tanto a la casa como el/los kāraka de la casa.

La casa diez tiene cuatro kārakas: Mercurio para habilidades, Saturno para trabajo duro, Júpiter para inteligencia en el trabajo y sus frutos, y Sol para nuestra reputación. La casa siete tiene a Júpiter como indicador de esposo y matrimonio, y a Venus de esposa y amor.

## Graha Dṛṣṭi, los aspectos de los planetas

Como sucede también con los aspectos de los signos, cada uno de los planetas aspecta a casas particulares desde donde se encuentran. Los aspectos de los rāśi nos muestran lo que entrega *soporte* o aflige al signo y casa que recibe ese aspecto. Los aspecto de los grahas nos indican lo que el planeta *desea* y está *mirando* porque quiere, intervenir, afectar e influir en esa área de la vida, representada por la casa, o afectar al planeta en particular que esté mirando. El deseo innato natural (*svabhāva*) del planeta es mirar (*dṛṣṭi*) de esta maneras.

| Graha-Dṛṣṭi completo | |
|---|---|
| Saturn | 3° y 10° |
| Marte | 4° y 8° |
| Júpiter | 5° y 9° |
| Rahu | 5°, 9°, (2°) |
| Todos | 7° |

Todos los planetas proyectan un aspecto completo sobre la séptima casa desde sí mismos (*pūrṇaṁ ca saptamaṁ sarve*). Marte proyecta un aspecto completo (*pūrṇa dṛṣṭi*) sobre las casas cuatro y ocho desde su posición, así como Júpiter proyecta pūrṇa dṛṣṭi sobre las casas cinco y nueve desde su posición, y Saturno proyecta un aspecto completo sobre la tres y diez desde su posición. Los pūrṇa graha dṛṣṭi aspectarán la casa completa donde caen. Los aspectos completos deben memorizarse para poder identificarlos rápidamente al analizar una carta.

En la edición de Bombay del Bṛhat Pārāśara Horā Śāstra, se le asigna a Rāhu aspectos completos sobre las casas cinco, nueve y doce desde su ubicación. Es fundamental recordar que los aspectos de Rāhu son contados a la inversa, por lo que el aspecto de la casa doce en realidad cae sobre la dos desde Rāhu, así como el aspecto de la casa cinco cae sobre la casa nueve desde Rāhu, y que el aspecto de la casa nueve cae sobre la cinco. Ketu no tiene cabeza y consecuentemente no tiene ojos para ver. Sin ojos para ver, no posee mirada (*dṛṣṭi*), ni *deseos* por este mundo y por lo tanto no se le consideran aspectos *graha*.

Los aspectos de benéficos fortalecen un planeta y un signo, así como los aspectos de maléficos los dañan. Dos o más benéficos bendicen una casa, mientras que dos o más maléficos que aspectan una casa crean una maldición (karma más fijo); estas bendiciones o maldiciones provienen de deseos negativos y positivos, ya que los aspectos planetarios indican deseos. El aspecto de un planeta sobre su propio signo es siempre una buena protección para su casa, aunque se trate de un maléfico porque este nunca dañará su propia bhāva, tal como un gángster cuida su propia casa. Él es capaz de dañar a el o los planetas en ese signo, pero no al signo en sí; es decir, aunque el signo no se afecte, el aspecto maléfico no será bueno para los planetas dentro de la casa y les causará sufrimiento. Si por ejemplo rentas una casa agradable, pero el propietario es malo, su mirada te hará sentir ansioso todo el tiempo.

Estos graha dṛṣṭi se activarán durante ciertos períodos de tiempo, mientras que los rāśi dṛṣṭi son aspectos de por vida que indican recursos disponibles para una persona. En el caso de rāśi dṛṣṭi, si Júpiter está involucrado, siempre entregará suerte en esas áreas, mientras que si Saturno está involucrado, siempre habrá trabajo de por medio. Mientras que para graha dṛṣṭi los planetas manifestarán más sus efectos durante sus períodos de tiempo e indicarán lo que quieren las casas y el planeta, así como la naturaleza de las personas relacionadas a esa área o planeta. Rāśi dṛṣṭi se puede asociar más con aspectos estáticos de la vida similares a los recursos de un rāśi, mientras que graha dṛṣṭi se puede relacionar con la naturaleza móvil de los planetas, personas y deseos.

**- EJERCICIO PRÁCTICO -**

28. Toma algunas cartas y calcula sus graha dṛṣṭi. Con un bolígrafo de color claro escríbelo sobre las casas de las cartas y observa en dónde hay más deseo (atención). Escribe los rāśi dṛṣṭi de los planetas con un bolígrafo de diferente color para que puedas apreciar visualmente los aspectos que afectan a las casas. ¿Qué casas son las que reciben más soporte y cómo se manifiesta en la vida de la persona?
29. Los estudiantes avanzados deben leer *Sārāvalī* de Kalyāṇa Varmā, capítulo 30

Parāśara primero enseña los aspectos de signo a signo, luego los aspetctos de planeta a planeta. Parāśara menciona que es bien sabido que los sabios anteriores (*pūrva-ācārya*) han explicados los aspectos de manera (*sāmānyata*) general[4], infiriendo aspectos completos a un signo o casa completa. Luego se le pregunta a Parāsára, "¿Cuántas posiciones son aspectados (*katidhā dṛṣṭi*) y con qué tipo de fuerza (*balaṁ kati-vidham*)?". Él responde,

*ekā rāśivaṣād dṛṣṭiḥ pūrva-muktā ca yā dvija |*
*anyā kheṭasvabhāvotthā sphuṭā tāṁ kathayāmyaham || 2||*

Un [tipo de] aspecto mencionado anteriormente (*yā pūrva-muktā*) influencia a los signos (*rāśi-vaśād*), Oh Brāhmṇa, y otro (*anyā*) influencia la naturaleza de los planetas (*kheṭa-svabhāva-utthā*) y se basa en su grado exacto (*sphuṭā*). Te voy a contar más cerca de estos.

| Pada Dṛṣṭi | 3º y 10º | 5º y 9º | 4º y 8º | 7º |
|---|---|---|---|---|
| **Saturno** | Completo | Un pie (¼) | Dos pies (½) | Completo, tres pies (¾) |
| **Júpiter** | Tres pies (¾) | Completo | Un pie (¼) | Completo, dos pies (½) |
| **Marte** | Dos pies (½) | Tres pies (¾) | Completo | Un pie (¼) |
| **Todos** | Un pie (¼) | Dos pies (½) | Tres pies (¾) | Completo |

Marte, Júpiter, Saturno y Rāhu tienen aspectos completos especiales (*viśeṣata*), pero todos los planetas tienen estos mismos aspectos en algún porcentaje (*pada*). Mercurio, Venus y la Luna van a aspectar la casa tres y diez con un 25% de fuerza, los trinos con un 50% de fuerza, y la cuatro y ocho con un 75 % de fuerza. Para ciertas técnicas, la fuerza específica de un aspecto sobre un planeta puede ser calculada usando los grados del planeta. Cuando se usan los grados para calcular el porcentaje exacto de fuerza del aspecto (*sphuṭa-dṛṣṭi*), los aspectos fraccionarios (*pada dṛṣṭi*) del planeta son utilizados tal como se muestra en la tabla anterior. Existen situaciones en las que se deben usar los aspectos completos (*pūrṇa dṛṣṭi*) y otras en las que se deben utilizar los aspectos fraccionarios (*pada dṛṣṭi*) sobre un planeta.

Combinaciones estándar usan pūrṇa dṛṣṭi Por ejemplo, existe una combinación que entrega reconocimiento y apreciación (*cāmara yoga*) que se produce si el lagneśa está exaltado en una kendra recibiendo el aspecto de Júpiter; en este caso solo se debe utilizar pūrṇa dṛṣṭi. El lagneśa exaltado necesitaría estar en trinos o casa siete desde Júpiter para cumplir con esta combinación para el reconocimiento. De manera similar podemos ver qué planetas están en conjunción o lanzan un aspecto completo sobre nuestra Luna para conocer su "color" o naturaleza.

4 Bṛhat Pārāśara Horā Śāstra, Graha-sphuṭa-dṛṣṭi-kathana-adhyayā, v.5

En el caso de que queramos ver la influencia exacta de todos los planetas sobre la Luna, podemos calcular los diversos pada dṛṣṭi y luego ver qué áreas de la vida tienen un mayor impacto en la mente y en qué porcentaje. Para la mayoría de las reglas estándar usamos pūrṇa dṛṣṭi, y cuando se especifican detalles exactos para una técnica en particular, utilizamos pada dṛṣṭi.

Empieza por memorizar los aspectos completos (*pūrṇa dṛṣṭi*) e intégralos profundamente, ya que se usarán regularmente. Pada dṛṣṭi pueden ser agregados más adelante en niveles más avanzados.

## Casas en la carta praśna

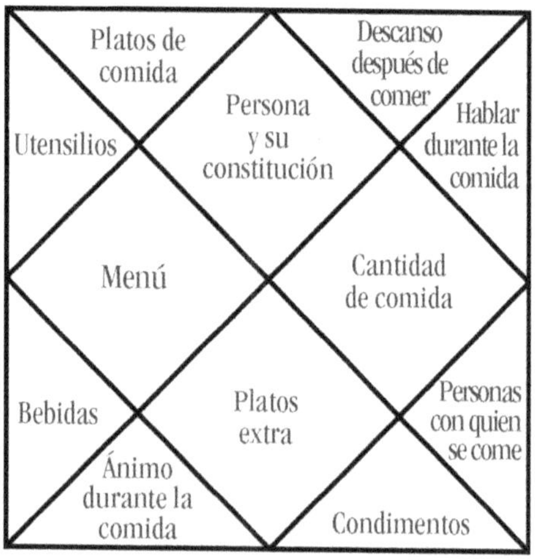


En la carta praśna las casas tiene diferentes significados ya que estas se crean para preguntas específicas cuyas respuestas se encuentran disponibles en el cielo en el momento en que se realiza la pregunta; las casas toman significados según la pregunta que se hace. A continuación veamos dos ejemplos específicos de cómo leer una carta praśna.

La primera carta muestra una pregunta bhojana (alimentación o comida), como por ejemplo si alguien antes de salir hiciera una pregunta de tipo: "¿qué voy a almorzar?" Entonces se calculará una carta en el momento en que se hizo la pregunta y la interpretaríamos consecuentemente. La primera casa indicará a la persona que realizó la pregunta y su constitución, incluido sus desequilibrios de doṣa para ese día. Si Marte está en la segunda casa, el plato en el que comerá está roto, mientras que si está en la cuarta, su comida estará quemada; si Marte está en la casa ocho, su comida tendrá ají o chiles, mientras que si está en la casa seis, la persona que hizo la pregunta estará agitada al momento de comer; si Marte está en la casa nueve, come acompañado de algunos policías o soldados, si está en la casa doce discutirá mientras come. Si la Luna está en la casa once, la persona que hizo la pregunta hablará sobre sus sentimientos mientras come; si Venus está ahí hablará de sus relaciones o si Júpiter está ahí, tendrá una conversación espiritual mientras come.

También se puede calcular un praśna para pronósticos políticos. Los reyes y los hombres de negocios siempre necesitan saber el futuro, ya que están en juego muchas decisiones importantes. En estos casos el lagna representa al rey, al presidente o al primer ministro, así como la segunda casa representará el tesoro del país. La casa tres, que normalmente representa lo que una persona puede tener en su mano como una pluma, un martillo o una pistola, indicará al ejército de la nación; la cuarta casa se relaciona a los vehículos relativos al transporte del gobierno, mientras que la casa cinco indica las relaciones diplomáticas del país. Si Rāhu o un maléfico se posiciona en la cinco, la persona desafiará a una nación mucho más grande provocando una guerra, mientras que si Júpiter está en la cinco, sus políticas asegurarán la prosperidad para todos. Esto nos enseña cómo cambiará el uso de las casas según la intención y la pregunta.

## Las casas en las cartas divisionales

Los mismos chakras (diagramas de casas) se utilizan para las cartas divisionales o varga. El signo en el que se encuentra el lagna se convierte en la primera casa y todos los demás planetas se ubican en la división del signo correspondiente para esa varga. De esta manera se crea una nueva carta más específica para esa área de la vida. Las casas en estas cartas tienen diferentes significados, ya que son una mirada más detallada sobre un área específica de la vida.

Primero construyamos una carta varga. Calcula el signo navāṁśa de tu lagna según su longitud utilizando la tabla de la página 124. Pon el signo de tu navāṁśa lagna en la primera casa de la carta de práctica. Luego encuentra el signo navāṁśa del Sol basado en sus grados en la carta rāśi y ubícalo en la casa respectiva de acuerdo con el navāṁśa lagna. Realiza este ejercicio para todos los grahas para ver sus posiciones y casas respectivas en la carta navāṁśa.

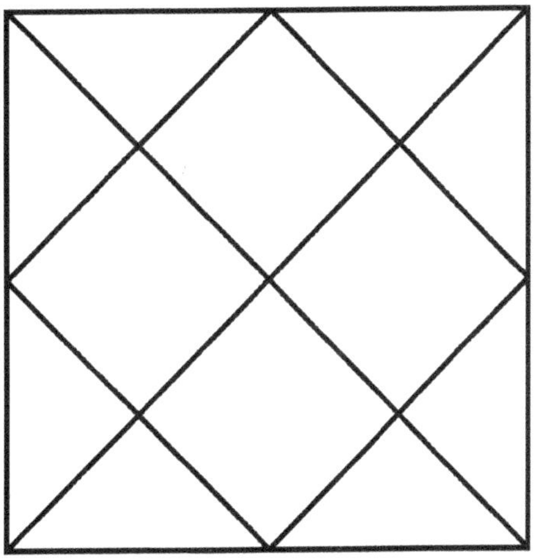

Los planetas en la primera casa de navāṁśa indican habilidades naturales con las que naciste, mientras que planetas en la casa cinco habilidades y destrezas que aprendes fácilmente en esta vida. Los planetas en la casa nueve indicarán habilidades que tienes la bendición de adquirir a través de un maestro en esta vida; por el contrario los significados indicados por planetas en la seis, ocho y doce serán un problema y difíciles de obtener. En navāṁśa la casa cuatro de la madre y la crianza se relaciona con la curación: los benéficos aquí protegen la salud y los maléficos pueden traer enfermedades o dificultad para curar. La casa diez se relaciona con la carrera y es una casa trino de dinero (*artha*) que indica la fortuna (*bhāgya*) económica dentro de la carrera profesional; los maléficos en la casa diez de navāṁśa provocan que los ingresos sean difíciles de obtener mientras que los benéficos posicionados ahí hacen que lleguen fácilmente. De esta manera, existe una similitud conceptual con las casas de la carta rāśi, pero las casas en la carta navāṁśa tienen significados ligeramente diferentes en relación con la naturaleza de esta varga.

Los carakārakas se vuelven muy importantes en navāṁśa de una manera más espiritual. Los trinos desde el ātmakāraka indican los deseos del alma. Si el ātmakāraka está en el navāṁśa lagna, la persona tiene un gran ascenso en la vida porque los deseos de su alma y sus habilidades y capacidades se alinean. La relación entre el ātmakāraka y el bhrātṛkāraka mostrará cuán cerca está uno del guru en esta vida. El amātyakāraka indica qué energías divinas te están apoyando y sosteniendo en la vida. De esta manera en navāṁśa el apoyo espiritual que recibe el alma se lee desde los carākārakas.

Daśāṁśā (D-10) es otro buen ejemplo de cómo el significado de las casas es diferentes en las cartas varga. La carta daśāṁśā muestra la carrera profesional, una sintonización más fina del significado de la casa diez. Toma la información del ejercicio anterior y prepara tu carta daśāṁśa. La carta rāśi (D-1) cambia cada dos horas, la carta horā (D-2) cada hora. La carta navāṁśa (D-9) cambia aproximadamente cada 15 minutos, mientras que daśāṁśa (D-10) cambia aproximadamente cada 12 minutos. A medida que aumentan las divisiones, también la precisión necesaria aumenta.

En esta carta la primera casa eres tú, la casa uno de cada carta divisional (*varga*) te muestra a ti en relación con esa área de la vida; así que en la carta D-10 la casa uno indica cómo estás en tu lugar de

trabajo. La casa cuatro es tu lugar de trabajo (el hogar dentro del área laboral); los planetas posicionado aquí y el regente de la casa indican cómo se ve el espacio donde tu trabajas. La casa diez es el trabajo que estás realizando, tanto el tipo de trabajo como la calidad del mismo, mientras que la séptima casa se usa para aquellos que trabajan por cuenta propia o que tienen su propio negocio, e indica los socios comerciales en lugar de pareja. La casa seis se usa para aquellos que trabajan para otras personas, y la casa ocho indica grandes préstamos comerciales. La casa cinco (octava desde la diez) muestra los cambios de trabajos, la educación laboral y habilidades; si hay benéficos en la casa cinco de daśāṁśā entonces la persona cambia su trabajo por otro mejor (ascensos) debido a su inteligencia en el trabajo, mientras que si hay maléficos en la quinta casa, la persona a menudo perderá trabajos por falta de una buena reputación. La tercera casa que indica viajes cortos en la carta rāśi e indica el tiempo libre o vacaciones (la casa doce desde la oficina). Si el regente del lagna está en la tercera casa de D-10, entonces la persona siempre estará pensando en tiempo libre y vacaciones, a menos que viaje debido a su trabajo. Si el regente del lagna está en la casa nueve, la persona piensa que es el jefe, aunque no lo sea. De esta manera, las casas en las cartas varga tienen los mismos significados básicos, pero se modifican según el área de la vida que estamos analizando.

Esta breve introducción a estas cartas es con el propósito de observar que las casas en cada carta divisional deben analizarse de acuerdo con el área relevante de la vida indicada por dicha carta. El chakra de las doce casas tiene muchas capas de significados que se desplegarán según la frecuencia que representan.

**- EJERCICIO PRÁCTICO -**

Usando la lógica y explicando tu razonamiento, qué piensas que representa la casa nueve de daśāṁśa?.

La respuesta la encontrarás más adelante en el capítulo 13.

# Capítulo 7

## La fuerza y el estado

## Fuerza, estados y resultados

Tanto los planetas, como las casas nos pueden indicar los buenos y malos resultados en diferentes niveles y que se pueden calcular tomando en cuenta dos factores principales: qué tan fuerte está actuando un planeta o una casa, y si está dando buenos o malos resultados. Específicamente, ¿el planeta está dando resultados negativos en pequeñas o grandes cantidades? ¿O el planeta está dando resultados benéficos en pequeñas o grandes cantidades? Debemos tener en cuenta que lo bueno para una cosa puede ser malo para otra, por lo que no hay interpretaciones finales basadas únicamente en la fuerza.

Existen múltiples factores a considerar, que vamos a analizar siguiendo el orden como se presenta la información en Bṛhat Pārāśara Horā Śāstra. Al principio la información puede parecer algo abrumadora y lleva tiempo utilizarla correctamente, pero con el tiempo se vuelve más fluida y fácil de leer, tal como aprender un nuevo idioma y entender su gramática.

Los grahas tienen entre sí relaciones de amistad, neutrales o enemigas, que se utilizan para ver cuán beneficioso es un planeta en un signo específico y que resultados dará en la vida de una persona. Existen tanto relaciones naturales (*naisargika*) que permanecen siempre iguales, como relaciones temporales (*tatkalika*) que cambian según las posiciones de los planetas en cada carta específica.

## Naisargika Sambandha, las relaciones naturales

Las relaciones naturales se calculan en función de las posiciones de los signos entre sí. Parasara dice:

त्रिकोणात् स्वात्सुखस्वाऽन्त्यधीधर्मायुःस्वतुङ्गपाः ।
सुहृदो रिपवश्चान्वे समाश्चोभयलक्षणाः ॥ ५५ ॥

*trikoṇāt svātsukhasvā'ntyadhīdharmāyuḥsvatuṅgapāḥ* /
*suhṛdo ripavaśvānve samāścobhayalakṣaṇāḥ* // 55//

El cuarto regente (*sukha*), segundo, duodécimo (*antya*), quinto (*dhī*), noveno (*dharma*), octavo (*āyus*) o (*va*) el regente del signo de exaltación (*tuṅgapāḥ*) desde su signo mūlatrikoṇa (*trikoṇāt*) son amigos (*suhṛd*). Los regentes que no sean los nombrados anteriormente son enemigos (*ripu*). Aquellos con ambos (*ubhaya*) resultados (*lakṣaṇa*) son neutrales (*sama*).[1]

Las relaciones naturales de los planetas se calculan en base al signo mūlatrikoṇa. Tomemos como ejemplo Marte y Aries, que es el mūlatrikoṇa de Marte. La Luna rige la cuarta casa desde Aries, convirtiéndola en amiga de Marte. Venus rige la segunda casa que es amistosa, pero también la séptima que es enemiga, lo que lo convierte en neutral para Marte. Júpiter gobierna la duodécima y octava casa desde Aries, lo que indica que es amigo de Marte. El Sol rige la quinta casa desde Aries creando una amistad natural.

Mercurio gobierna la tercera y la sexta que son hostiles, lo que lo convierte en un enemigo natural de Marte. Saturno rige la décima y la undécima que son enemigas, pero la décima desde Aries corresponde al signo donde Marte se exalta, lo que vuelve esa regencia amistosa. Dado que Saturno tiene ambos resultados, se vuelve neutral para Marte. Esta es la relación natural (*naisargika*) que tiene Marte con cada uno de los otros planetas. El resto de las relaciones planetarias se calculan usando estas reglas desde el mūlatrikoṇa y son desarrolladas a continuación.[2]

---

1 Bṛhat Pārāśara Horā Śāstra, Graha-guṇa-svarūpa-adhyāya, 55

2 Parāśara da solo la fórmula, otros textos dan solo los resultados; véase Jātaka Pārijāta II. 42-45, y Sārāvali IV.28-29, Sarvāthachintāmaṇi de Venkaṭeśa Śarma I.93-96, Bṛhat Jātaka II.15.

| Relaciones naturales entre los planetas | | | |
|---|---|---|---|
| **Graha** *(El planeta es)* | **Mitra** *(amistoso en el signo de)* | **Śatru** *(enemigo en el signo de)* | **Sama** *(neutral en el signo de)* |
| **Sol** | Luna, Marte, Júpiter | Venus, Saturno | Mercurio |
| **Luna** | Sol, Mercurio | (ninguno) | Marte, Júpiter, Venus, Saturno |
| **Marte** | Sol, Luna, Júpiter | Mercurio | Venus, Saturno |
| **Mercurio** | Sol, Venus | Luna | Marte, Júpiter, Saturno |
| **Júpiter** | Sol, Luna, Marte | Mercurio, Venus | Saturno |
| **Venus** | Mercurio, Saturno | Luna, Sol | Marte, Júpiter |
| **Saturno** | Mercurio, Venus | Sol, Luna, Marte | Júpiter |

Las relaciones no son recíprocas, como por ejemplo en el caso del Sol que es neutral con Mercurio, pero Mercurio es amigo con el Sol. El Sol posicionado en Géminis está en un signo neutral, lo que le da al Sol un estado neutral. Si Mercurio está en Leo, entonces se encuentra en el signo de un amigo, lo que le da a Mercurio el estatus de amigo. Mercurio, Venus y Saturno tienen enemistad hacia la Luna, pero la Luna misma no tiene enemistad hacia ningún planeta. Saturno es un enemigo en el signo de la Luna de Cáncer, mientras que la Luna es neutral en los signos de Saturno.

Hay varias opiniones acerca del cálculo de las relaciones para Rāhu y Ketu. Algunos astrólogos usan los mismo resultado de Saturno para Rāhu y los de Marte para Ketu. Otros los calculan individualmente a partir de sus signos mūlatrikoṇa, pero también en eso hay diferentes opiniones. Si se usa Virgo como mūlatrikoṇa para Rāhu, es amistoso con Venus, enemigo con la Luna y neutral con los demás. Si se usa Piscis como el mūlatrikoṇa de Ketu, es amistoso con Marte, enemigo del Sol y neutral en las casas de los otros planetas.

Este cálculo nos indica el estado de un planeta en una carta en particular. Si un planeta está en su propio signo (*sva-kṣetra*), exaltación (*uccha*) o debilitación (*nīca*), entonces no será necesario calcular el estado de amigo o enemigo. Para cualquier planeta que no se encuentre en su propio signo, exaltación o debilitación se tendrá que calcular su estado para ver cómo está actuando dentro de esa carta.

## Tatkālika Sambandha, las relaciones temporales

Luego, cada carta tiene planetas que interactúan de manera específica entre sí según su ubicación. Las relaciones temporales (tatkālika) se basan en cómo se posiciona un planeta desde el regente de su signo.

| Relaciones temporales | |
|---|---|
| Amigo | 2, 3, 4, 10, 11, 12 |
| Enemigo | 1, 5, 6, 7, 8, 9 |

Las ubicaciones de los planetas en estas casas los convierten en amigos o enemigos temporales. Este estado temporal se suma al estado natural para conocer el resultado

| | |
|---|---|
| Amigo + Amigo | Gran amigo |
| Amigo + Neutro | Amigo |
| Amigo + Enemigo | Neutral |
| Enemigo + Neutral | Enemigo |
| Enemigo + Enemigo | Gran enemigo |

final del estado del planeta. Cuando un planeta no está exaltado, en mūlatrikoṇa, en su propio signo o debilitado, entonces se necesita calcular su estado como gran amigo, amigo, neutral, enemigo o gran enemigo.

Primero hay que ver la relación natural que tiene el planeta con su regente y posteriormente se ve la relación temporal entre los mismos. Estos factores se suman para obtener el resultado final.

Por ejemplo, si Marte y Júpiter están en la primera casa en Sagitario, Júpiter está en su propio signo; Marte es amigo natural de Júpiter, pero está en la misma casa que su regente por lo que es un enemigo temporal. Aplicando la regla, amigo más enemigo es igual a neutral. Si Júpiter estuviera posicionado en la segunda casa, entonces sería un amigo temporal de Marte, entonces sería amigo más amigo lo que equivale al estado de *'gran amigo'*; pero si Júpiter se encuentra en la casa dos para un lagna Sagitario, está debilitado en Capricornio y para él ya no se necesita realizar ningún cálculo.

| | | | |
|---|---|---|---|
| Piscis | Aries | Venus<br>Tauro<br>Júpiter | Sol<br>Luna<br>Marte |
| Acuario | | | Ketu<br>Cáncer<br>Mercurio |
| Capri-<br>cornio<br>Rahu | | | Leo<br>AL |
| Sagitario | Escorpio | Libra | Saturno<br>Virgo |

La carta de ejemplo se muestra en el formato del Sur de la India. El ascendente es Géminis con Sol, Luna y Marte en la casa uno. El Sol se encuentra en Géminis, regido por Mercurio, El Sol en su relación natural es neutral con Mercurio. Mercurio está en la dos desde el Sol, lo que lo convierte en amigo temporal. Neutral natural combinado con amigo temporal es amigo, por lo que el Sol obtiene el estado de *'amigo'*. La Luna está en Géminis y es amiga natural de su regente Mercurio, y se encuentra en la segunda casa desde la Luna, lo que lo convierte nuevamente en un amigo temporal. Un amigo natural combinado con amigo temporal le da a la Luna el estado de *'gran amigo'*.

Marte está en Géminis y es un enemigo natural de su regente Mercurio, sin embargo, Mercurio está ubicado en la casa dos desde él, lo que lo convierte en un amigo temporal, y ambos sumados le dan a Marte el estado de *'neutral'*. Mercurio está en Cáncer y es un enemigo natural de la Luna, mientras que el regente de esa casa, la Luna, está en la doce desde Mercurio, lo que lo convierte en un amigo temporal. Estos factores combinados le dan a Mercurio el estado *'neutral'*.

Júpiter está en Tauro y es un enemigo natural de Venus. Venus está en la misma casa (1) lo que lo convierte en un enemigo temporal, condición que cuando se combina le da a Júpiter el estado de *'gran enemigo'*. Venus en Tauro obtiene la dignidad benéfica de signo *'propio'*. Saturno está en Virgo y es amigo natural de su regente Mercurio y que se encuentra en la doce desde Saturno, lo que lo convierte en un amigo temporal, por lo que en esta carta Saturno tiene la dignidad de *'gran amigo'*.

### - EJERCICIO PRÁCTICO -

1. Para los planetas que no se encuentran ucca, mūlatrikoṇa, svakṣetra o nīca, calcula sus dignidades. Es decir grandes amigos, amigos, neutrales, enemigos y grandes enemigos en tu carta y en otra adicional.

2. Los estudiantes avanzados pueden comparar la descripción de las amistades en el capítulo sobre las características planetarias en *Bṛhat Pārāśara Horā Śastra* (*graha-guṇa-svarūpa-adhyāya*, versos 55-60) con el *Bṛhat Jātaka* (II.15), *Jātaka Pārijāta* (II.42-46), y con *Saravali* (IV.28-31 y V.28-30).

3. Los estudiantes avanzados pueden comparar los resultados del *Sarvāthachintāmaṇi* I.96 y *Phaladīpika* II.35 para las amistades de Rāhu y Ketu, calculándolas desde sus mūlatrikoṇa.

## Astaṅgata, la combustión

| Planeta | Directo |
|---|---|
| Marte | 17° |
| Saturno | 15° |
| Mercurio[3] | 13° |
| Júpiter | 11° |
| Venus[4] | 9° |

La combustión es un fenómeno astronómico observable que ocurre cuando un planeta se encuentra tan cerca del Sol que ya no se puede ver. Esto arruina la capacidad de ese planeta para dar resultados externos, pero al mismo tiempo puede ser bueno para sus resultados internos y espirituales. Por ejemplo, si Venus está en combustión, los significados externos de pasión amorosa o danza pueden ser dañados, pero el significado íntimo de amor y un ojo refinado para la belleza pueden ser purificados por el Sol. Los planetas en combustión indican que están siendo sometidos a una limpieza de sus tendencias negativas en esta vida. Cuando un planeta sale de la combustión se le llama *udaya* o ascensión helíaca.

Los significados de las casas regidas por un planeta en combustión sufrirán. Los planetas en combustión pueden indicar situaciones de irritación o enojo (*kopa*) durante su período de tiempo o incluso cuando los significados de su casa se activan. Si el planeta en combustión también está en conjunción o aspectado por un maléfico, puede crear situaciones de exceso de presión o perturbación (*kṣobita*) cuando se active; para estas situaciones, se prescribe la adoración de Śiva con el mantra *Auṁ namaḥ Śivāya* o *Mṛtyuñjaya*. De manera inversa las conjunciones o aspectos de benéficos disminuye la experiencia negativa.

Sólo los planetas elementales entran en combustión. La Luna mengua en cercanía al Sol y los nodos son capaces de eclipsarlo. Diversos autores han entregado diferentes grados de proximidad que se consideran como combustión. La tabla a continuación es la opinión del antiguo astrónomo indio y maestro de geometría esférica llamado Āryabhaṭa.

## Graha-yuddha, la guerra planetaria

Cuando dos planetas se encuentran en un mismo signo y separados por una distancia de un grado o menos, se llama guerra (*yuddha*) porque luchan por el mismo espacio. El Sol combustiona y los nodos eclipsan a los planetas que se les acercan, por lo que no entran en guerra. Si Mercurio está a 3° 15' de Aries y Venus a 3° 54' de Aries, están en guerra. Lo mismo sucede si Mercurio está a 3° 15' de Aries y Venus está a 4° 05' de Aries, porque todavía están a una distancia de un grado uno del otro. Un grado se divide en 60 minutos de arco y es importante recordar que un segundo después de 59 minutos y 59 segundos se convierte en un grado, no en 60 minutos.

3 Sūrya Siddhānta (9.8) da Mercurio directo a 14° y Mercurio retrógrado a 12°
4 Sūrya Siddhānta (9.7) da a Venus directo a 10° y Venus retrógrado a 8°

4° 05' 3° 65'
- 3° 15' is 3° 15'
0° 50' el resto es menos de 60 minutos

Si los planetas están a menos de 60 minutos dentro del mismo signo, entonces están en guerra. Generalmente el planeta con el grado más alto ganará.[5] Cuando el planeta con el grado más alto gane, le quitará su fuerza al planeta perdedor.[6] Si el planeta perdedor es un benéfico, se volverá débil e incapaz de lograr materialmente sus significados. Si el planeta perdedor es un maléfico, se enojará y puede dañar los significados de las casas que rige. Yuddha puede indicar una lucha entre los significados de ambos planetas, en la que uno deberá tomar una elección si es benéfico o se verá forzado a elegir si es un maléfico.

## Avasthā

Avasthā significa 'permanecer en un estado o condición' y muestra el estado y como se siente un planeta. Existen diferentes tipos de cálculos de avasthā, ya que el nativo puede ser al mismo tiempo joven, somnoliento y solitario, o viejo, despierto y feliz. Estudiaremos cuatro tipos de avastha: *bālādi*, *jāgrādi*, *dīptādi* y *lajjitādi*, que reciben el nombre del primera descripción en la definición de cada uno de sus grupos, seguidos del sufijo ādi que es como la abreviatura etc en español.

### I. Bālādi Avasthā

Los signos son divididos en cinco secciones de 6 grados cada una, que están relacionadas con las etapas de la vida desde la infancia hasta la vejez. El avasthā muestra cómo se siente el planeta y, por lo tanto, actuará en relación con ese estado del ser (*avasthā*) en el que se encuentre. Cuando nos sentimos jóvenes seremos más aventureros, cuando nos sentimos viejos nos movemos más lento. De esta forma se pueden estereotipar las acciones de determinadas etapas de la vida.

| **Signos impares** | | **Avasthā** | | | **Signos pares** |
|---|---|---|---|---|---|
| 0° - 6° | *0° - 2°* | Bāla | Infantil | a | 24° - 30° |
| 6° - 12° | *3° - 9°* | Kumāra | Preadolescente | i | 18° - 24° |
| 12° - 18° | *10° - 22°* | Yuva | Adolescente | u | 12° - 18° |
| 18° - 24° | *23° - 28°* | Vṛddha | Adulto | o | 6° - 12° |
| 24° - 30° | *29° - 30°* | Mṛta | Viejo | au | 0° - 6° |

Los signos impares comienzan con la infancia y terminan con la vejez, mientras los signos pares comienzan con la vejez y terminan con la infancia. En la tabla anterior los números principales son los recomendados por Parāśara, mientras que la columna en *cursiva* presenta las cifras consideradas por algunos otros autores. Bāla significa 'joven', 'no completamente desarrollado', 'temprano', 'recién surgido', 'simple', 'tonto', 'puro' e 'infantil',[7] es decir que no da toda su energía, ya que aún no está completamente desarrollado y maduro. Kumāra se refiere a un niño preadolescente, también significa

5 Diferentes tipos de guerra discutidos en Bṛhat Saṁhitā de Varāhamihira, Graha-yuddha-adhyāya, XVII.
6 Capítulo sobre la evaluación de la fuerza en Bṛhat Parāśara Horā Śāstra, Spaṣṭa-adhyāya, 20.
7 *Bāla* con *ā larga* significa niño, y *bala* con *a corta* significa fuerte.

'el que no posee las marcas de la muerte y el envejecimiento'; un planeta aquí, tal como un joven, estará abierto a posibilidades, pero aún necesitando guía y protección. Yuva significa 'joven', 'adulto joven', 'fuerte', 'saludable' y es el más fuerte de los bālādi avasthās ya que está en la flor de su fuerza y energía, listo para lograr cualquier cosa. Vṛddha significa 'desarrollado', 'adulto', 'avanzado en años', 'anciano', 'experimentado', 'eminente' e indica un planeta que se encuentra maduro en sus cualidades aunque es más viejo y más preocupado por sus propios deberes. Mṛta significa 'terminado', 'difunto', 'inútil' e indica un planeta que no tiene mucha energía para dar. En la columna en cursiva se usa solo un grado para mṛta, en el que el planeta es demasiado viejo y no podrá hacer mucho.

También existe un espectro de edad dentro de cada avasthā, como por ejemplo 24° será el comienzo de la vejez y 29° 59' será el momento justo antes de dejar el cuerpo. De igual manera menos de un grado es un planeta demasiado joven para ser realmente capaz de valerse por sí mismo, pero que va a ir envejeciendo a medida que avanza a través del signo.

## II. Jāgrādi Avasthā

Un planeta que está exaltado (*uccha*) o en su propio signo (*sva*) está en el avasthā de Jāgrat, es decir que está despierto, vigilante, atento e indulgente. Un planeta que está en un signo amigo (*mitra*) o neutral (*sama*) está en Svapna, que indica que está soñando, somnoliento o cansado. Un planeta en un signo enemigo (*śatru*) o debilitado (*nīca*) está en el estado de Suṣupta, es decir que está profundamente dormido y sin conciencia. Este avasthā muestra la conciencia de un planeta y sus resultados corresponden con el nombre que reciben.

| | | |
|---|---|---|
| Jāgrat | despierto | Uccha, svakṣetra |
| Svapna | soñante | Mitra, sama |
| Suṣupta | durmiente | Śatru, nīca |

## III. Dīptādi Avasthā

Existen nueve estados de los planetas conocidos como *dīptādi*, cuyo nombre se deriva del primero de estos estados llamado dīpta-avasthā. Un planeta exaltado (uccha) está Dīpta, que significa 'resplandeciente', 'radiante', 'brillante', 'deslumbrante' y 'excitado'. Un planeta en su propio signo (*sva-kṣetra*) está en un estado Svastha, es decir 'contento', 'confiado', 'cómodo', 'autosuficiente' y 'que se cuida a sí mismo'. Un planeta en el signo de un gran amigo es Pramuditā, que significa 'encantado', 'complacido' y 'lleno de la energía divertida' como alguien que visita la casa de un amigo. Un planeta en el signo de un amigo es Śānta, es decir está 'pacífico', 'tranquilo' y 'contento'. Cuando un planeta está en un signo neutral es Dīna, que significa 'tímido', 'deprimido' o 'triste', con una sensación general de aburrimiento. Un planeta en el signo de un enemigo es Duḥkhita, que proviene de la palabra sufrimiento (*duḥkha*), y se encuentra 'infeliz', 'angustiado' o 'afligido' por estar en esa situación. Un planeta en conjunción (*saṁyukt*) con un maléfico tiene el avasthā de Vikala, es decir que se siente 'confundido', 'triste', 'mutilado', 'lisiado' o 'dañado'.

Un planeta en su signo nīca está en el avasthā de Khala, término que se refiere al suelo donde se trilla el grano, o donde se golpea el grano cuando se trilla, por lo que es un sentimiento de estar realizando un trabajo duro, siendo golpeado y utilizado. Cuando un planeta está en conjunción con el Sol, se quema y el avasthā es Kopa, que nos indica que se siente irritado, enojado, enfurecido.

| | | |
|---|---|---|
| Dīpta | Exitado | Exaltado |
| Svastha | Cómodo | Propio signo |
| Pramuditā | Complacido | Signo de un gran amigo |
| Śānta | Contento | Signo de un amigo |
| Dīna | Triste | Signo neutral |
| Duḥkhita | Insatisfecho | Signo de un enemigo |
| Vikala | Afligido | Conjunción con maléfico |
| Khala | Agobiado | Debilitado |
| Kopa | Irritado | Combustión |

## IV. Lajjitādi Avasthā

Hay que considerar otro avasthā más preciso, Lajjita que significa 'estar avergonzado' o 'haber hecho algo para causar vergüenza'. Garvita significa 'orgulloso', 'altivo' o 'engreído' y muestra que el planeta tiene un gran concepto de sí mismo. Kṣudhita avasthā nos indica que el planeta siente hambre por algo más u otra cosa, sintiendo que le falta lo que necesita y está agitado por eso. Tṛṣita avastha es cuando el planeta tiene una sed intensa de más rasa, más emoción o experiencia; es una sed de un deseo que realmente no se puede saciar. Muditā avasthā es cuando el planeta se siente encantado y gozoso de estar regocijándose en la compañía de alguien que lo cuida y colma de beneficencia. Kṣobhita avasthā es cuando el planeta se ha perturbado, está temblando, sacudiéndose y en una situación agitada y presionado.

| | | |
|---|---|---|
| Lajjita | Avergonzado | Conjunción del Sol con Saturno, Marte o los Nodos[8] |
| Garvita | Orgullo | Uccha o signo Mūlatrikoṇa |
| Kṣudhita | Hambriento | En conjunción con un enemigo en el signo enemigo (una sensación similar para el planeta en conjunción con Saturno) |
| Tṛṣita | Sediento | Aspectado por un enemigo (*śatru*), sin un aspecto benéfico (*śubha*) y posicionado en un signo de agua; (se utiliza graha dṛṣṭi para este cálculo) |
| Muditā | Complacido | En un signo amistoso (*mitra*) o en conjunción con un amigo (*mitra*) o aspectado por un amigo (*mitra*), una sensación similar a un planeta en conjunción con Júpiter |
| Kṣobhita | Perturbado | Combustión por el Sol con el aspecto de un planeta maléfico (*pāpa*) o enemigo (*śatru*) |

8 Parāśara afirma 'llendo a la casa cinco' (*putragehagata*), que no se ha mencionado anteriormente porque lo interpretamos como la casa natural de Leo. Esto indica que hay un elemento del Sol o elemento de fuerza que enorgullece a un planeta para que experimente la vergüenza de la conjunción con el planeta maléfico.

**- EJERCICIO PRÁCTICO -**

4. Calcula los avasthās de los planetas en tu carta y otra más. Mira las casas que estos planetas rigen y observa la relación entre cómo se experimenta esa área de la vida y el avasthā de su regente.
5. Lee el capítulo del *Bṛhat Pārāśara Horā Śāstra* sobre el avasthā de los planetas (*graha-avasthā adhyāya*).
6. Para estudiantes avanzados, compara los detalles de avasthā en *Sārāvalī* de Kalyāna Verma (5.2-13 y 5.47-50), *Phaladīpikā* de Mantreśvara (3.18-20) y *Jātaka Pārijāta* de Vaidyanātha (2.16-18 y 2.84 y 2.85), siendo consciente que pueden existir problemas de traducción en cualquier traducción que leas.

## Maraṇa-Kāraka-Sthāna

Cada planeta tiene una posición (*sthāna*) donde sus significados (*kāraka*) se sienten como si estuviera muriendo (*maraṇa*). Estas ubicaciones se describen en *Garga Horā, Phaladīpikā* (XXVI.34) y *Jātaka Pārijāta* (XVII.34-36).[9] Cuando un planeta está en estas ubicaciones, sufre de tal manera que se siente como si estuviera agonizando. Las actividades asociadas a la casa que rige este planeta estarán influenciadas por el estado del planeta.

| | |
|---|---|
| Saturno | Lagna |
| Ketu | 2ª [4ª] casa |
| Júpiter | 3ª casa |
| Mercurio | 4ª y 7ª casas |
| Venus | 6ª casa |
| Marte | 7ª casa |
| Luna | 8ª casa |
| Rāhu | 9ª casa |
| Sol | 12ª casa |

Saturno, el señor de las enfermedades, está en maraṇa en la primera casa de la salud, y siente que está muriendo cuando intentas que cuide tu salud, mientras que Ketu, el señor de la renuncia, está en maraṇa en la casa dos de la riqueza, como el hombre santo que siente que se está muriendo cuando lo haces llevar la contabilidad (Pandit Sanjay Rath usa la cuarta casa como maraṇa para Ketu). Júpiter, el sacerdote, está en maraṇa en la tercera casa de fiestas y juegos de azar. Mercurio, el planeta de la dualidad, tiene dos lugares diferentes de maraṇa: como regente de Géminis, el niño Mercurio está en māraṇa en la casa siete de la sexualidad (*Jātaka Pārijāta*), mientras que como regente de Virgo, el deportista, Mercurio está en maraṇa en la casa cuatro porque se siente como si estuviera en un salón de clases todo el día (*Phaladīpikā*).

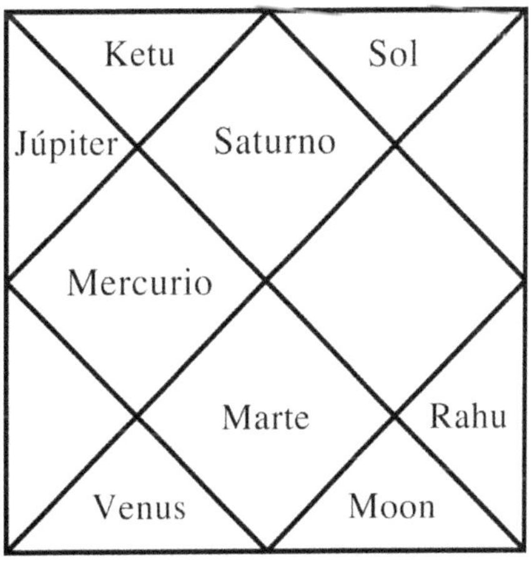


Algunos astrólogos creen que el maraṇa kāraka sthāna (MKS) se cancela cuando un planeta está en su signo de exaltación. Para un lagna Géminis la cuarta casa corresponde a Virgo, la exaltación de Mercurio; por lo tanto, Mercurio no estaría en maraṇa, si se posiciona allí. También para otros ascendente existen planetas que no se pueden encontrar en MKS. Por ejemplo, para un lagna Tauro la tercera casa es Cáncer donde Júpiter no puede estar en MKS, así como el Sol exaltado en la duodécima no puede estar MKS. Para un lagna Libra Saturno está exaltado en la primera casa y no puede estar MKS, ni tampoco Venus que se encuentra exaltado en la sexta casa en Piscis.

9 Parāśara menciona algunas de estas posiciones en capítulos como el de combinaciones para muerte temprana (Ariṣṭa-adhyāya, 9) pero no llama a estas combinaciones usando la nomenclatura de MKS.

Venus, el planeta del amor y la sensualidad, está en maraṇa en la sexta casa del celibato, mientras que Marte, el guerrero célibe, está en maraṇa en casa siete del amor la sensualidad y el sexo. La Luna, el planeta de la vida, el aliento y el sustento está en maraṇa en la vulnerable casa ocho de las deudas, así como Rāhu, el planeta del engaño, está en maraṇa en la casa nueve de la defensa del dharma. Para Rāhu y Ketu, su exaltación āyus se utiliza para la cancelación del maraṇa.

El Sol en la casa doce indicará que la persona se sentirá incómoda cuando se le otorgue una posición de poder, y las casas regidas por un Sol MKS tendrán un sentimiento de incomodidad. Si el Sol rige la casa uno, perjudicará la salud, mientras que si rige la casa nueve, dañará la salud del padre y el tema de la religión hará que la persona sienta agonía. Si un Sol MKS rige la casa diez, el trabajo hace que la persona sienta este sufrimiento.

Estas son las posiciones maraṇa kāraka de los planetas basadas en las casas en que se posicionan, ellos darán resultados más negativos cuando además estén débiles, afligidos o en conjunción con un maléfico. Se pueden usar de manera similar a avasthā, como también en la astrología médica.

Estos estados son utilizados para cualquier aplicación en que se analicen los planetas y por eso es necesario integrarlos. Un planeta puede sentirse agobiado (debilitado), pero estar complacido de tener un amigo con él (en conjunción con un benéfico). Un planeta puede estar orgulloso (exaltado), pero también enojado (combustión). Si un planeta MKS está en conjunción con un benéfico, tiene algo de sufrimiento, pero está tomando la situación con buena actitud. Si un planeta MKS está en conjunción con un maléfico, entonces en esa área de la vida que está sufriendo también hay vergüenza por la situación, pero si ese mismo planeta está en conjunción con el bādhakeśa, habrá una situación de estancamiento asociada con ese sentimiento de sufrimiento. De esta manera los estados y las fuerzas son integrados: los resultados de estas combinaciones se relacionan al área de la vida que rige el planeta y con las que se asocia. Como se siente cada planeta se activa durante el período de tiempo de ese planeta y cuando se activan los significados del planeta. Por ejemplo, Mercurio se activa al ir a la escuela, como Venus se activa en una relación.

En una carta praśna, el lagna y el lagneśa indican la situación de la persona que está haciendo la pregunta, así que cuando una persona realiza una pregunta, podemos analizar la fuerza y estado del lagna y lagneśa en el momento de la pregunta para hacernos una idea de la situación de la persona.

Tomemos como ejemplo una cliente habitual mía que quería su primera consulta anual. Ella me escribió: "Me mudé (a una hermosa casa junto a la playa), obtuve un puesto estable de tiempo completo en la empresa para la que antes trabajaba como freelance. Estoy esperando comenzar algunas clases en el otoño cuando mi reembolso de la matrícula entre en vigencia. Las cosas están bastante bien y avanzan. ¡Hurra!" En el momento en que envió la solicitud de consulta, el ascendente era Leo con el Sol exaltado en la casa nueve; el lagneśa tenía el séptimo aspecto de Júpiter y la Luna, tenía a Venus a un segundo de distancia y no recibía aspectos maléficos. El Sol exaltado indica que estaba en una situación de alegría y los aspectos benéficos indican que estaba encantada por ello. En la carta praśna Marte, el regente del Sol, estaba en la casa cinco del aprendizaje, inteligencia y crecimiento profesional. Anteriormente le había dicho que necesitaba volver a la escuela (novena casa) para aumentar su seguridad laboral y ella quería hablar sobre posibles programas de estudio en los que enfocarse. La ubicación, el estatus y los estados del lagneśa indicaron su situación.

Analizando otro ejemplo, tuve una cliente nueva que acudió porque sus "niveles de energía y claridad de propósito eran bajos". Había vendido su casa con pérdidas y renunció a su trabajo para

mudarse a un lugar lejano y tener una relación con una persona que resultó ser abusiva al punto que ella lo abandonó. Al momento de la consulta dijo que tenía que "recrear su estabilidad financiera"; era mayor y esperaba jubilarse pronto, pero ya no podía hacerlo. Ella también estaba lidiando con algunos problemas de salud. Ella escribió: "Estuve preguntándome si mi vida debería o terminará pronto". Al momento de solicitar la consulta, Virgo estaba ascendiendo, Mercurio estaba en la casa siete (relaciones) debilitado (agobiado) y MKS (sintiendo ganas de morir). Saturno y Marte estaban en la cuarta casa y Rāhu en la undécima, con Rāhu y Marte ambos aspectando a Mercurio creando esta energía abusiva que le causó sufrimientos y en donde se sentía atrapada (Mercurio estaba en el bādhakasthāna). La situación de los planetas indicaba directamente cómo se sentía esta mujer. Podemos llegar a ver mucho cuando entendemos completamente el estado de los planetas.

## Puntos de transición

### Sandhi

Sandhi (o saṁdhi) significa 'contener una conjunción o transición desde un punto o lugar a otro', y se da cuando un planeta está en una posición cambiando de un signo a otro. También se refiere a cambiar de nakṣatras y navāṁśas. Cuando la longitud de un planeta es menor a $1^{\circ}$ o mayor a $29^{\circ}$ está en transición de un signo al siguiente y se llama *rāśi sandhi*. Esta posición le quitará fuerza al planeta ya que se relacionan con la infancia extrema o de la vejez extrema, sin tener la capacidad de hacer mucho. También se puede comparar con el estrés cuando nos mudamos de casa y todo está empacado en cajas y, por lo tanto, no es fácil manejar la situación. Los planetas que están en rāśi sandhi indicarán períodos de tiempo estresantes y la necesidad de más apoyo. Mantras para fortalecer y gemas se pueden usar para empoderar los planetas y las casas que rigen, solo si esos planetas están bien ubicados y son regentes de buenos signos. Gaṇeśa mantra puede ser positivo durante el daśā del planeta en sandhi. Cuando un planeta está en el primer medio grado, puede crear problemas de salud durante su daśā (periodo planetario), por lo que se adora a Bāla-Gaṇeśa.

### Gaṇḍānta

Existen tres sandhi que son más perjudiciales que los demás. Esto es cuando rāśi, navāṁśa y nakṣtra sandhi se alinean en sus puntos de sandhi. Esto sucede entre Cáncer y Leo, Escorpio y Sagitario, y Piscis y Aries, que se relacionan con la división del torso por el diafragma (Cáncer-Leo), la división entre las piernas y el torso (Escorpio-Sagitario) y la división entre los pies y la cabeza (Piscis-Aries). Planetas posicionados aquí lucharán más que en otros sandhis, siendo la transición Escorpio-Sagitario la más difícil.

El área que rige el planeta en gaṇḍānta y los significados de ese planeta sufrirán retrocesos o pueden tener problemas para manifestarse; en general podemos afirmar que los planetas en gaṇḍānta indican transiciones difíciles. Si Venus o el regente de la siete está en gaṇḍānta, el matrimonio será un período de transición difícil en la vida. La Luna para una mujer y el Sol para un hombre mostrarán dificultad a la hora de convertirse en padres. La Luna, el lagna o el lagneśa muestran directamente sufrimientos en la propia vida y carrera.

**- EJERCICIO PRÁCTICO -**

7. Busca planetas posicionados en maraṇa-kāraka-sthāna y ve qué significados están haciendo sufrir para esa persona. Analiza cómo está afectando esto a las casas que rige el planeta.
8. Busca cualquier planeta en sandhi o gaṇḍānta en estas cartas. Si un planeta se encuentra ahí, observa qué significados se dañan y qué casas pierden fuerza.

## Ṣaṣṭyaṁśa, la sexagésima división

La carta ṣaṣṭyaṁśa o D-60 se relaciona con el karma de vidas pasadas. Las deidades regentes de D-60 indicarán qué tipo de karma de las vidas pasadas carga cada planeta, y por lo tanto, influirán en los resultados que dará el planeta. Algunos de estos aṁśās son benéficos y otros son maléficos. Parāśara dice:

शुभषष्ट्यंशसंयुक्ता ग्रहाः शुभफलप्रदाः ।
क्रूरषष्ट्यंशसंयुक्ता नाशयन्ति खेचारिणः॥ ४१ ॥

*śubhṣaṣṭyaṁśasaṁyuktā grahāḥ śubhaphalapradāḥ|*
*krūraṣaṣṭayaṁśasaṁyuktā nāśayanti khecāriṇaḥ||41||*

Los planetas en buenos ṣaṣṭyaṁśa darán buenos resultados,
Los planetas en ṣaṣṭyaṁśa crueles pueden destruir la naturaleza benéfica de un planeta.

La aplicación práctica de esta información es pulir el tipo de resultados que dará un planeta. Por ejemplo, si los maléficos se ubican en la novena casa, la persona tenderá a ser irrespetuosa con los mayores, gurús o la tradición. El ṣaṣṭyaṁśa del regente de la nueve confirmará si la persona no está honrando ligeramente las tradiciones o si es muy irrespetuosa con los maestros. Si el regente de la casa nueve está en el *ghora-ṣaṣṭyaṁśa* (división horrible), la persona definitivamente será irrespetuosa en algún momento y cometerá algún tipo de muestra terrible de falta de respeto. Si la novena casa tiene maléficos, pero el regente de la nueve está en *amṛta-ṣaṣṭyaṁśa* (división de néctar), la persona puede discutir con los maestros, pero aun así servirlos y trabajar con ellos plenamente, ya que tienen mucho néctar (energía dadora de vida) para entregar a esa tradición.

La sexagésima división es una huella de nuestras impresiones mentales. La Luna tarda 2,5 días (60 horas) en transitar por un signo; por lo tanto estará en cada ṣaṣṭyaṁśa durante aproximadamente una hora. Aquí estamos aprendiendo como usar las deidades del ṣaṣṭyaṁśa, que nos revelarán el tipo de karma que el planeta carga consigo.

**- EJERCICIO PRÁCTICO -**

9. Calcula los regentes de tu D-60 para todos los planetas de tu carta y en otra carta adicional. Usa tu creatividad para racionalizar cómo este regente indicaría la razón de la vida pasada por la cual naciste con ese planeta en su casa, signo y conjunción respectiva. ¿Cómo impactaría esta acción de la vida pasada en el presente?

| Signos impares | | | | Signos pares | |
|---|---|---|---|---|---|
| 1 | 0° – 30' | **Ghora** | Terrible, espantoso, violento, dolorido por la enfermedad. | 29° 30' - 30° | **60** |
| 2 | 0° 30' - 1° | **Rākṣasa** | Protector, agresivo, demoníaco. | 29° - 29° 30' | **59** |
| 3 | 1° - 1° 30' | **Deva** | Feliz expresión alegre, portador de luz. | 28° 30' – 29° | **58** |
| 4 | 2°00' | **Kubera** | Regente de la riqueza, benefactor, actúa como una persona rica, en la vida pasada probablemente fue una persona rica, puede no significar que sea o será rica en esta vida. | 28°30' | **57** |
| 5 | 2° 30' | **Yakṣa** | Criaturas espirituales, elfos, espíritus de los árboles, diosas de la fertilidad, espíritus de la naturaleza. En el pasado, el dharma tenía que ver con trabajar con espíritus de la naturaleza. | 28°00' | **56** |
| 6 | 3°00' | **Kinnara** | Mitad pájaro y mitad hombre sosteniendo laúdes en sus manos. Representando el conocimiento (viydā) de los pájaros, del Sol, de Jyotiṣa, espiritualidad. Conocimiento de la Espiritualidad. | 27°30' | **55** |
| 7 | 3°30' | **Bhraṣṭa** | Principios corruptos, caídos, señal de que todo salió mal. No siguieron ciertos principios en la vida pasada, en esta vida hay una influencia corruptora. | 27°00' | **54** |
| 8 | 4°00' | **Kulaghna** | El que destruye la familia, el destructor de hogares, detiene el linaje que también es kula (familia). | 26°30' | **53** |
| 9 | 4°30' | **Garala** | Veneno de la serpiente. Alguien lastima a otro en una vida pasada o fue muy lastimado. Resentido, rencoroso. | 26°00' | **52** |
| 10 | 5°00' | **Agni** | Fuego, energía, motivación, trabajo duro, luminoso, espiritual, comprensión, transformación, ofrenda. | 25°30' | **51** |
| 11 | 5°30' | **Māyā** | No ve las cosas con claridad, dada la confusión, el engaño, ser engañado, la materialidad. | 25°00' | **50** |
| 12 | 6°00' | **Purīṣaka** | Sucio, la persona profanó algo. Es decir, contaminar el medio ambiente o vivir en un lugar contaminado. | 24°30' | **49** |
| 13 | 6°30' | **Apāmpati** | Señor de las aguas. Señor Varuṇa de la vía láctea-océano de leche, Aguas cósmicas universales, señor de los secretos, entendimiento místico. Encarnado como Janaka Ṛṣi, el rey más sabio que ejecutó dharma perfectamente. | 24°00' | **48** |
| 14 | 7°00' | **Marutvān** | Viento, fuerza, poder, considerado más benéfico. | 23°30' | **47** |
| 15 | 7°30' | **Kāla** | Morir, muerte, decadencia, enfermedad, un nombre de Saturno. Alguien asociado con la muerte en la última vida, (maléfico). | 23°00' | **46** |
| 16 | 8°00' | **Ahi/Sarpa** | Sarpa/serpiente, engaño, mutabilidad, cambios, viajero (cuando Ketu está provocando una atadura atrapada por serpientes = Ahi-bandhana). | 22°30' | **45** |
| 17 | 8°30' | **Amṛta** | Néctar, nutrir, cuidar a los demás en la última vida y también en esta vida. Rejuvenecedor, edificante. | 22°00' | **44** |
| 18 | 9°00' | **Indu** | Candra, Luna, femenino. | 21°30' | **43** |
| 19 | 9°30' | **Mṛdu** | Fácil de tratar, moderado, suave. | 21°00' | **42** |
| 20 | 10°00' | **Komala** | Tierno, suave. | 20°30' | **41** |

| Signos impares | | | | Signos pares | |
|---|---|---|---|---|---|
| 21 | 10°30' | **Heramba** | Forma muy brillante de Gaṇeśa, un héroe jactancioso relacionado con el budista Heruka. | 20°00' | **40** |
| 22 | 11°00' | **Brahma** | Creativo, haciendo que las cosas sucedan, iniciador, la creación de la misma, el principio de la misma, padre universal. | 19°30' | **39** |
| 23 | 11°30' | **Viṣṇu** | Sustentador, alguien que mantiene las cosas unidas, persona que mantiene la paz en la familia. | 19°00' | **38** |
| 24 | 12°00' | **Maheśvara** | La persona trabajaba por el conocimiento y el aprendizaje. Śiva, alguien bueno en la eliminación de energías tamásicas. | 18°30' | **37** |
| 25 | 12°30' | **Deva** | Divino, portador de luz, que lleva luz, deidad, espiritual. | 18°00' | **36** |
| 26 | 13°00' | **Ārdra** | Mojado, húmedo, fresco, no seco, suculento, verde como una planta, nuevo, lleno de sentimiento, (beneficioso). | 17°30' | **35** |
| 27 | 13°30' | **Kalināśa** | Destrucción, remoción, los dolores del tiempo. O alguien que causó mucho dolor y tiene que quitar el dolor, o también un sanador que ha ayudado a otros a quitar los dolores de la vida. | 17°00' | **34** |
| 28 | 14°00' | **Kṣitīśa** | El regente de la tierra, conectado con Marte, bhūmi kāraka, energía protectora, protección de la tierra, aspecto más benéfico de Marte, cualidad real. | 16°30' | **33** |
| 29 | 14°30' | **Kamalākara** | El que hace florecer los lotos: el Sol. | 16°00' | **32** |
| 30 | 15°00' | **Gulika** | El hijo de Saturno, Gulika representa el veneno que bebes, el sufrimiento que asumes. Las personas espirituales reciben esto cuando asumen el sufrimiento de otras personas. (nota: upagraha Mandi representa el veneno que das). | 15°30' | **31** |
| 31 | 15°30' | **Mṛtyu** | La muerte personificada, hijo de Marte. | 15°00' | **30** |
| 32 | 16°00' | **Kāla** | Morir, muerte, decadencia, enfermedad, un nombre de Saturno. | 14°30' | **29** |
| 33 | 16°30' | **Dāvāgni** | Alguien asociado con la muerte en la última vida, (maléfico). | 14°00' | **28** |
| 34 | 17°00' | **Ghora** | Incendio forestal, pérdida de control, transformación rápida. | 13°30' | **27** |
| 35 | 17°30' | **Yama** | Terrible, espantoso, violento, dolorido por la enfermedad. | 13°00' | **26** |
| 36 | 18°00' | **Kaṇṭaka** | El Señor de la Muerte. Transformación, personas que hacen que el cambio suceda, rectitud, juzgar. Espina, que ralentiza. (por ejemplo: Kaṇṭaka-śani - 10° desde lagna o Luna o AL) | 12°30' | **25** |
| 37 | 18°30' | **Sudhā** | Facilidad, comodidad, jugo, néctar de flores, nutritivo, luz de la luna, belleza, felicidad. | 12°00' | **24** |
| 38 | 19°00' | **Amṛta** | Néctar, nutrir, cuidar a los demás en la última vida y también en esta vida. Rejuvenecedor, edificante. | 11°30' | **23** |
| 39 | 19°30' | **Pūrṇa- chandra** | Luna llena, plenitud, finalizar las cosas. | 11°00' | **22** |
| 40 | 20°00' | **Viṣa-dagdha** | Destruido por el veneno, persona ardiendo de resentimiento o pena. | 10°30' | **21** |
| 41 | 20°30' | **Kulanāśa** | Destruir la familia tradicional, alguien que destruya el sentido más amplio de familia o tradición. | 10°00' | **20** |

| Signos impares | | | | Signos pares | |
|---|---|---|---|---|---|
| 42 | 21°00' | **Vaṁśa Kṣaya** | No creciendo, consumiéndose, rancio, sin querer cambiar. | 9°30' | 19 |
| 43 | 21°30' | **Utpāta** | Mal presagio, fenómeno portentoso o inusual. Cosas malas que presagian calamidades. | 9°00' | 18 |
| 44 | 22°00' | **Kāla** | Morir, muerte, decadencia, enfermedad, un nombre de Saturno. Alguien asociado con la muerte en la última vida, (maléfico) | 8°30' | 17 |
| 45 | 22°30' | **Saumyakhya** | Amable, feliz, alegre, con cualidades de Luna. | 8°00' | 16 |
| 46 | 23°00' | **Komala** | Tierno, suave. | 7°30' | 15 |
| 47 | 23°30' | **Śītala** | Diosa fría y demacrada conectada con Saturno-Rāhu. Falta de emociones, enfermedad causada por el frío, Sarampión. | 7°00' | 14 |
| 48 | 24°00' | **Karāla-daṁṣṭra** | Dentado espantoso, "vampiro", colmillos, alguien que adquiere lo que desea con dureza. | 6°30' | 13 |
| 49 | 24°30' | **Chandra-mukhi** | Mujer con cara de luna, encantadora, adorable, energía atractiva. | 6°00' | 12 |
| 50 | 25°00' | **Pravīṇa** | Inteligente, pericia, destreza con las manos, la persona perfeccionó una habilidad de una vida pasada, perfeccionista. | 5°30' | 11 |
| 51 | 25°30' | **Kāla-pāvaka** | Fuego que quema, quitando y destruyendo lo viejo, quitando tamas, (una división maléfica). | 5°00' | 10 |
| 52 | 26°00' | **Daṇḍā-yuddha** | Bastón, lucha, yudh significa 'guerra', pelea que desde el lagna nos indica una lucha inconclusa en una vida pasada que llegó a esta vida. Si el noveno regente de la novena casa está aquí, significa lucha entre dharmas. | 4°30' | 9 |
| 53 | 26°30' | **Nirmala** | Sin suciedad, sin pecado, no tóxico, puro, veraz, libre de malas cualidades. Nir significa 'libre de' y mala significa 'desechos'. | 4°00' | 8 |
| 54 | 27°00' | **Saumya** | Amable, feliz, alegre, agradable, social como la Luna, guapo, auspicioso. | 3°30' | 7 |
| 55 | 27°30' | **Krūra** | Cruel, áspera, persona a la que le hicieron cosas crueles. | 3°00' | 6 |
| 56 | 28°00' | **Ati-śītala** | Muy frío o extremadamente frío, carente de emociones, áspero. | 2°30' | 5 |
| 57 | 28°30' | **Amṛta** | Néctar, nutrir, cuidar a los demás en la última vida y también en esta vida. Rejuvenecedor, edificante. | 2°00' | 4 |
| 58 | 28° 30' – 29° | **Payodhi** | Océano, generoso, abundante, ingenioso, muchas ideas, tener mucho. | 1° - 1° 30' | 3 |
| 59 | 29° - 29° 30' | **Bhramaṇakhya** | Vagar, no tener un objetivo ni una dirección real, incluso puede ser confusión. En vidas pasadas puede haber impedido que otros alcancen sus metas. | 0° 30' - 1° | 2 |
| 60 | 29°30' – 30°00' | **Chandra-rekha** | Crescent Moon- growing just out of new, 'green'- someone who just started something, just learning, open to all possibilities. | 0° – 30' | 1 |

## Vaiśeṣikāṁśa, la división de excelencia

Vaiśeṣika significa 'especial', 'distinguido', 'excelente' y 'preeminente'. Cuando un planeta está en su exaltación (*uccha*), mūlatrikoṇa o propio signo (*sva*) en múltiples divisiones, entra en una división (*aṁśa*) especial (*vaiśeṣika*).[10] Por lo tanto los planetas deben analizarse en las múltiples divisiones en las que se encuentran; esto indica la fuerza del planeta para mantener combinaciones planetarias de riqueza y poder (como se menciona en los capítulos de *Rāja Yoga* y *Dhana Yoga*). Por consiguiente al buscar combinaciones que hagan al nativo famoso o rico, debemos considerar esta fuente de fortaleza.

Hay diferentes formas de usar las cartas divisionales, que analizaremos en los capítulos siguientes. Al mirar la carta de una persona promedio, se usan diez vargas (D1, D2, D3, D7, D9, D10, D12, D16, D30, D60). Al mirar la carta de una persona de la realeza (*nṛpa* significa 'reyes', 'príncipes', 'líderes', 'protectores') usamos las dieciséis cartas varga. Cuando un planeta está uccha, mūlatrikoṇa o sva en más de un varga, adquiere propiedades especiales para dar mejores resultados. Por ejemplo, si un planeta está en su propio signo en doce de las vargas, se convierte en *Sūryakānti*, brillando como el Sol. Los resultados de estas divisiones especiales se ven disminuidos si el planeta entra en combustión, pierde una guerra planetaria o está en un avasthā negativo.

| BPHS, Ṣoḍaśavarga-Adhyāya v.42-53 | | | | |
|---|---|---|---|---|
| **#** | **Daśavarga** | **(para la gente común)** | **Ṣoḍaśavarga** | **(para la realeza)** |
| 2 | Parijāta | Árbol de flores rojas | Bhedaka | Penetrante |
| 3 | Uttama | Superior | Kusuma | Flor |
| 4 | Gaupura | Dulce lugar | Naga-puṣpa | Flor de serpiente |
| 5 | Siṁhāsana | Trono | Kanduka | Recipiente de servicio |
| 6 | Pārāvata | Una paloma | Kerala | |
| 7 | Devaloka | Reino de los dioses y de la luz | Kalpavṛkṣa | Árbol que cumple los deseos |
| 8 | Brahmaloka | Reinos piadosos | Chandanavana | Arboleda de sándalo |
| 9 | Śakra-vāhana | Vehículo fuerte | Pūrṇachandra | Luna llena |
| 10 | Śrīdhama | Gloria que contiene | Uccaiḥśrava | Rey de los caballos |
| 11 | - | | Dhanvantari | Dios de la medicina |
| 12 | - | | Sūryakānti | Luz con espectro natural |
| 13 | - | | Vidruma | Coral |
| 14 | - | | Śakra-siṁhāsana | Trono fuerte |
| 15 | - | | Gauloka | Existencia dulce y celestial |
| 16 | - | | Śrīvallabha | El más alto amado |

10 Para tener otra visión de Vaiśeṣikāṁśa ver Phaladīpikā de Mantreśvara (3.7-10) y Jātaka Pāriāta de Vaidyanātha (1.44-46).

## Viṁśopaka, la fuerza divisional

Viṁśopaka-bala es un cálculo matemático de fuerza basado en la posición de un planeta en las cartas divisionales.

स्थूलं फलं च संस्थाप्य तत्सूक्ष्मं च ततस्ततः ॥१९॥

*sthūlaṁ phalaṁ ca saṁsthāpya tatsūkṣmaṁ ca tatastataḥ||19||*

[Viṁśopaka] muestra los resultados dados por un planeta en un nivel general (*sthūla*), los resultados precisos (*sūkṣma*) deben verse por la posición exacta del planeta.

Viṁśopaka-bala aparece como un pequeño gráfico en los programas informáticos modernos y representa una idea generalizada de la fuerza del planeta en las cartas varga; más que el número resultante real, el cálculo nos da ciertas pistas sobre la importancia de ciertas cartas. El número final de puntos para todas las vargas suman veinte (*viṁśa*).

Por ejemplo, en las diez vargas, la carta rāśi (D-1) recibe 3 puntos, ṣaṣṭyaṁśa (D-60) 5 puntos y todos las demás cartas reciben 1,5 puntos cada una. A partir de esto podemos decir que a rāśi chakra y D-60 se les da una importancia primordial en como afectan la vida.

En las dieciséis vargas la carta rāśi recibe 3,5 puntos, navāṁśa 3 puntos, kalāṁśa recibe 2 puntos y la carta ṣaṣṭyaṁśa recibe 4 puntos. Una vez más el peso dado a D-60 muestra la gran capacidad de nuestras tendencias pasadas (saṁskāras) para influir en nuestra vida actual.

| | Daśa Varga | Ṣoḍaśa Varga |
|---|---|---|
| D1 | 3.0 | 3.5 |
| D2 | 1.5 | 1 |
| D3 | 1.5 | 1 |
| D4 | - | 1 |
| D7 | 1.5 | 0.5 |
| D9 | 1.5 | 3.0 |
| D10 | 1.5 | 0.5 |
| D12 | 1.5 | 0.5 |
| D16 | 1.5 | 2.0 |
| D20 | - | 0.5 |
| D24 | - | 0.5 |
| D27 | - | 0.5 |
| D30 | 1.5 | 1.0 |
| D40 | - | 0.5 |
| D45 | - | 0.5 |
| D60 | 5.0 | 4.0 |
| Total: 20 puntos cada uno | | |

Cuando un planeta está exaltado, mūlatrikoṇa o sva, recibe los 20 puntos completos. Cuando se encuentra en un signo de un gran amigo recibe 18 puntos, disminuyendo a 15 puntos en un signo amigo, 10 puntos en un signo neutral, 7 en un signo enemigo, 5 en un signo de un gran enemigo y 0 puntos en su signo de debilitación. Esto se promedia para el resultado final.

Un planeta con 0-5 puntos no dará ningún efecto, con 5-10 dará bajos resultados (*svalpa*), con 10-15 puntos dará resultados medios y con 15-20 puntos el planeta dará sus resultados completos.

Durante el período de tiempo (*daśā*) del planeta, se debe analizar la ubicación del planeta y la fuerza viṁśopaka para predecir sus resultados de manera precisa.

## Prosperidad y lucha de una casa

Primero Parāśara enumera las fortalezas de los planetas para luego explicar como se vuelven fuertes a través de los signos. Posteriormente comienza a enunciar cómo influyen sobre las casas haciendo que esas áreas de la vida prosperen o fracasen. Se menciona por primera vez al final del capítulo de Análisis de las casas (*Bhāva-Viveka-Adhyāya*, v 14-16).

*Una casa prosperará (saukhya) al tener una o más de estas características:*
- ocupada o aspectada por benéficos
- aspectada por su propio regente
- el regente de la casa está posicionado en la casa diez
- o cuando el regente de la casa tiene un buen avasthā

*Una casa luchará (naṣṭa) al tener una o más de estas características:*
- su regente está destruido o en conjunción con maléficos
- o no es aspectada por su propio regente o benéficos
- o está en combinación con regentes de dustāna (6, 8 o 12)
- o está perdiendo una guerra planetaria (o en sandhi o gaṇḍānta)
- o en un mal avasthā

I. Lo primero que hay que notar es que los benéficos en o aspectando una casa la hacen prosperar al igual que maléficos dañan el área de vida que representa esa casa. El propio regente del signo protegerá la casa y la hará prosperar, aunque sea un maléfico, porque el propio regente es un soporte poderoso para su casa. Más tarde Parāśara menciona la importancia de que Júpiter y Mercurio estén aspectando una casa. Mercurio indica que la casa tiene las habilidades para satisfacer sus necesidades y Júpiter que la casa tiene el 'dinero' necesario para satisfacer sus necesidades.

Por ejemplo, la casa cuatro es la de la felicidad; el aspecto de Mercurio sobre ella le proporciona al nativo las habilidades para trabajar en sí mismo para lograr un estado de felicidad, mientras que el aspecto de Júpiter le da a la persona los recursos para alcanzar la felicidad; por el contrario con el aspecto de Saturno a la persona le faltará algo y experimentará sufrimiento. El regente de la casa cuatro es el regente de la casa de la felicidad y cuando está ubicado en o está aspectando su casa, entonces hay más probabilidad de ser feliz. Considerando otro ejemplo, la casa diez es la del trabajo y la carrera; el aspecto de Mercurio le proporciona al nativo las habilidades para conseguir un buen trabajo, mientras que con el aspecto de Júpiter la persona tiene los recursos o las conexiones para conseguir un buen trabajo. Si el benéfico Venus está aspectando entonces la persona tendrá el encanto para conseguir un buen trabajo y lujos, pero si Rāhu está en o aspectando la diez, entonces puede haber confusión con los objetivos profesionales y en el lugar de trabajo. Por lo tanto los planetas darán sus significados a las casas en las que se encuentren y que estén aspectando. Si el regente de la diez no está aspectando su propia casa, entonces el indicador de la carrera profesional no puede vigilar su propio lugar de trabajo y, como resultado, habrá menos protección en el entorno laboral y menos conciencia de lo que sucede allí.

II. Lo siguiente a observar es que Parāśara dice que las casas son favorables si su regente está en la casa diez, y se destruyen si se combinan con los regentes de casas duḥsthāna. Esto nos indica que los planetas deben ser analizados no solo de acuerdo con sus significados naturales, sino también de acuerdo con sus regencias y posiciones.

Primero, ubicamos donde se encuentra el regente de una casa; si está en una casa positiva (como la décima o la novena), entonces la casa se fortalece, mientras que si se encuentra en una casa negativa (como la sexta u octava), entonces daña la casa. Hay dos diferenciaciones que hacer aquí: la ubicación desde el lagna y la ubicación desde el signo en sí.

La ubicación del lagneśa del nativo nos indica cómo aplica su inteligencia en la vida. Desde el lagna todas las demás ubicaciones indican cómo el individuo experimenta esa casa y sus significados. Desde la casa en sí, la ubicación mostrará cómo esa persona, etc., está aplicando su inteligencia. Por ejemplo, si el regente de la cuatro está en la octava casa, indica una experiencia negativa con la madre desde la perspectiva del individuo, pero al estar en la quinta casa desde la cuatro, la madre lo experimenta como aprendizaje y búsqueda de comprensión. Considerando otro ejemplo, si el regente de la cuatro estuviera en la casa once desde el lagna, indica que el individuo obtiene grandes ganancias a través de la madre y felicidad, pero siendo la octava casa desde la cuatro, la madre tendrá tiempos difíciles y muchas penurias.

Segundo, analiza a qué casa ese regente está beneficiando o perjudicando. Por ejemplo, el regente de la seis daña la casa en la que se encuentra, provocando cierta enemistad y peleas ahí, mientras que el regente de la cuatro beneficia a una casa creando alguna forma de encontrar la felicidad ahí. El regente de la nueve lleva suerte a una casa, contrariamente al de la ocho que trae mala suerte. El regente de la doce lleva pérdidas a una casa mientras que el de la dos lleva ganancias a una casa.

III. El tercer factor que enseña Parāśara es ser consciente del avasthā del regente. El estado en el que se encuentra el regente de la casa indica cómo nos sentimos cuando esa area de la vida se activa. Por ejemplo, si el regente de la cuatro está exaltado, nos sentiremos dīpta (emocionados) cuando estemos en el hogar, mientras que si el regente de la diez está combustionado por el Sol, nos sentiremos kopa (enojados) cuando estemos en el trabajo; si el regente del Upapada (punto de matrimonio) está en el signo de un enemigo, la persona se sentirá sucia cuando se case. De esta manera los avasthās se toman en cuenta para el análisis de fuerza o debilidad de una casa.

Parāśara también menciona que un planeta que pierde una guerra planetaria destruye la casa que rige. Esto también se entiende como cualquier combinación negativa como gaṇḍānta, sandhi, etc. que dañe un planeta, también dañará las casas que rige.

Aunque pueda parecer mucha información, esto es solo el comienzo de la evaluación de la fuerza en la carta. Esta es la base importante a la cual se sumarán muchas otras técnicas para afinar la fuerza, así como muchos atajos para encontrar la fuerza de una casa muy rápido. Las técnicas de un ajuste fino diferenciarán áreas específicas de la vida. Por ejemplo, para diferenciar la fuerza de tu salud, podemos ver la constitución, la digestión, la formación de tejidos, el flujo pránico, etc. Las reglas generales son cuando estamos mirando una carta y necesitamos saber rápidamente qué casa es más fuerte y entonces usamos los atajos.

A continuación presentamos dos secciones más: la primera acerca de Ṣaḍbala que es un análisis preciso de la fuerza planetaria, y la segunda sección contiene las reglas de fuerza utilizadas por Ṛṣi Jaimini, quien fue estudiante de Parāśara. Jaimini creó algunas reglas que se utilizan como atajo para determinar la fuerza de una casa muy rápidamente.

## Ṣaḍbala

Parāśara dedica un capítulo a Ṣaḍbala, que es el cálculo para analizar la fuerza de un planeta, y sucesivamente dedica un capítulo a Iṣṭa y Kaṣṭa-balas, que son unos cálculos para ver qué tan buenos o malos serán los resultados durante el período de tiempo de dicho planeta (śubhāśubha-daśa-phalam).

Graha-bala es el poder, la fuerza, la potencia que se espera de un planeta, y se calcula en base a la combinación de la posición y el tiempo, junto con algunos otros factores (sthān kālādi). Ṣaḍ significa 'seis', por lo que ṣaḍbala son los seis cálculos de fuerza que se usan en los planetas. Estos cálculos se ponen en forma numérica y luego se grafican.

El cálculo promedia las áreas fuertes y débiles, sin tomar completamente en consideración la variedad de fuerzas de los planetas como si se analizaran al mirarlo manualmente. Aquí desglosaremos los diversos aspectos de las seis fuerzas; la parte importante para un principiante es entender a qué se le está dando más fuerza; más adelante se explicarán cálculos específicos, pero por el momento es importante entender que kendras son más fuertes que las casas sucedentes (paṇapharas), o que los maléficos son más fuertes cuando la Luna está menguante y los benéficos son más fuertes cuando la Luna está creciendo. Es importante enfatizar en entender y tener en cuenta los fundamentos de los cálculos.

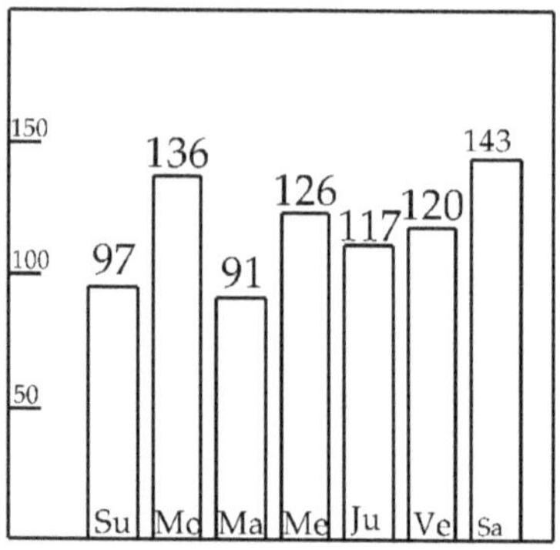


### I. Sthāna-Bala, la fuerza posicional

Los planetas indicarán a qué estatus y posición podemos elevarnos en la vida: nos enseñan cuán poderosos o débiles somos. A continuación se presentan los cinco aspectos de sthāna-bala:

A. Uccha-Bala, la fuerza de exaltación (*ākāśa*)

Se observa la posición de un planeta en exaltación (uccha) mūlatrikoṇa, amistoso o neutral, signos enemigos y debilitamiento. Existe un cálculo matemático que determina el grado de exaltación y de debilitación de un planeta en un rango de 0 a 60 puntos, considerando que cada 3 grados desde la exaltación pierde un punto hasta el debilitamiento y posteriormente cada 3 grados hacia su exaltación gana un punto.

B. Saptavargaja-Bala, la fuerza nacida de las siete vargas (*vāyu*)

La posición en las siete vargas, Horā, Drekkana, Saptāṁśa, Navāṁśa, Sūryāṁśa y Triṁśāṁśa, dará un cierto valor de fuerza. Si un planeta está en su propio signo obtiene 30 puntos, en el signo de un gran amigo 22,5, en el signo de un amigo 15, en el signo de un neutral 7,5, en el signo de un enemigo 3,75 y en el signo de un gran enemigo obtendrá solo 1,875 puntos.

C. Sugam-Yugma Bhāṁśa, la fuerza de los signos pares e impares (*agni*)

Cuando los planetas femeninos están en signos femeninos en la carta rāśi y navāṁśa obtienen 15 puntos. Los planetas masculinos y neutros obtienen puntos en los signos masculinos. Masculino y femenino se basan en signos pares e impares.

D. Kendrādi-Bala, la fuerza angular (*jala*)

Los planetas son más fuertes en casas angulares. En general, los benéficos son mejores en estas casas ya que dan prosperidad al nativo. Los planetas maléficos son mejores cuando están débiles en kendras y fuertes en duḥsthānas, mientras que los benéficos son mejores fuertes en kendras y débiles en duḥsthānas.

En kendras (casas angulares) los planetas obtienen 60 puntos de fuerza, mientras que en paṇaphara (casas sucedentes) los planetas obtienen 30 puntos, y en āpoklima (casas cadentes) los planetas obtienen solo 15 puntos.

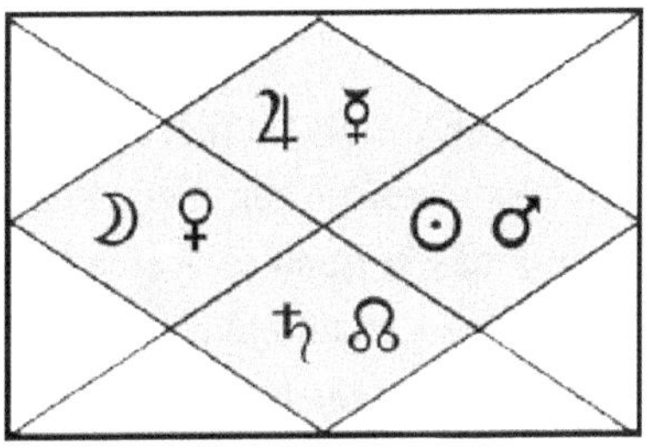

E. Drekkāṇa-Bala, la fuerza de la carta D-3 (*pṛthvi*)

Los planetas masculinos obtienen 15 puntos en el primer drekkāṇa de un signo (00° a 09°60'). Los planetas femeninos obtienen 15 puntos en el segundo drekkana de un signo (10° a 19°60'). Los planetas neutros obtienen 15 puntos en el tercer drekkāṇa.

Estos cinco aspectos se calculan juntos para obtener sthāna bala.

## II. Digbala, la fuerza direccional

Digbala muestra la dirección en la que los planetas son fuertes para la carrera profesional y el desarrollo personal. En estas posiciones los planetas lucen sus cualidades de manera prominente; Júpiter y Mercurio son los más fuertes al oriente en la primera casa, mientras que la Luna y Venus son más fuertes en la medianoche de la cuarta casa. El Sol y Marte son más fuertes en la posición del mediodía de la décima casa, el trono, donde tienen poder y mando, mientras que Saturno y Rāhu son más fuertes al poniente en la séptima casa. Cuando estos planetas están opuestos a su digbala, tienen debilidad direccional (*dik-śūnya*), lo que indica falta de responsabilidad y dificultad para ocuparse profesionalmente de esos significados. Se pueden fortalecer con los mantras de los Viṣṇu avatāra.

**- EJERCICIO PRÁCTICO -**

10. Los estudiantes avanzados pueden leer el capítulo de *Bṛhat Pārāśara Horā Śāstra* sobre el análisis de fuerza (*spaṣṭa-adhyāya*).
11. Los estudiantes avanzados pueden leer *Sarvāthachintāmaṇi* de Venkaṭeśa Śarma I.99-116 y el capítulo 4 de *Hora Ratnam* de Balabhadra.

III. Kāla-Bala, la fuerza relativa al tiempo

Kāla-bala significa también 'fuerza temporal' o 'fuerza del tiempo', y muestra en que momento los diferentes planetas son fuertes, es decir, qué partes del año, mes, día, etc., le dan soporte a las acciones de los graha.

A. Natonnata, la fuerza del día y de la noche

La Luna, Marte y Saturno son más fuertes durante la noche o más cerca del nadir (nata), mientras que el Sol, Júpiter y Venus son más fuertes durante el día o más cerca del medio cielo (unnata). Cuando un planeta diurno está más cerca del día o un planeta nocturno está más cerca de la noche, obtiene 60 puntos y cada 24 minutos (ghaṭikā) de distancia perderá un punto. Mercurio es fuerte tanto durante el día como durante la noche obteniendo plena fuerza siempre. Los astrólogos griegos (y algunos textos indios) tienen ligeras variaciones declarando que la Luna, Marte y Venus poseen fuerza nocturna y que el Sol, Júpiter y Saturno fuerza diurna.

B. Pakṣa-Bala, la fuerza creciente y menguante

Los benéficos son fuertes cuando la Luna está en cuarto creciente y obtienen 60 puntos de fuerza cuanto más la Luna se acerca a estar llena. Los maléficos son más fuertes durante la fase menguante de la Luna y cuanto más la Luna se acerca a ser nueva, más fuerte se vuelve un maléfico. Por lo tanto cuando hay un buen yoga (conjunción) en la carta, se vuelve más fuerte cerca del momento de la Luna llena, así como cuando hay un maléfico causando un mal efecto, será más fuerte y peor cerca de la Luna nueva.

C. Tribhāga, la fuerza de tres partes

Si el día de doce horas o la noche de doce horas se dividen en secciones de cuatro horas, se generan tres secciones llamadas tribhāga. Cada planeta obtiene fuerza en un tercio particular, mientras que Júpiter siempre tiene la fuerza total de tribhāga de 60 puntos. Solo un planeta y Júpiter obtienen fuerza tribhāga en un tercio específico del día.

| **4 horas** | **Día** | **Noche** |
|---|---|---|
| Primer Tercio | Mercurio | Luna |
| Segundo Tercio | Sol | Venus |
| Último tercio | Saturno | Marte |
| Júpiter tiene fuerza en todo momento | | |

D. Varṣādi-Bala, la fuerza del regente del año, mes, día

Así como el día está regido por un planeta, como por ejemplo el domingo por el Sol y el lunes por la Luna, también la hora, el mes y el año tienen un planeta que los rige. El planeta que se convierte en el regente del año se llama Abdapati y obtiene 15 puntos de fuerza, de manera similar al regente del mes que se llama Māsapati y obtiene 30 puntos de fuerza, mientras que él del día se llama Vārapati y obtiene 45 puntos de fuerza; el regente de la hora, Horapati, obtendrá 60 puntos de fuerza. Esto muestra que el regente de la hora tiene una fuerte influencia.

E. Ayana-Bala, la fuerza de declinación

La declinación (*krānti*) de un planeta se basa en qué tan alto (norte) o bajo (sur) se encuentra con respecto al ecuador celeste. El Sol, Marte, Júpiter y Venus son más fuertes al norte del ecuador celeste. La Luna y Saturno son más fuertes al sur del ecuador celeste.

F. Yuddha-Bala, la fuerza de la guerra planetaria

Si dos planetas están en guerra, calculamos la diferencia entre sus ṣaḍbala y sumamos la diferencia al planeta ganador y la restamos al planeta perdedor.

IV. Naisargika-Bala, la fuerza natural

Las fuerzas naturales de los planetas son una constante en todas las cartas y nos muestran qué los planetas podrán dar sus resultados de forma más natural. Si dos planetas tienen el mismo ṣaḍbala, entonces este será el factor determinante: el Sol es el más fuerte con 60 puntos, la Luna tiene 51 puntos, Venus tiene 43 puntos, Júpiter 34 puntos, Mercurio 26 puntos, Marte 17 puntos y Saturno tiene solo 9 puntos.

V. Dṛg-Bala, la fuerza de los aspectos

Dṛg es la mirada o aspecto que muestra el apoyo del planeta, donde los aspectos benéficos suman puntos y los aspectos maléficos restan puntos. A Mercurio y Júpiter se les da un peso extra.

VI. Cheṣṭa-Bala, la fuerza de movimiento

La fuerza de movimiento (*cheṣṭa*) nos indica el poder del deseo de un planeta midiendo cuánta fuerza tiene para sus necesidades. Esto muestra qué deseos de los planetas nos controlan más.

El cheṣṭa-bala del Sol es igual a su ayana-bala, es más fuerte en el curso norte (primavera a otoño) y más débil en el curso sur (otoño a primavera). El cheṣṭa-bala de la Luna es igual a su pakṣa-bala, es más fuerte en la fase creciente y más débil en la fase menguante.

| | | |
|---|---|---|
| 60 | Vakra | Retrógrado |
| 30 | Anuvakra | Retrogradando al signo anterior |
| 15 | Vikala | Estacionario (*stambhi*) |
| 30 | Manda | Más lento de lo normal |
| 15 | Mandatara | Más lento que lento |
| 7.5 | Sama | Velocidad uniforme, ni rápida ni lenta (*madya-gati*) |
| 45 | Chara | Más rápido que el promedio |
| 30 | Atichara | Entrando en el siguiente signo con movimiento acelerado |

El resto de planetas se encontrará en uno de los ocho movimientos posibles. El aspecto más importante a realizar es que un planeta retrógrado se vuelve muy fuerte en relación con su deseo teniendo un anhelo muy fuerte por los aspectos de la vida que indica naturalmente.

## Ṣaḍbala de las casas

Parāśara menciona que la fuerza también se puede calcular matemáticamente para las casas; y también pueden ser graficadas. Maléficos restan puntos a una casa y benéficos suman puntos. Júpiter y Mercurio agregan puntos completos a una casa, lo que indica el beneficio de sus aspectos, mientras que Saturno, Marte y el Sol restan puntos completos. Realizando un cálculo matemático, podremos ver si la casa queda con puntos positivos o negativos.

Las casas que contienen signos que ascienden por el frente (*śirṣodaya*) son más fuertes cuando el individuo nace durante el día. Las casas que contienen signos ue ascienden por la espalda (*pṛṣṭodaya*) son más fuertes cuando la persona nace en la noche. Los signos que ascienden por ambos lados (*ubhayodaya*) son fuertes durante el amanecer y el atardecer (*sandhya*). De esta forma también se pueden calcular las fuerzas matemáticas para cada casa.

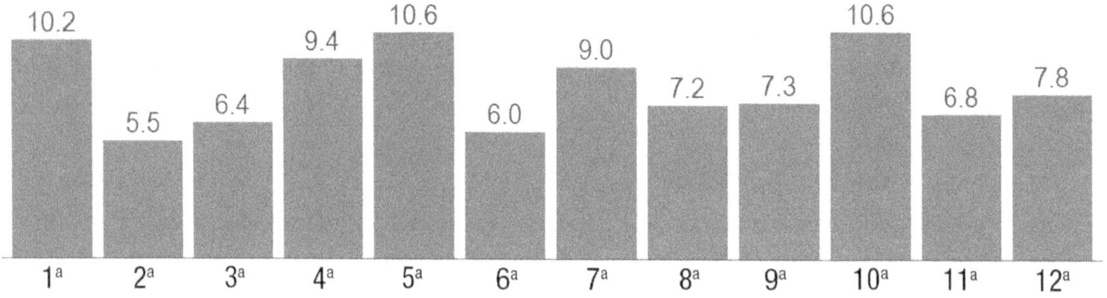


**- EJERCICIO PRÁCTICO -**

12. Evalúa las fortalezas de cada casa de tu carta y de otra carta usando los tres factores dados por Parāśara.
13. ¿Qué planetas están retrógrados en tu carta? Ten en cuenta el significado natural de ese planeta en esa casa y explica los fuertes deseos que otorgaría.
14. Encuentra los cálculos de Ṣaḍbala para planetas y casas en tu programa de computadora y mira el Ṣaḍbala de sus planetas. Investiga el planeta más fuerte y el planeta más débil, viendo qué puntos fuertes tienen y cuáles les faltan.

## Reglas de fuerza de Jaimini

Existen reglas de fuerza específicas dadas por Jaimini en sus Upadeśa *Sūtras* (versos 2.3.5 a 2.3.17)[11], que están destinadas a simplificar varios cálculos de Parāśara necesarios por ejemplo para técnicas como el cálculo de períodos de tiempo.[12] Estas reglas se basan en el principio de exclusión, aunque existe una larga lista de análisis de fuerza, tan pronto un planeta o signo gana en fuerza, el proceso se termina y ya no hay necesidad de continuar mirando todas las otras reglas. El único detalle importante a tener en cuenta es que de entre las cuatro fuentes de fuerza, es importante saber cuál utilizar según el propósito.

11 La traducción estándar usada en las universidades de la India es la de Sanjay Rath, Sagar Publications.

12 Por favor revisa el Bṛhat Pārāśara Horā Śāstra, Daśā-adhyāya 158-166 para ver la similitud y entender la claridad dada por Jaimini.

**La primera fuente de fuerza**

- (Presencia del Ātmakāraka)
- Conjunción de mayor número de planetas
- Estado de los planetas (uccha o nīca)[13]
- Orden natural de fuerza (dvisvabhāva, sthira, chara)
- (El regente es el Ātmakāraka)
- Regente de un signo impar en signo par o regente de un signo par en signo impar es más fuerte
- El regente tiene más avance en grados

La primera regla de la primera fuente de fuerza es la presencia del Ātmakāraka, pero esto solo se usa cuando se refiere a eventos o predicciones espirituales. Por lo tanto, la primera fuente estándar de fuerza es la conjunción de más planetas en una casa (Ley de la democracia). Por ejemplo, si uno está comparando la fuerza del lagna con la séptima casa, el que tiene más planetas es más fuerte y si por casualidad tienen el mismo número de planetas, se examina el estado de esos planetas y se aplica la siguiente regla: el signo con planetas uccha es más fuerte que planetas con un estatus menor, el estado más alto vence (Regla elitista). Si son la misma cantidad de planetas y tienen el mismo estado, como por ejemplo la Luna en Aries y Marte en Libra, entonces se utiliza el orden natural de la fuerza de los signos (Regla de la jungla). Retomando el mismo ejemplo, la Luna está en un signo chara y Marte está en un signo chara, por lo que seguiría siendo el mismo estado.

Si el regente de un signo está en un signo impar, o si el regente de un signo impar está en un signo par, entonces se vuelve el más fuerte (Regla de género). Un planeta tiende a darle más soporte al signo de género opuesto a su posición. Si Júpiter está en un signo par tenderá a darle más soporte a Sagitario (signo impar, 9° signo), mientras que sí Júpiter está en un signo impar dará más soporte a Piscis (signo par, 12° signo). La regla del género indicará que signo recibe más soporte de su regente.

Si el regente del signo resulta ser el Ātmakāraka, entonces es más fuerte y si ninguno es AK (Ātmakāraka), entonces se ven los grados de los regentes. En el ejemplo el regente de Aries (Marte) y el regente de Libra (Venus) se analizaría quien tiene el grado más alto (Regla de la sabiduría). Si Venus posee el mayor grado, entonces Libra es más fuerte. Llegando a este punto, no hay necesidad de pasar a la siguiente regla de fuerza y el cálculo está terminado; pero si resulta que son iguales, entonces se usaría la siguiente regla.

**La segunda fuente de fuerza**

- El aspecto o conjunción de su regente, AK, Júpiter o Mercurio

La segunda fuente de fuerza es la conjunción o rāśi dṛṣṭi del regente de ese signo, (el ātmakāraka), Júpiter o Mercurio. La conjunción o aspecto del regente del signo entrega la capacidad de cumplir objetivos, (el AK da entrega poder), Júpiter entrega conocimiento y Mercurio entrega recursos financieros. Cuando se utiliza la segunda fuente de fuerza, generalmente se aplica después de ver el número de planetas (Regla de la democracia) y antes del estatus de los planetas (Regla elitista).

13 Usa la exaltación y la debilitación, pero no las amistades para calcular el estatus, para Rāhu y Ketu usa la exaltación y debilitación bhoga.

Si Aries y Libra tienen el mismo número de planetas, y Aries recibe el aspecto de signos de Júpiter mientras que Libra tiene el aspecto de signos de Mercurio y su regente (Venus), entonces el signo de Libra es más fuerte. Si Aries y Libra tuvieran mismo número de aspectos entonces se debería analizar el estatus de los planetas.

- El signo con más planetas es el más fuerte
- Si tienen el mismo número de planetas, El signo con conjunción o aspectos de Júpiter, Mercurio o su propio regente es el más fuerte.
- Si reciben el mismo número de conjunciones o aspectos, se debe examinar uccha, mūlatrikoṇa, sva.
- Si poseen el mismo estatus entonces se determina según la fuerza de los signos: Dual, Sthira, Chara
- etc.

**La tercera fuente de fuerza**

• La ubicación del regente desde el Ātmakāraka (kendra, paṇaphara, āpoklima).

El regente de signo posicionado en kendra desde el AK es más fuerte que en paṇaphara, etc. Esta fuente de fuerza se usa para ver eventos espirituales en la vida.

**La cuarta fuente de fuerza**

• La conjunción o aspecto de maléficos (o regido por maléficos)

La cuarta fuente de fuerza se usa para los cálculos de longevidad y salud que establecen cuál es el signo más fuerte para causar daño, perjuicio, enfermedad o muerte. También se usa en situaciones legales para ver quién es el enemigo más fuerte. Esta fuente de fuerza es para ver que signo es más fuerte para causar daño o dolor, y se utiliza sólo en estas situaciones. En orden de importancia, conjunciones con benéficos disminuyen la fuerza, conjunciones con maléficos aumentan la fuerza, aspectos benéficos disminuyen la fuerza y aspectos maléficos aumentan la fuerza. Si los planetas o signos son iguales según estos cálculos, entonces buscamos los maléficos en trikoṇa para determinar quien es el más fuerte para hacer daño. La cuarta fuente de fuerza nos hace conscientes de que lo que puede ser débil para una cosa es fuerte para otra, y que las reglas variarán según lo que estemos analizando.

Estas reglas de fuerza son atajos en comparación con los largos cálculos matemáticos de ṣaḍbala. Es importante comprenderlas, ya que se usarán con frecuencia en cálculos futuros.

# Capítulo 8

## Bhāvapadas, la percepción

## Cálculos de los Bhāvapadas

Cada casa tiene una manifestación, surgida desde sí misma, en el mundo y esa imagen en sánscrito se llama *bhāvapada*; otro término utilizado es *ārūḍha* que significa 'surgido'.

El lagna representa el cuerpo y la personalidad, de ahí viene nuestra fama y reputación en la sociedad. La casa cinco es nuestra inteligencia, donde obtenemos nuestros títulos y premios por alcanzar nuestros logros. La casa seis indica enemistad y lucha, de donde surgen nuestros enemigos. La ciencia de los bhāvapadas nos da la habilidad de perfeccionar nuestra comprensión de cómo una casa se manifiesta en el mundo.

## El cálculo del Bhāvapada

La metodología para calcular estas imágenes que surgen de una casa es entregada por Parāśara en el capítulo sobre bhāvapadas o casas ārūḍhas (*Padādhyāya*) en el Bṛhat Pārāśara Horā Śāstra.[1]

लग्नाद् यावतिथे राशौ तिष्ठेल्लग्नेश्वरः क्रमात् ।
ततस्तावतिथे राशौ लग्नस्य पदमुच्यते ॥ २ ॥

*lagnād yāvatithe rāśau tiṣṭhellagneśvaraḥ kramāt |*
*tatastāvatithe rāśau lagnasya padamucyate || 2||*

Si se cuentan tantos signos desde el regente del ascendente como a los que se encuentre del signo ascendente, el signo al que se arriva es llamado el Pada del ascendente.

El ārūḍha es el reflejo de un signo a través de su regente; así las casas se cuentan inclusivamente desde el lagna a su regente y posteriormente el mismo número de casas inclusivamente desde el regente. El signo al cual se llega es el ārūḍha (reflejo) de la casa desde donde empezó el conteo.

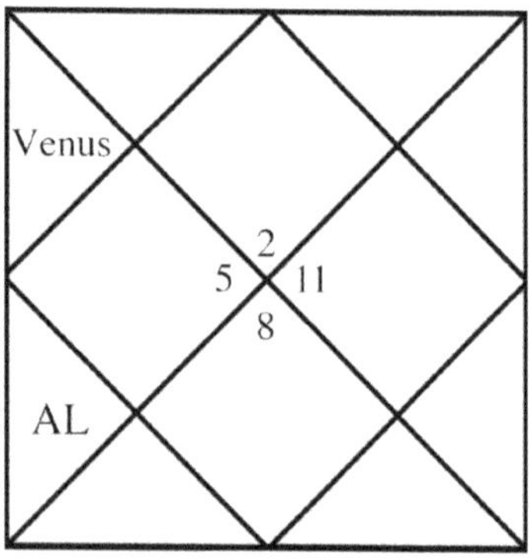


En la carta de ejemplo el lagna es Tauro, que es regido por Venus, planeta que está a tres signos de distancia, en la tercera casa. Contando inclusivamente tres casas desde Venus, el ārūḍha lagna (AL) cae en la quinta casa en Virgo. Si Venus estuviera posicionado en la casa cinco, entonces el ārūḍha lagna (AL) se ubicaría en la casa nueve. De esta forma el ārūḍha es el reflejo de la casa desde la cual se cuenta.

सर्वेषामापभावानां ज्ञेयमेवं पदं द्विज ।
तनुभावपदं तत्र बुधा मुख्यपदं विदुः ॥ ३ ॥

*sarveṣāmāpabhāvānāṁ jṣeyamevaṁ padaṁ dvija |*
*tanubhāvapadaṁ tatra budhā mukhyapadaṁ viduḥ*

Los padas de todas las otras casas deben conocerse de la misma manera. Los sabios comprenden que el pada del ascendente (*tanu-bhāva-pada*) es el pada principal (*mukhya-padaṁ*). || 3||

1 Capítulo acerca de Bhāva padas en Bṛhat Parāsára Hora Śāstra. Padādhyāya.

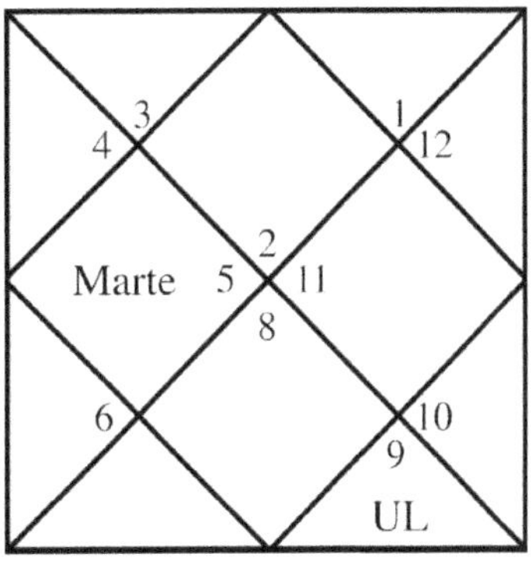


El ārūḍha lagna (AL) es el ārūḍhapada primario a calcular, porque nos muestra lo que la gente piensa de nosotros. El siguiente ārūḍha más importante es el upapada lagna, que es el ārūḍha de la duodécima casa. El upapada lagna es el punto de matrimonio en la carta e indica todo acerca de nuestro esposo o esposa, de la persona que está a nuestro lado y del matrimonio en sí. El upapada lagna se puede escribir como 'A12' o más comúnmente como 'UL'. Se aplica la misma regla de cálculo, contando desde la casa doce a su regente y el mismo número de signos desde ese regente. Usando la misma carta con lagna Tauro, la casa doce es Aries regida por Marte; contando inclusivamente desde la casa doce hasta Marte en la casa cuatro nos da cinco signos, y contando de nuevo inclusivamente desde Marte en Leo cinco signos, llegamos a Sagitario la casa ocho. El UL (ārūḍha de la doce) cae en la casa ocho.

De la misma manera los ārūḍhas de todas las casas se calculan como A2, A3, A4, A5, A6, A7, A8, A9, A10 y A11. Se les llama ārūḍhapadas, pero también tienen múltiples nombres de acuerdo con su uso. Por ejemplo, el A4 se conoce como mātṛpada cuando examinamos a la madre, o sukhapada cuando se analiza la felicidad, o vāhanapada cuando observamos la manifestación de vehículos. Los nombres son a menudo poéticos, a veces cambian para revelar un significado más profundo y otras veces cambian para adaptarse ala métrica de los versos. En la actualidad la nomenclatura inglesa se ha convertido en norma y la gente se refiere a ellos por sus abreviaturas, por lo que se utiliza A4 cuando se habla del ārūḍha de la cuarta casa. A continuación se presentan algunos nombres de uso común recogidos de varios textos.

| **Ārūḍha** | **Denominación común** |
|---|---|
| AL | Ārūḍha lagna, pada-lagna, 'pada' |
| A2 | Dhanapada, kośapada |
| A3 | Bhrātṛpada, vikramāruḍha, sodarārūḍha |
| A4 | Matṛpada, sukhapada, vāhanapada, vidyāpada |
| A5 | Mantrapada, putrapada, tanayapada |
| A6 | Śatrūpada, rogapada, matulārūḍha, ṣaṣṭhāruda |
| A7 | Dārapada, kalatrapada, bhāryapada, jāyāpada |
| A8 | Mṛtyupada, randhrapada |
| A9 | Bhāgyapada, pitṛpada, gurūpada |
| A10 | Karmapada, rājyapada |
| A11 | Lābhapada |
| A12 | Upapada lagna, vyayapada |

## Excepciones importantes

Debemos tener en cuenta que existen ciertas excepciones a este cálculo. El ārūḍha es la imagen, māyā (ilusión) de una casa y no puede encontrarse en el eje de la verdad, representado por las casas 1 y 7 desde donde fué calculado, de ser así la proyección sería exactamente igual a la verdad. Además Parāśara menciona que el ārūḍha lagna no puede estar en la primera o la séptima casa, así como el UL no puede estar en las casad seis o doce; es decir que cualquier ārūḍha no puede estar en la primera o la séptima casa desde su lugar de origen. Parāśara dice:

स्वस्थानं सप्तमं नैवं पदं Iवितुमर्हति ।
तस्मिन् पदत्वे विज्ञेयं मध्यं तुर्यं क्रमात् पदम् ॥ ४ ॥

*svasthānaṁ saptamaṁ naivaṁ padaṁ bhavitumarhati I*
*tasmin padatve vijñeyaṁ madhyaṁ turyaṁ kramāt padam II 4II*

La misma casa o la séptima casa desde ella no puede convertirse en el pada de la casa. Por lo tanto cuando el pada está en su propia casa, la décima casa de allí debe ser percibida (*vijñeya*) como el pada.

Cuando el cálculo determina que un ārūḍha cae en la uno o siete, procedemos a tomar la décima casa de esa bhāva; es decir que un ārūḍha que cae en la uno terminará en la casa diez desde esa bhāva, mientras que el ārūḍha calculado en la casa siete irá a la décima desde ahí que es la casa cuatro desde la bhāva en cuestión.

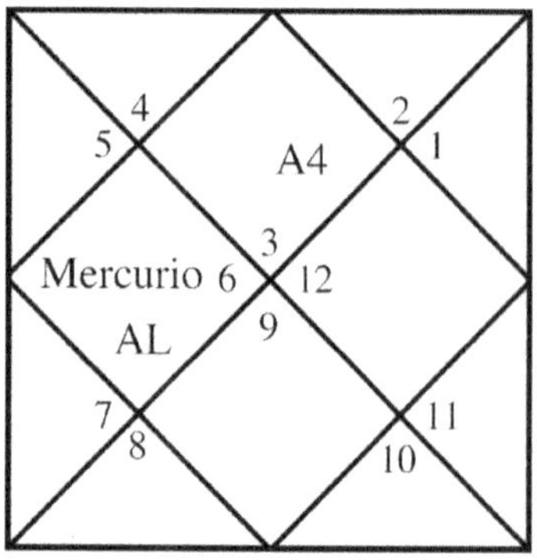


En la carta de ejemplo el lagna es Géminis, regido por Mercurio, planeta que está en la casa cuatro; por lo tanto el ārūḍha cae en la casa siete. Posteriormente se tiene que cambiar a la décima casa contando desde la siete, que en este caso termina siendo la cuatro, donde también se encuentra el lagneśa. Esta regla será la misma para cualquier ārūḍha de cualquier casa. Por ejemplo, el A4 (ārūḍha de la cuatro) no puede caer en las casas cuatro (que viene siendo la casa uno desde sí mismo) o diez (la siete desde sí mismo), por lo que si esto ocurre se seguirán las mismas reglas de reubicarlo contando diez casas. En esta carta el regente de la cuatro es Mercurio quien está en Virgo en casa cuatro; aplicando la regla de conteo inclusivo desde la casa al regente, el ārūḍha permanecerá en la misma casa. El A4 no puede estar en la casa cuatro o en la diez, por lo que se reubicara a la casa diez desde si mismo, que es el rāśi lagna.

Ārūḍha muestra nuestra interacción con el mundo, por lo que si no estamos interactuando con el mundo, entonces ārūḍha no es importante. Nuestra interacción primaria con el mundo es a través de nuestro trabajo y carrera; de esta manera la casa diez es nuestro ārūḍha, ya que es lo que la persona proyecta para cumplir con su karma. La diez desde el lagna es donde el Sol alcanza digbala (fuerza direccional), donde es el más visto. El ārūḍha es como la diez, ya que es la casa más visible.

Parāśara da una forma más directa de calcular el ārūḍha cuando cae en la primera o séptima casa:

यथा तुर्यस्थिते नाथे तुर्यमेव पदं Iवेत् ।
सप्तमे च स्थिते नाथे विज्ञेयं दशमं पदम् ॥ ५ ॥

*yathā turyasthite nāthe turyameva padaṁ bhavet I*
*saptame ca sthite nāthe vijṣeyaṁ daśamaṁ padam II 5II*

Si el regente de la casa está en la cuarta desde ella, entonces esa cuarta casa se convierte en el pada.
Cuando el regente está en la casa siete, el pada está en la diez desde el original.

Existen cuatro situaciones en las que puede surgir la excepción. Podemos calcular la décima casa a partir del primer bhāvapada o simplemente recordar:

- Si el regente del lagna está en el lagna mismo, entonces el ārūḍha se encuentra en la décima casa
- Si el regente de la lagna está en la séptima casa, el ārūḍha se encuentra en la décima casa
- Si el regente del lagna está en la cuarta casa, el ārūḍha se encuentra en la casa cuatro
- Si el regente de la lagna está en la décima casa, el ārūḍha se encuentra en la cuarta casa

## Regencias duales de Acuario y Escorpio

También debemos tomar la regencia dual de Rāhu y Ketu para los signos de Acuario y Escorpio tal como lo menciona Parāśara a lo largo del texto. En el capítulo de ārūḍha, Parāśara dice:

द्विनाथद्विभयोरेवं विज्ञेयं सबलावधि ।
विगणय्य पदं विप्र ततस्तस्य फलं वदेत् ॥ ७ ॥

*dvināthadvibhayorevaṁ vijñeyaṁ sabalāvadhi |*
*vigaṇayya padaṁ vipra tatastasya phalaṁ vadet || 7||*

Si un planeta rige dos signos o si un signo es regencia de dos planetas, ve el entorno más fuerte (*sabalāvadhi*) y calcule el pada desde ese lugar, lo que indicará los resultados.

Dado que Acuario es regido por Saturno y co-regido por Rāhu, se producen dos posibles ārūḍhas; lo mismo sucede con Escorpio, que está regido por Marte y co-regido por Ketu. En los casos en que Marte está solo en Escorpio, Ketu se usa para determinar el ārūḍha principal, o si Ketu está en Escorpio, entonces se usa a Marte como principal. Esto es lo mismo para el regencia dual de Acuario de Rāhu y Saturno. De lo contrario se calculan los dos ārūḍhas y se utiliza el más fuerte.

## Interpretación del ārūḍha lagna

La fuerza del regente del ārūḍha lagna determina el nivel de estatus que alcanza una persona. Los planetas en conjunción o en kendra al AL indican las actividades por las que una persona se hace conocida. Nuestro estatus se relaciona con el lugar donde nacemos, ya que un estatus alto en un país desarrollado y rico y un estatus alto en un país pobre y subdesarrollado serán muy diferentes. La sociedad (Luna) crea y define lo que se considera un estatus alto. El ārūḍha tiene un elemento social que requiere ser integrado en la interpretación.

Un planeta fuerte en el AL tiene la capacidad de influir en el rol de una persona en la vida. Parāśara dice que un Sol fuerte en el AL (o con digbala desde el AL) indicará servicio en el gobierno (*rājakārya*). La Luna llena indica a una persona con conocimiento (*vidvān*) y que disfruta de los placeres de la vida (*bhogavān*), lo cual aumenta si recibe el aspecto de Venus. Un Marte fuerte indica que la persona es feliz luchando, o que trabaja con fuego (transformación o cocina), o es un fabricante de medicamentos (*rasavādī*). Un Mercurio fuerte indica un experto en artes, o relacionado con la ciencia y el aprendizaje o un comerciante (*vāṇijyaka*). Un Júpiter fuerte en el AL indica a alguien que hace buenas obras (*sukarma*) y posee conocimientos. Venus entrega sentido de belleza, nos vuelve sensuales y da una posición en política o en el sector administrativo (*rājakīta*). Un Saturno fuerte indica prácticas tradicionales, mientras que Rāhu puede indicar un ladrón, o alguien que trabaja con metal o máquinas, o un médico que trabaja con venenos. Ketu indica a un comerciante extranjero (*vyavahārī*), o alguien que realiza procedimientos

legales, contrata, administra justicia, o que trabaja con matemáticas (contadores) o con transportes masivo (autobuses, trenes y aviones). De esta manera si el planeta es fuerte, se relacionará al individuo con sus significados. Esta información se integra con la información de las trikonas de navāṁśa (que muestran en lo que la persona es realmente buena) y dasāṁśa (que se relaciona específicamente con el trabajo). Si el planeta está débil o afligido, creará problemas de reputación en la persona con respecto a los significados negativos de ese planeta.

La relacion de amistad de un planeta con la imagen (AL) es similar a las amistades y enemistades naturales de la Luna. La Luna o Júpiter hacen al nativo bien conocido y querido, mientras que Rāhu puede hacer que parezca un forastero. Maléficos en el ārūḍha lagna pueden causar problemas en la percepción que otros tienen del nativo o la reputación que le precede; esto puede ser un obstáculo para el progreso en el lugar de trabajo. Este aspecto también indica que la persona puede alcanzar la fama a través de actividades negativas, como trabajar para agencias de vigilancia, operaciones militares, vendedores sin escrúpulos, etc. La gente puede elevarse a cualquier posición, pero su imagen será afectada por dichos planetas. Por ejemplo, Bill Clinton tiene a Júpiter en AL y la Luna en AL7, lo que le dio una buena reputación sin importar lo que hiciera. Su sucesor George Bush tenía a Ketu en su AL y estaba plagado de errores; su presidencia se definió por la destrucción de las torres gemelas en su período Saturno-Rahu y la construcción de la Administración de Seguridad Nacional (NSA), que se centró en una mayor vigilancia.

Cada casa desde el ārūḍha lagna tiene significados específicos. La casa dos desde el ārūḍha lagna (AL2) es importante para el sustento de la imagen social y planetas positivos ubicados aquí pueden elevar al ārūḍha dándole un buen nombre y asociación. En el Rājayogādhyāya Parāśara dice que Júpiter posicionado en AL2 ayuda a alcanzar el éxito, mientras que si Mercurio, Júpiter o Venus están exaltados en el AL2, traen riqueza (*dhana*) y prosperidad (*śriyaṁ*), también los maléficos ahí pueden derribar el ārūḍha de acuerdo a las negatividades que representan. Por ejemplo, Saturno en la segunda casa desde el AL puede indicar que la reputación es dañada por mentir. Si Marte y Venus estuvieran en AL2, la reputación de la persona podría verse arruinada por un escándalo sexual. Estos eventos pueden ocurrir durante los períodos de tiempo de estos planetas. De manera similar las otras casas desde AL tienen significados específicos que son importantes para la astrología política y financiera.

## Los significados de cada Ārūḍha Pada

El ārūḍha representa los significados visibles y tangibles de una casa, mientras que los otros significados internos se analizan según la casa y la fuerza del regente. Entonces para cada casa debemos observar los significados visibles relacionados con esa casa para comprender el significado de dicho ārūḍha. Por ejemplo, el ārūḍha de la casa dos indica el dinero, la riqueza acumulada y la familia inmediata, así como el ārūḍha de la casa tres representa a los hermanos. El aruḍha no se utiliza para ver los significados internos como el coraje o el valor, sino para analizar los actos intrépidos que una persona realiza, y que se basan en los atributos internos. Por ejemplo, la casa cuatro indica la felicidad y la educación, por lo que su ārūḍha indicará las cosas que nos hacen felices, como automóviles, casas y otros lujos. También mostrará grados académicos que son la manifestación (imagen) de nuestra educación y que se cuelgan en las paredes de la oficina de un profesional. De esta manera podemos interpretar todos los bhāvapadas.

Utilizamos los bhāvapadas como uno de los cuatro factores importantes para la interpretación de cada casa (área de la vida), los que se presentan a continuación:

- la casa nos muestra el entorno real de esa área de la vida
- el regente de la casa nos indica la dirección en la que funciona la energía
- el kāraka de la casa indica la relación con esos significados naturales
- el ārūḍha de esa casa nos indica las manifestaciones que surgen de esa área de la vida

## Ejemplo de carta: Dalai Lama

Apliquemos lo que hemos aprendido hasta ahora a la carta del Dalai Lama, mirando primero su cuarta casa del hogar.

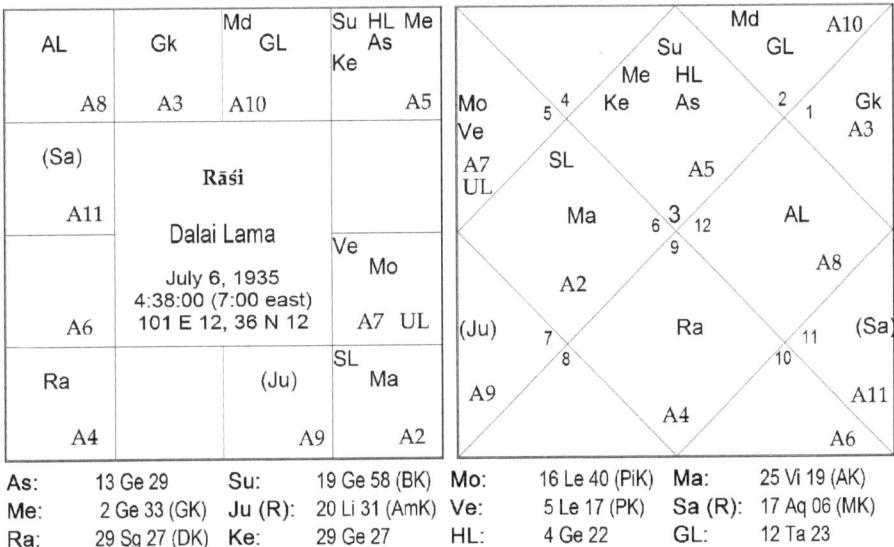

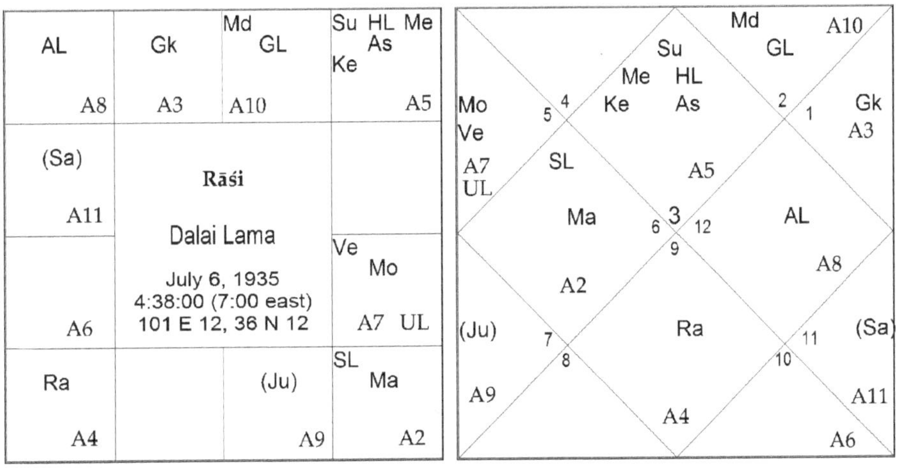


| | | | | | | | |
|---|---|---|---|---|---|---|---|
| As: | 13 Ge 29 | Su: | 19 Ge 58 (BK) | Mo: | 16 Le 40 (PiK) | Ma: | 25 Vi 19 (AK) |
| Me: | 2 Ge 33 (GK) | Ju (R): | 20 Li 31 (AmK) | Ve: | 5 Le 17 (PK) | Sa (R): | 17 Aq 06 (MK) |
| Ra: | 29 Sg 27 (DK) | Ke: | 29 Ge 27 | HL: | 4 Ge 22 | GL: | 12 Ta 23 |

### I. Casa cuatro:

Un Marte maléfico está posicionado en esta casa mostrando que hay alguna pelea relacionada con el hogar. La cuarta casa también contiene al A2 por lo que había mucha riqueza y aprendizaje tradicional donde vivía, y está regida por Virgo que muestra refinamiento y orden en su hogar.

Es un signo dual aspectado por otros signos duales, por lo tanto tiene el aspecto rāśi de Rāhu, Ketu, Mercurio y Sol. El Sol es el tercer regente, indicando colegios, dando consejos espirituales sobre el hogar. Mercurio es el cuarto regente, por lo tanto trabaja para proteger el hogar a través de la escritura, el habla y otras habilidades que el nativo tiene. El aspecto de Mercurio es beneficioso, así como el aspecto del propio regente; pero esto debe combinarse con el aspecto negativo de Rāhu y Ketu, así como con la situación de Marte en la casa. Rāhu representa a los forasteros o el engaño que perturba la cuarta casa, y Ketu se añade a esto. No hay aspectos completos de graha en la casa.

### II. El regente de la casa:

Mercurio, el cuarto regente, es fuerte en su propio signo en la primera casa. Desde el lagna esto significa que tendrá un fuerte enfoque en su hogar y patria. Desde la cuarta casa, Mercurio está en la diez, lo que demuestra que se está haciendo mucho trabajo relacionado con la casa. La posición del regente es buena y fortalecerá el foco de la casa, pero son los maléficos en conjunción los que traerán mucha dificultad.

### III. El kāraka de la casa

El kāraka natural que representa el hogar es la Luna, que se encuentra en la casa tres que no es una buena posición para la Luna, en general los maléficos se encuentran bien en las casas tres, seis y ocho, mientras que benéficos en estas casas hacen que la persona sea muy pasiva y gentil, por lo que es una buena combinación para un monje.

La Luna está en un signo fijo y es aspectada por los signos chara; por lo tanto la Luna tiene el aspecto rāśi de Júpiter fortaleciendo sus recursos. También tiene los aspectos de graha de Rāhu y Saturno; cuando más de dos maléficos proyectan un aspecto graha sobre un planeta, entonces se considera que el planeta aspectado está bajo una maldición que traerá algún sufrimiento de su karma pasado. La Luna es aspectada por Rāhu (conmoción) y Saturno (sufrimiento). La conjunción con Venus es una bendición que muestra la comodidad y la naturaleza beneficiosa del hogar, pero los aspectos maléficos muestran experiencias negativas que deben ser experimentadas.

### IV. El ārūḍha de la casa

El regente de la cuatro Mercurio está a diez casas desde la cuarta casa; contando desde la casa 4 hasta la 1 de manera inclusiva y luego diez casas más desde el regente (desde la 1 hasta la 10), el bhāvapada cae en la décima casa, que corresponde a la séptima desde la cuarta y como el ārūḍha no puede estar ni en la primera ni séptima desde la cuarta casa, se vuelven a contar diez casas más. Al final del conteo el A4 cae en la casa siete con Rāhu. El A4 se ve perturbado por maléficos como Rāhu y puede mostrar una interrupción en el hogar o vivir en un lugar ajeno a la patria. Rāhu no está bien posicionado en Sagitario y por eso causa más problemas de lo normal.

Los factores de estos resultados se ven resumidos en la tabla a continuación. La casa no funciona bien y el nativo abandonó su hogar siendo exiliado de su propia tierra natal.

| **Prosperidad** | **Pérdida** |
|---|---|
| Mercurio, aspecto del propio regente | Marte maléfico en la casa |
| El regente va al lagna, una buena casa | Aspecto de Rāhu |
| Kāraka de la casa en conjunción con Venus | Aspecto de Ketu |
| | Aspecto del Sol |
| | Regente de la casa en conjunción con maléficos |
| | Kāraka de la casa aspectado por Rāhu |
| | Kāraka de la casa aspectado por Saturno |
| | *Bhāvapada en conjunción con Rāhu* |

### - EJERCICIO PRÁCTICO -

1. Calcula todos los bhāvapadas para tu carta y una más.
2. Analiza tres casas en cada carta de la misma manera que se mencionó anteriormente.

# Capítulo 9

## Argalā, la interacción

## Fundamentos de Argalā

Maharshi Parāśara dedica el capítulo Argalā-Adhyāya a la comprensión de los resultados de argalā; este se encuentra ubicado entre el capítulo bhāvapada y el capítulo kārakāṁśa lo que nos da una idea de la importancia de usar el principio de argalā junto con el ārūḍha lagna y el kārakāṁśa (así como todos los demás puntos de la carta).[1] El sabio Parāśara indica directamente que se debe usar argalā desde todos los puntos de referencia, con especial importancias sobre el lagna y ārūḍha lagna. Argalā es un principio fundamental que todos los astrólogos deben aplicar. Monnier Williams define argalā como "un perno o alfiler de madera para sujetar una puerta o la cubierta de una vasija." En Jyotiṣa se usa para entender lo que está influyendo (encerrando) los resultados de una casa, o del lagna, o lagna especial, del ārūḍha o del regente de un periodo de la vida.

En el capítulo sobre argalā el estudiante Maitreya le dice a Parāśara:

भगवान् याऽर्गला प्रोक्ता शुभदा भवताऽधुना ।
तामहं श्रोतुमिच्छामि सलक्षणफलं मुने ॥ १ ॥

*bhagavān yā'rgalā proktā śubhadā bhavatā'dhunā |*
*tāmahaṁ śrotumicchāmi salakṣaṇaphalaṁ mune || 1||*

Oh aquel que da bendiciones, has hablado de las bondades que se obtienen
por Argalā, estoy ansioso por escuchar los detalles de estos resultados, oh Sabio.

El Guru Parāśara responde a la perfecta pregunta realizada, decidiendo darle a su estudiante algunos detalles más específicos.

मैत्रेय सार्गला नाम यया भावफलं दृढम् ।
स्थिरं खेटफलं च स्यात् साऽधुना कथ्यते मया ॥ २ ॥

*maitreya sārgalā nāma yayā bhāvaphalaṁ dṛḍham |*
*sthiraṁ kheṭaphalaṁ ca syāt sā'dhunā kathyate mayā || 2||*

Maitreya, lo que se llama argalā otorga los resultados definitivos (*dṛḍha*) de una casa
y los resultados fijos (sthira) de los planetas. Esto será expuesto en gran medida por mí.

Argalā puede mostrar resultados definitivos para cada casa y planeta, indica los *objetivos y logros* del nativo, a diferencia de los aspectos graha que son los *deseos* del nativo y los aspectos rāśi que indican las *influencias físicas* en las situaciones del nativo. Los aspectos de un signo o planeta nos muestran su efecto específico sobre ciertas casas y planetas, mientras que argalā indica la interacción de cada casa y graha entre sí. Cada casa está afectando a todas las demás, ya que la carta es un todo completo. Los resultados generados por un planeta en una casas sobre todas las otras casas indica como ese planeta influencia cada una de las áreas de la vida. Parāśara dice:

1 Kārakāṁśa es el signo del ātmakāraka en navāṁśa

चतुर्थे च धने लाभे ग्रहे ज्ञेया तदर्गला ।
तद्बाधकाः क्रमात् खेटा व्योमरिष्फतृतीयगाः ॥ ३ ॥
*caturthe ca dhane lābhe grahe jṣeyā tadargalā |*
*tadbādhakāḥ kramāt kheṭā vyomariṣphatṛtīyagāḥ || 3||*

Debes saber que un planeta en la cuarta, segunda y undécima, respectivamente otorga argalā. Un planeta posicionado en la décima, duodécima y tercera se convierte en un obstáculo.

| | | | |
|---|---|---|---|
| Argalā primario, o intervención directa | 2 | 11 | 4 |
| Virodha (Obstrucción) | 12 | 3 | 10 |

Argalā conecta casas en pares, donde una casa otorga una intervención mientras que su par la obstruye. La duodécima, tercera y décima otorgan virodha es decir 'bloqueo', 'inconveniente', 'prevención', 'impedimento', 'oposición', mostrando quién o qué vendrá a obstruir nuestros objetivos y los de la casa en cuestión. Consecuentemente la casa dos otorga mientras que la doce bloquea ese resultado, la once otorga mientras que la tres bloquea ese resultado de la casa, así como la casa cuatro da mientras la diez bloquea ese resultado.

निर्बला न्यूनसंख्या वा बाधका नैव सम्मताः ।
*nirbalā nyūnasaṅkhyā vā bādhakā naiva sammatāḥ |*

Cuando la obstrucción existe sin fuerza,
o de menor número será destruida.

La obstrucción es eliminada si el signo de la obstrucción es más débil que el argalā o si hay más planetas dando argalā que planetas otorgando obstrucción. Parāśara indica que el cálculo de la fuerza principal se realiza mejor de acuerdo con la llamada "segunda fuente de fuerza de Jaimini", que especifica que el mayor número de planetas en un signo hace que este sea más fuerte (2.3.8). La tercera fuente de fuerza es el estado de los planetas (2.3.9). Si no, el signo que recibe más aspectos rāśi dará sus resultados de acuerdo con las indicaciones del signo, lo que determinará si se convierte en un argalā u obstrucción.

Por ejemplo, la capacidad de tener el dinero (*dhāna*) de la segunda casa está obstruida por los gastos (*vyaya*) de la doce. Si gastamos más de lo que ahorramos, nuestros ahorros serán obstruidos, pero si nosotros ahorramos más de lo que gastamos, entonces tenemos una buen argalā de la casa dos. Si un planeta se encuentra en la casa doce y ninguno en la dos, entonces hay obstrucción a las ganancias, pero si en la casa dos se ubican dos planetas y uno en la doce, entonces la obstrucción es superada. Los planetas que otorgan argalā indicarán de que manera remover la obstrucción. Por ejemplo, si la Luna está en la casa dos y Marte y Ketu están en la doce, entonces Marte y Ketu están bloqueando los resultados de ese argalā que la Luna está dando. Por otro lado, si la Luna y Venus están en la dos y Marte está en la doce, entonces el bloqueo es superado por las indicaciones entregadas por Venus y la Luna.

De la misma manera la casa tres puede causar un bloqueo a la once, ya que los deseos personales de entretención, placer o deportes pueden bloquear la capacidad de la casa once de generar ganancias y enriquecernos. Hay una excepción llamada viparītā argalā. Parāśara dice:

तृतीये व्याधिकाः पापा यत्र मैत्रेय बाधकाः ॥ ४ ॥

*tṛtīye vyādhikāḥ pāpā yatra maitreya bādhakāḥ || 4||*

Maléficos en la tres cambian la obstrucción, Maitreya.

तत्रापि चार्गला ज्ञेया विपरीता द्विजोत्तम ।
तथापि खेटभावानां फलमर्गलितं विदुः ॥ ५ ॥

*tatrāpi cārgalā jñeyā viparītā dvijottama |*
*tathāpi kheṭabhāvānāṁ phalamargalitaṁ viduḥ || 5||*

Oh mejor de los brahmanas, es conocido como viparītā argalā y por lo tanto deben ser conocidos los resultados del planeta y la casa desde la división de la carta.

Benéficos en la casa tres, causarán obstrucción (*virodha*) al argalā, indicando que la persona no tiene la fuerza necesaria para lograr los objetivos de esa casa. Desde el lagna las acciones de la persona no son lo suficientemente fuertes como para obtener resultados, mientras que desde el ārūḍha lagna la persona es demasiado amable y fácil de influenciar. El virodha causado por los benéficos bloquea la capacidad de tomar medidas agresivas cuando es necesario alcanzar un objetivo, la terapia de entrenamiento asertivo puede ser el remedio para estas personas. Maléficos en la casa tres causan viparītā argalā (*revertir el argalā*), es decir la convierten el virodha en argalā. Maléficos ahí hacen que la persona sea asertiva e incluso agresiva para alcanzar los resultados de la casa, utilizando *parākrama* (coraje, esfuerzo, audacia) para lograr resultados. Si se niegan los resultados de la casa, el nativo trabajará aún más duro hasta que se logren. Esta persona a veces pueden considerarse agresiva y los programas de 'comunicación no violenta' pueden usarse para enseñarle a usar esa energía de manera constructiva y relacionarse bien con los demás.

Cuando los benéficos se encuentran en la casa tres desde el lagna y maléficos en la tres desde el ārūḍha lagna o al revés, se crea confusión: a veces son personas agradables que son percibidas como agresivas o se da la situación opuesta en la que son agresivas, pero su dulce ārūḍha los hace percibir como sueves y agradables. Viparītā argalā desde el lagna indica cómo la persona aplican su inteligencia, mientras que viparītā argalā desde el AL (ārūḍha lagna) indica cómo se percibe a la persona cuando interactúa con los demás.

पञ्चमं चार्गलास्थानं नवमं तद्विरोधकृत् ।

*pañcamaṁ cārgalāsthānaṁ navamaṁ tadvirodhakṛt |*

La quinta casa es un lugar de argalā y la novena casa le da virodha.

Los argalās definidos previamente en los versos anteriores se llaman argalās primarios, ya que estos argalā y virodha tendrán una interacción más directa con los asuntos de una casa y de los graha que se encuentren ahi. Este verso enumera el primer argalā secundario que tendrá una intervención más sutil sobre la posición en cuestión.

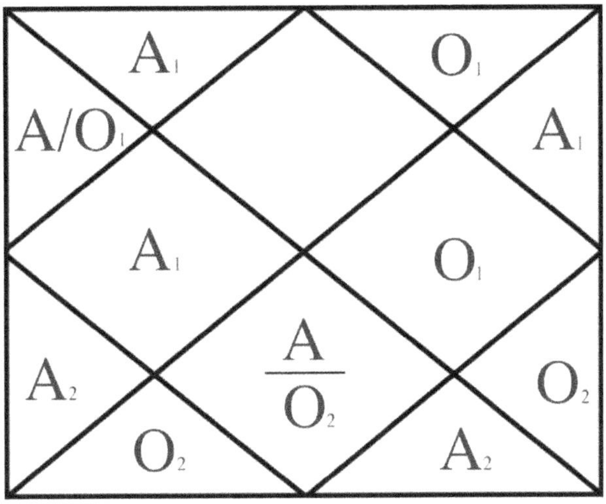


En el diagrama anterior se puede ver que la relación entre argalā y virodha de una casa es similar a la posición de las casas paṇaphara (2, 5, 8, 11) y āpoklima (3, 6, 9, 12) desde lagna, pero argalā puede ser analizado desde cualquier casa o planeta y no es un concepto fijo como las casas paṇaphara y āpoklima desde el lagna. Aquí argalā puede representar la visión futura, mientras que su virodha el condicionamiento pasado y las kendras muestran el presente. De esta manera los condicionamientos viejo o pasados bloquean y obstruyen las nuevas posibilidades y la manifestación futura, es decir lo que se ha hecho en el pasado controla lo que se hará en el futuro. Virodha indica lo que va a suceder debido a lo que ha sido. Paṇaphara y āpoklima son una danza entre el pasado y su futuro posible.

La casa ocho también tiene un argalā secundario y la sexta casa corresponde a su obstrucción. La séptima casa tendrá un argalā terciario o virodha hacia el lagna dependiendo de la relación entre las significaciones naturales del planeta y las significaciones de la casa.

Todas las casas están interactuando con las otras casas. El diagrama muestra el argalā primario y secundario y la obstrucción para todas las casas desde el lagna u otro punto de referencia. Los planetas dan resultados pronunciados y cuanto más planetas crean un argalā u obstrucción, más poderosos son sus resultados. Los planetas representan a las personas que interactúan con un individuo y las acciones que se realizan para obtener unos resultados.

Cuando no hay planetas posicionados en una casa, el rāśi que se encuentra ahí causará argalā u obstrucción, en función de su fuerza, integrando que los signos representan el lugar o la situación que interviene. Por ejemplo, si no hay planetas en la segunda o duodécima casa, entonces los signos se vuelven importantes. Si el lagna es Géminis entonces Cáncer está dando argalā desde la segunda y Tauro está dando obstrucción desde la doce. Cáncer da sustento a través del cuidado, la crianza, las criaturas acuáticas, etc. y es obstruido por Tauro, que muestra gastos en lujos, posesiones excesivas o placeres materiales. El más fuerte de los dos signos será la influencia dominante en la carta.

Argalā se puede calcular tanto a partir de las casas como desde los planetas. Parāśara menciona una excepción: el argalā se calcula a la inversa para el planeta oscuro, aunque no hay una indicación específica de cuál planeta oscuro.

तमोग्रहभवा सा च व्यत्ययाज् ज्ञायते द्विज ॥ ६ ॥

*tamograhabhavā sā ca vyatyayāj jñāyate dvija || 6||*

Las casas son entendidas a la inversa desde el planeta oscuro.

Jaimini en su *Upadeśa Sūtra* aclara que este cálculo inverso se hace solo desde Ketu,

विपरीतं केतो

*Viparītaṁ Keto ||1.1.9||*

El cálculo a la inversa es desde Ketu.

Por lo tanto argalā desde Ketu se cuenta a la inversa: la doce, tres, diez, nueve y seis darán argalā a Ketu. Argalā desde un kāraka indica los *objetivos* de ese planeta. Cada planeta está enfocado en manifestar resultados en este mundo, excepto mokṣa-kāraka Ketu, cuyo objetivo es liberarnos de este mundo. En consecuencia analizamos argalā desde Júpiter para ver cosas relacionadas con el dinero, los niños, Jyotiṣa, etc, argalā desde el Sol para estudiar la salud, la espiritualidad, etc, y tomamos en cuenta argalā desde la Luna para ver influencias en la mente, la salud mental, etc. Para cada planeta sus significados se pueden estudiar desde ellos en el orden natural de argalā, pero para Ketu argalā relacionado a la liberación espiritual se ve a la inversa. En el caso de Rāhu vemos argalā en sentido directo, ya que sus objetivos son hacia el mundo; sin embargo su dṛṣṭi (aspectos) están al revés (12ª casa es el 2ª, 5ª sobre la 9ª y 9ª sobre la 5ª) porque sus *deseos* son la causa la reencarnación.

## Argalā de casas individuales

Parāśara da una breve explicación de lo que representa cada casa usando el concepto de argalā. Esto se puede aplicar desde múltiples puntos de referencia utilizando todas las reglas enseñadas anteriormente. El argalā de la casa dos se puede ver desde el lagna (sustento del cuerpo), o la segunda desde el ārūḍha lagna (sustento de la imagen) y la segunda desde el kāraka Júpiter (sustento de suerte y sabiduría). De esta manera la carta se convierte en un chakra aún más multidimensional para percibir la vida y sus niveles de interacción.

सार्गले च धने विप्र धनधान्यसमन्वितः ।
तृतीये सोदरादीनां सुखमुक्तं मनीषिभिः ॥ १३ ॥

*sārgale ca dhane vipra dhanadhānyasamanvitaḥ |*
*tṛtīye sodarādīnāṁ sukhamuktaṁ manīṣibhiḥ || 13||*

El argalā de la segunda casa hace que uno sea rico y afortunado,
La tercera da hermanos, felicidad, tolerancia (*mukta*) e inteligencia

चतुर्थे सार्गले गेहपशुबन्धुकुलैर्युतः ।
पञ्चमे पुत्रपौत्रादिसंयुतो बुद्धिमान्नरः ॥ १४ ॥

*caturthe sārgale gehapaśubandhukulairyutaḥ |*
*pañcame putrapautrādisaṁyuto buddhimānnaraḥ || 14||*

El argalā de la casa cuatro otorga casas, ganado y familia, el quinto da hijos, nietos, etc., y una persona dotada de comprensión.

षष्ठे रिपुभयं कामे धनदारसुखं बहु ।
अष्टमे जायते कष्टं धर्मे भाग्योदयो भवेत् ॥ १५ ॥

*ṣaṣṭhe ripubhayaṁ kāme dhanadārasukhaṁ bahu |*
*aṣṭame jāyate kaṣṭaṁ dharme bhāgyodayo bhavet || 15||*

El sexto da miedo de los enemigos,
el séptimo da mucha riqueza y felicidad a través de la pareja,
el octavo da miseria y problemas (*kaṣṭaṁ*), mientras que el noveno da bhāgya.

दशमे राजसम्मानं लाभे लाभसमन्वितः ।
सार्गले च व्यये विप्र व्ययाधिक्यं प्रजायते ॥ १६ ॥

*daśame rājasammānaṁ lābhe lābhasamanvitaḥ |*
*sārgale ca vyaye vipra vyayādhikyaṁ prajāyate || 16||*

El décimo da respeto real, el undécimo da ganancias y beneficios,
Y la intervención del duodécimo crea abundantes gastos.

| | | | |
|---|---|---|---|
| **1** | ***Punto focal.*** Los planetas en el lagna obstruirán el matrimonio ya que el enfoque es más en uno mismo que en otros. Planetas en lagna darán forma a la personalidad y la apariencia física. Planetas con AL colorearán la imagen. Múltiples planetas en el lagna lo vuelven auto centrado, mientras que planetas en la siete indican más atención por la pareja. | **7** | ***Virodha/Argalā.*** Riqueza y felicidad a través de la pareja; tener más planetas en la séptima casa significa más enfoque en la pareja, mientras que tener más planetas en lagna significa una actitud desinteresada o no disponible hacia la pareja. La casa siete es la puerta para obtener nuestros objetivos importantes: Benéficos o planetas exaltados ayudan a lograr el objetivo, mientras que maléficos bloquean la puerta y los objetivos. |
| **2** | ***Dhānārgalā.*** Aquello que sostiene a la bhāva: riqueza, comida, etc. Júpiter en la dos desde el Lagna indica riqueza y buena comida, mientras que Rāhu es una combinación de encarcelamiento. Dhānārgalā desde AL es lo que sostiene la imagen pública y fama: aquí Júpiter permite que la reputación se eleve y Rahu indica una mala fama. | **12** | ***Virodha.*** Gastos abundantes, lo que nos aleja del trabajo a realizar, donde la energía se gasta, falta de energía y foco en las tareas de esa casa. Planeta en la casa 2 crean un "ahorrador" o daśānath, mientras que planetas en la casa 12 crean un "gastador". |
| **3** | Parākrama (fuerza, coraje) necesario para cumplir los objetivos de la casa, hace que uno se libere y que se vuelva mukta ('liberado', desenfrenado, indulgente). Inteligencia relativa a la aplicación de habilidades.<br>***Benéficos (virodha):*** hermanos y los que nos dan soporte, hablará dulcemente, demasiado suave, bueno para sannyāsa.<br>***Maléficos (viparītā-argalā):*** capaz de obtener lo que quiere a través de cualquier medio. Alcanzar metas. | **11** | ***Lābhārgalā.*** Ganancias, el trabajo que genera dinero o ingresos, esperanzas, realización de sueños. Benéficos: la persona se beneficia del buen trabajo. Maléficos: la persona puede beneficiarse de actividades ilícitas o duras. Los planetas aquí permiten que el individuo o la casa obtenga ganancias y crecimiento. |

| | | | |
|---|---|---|---|
| 4 | ***Sukhārgalā.*** Desde el lagna indica la capacidad de obtener metas personales. Es la definición de una persona o bhāva de la felicidad, comodidad, equilibrio mental necesario para alcanzar una meta: Júpiter indica que la espiritualidad hace feliz a la persona, mientras que Rāhu muestra que los logros materiales hacen feliz a la persona. Sukhārgalā a la segunda casa: inversiones, planes de dinero que traen comodidad. Sukhārgalā a la tercera casa: la condición del enemigo. Sukhārgalā a la cuarta: la condición de la pareja determina la felicidad de la vida en el hogar. | 10 | ***Virodha.*** El respeto de un rey, el trabajo que realizamos para obtener resultados; si es más fuerte que la cuarta casa entonces se delegará menos poder y habrá más trabajo llevado a cabo por la persona. Más planetas en la casa diez desde el lagna indican que la vida gira en torno al trabajo. El argalā de la décima casa desde la cinco es la casa dos en la que los planetas obstruyen la obtención de hijos según la búsqueda indicada por el planeta. Virodha de la décima casa desde la casa once es la casa ocho de préstamos: donde los ingresos se bloquean debido al pago de deudas, es o la casa dos del banco o en la casa ocho de las deudas. |
| 5 | ***Argalā.*** Inteligencia, la planificación necesaria, el futuro, soporte de niños y estudiantes. Planes para alcanzar objetivos. Benéficos: buenos planes que fructificarán, una bendición. Maléficos: malos planes para obtener poder y autoridad, dañan el futuro, por lo tanto, necesitan los śānti mantras. El argalā de la quinta casa desde la casa seis indica la planificación del trabajo a realizar; un benéfico aquí indica buenos planes de trabajo, y un maléfico en la casa diez son problemas con la planificación relacionada con el trabajo. | 9 | ***Virodha.*** Protección, karma pasado, experiencias pasadas, consejos de los ancianos. Benéficos: buenos consejos que anularán nuestros planes, Sol (padre), Venus (esposa o hermana), Mercurio (socios comerciales o tíos) que bloquearán nuestros planes negativos. Buena suerte, expectativa de que se cumplan nuestros objetivos. Maléficos: malos consejos, evitar el consejo de la persona significada por el planeta. Maléficos en la novena casa desde el AK destruyen nuestro bhāgya (suerte). Desde la casa dos el argalā de la novena casa es la casa diez que indica el trabajo real con el cual se obtiene dinero. Los maléficos pueden indicar un mal empleador (el padre de nuestro dinero). |
| 6 | ***Virodha.*** Las cosas que bloquean los cambios que quieres en la vida. Enemigos, obstáculos, problemas legales, malos hábitos (*shadripu*) que acortan la longevidad, leyes o códigos que nos causan estrés y obstaculizan nuevos comienzos de negocios, matrimonios u otras relaciones sociales o legales; planetas aquí volverán las transformaciones de la casa ocho más difíciles. | 8 | ***Argalā.*** La habilidad de hacer cambios como queramos. Maléficos indican transiciones costosas o difíciles y falta de longevidad Benéficos indican transiciones fáciles y remueven los problemas. Argalā de casa ocho desde la diez indica la transformación en la carrera: maléficos indican bajar de posición o pérdidas de trabajo, mientras benéficos darán ascensos. |

## Argalā desde diferentes casas

Los resultados enumerados por Parāśara son para la casa uno y deben ajustarse de acuerdo la casa desde la que se analice argalā. Debemos entender cada casa en relación con cada otra casa y en relación con cada planeta. Por ejemplo argalā desde la casa cuatro en relación con la educación: *Dhanārgalā* para la casa cuatro es la casa cinco que representa la inteligencia. A menudo la gente discute que la cinco es la casa de la educación porque otorga muchos estudios cuando hay benéficos allí y menos si hay maléficos, pero de acuerdo con argalā, la cinco indica cuanto de la inteligencia de la persona se está aplicando en la educación. La casa cinco es la inteligencia, y esos son los recursos de la educación: cuanto más inteligente sea una persona, más calidad tendrá su educación.

La casa tres desde el lagna da obstrucción de casa doce a la cuatro, ya que es la casa de pasatiempos personales, interpretación musical y artística, así como la casa de oficios manuales; se trata de los estudios vocacionales en lugar de estudios formales. La segunda casa desde el lagna otorga *lābhārgalā* que indica que el apoyo de la familia y los medios monetarios son importantes para conseguir una buena educación.

La casa seis (tres desde la cuatro) es una obstrucción, si hay benéficos, indica demasiados enemigos y malos hábitos en la escuela, mientras que maléficos darán argalā haciendo que la persona trabaje duro para obtener éxito. La casa siete otorga argalā provocando que la persona cree una red social para terminar con éxito sus estudios, mientras que el lagna crea obstrucción ya que nos enfocamos demasiado en necesidades personales y nuestra satisfacción. La casa ocho desde el lagna crea el argalā secundario de casa cinco que permite a la persona dedicarse al estudio y a la investigación necesaria para ser un estudiante exitoso. La casa doce provoca una obstrucción secundaria al dedicar demasiado tiempo y energía a cosas distintas al estudio. La casa once desde el lagna es argalā secundario de casa ocho que indica los amigos que tendrán una influencia sutil en nuestros estudios; cuanto más profesionales y trabajadores sean, mejor será la longevidad de la educación. En relación con el significado de propiedades de la casa cuatro, la casa once desde el lagna indica herencias de propiedades y simultáneamente es el conocimiento que obtenemos a través de trabajos fuera de la escuela. La casa nueve es su obstrucción, ya que saca el enfoque del trabajo en el plano material. La casa diez obstruye a la cuatro si el trabajo que la persona está realizando es contrario a la casa cuatro o a los planetas en ella; si es favorable con la casa cuatro, ayudará la educación al permitir que la persona obtenga ganancias de una manera que ayude a su educación. De esta manera todos los planetas y casas están interviniendo en los resultados de la educación. La carta se vuelve un diagrama holístico que muestra la unidad y la interconexión de toda la vida.

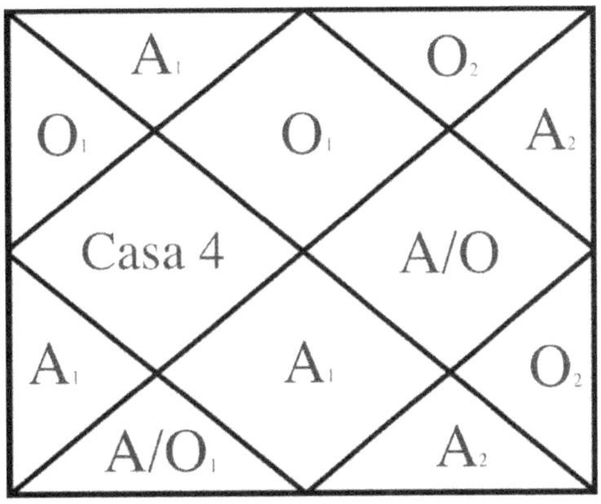


## Argalā en comparación con bhāvat bhāvam

A veces hay confusión entre el concepto de bhāvat bhāvam (casa desde una casa) y argalā. Para aclarar esta diferencia veamos como ejemplo el uso de las casas diez y cuatro desde otra casa.

La casa cuatro es el hogar y la madre, mientras que la casa diez es el trabajo y la carrera. Bhāvat bhāvam se utiliza para derivar los diversos significados de las casas, como en el caso de la casa cuatro desde la cuatro se refiere a la madre de la madre o el hogar de la madre. La décima casa desde la cuatro es la carrera de la madre.

Argalā se utiliza para ver a dónde va la energía de la persona. Los argalā son similares a cargas positivas, mientras que sus obstrucciones son similares a cargas negativas. Si Júpiter está en la casa cuatro y Saturno en la diez, entonces Saturno está tomando la energía del nativo y llevándola lejos del hogar, mientras que Júpiter está dándole energía al nativo y al hogar; este sería el ejemplo de alguien que tiene una casa hermosa que disfruta, pero un trabajo solitario que lo aleja de casa. Si Saturno está en la cuatro y Júpiter está en la diez, entonces el hogar será un lugar solitario y Júpiter llevará al nativo lejos de esa soledad, indicando que la persona disfruta de estar en el trabajo más que en su casa y pasará más tiempo allá. El más fuerte de los dos planetas llevará a la persona más a un lugar que al otro e indicará si la carga positiva o negativa es la más fuerte.

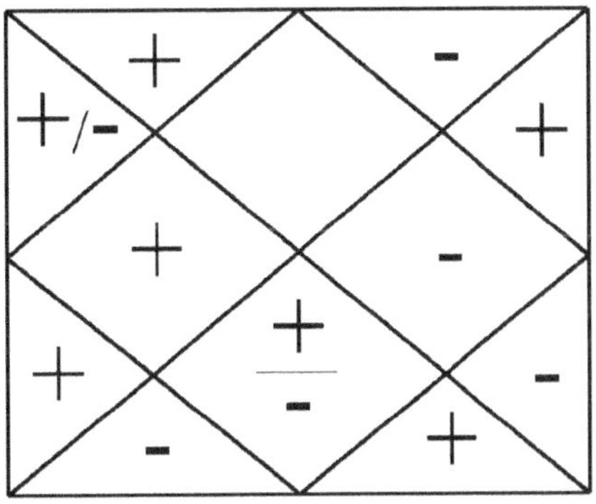

El argalā de casa cuatro y su virodha de la diez vistos desde la casa cuatro, y con respecto a educación formal, indica si la persona está poniendo más energía en sí misma y en el progreso personal (casa diez desde la cuatro) o más energía en el desarrollo de redes sociales en el lugar de aprendizaje (cuatro desde la cuatro).

## Dos formas de utilizar argalā

Una área de la vida afecta a todas las otras áreas de la vida y esto se puede observar a través de argalā. El rāśi muestra la situación inanimada en esa área de la vida, bhāva indica el significado interno o área de la vida en relación con la casa en cuestión y el planeta representa a los seres animados en nuestra vida según el graha correspondiente.

राशितो ग्रहतश्चापि विज्ञेया द्विविधाऽर्गला ।
निर्बाधका सुफलदा विफला च सबाधका ॥ ८ ॥

*rāśito grahataścāpi vijṣeyā dvividhā'rgalā |*
*nirbādhakā suphaladā viphalā ca sabādhakā || 8||*

Argalā debe ser entendido de dos maneras: desde los rāśi y desde los grahas.
Sin obstrucción dará buenos resultados, con obstrucción no fructificará.

Existen dos maneras en la que argalā puede indicar la interacción de bhāvas, rāśis y grahas en una carta: cómo una bhāva o rāśi afecta nuestras vidas y cómo nuestra vida afecta esa bhāva o rāśi. Como ejemplo utilizaremos la casa diez.

- El argalā causado por los planetas *en* la casa diez hacia las otras casas indica cómo la carrera influye en la vida
- El argalā provocado por planetas en otras casas *hacia* la casa 10 muestra cómo la vida influye en la carrera

Observamos la sutileza de la gramática que distingue estos dos dictámenes. Esta es la razón por la cual la gramática misma es un miembro de los Vedas: es absolutamente crucial para una persona comprender el contenido correctamente.

Los argalā de los planetas en la casa diez muestran cómo la carrera influye en el resto de la carta, lo que representa la vida del individuo. Por ejemplo, Júpiter posicionado en la diez da *dhanārgalā* a la casa nueve, haciendo que ganancias a través del dharma sean fructíferas; al mismo tiempo es *sukhārgalā* desde la séptima casa, poniendo muy feliz al cónyuge, y es *lābhārgalā* desde la casa doce, permitiendo que tengamos un muy buen sueño. De esta manera un planeta positivo en la casa diez dará resultados beneficiosos a las otras áreas de la vida, mientras que maléficos en la diez causarán problemas en la carrera llevando problemas a estas otras áreas en consecuencia.

Argalā dados por los planetas hacia la casa diez muestran cómo la vida (el resto de la carta) influye en la carrera. Por ejemplo, si la Luna y Venus estuvieran en la casa once, generando grandes ganancias, estarían dando *dhanārgalā* desde la casa diez mostrando que la carrera provee buenas ganancias. Los planetas en el lagna indican que será felicidad para la carrera, ya que está dando *sukhārgalā* desde la

diez. Este *sukhārgalā* será bloqueado por la casa siete, lo que demuestra que la pareja puede anular la felicidad que tenemos o no. Planetas en la casa ocho darán *lābhārgalā* desde la diez y aumentarán las ganancias a través de la carrera. Planetas en la dos son los planes y decisiones que el nativo tomará con respecto a la carrera; si son planetas benéficos, serán buenas decisiones tomadas al rededor de la carrera y al ser la casa dos desde el lagna, consecuentemente darán una gran cuenta bancaria. De esta manera cualquier planeta en una casa tienen de alguna manera un efecto e influencia sobre la casa diez de la carrera: no hay ninguna casa ni planeta que no esté afectando la carrera. Al leer la carta de esta forma, comenzaremos a comprender la naturaleza holística del universo en el que vivimos y cómo cualquier cosa que hagamos se extenderá a lo largo de todas las facetas de la vida.

Este es un principio difícil de entender, pero muy importante para una visión integral de la carta. La siguiente parte aclara los principios anteriores usando como ejemplo a Júpiter en la casa diez. Existen dos formas en que el argalā indica interacción, pero múltiples formas de expresarlo.

Cita: Los planetas en la casa X dan argalā/virodha a la casa/planeta Y.

1. Júpiter en la casa diez da argalā de segunda casa a la casa nueve
2a. La Luna en la casa uno da argalā de casa cuatro a la casa diez y a Júpiter
2b. La Luna da argalā de casa cuatro a la casa diez y a Júpiter
2c. Júpiter recibe argalā de casa cuatro de la Luna

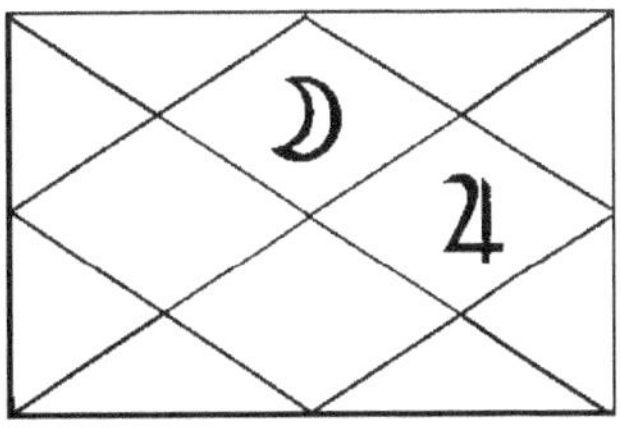

Por lo tanto analizando la posición de Júpiter:

1. Júpiter en la diez dando argalā de casa dos a la nueve indica *cómo la carrera afecta la vida*, como por ejemplo una carrera favorable otorga soporte al dharma (novena casa) o vuelve a la persona más dhármica.
2. Júpiter recibiendo argalā de casa cuatro de la Luna indica *cómo la vida afecta la carrera*; en este caso, como la popularidad social de la persona (Luna en lagna) le da felicidad (sukhārgala) a la carrera o le permite alcanzar la felicidad en la carrera.

También tomando a Júpiter como kāraka de niños y con la Luna *dando* subhārgala indica que habrá mucha felicidad a través de niños u otros significados de Júpiter.

## Śubha y aśubha argalā

Los planetas benéficos y maléficos darán un diverso tipo de argalā, tal como Parāśara explica:

शुभग्रहार्गलायां तु सौख्यं बहुविधं भवेत्।
मध्यं पापार्गलायां च मिश्रायामपि चोत्तमम्॥ १७॥

*śubhagrahārgalāyāṁ tu saukhyaṁ bahuvidhaṁ bhavet |*
*madhyaṁ pāpārgalāyāṁ ca miśrāyāmapi cottamam || 17||*

Benéficos otorgando argalā generarán muchos tipos de felicidad,
Pāpārgalā (argalā causado por un maléfico) dará felicidad parcial,
y planetas mixtos darán resultados mixtos.

Benéficos dando argalā es llamado *śubhārgalā* y entregarán sus resultados a través de actividades bien intencionadas y positivas; después de que se logren dichos resultados, todos los involucrados estarán felices. Maléficos dando argalā se denomina *pāpārgala* y lograrán sus fines a través de cualquier medio necesario; en este caso a menudo hay repercusiones negativas en otras personas o en nuestra conciencia. Por ejemplo, cuando los maléficos dan lābhārgalā, la persona puede obtener dinero por medios ilegales, conduciendo a la paranoia u otros problemas que se originan de acciones kármicas negativas (*duḥṣṭakarma*). Por lo tanto la persona obtiene la felicidad de alcanzar su meta, pero no la plenitud que es capaz de entregar un śubhārgalā.

Los maléficos que dan argalā también pueden generar resultados pero de una calidad menos deseable. Por ejemplo, Saturno otorgando lābhārgalā sobre el lagna puede dar amigos corruptos; Saturno dando lābhāragalā sobre el ārūḍha lagna indica ganancias de dinero por medios ilícitos. Pāpārgalā, es decir maléficos en la casa cuatro puede provocar una casa en un lugar peligroso o una casa que necesita mucho trabajo de reparación. Maléficos dando dhanārgalā al lagna pueden hacer que la persona coma alimentos rajas o tamas.

Los planetas obstruyendo (*virodha*) un pāpārgalā podrían ser beneficiosos, ya que evitarán que los nativos realicen acciones duras. Saturno en la dos puede hacer que una persona coma alimentos tam as, sí Júpiter estuviera en la doce puede impedir que ese nativo coma ese tipo de alimentos. Tomemos como ejemplo las casas cinco y nueve. La casa cinco indica nuestra especulación y planificación para el futuro, por lo que se relaciona con niños que son el futuro de la familia o estudiantes que son el futuro del linaje. El argalā de la casa nueve indica el karma pasado y el bhāgya ganado: es lo que recibimos debido a un buen karma pasado y es por eso que es el dharma (de los ancestros y el padre). Los significados de las dos casas nos recuerdan como el pasado es una obstrucción para el futuro. Los benéficos en la casa cinco indican una buena planificación, mientras que maléficos mostrarán una planificación incorrecta. Los maléficos en la novena obstruirán los planes, ya sean buenos o malos, mientras que los benéficos aquí obstaculizarán los proyectos debido a mejores oportunidades. Si un maléfico está creando argalā en la casa cinco y un benéfico lo está removiendo, el nativo hará malos planes pero tendrá la guía de ese planeta en la nueve otorgando buenos consejos. El Sol en la nueve indica que el padre da buenos consejos, Júpiter muestra que el gurú da buenos consejos, si es la Luna es la madre quien da buenos consejos, etc. Un benéfico en la cinco indica una buena planificación, mientras que un maléfico ahí indica que esos planes serán interrumpidos por problemas indicados por el maléfico en la casa nueve. A nadie le gusta que sus planes cambien, pero si lo hacen, es mejor que cambien por mejores propósitos.

Hay que tener en cuenta la relación del kāraka con la casa. Usando como ejemplo la casa cuatro de la carta, la casa cinco da dhanārgalā; benéficos allí apoyarán todos los aspectos de la casa cuatro, mientras que Marte (*bhūmi-kāraka*) ahí sólo dará soporte para la posesión de terrenos, pero no a otros significados de la casa cuatro. Ketu promoverá la obtención de edificios para el nativo, a diferencia de Saturno que es enemigo de la Luna (kāraka de la casa cuatro) y no dará ninguna ayuda benéfica a la casa cuatro, indicando por ejemplo acumulación de basura, desechos o daños en el hogar; si Saturno es débil puede indicar una gran colección de chatarra en el terreno, mientras que si es fuerte es coleccionar antigüedades en el hogar. La casa nueve es el dharma y su dhanārgalā es otorgado por la casa diez. Si es generado por un benefico, dará un muy buen trabajo que da soporte al dharma del nativo. Tomando a Júpiter como el kāraka de la casa nueve, Rāhu es su planeta más enemigo, si Rāhu estuviera dando argalā sin obstrucciones desde la casa diez, indicará un trabajo que no apoya el dharma de la persona,

dañando así a la casa nueve. En este caso un benéfico en la casa ocho podría ser positivo para el propio dharma al obstruir a ese Rāhu.

Los planetas que son kārakas de una casa no obstruirán los resultados de su propia casa, si no que reforzarán los efectos de esa casa. Este concepto es importante para la predicción de eventos: cuando por ejemplo la Luna causa una obstrucción sobre la casa cuatro, durante el daśā de la Luna la persona se verá obligada a volver a casa.

Para los ascendentes especiales la relación de los planetas con el kāraka del ascendente especial es importante. Los planetas amigos de la Luna ayudan al ārūḍha lagna; de la misma manera el soporte de cada planeta necesita ser visto en relación con los kārakas individuales de cada bhāvapadas. Por ejemplo, el kāraka del A6 es Saturno, mientras que el kāraka del A5 es Júpiter. Los kārakas de los bhāvapadas generalmente se relacionan con los kāraka de la casas de las que proceden. Por lo tanto al estudiar temas relacionado a niños, se puede analizar argalā desde la casa cinco, argalā desde el putrakāraka Júpiter y argalā desde el A5.

Cuando identificamos un argalā que está dando buenos resultados, entonces ese planeta o signo puede fortalecerse para mejorar los buenos resultados. Para fortalecer un planeta se pueden usar los remedios para los grahas débiles; mantra, gemas, etc. Cuando hay un signo que da un argalā beneficioso o que bloquea un argalā maléfico, se puede fortalecer con rāśi mantra para asegurar el logro de esos resultados. Los rāśi mantras son todos los mantras de Kṛṣṇa que estabilizan la mente con referencia a esa bhāva, pacifican, purifican y fortalecen el signo. Los Āditya mantra activan un signo, pero también activan todo lo bueno y malo asociado con esa casa.

Este es uno de los capítulos más difíciles para cualquier principiante, pero el principio de argalā subyace a muchas de las técnicas más importantes de la astrología védica: desde la interpretación de los períodos de tiempo hasta la comprensión de las cartas divisionales y muchos principios más. Cuando entendemos la base, todas las reglas tienen sentido; por lo tanto es importante tomarse un tiempo para entender y digerir completamente este capítulo para desbloquear el secreto de argalā.

# Capítulo 10

## Sambandha y Yogas

## Sambandha y Yogas

Sambandha se traduce como 'atar', 'unir', 'conexión' o 'relación', donde *sam* significa 'con', 'junto con' o 'junto a' y *bandha* significa 'atar', por lo que *sambandha* es la forma en que las cosas están atadas o conectadas, o la forma en que los planetas se asocian entre sí generando varias combinaciones. Algunos sambandhas se llaman yogas, yoga es 'unión', tal como cuando nos unimos a un empleo o tal como un buey está unido y anclado al arado a través de un yugo. Un yoga es un sambandha con un propósito o intención detrás de él, y que recibirá un nombre específico.

Existen yogas entre dos planetas, como Júpiter y Saturno que forman un *Brahmā* Yoga, que provoca en la persona curiosidad por la creación y la existencia, o como Saturno y la Luna que originan el *Kālika Yoga*, o como Sol y Rāhu llamado *Dakṣiṇamūrti* Yoga; de la misma manera se producen también yogas entre tres y cuatro planetas. Podemos analizar los yogas tomando en cuenta las casas que rigen, como por ejemplo cuando el regente de la novena casa se une al lagneśa creando *Lakṣmī Yoga*, que entrega prosperidad al individuo, o cuando el regente de la casa nueve del dharma se une al regente de la diez del karma, creando *Dharma-karmādipati Yoga* donde el trabajo y el dharma se alinean. De esta forma existen muchas combinaciones planetarias que crean yogas a través de varios sambandhas.

## Graha Sambandha

Los grahas tienen formas específicas de crear sambandha, generando conexiones más fuertes y otras más débiles, así como la relación con un hermano es más cercana que la con un primo de segundo grado, aunque ambos sean nuestros parientes. Cuando los planetas están en la misma casa, crean un Yuti (unión), que los une muy fuertemente. El *Parivartana* Yoga es cuando dos planetas intercambian sus casas, como por ejemplo si Marte están en Tauro y Venus en Aries, se encuentran en las casas del otro: esto los une aún más estrechamente. Estos dos tipos de sambandhas son los más fuertes y funcionan durante toda la vida.

| Fuerza | Sambandha |
|---|---|
| 100% | Parivartana |
| 80% | Conjunción |
| 60% | Aspecto mutuo |
| 50% | Aspecto Graha |

*El aspecto mutuo* es cuando los planetas se ven el uno al otro, por lo que ambos están interesados e influyendo los asuntos del otro.[1] Esta relación se vuelve un sambandha menos fuerte cuando un graha ve el otro sin recibir de vuelta el aspecto, creando preocupación y deseo de uno, pero no del otro. La asociación a través del aspecto se llama *dṛṣṭi sambandha* y se basa en *icchā-śakti*, el poder del deseo y la voluntad del planeta, que puede cambiar dependiendo del daśa, por lo que el sambandha surtirá a veces un efecto y otras veces no.

Si un graha está siendo aspectado por un planeta estando en el signo de ese planeta, esto es más fuerte que un simple aspecto. Por ejemplo, si la Luna estuviera en Acuario y fuera aspectada por Saturno desde Tauro, esto sería una sambandha más fuerte que la Luna en Cáncer aspectada por Saturno, ya que en este segundo caso solo tiene una asociación y no dos como en el anterior. Un graha también está conectado al planeta regente de la casa donde se encuentra, pero esto será una conexión menor, si no es aspectado por el planeta. De esta forma hay muchas maneras de crear sambandha, algunas más fuertes que otras. Así como estamos emparentado con el primo de la esposa de nuestro tío, así también un

1 El aspecto de graha provoca el dṛṣti-sambandha, ya que el aspecto rāśi siempre será mutuo.

planeta puede tener algunos sambandhas lejanos. Es importante ver cómo los planetas están conectados entre sí y cuán fuerte es la conexión.

## Bhāva Sambandha

Existen siete relaciones que un planeta puede tener a través de sus bhāvas. Pueden estar en el mismo signo, llamado yoga (unido). Un graha puede estar en la segunda casa desde un determinado planeta que posiciona ese planeta en la doce desde el primero, creando una relación de 2-12. Si el primer graha está en la tercera desde un determinado planeta, entonces ese otro planeta está en la once, creando una relación 3-11, ya que cada vez que un graha está en la tres el otro planeta está en la once. Estas relaciones se caracterizan por ciertas energías específicas.

Yoga es cuando los planetas están en conjunción en el mismo signo, compartiendo puntos de vista e intenciones similares. En un graha sambandha los planetas crean un yoga para un cierto propósito según el tipo de combinación, mientras que en un bhāva sambandha los planetas están situados en la misma casa indicando que trabajarán juntos, qué tan bien dependerá de la relación de amistad natural de los planetas y el signo en que se encuentren.

La interacción 5 - 9 (trikoṇa) es la mejor relación porque los planetas trabajan bien juntos, están en el mismo elemento, comparten los mismos objetivos en la vida y trabajarán para los mismos propósitos. Los planetas en esta posición tienen una relación mutua saludable.

La relación 4 - 10 (kendras) indica que los significados funcionan o coexisten de una manera armoniosa. La intención reside en usar al otro planeta para lograr metas profesionales o felicidad en el hogar. Los planetas están en la misma guṇa y funcionan bien con el otro.

En la relación 3 - 11 la tercera casa nos muestra los deseos de ese planeta, mientras que la casa once indica las ganancias que el otro obtiene. La relación gira en torno a planetas que se utilizan entre sí para alcanzar sus metas. Puede haber amistad en relación con la casa once, pero será una basada en conseguir algo deseado.

La interacción 1 - 7 se llama oposición porque los planetas están ubicados uno frente al otro. Ellos tienen la naturaleza complementaria de los opuestos y pueden abrirse mutuamente la puerta de entrada a sus significados. Siempre se encuentran en un dṛṣṭi sambandha mutuo y por lo tanto se influyen fuertemente. Puede haber alguna variación en los resultados basados en la naturaleza benéfica o maléfica de los planetas involucrados.

En la relación 2 - 12 un planeta se encuentra en la casa de dar (2) mientras que el otro graha está en la casa de perder (12). Un planeta está disfrutando del otro, pero no es un intercambio igual. Cuando las relaciones son como esta, una persona se sentirá ignorada o no correspondida.

La relación 6 - 8 es la peor que se puede dar entre planetas, donde hay fricción y el vinculo entre los planetas o bhāvapadas no terminará en buenos términos. La casa seis indica lucha y la ocho manifiesta

problemas. La seis tiende a ser el perpetrador y la ocho la víctima. En esta interacción los planetas o bhāvapadas pelearán y se sentirán heridos, lo que los hace infelices a ambos. En ocasiones puede existir un planeta que armoniosamente una a los dos grahas y esto indicará el remedio para la situación.

La interacción bhāva sambandha entre los planetas y entre los bhāvapadas es un componente clave de la interpretación del horóscopo. Parāśara enseña en el capítulo bhāvapada a mirar la relación entre el AL y otros bhāvapadas para entender cómo estas personas están interactuando con el individuo. Parāśara dice:

**(34)** Si el ārūḍha lagna (AL) y el dārapada (A7) están en kendra (4-10) mutuas o trikoṇa (5-9), la pareja permanece unida. Si están en casas trik (2-12 o 6-8), habrá una amabilidad falsa y hostilidad.

**(35)** La amistad o enemistad entre personas es analizada desde los ārūḍha de las casas respectivas, como la relación entre hijos y padres se ve desde el lagnapada (AL) en relación con el tanayapada (A5).

Si el AL y el A7 están en la misma casa (yoga) entonces hay similitudes entre los deseos de los socios o pareja creando una relación beneficiosa. Si el AL y el A7 se encuentran en las casas 4-10 o 5-9, hay una conexión positiva que mantiene la relación. Si los AL y A7 están en las 6-8, entonces puede haber peleas entre amantes, mientras que si están en las 2-12, hay falsa amabilidad y agendas ocultas. De esta manera la relación se ven en la carta analizando muchos puntos de importancia.

## Yogas en Jyotiṣa

Existen miles de combinaciones especiales enumeradas en varios textos con nombres y multitud de resultados. Esta sección se centrará en algunos yogas principales dados por Parāśara, que otorgan resultados claros y definitivos. Los primeros yogas mencionados en BPHS por Parāśara son los Nābhasa Yogas que establecen el tono de las indicaciones en la carta.[2] Estas combinaciones, aunque se mencionan primero, dan resultados más sutiles que no son fácilmente utilizados por el estudiante principiante de Jyotiṣa.

Posteriormente Parāśara presenta un capítulo sobre las varias combinaciones (*vividha yogas*), seguido de capítulos sobre yogas para obtener resultados específicos. La siguiente sección analiza algunos de los diversos yogas mencionados por Parāśara, pero recordamos que hay cientos de combinaciones especiales y estaremos constantemente aprendiendo y explorando más. A continuación se muestra una base para comprender cómo mirar y usar los yogas enseñados por Parāśara y otros que se encuentran en los diversos textos de Jyotiṣa.

## Śubha y Aśubha Yogas

Los primeros yogas mencionados en el capítulo acerca de las combinaciones múltiples son los Śubha (buenos) y *Aśubha* (no buenos) Yogas. *Śubha Yoga* es cuando hay sólo benéficos en el ascendente, mientras que *Aśubha Yoga* es cuando hay sólo maléficos en el ascendente. Cuando hay un benéfico en la casa dos y doce, se forma un Śubha Yoga llamado *Śubha-Kartari Yoga*, la palabra *kartari* significa 'tijeras', indicando que desde sí mismo hay soporte a ambos lados. La segunda casa de sustento está llena y apoyando, mientras que la casa de las pérdidas está gastando en áreas beneficiosas. Maléficos en

2 Estos han sido explicados por Sarajit Poddar en *Jyotish* Digest 3-1

estas posiciones indican que la casa de apoyo es débil y el dinero se gasta en cosas maléficas (*pāpa*). La condición de cada planeta debe tenerse en cuenta en la interpretación.

| | |
|---|---|
| Śubha Yoga | De buen hablar (*vāgmin*), poseído de belleza (*rūpaśālin*), dotado de virtudes (*guṇānvita*) |
| Aśubha Yoga | Lujurioso (*kāmi*), hará actos negativos (*pāpa-karman*), dependiente de la riqueza de los demás (*parārthayuk*) |
| Śubha-Kartari | Buen soporte y gasta dinero en buenos propósitos |
| Pāpa-Kartari | Falta de soporte y gasto de dinero en los objetos equivocados |

Podemos interpretar a los planetas kartari como si estuvieran en el lagna mismo. Por ejemplo, cuando la Luna está en la casa dos y Júpiter en la doce, es similar a tener Júpiter y Luna en el lagna. Si Rāhu está en la dos y Saturno en la doce, es como un yoga de Rāhu y Saturno sobre el lagna. Śubha Kartari sobre el lagna indica alguien rodeado de buenas personas y muchas oportunidades beneficiosas. Pāpa Kartari sobre el lagna indicará que la persona está rodeada por la gente equivocada llevándola a situaciones que causan sufrimiento. El mejor remedio es una buena asociación al pasar tiempo en lugares positivos.

Parāśara también llama pāpa kartari como krurāntara, que significa 'entre maléficos', y cualquier planeta o casa puede dañar sus significados debido a esto, al igual que cualquier śubha kartari puede bendecir un planeta o casa y sus significados. Si la casa cuatro se encuentra encerrada por un Pāpa-Kartari Yoga, entonces la madre sufre. Si la casa siete tiene un Śubha-Kartari Yoga, entonces el cónyuge recibe estas bendiciones. De esta manera el ārūḍha lagna y los otros bhāvapadas también pueden beneficiarse o sufrir por estos Yogas.

Estas combinaciones pueden ser entendidas por una buena lógica de Jyotiṣa sin tener que recordar el yoga específico, pero la memorización de estos yogas ayuda a poder ver rápidamente combinaciones importantes e interpretarlas rápidamente. También hay muchas reglas ocultas que los sabios revelan en las diversas interpretaciones de estas combinaciones.

## Gajakesarī Yoga

*Gaja* significa 'elefante' y Kesarī significa 'león', literalmente 'el que tiene la melena'. Estos animales son símbolos del respeto y el estatus que este Yoga puede dar. El Gajakesarī *Yoga* se forma cuando Júpiter y la Luna están en kendra (cuadrante) el uno del otro. La Luna debe tener sambandhas benéficos y ambos planetas no deben estar debilitados, en un signo enemigo o duṣṭāna. Por lo tanto un Júpiter fuerte y una Luna beneficiosa en kendras forman un Gajakesarī Yoga, que hace que el nativo sea rico (*dhanavān*), bien educado (*medhāvin*), dotado de buenas cualidades (*guṇasampanna*), favorecido por el gobierno, y poderoso (*rājapriyaka*).

A nivel general solo hay que recordar que Júpiter en kendra a la Luna es una combinación auspiciosa que trae aprendizaje y riqueza así como soporte de la sociedad. Esta comprensión básica ayudará con las lecturas de los clientes. Entonces podemos mirar más profundo en el yoga y comenzar a entender más sobre Jyotiṣa. Recordemos que las kendras son muy importantes para la Luna: en las mareas, cuando la Luna y su casa siete están sobre la tierra se produce una marea alta, mientras que en las casas cuatro

y diez se produce una marea baja. Los planetas en estas kendras influyen fuertemente a la naturaleza de la Luna. Los planetas benéficos bendicen a la Luna y los planetas maléficos causan sufrimiento a la Luna. Esta regla sobre la importancia de las kendras se aplica también al ārūḍha lagna (AL), ya que su kāraka es la Luna. Los planetas más fuertes en las kendras desde AL indican que vuelve a la persona conocida. De esta manera muchos principios más profundos de Jyotiṣa están ocultos dentro de los yogas mencionados por los sabios.

## Amala Yoga

Amala significa 'inmaculado', 'puro', 'brillante' y es creado cuando hay sólo planetas benéficos en la casa diez desde el lagna o desde la Luna. Parāśara dice que hace que los nativos tengan una fama duradera, sean honrados por el gobierno (*rājapujya*), disfruten mucho de las comodidades mundanas (*mahābhogī*), sean caritativos (*dātā*), amantes de la familia y los colegas (*bandhu-jana-priya*), útiles para los demás (*paropakārī*) y que siguen el dharma.

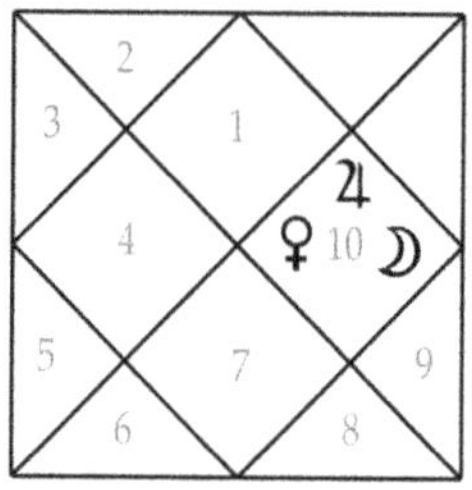


Cuando hay sólo benéficos en la casa diez desde el lagna, las acciones de la persona (karma) son beneficiosas y son para el crecimiento de todos. La diez desde la Luna similarmente indica un buen karma, aunque en relación con la forma en que la persona adquiere su riqueza. Realizando un buen karma, nos volvemos amala (puro y brillante). Amala desde la Luna indica un impacto positivo en la sociedad.

La primera carta de ejemplo muestra los planetas benéficos en la décima casa desde el lagna, mientras que la segunda muestra un amala yoga desde la Luna, que representa los factores sociales del lugar de trabajo. La Luna en el segundo ejemplo se posiciona en la quinta casa desde el lagna con benéficos en la décima casa desde ella. El Amala Yoga de la Luna es más beneficioso cuando involucra casas benéficas. La Luna en la cuarta casa con benéficos décimos desde ella y en el lagna es muy agradable. La Luna en la tres con beneficios en la doce no es tan beneficioso. De esta manera se utilizan factores generales para dar el veredicto final.

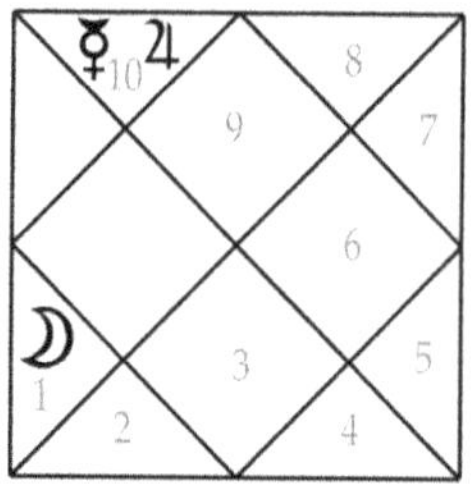


### - EJERCICIO PRÁCTICO -

1. Yogas similares y otros más avanzados se encuentran en el capítulo sobre Yogas misceláneos (Vividha-Yoga-Adhyāya) en *Bṛhat Pārāśara Horā Śāstra*. Lee este capítulo y comprueba estos yogas en tu propia carta y en la de otra persona.
2. La mayoría de los software modernos calculan estos yogas; encuentra dónde se muestran en tu software.

## Rāja Yogas

Rāja Yoga es una combinación en el horóscopo que puede mostrar un aumento de notoriedad, poder, riqueza y posición social; *rāja* significa literalmente 'rey', 'realeza' o 'jefe'. En la actualidad el uso de la palabra rāja puede interpretarse como líder, jefe o posición gubernamental y política. Parāśara dice que Rāja Yoga hace que el nativo sea honrado como un rey (*rājapūjya*). Un propietario de un gran negocio con muchos empleados tiene el mismo poder que un rey tradicional que

gobernó sobre una pequeña ciudad en tiempos premodernos, como por ejemplos Bill Gates o Andrew Carnegie, que tenían grandes negocios que influyeron en la vida de muchas personas, son similares en poder a los antiguos reyes. Alcaldes, gobernadores y presidentes son los que tienen el poder y la posición política. Elevarse a una posición de poder en cualquiera de estas situaciones, indica al Rāja Yoga en la vida del individuo. Parāśara enumera muchas de estas combinaciones y dice que fueron enseñadas hace mucho tiempo por Śiva a Parvati.[3]

Hay muchos aspectos en la comprensión e interpretación de los Rāja Yogas. Primero se pueden calcular tanto a partir del lagna como del kārakāṁśa. Como segundo punto, al identificar un Rāja Yoga, debemos juzgar qué tan fuertes son los planetas que causan el yoga y hasta qué punto pueden permitir que la posición social del nativo se eleve. El lagneśa, el regente de la cinco, el regente de la diez, el ātmakāraka y el putrakāraka juegan un papel importante en un Rāja Yoga. Los efectos debidos a su asociación serán completos o parciales en relación con la fuerza de los planetas involucrados.

El yoga debe tener alguna conexión con el lagna o el regente del ascendente para que la persona obtenga todo el fruto de la combinación. Un Rāja Yoga sin asociación con el lagna y en su lugar asociación con el regente de la seis puede mostrar que nuestro tío es una persona poderosa. Un Rāja Yoga conectado con el regente de la cuatro y no con el regente lagna hará de la madre una persona poderosa, etc.

El tercer punto a considerar es la energía y los recursos necesarios para empezar y mantener un Rāja Yoga. ¿La combinación tiene el poder de elevar a un individuo a una posición alta? El Sol representa confianza, iniciativa y recursos y mostrará la habilidad de un Rāja Yoga para activarse. Entonces, ¿puede un Rāja Yoga sostenerse una vez que ha sido activado? Algunas personas llegan al poder y luego caen del poder. El tiempo que el yoga tiene la capacidad de durar se basará en la fuerza de la Luna, ya que la Luna muestra sustento y apoyo.

Varāhamihira dice que el Sol muestra la fuerza interna, mientras que la Luna muestra la fuerza mental y el brillo físico.[4] Si el Sol es débil, entonces un Rāja Yoga tendrá problemas para comenzar; si la Luna es débil, entonces habrá problemas para sostener el ascenso al poder y mantener una posición elevada. El regente del signo donde se encuentra el Sol debe ser fuerte y el regente de la nakṣatra de la Luna debe ser fuerte. Parāśara ha entregado algunos yogas específicos para ver el apoyo del Sol y la Luna; estos deben ser analizados antes de mirar un Rāja Yoga en una carta.

## Yogas lunares

Parāśara dice que los yogas lunares tienen el poder de destruir a otros yogas o de asegurar sus frutos.[5] Para hacer predicciones correctas sobre combinaciones beneficiosas en una carta, necesitamos entender la fuerza de la Luna con respecto a lo que veremos en esta sección.[6]

Las dos primeras combinaciones que se mencionan a continuación muestran la fuerza de la Luna en relación con el Sol y la fuerza de la Luna en relación con Navāṁśa; posteriormente veremos las casas desde la Luna.

3 Bṛhat Pārāśara Horā Śāstra, Rāja-yoga-adhyāya, 2
4 Varāhamihira, Bṛhat Saṁhitā, capítulo 69
5 Bṛhat Pārāśara Horā Śāstra, Candra-yoga-adhyāya, 13
6 Bṛhat Pārāśara Horā Śāstra, Candra-yoga-adhyāya, 1-12

**Posicionamiento:** Se analiza la casa en que se encuentra la Luna desde el Sol. La Luna es más fuerte en Apoklima (3, 6, 9, 12) desde el Sol, tiene una fuerza media en Paṇaphara (2, 5, 8, 11) desde el Sol y menos fuerza en Kendra (1, 4, 7, 10) desde el Sol, para dar riquezas (*dhana*) inteligencia (*dhi*) y habilidades (*naipuṇya*). De esta manera podemos entender la fuerza de la Luna para mantener los recursos generados por el Sol.

**Aspecto de Júpiter-Venus:** Será positivo si en Navāṁśa la Luna está en su propio signo o en uno amistoso y si es aspectada por Júpiter para un nacimiento diurno o por Venus para un nacimiento nocturno. Esto da soporte a que tengamos riqueza y felicidad, mientras que lo opuesto, Venus en el día y Júpiter en la noche, no dará soporte.

A continuación se presentan los Yogas Lunares estándar teniendo en cuenta la situación de las casas de la Luna. No tomamos en cuenta al Sol como planeta en estas combinaciones, ya que causará las fases crecientes y menguantes de la Luna. Tampoco consideramos Rāhu y Ketu como planetas aquí debido a su relación con la Luna: solo los planetas físicos son utilizados para estos yogas.

**Chandra-Adhi Yoga:** ocurre cuando benéficos ocupan simultáneamente la sexta, séptima y octava casas desde la Luna; por lo que en este caso los planetas estrían causando Śubha y Śubha- Kartari Yoga por aspecto. Parāśara dice que la persona será un rey (*rāja*), un ministro (*mantrī*) o un general (*sena*) dependiendo de la fuerza de los planetas. Esto demuestra que los benéficos en la seis, siete y ocho desde la Luna son positivos y protectores, abriendo la puerta para el soporte social. Este yoga generalmente debe entenderse que solo es causado por benéficos (subhādhi yoga). Los maléficos generalmente no se consideran beneficiosos en la seis, siete y ocho y este pāpādhi yoga en realidad puede causar traumas en la vida de la persona.

**Chandra-Upachaya Dhāna Yoga:** ocurre cuando todos los benéficos están en casas upachaya desde la Luna (casas 3, 6, 10 y 11), volviendo al individuo rico (*mahādhani*). Si solo dos benéficos están en upachaya de la Luna, habrá efectos medios y con un solo benéfico así posicionado habrá aún menos resultados.

**Sunaphā Yoga:** ocurre cuando un planeta favorable (que no sea el Sol) se encuentra en la casa dos desde la Luna. Otorga ascenso en la vida (*rāja vā rājatulya*), dotado de inteligencia (*dhi*), riqueza (*dhana*), fama (*khyāti*) y autosuficiencia. La segunda desde la Luna muestra lo que da soporte a la mente, las emociones y proporciona sustento.

**Anaphā Yoga:** ocurre cuando un planeta favorable (que no sea el Sol) ocupa la casa 12 desde la Luna, que indica en qué se detiene la mente y en qué se quiere poner el dinero y la energía. Parāśara dice que este yoga hace que el nativo tenga una posición de poder (*bhūpa*), libre de enfermedades (*agada*), da buen carácter (*śīlavān*) y felicidad (*sukha*).

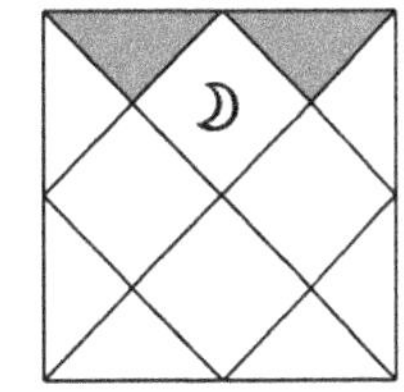


**Duradhurā Yoga:** ocurre cuando planetas favorables (excepto el Sol) ocupan las casas dos y doce desde la Luna. Otorga disfrute de la felicidad más elevada (*utpanna sukhabhuj*), nos vuelve caritativos (*dātā*), rico y con buenos automóviles (*dhana-vāhana*) y buenos asistentes (*subhṛtya*).

**Kemadruma Yoga:** ocurre cuando no hay planetas (sin contar al Sol) en la dos, en la doce, o en conjunción con la Luna, ni en kendra desde el ascendente. Esto provoca que los nativos sufran desgracia, privados de aprendizaje e intelecto (*buddhi-vidyā-vihīna*), pobres (*daridra*) y tengan un trabajo bajo (*patti*). Se dice que el aspecto de Júpiter cancela esta combinación. (La sintomatología similar a una depresión que es causada por este yoga no responde bien a la medicación psicoactiva moderna y requiere la participación de la comunidad para poder mejorar.)

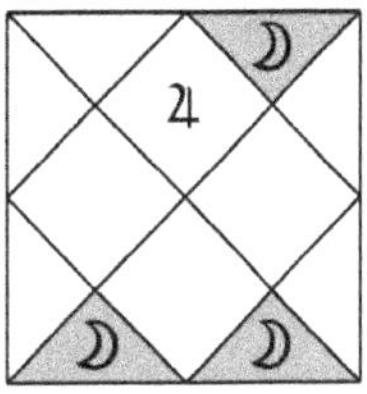


**Sakaṭa Yoga:** se forma cuando la Luna está en la seis, ocho o doce desde Júpiter. A menudo provoca falta de motivación, ya que los nativos trabajarán lo mínimo que necesiten para sobrevivir (este yoga se encuentra en el Vividha-Yoga-Adhyāya, *verso14*, pero se describe aquí debido a su enfoque en la Luna).

## Yogas solares

Los yogas solares son similares a los lunares, excepto que se relacionan con el Sol, quién indica la fortaleza de nuestros recursos y la capacidad de activar un Rāja Yoga. Parāśara dice que los buenos resultados son provocados por los benéficos (*śubha-grahas*), mientras que los resultados opuestos son causados por los maléficos (*pāpa-grahas*). La Luna no está incluida en los yogas solares, al igual que el Sol no cuenta en los yogas lunares. Por ejemplo, si solo hay un benéfico en la casa dos desde el Sol y es la Luna, no contará para crear un yoga.

**Veśi Yoga:** cualquier planeta (excluyendo la Luna) en la casa dos desde el Sol.

**Subhaveśi:** benéficos en la casa dos desde el Sol, da una visión equilibrada (*sām-dṛk*), los vuelve veraces (*satyavāt*) y da larga vida (*martya-dīrgha*). Los planetas aquí generalmente le dan soporte a los significados del Sol.

**Papaveśi:** maléficos en la segunda casa desde el Sol vuelven al nativo perezoso (*ālasa*) y satisfecho con ganancias insignificantes (*sukha-bhāga-alpa*).

**Vośi Yoga:** cualquier planeta (excluyendo la Luna) en la casa doce desde el Sol.

**Subhavāśi:** benéficos en la doce nos vuelven hábiles (*nipuṇa*), caritativos (*dātā*), poseedores de fama (*yaśovat*), dan aprendizaje (*vidya*) y fuerza (*bala*). La persona pondrá sus recursos en áreas beneficiosas.

**Papavāśi:** los maléficos en la doce desde el Sol indican pérdidas de recursos y energía en actividades y objetos sin importancia o sin valor.

**Ubhayachari Yoga:** planetas simultáneamente en las casas dos y doce desde el Sol.

Los benéficos en la dos y doce desde el Sol darán una felicidad (*sukha*) similar a la de un rey (*bhūpo vā tatsama*). Bhūpa significa 'rey' o 'soberano', pero literalmente significa 'protector de la tierra' o 'propietario de la tierra'. Indican un mejor soporte a través de los recursos que la persona tiene disponibles.

Es importante analizar estos yogas Solares y Lunares para ver qué está elevando o dañando la posición social del nativo. Si Saturno está causando un Veśi Yoga, que vuelve al nativo feliz con pequeñas ganancias, entonces un Rāja Yoga tendrá problemas para comenzar y tendrá que ser remediado. Si Júpiter está causando Veśi Yoga, entonces la mente equilibrada y veracidad de la persona será lo que ayudará a extraer los recursos necesarios para encender un Rāja Yoga. Bhāvapadas con el Sol también indican apoyo para activar yogas. Por ejemplo, si el Sol está con el upapada (UL), entonces el cónyuge será quien ayude a obtener los recursos para crear ese Rāja Yoga.

**- EJERCICIO PRÁCTICO -**

3. Los estudiantes más avanzados pueden estudiar estos yogas lunares y solares en los capítulos 13 y 14 de *Sārāvalī* de Kalyāna Verma.

## Introducción a los Rāja Yogas

Hay todo un capítulo escrito por Parāśara sobre las combinaciones que vuelven al nativo como un rey y las combinaciones que dan un estatus real. Muchas de estas combinaciones serán cubiertas completamente en lecciones más avanzadas. Esta sección introducirá algunos Rāja Yogas del *Rāja-Yoga-Adhyāya* con el fin de familiarizarse con la naturaleza de estos yogas dados por los sabios. Estudiar estos yogas y comprender cómo funcionan revela muchos de los fundamentos de Jyotiṣa. Más que los yogas en sí es importante entender por qué las combinaciones están causando que la persona se eleve al poder y a una posición social alta en la vida.

Parāśara afirma que un Rāja Yoga necesita ser analizado tanto desde el lagna como desde el Kārakāṁśa, que es el signo en el que se encuentra el Ātmakāraka en navāṁśa; este se convierte en el lagna que indica lo que el alma desea en esta vida. Existen muchas combinaciones importantes que se deben analizar tanto en relación al deseo del alma, así como al posicionamiento en el rāśī chakra.

लग्नेशात् कारकाच्चापि धने तुर्ये च पञ्चमे ।
शुभखेटयुते भावे जातो राजा भवेद् ध्रुवम् ॥ ९ ॥

*lagneśāt kārakāccāpi dhane turye ca pañcame |*
*śubhakheṭayute bhāve jāto rājā bhaved dhruvam || 9||*

तृतीये षष्ठभे ताभ्यां पापग्रहयुतेक्षिते ।
जातो राजा भवेदेवं मिश्रे मिश्रफलं वदेत् ॥ १० ॥

*tṛtīye ṣaṣṭhabhe tābhyāṁ pāpagrahayutekṣite |*
*jāto rājā bhavedevaṁ miśre miśraphalaṁ vadet || 10||*

Cuando hay benéficos en las casas dos, cuatro y cinco desde el lagna y kārakāṁśa
y hay maléficos en las casas tres y seis, el nativo se convierte en un rey.
Si hay combinaciones mezcladas, entonces los resultados serán mixtos.

Los benéficos en la dos traen buen dinero, en la casa cuatro traen felicidad, tierra y medios de transporte, y en la cinco dan buena inteligencia y toma de decisiones; si son fuertes, todos ayudan al

ascenso en la vida. Los maléficos en la tres y seis le dan al nativo la fuerza para salir y lograr lo que se desea, no aceptando un no por respuesta y luchando por su camino al éxito. Recuerda que esto crea un Rāja Yoga, pero la Luna y el Sol deben apoyar este ascenso en la vida y los planetas que causan el Rāja Yoga también deben ser fuertes: el nativo sólo puede elevarse tan alto como la fuerza de estos planetas.

पदे शुभ सचंद्रे च धने देवगुरौ तथा ।
स्वोच्चस्थखेटसन्दृष्टे राजयोगो न संशयः ॥ १६ ॥

*pade śubha sacandre ca dhane devagurau tathā |*
*svoccasthakhetasandrṣṭe rājayogo na saṁśayaḥ || 16||*

Indudablemente habrá un Rāja Yoga cuando la Luna esté en conjunción
con benéficos en el ārūḍha lagna, Júpiter esté en la dos desde el ārūḍha lagna,
y es aspectado por planetas exaltados.

Este Rāja Yoga nos enseña una lección importante. La Luna con el ārūḍha lagna hace que el nativo sea bien querido y si está fuerte con una conjunción favorable, la persona se vuelve reconocida. Los benéficos en la casa dos desde cualquier posición le dan sustento a ese indicador; por ejemplo, si los benéficos están en la dos desde AL, entonces habrá soporte para que el nativo se vuelva famoso, si el AL lo indicara así. Un aspecto fuerte y favorable sobre el AL indica lo que vuelve a una persona famosa en la vida: un Sol exaltado puede indica una alta oportunidad con el gobierno, Mercurio exaltado dará grandes oportunidades a través de publicaciones y comunicaciones. Si los planetas no están exaltados, indica que las personas y las oportunidades que ayudan al nativo a ser conocido, no son de tan alto nivel.

स्वोच्चस्थो हरिणांको वा जीवो वा शुक्र एव वा ।
बुधो वा धनभावस्थः श्रियं दिशति देहिनः ॥ १८ ॥

*svoccastho hariṇāṅko vā jīvo vā śukra eva vā |*
*budho vā dhanabhāvasthaḥ śriyaṁ diśati dehinaḥ || 18||*

La Luna, o Venus, o Júpiter, o Mercurio estando en exaltación en la casa dos
nos volverán ricos.

Este principio es fácil de entender: un benefico exaltado entrega los resultados de una casa en abundancia. La casa dos es la del soporte y sustento, pero debemos recordar que la Luna y el Sol necesitan dar soporte a cualquier Rāja Yoga para que se obtenga el efecto completo. Esta combinación en la casa dos desde el lagna da riqueza monetaria, mientras que la misma desde AL otorga la riqueza de una buena reputación.

## - EJERCICIO PRÁCTICO -

4. Leer el *Rāja-yoga-adhyāya* de Parāśara. Los estudiantes más avanzados pueden hacer una tabla con los versos de este capítulo, omitiendo los versos 12, 15, 24, 25, ya que se cubrirán en el capítulo 7 del volumen 2. Estos versos requerirán que toda la terminología de los capítulos anteriores sea entendida y utilizada.

## Lakṣmī-Nārāyaṇa Yoga

Los Rāja Yogas también se pueden formar cuando el regente de un casa angular (kendra) esté en sambandha con el regente de un trígono (*trikoṇa*).[7] Las casas kendra (1, 4, 7, 10) se llaman *Viṣṇu-sthānas* o lugares de Viṣṇu-Nārāyaṇa, y las trikoṇa (1, 5, 9) se llaman *Lakṣmī-sthānas* o lugares de riqueza y fortuna. Cuando estos regentes se combinan crean un *Lakṣmī-Nārāyaṇa Yoga* que le da poder y éxito a la persona y permite a la persona elevarse a una posición prominente.

El más poderoso de estos Yogas es la combinación del regente de la diez del *karma* (*kendra*) con el regente de la nueve del dharma (trikoṇa). Es llamada *Dharma-karmādipati Yoga* y es una combinación para los que el trabajo y el dharma son lo mismo: seguir nuestro dharma se fusiona con nuestra carrera, con las implicaciones de la casa en la que se posiciona el yoga. De esta manera regentes de kendra y koṇa juntos forman un Rāja Yoga.

La combinación del regente de la cuatro y el de la cinco es específicamente llamada Viṣṇu yoga, y crea personas capaces de ver el hilo que conecta a diversas filosofías o religiones. Las personas con un Viṣṇu yoga ven a todos como la familia de Dios y generalmente aceptan a los que son diferentes. La conjunción entre el regente de la uno y la nueve se llama Lakṣmī yoga y dará riquezas basadas en la naturaleza de los planetas y el posicionamiento de la combinación.

## Argalā

El principio de argalā juega un papel importante ayudando o bloqueando un Rāja Yoga. En el capítulo de Rāja Yoga Parāśara dice:

शुभे लग्ने शुभे त्वर्थे तृतीये पापखेचरे ।
चतुर्थे च शुभे प्राप्ते राजा वा तत्समोऽपि वा ॥ १७ ॥

*śubhe lagne śubhe tvarthe tṛtīye pāpakhecare |*
*caturthe ca śubhe prāpte rājā vā tatsamo'pi vā || 17||*

Si el lagna, la casa dos y cuatro tienen planetas benéficos,
y la casa tres tiene planetas maléficos, el nativo será un rey o igual a un rey.

El lagna teniendo benéficos otorga una buena actitud y personalidad. La casa dos y cuatro tienen un argalā *primario* sobre el lagna y el benéfico ahí posicionado. Un maléfico en la casa tres otorga viparītā-argalā que da al nativo la capacidad de ser agresivo para lograr sus objetivos. Cuando una persona tiene múltiples śubhārgalās, hay grandes bendiciones para poder alcanzar sus metas ya que estos posicionamientos de los benéficos le dan al individuo los medios, mientras que los planetas maléficos le dan el poder de alcanzar sus deseos; el nativo es así capaz de alcanzar sus objetivos con integridad. Esto le permite a una persona alcanzar una posición alta en la vida.

7 El capítulo sobre Yogas para la Riqueza en Bṛhat Pārāśara Horā Śāstra, Viśeṣa-dhana-yoga-adhyāya, 28.

Cuando un período de tiempo activa un śubhārgalā en la carta, el individuo llega al éxito a través de medios benéficos. Si es un solo argalā entonces es un pequeño logro, mientras que múltiples argalās dan un logro mayor. Cuando un período de tiempo activa un viparītā-argalā, el nativo obtiene lo que quiere a través de cualquier medio que sea necesario. Cuando todos estos posicionamientos están presentes sin obstrucción, entonces se alcanzan grandes objetivos.

Podemos calcular el nivel de un Rāja Yoga basándonos en el principio de argalā, ya que es un concepto crucial que profundizará la comprensión de toda la carta. Dado que cada casa y planeta está influyendo en todas y cada una de las otras casas y planetas, estarán afectando el nivel al que un Rāja Yoga puede elevarse, a veces ayudándolo a subir y otras veces bloqueando su desarrollo. En el capítulo de argalā Parāśara dice:

एकग्रहा कनिष्ठा सा द्विग्रहा मध्यमा स्मृता ।
अर्गला द्व्यधिकोत्पन्ना मुनिभिः कथितोत्तमा ॥ ७ ॥

*ekagrahā kaniṣṭhā sā dvigrahā madhyamā smṛtā |*
*Argalā dvyadhikotpannā munibhiḥ kathitottamā || 7||*

Se enseña que el argalā (otorgado) por un planeta es el más pequeño (*kaniṣṭhā*),
por dos planetas (es) mediano (*madhyamā*),
y un argalā producido por más planetas es llamado el mejor (*uttamā*).

Un planeta creando argalā dará un ascenso menor; kaniṣṭhā (pequeño) es también el nombre del dedo más pequeño, indicando que sostiene, pero no firmemente. Dos planetas dando argalā se llaman madhyamā (medio), que también es el nombre del dedo medio, indicando una mayor retención de sus significados. Un argalā causado por tres o más planetas es uttamā (excelente), como alguien que sostiene algo firmemente en la mano; esta fuerza de argalā se puede observar desde varios puntos (lagna, AL, kāraka, etc.) si es que tienen tres planetas dando argalā sin obstáculos en cualquiera de las casas de argalā. Estas posiciones permitirán a la persona lograr sus objetivos en el período de tiempo (*daśā*), activando estos argalās y también afectando a los Rāja Yogas en la carta. Si hay un yoga poderoso en la casa diez, entonces hay que ver el argalā sobre ese yoga para analizar si recibe soporte de las otras áreas de la vida.

Al encontrar un Rāja Yoga, debemos observar si tiene alguna obstrucción que limite o detenga la activación de ese yoga; posteriormente vemos cuántos otros planetas están dando argalā y apoyando al Rāja Yoga para fructificar, gracias a este análisis podremos determinar cuán efectivo o bloqueado está un Rāja Yoga en la vida de la persona. Usando el principio de argalā, también podemos entender los bloqueos (*virodha*) y determinar lo que la persona puede hacer para eliminarlos. Primero analizamos el origen de la obstrucción, por ejemplo si el Sol está presente, puede ser el padre o el gobierno, o el ego que causa la obstrucción. Es importante comprender el bloqueo utilizando los significados naturales, así como el posicionamiento según la casa desde el lagna. Luego ayudar al nativo a ver el bloqueo y otorgarle formas de superarlo.

## Yogas adicionales

Luego Parāśara enseña las combinaciones que otorgan riqueza (Dhana Yogas), seguidas de combinaciones de esclavitud y encarcelamiento. También enseña todo un capítulo sobre yogas que hacen que el nativo renuncie al mundo (yogas ascéticos). Estos serán tratados en profundidad en clases avanzadas. Aquí cubriremos brevemente los yogas de riqueza y pobreza y luego nos centraremos en los yogas que nos vuelven una gran personalidad con la capacidad de impactar en el mundo.

## Dhana Yoga

*Dhana* significa 'riqueza' y Dhana Yogas son las combinaciones que hacen que el nativo sea rico; estas ocurren por combinaciones entre las casas que rigen la riqueza.

| | |
|---|---|
| 2ª casa | Dinero en el banco, ahorros, activos líquidos |
| 4ª casa | Terrenos, transportes, activos fijos, apoyo |
| 5ª casa | Inversiones, acciones, ganancias especulativas, poder de las personas |
| 9ª casa | Suerte con la riqueza y la prosperidad, el poder del dinero |
| 11ª casa | Ingresos, ganancias, remuneración, dinero ganado |

Cuando estos regentes tienen sambandha, será una combinación para riquezas. Por ejemplo, si el regente de la nueve está en la casa dos, dará suerte con los ahorros, mientras que si el regente de la dos está en la casa once, indica que los ahorros del nativo están generando más dinero; si el regente de la once está bien posicionado en la cinco, la persona puede generar buenas ganancias a través del mercado de valores y otras formas de especulación. Estas son combinaciones que indican riqueza (*dhana*). Parāśara enseña que el lagna, la casa cinco y once son las casas más importantes para analizar un Dhana Yoga. El Sabio enseña que los regentes de la cinco y nueve son los más importantes para otorgar riqueza.

धनदौ धर्मधीनाथौ ये वा ताभ्यां युता ग्रहाः ।
तेऽपि स्वस्वदशाकाले धनदा नाऽत्र संशयः ॥ १६ ॥

*dhanadau dharmadhīnāthau ye vā tābhyāṁ yutā grahāḥ |*
*te'pi svasvadaśākāle dhanadā nā'tra saṁśayaḥ || 16||*

Regentes de la cinco y nueve o los planetas en conjunción a ellos
cada uno da riqueza durante su periodo de tiempo.

Los regentes de la cinco y nueve ayudarán a traer tiempos prósperos siempre y cuando sean fuertes y estén bien posicionados para poder hacerlo. La conjunción de los regentes de la cinco y nueve en una kendra o koṇa indican buenos consejos que hacen que el nativo gane dinero. En cualquier dhāna yoga, si el regente de la cinco es débil, indica que no hay suficientes personas para apoyar nuestros esfuerzos, mientras que si el regente de la nueve está débil, indica falta de recursos financieros para apoyar nuestros esfuerzos. Para este análisis, Parāśara utiliza la fuerza de Vaiśeṣikāṁśa en conjunto con las reglas normales de fuerza.[8] Si estos planetas están fuertes, incluso los planetas en conjunción con ellos darán prosperidad.

8 En el capítulo de fuerza se presenta Vaiśeṣikāṁśa se puede encontrar información más detallada en Bṛhat Pārāśara Horā Śāstra en el capítulo sobre Yogas para la Riqueza (*Viśeṣa-dhana-yoga-adhyāya*).

## Daridra Yoga

Daridra Yoga son las combinaciones opuestas a las que nos vuelven ricos; éstas llevan a que la persona sea pobre o crean problemas por falta de dinero. Esto ocurre cuando las casas de riqueza o sus regente se asocian con las casas duḥsthāna o sus regentes. La seis puede indicar pérdidas o deudas relacionadas con litigios o robos, mientras que la casa ocho y su regente indican pérdidas relacionadas con préstamos, intereses sobre deudas, decisiones equivocadas y mala suerte con el dinero; la casa doce y su regente son pérdidas que pueden deberse a impuestos, decisiones incorrectas, tiempo de reacción lento, retrasos, u otros eventos relacionados según el planeta en esa casa o el regente de la misma.

षष्ठाष्टमव्ययगते लग्नपे पापसंयुते ।
धनेशे रिपुभे नीचे राजवंश्योऽपि निर्धनः ॥ ५ ॥

*ṣaṣṭhāṣṭamavyayagate lagnape pāpasaṁyute |*
*dhaneśe ripubhe nīce rājavaṁśyo'pi nirdhanaḥ || 5||*

Si el lagneśa está en la seis, ocho o doce y en conjunción con un maléfico,
y el regente de la dos está en un signo de enemigos o en su debilitación
entonces incluso un rey se volverá pobre.

Este yoga indica la importancia del lagneśa en relación con la prosperidad: cuando el regente del lagna está en una duḥsthāna y en conjunción con un maléfico, la inteligencia no funciona correctamente y el individuo desperdicia oportunidades monetarias; esto combinado con un regente de la casa dos débil nos quita la capacidad de mantener los ahorros al no manejar el dinero correctamente. El remedio es dado por el aspecto de un benéfico sobre la combinación, especialmente si es el regente de la cinco o nueve.

कोणेशदृष्टिहीना ये त्रिकेशैः संयुता ग्रहाः ।
ते सर्वे स्वदशाकाले धनहानिकराः स्मृताः ॥ १३ ॥

*koṇeśadṛṣṭihīnā ye trikeśaiḥ saṁyutā grahāḥ |*
*te sarve svadaśākāle dhanahānikarāḥ smṛtāḥ || 13||*

Un planeta en conjunción con el regente de la seis, ocho o doce y desprovisto del
aspecto de un regente de una trikoṇa será perjudicial para todas las finanzas durante
su período de tiempo.

Así como los períodos de tiempo de los regentes de la cinco y nueve traen prosperidad, el período de tiempo de los regentes y los planetas en duḥsthāna no son buenos para las finanzas, especialmente cuando están posicionados en una posición para dañar la riqueza. Parāśara menciona aquí que los regentes de las trikoṇa eliminan los problemas de pobreza; lo harán a través de sus significados, por lo que se pueden prescribir trabajos relacionados con las indicaciones de ese planeta, buscar la ayuda y asesoría de las personas indicadas por ese planeta y realizar remedios para fortalecer el planeta aliviando el yoga de la pobreza.

## Kemadruma Yoga

स्वांशाल्लग्नात् पदाद्वाऽपि द्वितीयाष्टमभावयोः ॥ ९४ ॥
केमद्रुमः पापसाम्ये चन्द्रदृष्टौ विशेषतः ।

*svāṁśāllagnāt padādvā'pi dvitīyāṣṭamabhāvayoḥ || 94b||*
*kemadrumaḥ pāpasāmye candradṛṣṭau viśeṣataḥ |95a|*

Si las casas dos y ocho desde el lagna, ārūḍa lagna o svāṁśa
cada una tiene maléficos entonces existe kemadruma, y es peor si la Luna aspecta.

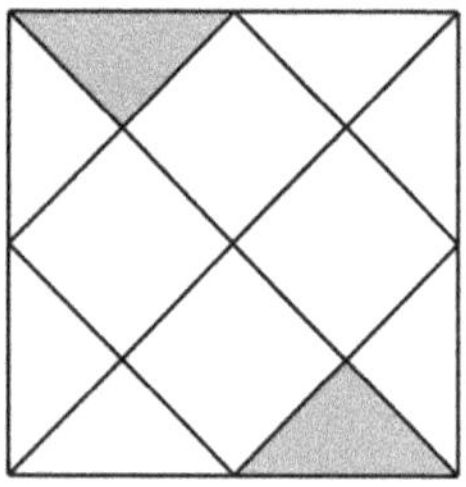

Kemadruma Yoga es una combinación donde el individuo *sufre* pobreza. La indicación principal es maléficos tanto en la casa dos como la ocho desde el lagna. Si esto también ocurre desde el AL, entonces la pobreza será peor, y será elegida por uno mismo si la combinación ocurre desde el Kārakāṁśa. [9]Si hay planetas maléficos tanto en la casa dos como en la ocho desde el lagna, habrá problemas monetarios a lo largo de la vida y será peor en los períodos de tiempo de los maléficos que crean la combinación de pobreza.

El Kemdruma Yoga puede romperse si hay conjunción de un benéfico con uno de estos planetas maléficos; si ese benéfico también tiene asociación con la casa dos y la ocho de la AL, entonces definitivamente tiene el potencial de romper este yoga de pobreza. Si no hay benéficos en conjunción con los planetas que causan pobreza, entonces se usa algún benéfico o regente de una casa benéfica que tenga un aspecto sobre la combinación; si esto tampoco está disponible, entonces usamos el regente de la casa dos si es un benéfico.

Aquí se han explicado los principales factores en las combinaciones de riqueza y pobreza, pero debemos estudiar las complejidades de los Dhana y Daridra Yogas con más profundidad en sus capítulos relativos en Bṛhat Pārāśara Horā Śāstra y otros textos tradicionales.

### - EJERCICIO PRÁCTICO -

5. Consigue cartas de personas que sabes que poseen riqueza y ve qué combinaciones la están creando. Consigue también cartas de personas que tienen problemas financieros y encuentra los factores que la están causando.
6. Lee uno tras otro los capítulos acerca de los yoga lunares y solares, rāja yoga, rāja sambandha yoga, yogas de riqueza y pobreza para tener una idea de cómo son una unidad de entendimiento para predecir ascenso en la vida.
7. Los estudiantes más avanzados pueden leer *Sārāvalī* de Kalyāṇa Varmā (capítulo 15) acerca de los yogas entre dos planetas y el Dvigraha-yoga-adhyāya de *Jātakā Bharaṇam* (capítulo 25).

9 Bṛhat Pārāśara Horā Śāstra, Kārakāṁśa-phala-adhyāya, 94-95

## Dvigraha Yogas, las conjunciones de dos planetas

Cada vez que dos o más planetas se unen, se convierte en una conjunción (*yoga*). Parāśara no detalla los dvi-graha yoga, pero varias tradiciones dan sus propios nombres a estas conjunciones, según sus resultados. Luna y Marte en la misma casa se llama Chandra-maṅgala yoga y le da a una persona mucha fuerza para trabajar por el éxito material. Yoga es creado si los dos planetas están en la misma casa, en oposición o en un parivartana. Júpiter y Marte en la misma casa o en oposición se llama Guru-magala yoga y crea personas enérgicas en sus actividades. Estas combinaciones son nombradas según los propios planetas, mientras que otras combinaciones se nombran según la naturaleza de la conjunción.

La conjunción de Júpiter y Mercurio se llama Vyāsa yoga, debido a Vyāsa quien fue considerado el sabio que compiló y organizó los Vedas para la Era actual; Vyāsa yoga nos da gusto por el aprendizaje, con el deseo de reunir y asimilar el conocimiento. La de Júpiter y Ketu se llama Paramparā yoga y otorga atracción por conocimiento dentro de una tradición o a basado en un linaje. Comprender estos yogas permite al astrólogo entender la naturaleza de una persona, para que esta reciba nuestros mejores consejos. Si una persona con un Vyāsa yoga estuviera indecisa entre un título de maestría y un doctorado, le aconsejaríamos que obtuviera el nivel más avanzado posible. Si una persona con un Paramparā yoga estuviera decidiendo entre una escuela new age y una escuela de estilo más tradicional, le aconsejaríamos que escoja el camino más tradicional, para que esté alineada con los yogas más prominentes de su carta.

Algunas combinaciones llevan el nombre de deidades indicadas por la conjunción. Brahmā es el dios creador, quien tiene una naturaleza inquisitiva de acuerdo con la tradición védica. La conjunción de Júpiter y Saturno es llamada Brahmā yoga, y da un deseo por entender la creación, o entender por qué existimos, con el deseo de buscar la fuente de donde vienen las cosas. Las personas con este yoga a menudo estudiarán filosofías de la creación, la evolución o materias asociadas con estas formas de pensar; estas personas siempre están buscando la comprensión profunda del "por qué".

La conjunción de Marte y Saturno se llama Yama yoga y está asociada con la muerte, morir o trabajar cuidando a otros en la etapa final de la vida. Yama es considerado una de las deidades más fuertes, su gran bastón de hierro era tan pesado que nadie más podía recogerlo. Esta combinación puede transmitir fuerza y es muy común en los practicantes de artes marciales.

Ciertos yogas de dos planetas tienen más de un nombre basados en la naturaleza de sus diferentes resultados. La conjunción de Júpiter y Rāhu puede ser llamada Guru-chāṇḍāla yoga; este yoga se basa en el hecho de que Rāhu puede indicar algo relacionado con conocimiento falso o engañoso, enseñanzas falsas, no aceptadas o de alguna manera el sattva de Júpiter está comprometido por Rāhu. También se llama jīvahatyā yoga, donde el término jīva se refiere a la fuerza vital que Rāhu destruye. El nombre de este yoga se centra en que es una combinación para quitar la vida, y que puede crear carniceros, alguien que come carne, un soldado que puede matar, o la capacidad de tomar el alma de otro ser vivo. Esta combinación en el lagna puede crear grandes soldados.

También los nombres de los yogas pueden cambiar según la fuerza del planeta. El yoga de Marte y Rāhu tiene dos nombres diferentes dependiendo de qué planeta es más fuerte. Si Rāhu es más fuerte, se llama Agni-stambhana yoga donde Rāhu apaga el fuego de Marte, y la capacidad de terminar proyectos es a menudo difícil. Si Marte es más fuerte, se llama Vijayā-yoga, que es un nombre de Durgā que significa victoria; en este caso Marte destruye a Rāhu indicando la habilidad de superar obstáculos. Incluso si el nombre no cambia, siempre tenemos en cuenta la fuerza de los planeta en estos yogas. Por

ejemplo, el Chandra-magala yoga da mucha energía, si la Luna es más fuerte, y puede volver el nativo agresivo, si Marte es más fuerte. La Luna es más fuerte en las casas dos, cuatro, siete, once y doce. Marte es más fuerte en el lagna, o las casas tres, cinco, seis, ocho, nueve y diez.

Los nombres de los yogas también pueden cambiar según el posicionamiento en los signos. La conjunción del Sol y Mercurio se llama Budhāditya yoga y puede hacer que la persona sea hábil y un buen orador. Si la conjunción del Sol y Mercurio está en Aries, Leo, Géminis o Virgo, se llama paṇḍita yoga, volviendo al nativo un erudito y que disfruta aprendiendo e investigando; esta persona puede tener múltiples títulos, escribir un número prolífico de libros o ser profesor. El posicionamiento de los yogas según las casas puede hacer que la persona indicada por esa casa posea las cualidades del yoga respectivo, por lo que la conjunción del Sol y Mercurio en la casa tres puede crear un hermano hábil y elocuente, así como el Sol en conjunción a un Mercurio exaltado en la casa tres puede hacer que el hermano sea una persona muy erudita o profesor universitario.

En algunos casos la posición individual del regente de una casa tiene su propia terminología. El regente de la diez en la casa uno se llama Siṁhāsana yoga (el que se sienta en el trono de un león), lo que significa que la persona tiene poder y crecimiento en la vida; Parāśara dice que esta posición vuelve a la persona erudita (*vidvān*), sea reconocida (*khyāta*), poética (*kavī*) y su prosperidad crece día a día (*dhana vṛddhir dine dine*). El planeta que crea este yoga dará los resultados de acuerdo a su naturaleza: si el Sol es el décimo regente en la primera casa, la persona vencerá a su competencia, mientras que si es la Luna, la persona será muy diplomática y superará financieramente su competencia; si el décimo regente es Mercurio, la persona será más astuta que sus competidores, así como si es Saturno, la persona conocerá las debilidades de sus enemigos y las usará en su contra. De esta forma Siṁhāsana yoga se manifestará con características diferentes. Si el regente de la casa uno (el dispositor del yoga) no es fuerte, entonces la combinación no dará resultados y si hay falta de un argalā benéfico, entonces la vida no se alineará para ayudar a que el yoga dé algún resultado. Para activar el yoga podemos fortalecer ya sea al regente de la diez, al dispositor del yoga, o las actividades de los planetas que den un argalā benéfico. Las actividades asociadas con el yoga se pueden promover el éxito: no podemos crear un yoga que no existe, pero podemos fortalecer uno que está presente o canalizarlo en una dirección positiva.

Estos yogas crean diferentes personalidades o partes dentro de nosotros. Paṇḍita yoga indicará que hay una parte de nosotros que es erudita y ama aprender, que puede coexistir con otra parte nuestra que tiene dificultades para terminar proyectos (*agni-stambhana*). Si hay un daridra yoga, habrá una parte del individuo que piensa con una mentalidad de escasez o pobreza, que puede coexistir junto a un amor por el aprendizaje y la erudición dentro de la persona (*paṇḍita*). Un dhana yoga puede dar conciencia de abundancia, misma que puede existir simultáneamente con un Jīvahatyā yoga. Combinaciones de amabilidad y de mente elevada pueden coexistir con otras combinaciones de mente baja y dureza, asi como pueden haber combinaciones de riqueza junto con yogas de mal comportamiento o yogas de amabilidad y compasión; nada se puede prejuzgar basado solamente en una porción de la carta porque todas las diversas partes coexistirán y se manifestarán en diferentes áreas de la vida de acuerdo con su posicionamiento en casas y en diferentes momentos de la vida de acuerdo con el daśā.

Las personas son complejas, profundas y con muchas partes que conviven dentro de ellas. Los yogas pueden entrar en conflicto y empujar a una persona en dos direcciones diferentes. ¡A veces es difícil estar de acuerdo con nosotros mismos! Una persona podría tener un yoga para ser un swami, pero también puede tener un yoga de tener comportamientos sexuales inapropiados. Si esa persona

viene para una consulta, tenemos que aconsejarla a no buscar una vida célibe y que pueda encontrar un mejor lugar para que florezca su inclinación espiritual. No vamos a remover o matar ningún yoga: si está allí, no va a desaparecer. Una combinación dura debe expresarse fuera de la persona, de lo contrario se manifestará de manera áspera o inapropiada. Por ejemplo, la Luna en la casa seis crear una persona que una parte suya siempre está buscando conflictos; esto puede crear una gran cantidad de problemas en el ámbito de las relaciones, ya que ningún socio o pareja quiere ser sobre-analizado y criticado. Sin embargo esta misma característica es ideal para un médico que está buscando encontrar la causa de problemas de salud porque la Luna en la seis da grandes habilidades de diagnóstico; también es bueno para un abogado que busca la debilidad en la defensa de sus contendientes, o personas encargada de encontrar fugas de datos o arreglar cosas rotas. Si esta energía para identificar problemas encuentra un lugar saludable para expresarse, permitirá que la persona esté completa de una manera que otros puedan apreciar. Las combinaciones en rāśi son sólo "malas" dentro de la situación equivocada.

A veces las confusiones en la vida de una persona surgen debido a la falta de visión y de anticipar, mientras que otras veces surge porque hay partes conflictivas del yo. Estos diversos yogas se mezclarán para crear varios aspectos o partes complejas del individuo; tenemos que dar soporte a los yogas más positivos en la carta y las situaciones más benéficas en la vida de la persona.

## Pañca Mahāpuruṣa

Pañca *significa* cinco, mahā es grande y puruṣa significa persona. Cada uno de los cinco planetas que se correlacionan con los cinco elementos pueden producir grandes personas de acuerdo con el elemento que se vuelve fuerte y predominante. Los planetas en kendra tendrán una fuerte influencia sobre en quién se convierte la persona. Cuando estos planetas se vuelven muy fuertes, harán que una persona sea poderosa y capaz de impactar la vida de muchos otros. El nativo tendrá la capacidad de hacer una gran diferencia en el mundo.

Cuando Júpiter (*ākāśa*), Saturno (*vāyu*), Marte (*agni*), Venus (*jala*) o Mercurio (*pṛthvī*) están en su propio signo o en exaltación y en una kendra, crearán una combinación Mahāpuruṣa. Estas combinaciones ocurren en kendra al lagna y por lo tanto se relacionan con la inteligencia de la persona.

Los resultados descritos para los Mahāpuruṣa yogas representan los resultados de un planeta despierto (*jāgrat*) que incide sobre el individuo. Qué tan poderosamente estos significados incidan en la vida de un individuo se basará en cómo el planeta mahāpuruṣa se posicione desde el ārūḍha lagna (el cómo son percibidos), navāṁśa lagna (sus habilidades y capacidades) y el kārakāṁśa (el deseo del alma).

## Marte - Ruchaka Mahāpuruṣa

Ruchaka significa 'muy grande', 'objeto que trae suerte', así como 'sabor cítrico'; también puede significar 'ornamento de oro'. En general la persona tendrá las mejores características del planeta Marte y del elemento fuego. Podrán trabajar duro, superar obstáculos y sobresalir en áreas gobernadas por Marte.

Según Parāśara una persona que tiene Ruchaka Mahāpuruṣa tiene una cara larga (*dīrghānana*), alta energía y entusiasmo (*mahotsāha*), está sana (*svaccha*), tiene gran fuerza (*mahābala*), cejas atractivas (*cārubhrū*), cabello oscuro (*nīla keśara*) y muslos delgados. Su tez es de color rojizo oscuro (*raktaśyāma*), radiante (*suruci*) y disfruta de la guerra (*raṇapriya*). Varāhamihira añade que tienen pantorrillas y rodillas delgadas (*kṛśa janu jaṅga*).

La persona es un jefe de gángsters (*chora-nāyaka*) y buena matando y destruyendo enemigos (*arihan*); estros nativos pueden ser crueles y abusivos (*krūrabhartā*), pero son respetuosos con los brahmaṇas (*dvijapūjaka*). Son expertos en mantras oscuros (*mantra-abichāra-kuśalī*), morirán por causa del fuego (*vahni*) o enemigos (*śatreṇa*) y alcanzarán el reino de los dioses (*surālaya*).

## Mercurio - Bhadra Mahāpuruṣa

Bhadra significa bienaventurado, auspicioso, afortunado y amistoso. La persona poseerá las buenas cualidades de Mercurio, será reconocida por su gran círculo de amigos, será hábil, buena en la comunicación y erudita.

Parāśara dice que tendrá la sabiduría y la apariencia de un león (*śārdūla- pratibhā*), tendrá un pecho musculoso (*pīna-vakṣa*), caminará como un elefante (*gaja-gati*), tendrán extremidades y articulaciones musculosas (*pīna-jānu-bhuja*), con pies bien formados (*śobha-aṅghri*). Tiene un peso moderado (*bhārapramita*), cabello oscuro y rizado (*kṛṣṇākuṣcita-keśa*), una nariz bonita (*sunāsā*) y una buena clase de barba (*śobha-śmaśru*).

Estos nativos poseen un entendimiento amplio (*prājñaścaturasra*), son expertos en Yoga (*yogavid*) y viven una vida de sattva (*sattvika*). Disfrutan de las comodidades y su deseos (*kāmī*), tienen conocimiento de las armas (*astravid*), son inteligentes, sabios, hábiles (*dhīra*), independientes, determinados y poseedores de libertad (*svatantra*). Son buenos en todos los negocios (*sarvakāryeṣu*), capaces de entretener a su círculo social (*svajana-prīṇana-kṣama*) y poseen esposa e hijos (*strī-suta-anvita*). Varāhamihira dice que tienen el olor de la tierra después de la lluvia (*navāmbu-sikta-avani*). También menciona que su pene se vuelve más pequeño de lo normal cuando está flácido y crece más cuando se exita, al igual que el pene de un caballo o elefante desaparece cuando no es estimulado. Además dice que los Bhadra Mahāpuruṣa son pensadores independientes (*svatantra-buddhi*).

## Júpiter - Haṁsa Mahāpuruṣa

Haṁsa significa 'cisne' y 'espíritu'. El cisne es un ave blanca y pura que flota con gracia sobre el agua de māyā, que es el mundo, pero permanece inmaculado en el agua y agraciado como el ātmā (alma) dentro de cada persona. Un ser realizado se convierte en un paramahaṁsa (una gran alma) debido a su realización del ātmā. Uno de los nombres de Júpiter es Jīva, o el alma individual, y su nombre como "so ham" o "haṁsa" proviene del sonido de la respiración que emana de jīvātmā. Haṁsa Mahāpuruṣa tiene las mejores cualidades de Júpiter, es conocedor y benefactor de las ciencias espirituales.

Parāśara dice que estos nativos tienen la voz de un "cisne" (*haṁsa-svaro*), que es dulce, fluida y melodiosa. Son de tez clara (gaura), tienen un rostro agradable (*sumukha*), una nariz noble y prominente (*uttana-nāsika*), ojos miel o marrones claros (*madhupiñgakṣa*) y un tinte rojizo en los dedos de las manos y los pies (*rakta-varṇa-nakha*). Sufren exceso de kapha y flema (*śleṣmala*), tienen mejillas carnosas y prominentes (pīna-gaṇḍa-sthala), una cabeza redonda (*vṛtta śira*) y pies bien formados (*sucharaṇa*).

Poseen buena inteligencia (*sudhī*), son dueños de tierras o soberanos (*nṛpa*), poseyendo tierras entre ríos. Disfrutan de los deportes acuáticos (*jala-krīḍa-rati*) y no son capaces de satisfacer su amor y pasión (*kāmārtha-naiti-tuṣṭatām*). Varāhamihira agrega que su semen es espeso y copioso (*śukra sāratā dviguṇa*). Ellos mueren después de haber disfrutado de toda la felicidad disponible en la tierra (*bhuktvā sarvasukhaṁ bhuvi*).

## Venus - Mālavya Mahāpuruṣa

Mālavya significa 'alguien que lleva una guirnalda' o que es 'digno de ser galardonado', como los artistas, músicos y políticos que a menudo están adornados con guirnaldas como muestra de respeto y aprecio. Estas personas poseen los mejores aspectos de Venus, la energía creativa del elemento agua y ojos brillantes. Venus encuentra su digbala en la cuarta casa, donde otorga todas las comodidades de la vida; de la misma manera el Mālavya Yoga brinda comodidades y placeres.

Parāśara dice que tienen labios bien formados (*samauṣṭa*), dientes atractivos (*samasavaccharada*), su cara es ligeramente más larga que ancha y poseen la belleza de la Luna (*Chandra-kānti-ruchi*). No son demasiado rojos en su tez (*nāti raktāṅga*), tienen un buen olor (*sugandha*), su cintura es delgada (*kṛśa madhya*) y no son demasiado bajos (*na-hrasva*), ni demasiado altos (*nāti dīrgha*), tienen brazos largos (*ājanu-bāhu-dhṛk*). Su voz es profunda y fuerte como un elefante (*hasti-nāda*), se divierten (*bhuktva*), viven felices (*sukha*) y van a los reinos celestiales (*surālayam*) después de la muerte. Varāhamihira añade que dejan su cuerpo en un lugar sagrado a través del yoga y la penitencia.

## Saturno - Śaśa Mahāpuruṣa

Saturno otorga la fuerza del elemento vāyu, por lo que estas personas son fuertes y poderosas (*śūra*), haciendo que las cosas sucedan. Tienen una cara suave con dientes pequeños (*tanudvijamukha*) y hacia afuera (*dantura*). No son bajos (*nāti hrasva*), pero tienen un abdomen delgado (*kṛśira-udara*) con la parte central del cuerpo muy esbelta (*Madhya-kṣāma*) y con pantorrillas fuertes (*sujaṅgha*).

Son inteligentes (*matimān*) con un muy buen conocimiento y comprensión de las debilidades de las personas (*pararandhravid*). Son competentes (*śakta*) y pueden ser líderes de un ejército o grupo (*senānī*), pero pueden ser inconsistentes o desconsiderados (*cañcala*). Viven en lugares de difícil acceso como montañas o bosques (*vana-adri-durgeṣu*) y tienen conocimiento de minerales y metales (*dhātu-vādī*). Son felices (*sukhi*), muy capaces con las mujeres (*strīśakta*) y buscan la riqueza de otras personas (*anya-dhāna-anvita*). Son dueños de terrenos (*bhūpo'yaṁ*) y de empresas que producen cosas de la tierra (*vasudhā*). Varāhamihira añade que pueden sufrir de problemas abdominales, de colon y gases, así como fístula anal. Cuando mueran irán a la morada de Yama, el señor de la muerte.

Los cinco planetas representan los cinco elementos (tattvas) que son la esencia de todo lo creado. Estos cinco tattvas en sus estados perfectos residen en las cinco caras de Śiva, tal como es mencionado en los Purāṇas y Tantras. Śiva es el Mahāpuruṣa primordial, la Gran Persona original. Los cinco mantras utilizados en Śiva pūjā activan estos Yogas en la carta.

| | | | |
|---|---|---|---|
| Ākāśa | Júpiter | Haṁsa | auṁ īśānāya namaḥ |
| Vāyu | Saturno | Śaśa | auṁ tatpuruṣāya namaḥ |
| Agni | Marte | Ruchaka | auṁ aghorāya namaḥ |
| Jala | Venus | Mālavya | auṁ vāmadevāya namaḥ |
| Pṛthvi | Mercurio | Bhadra | auṁ sadyojātāya namaḥ |

Cuando hay más de un Mahāpuruṣa Yoga en la carta el más fuerte es el predominante, es decir el que tenga la mayor conjunción de planetas. Si tienen el mismo número de planetas, entonces la fuerza se basa en el signo, considerando primero, uccha, luego mūlatrikoṇa y por último en su propio signo. Si estas

dignidades son las mismas entonces posicionado en la casa diez es más fuerte seguido por la siete, cuatro y por último el lagna. El yoga dará diferentes resultados en función de en qué kendra se posiciona, con qué planetas está en conjunción, dónde está el regente de ese signo y otros elementos clave.

Parāśara enumera muchos yogas en varios capítulos agrupándolos de acuerdo a sus efectos, siendo algunos muy específicos. Por ejemplo, el yoga Parvata ocurre cuando las casas siete y ocho están vacías o solo tienen planetas benéficos, y al mismo tiempo en kendra solo hay benéficos. Parvata significa montaña y el nativo se destaca en la vida, como una montaña es percibida desde la distancia. La combinación indica que la persona vive una vida con mucho confort y buena suerte, pudiendo provenir de una buena familia basada en los planetas en kendra, y probablemente tendrá herencias de alguna naturaleza, lo que lo hace destacar en esta vida.

Podemos tratar de memorizar todos estos yogas, pero es muy difícil, por lo que tradicionalmente estos yogas se estudian más para comprender la naturaleza de por qué dan los resultados indicados. Esta exploración revela la naturaleza de cómo interactúan los planetas, los signos, los regente de las casas y el nivel de importancia que se debe dar a estos diferentes aspectos. De esta manera los yogas nos enseñan una perspectiva o una forma en que debemos analizar una carta.

Este capítulo presenta algunos yogas fundamentales para comenzar a comprender la interacción de los planetas y los regentes de las casas. Cada capítulo de un tipo particular de yoga descrito por Parāśara podría ser un libro en sí mismo, por lo que tenemos toda una vida para disfrutar aprendiendo más sobre estos yogas.

### - EJERCICIO PRÁCTICO -

8. Trata de memorizar las combinaciones generales enumeradas en este capítulo para poder identificarlas rápidamente en una carta. Existen muchos yogas y estos enumerados aquí son los primeros por los que empezar.
9. Tómate un tiempo para leer los diversos capítulos del Bṛhat Pārāśara Horā Śāstra sobre yogas para que estés familiarizado con dónde se encuentran para un estudio más profundo a futuro. Los estudiantes más avanzados analicen en qué versos de Parāśara se discute argalā. ¿Qué ārūḍhas y posicionamientos de los ārūḍha menciona Parāśara? ¿Qué tipo específico de fuerza discute Parāśara relacionado a los dhana yoga?
10. Lee detenidamente las características del capítulo de Pañca Mahāpuruṣa (Pañca-Mahāpuruṣa-lakṣaṇa-adhyāya) en *Bṛhat Pārāśara Horā Śāstra* (capítulos 75 y 77). Los estudiantes avanzados también pueden leer en *Bṛhat Saṁhitā* de Varāhamihira, el capítulo Pañca-mahāpuruṣa-lakṣana (capítulo 69). Observa las características físicas y de la personalidad de cada uno de los planetas, teniendo en cuenta las marcas que se encuentran en la palma de la mano según cada planeta.
11. Los estudiantes más avanzados pueden estudiar estos yogas en *Bṛhat Jātaka* de Varāhamihira (capítulos 11-15, 22 y 23), *Sārāvalī* de Kalyāna Verma (capítulos 13, 14, 35, 37, 39), *Phaladīpikā* de Mantreśvara (capítulo 6) y *Jātaka Pārijāta* de Vaidyanātha (capítulos 6 y 7).
12. Los estudiantes más avanzados pueden encontrar la mejor combinación en sus cartas y luego ver qué les está causando argalā o bloqueando que esa combinación dé sus resultados; pueden integrar estos resultados desde el lagna para ver los detalles de sus significados de acuerdo con las reglas de argalā.

# Capítulo 11

## Nakṣatras, las estrellas

## Nakṣatras

Parāśara entrega muy poca información acerca de las nakṣatras excepto por momentos donde muestra su aplicación práctica en la interpretación de una carta natal. Al inicio del Bṛhat Pārāśara Horā Śāstra el sabio dice:

संज्ञा नक्षत्रवृन्दानां ज्ञेयाः सामान्यशास्त्रतः ।
एतच्छास्त्रानुसारेण राशिकेटफलं ब्रुवे ॥ ७ ॥

*sañjñā nakṣatravṛndānāṁ jñeyāḥ sāmānyaśāstrataḥ |*
*etacchāstrānusāreṇa rāśikeṭaphalaṁ bruve || 7||*

El conocimiento completo y total de las nakṣatras
debe ser conocido desde los śāstras generales.
De estos śāstras también debemos aprender sobre los resultados de los rāśi y los planetas.

En estos versos Parāśara nos está explicando que el conocimiento completo de las nakṣatras debe aprenderse de textos generales (*śāstras*). Él espera que ya se tenga este conocimiento, ya que era tan común en su tiempo como lo es una lección de historia en las escuelas actuales, por lo que es importante aprender sobre la mitología general y los atributos de las nakṣatras desde varias fuentes.

Como ayuda para entender las enseñanzas de Parāśara sobre las nakṣatras, la primera sección de este capítulo analiza brevemente la astronomía (*gaṇita*) relevante al tema; la sección principal y central presenta algunas de las historias mitológicas relacionadas con las deidades que presiden cada uno de las 27 nakṣatras, mientras que la última sección tocará algunas de las diversas aplicaciones de nakṣatra con el uso de chakras encontrados a lo largo de los textos clásicos de Jyotiṣa, Purāṇas y Tantras.

## Las nakṣatras en el cielo

Vivimos en una galaxia en forma de espiral llamada Vía Láctea y nuestro Sol es una de las 200 mil millones de estrellas que constituyen nuestra galaxia. Todos los objetos en la Vía Láctea orbitan un centro de masa común llamado Centro Galáctico, nuestro sistema solar está situado hacia la parte exterior de la Vía Láctea. En el diagrama al lado observamos el Centro Galáctico relativo a la ubicación del Sol de nuestro sistema solar, considerando que estamos a unos 28.000 años luz del Centro Galáctico. Debido a la forma de disco en espiral de nuestra galaxia, esta se percibe como un rastro lechoso a través del cielo nocturno. Desde nuestra perspectiva este centro se encuentra en Sagitario, específicamente en una sección del cielo llamada Mūla, que significa 'raíz'.

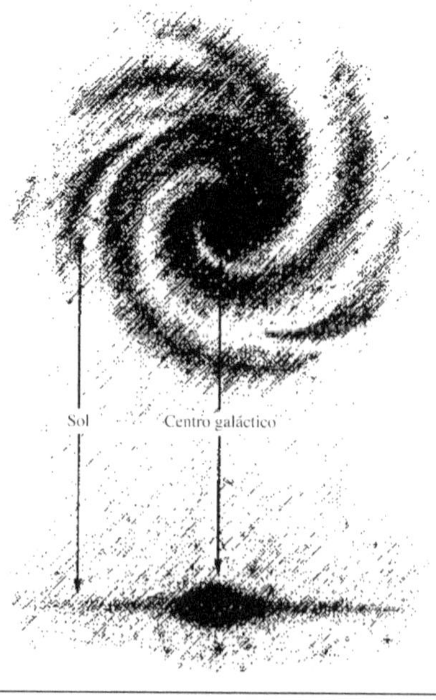

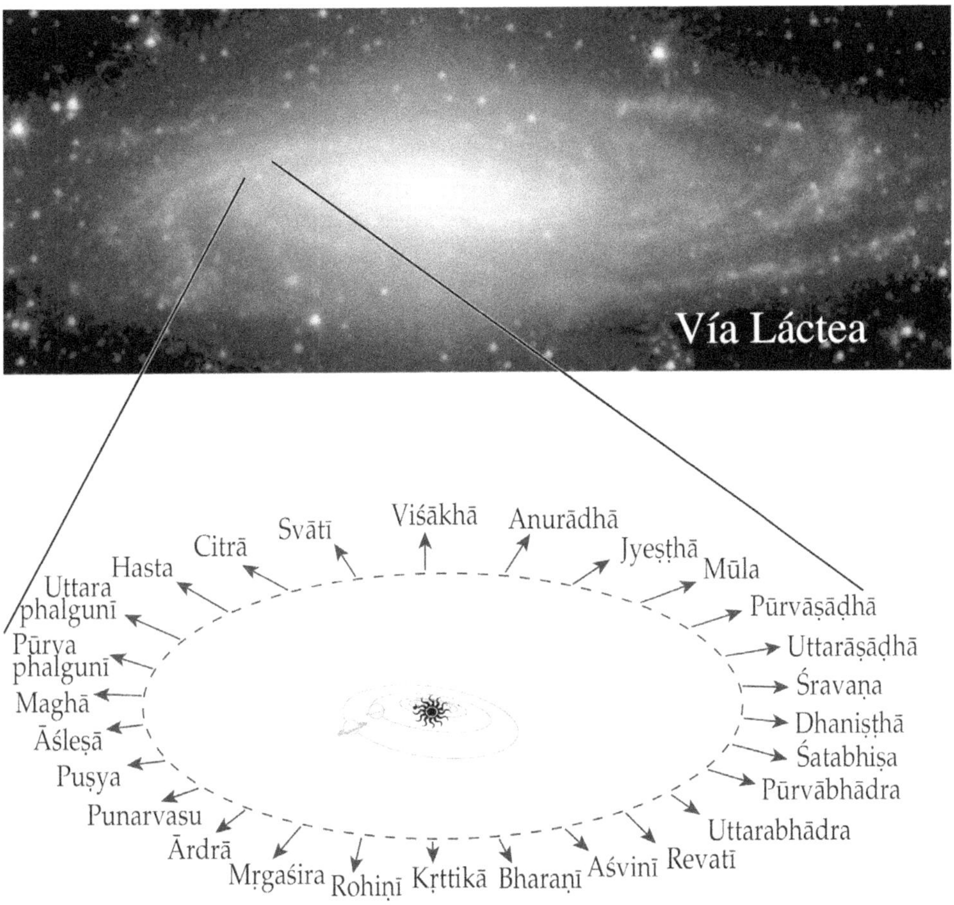


## La división en 27 nakṣatras

La Luna tarda 27,3217 días en hacer una revolución alrededor del zodiaco; a esto se le llama un mes sideral. Por lo tanto el cielo se divide en este intervalo sideral de 27 constelaciones llamadas nakṣatras, cada una de las cuales es una porción de 13° 20' del cielo las cuales se superponen a los signos solares.

Los tithis se basan en el mes *sinódico*, es decir el período de tiempo que va de una Luna llena a la siguiente. El mes sinódico cubre 29,5306 días, redondeado a 30 tithis; esto se relaciona con el movimiento del Sol de 30 grados por mes creando los signos solares que son comunes a la mayoría de las culturas modernas. De esta manera los meses *sinódicos* lunares crean los signos del Sol mientras que los meses *siderales* lunares crean las nakṣatras. Los signos solares muestran los recursos cuantitativos y cualitativos materiales, mientras que los signos lunares muestran los recursos cuantitativos y cualitativos *mentales* y *emocionales*.

La Luna tarda 27 días en recorrer el zodíaco y continua avanzando otros dos días y medio hasta que se vuelva llena. Esto ubica progresivamente a cada Luna llena en el siguiente signo solar. Siempre se hace referencia a la Luna por su nakṣatra (constelación lunar) y tithi (fase lunar).

## Grados de las nakṣatras

La siguiente tabla presenta los grados de las nakṣatras que indican cómo las constelaciones de la Luna en la columna de las nakṣatra se superponen a los signos del Sol, indicados en la columna de los grados. Podemos observar que existen tres conjuntos de nueve nakṣatras, como indica el sombreado.

Las nakṣatras y los rāśi se alinean en tres lugares que dividen estos nakṣatras en tres grupos y que son marcados por los puntos Gaṇḍānta mencionados en los capítulos anteriores. Los Gaṇḍānta se encuentran en la carta Rāśi entre Cáncer (Āśleṣā) y Leo (Maghā), entre Escorpio (Jyeṣṭhā) y Sagitario (Mūla) y entre Piscis (Revatī) y Aries (Aśvinī); estos son puntos de gran transición y cuando el lagna o planetas importantes se encuentran al final o al inicio de estos signos, cerca de estos puntos de transición (*sandhi*), pierden fuerza. Parāśara enumera Pūjās muy específicas para remediar la Luna, lagna o un planeta posicionado en Gaṇḍānta. Existen pūjās específicas adicionales para el posicionamiento entre Jyeṣṭhā y Mūla, ya que este es el punto de transición más severo. De esta manera Parāśara enseña sobre las nakṣatras de forma util y práctica.

| | Nakṣatra | Grados |
|---|---|---|
| 1 | Aśvinī | 00°00' - 13°20' Aries |
| 2 | Bharaṇī | 13°20' - 26°40' Aries |
| 3 | Kṛttikā | 26°40' Aries - 10°00' Tauro |
| 4 | Rohiṇī | 10°00' - 23°20' Tauro |
| 5 | Mṛgaśiras | 23°20' Tauro - 6°40' Géminis |
| 6 | Ārdrā | 6°40' - 20°00' Géminis |
| 7 | Punarvasu | 20°00' Géminis - 3°20' Cáncer |
| 8 | Puṣya | 3°20' - 16°40' Cáncer |
| 9 | Āśleṣā | 16°40' - 30°00' Cáncer |
| 10 | Maghā | 00°00' - 13°20' Leo |
| 11 | Pūrvaphalgunī | 13°20' - 26°40' Leo |
| 12 | Uttaraphalgunī | 26°40' Leo - 10°00' Virgo |
| 13 | Hasta | 10°00' - 23°20' Virgo |
| 14 | Chitrā | 23°20' Virgo - 6°40' Libra |
| 15 | Svātī | 6°40' - 20°00' Libra |
| 16 | Viśākhā | 20°00' Libra - 3°20' Escorpio |
| 17 | Anurādhā | 3°20' - 16°40' Escorpio |
| 18 | Jyeṣṭhā | 16°40' - 30°00' Escorpio |
| 19 | Mūla | 00°00' - 13°20' Sagitario |
| 20 | Pūrvāṣāḍhā | 13°20' - 26°40' Sagitario |
| 21 | Uttarāṣāḍhā | 26°40' Sagitario - 10°00' Capri |
| 22 | Śravaṇa | 10°00' - 23°20' Capricornio |
| 23 | Dhaniṣṭhā | 23°20' Capricornio - 6°40' Acuario |
| 24 | Śatabhiṣa | 6°40' - 20°00' Acuario |
| 25 | Pūrvābhādra | 20°00' Acuario - 3°20' Piscis |
| 26 | Uttarabhādra | 3°20' - 16°40' Piscis |
| 27 | Revatī | 16°40' - 30°00' Piscis |

**- EJERCICIO PRÁCTICO -**

1. Estudia la relación de los grados de las nakṣatras con los signos del zodíaco, observando dónde se alinean y dónde no. Estudia los grados lo suficiente como para estar familiarizado con sus patrones generales.
2. Busca en los capítulos finales del segundo volumen de Bṛhat Pārāśara Horā Śāstra y encuentra las pūjās mencionadas para nacimientos en Gaṇḍānta. Comprueba si tienes planetas en estas posiciones.

## Yogatārā

Cada nakṣatra tiene estrellas específicas (*yogatārā*) que lo conforman. Por ejemplo, Aśvinī es β Arietis (Sheratan) y γ Arietis, que se conoce como la cabeza del carnero en el zodiaco solar.

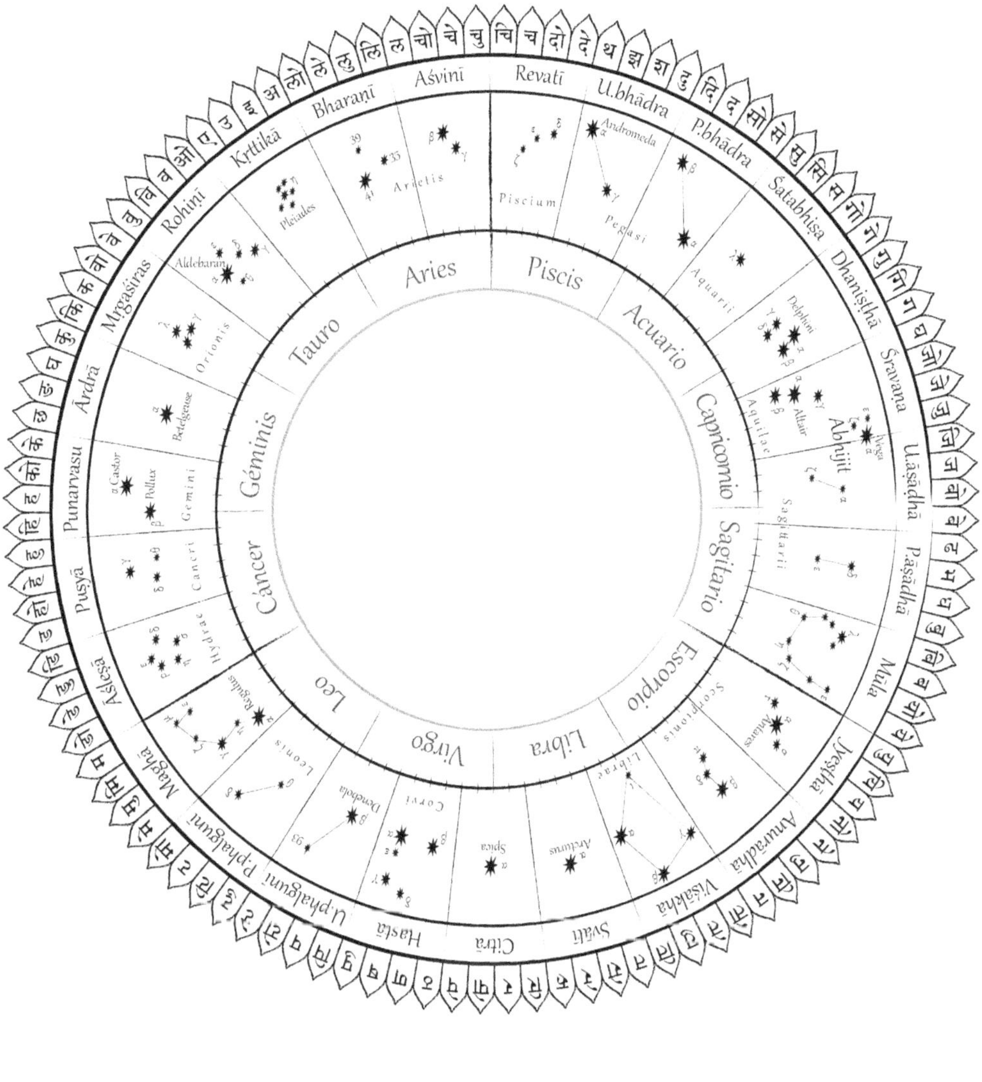


## La 28ª nakṣatra

Existen dos sistemas de nakṣatras, uno con 27 porciones y otro con 28. El mes sideral tarda 27,3217 días en transitar el zodiaco de 360 grados. El sistema de 27 nakṣatras promedia esto a 27 signos, cada uno formando 13 grados y 20 minutos de arco, mientras que el sistema de 28 asigna un día a cada nakṣatra y asigna las 7 horas y 38 minutos restantes a una porción llamada *Abhijit* que abarca 4 grados 14 minutos y 13 segundos de arco. Abhijit se encuentre de los 6° 40' a 10° 53' 20 " de Capricornio (o 276° 40' a 280° 54' 13") es decir entre Uttarāṣāḍhā y Śravaṇa. El sistema de 27 nakṣatras es para todos los propósitos mundanos, contrariamente al sistema de 28 nakṣatras que se usa para propósitos espirituales, ya que su regente es Hari. Al utilizar las técnicas de las nakṣatra, es importante saber si se trata de un sistema de 27 o 28 nakṣatras y cuándo es apropiado utilizar uno u otro.

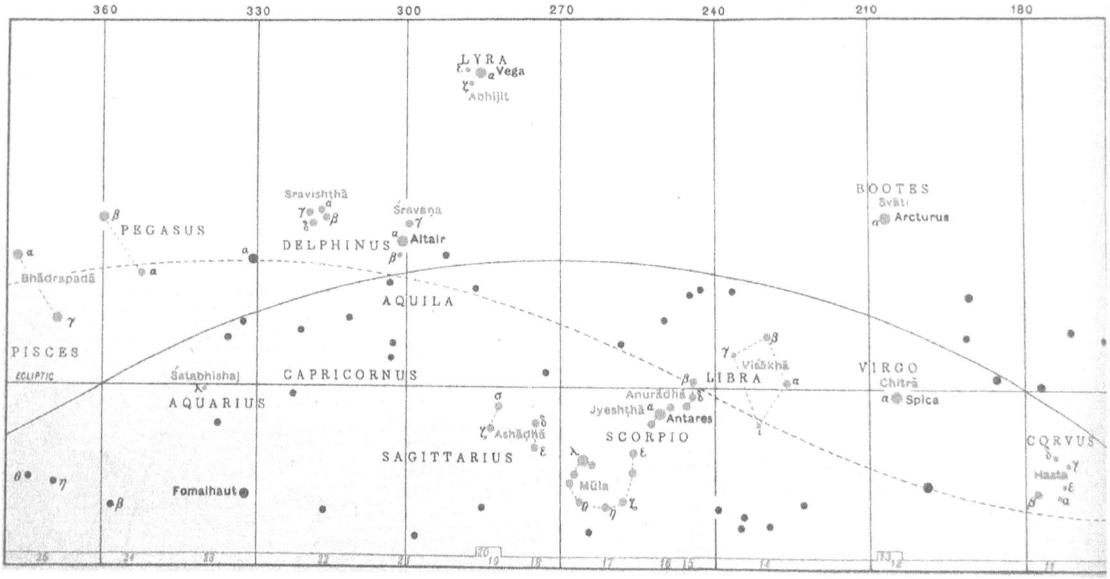


## Referencias en los Śāstras

Existen una variedad de versos a lo largo de la literatura de Jyotiṣa sobre las nakṣatras. A veces las escrituras pueden ser muy extremas en cuanto a cuán benéfica o negativa será una nakṣatra, por lo que esa información no debe tomarse literalmente. La nakṣatra indicará cómo la mente filtra la información y los estímulos sensoriales, mostrando la psicología del nativo y cómo están percibiendo e interactuando con su entorno. La meditación y el trabajo interno pueden cambiar las indicaciones generales a medida que la persona gana la capacidad de controlar su mente.

Las indicaciones positivas o negativas serán modificadas según el lagna y su regente (cómo la persona usa su inteligencia), la casa cuatro (la claridad de su corazón y sentimientos), las conjunciones y aspectos sobre la Luna, y la fuerza y condición del ātmakāraka. Un buen astrólogo puede mirar una carta y ver cómo estos factores modifican la condición actual del nativo. Un principiante puede mirar a los ojos del nativo para buscar luz y claridad; estos elementos indicarán cuántos obstáculos de su propia mente y personalidad a superado la persona: cuanta menos luz y claridad, más se indicarán los rasgos negativos de la mente. De esto se trata usar *Saṁhitā* y *Horā* juntos.

Deberíamos estudiar las nakṣatras como son definidas en los textos clásicos. A continuación se proporciona una comparación entre el Nakṣatra-Jātaka-Adhyāya de Varāhamihira (capítulo de la Nakṣatra de nacimiento del texto *Bṛhat Saṁhitā*), y otro texto clásico, la sección Nakṣatra Phalam (resultados de las nakṣatra) de Vaidyanātha Dikṣita del *Jātaka Pārijāta*. Las palabras en sánscrito tienen muchos significados; se aconseja al lector que medite sobre la naturaleza general de las indicaciones presentadas, siendo consciente de las dificultades en la traducción.

## Bṛhat Saṁhitā de Varāhamihira

| | **Varāhamihira's Bṛhat Saṁhitā**<br>Nakṣatra-Jātaka-Adhyāya [100] | **Vaidyanātha Dikṣita's Jātaka Pārijāta**<br>Nakṣatra Phalam |
|---|---|---|
| **Aśvinī** | Aficionado a la decoración (*priya bhūṣaṇa*), guapo, bien formado (*su-rūpa*), afortunado (*su-bhaga*), talentoso, diestro (*dakṣa*), inteligente (*matimat*) | Gran inteligencia (*mati buddhi*), famoso, bien conocido (*vitta*), buena conducta (*vinaya*), sabio (*prajña*), feliz (*sukhī*) |
| **Bharaṇī** | Decidido, resuelto, cierto (*kṛtaniścaya*), sincero, honesto (*satya*), libre de enfermedades (*aruja*), talentoso, diestro, laborioso (*dakṣa*), feliz (*sukhī*) | Agitado, exhausto, como una mujer menstruando (*vikala*), deleitándose con la esposa de los otros (*anya dāra nirata*), cruel, áspero (*krūra*), ingrato (*kṛtaghna*), poseedor de riquezas (*dhanī*) |
| **Kṛttikā** | Come mucho (*bahubhuk*), se divierte con las parejas de los demás (*paradāra-rata*), enérgico, brillante, respetable (*tejasvī*), conocido (*vikhyāta*) | Enérgico, brillante, digno (*tejasvī*), muy productivo (*bahulodbhava*), estatus de caballero (*prabhusam-murkha*), su riqueza está en el aprendizaje (*vidyādhanī*) |
| **Rohiṇī** | Honesto, (*satya*), limpio, virtuoso (*śuci*), habla agradablemente (*priyaṁ vada*), obstinado, perseverante (*sthira*), buena forma, guapo (*surūpa*) | Conocimiento de las debilidades de las personas (*parrandhravid*), cuerpo delgado (*kṛśa-tanu*), iluminado (*bodhī*), disfruta o desea a la esposa de otras personas (*parastrī-rata*) |
| **Mṛgaśira** | Inconsiderado, voluble, inestable (*capala*), hábil (*catura*), tímido (*bhīra*), astuto, orador inteligente (*paṭu-ruta*), poderoso (*sāhī*), rico (*dhanī*), disfruta de las comodidades de la vida (*bhogī*) | Disposición amistosa (*saumya-manas*), viajero (*aṭana*), torcido, deshonesto (*kuṭila*), loco de amor (*kāmātura*), enfermo (*rogavān*) |
| **Ārdrā** | Falso, engañoso (*śaṭha*), presumido, orgulloso (*garvita*), feroz, apasionado, violento (*caṇḍa*), desagradecido (*kṛtaghna*), cruel, hiriente (*hiṁsra*), con muchos vicios, pecador (*pāpa*) | Voluble (*cala*), abundante fuerza (*adhika bala*), realiza acciones simples y vulgares (*kṣudra-kriyā*), de mal comportamiento (*aśīlavān*) |
| **Punar-vasu** | Paciente, autocontrolado (*dānta*), feliz (*sukhī*), de buen carácter (*suśīla*), torpe (*durmedha*), enfermizo (*rogabhāj*), sediento (*pipāsu*), fácilmente complacido (*alpena ca santuṣṭa*) | Simple (*mūḍhātmā*), buena riqueza (*dhana bala*), bien conocido (*khyāta*), poeta (*kavi*), un amante, lujurioso (*kāmuka*) |
| **Puṣya** | Tranquilo (*śāntātmā*), afortunado, simpático, favorecido (*su-bhaga*), erudito (*paṇḍita*), rico (*dhanī*), firme en el dharma (*dharma-saṁśrita*) | Gusto por dioses y a la gente espiritual (*vipra-sura-priya*), rico con todo lo que va con la riqueza (*sadhanadhī*), disfruta de los beneficios del gobierno (*rājapriya*), rodeado de sus relaciones (*bandhumān*) |
| **Āśleṣā** | Falso, engañoso (*śaṭha*), alguien que come cualquier cosa (*sarva bhakśya*), pecaminoso (*pāpa*), ingrato (*kṛtaghna*), astuto, tramposo, engañoso (*dhūrta*) | Sencillo (*mūḍhātmā*), irrespetuoso, discurso desagradecido (*kṛtaghna-vacana*), malhumorado (*kopī*), mala suerte, difícil de curar (*durācāravān*) |

| | **Varāhamihira's Bṛhat Saṁhitā** Nakṣatra-Jātaka-Adhyāya [100] | **Vaidyanātha Dikṣita's Jātaka Pārijāta** Nakṣatra Phalam |
|---|---|---|
| **Maghā** | Tiene muchos sirvientes (*bahu bhṛtya*), riqueza (*dhanī*), disfruta de la vida (*bhogī*), devoción por dioses y antepasados (*sura-pitṛ-bhakta*), laborioso, que ejerce grandes esfuerzos, ocupado (*mahodyama*) | Orgulloso, arrogante (*garvī*), religioso, santo (*puṇya*), disfruta del sexo (*rata*), tiene un cónyuge obediente (*kalatravaśaga*), honrado, estimado (*mānī*), rico (*dhanī*) |
| **Pūrva-phalgunī** | Discurso amable y dulce (*priya-vāg*), generoso (*dātā*), brillante, digno (*dyutimān*), viajero (*aṭana*), empleado por personas importantes o gobierno (*nṛpasevaka*) | Inconsiderado, voluble, inquieto (*capala*), realiza actos negativos (*ku-karma-carita*), liberal, dadivoso (*tyāgī*), perseverantes (*dṛḍha*), lleno de deseos, lujurioso (*kāmuka*) |
| **Uttara-phalgunī** | Afortunado, querido, favorecido (*su-bhaga*), ganancias a través de su conocimiento (*vidyā-āpta-dhana*), disfruta de la vida (*bhogī*), feliz (*sukha*) | Disfruta de la vida (*bhogī*), venerado, amado (*bhajanita*), de mente alta, reverenciado (*mānī*), correcto en la conducta, agradecido (*kṛtajña*), religioso, inteligente (*sudhī*) |
| **Hasta** | Poderoso, enérgico, activo (*utsāhī*), audaz, valiente, atrevido (*dhṛṣṭa*), adicto al alcohol (*pānapa*), no compasivo, cruel (*aghṛṇī*), un ladrón (*taskara*) | A veces (*yadi*) sensual (*kāma*), virtuoso (*dhamani*), disfruta del sexo (*rata*), hace favores para sabios (*prājña-uprarta*), rico (*dhanī*) |
| **Chitrā** | Usa ropa y collares bonitos (*ambara-mālya-dhara*), tiene ojos hermosos (*sulocana*) y extremidades bien formadas (*āṅga*) | Reservado (*gupta*), en constante estudio (*śīlani*), disfruta del sexo (*rata*), honorable (*mānī*), disfruta de las esposa de los demás (*parastrī-rata*) |
| **Svātī** | Paciente, autocontrolado (*dānta*), mercader, comerciante (*vaṇik*), compasivo (*kṛpālu*), discurso dulce, palabras amables (*priya-vāg*), sigue la virtud y la justicia (*dharma-āśrita*) | Aquel que agrada a los dioses y brahmanas (*deva-mahīsura-priyakara*), disfruta de la vida (*bhogī*), rico (*dhanī*), simple, de comprensión lenta (*manda-dhī*) |
| **Viśākhā** | Celoso, envidioso (*irṣyu*), codicioso, avaro (*lubdha*), brillante, digno (*dyutimān*), elocuente, hábil en el habla (*vacana-paṭu*), argumentativo (*kalahakṛd*) | Orgulloso, arrogante (*garvī*), bajo el poder del cónyuge, ansioso, devoto (*dāra-vaśa*), conquistado y sometido por enemigos (*jita-ari-radhika*), malhumorado (*krodhī*) |
| **Anu-rādhā** | Abundante riqueza (*āḍhya*), residencia en el extranjero (*videśa-vāsī*), hambre continua (*kṣudhālu*), viajero (*aṭana*) | Discurso muy agradable (*supriya-vāg*), rico (*dhanī*), feliz (*sukha*), disfruta del sexo (*rata*), honorable (*pūjyo*), hermoso, famoso (*yaśasvī*), fuerte y poderoso (*vibhū*) |
| **Jyeṣṭhā** | Pocos amigos (*na bahu mitra*), contento (*santuṣṭa*), siguiendo el dharma, virtuoso (*dharmakṛt*), enfadado, muy enojado (*pracura-kopa*) | Pensamientos de enojo, mentalmente irritado (*mati-kopavān*), aficionado a otras mujeres (*paravadhū-sakta*), fuerte sentido del dharma (*vibhudhārmika*) |

| | **Varāhamihira's Bṛhat Saṁhitā**<br>Nakṣatra-Jātaka-Adhyāya [100] | **Vaidyanātha Dikṣita's Jātaka Pārijāta**<br>Nakṣatra Phalam |
|---|---|---|
| **Mūla** | Honorable (*mānī*), rico (*dhanavān*), feliz (*sukhī*), no malicioso o hiriente (*na hiṁsra*), estable, de mente firme (*sthira*), disfruta de la vida (*bhogī*) | Elocuente, de habla hábil (*paṭu-vāg*), agitado, desaliñado (*vidhūtakuśala*), engañoso (*dhūrta*), desagradecido (*kṛtaghna*), rico (*dhanī*) |
| **Pūrva-aṣāḍhā** | Cónyuge atractivo que da felicidad (*iṣṭ-ānanda-kalatra*), audaz, valiente (*vīra*), un amigo constante (*dṛḍha-sauhṛda*) | Inconstante, experimenta cambios para peor, enamorándose constantemente (*vikāracarita*), honorable (*mānī*), feliz (*sukhī*), naturaleza tranquila y gentil (*śāntadhī*) |
| **Uttara-aṣāḍhā** | Buen comportamiento, humilde, educado (*vinīta*), justo, virtuoso (*dhārmika*), muchos amigos (*bahu-mitra*), agradecido, consciente en la ayuda (*kṛtajña*), afortunado, querido, favorecido (*su-bhaga*) | Respetable (*mānya*), de naturaleza tranquila (*śāntaguṇa*), feliz (*sukhī*), rico (*dhanavān*), erudito (*paṇḍita*) |
| **Śravaṇa** | Ilustre, eminente, lleno de fortuna (*śrīmān*), erudito, que ha escuchado las enseñanzas (*śrutavān*), rectitud, cónyuge noble (*udāra-dāra*), adquiere riqueza (*dhana-anvita*), famoso (*khyāta*) | Reverencia a los dioses y brahmanas (*dvija-deva-bhakti-nirata*), en el gobierno o un líder (*rājā*), rico (dhanī), virtuoso (*dharmavān*) |
| **Dha-niṣṭhā** | Generoso (*dāta*), rico (*āḍhya*), valiente (*śūra*), aficionado a la música (*gīti-priya*), codicioso con el dinero (*dhana-lubdha*) | Rico, con tesoros (*vasumān*), muslos y cuello grandes (*pīnorukaṭṭha*), feliz (*sukhī*) |
| **Śata-bhiṣa** | Habla clara y específica (*sphuṭa-vāg*), que tiene adicciones (*vyasanī*), destruye a sus enemigos (*ripuhā*), Imprudente, sobrecargado de trabajo (*sāhasika*), obstinado (*durgrāhya*) | Un astrólogo (*kālajña*), pacífico (*śānta*), sin dietas (*alpa-bhuk*), imprudente, sobrecargado de trabajo (*sāhasī*) |
| **Pūrvā-bhādra** | Sufre de dolor y tristeza (*udvigna*), controlado por el sexo opuesto (*strī-jita*), hábil para ganar dinero (*dhanapaṭu*), avaro (*adātā*) | Confiado en hablar (*pragalbha-vacana*), engañoso (*dhūrta*), temeroso, cobarde (*bhayārta*), gentil, débil (*mṛdu*) |
| **Uttara-bhādra** | Habilidad para hablar (*vaktā*), feliz (*sukhī*), muchos niños, fructíferos (*prajāvān*), conquista enemigos (*jita-śatru*), virtuosos (*dhārmika*) | De carácter gentil, liberal, de mente abierta (*tyāgī*), rico (*dhanī*), académico (*paṇḍita*) |
| **Revatī** | Extremidades desarrolladas y proporcionadas (*sampūrṇa-a enega*), afortunado, favorecido (*su-bhaga*), valiente (*śūra*), limpio, puro, honesto (*śuci*), ricos, alta autoestima (*arthavān*) | Marcas o signos notorios en el cuerpo (*uru-lā enchana upagatanu*), loco de amor (*kāmātura*) hermoso (*sundara*), consejero (*mantrī*), acompañado de hijos, cónyuge, amigos (*putra-kalatra-mitra-sahita*), producirá prosperidad constante (*jāta-sthira-śrīrata*) |

## Nakṣatra Devatā

De los muchos atributos relacionados con las nakṣatras, los dos más importantes de entender son el devatā y el símbolo. Las cualidades de los devatās nos dan el significado primario de cada nakṣatra y forman la base para la interpretación de la constelación lunar. La nakṣatra más importante es la de la Luna natal, llamada *janma nakṣatra*.

Las constelaciones lunares representan la mente condicionada por el devatā que rige la nakṣatra de la Luna: al comprender la naturaleza de la deidad conoceremos la naturaleza cualitativa del pensamiento del individuo. Para entender completamente la deidad necesitamos leer las diversas historias de la literatura védica y familiarizarnos con estos devatās. Cuanto más entendamos a estos dioses, más se podrá apreciar la motivación y la naturaleza de la mente.

Veintisiete devatās pueden parecer muchos dioses para recordar y un poco panteístas; lo que es importante es entender a estos dioses en una perspectiva simbólica o filosófica (*adhyātma*). Yāska, el erudito del nirukta, enseña que solo hay una divinidad que se vuelve distinguible según la función que cumpla en un reino en particular.[1] Śaunaka en su *Bṛhad-devatā* distingue los temperamentos, estados de ánimo e inclinaciones de los diversos devatāś que se encuentran dentro de las diversas mitologías,[2] por lo que se debe entender la función y la naturaleza del devatā.

Algunos eruditos han determinado la importancia de las deidades que se encuentran en los Vedas por la cantidad de versos compuestos en su honor. Desde nuestra perspectiva todos son igualmente importantes, ya que cada uno gobierna una porción igual del cielo. Por lo tanto debemos tratar de entenderlos y comprender cómo acercarnos a cada uno por igual: Rudra es abordado para protección, a Nirṛti se le pide que se mantenga alejada, Bhaga a través del amor y encanto para la felicidad conyugal, Āpas es abordado con emoción y sentimientos, Indra es tratado como un rey, mientras que Bṛhaspati es abordado como un maestro espiritual.

En los textos a veces la nakṣatra es llamada por la deidad que la rige. Por ejemplo, Anurādhā puede llamarse *maitrā*, que significa 'aquello que pertenece a Mitra'. Pūrvāṣāḍhā se llama también *jaladeva*, que significa 'lo que pertenece al dios del agua'. De esta manera los signos lunares son los dominios del devatā y es su energía la que gobierna esa porción particular del cielo. Comprender su mitología revela el funcionamiento más profundo de la nakṣatra y abre la puerta para el entendimiento intuitivo de la psicología del nativo. A continuación hay una breve introducción a las deidades para el principiante.

1 Rao, S.K. Ramachandra, Rigveda Darsana, pág. 110, 169, 170
2 Rao, S.K. Ramachandra, Rigveda Darsana, pág. 83

| # | Constelación | Deidad | Arquetipo |
|---|---|---|---|
| 1 | Aśvinī | Aśvini-kumāra | Curación, rejuvenecimiento |
| 2 | Bharaṇī | Yama | Morir, muerte, transformación |
| 3 | Kṛttikā | Agni | Quemar, purificar, claridad |
| 4 | Rohiṇī | Brahmā | Creación, cultura |
| 5 | Mṛgaśira | Chandra | Crecimiento, ojas, poder procreador |
| 6 | Ārdrā | Rudra | Ira, poder de destrucción |
| 7 | Punarvasu | Aditi | Aprendizaje, comprensión, expansión |
| 8 | Puṣya | Bṛhaspati | Conocimiento, conciencia |
| 9 | Āśleṣā | Sarpa | Engaño, ilusión, exceso de confianza |
| 10 | Maghā | Pitṛ | Autoridad, karma |
| 11 | Pūrvaphalgunī | Bhaga | Relaciones, sexualidad |
| 12 | Uttaraphalgunī | Aryaman | Amor, matrimonio, familia |
| 13 | Hasta | Savitṛ | Despertar, darse cuenta |
| 14 | Chitrā | Viśvakarma | Construcción, planificación |
| 15 | Svātī | Vāyu | Movimiento, fuerza para construir |
| 16 | Viśākhā | Indrāgni | Alianza, sistemas de apoyo |
| 17 | Anurādhā | Mitra | Amistad, detalle fino |
| 18 | Jyeṣṭhā | Indra | Control sensorial, control de impulsos |
| 19 | Mūla | Nirṛti | Romper |
| 20 | Pūrvāṣāḍhā | Āpas | Sentir, buscar |
| 21 | Uttarāṣāḍhā | Viśvadeva | Nobleza, buen carácter |
| 22 | Śravaṇa | Viṣṇu | Omnipresente, en expansión |
| 23 | Dhaniṣṭhā | Vasudeva | Fama, brillo, ser visto |
| 24 | Śatabhiṣa | Varuṇa | Castigo, arrepentimiento |
| 25 | Pūrvābhādra | Ajaikapada | Tapasya, penitencia |
| 26 | Uttarabhādra | Ahirbudhnya | Invisible, oculto |
| 27 | Revatī | Pūṣan | Nutridor, viajes seguros y fructíferos |

Existen varios niveles de percepción de las deidades védicas, las cuales han sido llamadas teantropocósmicas; se pueden ver como fuerzas naturales, tendencias mentales o arquetipos cósmicos que a veces se personifican para facilitar la comprensión humana. Cada uno de estos niveles incluye simultáneamente al otro y es responsabilidad del astrólogo no sólo percibir la multidimensionalidad de estas energías, sino también comprender cómo influyen en cada aspecto de la vida de un individuo. Comprender la deidad nos ayudará a tener un "sentimiento" por el devatā para entender la nakṣatra desde un punto de vista energético, en lugar de una lista de significados.

## Aśvinī: Aśvini Kumāra

||*auṁ aśvinīkumārābhyāṁ namaḥ* ||

Dasra y Satya son los gemelos Aśvin, dos hombres atractivos conocidos como los doctores de los dioses. *Aśva* significa 'caballo' y su padre era el dios del Sol (*Sūrya*), que los concibió en forma equina. La palabra Kumāra significa 'muchacho joven' y se utiliza porque ellos siempre son jóvenes, guapos y saludables como también maestros del Āyurveda.

Los gemelos Aśvin poseen poderes curativos mágicos, por lo que esta nakṣatra se asocia con la capacidad de sanar. El viejo y ciego sabio Chyavanna fue rejuvenecido, hecho joven y saludable de nuevo por los Aśvins, mostrando el poder de esta nakṣatra para sanar, prevenir el envejecimiento y rejuvenecer, representando una rama del Ayurveda conocida como *Rasāyana*. La sananción recién mencionada se realizó para el beneficio de la joven esposa de Chyavanna, por lo que también esta nakṣaṭra se relaciona con *Vājikaraṇa* (salud, potencia, fertilidad sexual). El caballo (*aśva*) es un símbolo de fuerza, resistencia, vitalidad, características de la buena salud que nos hace sentir vivos. Los caballos también son conocidos por el poder de proveer antídotos contra las mordeduras de serpiente y esto muestra el poder de Aśvinī para luchar contra el veneno. Esta nakṣatra no tolera comportamientos oscuros, engañosos o dañinos en una persona; también se relaciona con la lucha contra las toxinas en el cuerpo y la purificación de los procesos naturales del cuerpo de venenos extraños.

Los Aśvins siempre están poniéndole pruebas a la gente, tal como lo hicieron con la esposa de Chyavanna antes de curarlo. Siendo dioses masculinos y apuestos, le pidieron a la esposa de Chyavanna que se casara con uno de ellos, en lugar de estar con el viejo sabio ciego. Sólo restauraron la juventud a su marido después de que ella le fuera fiel. De esta manera los nativos con Aśvini nakṣatra a menudo serán críticos frente a las situaciones, y las pondrán a prueba antes de creer, ayudar o comprometerse; necesitan evaluar y a veces examinarán la situación abiertamente, en algún momento de forma encubierta.

Los Aśvins son muy inteligentes y expertos en muchas artes, siendo buenos no solo en medicina, sino también en música y otras artes especializadas. Los nativos con esta nakṣatra serán refinados, inteligentes y hábiles. La asociación de esta estrella con los caballos indica amor por los caballos y por trabajar con ellos. En la antigüedad los caballos eran un método elevado de transporte, por lo que esta constelación también se relacionará con el transporte en todos sus variedades dentro del mundo moderno.

## Bharaṇī: Yama

*||aum̐ yamāya namaḥ ||*

Yama es el señor de la muerte y se llama Dharmarāja (rey del Dharma), ya que todos los que mueren lo ven después de su deceso para que su karma sea pesado y se decida la dirección que tomarán después de la muerte. Yama significa literalmente 'autocontrol', 'moderación' o cualquier 'gran regla moral' y también puede referirse a un conductor de carro o carrozas. Yama es la restricción de no hacer cosas negativas en la vida y es nuestro propio yama que pesa la dirección que vamos después de la muerte.

Yama lleva una soga (*pāśin*) y un palo de castigo (*daṇḍa*). Los nativos de este nakṣatra seguirán las reglas y a menudo incluso forzarán su cumplimiento, estando en roles relacionados con la ley y el juicio ya que Yama dictamina la sentencia; a menudo actuarán cruelmente, con dureza o sin compasión. No se puede transar con la muerte, aunque en la historia de Mārkaṇḍeya, que se encuentra en varios Purāṇas, se cuenta que fue predicho por los mejores astrólogos que él iba a morir a la edad de dieciséis años; por esta razón él hizo un intenso sādhana a Viṣṇu, el sustentador, y superó la muerte. De esta manera nativos de Bharaṇī puede que no sean fácilmente superados directamente, pero pueden ser conquistados por las acciones que uno hace por los demás (servicio, etc.).

En el *Uttara-Rāmāyaṇa* se cuenta que Yama, disfrazado como un Maharṣi, fue enviado por Brahmā para traer a Rāma de regreso a Vaikuṭṭha. De manera similar los nativos de Bharaṇī les están recordando a las personas a dónde pertenecen y le están dando consejos. En el *Mahābhārata* se menciona que Yama nació como Vidura, quien era un famoso consejero que aconsejaba a sabios e inteligentes; él era conocido por decir la verdad "amarga" en sus consejos.

Bharaṇī también se relaciona con la matanza y los carniceros, así como con el sacrificio de animales. Muchas de las tribus caníbales de la antigua India adoraban al dios Búfalo, ya que este es el vehículo de Yama. Bharaṇī es la estrella de nacimiento de Rahu y puede indicar la impureza de los actos de Rahu. Los planetas posicionados en esta estrella pueden indicar actos duros o crímenes cometidos contra el kāraka del planeta. La adoración a la diosa Durgā es el remedio para purificar esta nakṣatra.

El janma-nakṣatra (estrella de nacimiento) de Ṛṣi Vālmīki era Bharaṇī. Originalmente era un ladrón y bandido, tan cruel que cortaba los dedos de sus víctimas. Vālmīki se dio cuenta de lo absurdo que es ser un ladrón, dejó a su esposa, hijos y la vida mundana para ser Ṛṣi, pero primero tuvo que pasar por la transformación. La nakṣatra Bharaṇī se relaciona con la transformación y el cambio en la vida de una persona. También se relaciona con la transición de esta vida a la siguiente, ya que la muerte solo es un viaje de un cuerpo a otro. Los nativos de esta estrella son buenos trabajando con experiencias de muerte y transformación. Las terapias curativas que implican una transformación dura y rápida son buenas para ellos.

## Kṛttikā: Agni

*||auṁ agnaye namaḥ||*

Agni es el dios del fuego sagrado, él es el fuego mismo. En el plano físico él es el fuego al que se le hacen ofrendas, transportando esas ofrendas a los dioses y sirviendo así como intermediario entre la humanidad y lo divino. Él gobierna sobre la digestión de los alimentos, la digestión de los estímulos sensoriales, la digestión del conocimiento y es el dador de la percepción. Está conectado con el tercer ojo y el conocimiento superior. De esta manera también es un intermediario entre la conciencia de la humanidad y la conciencia superior divina.

El Ṛgveda comienza con una oración a Agni, ya que él es la conexión con los reinos superiores a través del fuego sagrado de modo que la esencia de estas ofrendas lleguen a los dioses. Cuando el Ājñā chakra está abierto y activado, las oraciones son escuchadas por los reinos superiores de la mente. Los nativos con esta estrella son los mejores sacerdotes, ya que están verdaderamente interesados en ayudar a las personas a conectarse con los reinos superiores divinos, o pueden ser buenos maestros espirituales, ya que están tratando de enseñar a otros cómo alcanzar reinos superiores de la mente y quemar sus karmas pasados.

Agni como el dios del fuego indica un individuo con un fuerte tejas, que es el resplandor interior en una persona. A medida que el fuego cocina y purifica la comida, tejas cocina al individuo para evolucionar su conciencia.

La nakṣatra kittikā hará que el nativo sea brillante, además de física y mentalmente energético. Su resplandor da buena inteligencia y capacidad de pensamiento. Los nativos de esta estrella son educados e ingeniosos, lo que los convierte en buenos inventores e ingenieros, o un buen astrólogo ya que su percepción es clara, nítida y precisa. También puede dar atracción por el fuego o trabajar con fuego a través de la metalurgia o la química.

La mitología de Agni es la comprensión del fuego; sus madres son dos varas de leña, que él devora tan pronto como nace. Es producido todas las mañanas y, por lo tanto, es joven. Él es alabado como el señor de la casa (*gṛha-pati*), pero también llamado el invitado (*atithi*). La madera es su alimento y el ghee su bebida. Él es la boca a través de la cual se entregan las ofrendas a los dioses y con esas ofrendas los dioses se nos aproximan y se vuelven más receptivos.

Agni se describe de un color negro como el humo, rojo y dorado, con un bigote, ojos y cabello marrón dorado; toma una forma feroz cuando se convierte en *Kravyāda* para devorar el cuerpo en la pira funeraria. En esta forma Agni es conocida por disipar fantasmas, espíritus y magia negra.

El fuego es agudo y cortante. Estos nativos son a menudo muy precisos y exactos. Por lo general no hablan demasiado y pueden ser muy directos.

## Rohiṇī: Brahmā/Prajāpati

||*auṁ brahmaṇe namaḥ* ||

Brahmā es el dios creador relacionado con rajas guṇa en la trinidad de dioses. Él es el dios creador que generó el universo y a través de su poder la creación continúa. Prajāpati (señor de la progenie) también es conocido como Brahmā. Prajāpati significa la divinidad que preside la creación y es más general, ya que se refiere a varias deidades o incluso a los primeros hombres que crean una raza.

Desde el centro (ombligo) de la omnipresencia surge Brahmā para crear el universo entero. Es una estrella creativa y artística, pero debido a la prevalencia de rajas guna puede volverse materialista. La esposa de Brahmā es Saraswatī, la diosa del arte, la música y el aprendizaje, a quien él mismo creó por lo que también se la llama su hija. Esto hace que los nativos de esta estrella sean muy cultos e interesados en la música, las artes escénicas y otras expresiones estéticas. Al mismo tiempo, como el creador tenía como esposa su propia creación, una sexualidad apropiada es una preocupación para estos nativos. La energía creativa instintiva trae consigo un exceso de pasión y sexualidad en estos nativos, sin embargo, los vuelve expertos en las artes del amor. Es una buena estrella para actividades que involucran ritos y actos de fertilidad.

Kṛṣṇa, conocido como Mohana, el objeto del deseo (*moha*), al ser atractivo, encantador y juguetón, tiene su estrella de nacimiento en Rohiṇī, lo que potencia su naturaleza seductora. Rohiṇī también se relaciona con las vacas en un establo, y las vacas están simbolizadas en kāmadeva, el dios del deseo. Rohiṇī se relaciona con el cumplimiento de los deseos y representa los alimentos que son buenos tanto para el cuerpo como para la mente. También tiene la capacidad de reunir recursos u organizar, ya que Brahmā clasificó todas las cosas creadas dándoles un nombre.

Existen tantas historias encontradas a lo largo de la literatura Védica clásica de Brahmā creando, maldiciendo y dando bendiciones. Una historia importante es cuando Brahmā y Viṣṇu trataron de encontrar el final de Jyotir-liṅga de Śiva. El pilar de luz era interminable, pero Brahmā mintió diciendo que había encontrado la parte superior; Śiva lo atrapó en su mentira y arrancó una de las cinco cabezas de Brahmā, dejándolo con sólo cuatro cabezas para que pudiera ver en las cuatro direcciones, pero no hacia arriba. Esta es una lección sobre la naturaleza egoísta de rajas guna que no reconoce un poder superior y pierden la visión completa debido a ello. Los nativos de esta estrella necesitan recordar el origen de su creatividad para permanecer más allá de las trampas del mundo material.

Brahmā rara vez es adorado en su forma como Brahmā, algunos dicen que hacerlo es similar a adorar el cuerpo o la naturaleza material que aumentaría las tendencias materialistas. En cambio se dice que casarse y tener hijos es en sí mismo la adoración a Brahmā. Otros lo adorarán como Sūrya (*Sūrya-Prajāpati*) durante Brahma-muhūrta (madrugada) como propiciación a Brahmā.

## Mṛgaśiras: Soma/Candra

*||auṁ candramase namaḥ ||*

Soma es el antiguo nombre védico de la Luna, el señor de todas las nakṣatra tal como el Sol es el señor de todos los rāśi. El noveno maṇḍala del ṚgVeda se dedica a Soma.

Las cualidades de esta nakṣatra se relacionan con el dios de la Luna en forma masculina. Sin embargo estos nativos expresarán la índole cariñosa de la Luna, pero su naturaleza mental es entendida por la disposición de Soma, el dios de la Luna. Serán volubles cambiando sus gustos y disgustos a menudo tal como la Luna que se mueve rápidamente y cambia de fase, durmiendo en una nakṣatra diferente cada noche. Se dice que las nakṣatra son las 27 esposas de Soma; esto le da la cualidad de moverse constantemente como la de un viajero. El nombre de la esposa favorita de la Luna es Rohiṇī debido a su creatividad, comportamiento culto y habilidades para complacer a Soma. Los nativos de Mṛgaśiras se preocupan por los modales y esperan buen anfitrión cuando están de visita. Pueden ser tímidos debido a la naturaleza tímida de la Luna, pero serán astutos en su discurso para compensar cualquier oportunidad perdida.

El dios de la Luna es conocido por su alto libido sexual y poder de procrear; es lujurioso y a se enamora constantemente, atraído por la belleza externa. Como ejemplo de su naturaleza lujuriosa incluso huyó con Tārā, la esposa de Jupiter, y la embarazó.

La Luna es un planeta amigable, disfrutando ser animador y hacer felices a sus invitados; se relaciona con la ropa y las comodidades, por lo que los nativos de esta estrella disfrutan de una bonita ropa o trabajar con textiles, deleitándose con las comodidades de la vida y esforzándose por ser ricos. Existe en ellos un amor por la tradición y las prácticas ancestrales, ya que la Luna se relaciona con el lugar de transición de los antepasados. De esta manera se deben entender los significados de la Luna.

Soma es el señor de las plantas, representando su potencia, ya que es él quien da a las plantas su energía nutritiva (*ojas*). En la antigüedad cuando la división entre hombres y devas era menor, había una hierba llamada soma. En la sección de medicina divina (*divyauṣadhi*) del Charaka Saṁhitā, la hierba Soma se llama el "Rey de las medicinas (*Oṣadhi-Rājā*)"[3] y se describe teniendo 15 hojas que aumentan (*vardha*) y disminuyen (*hīya*) como las fases creciente y menguante de la Luna. Esto se conecta con los 15 tithis de la Luna, debido a los cuales no hay hojas en la Luna nueva y hay 15 hojas en la Luna llena. En el plano material esto se relaciona con la potencia de una planta que se concentra en las hojas durante la Luna creciente y se concentra en las raíces en la Luna menguante determinando el mejor momento para cosechar. De la misma manera estos nativos son más sociales durante ciertos períodos.

3 Charaka saṁhitā, Cikitsāsthānam, Capítulo I.4 Rasāyanādhyāya v.7

## Ārdrā: Rudra

*||auṁ rudrāya namaḥ ||*

Rudra nació de un momento de ira del creador; es un dios destructor que nos hace llorar y está asociado con tormentas, desastres naturales, así como con enfermedades y dolencias.

Cuando Brahmā estaba creando el mundo, sus cuatro hijos nacidos de su mente y llamados los Sanāta Kumāra se negaron a procrear; al haber nacido de su mente, ellos se encontraban sólo en el reino mental de la existencia. Brahmā se enojó y una emoción destructiva lo inundó. Esto se manifestó como calor en su tercer ojo y de ahí nació la forma de Rudra, que es la manifestación parcial de la ira, la destrucción y las tormentas. Los nativos de esta estrella se enojan fácilmente o pueden ser rencorosos con su ira.

El *Viṣṇu Purāṇa* cuenta que de recién nacido Rudra estaba llorando, y que no dejaría de llorar hasta que el creador lo nombrara apropiadamente. Brahmā lo llamó Rudra (el que llora) porque estaba llorando (*rodana*). No fue hasta el séptimo nombre que le dió que dejó de llorar, mostrando la necesidad de los nativos de Ārdrā de tener grandes títulos o nombres para ser felices.

El llanto de Rudra fue el movimiento de la energía relacionada con el prāṇa, una densificación de la realidad nacida de la mente a la manifestación concreta en el nivel prāṇico. Son los prāṇas los que dan la vida, y la destrucción de la vida hace que un ser humano llore. El Chāndogyopaniṣhad dice: "Los Prāṇas son de hecho los Rudras porque hacen que toda la creación llore"[4]. Rudra es el padre de los Maruts (vientos), que se pueden entender externamente como dioses de la tormenta o internamente como los cinco tipos de Prāṇa en el cuerpo; es el flujo adecuado del prāṇa lo que garantiza la salud y la ausencia de enfermedades. Rudra siempre es visto cargando medicinas y es llamado el médico en jefe entre todos los médicos, sanador de sanadores.[5] Por eso se le ora a Rudra por protección y es propiciado para no nos traiga enfermedades, conflictos o lesiones. De esta manera los nativos de esta estrella a menudo encontrarán salud a través del prāṇāyama u otros métodos de control del prāṇa.

Rudra es considerado el más fuerte de los fuertes y armado con un arco y unas flechas[6], que son rápidas y afiladas. De esta manera los nativos de esta estrella son a menudo conocidos por su fuerza y ferocidad. En el *Rāmāyaṇa* Rudra encarna como Hanumān y en el *Mahābhārata* como Bhīma, ambos famosos por su fuerza y poder, y conocidos por su incapacidad para ser gentiles, siempre siendo un poco más ásperos de lo necesario.

4 Chāndogyopaniṣhad 3.16.3 (prāṇa vāra rudra aite hīdṁ sarva rodayanti)
5 Ṛg Veda 2.33.4 (bheṣajenhirbhiṣakata)
6 Ṛg Veda 2.33.3 (tavastamsa tavasāṁ)

## Punarvasu: Aditi

*||auṁ adityai namaḥ ||*

Aditi en los Vedas es la representación incorpórea de la Madre absoluta fuente de toda bondad. Ella nos libera cuando necesitamos ayuda, llenándonos de la abundancia que una madre derrama sobre sus hijos. Ella es ilimitada, sin ataduras, abundancia sin diferenciación.

Al tomar una forma, Aditi se representa como la hija de Dakṣaprajāpati, quien estaba casada con Kaśyapa junto a sus 12 hermanas. Se dice que a través de ellas todos los seres vivos nacieron. Aditi dio a luz a los 33 devas: los 12 Ādityas, 11 Rudras, los 8 Vasus, Indra y Prajapati. Ella es el fundamento expansivo del universo, la madre que está en todas partes y en todo, como madre de los devas (dioses). En un nivel interno ella representa la conciencia de unidad. Su hermana es Diti (diferencia) y fue madre de todos los demonios, los pensamientos dualistas y divididos que crean ignorancia. Aditi es la no diferencia o ecuanimidad de la mente (*sama*), de la que se habla en el Bhagavad Gītā como la actitud fundamental para la liberación.

Śrī Aurobindo escribió extensamente sobre Aditi, ella es conocida como la consorte de la Verdad (*ṛtasya patnī*).[7] Aditi dio a luz a Viṣṇu en los mundos celestiales y cuando él encarna, ella también lo hace para ser su madre y darlo a luz. En el *Mahābhārata* ella encarnó como Devakī y dió a luz a Viṣṇu, en la forma de Kṛṣṇa.[8] Se le adora para remover obstáculos, ya que ella provee los recursos necesarios para la prosperidad. Los nativos de esta estrella son serviciales, con buenas cualidades y bendecidos con los recursos para proveer a los demás. La abundancia de Aditi también se manifiesta como riqueza y fama en el plano material. El *Matsya Purāṇa* cuenta la historia de cómo Indra le dio a ella un hermoso par de pendientes que surgió del batido del océano. Éstos le fueron robados y recuperados por Kṛṣṇa cuando ella estaba en la forma de Devakī.

Como madre y protectora, ella se complace fácilmente por lo que sus hijos le ofrecen; de esta manera los nativos de su estrella son despreocupados y fáciles de satisfacer. Ella no es intelectual, por lo que sus nativos pueden no ser intelectualmente inteligentes, pero son modestos y sencillos. Su sabiduría es simple y silenciosa como Rāmaṇa Maharṣi, quien tuvo esta nakṣatra como su estrella de nacimiento. Estos nativos son pacientes y tienen buena compostura. Śrī Aurobindo traduce:

> *"Invoquemos a Aditi por protección, quien es verdaderamente la gran creadora de aquellos que están ocupados en obras felices, quien es la Consorte de la Verdad, cuya fuerza es múltiple; quien abraza lo vasto, quien es un refugio feliz, quien es perfecta en su guía."*

---

7 Yajurveda 21.5 y Atharvaveda VII.6.2

8 Devībhāgavata, Skandha 4

## Puṣya: Bṛhaspati

*||auṁ bṛhaspataye namaḥ ||*

Bṛhaspati es el sacerdote de los dioses, devaguru Júpiter. Tenía un vasto conocimiento y su consejo fue buscado en todas las decisiones principales de los dioses (*deva*).

Bṛhaspati era hijo del sabio *Aṅgirasa y Vasudā*, Aṅgirasa era el hijo de Brahmā. A Bṛhaspati se le llama hijo de Agni, pero esto se debe a que las tapas de Aṅgirasa eran tan intensas que Agni dijo que su brillo superaba al suyo propio, por lo que también debería ser llamado el dios del fuego. El padre es la casa nueve y si Júpiter se encuentra ahí, está brillando como el fuego mismo. Una casa nueve benéfica indica respeto por los mayores y la tradición, así como amor por los dioses y templos. Como el guru, Bṛhaspati entrega conocimiento sagrado y aumento de seguidores. Los nativos de esta estrella son eruditos y promueven el dharma, a través del cual adquieren riqueza, suerte y fortuna; tienen un "conocimiento" interno y a menudo son ministros, asesores o cuidadores.

En una ocasión Bṛhaspati se acostó por la fuerza con la esposa de su hermano mayor, Mamatā[9]; produjeron un hijo, el sabio Bharadvāja, y ocultaron el hecho de su nacimiento. Debido a esto, la esposa de Bhaspati, Tārā, huyó con (o fue secuestrada por) la Luna , regresando a casa embarazada de un niño, Mercurio. Al principio Bṛhaspati no reconoció al niño, pero más tarde lo aceptó como propio después de ver lo brillante que era. De esta manera existe una idoneidad social o religiosidad que estos nativos necesitan superar para ser más veraces. A Júpiter también se le llama *Vachaspati*, señor de la palabra, indicando que los nativos con esta estrella necesitan mantener su palabra para manifestar todo el apoyo, abundancia, espiritualidad y esplendor de esta nakṣatra.

Bṛhaspati representa al planeta Júpiter, el más sabio de los planetas, el sacerdote y el ritualista, siempre ayudando a los devas (buenos pensamientos) a ganar sobre los asuras (pensamientos negativos); por lo tanto los nativos de esta estrella a menudo tienen mentes tranquilas. Una vez, cuando Venus estaba haciendo tapasya durante mil años, Bṛhaspati se disfrazó como el asura-guru y tomó el lugar de Venus. Durante diez años,[10] Bṛhaspati había convertido todas las malas cualidades en los demonios y cuando Venus regresó, los asuras no creían que él era su gurú. De esta manera la intención es generalmente buena, aunque estos nativos a menudo asumen que saben lo que es mejor. Aquellos con esta estrella de nacimiento pueden ser buenos clérigos o consejeros de crecimiento personal.

9 Bhāgavata, Skandha 9

10 Viṁśottari daśā of the Moon

## Āśleṣā: Sarpa

||*aum̐ sarpebhyo namaḥ* ||

Sarpa significa 'serpiente' o 'culebra'; también puede significar 'arrastrarse' o 'gatear', que es la forma en que la mayoría de las serpientes se mueven. Ṛṣi Kasyapa tenía dos esposas y a cada una les concedió una bendición antes de que él entrara en un retiro. La primera esposa, Kadru pidió mil hijos en forma de esplendorosas serpientes y, la segunda esposa, Vinatā pidió dos hijos en forma de gloriosas aves.[11] Las serpientes nacieron primero y esclavizaron a Vinatā hasta que nació su hijo, Garuḍa, quien liberó a su madre y se convirtió en un devorador de serpientes. Por eso se invoca a Garuḍa para remover el veneno de las serpientes y los problemas causados por ellas (*kṣipa auð svāhā*).

Recordemos que no todas las serpientes son negativas. Śeṣa (*Ananta*), el primogénito de Kadru, hizo una penitencia intensa para purificarse y Brahmā, deleitándose por la virtud de su penitencia, le concedió una bendición para tener un corazón. Brahmā le pidió que viviera bajo la tierra para darle firmeza. Vāsuki, el segundo hijo de Kadru, fue la serpiente utilizada para batir el océano de leche. Otras serpientes se volvieron viles y usaron su veneno para matar y dañar. Las serpientes tienen energía poderosa y pueden hacer mucho daño.

Los nodos lunares representan serpientes: Rāhu a las *sarpas*, esas serpientes que usaron sus poderes negativamente, y Ketu a las *nāgas*, esas serpientes que usan sus poderes de forma positiva. A veces sucede que una sarpa puede hacer algo agradable y una nāga puede usar un poco de magia negra, pero generalmente sus resultados son extremos. De la misma forma los nativos de Āśleṣā a menudo estarán en situaciones negativas o positivas extremas.

Las sarpas son pecaminosas, tramposas y tienen el poder de engañar con su habla, su lengua bífida. Los nativos de esta estrella pueden ser peligrosos como el veneno de estas sarpas, pueden dedicarse a la venta ilícita de drogas o sexo; tienen un exceso de energía sexual que puede conducir a desviaciones, si no se canalizan correctamente. También se les conoce como estafadores, capaces de engañar incluso a su propia familia, como cuando ellas esclavizaron a Vinatā y a su hermano, Garuḍa.

Se sabe que las Nāgas tienen gemas que les crecen como un tercer ojo debido al intenso estudio e investigación que realizan, se convierten en guardianes de la sabiduría y perciben la energía sutil. Los nativos de esta estrella pueden estar interesados en estudios ocultos y el conocimiento místico. Pueden convertirse en sanadores, particularmente la rama del āyurveda conocida como *agadatantra* (toxicología), que puede incluir el trabajo con el cáncer o enfermedades relacionadas con contaminantes externos, e incluso la farmacología moderna. La fascinante energía de las serpientes también se relaciona con la hipnoterapia y otras terapias de estado de trance, o música que lleva a un trance.

11 Mahābhārata, Libro 1 Adi Parva, Astikā Parva

## Maghā: Pitṛ

||*auṁ pitṛbhyo namaḥ* ||

Pitṛ generalmente significa 'antepasados', pero también tiene muchos otros niveles de significados; se puede relacionar directamente con padre, porque *pitṛ* comparte la misma raíz lingüística que la palabra latina *pater* que significa padre. También puede referirse a ambos padres, a los ancestros cercanos que han muerto (padre, abuelo, bisabuelo) a los antepasados que iniciaron un linaje o a los progenitores de la humanidad, así como a grandes Ṛṣis védicos. Al adorar a los antepasados respetamos lo que ha venido antes que nosotros, recordándonos que debemos ser humildes y honrar el pasado. Maghā es una estrella brillante de autoridad y de respeto. Los nativos de esta estrella pueden volverse orgullosos o arrogantes, por lo que necesitan recordar el pasado que los ayudó a lograr lo que actualmente han alcanzado.

Nuestro karma es influenciado por nuestros antepasados de hasta siete generaciones atrás. El karma de un rey no solo afectará a todo el país, sino que el karma de su familia de las siete generaciones anteriores también influirá en el país. Propiciando a los ancestros eliminamos deudas y bloqueos kármicos, permitiendo la prosperidad, la vida matrimonial feliz, la vida sexual adecuada, el alto estatus social y el éxito en la carrera profesional. Los gozos de la vida son bendiciones de los deseos de los antepasados y son disfrutados por los nativos de esta estrella.

La tradición hindú tiene ceremonias específicas, como *śrāddha*, para que los antepasados inmediatos sean propiciados o para el recuerdo de los antiguos Ṛṣis desde donde viene nuestra herencia. En el judaísmo se invocan constantemente a los padres fundadores Abraham, Isac y Jacob y recuerdan el pasado, mientras que en el Islam se presta plena atención a Mahoma, el último profeta. En algunas culturas asiáticas hay un enfoque aún más directo en los antepasados, donde no hay diferencia entre el karma personal y el de los ancestros; así como una unidad familiar comparte prosperidad y pérdida, uno comparte las ganancias kármicas y las deudas de los antepasados, se comparten los pecados que el abuelo cometió al robar durante los tiempos difíciles, o se comparten las bendiciones que recibió al visitar a un verdadero santo durante tiempos más prósperos. Con las bendiciones de los ancestros se tiene una base kármica firme para elevarse en la vida. Todos los bloqueos que impiden alcanzar nuestras metas se eliminan y se logra el honor ofrecido por los antepasados.

Los nativos de esta estrella a menudo toman puestos en el gobierno o trabajos relacionados con el papel general de un padre. Existe una energía masculina presente en estos individuos que puede hacer que una persona sea chovinista. Estos nativos también pueden estar en posiciones relacionadas con el pasado, como conservacionistas, historiadores, curadores o arqueólogos.

## Pūrvaphalgunī: Bhaga

*||Auṁ Bhagāya Namaḥ ||*

Bhaga es uno de los doce adityas nacidos de Aditi y Kaśyapa. En general los adityas gobiernan sobre los recursos que tenemos en la vida: son formas del dios Sol y de manera similar a los rāśis nos muestran las potencialidades que podemos alcanzar. Conectado al signo Sagitario, Bhaga Āditya es el "dispensador" y es considerado un señor de la riqueza y la felicidad. La casa nueve se llama bhāgya bhāva, la casa de la suerte, de la fortuna y de las bendiciones de las acciones de la vida pasada; también la navāṁśa muestra nuestro bhāgya. Bhāgya significa 'relacionarse con Bhaga', 'afortunado', 'el destino', 'el bienestar'. Los individuos con esta estrella de nacimiento son a menudo generosos, dignos y amables en su discurso. La esposa de Bhaga es la Perfección (*Siddhi*) y tuvo tres hijos llamados Grandeza (*Mahimān*), Poder (*Vibhu*), Soberanía (*Prabhu*) y una hija llamada Esperanza (*Āśi*).[12]

Bhaga rige sobre el amor y el matrimonio como la forma de bienaventuranza del dios Sol. Asociado con el amor, el afecto, el placer amoroso y la pasión sexual, los nativos de esta estrella serán amantes de la vida, encantadores y atractivos. A menudo participarán en profesiones como la danza, el arte, la música u otras expresiones creativas. Pueden trabajar en consejería de relaciones o cualquier cosa que involucre amor y afecto.

Como Bhaga suele ser invocado con Aryaman, los dos deben entenderse juntos. Ambos se relacionan con el matrimonio y tienen una cama como su símbolo, aunque Bhaga reside en la parte de la cama que muestra el placer que se disfruta en la relación y el matrimonio, mientras que Aryaman reside en la parte de la cama que indica las razones a largo plazo para el matrimonio.

*"Que Aryaman y Bhaga nos guíen y que la unión*
*de esposa y esposo se logre fácilmente, oh dioses."*[13]

12 Bhāgavata Purāṇa, Canto 6, Capítulo 18, Verso 2. Traducción basada en Daniélou, Alain

13 Wilson, ḤḤ, *Ṛg Veda Saṁhitā*, Maṇḍala 10, Sūkta 86, 23

## Uttaraphalgunī: Aryaman

*||auṁ aryamaṇe namaḥ||*

Aryaman es también uno de los doce Ādityas y se relaciona con el sustento, dando la salud y la fuerza del cuerpo. Aryaman es una deidad que arregla el matrimonio, la compañía y el que trae hijos; él es el aspecto de "compañero amigo" del Sol. Estos nativos están interesados en ver a otros disfrutar de la felicidad conyugal y son buenos para organizar matrimonios o para presentar amigos y formar parejas. Aryaman muestra prosperidad a través del matrimonio, la acumulación de riqueza y la familia. Los nativos de esta estrella son generalmente buenos con las finanzas, el comercio y los negocios.

Él es el jefe de los antepasados y la vía láctea es su camino.[14] Desde la perspectiva Védica el matrimonio y los hijos son una manera de honrar a los antepasados. De esta manera el ārūḍha (manifestación externa) para el matrimonio se calcula a partir de la casa duodécima. La duodécima casa ārūḍha (UL) muestra cómo pagaremos a nuestros antepasados y es la bhāvapada para el matrimonio.

El símbolo de las estrellas phalgunī es una cama. Uttara significa norte o más alto en vibración, por lo que Uttaraphalgunī es la vibración más alta de la cama, mostrando la parte superior del cuerpo y los aspectos más altos de los placeres de la cama, que son el matrimonio y los niños. Pūrvaphalgunī, la estrella anterior, se relaciona con las vibraciones más bajas de la cama y muestra las partes sexuales inferiores del cuerpo. Las estrellas de phalguni se relacionan con el amor, la sexualidad y la relación. Uttara también se relaciona con el futuro o lo que será, preocupándose más por la situación a largo plazo.

Una oración védica a la mujer recién casada dice:

*"Que Prajāpati nos conceda descendencia, que Aryaman nos una hasta la vejez;*
*libre de todo mal presagio entra a la morada de tú marido,*
*que seas la portadora de prosperidad para nuestro pueblo y animales."*[15]

*Phala* significa 'frutos' o 'resultados', mientras que guṇi proviene de guṇa y significa 'cualidades', por lo que la palabra phalgunī muestra los atributos que dan fruto o progenie. *Phalgunibhava* es un nombre de Júpiter, el que da los frutos, o decide los frutos que se obtendrán.

El mes de Phalguni es en la primavera, durante una época de fertilidad, flores y colores. El festival indio de Holi se celebra en este momento con muchos colores. Es la mejor nakṣatra para el matrimonio, independientemente de los doṣas (excepto el martes). Incluso los dioses se casan durante el tiempo de las nakṣatras phalgunī, usando el palanquín de Maghā nakṣatra que los conduce al lugar de la ceremonia.[16] Es una buena nakṣatra para hacer acuerdos que conducirán a un resultado fructífero. Por lo tanto los contratos de matrimonio se hacen en este momento, así como todo tipos de contratos o acuerdos auspiciosos.

---

14 Diccionario Sánscrito Monier Williams

15 Wilson, ḤḤ, *Ṛg Veda Saṁhitā*, Maṇḍala 10, Sūkta 86,43

16 Wilson, ḤḤ, *Ṛg Veda Saṁhitā*, Maṇḍala 10, Sūkta 86,13

## Hasta: Savitṛ/Arka

*||auṁ savitre namaḥ ||*

El dios que gobierna esta estrella es Savitṛ, la forma del Sol justo antes del amanecer. Todos los brahmanas lo adoran, él determina todos los nacimientos y es la causa del lagna, que representa la inteligencia e ideales propios, la conciencia de un individuo. Savitṛ es la deidad de la toma de conciencia, el dador de luz que impulsa la vida. Los nativos de esta estrella se sienten motivados en la vida y a menudo están interesados en técnicas y estudios relacionados con la expansión de la conciencia.

Savitṛ es la luz del conocimiento y otorga visión. Los nativos de esta estrella a menudo están interesados en técnicas que revelan niveles más profundos de comprensión. Esto incluye la astrología y todas sus ramas, como la omenología y samudrika śastra. La quiromancia se relaciona específicamente con estos individuos dado que el símbolo de este nakṣatra es la mano, que representa la capacidad de mirar un aspecto holográfico de la realidad, como leer la palma o la cara para comprender la naturaleza de toda la vida de la persona. Los planetas en esta nakṣatra otorgan un poder mágico a las manos de los nativos. Para activar esta cualidad, el nativo puede usar las manos en algo asociado con el planeta que se encuentre en Hasta. Por ejemplo, si Marte está en Hasta, la persona puede usar un anillo de cobre, mientras que si es Júpiter o Mercurio, se puede usar uno de oro; si la Luna está allí, la persona puede usar plata en la mano, así como recitar el mantra Savitṛ Gāyatrī, conocido comúnmente como '*el* Gāyatrī mantra', y esto invocará la magia de esta nakṣatra.

La visión de Savitṛ también se puede aplicar a las profesiones basadas en la especulación, como el mercado de valores, bienes raíces o incluso ciertos aspectos de los negocios y del comercio que requieren una buena predicción. Savitra significa 'generar' o 'instrumento de producción', por lo que estos nativos son hábiles y capaces de hacer que las cosas sucedan creando la situación o herramienta requerida. Son inteligentes y se entregan al servicio de lo relacionado con la sabiduría y su florecimiento.

Las tendencias negativas pueden desarrollarse cuando estos nativos utilizan su conocimiento inherente para los fines equivocados; pueden ser crueles con su inteligencia o utilizar sus conocimientos ilícitamente, como un buen ladrón que usa sus habilidades manuales para el robo. Para evitar estas tendencias negativas el nativo debe evitar aquello que lastima al Sol, tales como los elementos gobernados por Saturno y Rāhu.

## Chitrā: Viśvakarma/ Tvaṣṭa

*||auṁ viśvakarmaṇe namaḥ ||*

Tvaṣṭa es el arquitecto divino conocido posteriormente como Viśvakarma.[17] "Él es el autor de mil artes, el carpintero y mecánico de los dioses, el fabricante de adornos, el jefe de artistas, el constructor de los carros que se mueven por sí mismos para las deidades y por cuya habilidad los hombres obtienen la subsistencia".[18] Su nombre significa literalmente 'el todo (*viśva*) trabajador (*karmin*)', por lo que se relaciona con el trabajo y la producción, teniendo una tremenda energía para lograrlo. Él es un Āditya que tiene el poder de traer recursos a nuestras vidas y a veces se le considera una encarnación de Brahmā, como la forma manifiesta del creador del mundo que hace todas las cosas.

Estos nativos son conocidos por ser honorables (*mānī*), especialmente cuando utilizan su energía para el servicio comunitario o para realizar karma yoga (acciones desinteresadas); así estos nativos pueden convertirse en grandes karma yoguis. La adoración de Viśvakarma otorga las bendiciones de niños, similar a Brahmā y los Pitṛs.

Chitrā significa 'ser pintado' y representa la ornamentación que el nativo usa o crea; también puede indicar que los medios visuales y las imágenes juegan un papel importante en sus vidas. Los nativos de esta estrella son conocidos por usar ropa y joyas bonitas, ya sea hechas por ellos mismos o muy detallistas en la fabricación de la prenda o joyería. Chitrā también se refiere a las proyecciones futuras que hacemos para nuestra vida y está vinculado al aspecto de dhyana yoga, él de la meditación. Para Viśvakarma es muy importante planificar, averiguar qué y cómo construir; todo el zodiaco está construido a partir de Chitrā y es por eso que el *ayanāṁśa* (precesión de los equinoccios) proviene de esta estrella.

Cuando el Sol era demasiado brillante para su esposa, Viśvakarma cortó una octava parte de sus rayos. Con eso creó el disco de Viṣṇu, el tridente de Śiva, la lanza de Kārttikeya y todas las armas de los otros dioses. Estos nativos pueden ser hábiles artesanos que trabajen con metales, piedras, mármol, gemas y joyas; encuentran éxito en carreras relacionadas con este tipo de trabajo o tejido, costura, diseño de moda, decoración de interiores, arquitectura, ingeniería, matemáticas, máquinas, creación de cosas nuevas o mejora de cosas viejas.

El cuerpo de estos nativos es generalmente bien formado con rasgos atractivos, ya que han recibido la bendición del propio arquitecto divino; también pueden ser muy reservados, ya que el artesano mantiene su vida privada separada de su trabajo. Los nativos de esta estrella disfrutan aprendiendo a expandirse constantemente.

17 Viṣṇu Purāṇa, Parte I, Capítulo 15, dice que el encarnó a través de la hermana de Bṛhaspati, Yogasiddhā, y el octavo Vasu, para convertirse en el patriarca Viśvakarma.

18 Viṣṇu Purāṇa, Parte I, Capítulo 15

## Svātī: Vāyu

||*aum̊ vāyave namaḥ*||

Vāyu significa 'viento' o 'aire', viene de la raíz lingüística vā que significa 'soplar'. Él es la vida cósmica nacido del aliento del hombre cósmico (*puruṣa*) como la Luna (*chandra*) nació de esa mente cósmica y el Sol (*sūrya*) de sus ojos.[19] Vāyu se relaciona con el prāṇa dentro del cuerpo y los cinco vāyus que hacen que todas las cosas funcionen correctamente dentro del cuerpo. Cuando los vāyus internos están equilibrados, la persona está física y mentalmente sana, mientras que cuando están desequilibrados hay enfermedad. Vāyu es adorado como el aliento de los dioses, el impulsor de la vida y la esencia del habla (*vāc*).

Vāyu es uno de los ocho Vasudevas; las fuentes de iluminación entre los 33 devas, los nativos de esta estrella tienden a ser religiosos, pacientes y seguir el camino del dharma.

*Anila* es otro nombre del dios del viento y *anilaya* significa 'no tener lugar de descanso'. 'Ani' es una negación y 'la' es el sonido de la semilla de la tierra, por lo tanto significa que no hay tierra o sin conexión a tierra. Como el viento no tiene hogar, estos nativos disfrutan de viajar o a hacer cambios; no les gusta que las cosas se mantengan estáticas y sienten que las situaciones deben entrar en su vida, servir a sus propósitos y luego seguir adelante. A estos nativos les gustan los aviones o los vehículos para viajar; son buenos comerciantes que viajan y necesitan ser duros y gentiles.

La personificación de Vāyu es blanca con todos sus atributos blancos; monta un ciervo y lleva un arco y una flecha. Existe un vínculo entre Rudra y Vāyu porque ambos llevan un arco y una flecha: uno es el señor del viento (ya que el es el aire mismo), mientras que el otro es la tormenta, incluyendo los vientos feroces y la lluvia. Tanto Bhīma como Hanumān eran hijos de Vāyu, famosos por su fuerza y poder, que provenía de su padre. La diferencia es que Vāyu puede ser un viento duro que dispersa y destruye las cosas o puede ser la brisa fresca y refrescante en un día caluroso. Vāyu es una fuerza poderosa que cuando está de nuestro lado puede mover las velas de un barco y llevarnos a través del mundo.

Como el viento tiende a enfriar las cosas, estos nativos pueden estar desvinculados de sus sentimientos o no ser muy expresivos de sus emociones y a menudo ponen una cara fría que no revela sus emociones; esta falta de compartir las emociones (agua) es frecuentemente la causa de muchos de los bloqueos prāṇicos en estos nativos. Para hacerse amigo de ellos es importante darles el espacio adecuado, ya que son lentos para entrar en calor socialmente.

19 Ṛg Veda, Maṇḍala 10, Sūkta 90, v.13

## Viśākhā: Indrāgni

*||auṁ indrāgnibhyaṁ namaḥ||*

Indra y Agni son el rey y el sumo sacerdote, el poder político y el poder espiritual; juntos gobiernan sobre la estrella Viśākhā. Como Vāyu nació del aliento cósmico, Indra y Agni nacieron de la boca (*mukha*) del Ser Cósmico (*puruṣa*).[20] La boca cósmica es el portal para hacer ofrendas, el lugar a través del cual los dioses pueden 'comer' esas ofrendas, que pasan siempre a través de estas dos deidades; *detrás de ellos dos residen todos los otros dioses*. "Si una persona enferma ofrenda, o una persona ofrece en abundancia, estas deidades le darán sustento al que realiza la ofrenda".[21]

Indra y Agni son dos deidades separadas en los Vedas, pero a veces dos deidades se combinan para crear algo juntos, como cuando Mitra-varuṇa dio a luz al sabio Viśvamitra. Śaunaka dice en el *Bṛhad-devatā* que cuando un mantra védico habla de dos devatās distintos en el mismo contexto, entonces se considera que constituyen un solo devatā.

Tradicionalmente existe una relación entre el rey (Indra) y el sacerdote (Agni), en el sentido de que el sacerdote perfecciona los sacrificios para hacer que el rey ascienda y permanezca en el poder, así como el rey se encarga del sustento del sacerdote. El rey puede tener el poder político, pero lo perderá sin su sacerdote y el sacerdote no tiene poder político, pero es indispensable para su poder ritualístico.

Los nativos de esta estrella están enfocados en logros y trabajarán para cultivar alianzas que resulten beneficiosas para ellos; son competitivos y entienden los roles que juegan las personas para ayudarles a alcanzar sus objetivos, tal como la interacción entre el rey y el sacerdote. Son buenos líderes y hombres de negocios con un deseo agresivo de lograr que puede tender hacia una naturaleza argumentativa. Creen en el pago de favores personales y también pueden ser codiciosos o celosos de los logros de otras personas.

Hay una historia en la que Indra y Agni tomaron la forma de pájaros para probar la caridad de un emperador llamado Śibi.[22]Agni tomó forma de una paloma e Indra de un halcón. La paloma voló sobre el regazo del emperador mientras este se dedicaba a sus rituales. El halcón le exigió al emperador que no refugiara a su comida, pero el emperador protegió al pájaro, ya que había llegado a él en busca de protección. Ofreció al halcón otros alimentos e incluso su reino, pero el halcón no se conformaba con nada y le pidió el peso de la paloma en la propia carne del emperador. La paloma se colocó en una balanza y el emperador cortó la carne de su propio muslo, pero no importaba cuánto cortara, la paloma era más pesada. Finalmente cuando estaba a punto de ponerse completamente en la balanza, los pájaros revelaron su verdadera forma, lo bendijeron y lo llevaron a los reinos celestiales. El camino hacia el verdadero éxito con estos nativos es aprender sobre el servicio desinteresado.

20 Ṛg Veda, Maṇḍala 10, Sūkta 90, v.13
21 Śatapatha Brāhmaṇa, XI Kāṇḍa, 8 Adhyāya, 3 Brāhmaṇa, v.3 (p.128)
22 Mahābhārata, Vanaparva, Capítulo 131

## Anurādhā: Mitra

*||auṁ mitrāya namaḥ||*

Mitra es un Āditya, una forma del Sol que se relaciona con la amistad. La palabra *mitra* significa literalmente 'amigo', 'compañero', 'aliado'. Él es la forma de apoyo y soporte del Sol que ayuda cuando es necesario, tal como lo haría un amigo.

Mitra se relaciona con el día, mientras que Varuṇa se relaciona con la noche. A menudo se invocan juntos en oración para obtener las bendiciones de todo el día completo, o los aspectos yin-yang del Sol. Mitra es nuestro amigo y protector, mientras que Varuṇa está mirando por encima de nuestro hombro asegurándose de que nos comportemos bien. Los nativos de esta estrella son confiables, honorables y a menudo famosos, forman alianzas cercanas y mantienen su lealtad a ellas. Cuando son demasiado extremos, su fidelidad a un área los llevará a quedar atrapados en un grupo y no podrán expandirse a otros u otros recursos disponibles. Son conocidos por su apetito y pueden usar la alimentación como una forma de lidiar con la frustración, la incomodidad o la inseguridad.

Estos nativos generalmente están felices, son amistosos y dan cumplidos fácilmente; alcanzan su riqueza por tener buenas conexiones y conocer a las personas adecuadas. Si los nativos de esta estrella tienen problemas en su carrera, o en cualquier área, solo necesitan conocer a las personas correctas para que las puertas se abran. Mitra da las bendiciones de riqueza y poder a través de amigos.

Estos nativos son buenos en servicio al cliente, servicios sociales, conectando personas o supervisando reuniones. Los trabajos que involucran la interacción con el cliente o la firma de contratos son beneficiosos para esta estrella, así como los trabajos que necesitan detalles, como un carpintero detallista. Mitra, que representa el día, siempre está cambiando y renovándose, por lo que a estos nativos les gusta viajar y cambiar de residencia con regularidad.

En el *Śatapatha Brāhmaṇa* está la historia de cuando Prajāpati creó a la diosa Śrī (belleza, prosperidad, Lakṣmī), una historia útil para dilucidar muchas de las deidades védicas. "Prajāpati se estaba entrando en calor mientras creaba seres vivos. De él, desgastado y calentado, se manifestó Śrī. Se quedó allí resplandeciente, brillante y temblorosa. Los dioses, al contemplarla resplandeciente, brillante y temblorosa, fijaron sus mentes en ella".[23]

Diez devas se le acercaron y tomaron diez aspectos diferentes de ella. Primero Agni vino y tomó el sustento, Soma tomó el poder real, Varuṇa la soberanía universal, Mitra el rango noble, Indra el poder, Bṛhaspati el brillo sagrado, Savitṛ la supremacía, Pūṣan la riqueza, Sarasvatī la prosperidad y Tvaṣṭā (Viśvakarma) tomó su hermosa forma. Luego ella le pidió a todos que le regresaran sus cualidades en forma de ofrendas y le fueron ofrecidos diez platos sacrificiales.

23 Śatapatha Brāhmaṇa, XI Kāṇḍa, 4 Adhyāya, 3 Brāhmaṇa, v.1

## Jyeṣṭhā: Indra

*||auṁ indrāya namaḥ||*

Indra es el rey de los devas (dioses) y utiliza un rayo (*vajra*) como su arma. Él es el dios de la lluvia y abre las puertas de las nubes. A medida que la dependencia en el dios de la lluvia fue disminuyendo, la posición de Indra se volvió menos prominente.[24]

Indra, como el rey del panteón de los dioses, se dedica a obras dhármicas, por lo que los nativos de esta estrella tienen un fuerte sentido del dharma; les va bien en roles de liderazgo y disfrutan de los trabajos del gobierno. La posición de Indra no estaba asegurada y en siempre estaba defendiendo, perdiendo y recuperando el cielo. Los nativos de esta estrella son competitivos, buscan poder y posición con el riesgo de ascender o caer. Disfrutan de ser el jefe o el encargado de una situación, pero deben estar atentos al exceso de orgullo.

Los Upaniṣads llaman a Indra la 'fuerza de la vida' (*prāṇa*) en el cuerpo que se convierte en el yo consciente (*prajñātmā*): adorar al prāṇa es adorar a Indra.[25] Śaunaka, el autor del *Bṛhad-devatā*, dice que Indra es el aspecto de la Divinidad individual, es el prāṇa de todas las criaturas y es el controlador interno (*antaryāmin*). Indriya significa pertenecer a Indra y es también la palabra que se refiere a los órganos sensoriales o el poder de los sentidos. De esta manera Indra es el regente de la facultad sensorial interna, el es el rey tal como los sentidos son los reyes sobre el cuerpo y la mente humana. Los nativos de esta estrella se ven fácilmente afectados por sus sentidos y pueden irritarse fácilmente debido a esta susceptibilidad. Esta característica también les permite desarrollar un refinamiento de los sentidos que puede conducir a percepciones sensoriales u otros poderes o intereses por lo oculto. Por esta razón estos nativos también tienden a buscar poder a través de prácticas mágicas. El cielo está dentro de nosotros y estos nativos al estar controlados por los sentidos constantemente deben luchar batallas por la paz mental. Este es el significado detrás del simbolismo de los demonios (pensamientos negativos) tomando el cielo y la batalla de los dioses para restaurar el cielo (buenos pensamientos y control sobre los sentidos).

Indra es un dios conocido por sus hazañas sexuales. Una situación bien conocida fue cuando se disfrazó para seducir a Ahalyā, la esposa de Gautama. Cuando el Ṛṣi descubrió la situación, para castigar la lujuria de Indra, maldijo a Indra para que mil vaginas cubrieran todo su cuerpo.[26] A través de la penitencia severa, Indra pudo convertir las vaginas en mil ojos, simbolizando la necesidad de esta nakṣatra de transformar la energía sexual en energía espiritual para que no se manifieste en actos físicamente grotescos, sino que pueda ser utilizada como combustible para una percepción superior.

Indra derrotó al demonio serpiente, Vṛtra, que había acumulado toda el agua de la tierra. Su hijo Arjuna fue el héroe de la guerra del *Mahābhārata*. Estos nativos pueden ser conocidos por su heroísmo y deseo de hacer las cosas bien, por lo que pueden ser buenos generales, policías y soldados.

24 Esto se puede observar cuando los habitantes de Uttar Pradesh dejaron de adorar a Indra y el les envió una tormenta. Kṛṣṇa protegió a estas personas con la colina de Govardhana, lo que representa el cambio de tiempos y el dejar de ser dependientes de la lluvia.

25 Kauśītaki-brāhmaṇa-upaniṣad (3,1), Aitareya-āraṇyaka (2,2,3), Rao, *Rigveda darsana*, p.219, 220

26 Padma Purāṇa 1:56:15-53, y Vālmīki Rāmāyaṇa

## Mūla: Nirṛti

*||auṁ nirṛtaye namaḥ||*

*Nirṛti* es la esposa de Adharma (el no dharma, pecado).[27] Ella tiene tres hijos llamados *Bhaya* (miedo), *Mahābhaya* (gran peligro) y *Antaka* (causante de la muerte). *Ṛta* significa 'ley natural' u 'orden natural del universo', mientras que el prefijo *nir* significa 'lejos de', 'sin' o 'falta de'. Nirṛti es aquello que no sigue la ley divina o el orden natural, yendo en contra de la forma natural, como su esposo Adharma es lo que no es dhármico, ni socialmente aceptable, sino pecaminoso. Parāśara también la llama 'Rākṣasa' o a veces conocida como Rākṣasī; se dice que es la madre de todos los seres Rākṣasas (demonios o personas despiadadas).

La diosa oscura es mencionada en los himnos védicos para disiparla o pedirle que se mantenga alejada. En el Atharvaveda se hacen oraciones para que las personas enfermas sean rescatadas de su regazo y su salud restaurada.

*"Deja que Prāṇa y Apāna restauren tu vida que ha desaparecido a través de tus malas acciones. Agni lo ha arrebatado del regazo de Nirṛti y te lo ha devuelto."*[28]

Se recitan oraciones de protección para mantener alejados a los demonios, fantasmas, dificultades y la energía destructiva de Nirṛti. Ella es fuerte, vigorosa y desaliñada; su tendencia es a desgarrar las cosas o sacarlas de su lugar. Los nativos de esta estrella tienen la capacidad de eliminar cosas que no les gustan y puede ser muy beneficioso cuando se trabaja con medicamentos para eliminar enfermedades; también sirve para trabajos que requieren destrucción, como demolición, remodelación o incluso mantenimiento del jardín donde se está sacando el exceso de vegetación.

Estos nativos pueden tener atributos parecidos a los de Nirṛti o poseer el poder de mantenerla alejada. Cuando está presente, hay pobreza y sufrimiento, mientras que donde ella está ausente hay riqueza, honor y felicidad familiar. Antes de un gran yajña (sacrificio) los sacerdotes propician a Nirṛiti ofreciéndole arroz negro a una mujer incapaz de tener hijos, lo que significa que está poseída por Nirṛiti, y piden la bendición de que Nirṛiti no se acerque.[29] Es importante que estos nativos limpien regularmente la energía y disipen las vibraciones negativas.

Nirṛti gobierna el suroeste, considerado por el Vāstu como un lugar para poner la oficina o un trono. Ella tiene poder y fuerza y cuando no es tomada en cuenta puede crear problemas. Cuando el prāṇa se dispersa en esta dirección, se gasta tiempo en fiestas y bebiendo intoxicantes que conducen a la enfermedad. El médico reza:

*"Si la vida se ha desvanecido con un caso sin esperanza y ha llevado a alguien cerca de la muerte, yo los arrebato del regazo de Nirṛti y les doy la fuerza para vivir cien años".*[30]

27 Mahābhārata, Sambhava-Parva LXVI
28 Oración para una vida larga, Atharvaveda, Kāṇḍa V, Adhyāya 3, Brāhmaṇa 2, v.2
29 Śatapatha Brāhmaṇa, Kāṇḍa V, Adhyāya 3, Brāhmaṇa 2, v.2
30 Atharvaveda, Kāṇḍa III, Himno XI, v.2 (463)

## Pūrvāṣāḍhā: Āpas

*||auṁ jaladevāya namaḥ ||*

Āpas es la diosa del agua (*jala*) o la energía del agua personificada como una deidad. El agua representa emociones, purificación y rejuvenecimiento.

Āpas se relaciona con el agua que fluye,[31] que se mueve y permanece fresca y clara, renovándose a sí misma. Por lo tanto el agua da claridad y frescura, como un baño purifica el cuerpo, y se utiliza para la limpieza personal, así como en los rituales. Dhruva Nāḍi dice que estos nativos tendrán éxito en profesiones relacionadas con el agua de cualquier manera, como navegar, la pesca, la construcción de presas o canales, etc, disfrutando de una profesión honesta. Como el agua siempre encuentra su camino pasando cada obstáculo, estos nativos avanzan con determinación para lograr sus objetivos.

El agua se relaciona con el amor y las emociones, por lo que los nativos de esta estrella valoran mucho el amor y las relaciones. A menudo se están enamorando y buscarán la felicidad a través de una relación. En el Ṛgveda se invoca a Āpas para atar los corazones durante el matrimonio:

*"Que los dioses universales (Viśvadeva) y las aguas (Āpas) unan nuestros corazones".*[32]

Los nativos de esta estrella son sensibles, amables, cariñosos y fieles a sus amigos; están orientados a la comunidad y se preocupan por la familia.

El positivismo emocional y el equilibrio son muy importantes para la salud porque el flujo de emociones negativas puede perturbar tanto la mente, como el cuerpo. De esta manera el amor es un medicamento importante para la salud y la longevidad. La esencia sutil del elemento aire/vāta es el *prāṇa*, la esencia sutil del fuego/pitta es *tejas* y la esencia sutil del agua/kapha es *ojas*; este último le da un brillo y lustre al cuerpo y al aura porque sin ojas una persona parece agotada y cansada. Por lo tanto la deidad del agua tiene el poder de animar y hacer que una persona brille con salud y bienestar, tal como el Sol (vitalidad) asciende renovado y brillante a través de un océano lleno de agua cada día.[33] Esta estrella es buena para preparar medicinas, especialmente aquellas que se relacionan con el rejuvenecimiento o el aumento de ojas en general.

En la creación de los elementos, primero es el espacio, luego el aire, seguido por el fuego y posteriormente el agua. Los Upaniṣads dicen que Āpas surgió del fuego (*tejas*) y debido a eso cuando las personas entran en calor, transpiran.[34] De esta manera el agua sale del calor y del agua viene el alimento y los granos (tierra). Por eso los nativos de esta estrella pueden trabajar con la producción o el cultivo de alimentos.

31 Ṛg Veda, Maṇḍala 10, Sūkta 76, el Sūkta entero pero con especial referencia al v.7
32 Ṛg Veda, Maṇḍala 10, Sūkta 85, v.47
33 Ṛg Veda, Maṇḍala 1, Sūkta 95, v.4-8
34 Chāndogya Upaniṣad, 6.2.3-4 (463). Daniélou, p.244

## Uttarāṣāḍhā: Viśvadeva

*||auṁ viśvadevebhyo namaḥ||*

Los Viśvadevas son a veces llamados dioses omnipresentes o los principios universales. Viśva significa 'todo', 'entero', 'en todas partes', 'universal'. Dharma-deva con su esposa Viśva dio a luz a los Viśvadevas.[35] Los nombres de estos dioses son: Bondad (*Vasu*), Verdad (*Satya*), Determinación (*Kratu*), Talento (*Dakṣa*), Tiempo (*Kāla*), Gozo (*Kāma*), Firmeza (*Dhṛti*), Ancestros (*Kuru*), Abundancia (*Purūravas*), Alegría (*Mādrava*), así como Placer (*Rochana*), Vista (*Lochana*), Fama (*Dhvani*) y Liderazgo (*Dhuri*), fuertes cualidades del carácter de una persona. La sensibilidad acuosa del sentimiento en la aṣāḍhā anterior (*purva*) se desarrolla en un compuesto de todos los atributos más excelsos en la aṣāḍhā posterior (*uttara*); es la conciencia de los sentimientos de otras personas lo que conduce al desarrollo natural de rasgos de carácter positivos. Estos nativos tienden a ser educados, éticos, conscientes de los demás y respetables, utilizando estas buenas cualidades para ascender en su camino hacia el éxito en la vida.

Estos nativos son talentosos y afortunados, a menudo siendo capaces de trabajar en condiciones físicamente extenuantes o en estudios académicos, utilizando todos los diversos atributos mostrados por los Viśvadevas que conducen al éxito. Para los nativos de esta estrella el *Dhruva Nāḍī* recomienda un trabajo físicamente exigente como la lucha, hazañas de rodeo como atrapar y montar elefantes, trabajar en centros recreativos o ser un astrólogo. Los Viśvadevas le dan a uno la capacidad de superar desafíos y obstáculos, lo que permite a una persona mantener a la vista sus objetivos. Los nativos de esta estrella buscarán un trabajo seguro o una posición de poder, no la variabilidad como la del trono de Indra.

Es a través del adharma que una persona cae desde una posición social elevada y del poder. Sólo Saturno puede jalarnos de una posición debido a nuestro propio pecado. A través de la vida honorable (*dhármica*) de Uttarāṣāḍhā se elimina los obstáculos que nos harían caer de la cima. Mientras Indra asciende al poder por cualquier medio y por lo tanto pierde amigos debido a ello, los Viśvadevas ganan amigos debido a sus prácticas éticas. Por lo tanto estos nativos van consiguiendo muchos amigos y socios a medida que ascienden de acuerdo a sus capacidades.

El *Bhāgavata Purāṇa* dice que la gente adora a los Viśvadevas cuando quieren alcanzar un reino o éxito real.[36] Los nativos de esta estrella siguen el dicho de que algunas personas tienen sueños y otras permanecen despiertas para convertirlos en realidad.

35 Viśvadeva se puede referir a un grupo particular de deidades, otras veces Viśvadeva se refiere a "Todos los Dioses" (como Ādityas, Rudra y todos los demas)

36 Bhāgavata Purāṇa, Canto II, Capítulo 3, v.4

## Śravaṇa: Viṣṇu

||*auṁ viṣṇave namaḥ*||

El nombre Viṣṇu significa 'el que impregna todo', como el elemento ākāśa (espacio) que existe en todas partes. De la misma manera que el ākāśa, Viṣṇu crea armonía, solidez y especialmente firmeza en el dharma. El ākāśa es el elemento a través del cual viene la audición y la transmisión del dharma.

En el ṚgVeda se menciona a Viṣṇu en la forma de Vāmana donde tomó tres pasos para cruzar los tres reinos de la tierra, el espacio (sistema solar) y el cielo (universo). Dos pasos son visibles, pero el tercero está más allá de la visión de los hombres y las aves. Viṣṇu es descrito como el amigo de Indra, ambos son capaces de otorgar deseos inmediatamente.[37] Los nativos de esta estrella a menudo son ricos o tienen buena fortuna con el dinero (Śrīmān, 'el que tiene a Śrī'). Generalmente tienen una pareja honorable y son reconocidos.

Viṣṇu, quien da tres pasos, es el protector (*gopa*) que defiende el dharma (*dharmāṇi dhārayan*) y su morada es llamada Paraṁ-padam.[38] Esto literalmente significa 'base suprema' (*para*), 'morada' (*pada*) o la 'estación suprema' de Viṣṇu y puede ser visto como el pie de lo supremo, la base o fundamento de lo trascendente. Los nativos de esta estrella tienden a ser religiosos y les gusta aprender sobre las enseñanzas antiguas. Śravaṇa significa literalmente 'escuchar', 'estudiar' o 'aprender', representando escuchar las enseñanzas. El conocimiento espiritual y la tradición oral promueven el dharma, por lo que esta nakṣatra se relaciona con el conocimiento que se ha transmitido. Los nativos de esta estrella a menudo participan en profesiones religiosas o espirituales, así como en la enseñanza del lenguaje, la literatura u otras ciencias relacionadas.

En los Vedas Viṣṇu se representa como un aliado en las batallas del rey Indra,[39] mientras que en el Bhagavad Gita Viṣṇu se manifiesta como Kṛṣṇa, un político; de aquí la propensión de los nativos hacia la política o posiciones de poder, posiciones en las que tienen la intención de mantener el dharma. Viṣṇu a menudo está cambiando formas y usando trucos astutos para ganar; de esta forma estos nativos también pueden ser buenos en el engaño y la trampa con el fin de ganar una batalla o situación. A menudo utilizan la inteligencia intelectual para burlar a su oposición o competencia.

Viṣṇu, que expande su cuerpo más allá de toda medida, conquista los mundos en tres pasos y es alabado por su expansividad,[40] dando una perspectiva amplia y abierta.

37 Ṛg Veda, Maṇḍala 1, Sūkta 154-6, y Maṇḍala 8, Sūkta 25, v.2
38 Ṛg Veda, Maṇḍala 1, Sūkta 22, v. 16-21
39 Ṛg Veda, Maṇḍala 7, Sūkta 99, v. 4-7
40 Ṛg Veda, Maṇḍala 7, Sūkta 99, v.1

## Dhaniṣṭhā: Vasu

*||auṁ namo bhagavate vāsudevāya||*

La raíz lingüística vas significa 'brillar', 'crecer resplandeciendo' u 'otorgar al brillar'. Vasu significa 'excelente', 'rico' y 'morar en su brillo'. Los Vasus traen riqueza y fama a la vida de una persona.

Como parte de los 33 devas, los ocho Vasu-deva son las fuentes de iluminación y prosperidad; se dice que "el mundo habita en ellos y ellos moran en el mundo". Los ocho Vasu-devas pueden ser vistos colectivamente como el aspecto de los planetas y estrellas que están manifestando el plano material (*ādhibautika*), como: la Luna (*Soma*), el Sol (*Pratyuṣa*), el Agua (*Āpas*), la Tierra (*Dhara*), el Aire (*Anila*), el Fuego (*Anala*), el Espacio (*Dhruva*) y la Luz esplendorosa de las estrellas (*Prabhāsa*).

Parāśara dice en el Viṣṇu Purāṇa que se originaron de la luz (jyoti) o que son los orígenes de Jyotiṣa.[41] Nacen como hijos de Dharma y su esposa Vasu, ellos tienen sus propios hijos, como por ejemplo Prabhāsa que se convirtió en el padre de Viśvakarma. Los Vasus son hermanos de los Viśvadevas que nacen de Dharma y Viśva (otra de las diez esposas de Dharma).

Se dice que "aquellos que desean riqueza (vasu) adoran a los Vasudevas."[42] Esta es una estrella de riqueza y prosperidad, como también puede ser un lugar de codicia o exceso de impulso para obtener dinero. Los nativos de esta estrella tienden a ser generosos y compartir, aunque tienen una actitud desapegada hacia su trabajo, realizando a menudo trabajos impersonales.

Los Vasudevas representan las indicaciones clave de lo manifestado en el plano material, por lo que existe mucha creatividad en esta estrella; también hay un fuerte deseo de compartir este espíritu creativo, especialmente lo que se considera novedoso o incomprendido. Los Vasudevas son los representantes, los que arrojan luz sobre una situación. A los nativos de esta estrella les gusta dar a conocer, hacer anuncios y compartir información; disfrutan de la atención y ser el centro ya que les gusta brillar.

Los individuos de esta estrella disfrutan de la música y los mensajes que se expresan a través de la música son muy importantes para ellos; a menudo tienen sentidos refinados.

41 Viṣṇu Purāṇa, Libro I, Capítulo 15, v. 110, (ye tvanekavasuprāṇā devā jyotiḥ purogamāḥ)
42 Bhāgavata Purāṇa, Canto II, Capítulo 3, v. 3

## Śatabhiṣa: Varuṇa

||*aum̐ varuṇāya namaḥ*||

Varuṇa es el guardián de Ṛta, la ley universal, y se dice que tiene mil ojos para ver todo.[43] Envía a sus espías (Rāhu) a través de los mundos como policías que buscan castigar las injusticias que la gente ha hecho; no hay escapatoria de Varuṇa, el Āditya Saturnino. *Va* es la sílaba semilla del agua y Varuṇa es el señor de las aguas de la Vía Láctea. Como Mitra se relaciona con las reglas y leyes hechas por el hombre, Varuṇa, quién es tan misterioso como la noche, rige sobre las leyes hechas por los dioses y el sufrimiento o las bendiciones del destino.

Varuṇa rige sobre los obstáculos invisibles (*adṛṣṭa-bādhaka*). Cuando la enfermedad comienza en Śatabhiṣa se sabe que es grave, porque la soga de Varuṇa es puesta por Rāhu y apretada por Saturno. Si la enfermedad comienza cuando la Luna está en Śatabhiṣa, se dice que es incurable incluso por Dhanvantari, el dios de la medicina. Los Aśvins y Dhanvantari curan enfermedades causadas por algo visible. Varuṇa indica enfermedades y el sufrimiento debido a los pecados pasados, en esta y en las vidas anteriores. Es por eso que esta estrella puede crear buenos astrólogos, ya que puede indicar la manera de equilibrar el karma.

Cuando Varuṇa está en nuestra contra, nada en los tres mundos puede evitar que su soga nos apriete el cuello. Los nativos de esta estrella son duros en contra de su competencia y trabajan fuerte para derrotar a sus enemigos; se sabe que son imprudentes, contundentes y a veces incluso brutales. Pueden carecer de gracia en sus modales y volverse enemigos incluso de quienes desean ayudarlos. Varuṇa es adorado con agua salada o en el océano y cuando él está complacido se reciben las bendiciones de sus hijos, Lakṣmi y Soma, quienes dan prosperidad y curación.[44]

Varuṇa es a menudo llamado 'Rey' o incluso el 'rey de reyes' (*rājā rāṣṭra*). El sabio Vasiṣṭha llama a Varuṇa 'Samrāj', el gobernante o señor supremo universal, y llama a Indra 'Svarāj', el autogobernante o señor independiente.[45] Mientras Indra es el rey del cielo, que gobierna el yo a través de los sentidos, Varuṇa es el rey que gobierna con la ley universal (*Ṛta*) y su deber es mantener todas las cosas en su orden natural.

Los nativos de esta estrella tienen éxito en profesiones como la caza o situaciones donde se requieren trampas o 'captura'; pueden también trabajar en cárceles, prisiones o en lugares de castigo y rehabilitación. Existe una asociación de esta estrella con las adicciones y el alcohol. Estos nativos también se sienten cómodos trabajando con enfermedades crónicas y mentales; a menudo se les conoce por trabajar en exceso.

Varuṇa es conocido por su inmenso conocimiento, como un océano; esta cualidad se encuentra en Śatabhiṣa. En el *Rāmāyaṇa* Varuṇa encarnó como Rājarṣi Janaka, conocido por su gran sabiduría, incluso mientras vivía una vida simple.

43 Ṛg Veda, Maṇḍala 7, Sūkta 34, v. 10
44 Ṛśi Bṛghu es también el hijo de Varuṇa, Śatapatha Brāhmaṇa, Kāṇḍa XI, Adhyāya 6, Brāhmaṇa 1
45 Muller, Max, y Eggeling, Julius, *The Śatapatha-Brāhmaṇa*, p.xxii

## Pūrvābhādra: Ajaikapada

*||auṁ ajaikapadāya namaḥ||*

Esta nakṣatra está gobernada por Aja-ekapada. *Aja* puede significar 'cabra', que es uno de los Veda murtis (formas de los Vedas) que trae conocimiento. Generalmente Ajaikapada se refiere a una forma de Śiva de pie sobre una pierna haciendo penitencia, como el Sol moviéndose a través del cielo en un carro de una rueda, haciendo que esta sea una nakṣatra de penitencia y tapasya.

Aja era considerado uno de los Rudras y posteriormente se desarrolló en una forma Bhairava de Śiva, así como una forma del Sol.[46] Aja se traduce como 'cabra', 'líder de un rebaño', 'conductor' e 'instigador'. Ādi Śaṅkara comenta que el señor es Aja "porque impulsa, o se mueve por todas partes, lanzando lejos el mal".[47]

Estos nativos son empujados a practicar formas más oscuras de tantra (magia negra) o a practicar tapasya (austeridad) o rituales de purificación. Regida por uno de los Rudras, esta nakṣatra le presentará muchos problemas a estos nativos lo que eventualmente los llevará a vivir una vida más austera. Estos nativos a menudo pueden realizar un trabajo simples, bajos o crueles, o pueden estar desinteresados en el trabajo. Ellos no tienen dos pies en este mundo: uno está aquí y el otro en otro reino.

Ajaikapada es uno de los hijos de Viśvakarma,[48] encargado de preservar todo el oro del mundo.[49] Se sabe que estos nativos son hábiles para hacer dinero y no son generosos, ya que siempre están tratando de ahorrar para algún propósito. Por estar en un solo pie necesitan equilibrio, estos nativos a menudo se apoyarán en sus parejas para su sustento o estarán bajo su control.

Aja también puede significar 'no nacido' *(a-ja)* o el 'primero creado' que no ha nacido. Ekapada significa tener 'un solo pie' o 'una sola palabra'; esto puede traducirse como una 'cabra de un pie' o en un nivel más espiritual como la 'palabra única no nacida'. A veces también se le llama aja-devatā.[50] El pie indica estar en equilibrio sobre un solo único punto, este balance tiene el poder de Rudra.

*Pūrva* significa 'parte posterior', bhādra significa 'auspicioso' y *pada* significa 'pie'; al estar parado o caminando se refiere al pie trasero. Esta nakṣatra indica a alguien que puede equilibrar lo imposible, creando buenos médicos, con la capacidad de curar lo imposible.

Su símbolo es la camilla funeraria, y se encuentran justo frente a las phalgunis en el cielo, las que están representados por una cama usada para crear, una función de los Ādityas. Las bhādrapadas están regidas por formas de Rudra, representadas por una camilla funeraria que lleva el cadáver para ser quemado; indicando la purificación y la muerte que se necesitan para comprender lo que está más allá del plano material.

---

46 arāha Purāṇa 26.5, Traducción basada en Daniélou, Alain, p.97
47 Śaṅkara Bhāṣya del Viṣṇu Sahasranāma Bḥ35 *(ajati gacchati kṣipatīti vā ajaḥ)*
48 Viṣṇu Purāṇa, Libro I, Capítulo 15
49 Mani, Vettam, *Purāṇic Encyclopedia*, p. 20
50 Diccionario Sánscrito Monier Williams

## Uttarabhādra: Ahirbudhnya

*||auṁ ahirbudhnyāya namaḥ||*

Ahirbudhnya es uno de los hijos de Viśvakarma y su esposa Surabhī. A menudo *Ahi* se interpreta como 'serpiente' y Budhnya como 'por debajo' o 'abajo', por lo que se le llama la serpiente del abismo o serpiente de las regiones inferiores. Vive en el abismo, que es la región de la niebla.[51] La serpiente simboliza las energías no usadas que yacen ocultas dentro de nuestra mente subconsciente, ya que kuṇḍalini es la serpiente en las profundidades o la base de nuestro cuerpo. Los nativos de esta estrella tienen una afinidad por el conocimiento secreto o temas que tratan con lo oculto y lo invisible.

*"Cielo divino, Tierra y Ahirbudhnya, te*
*adoro con agua, como aquellos que buscan el tesoro desean pasar sobre el océano*
*en el que todos los ríos retumbantes desaparecen".*[52]

Estos nativos son eruditos y a menudo estudiarán ciencias védicas u otras literaturas tradicionales. Ahirbudhnya se asocia con la protección (*gopāya*) de los mantras de los Vedas en sus divisiones particulares: los mantras a ser recitados (Ṛgveda), los mantras a ser cantados (Sāmaveda) y los mantras para los rituales (Yajurveda). De esta manera estos individuos a menudo buscarán clasificar el conocimiento y mantener la pureza de su ambiente.

Es similar a la estrella anterior en la realización de austeridades, pero mucho más ritualistas en su enfoque, por lo que esta estrella está asociada con magia y el tantra. A estos nativos no les gusta perder y trabajan duro para ganar competencias, a menudo superando su oposición.

Ahirbudhnya es un Rudra que elimina la calamidad y la desgracia y tiene el poder de otorgar frescura, deleite y disfrute (mayas) tal como una vaca cuida de su ternero.[53] Estos nativos a menudo son felices y se sabe que tienen buenos resultados en sus esfuerzos, teniendo muchos hijos o muchos proyectos en los que están involucrados. Ahirbudhnya a veces se asocia con la llovizna o niebla, ya que se asocia con el movimiento ascendente del agua que conduce a la lluvia.

Hay una conexión con Śeṣa nāga, ya que está profundamente bajo tierra, dando estabilidad a la tierra. De la misma forma los nativos de esta estrella buscan encontrar estabilidad en su vida que a menudo está llena de movimiento y cambio. Son conocidos como ascetas o reyes.

51 Diccionario Sánscrito Monier Williams
52 Ṛg Veda, Maṇḍala 4, Sūkta 55, v. 6
53 Ṛg Veda, Maṇḍala 1, Sūkta 187, v. 5

## Revatī: Pūṣan

*||aum̐ pūṣṇe namaḥ||*

Pūṣan significa 'el que nutre', que proviene de la raíz lingüística *puṣ*, que significa 'florecer', 'prosperar', 'aumentar' y 'nutrir'; es uno de los doce Ādityas y es como un pastor cuidando a su rebaño. Su ganado nunca se pierde, porque él es el protector de todos los seres (*anaṣṭapaśu*).[54] Estos nativos prosperan en trabajos donde están cuidando de personas o animales. A menudo están rodeados de amigos y familiares, ya que consideran que la familia y la unidad familiar son muy importantes.

A Pūṣan se le llama *Āghṛṇi*, lo que significa que es muy brillante y resplandeciente. Es conocido por encontrar los animales que se separan del rebaño y su luz es invocada para ayudar a encontrar artículos perdidos. El término también significa 'muy cálido', 'amistoso' y 'compasivo'. Los nativos de esta estrella son generalmente honestos, limpios y afortunados.

*"Pūṣan, transpórtanos por la carretera y elimina los obstáculos"*.[55]

Pūṣan es el protector de todos los caminos (*pathas pathaḥ paripatiṁ*)[56] y se le pide que aleje a los ladrones y a los que se deleitan en el mal. Estos nativos son buenos en los negocios y tienen éxito navegando, viajando o trabajando en lugares donde la gente viaja. Pūṣan muestra el camino más fácil, ayuda a que el viaje sea cómodo y conoce la ubicación de los tesoros ocultos.

La bendición de Pūṣan nos lleva a buenos pastos (*suyavasa*); esto se refiere a conducir el ganado a un lugar de abundante comida o llevar a los seres humanos a un lugar de abundante riqueza (comida y dinero). Es el guardián en los viajes, del mundo material, del mundo astral y después de que uno ha dejado el cuerpo.

Estos nativos son a menudo guapos, con extremidades bien proporcionadas. Pūṣan es atractivo con el pelo trenzado, de tono dorado y llevando una lanza de oro; tiene un carro tirado por cabras y se le llama el amigo o hermano de Indra ya que luchó muchas batallas con él. En la batalla se le invoca para que esté cerca como un amigo y ayude a derrotar al enemigo. Los nativos de esta estrella son valientes, no solo son cariñosos, sino que también son muy protectores de quienes los rodean.

Pūṣan también se asocia con frutas, flores y plantas acuosas, como el loto. Según los Brāhmanas Pūṣan se propicia con gachas o avena (*karamba*) y le gusta la comida que se puede comer sin masticar. Pūṣan se asocia con la leche, un símbolo de alimento como el que una vaca le da a su cría.

54 Ṛg Veda, Maṇḍala 10, Sūkta 17, v. 3
55 Ṛg Veda, Maṇḍala 1, Sūkta 42
56 Ṛg Veda, Maṇḍala 6, Sūkta 49, v. 8

Estas deidades son percibidas a través de los fenómenos naturales, donde Puṣan es el alimento (vaca amamantando a un ternero) y Āpas es el agua, en realidad no es el elemento agua el que se está adorando, sino la deidad presente en estos elementos y cualidades. El agua es una medicina poderosa y milagrosa, un elemento vivificante, cuyo poder es reconocido a través de la deidad védica Āpas. Yama puede ser visto como el señor de la muerte, la energía que entra en una casa cuando alguien está muriendo o ha muerto; también puede ser visto como el proceso de muerte, es decir el momento de muerte y transición, o el proceso del alma que prepara su salida del cuerpo y finalmente se va. Los Aśvins son los doctores divinos, representan la energía curativa o el potencial curativo en todas las cosas. De esta manera no solo necesitamos tomar una imagen y adorarla, sino también observar y ser consciente de los fenómenos naturales del mundo, entendiendo cómo funcionan las cosas y aprendiendo las lecciones que presenta el mundo natural. ¿Cómo actúa la gente cuando no tienen suficiente agua, cómo se sienten cuando van a nadar, puede que alguna vez el sumergirse en el agua haya sido una experiencia sombría? De esta forma las deidades son fenómenos arquetípicos que existen tanto fuera en la naturaleza, en el funcionamiento del cuerpo físico, como internamente en la dinámica de nuestra psicología.

## Otros planetas en las Nakṣatras

La deidad asociada a la nakṣatra donde se encuentran los planetas en el rāśi chakra se relaciona con los significados *externos* de esos planetas. Por ejemplo, si el Sol está en Chitrā, el padre será muy creativo y disfrutará de la artesanía.

La psicología de los significados *internos* de un planeta se relaciona con un concepto más avanzado, según la deidad de la nakṣatra asociada a donde se encuentra el planeta en la nakṣatrāṁśā (D-27). Por ejemplo, si el Sol está en Śravaṇa en D-27, entonces habrá una gran cantidad de vitalidad alrededor del aprendizaje. El lagna y el regente del lagna en D-27 se relacionan con la psicología y con cómo una persona piensa intelectualmente, mientras que el regente de la Luna en D-27 se refiere al comportamiento del nativo; Júpiter en la D-27 se relaciona con el pensamiento o proceso mental relacionado con la religión y Dios. Esta es un área más avanzada que se vuelve muy importante en la rama de Āyurveda llamada Mānasa *Roga*, el tratamiento de los trastornos mentales (psicología). Es importante darse cuenta que en la nakṣatrāṁśa las nakṣatras ya no se alinean con los doce signos (cada rāśi tiene las 27 nakṣatras) y por lo tanto se debe evitar usar los signos del zodíaco o sus regentes para interpretar los significados de las nakṣatras.

| Rāśi | Devatā | Rāśi | Devatā | Rāśi | Devatā |
|---|---|---|---|---|---|
| 1° 6' 40" | Aśvins | 11° 6' 40" | Pitṛ | 21° 6' 40" | Nirṛti |
| 2° 13' 20" | Yama | 12° 13' 20" | Bhaga | 22° 13' 20" | Āpas |
| 3° 20' 00" | Agni | 13° 20' 00" | Aryaman | 23° 20' 00" | Viśvadeva |
| 4° 26' 40" | Brahmā | 14° 26' 40" | Savitṛ | 24° 26' 40" | Viṣṇu |
| 5° 33' 20" | Chandra | 15° 33' 20" | Viśvakarma | 25° 33' 20" | Vasudeva |
| 6° 40' 00" | Rudra | 16° 40' 00" | Vāyu | 26° 40' 00" | Varuṇa |
| 7° 46' 40" | Aditi | 17° 46' 40" | Indrāgni | 27° 46' 40" | Ajaikapada |
| 8° 53' 20" | Bṛhaspati | 18° 53' 20" | Mitra | 28° 53' 20" | Ahirbudhnya |
| 10° 00' 00" | Sarpa | 20° 00' 00" | Indra | 30° 00' 00" | Pūṣan |

## Símbolos de las nakṣatras

Los símbolos de las nakṣatras son imágenes arquetípicas utilizadas para desencadenar la comprensión natural de las actividades, habilidades y fortalezas de cada nakṣatra.[57]

| # | Constelación | Traducción | Símbolo | Parte del cuerpo |
|---|---|---|---|---|
| 1 | Aśvinī | Jinete | **Cabeza de caballo** | Pies superiores |
| 2 | Bharaṇī | Los portadores | **Yoni (vagina)** | Pies inferiores |
| 3 | Kṛttikā | Navaja | **Hacha, bisturí, llama** | Cabeza |
| 4 | Rohiṇī | Cierva | **Carro de bueyes** | Frente |
| 5 | Mṛgaśira | Cabeza de antílope | **Cabeza de ciervo con cuernos** | Cejas |
| 6 | Ārdrā | Humedad | **Lágrima, transpiración** | Ojos |
| 7 | Punarvasu | Retorno de la luz | **Aljaba de flechas** | Nariz |
| 8 | Puṣya | El que nutre | **Ubre de vaca dando leche** | Rostro |
| 9 | Āśleṣā | Serpiente | **Serpiente enroscada** | Orejas |
| 10 | Maghā | El beneficiario | **Sala del trono, palanquín** | Labios y barbilla |
| 11 | Pūrvaphalgunī | Higuera anterior | **Patas traseras de una cama** | Mano derecha |
| 12 | Uttaraphalgunī | Higuera posterior | **Patas delanteras de una cama** | Mano izquierda |
| 13 | Hasta | Mano | **Mano o puño** | Dedos |
| 14 | Chitrā | Brillante | **Joyas brillantes** | Cuello |
| 15 | Svātī | Espada | **Brote, espada, coral** | Pecho |
| 16 | Viśākhā | Dos ramas | **Puerta o portal decorado** | Pecho |
| 17 | Anurādhā | Cercano al éxito | **Puerta o portal decorado** | Estómago |
| 18 | Jyeṣṭhā | Mayor | **Talismán, pendiente** | Lado derecho |
| 19 | Mūla | Raíz | **Paquete de raíces, cola de león** | Lado izquierdo |
| 20 | Pūrvāṣāḍhā | Victoria anterior | **Colmillo de elefante, cesta para cernir, abanico** | Espalda |
| 21 | Uttarāṣāḍhā | Victoria posterior | **Tablas de una cama Colmillo de elefante** | Cintura |
| 22 | Śravaṇa | El famoso | **Tres huellas, tridente, oreja** | Genitales |
| 23 | Dhaniṣṭhā | El más famoso, el más rico | **Tambor** | Ano |
| 24 | Śatabhiṣa | Centenar de medicamentos | **Círculo vacío o un amuleto** | Muslo derecho |
| 25 | Pūrvābhādra | El auspicioso anterior | **Parte superior de la camilla funeraria Hombre de dos caras** | Muslo izquierdo |
| 26 | Uttarabhādra | El auspicioso posterior | **Parte posterior de la camilla funeraria** | Canillas (tibia) |
| 27 | Revatī | Rico esplendoroso | **Tambor para mantener el tiempo** | Tobillos |

57 Se puede encontrar una lista en el Muhūrta Chintāmani de Daivagya Śrī Rāmāchārya, II.59-60

La cabeza del caballo de Aśvinī indicará todos los atributos de los caballos, su fuerza, poder, habilidades de transporte, etc. El yoni (triángulo representativo de una vagina) de Bharaṇī representa el potencial creativo y de transformación de śakti, indicando como el señor de la muerte no solo te está sacando del cuerpo, sino que te está llevando a otra transformación; él es Dharmarāja y se asegura que vengas a este mundo a través del yoni correcto y a una familia que te has ganado kármicamente.

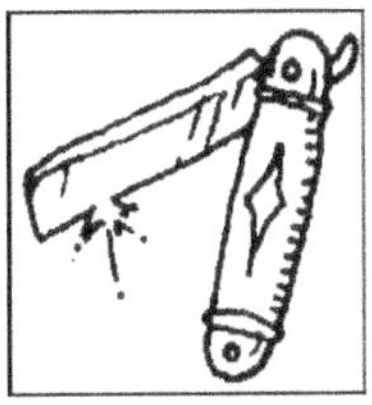

El bisturí de Kṛttikā representa su naturaleza cortante para percibir las cosas con claridad, así como su precisión. El carro de Rohiṇī indica la capacidad de mover recursos; como un comerciante llevaría sus mercancías al mercado o un agricultor su cosecha, el carro muestra la recolección y transporte de recursos. La astrología estelar mira aún más de cerca y diferencia si la Luna está detrás, dentro o delante de las estrellas que componen el carro para dar detalles más específicos.

El símbolo de Mṛgaśira es la cabeza de un ciervo con sus cuernos, que comienzan como pequeños nudos y crecen ramificándose en muchas direcciones, siendo tanto ornamentación como sistema de protección. Esto indica tanto el crecimiento como las habilidades para ramificarse en muchas direcciones de esta nakṣatra. En Āyurveda el polvo de los cuernos de ciervo (*mṛga-śṛiṣga-bhasma*) se utiliza como un medicamento nutritivo para mejorar la inmunidad (*ojas*) y a menudo se incluye como ingrediente en chyavanprash, un medicamento rejuvenecedor. Los chinos a menudo mezclan cornamenta de ciervo con ginseng como tónico, especialmente para las mujeres que lo usan como suplemento de calcio para fortalecer los huesos y el cabello; también se utiliza en medicamentos afrodisíacos. Cada año los cuernos de los ciervos se caen y crecen nuevamente, como la Luna creciendo y menguando. Los cuernos en la cabeza también se relacionan con la naturaleza del Soma interno de la tradición del yoga que se asienta en la corona de la cabeza.

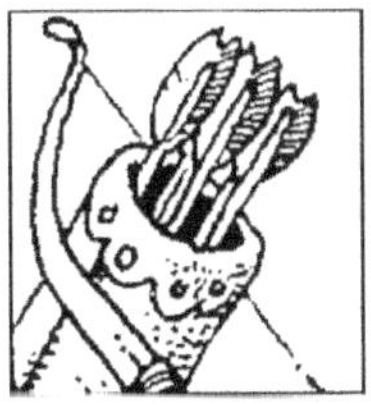

Punarvasu, el retorno de la luz, está representado por flechas y su aljaba y se relaciona con la práctica constante o la revisión de algo una y otra vez, como cuando un arquero dispara flechas, las recoge y las dispara de nuevo, practicando pacientemente para la perfección, o como un astrólogo que leerá un texto una y otra vez para perfeccionar su arte. Las flechas que regresan a su carcaza representan este constante retorno a los fundamentos básicos para alcanzar una comprensión completa o expansión de la conciencia. Esta nakṣatra muestra como la repetición y la práctica se convierte en comprensión. El conocimiento que se convierte en la *consciencia* se encuentra en Puṣya, donde la entrega completa y la nutrición del universo nos proveen tal como las ubres de una vaca dan leche.

De esta manera se debe meditar y entender estos símbolos. Para este texto introductorio los devatās serán el foco principal, así que tómate el tiempo para entender cada símbolo. Posteriormente en futuros textos analizaremos los símbolos.

## Muhūrta

Existen siete divisiones cualitativas de las nakṣatras, que se utilizan junto al tránsito de la Luna para determinar la cualidad de las acciones en un día en particular. Por ejemplo, poner trampas para ratas es mejor en una ugra nakṣatra para asegurar la eliminación de esa plaga, mientras que presentarte a alguien que quieres como amigo es mejor en una mṛdu nakṣatra, si quieres gustarle. A continuación se muestra una lista de acuerdo con el *Bṛhat Saṁhitā de Varāhamihira.*

| Cualidad | Nakṣatra | Nakṣatra-Karma-Guṇa-Adhyāyaḥ [97] |
|---|---|---|
| **Dhruva** (fija):<br>buena para resultados estables, permanentes y perseverantes | Rohiṇī<br>U.Phalgunī<br>Uttarāṣāḍhā<br>Uttarabhādra | Inicio de coronaciones *(abhiṣeka)*, remedios astrológicos *(śānti)*, plantar árboles *(taru)*, beneficios para la ciudad *(nagara)*, obras dhármicas *(dharma)*, sembrar semillas *(bīja)*, etc. |
| **Tikṣṇa** (afilado y espantoso):<br>Una naturaleza cortante, habilidad para tomar decisiones y capacidad ejecutiva | Ārdrā<br>Āśleṣā<br>Jyeṣṭhā<br>Mūla | Éxito en ataques, represalias, argumentos *(abhighāta)*, hechizos *(mantra)*, trabajar con fantasmas *(vetāla)*, encarcelamiento *(bhandha)*, herir o matar *(vadha)*, asesinatos, romper uniones y relaciones *(bheda-sambhanda)*, etc. |
| **Ugra** (feroz y severo):<br>cuando la acción debe ser agresiva o dura | Bharaṇī<br>Maghā<br>P.Phalgunī<br>Pūrvāṣāḍhā<br>Pūrvābhādra | Éxito en destruir, arruinar, interrumpir *(utsāda)*, destruir, remover *(nāśa)*, engañar, ser deshonesto *(śāṭhya)*, encarcelar *(bandha)*, trabajar con veneno *(viṣada)*, sacrificar *(hana)*, trabajar con armas *(astra)*, herir *(ghāta)*, etc. |
| **Laghu** (liviano):<br>no pesado, rápido, activo, rápido, elegante, fácil | Aśvinī<br>Puṣya<br>Hasta<br>(Abhijit) | Negocios, comercio *(paṇya)*, disfrute sexual *(rati)*, búsqueda de conocimientos *(jñāna)*, joyas, ropa decorativa, adornos *(bhūṣaṇa)*, habilidades y artes prácticas *(kalā)*, mano de obra artesanal experta, artesanías *(śilpa)*, uso de hierbas y medicamentos *(auṣadha)*, viajes *(yāna)*, etc. |
| **Mṛdu** (suave, leve, tierno): indica naturaleza relajada y bhoga (disfrutar del placer, diversión) | Mrgaśira<br>Chitrā<br>Anurādhā<br>Revatī | Obtener amigos *(mitra-artha)*, actividades de deleite, sexo *(surata)*, reglas, ordenanzas *(vidhi)*, ropa, nuevos trajes *(vastra)*, joyas, adornos *(bhūṣaṇa)*, cualquier cosa auspiciosa o ceremonial *(maṅgala)*, canto *(gīta)*, etc. |
| **Mṛdutīkṣṇa** (mixto, suave y duro):<br>combinación de resultados<br>También se *llama sādhāraṇa*, general o común | Kṛttikā<br>Viśākhā | Estas nakṣatra darán resultados *(phala)* mixtos *(vimiśra)*, variados, resultados diversos. |
| **Chara** (móvil, efímero):<br>cambia fácilmente de naturaleza | Punarvasu<br>Svātī<br>Śravaṇa<br>Dhaniṣṭhā<br>Śatabhiṣa | Auspicioso para el bienestar propio o de otras personas *(cara karmaṇi hitāni)*. |

## Las divisiones de las Nakṣatras: los 108 padas

Cada nakṣatra de 13° 20' se divide en cuatro padas (partes) de 3° 20' cada una, relacionadas con las cuatro *ayana* (metas): dharma, artha, kāma y mokṣa. El primer pada se relaciona con dharma, el segundo con artha, el tercer con kāma y el pada final de cada nakśatra se relaciona con mokṣa.

Varāhamihira define a un rāśi como nueve nakṣatra padas.[58] La carta rāśi dividido en nueve se llama navāṁśa, una de las divisiones más importantes de un signo. Usa el gráfico anterior para analizar las divisiones de rāśi, nakṣatra y navāṁśa, observando que son cuatro por nakṣatra o nueve por rāśi, ambas de 3° 20'.

Un rāśi dividido en nueve *aṁśas* (divisiones) nos da la navāṁśa, una división que indica muchos aspectos, incluyendo las cualidades inherentes del alma, el dharma del nativo, su bhāgya y cónyuge.

58 Esto se establece en Jātaka Pārijāta, Bṛhat Jātaka y Bṛhat Saṁhitā.

Cada navāṁśa es de 3° 20' y nueve aṁśas multiplicadas por doce rāśis es igual a 108. Por lo tanto, navāṁśa es la carta de 108 signos.

El Sol es kāraka para la primera y novena casa, mientras que la Luna es kāraka para la casa cuatro. Hay cuatro padas en una nakṣatra, cada una de las cuales equivale a 3° 20'. Veintisiete nakṣatras multiplicados por cuatro padas equivalen a 108. Cada pada se relaciona con una tonalidad, que puede activar un planeta, cuando se usa correctamente. La Luna tiene 108 padas y 108 tonos.

La división de 3° 20' es la más importante. Los nakṣatra padas de la Luna y las navāṁśas del Sol se alinean con el número 108, que es el número donde la Luna (*manas/mente*) y el Sol (*ātman/alma*) se alinean, donde el ciclo de la Luna puede ser alineado con el ciclo del Sol. 108 es el número que alinea la mente y el alma.

La división de 3° 20' alinea el Sol y la Luna, creando la alineación de *Śiva* y *Parvati* o *Puruṣa* (conciencia) y *Prakṛti* (creación). 108 divisiones refleja la creación del mundo: es una fuerza poderosa que puede lograr cualquier cosa. El tantra (tanto blanco, como negro) aprovecha esta fuerza. Tenemos 108 cuentas en una mālā que nos permite aprovechar esta vibración de la fuerza creativa suprema de dios y la diosa, Puruṣa y Prakṛti.

## Hoḍa Chakra

Hoḍa significa 'balsa' o 'barco'. El Hoḍa Chakra está compuesto por 108 sonidos, donde cada nakṣatra pada tiene un sonido. Los sonidos empiezan en Kṛttikā che con los sonido de las vocales primarias (*pañca-svara*); a, i, u, e, o. Aquí se consideran tanto las vocales largas como las cortas. Estas vocales se repiten en ese orden con la adición de varias consonantes. Cada uno de los rāśis duales tiene tres letras adicionales (*akṣaras*) incluidas.

Existen dos variantes principales de este chakra: una con 27 nakṣatras y otra con 28 nakṣatras. Este es el chakra de 27 nakṣatras y de 108 sonidos. Para aquellos que desean usar el esquema con 28 nakṣatras, los akṣaras adicionales han sido agregados en el centro basado en las enseñanzas de Pandit Sanjay Rath en su libro '*Remedios Védicos en Astrología*'.

Existen varias fuentes, entre las cuales la mejor es el *Phaladīpikā*, que tienen una ligera variación de las sílabas exactas; otra variante diferente se encuentra en el Yavanajātaka (72). Decidí mantenerme en la línea de BV Raman y aconsejo aplicar el mejor juicio, ya que los akṣaras varían dependiendo de la fuente. Los akṣaras que se sabe que cambian en algunas fuentes se encuentran en cursiva, estos son en su mayoría los akṣaras adicionales añadidos a los signos duales.

Estos sonidos se utilizan generalmente para ponerle nombre a algo según el sonido de su primera letra. Se le puede poner un nombre al nativo según el pada de la Luna o el planeta más beneficioso; de esta manera cada vez que alguien pronuncia su nombre, está activando la Luna o el aspecto más beneficioso del individuo. El nombrar puede ser una ciencia muy compleja cuando se tiene una comprensión más profunda del paṣcha-svara y los sonidos en trikoṇa a la Luna y el ārūḍha lagna. Este chakra es la base que se puede utilizar en general para personas y empresas.

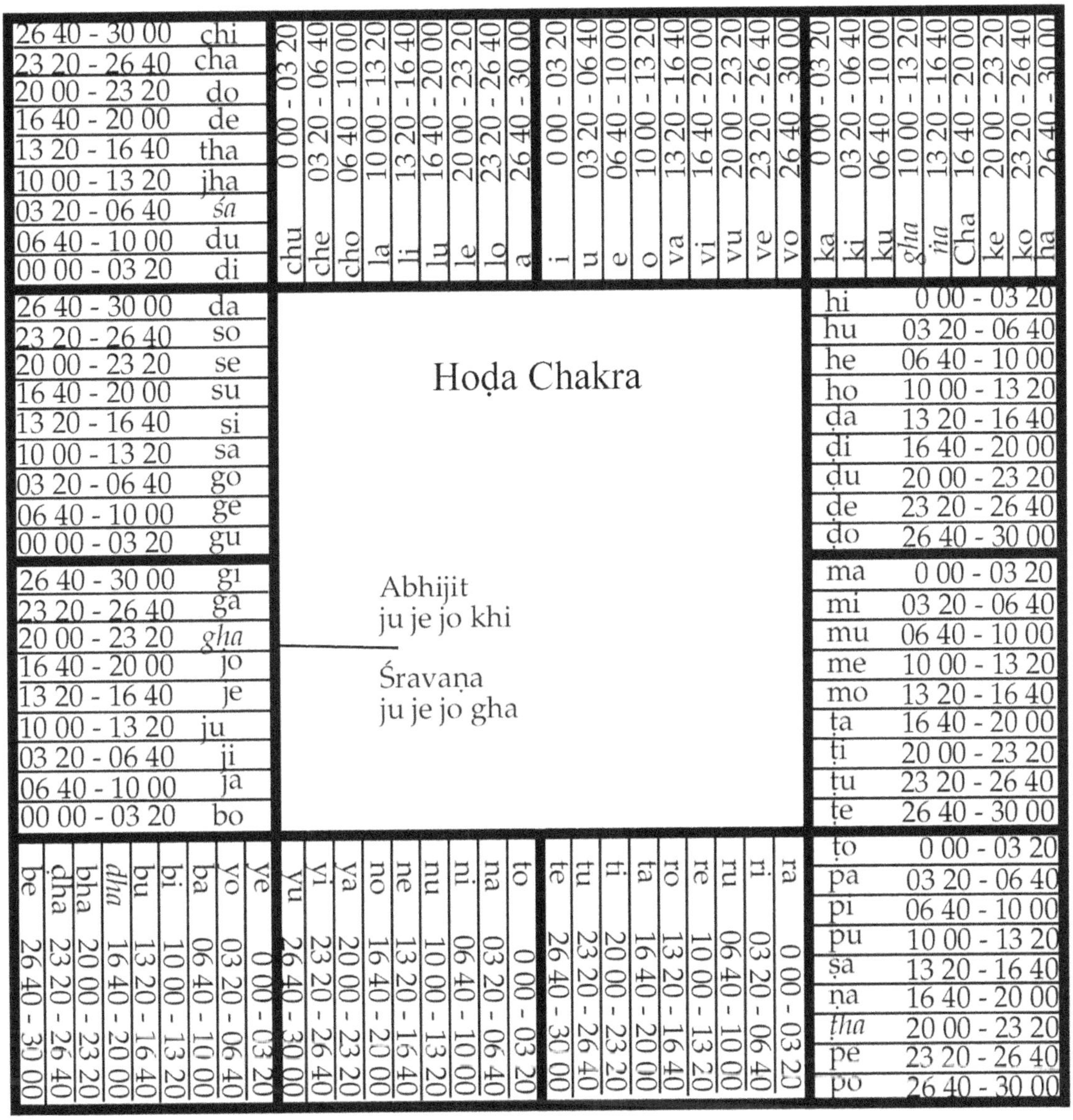


## - EJERCICIO PRÁCTICO -

3. Calcula el ayana (dharma, karma, etc.) de cada uno de tus planetas en sus nakṣatra padas, teniendo en cuenta la relación que ese ayana tiene con su signo navāṁśa.

4. Encuentra a Kṛttikā en el Hoḍa Chakra. Comenzando con las vocales primarias, observa cómo se añaden otras letras a estas mismas vocales repetidamente; comprende el patrón y encuentra el sonido conectado a cada uno de los planetas de tu carta.

## Navatāra Chakra

La Luna es el regente de las nakṣatra y el señor de la mente. El ātmā está enredado en la mente; dondequiera que vaya el cuerpo, el ātmā debe ir. Por lo tanto las nakṣatras son muy importantes. *Tārā* significa 'estrella' y *nava* significa 'nueve', por lo que el Navatāra Chakra son las 27 nakṣatras divididas en tres grupos de nueve. Escribe tu nakṣatra lunar natal en la primera casilla (1/1), y enumera consecutivamente las nakṣatras correspondientes. Luego de cubrir las primeros nueve nakṣatras, las nakṣatras siguientes vuelven a comenzar nuevamente desde el principio en el segundo grupo de nakṣatras y el mismo proceso se repite para el tercer grupo.

| Navatāra Chakra | | | | | |
|---|---|---|---|---|---|
| | **Nakṣatra** | | **Janma Khaṇḍa** | **Karma Khaṇḍa** | **Ādhāna Khaṇḍa** |
| 1 | Janma | | | | |
| 2 | Sampat | | | | |
| 3 | Vipat | | | | |
| 4 | Kṣema | | | | |
| 5 | Pratyak | | | | |
| 6 | Sādhana | | | | |
| 7 | Naidhana | | | | |
| 8 | Mitra | | | | |
| 9 | Parama-mitra | | | | |

Este chakra se utiliza para afinar las predicciones en el tiempo, especialmente en viṁśottari daśā, así como para determinar un muhūrta (momento propicio de inicio) específico para una carta individual. La pacificación de las tāras negativas se encuentra en el *Muhūrta Chintāmani* (IV.12-13). Esta es una lista del significado de cada una de las nueve agrupaciones de las 27 nakṣatras:

1. Janma: estrella de nacimiento, naturaleza propia, desarrollo mental, tāra más influyente, importante para la salud.
2. Sampat: riqueza, prosperidad, muestra el tipo de riqueza que el nativo debe poseer, cómo su mente trabaja en recibir y utilizar los recursos disponibles. En la carta de una empresa es importante para el patrimonio neto.
3. Vipat: separado, derribado, desmoronarse, muestra peligros para la vida y los negocios. Este daśā es pacificado por la donación de jaggery (azúcar de caña natural).
4. Kṣema: dar descanso, bienestar, facilidad, curación, tiempo para sanar, si hay una enfermedad y no se cura en ese momento, entonces puede causar problemas en la próxima nakṣatra. Los planetas en el primer kṣema tāra indican una vida temprana difícil o segura; si no hay planetas entonces analizamos la naturaleza y el estado del regente.
5. Pratyak: obstáculos, bādhaka, puede causar muerte o sufrimiento similar a la muerte; si se inicia una actividad en este nakṣatra habrá muchos obstáculos. Este daśā es pacificado por la donación de sal.
6. Sādhana: logros, bueno para comenzar actividades, ya que tendrán éxito.

7. Naidhana: muerte, la peor de las estrellas negativas (3, 5, 7). Este daśā es pacificado por la donación de oro y jaggery (azucar de caña). La donación de verduras es beneficiosa para cualquiera de las tres.

8. Mitra: amigos cercanos.

9. Parama-mitra: mejor amigo, los que dan soporte, comunidad, reunirse con amigos, bueno para actividades que tratan con multitudes.

Una persona progresará a través de cada uno de los primeros nueve nakṣatras a lo largo de su vida, tal como será discutido en el próximo capítulo. Los períodos de tiempo de las nakṣatras beneficiosas traerán más consuelo a la vida de un individuo, mientras que los períodos de las nakṣatras negativas serán más difíciles. Parāśara utiliza el Navatārā chakra cuando enseña sobre el momento de la muerte en el *Māraka-Bheda-Adhyāya*, literalmente el capítulo sobre "ser atravesado por planetas con el poder de matar". En esta sección menciona que ciertos períodos de nakṣatra pueden ser momentos en que una persona se encontrará más débil de salud o incluso morirá. Parāśara dice:

(15) Ahora hablaré un poco sobre una persona (*nṛṇāṁ*) que presenta señales de muerte (*māraka-lakṣaṇa*). Una persona con combinaciones de vida corta (*alpa-āyur-yoga*) morirá en el daśā de *vipat nakṣatra*, (16) mientras que una persona con combinaciones de vida media (*madhya-āyur-yoga*) morirá en el daśā de la estrella pratyak; por último una persona con yogas de vida larga (*dīrgha-āyur-yoga*) morirá en el daśā de su *naidhana nakṣatra*. (17) Junto a eso el regente del 22° drekkāṇa (*dvāviṁśa-tryaṁśa*) es un regente que inflige muerte junto con el regente de vipat, pratyak naidhana tārā . (19) En el daśā del regente de la seis, ocho o doce la muerte es posible y sucederá en la antardaśā del regente de la seis, ocho o doce. (20) El planeta debe estar dotado de fuerza para convertirse en un māraka y en el antardaśā de ese planeta habrá enfermedad (*roga*) o sufrimiento (*kaṣṭa-adi*).

| | **Vida corta** (*alpa-āyus*) | **Vida media** (*madhya-āyus*) | **Vida larga** (*dīrgha-āyus*) |
|---|---|---|---|
| Capítulo Māraka v.10-11 | 0-32 | 32-64 | 64-100 |
| Aṣṭottarī (108) | 0 - 36 | 36 - 72 | 72 - 108 |
| Viṁśottarī (120) | 0 - 40 | 40 - 80 | 80 - 120 |

Este capítulo se centra en el momento de la muerte que se vuelve muy importante en la astrología médica. Existen combinaciones que muestran en que tercio de la vida una persona morirá y luego se realizan cálculos para determinar en que parte dentro de ese tercio de la vida. La tabla anterior se relaciona con las tres divisiones de la vida y dependiendo de estas el nativo morirá, el tercer, quinto o séptimo período de nakṣatra volviéndolo peligroso. Aquí no nos enfocaremos en predecir la muerte, sino que usaremos este ejemplo para entender cómo Parāśara está utilizando el Navatāra Chakra.

## - EJERCICIO PRÁCTICO -

5. Completa el navatāra chakra con tu propia carta, teniendo en cuenta cuales nakṣatras son mejores o peores para la salud.

## Tārā especiales

Existen también tārās especiales (estrellas) o nakṣatras que toman atributos más específicos según la ubicación de la Luna natal y las 28 nakṣatras que la siguen. Por ejemplo, la décima nakṣatra desde la Luna se llama karma nakṣatra o karma tārā. Los planetas posicionados allí o tránsitos sobre esta nakṣatra afectarán el área de la carrera.

Janma: Tú, la 1ª nakṣatra, punto crucial de referencia.

Karma: Profesión, 10ª desde la janma-nakṣatra, necesita estar bien ubicada para trabajo apropiado; tránsitos de benéficos elevan el trabajo del nativo mientras que tránsitos de maléficos lo perturban.

Samudāyika: Multitud, 18ª en el ciclo, samudāya significa total o suma total, todas las personas reuniéndose. Es importante que esta nakṣatra sea benéfica en un muhūrta de matrimonio.

Saṁghāṭika: Grupo, 16ª en el ciclo, grupo interno, núcleo. Para una carta o muhūrta de negocios, esta estrella muestra deudas y financiación.

Jāti: Comunidad, casta, grupo social, 4ª y/o 26ª[59] en el ciclo, igual que la estrella kṣema, por lo que una comunidad fuerte representa bienestar. Importante en un muhūrta de matrimonio para hijos. Para un negocio los maléficos que dan vedha indican conflictos con la comunidad.

Naidhana: Muerte, 7ª nakṣatra; tal como la janma-nakṣatra que es tanto una navatāra como una tāra especial, indica que estos son puntos muy importantes para el nacimiento y la muerte.

Deśa: País, nación, cultura, 12ª y/o 26ª nakṣatra.

Abhiṣeka: Coronación, 28ª nakṣatra; los maléficos creando vedha aquí dan problemas, mientras los benéficos indican éxito. Para una carta de negocios, esta estrella indica el dominio de la empresa en el mercado.

Ādhāna: Concepción, 19ª nakṣatra, que se encuentra 9 estrellas antes de la Janma nakṣatra y que indica las circunstancias alrededor de la concepción del nativo. Los maléficos pueden indicar problemas con el embarazo. Para una carta o muhūrta de negocios, esta estrella muestra el crecimiento y la expansión de la compañía.

Vaināśika: Destrucción (*vināśa*), 23ª nakṣatra; para una carta o muhūrta de negocios, esta estrella indica las relaciones a largo plazo entre los socios comerciales.

Mānasa: La mente, 25ª naksatra u 11ª dependiendo según la tradición, se puede ver desde el lagna y/o la nakṣatra lunar para la mente con respecto a la toma de decisiones y pensamientos generales, respectivamente.[60]

Estas tāra especiales pueden ser utilizadas en varios nakṣatra chakras como el Sarvatobhadra Chakra y los tránsitos de planetas benéficos y maléficos afectarán las áreas de la vida indicadas por esa tāra especial . Jātakā Bharaṇam afirma que la influencia del Sol creará irritabilidad y malentendidos en el área relacionada con una nakṣatra especial. Marte indicará pérdida, Saturno decepción o enfermedad, Rāhu y Ketu obstáculos y problemas. Dependiendo de la fuerza creciente o menguante (pakṣabala), la Luna dará beneficios o problemas. Venus dará satisfacción a los placeres y obtención de riqueza, así como Mercurio indicará aprendizaje y buenas noticias. El tránsito o influencia (vedha) de Júpiter dará todo tipo de beneficios, bondad y crecimiento.

59 Existen diferentes opiniones según la fuente. Cuatro, doce, y once se usan en el programa JHora. mientras que 25, 26 y 27 aparecen en Jātaka Pārijāta (IX.78-80) y Phaladīpikā (26.28-29).

60 Un estudio detallado de mānasa nakṣatra (tāra 25) es dado por Sanjay Rath en *Brihat Nakṣatra*, p.77-84

## Sarvatobhadra Chakra

Esta es una pequeña introducción a la vasta área de trabajo con las nakṣatras. El *Sarva* (todo) *bhadra* (auspicioso) chakra se usa para varios propósitos como observar el tránsito de planetas a través de las nakṣatras.[61] Los planetas tendrán vedha (influencia) en las nakṣatras diagonales desde ella y directamente la de enfrente. De esta manera los planetas pueden influir en una tārā especial al estar ubicados dentro de ellas o tener vedha sobre ellas.

Norte

Oeste (izquierda) — Este (derecha)

| | | | | | | | | |
|---|---|---|---|---|---|---|---|---|
| ई ī | Dhaniṣṭhā | Śatabhiṣa | P.bhādra | U.bhādra | Revatī | Aśvinī | Bharaṇī | अ a |
| Śravaṇa | ॠ ṝ | ग g | स s | द d | च ch | ल l | उ u | Kṛttikā |
| Abhijit | ख kh | ऐ ai | Aq | Pi | Ar | ऌ lṛ | अ a | Rohiṇī |
| U.āṣāḍhā | ज j | Cp | अः aḥ | Rikta Viernes | ओ o | Ta | व v | Mṛga |
| P.āṣāḍhā | भ bh | Sg | Jaya Jueves | Purna Sábado | Nanda Domingo Martes | Ge | क k | Ārdrā |
| Mūla | य y | Sc | अं ṁ | Bhadra Lunes Miércoles | औ au | Cn | ह h | Punarvasu |
| Jyeṣṭhā | न n | ए e | Li | Vi | Le | ॡ lṝ | ड ḍ | Puṣya |
| Anurādhā | ऋ ṛ | त t | र r | प p | ट ṭ | म m | ऊ ū | Āśleṣā |
| इ i | Viśākhā | Svātī | Chitrā | Hastā | U.phal | P.phal | Maghā | आ ā |

Sur

El análisis de los tránsitos sobre las nakṣatras con el Sarvatobhadra Chakra[62] se puede usar para comprobar los cambios en la vida del nativo; también se utiliza en mūhurta para negocios, matrimonio y remedios astrológicos. Planetas en movimiento directo influenciarán más fuertemente su vedha posterior y planetas retrógrados su vedha anterior.

61 Se pueden encontrar más detalles en el *Jātaka Pārijāta* de Varāhamihira (IX.78-80), *Phaladīpikā* de Mantreśvara (26.26-48), Sarvatobhadra Adhyāya de Jātaka Bharaṇam (capítulo 21) y Mānasagari 4.39. Para aquellos interesados en continuar con la investigación y ejemplos acerca del Sarvatobhadra Chakra ver el Capítulo 5 de *Colected papers in Vedic Astrology* de Sanjay Rath.

62 Sanjay Rath, Crux of Vedic Astrology, p.11

| | | | | | | | | |
|---|---|---|---|---|---|---|---|---|
| ई ī | Dhaniṣṭhā ☽ | Śatabhiṣa | P.bhādra | U.bhādra | Revatī | Aśvinī | Bharaṇī | अ a |
| Śravaṇa | ॠ ṝ | ग g | स s | द d | च ch | ऌ l | उ u | Kṛttikā |
| Abhijit | ख kh | ऐ ai | Aq | Pi | Ar | ऌ lṛ | अ a | Rohiṇī |
| U.āṣāḍhā | ज j | Cp | अः aḥ | Rikta Friday | ओ o | Ta | व v | Mṛga ♃ |
| P.āṣāḍhā | भ bh | Sg | Jaya Jueves | Purna Sábado | Nanda Domingo Martes | Ge | क k | Ārdrā |
| Mūla | य y | Sc | अं ṁ | Bhadra Lunes Miércoles | औ au | Cn | ह h | Punarvasu |
| Jyeṣṭhā | न n | ए e | Li | Vi | Le | ॡ lṝ | ड ḍ | Puṣya |
| Anurādhā | ऋ ṛ | त t | र r | प p | ट ṭ | म m | ऊ ū | Āśleṣā |
| इ i | Viśākhā | Svātī | Chitrā ☉ | Hastā | U.phal | P.phal | Maghā | आ ā |

En el Sarvatobhadra chakra de ejemplo la Luna está en la nakṣatra Dhaniṣṭā y Júpiter está transitando por Mṛgaśira, que es la karma nakṣatra (10ª desde la Luna). El tránsito de Júpiter sobre esta estrella beneficiará la vida laboral y ayudará a expandir circunstancias positivas. Júpiter tiene un vedha horizontal en Uttarāṣāḍhā (26ª nakṣatra desde la Luna) y vedha anterior en Revatī. Júpiter tiene vedha posterior sobre el Sol en Chitrā, que es la ādāna nakṣatra (la 19ª desde la Luna); esto dará soporte al inicio de nuevos proyectos y traerá beneficios para y a través del Sol. Las personas y los lugares que comienzan con letras que reciben vedha de Júpiter pueden ser más beneficiosos durante este tránsito y aquellos con vedha de Saturno o Rāhu pueden causar pérdidas y problemas.

| | Rāśi | | Nakṣatra |
|---|---|---|---|
| 1 | Tauro | 10 | Maghā |
| 2 | Géminis | 13 | Hasta |
| 3 | Cáncer | 15 | Swāti |
| 4 | Leo | 17 | Anurādhā |
| 5 | Virgo | 19 | Mūla |
| 6 | Libra | 22 | Srāvaṇa |
| 7 | Escorpio | 24 | Śatabhiṣā |
| 8 | Sagitario | 27 | Revatī |
| 9 | Capricornio | 2 | Bharaṇī |
| 10 | Acuario | 4 | Rohiṇī |
| 11 | Piscis | 6 | Ārdrā |
| 12 | Pisces | 9 | Āśleṣā |

## Ghātaka Nakṣatra

Ghātaka *significa* 'el que hiere', 'infringe dolor', 'mutila', 'destruye' o 'mata'. Cada rāśi lunar tiene un ghātaka nakṣatra, que causa problemas a los nativos[63] por lo que es un tiempo desfavorable; cuando la Luna esté transitando esa estrella o cuando un Muhūrta tenga el lagna en esa estrella, indicará resultados negativos que son peligrosos para la salud o el bienestar físico del individuo. Las nakṣatras están conectadas con vāyu (aire/Saturno) en el pañcāṅga, que se relaciona con los prāṇas, la longevidad y la vida. Marte es el kāraka de ghātaka, ya que hiere, lastima, mata.

Debemos considerar la ghātaka nakṣatra como un asunto serio porque puede causar la muerte. El día en que la Luna transita la ghātaka desde nuestra Luna, la persona no debe comenzar ninguna actividad importante, comenzar viajes o tener alguna actividad peligrosa. Los atletas estarán más propensos a lastimarse en esta nakṣatra. Si una persona se casa durante este momento, puede morir a causa del matrimonio o si está comenzando un negocio, entonces el negocio fracasará ya que sus prāṇas sufrirán.

### - EJERCICIO PRÁCTICO -

6. Completa la tabla de las tārā especiales con tus nakṣatras. Posteriormente anótalas en el Sarvatobhadra Chakra con tus planetas natales. Observa los tránsitos sobre las nakṣatra relacionados con estas tārā especiales.
7. Calcula los aspectos de las nakṣatra y observa si algún planeta está siendo influenciado.

63 *Muhūrta Chintāmani* de Daivagya Śrī Rāmāchārya (11.32)

8. Calcula tu ghātaka nakṣatra y anótala en tú calendario del año.

## Prāṇa

Las nakṣatras están regidas por vāyu tattva (aire) de acuerdo con el Pañcāṅga. Vāyu (aire) se convierte en prāṇa (fuerza vital) cuando anima el mecanismo cuerpo/mente de acuerdo a la nakṣatra lunar, lo que muestra la dirección de la mente: a dónde va la mente le sigue el prāṇa. Por lo tanto la nākṣatra indica la fuerza de nuestros prāṇas o cualquier daño sobre ellos.

La nakṣatra nos guiarán controlando la mente y el prāṇa en las direcciones que la deidad indique. Para mejorar la salud se adora a la deidad asociada a esa nakṣatra con pūjā y preferiblemente en el día de la nakṣatra. Podemos usar los mantras dados en la sección central de este capítulo para adorar a la deidad de la nakṣatra y con ello mejorar la dirección de la mente, el enfoque del prāṇa y la salud general.

## Kālachakra

El Kālachakra nos mostrará la salud del nativo, especialmente momentos de enfermedad, indica cómo una persona usa sus prāṇas (energía) y las direcciones en la vida a las que lo llevarán; es la carta natal delineada en el Kālachakra.

La primera nakṣatra comienza en el centro de la línea horizontal superior del diagrama, marcada con el número uno. Existen diferentes formas de construir el Kālachakra, pero para propósitos primarios se usa la janma nakṣatra o la estrella de nacimiento, la nakṣatra de la Luna natal. El Kālachakra es

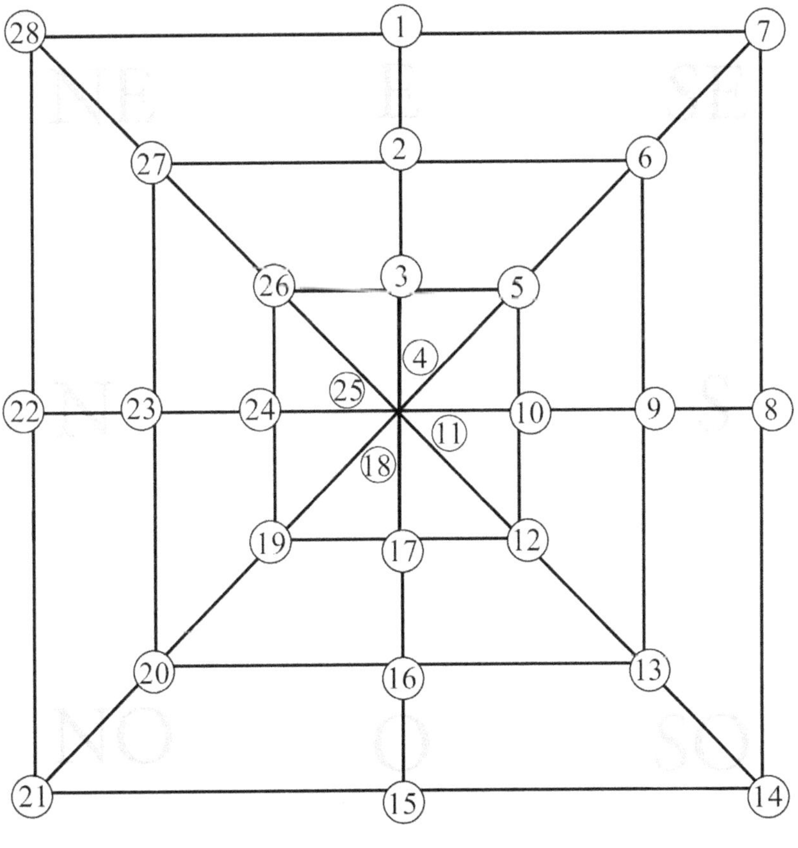

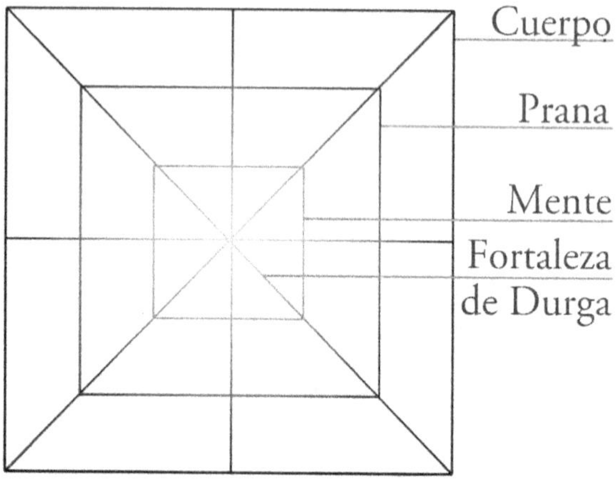


un sistema de 28 nakṣatras, así que añade 1 a cualquier nakṣatra después de la 21ª en el sistema de 27 nakṣatras.

Externamente los seres humanos estamos compuestos de tres cosas: cuerpo, prāṇa y mente; estas pueden ser vistas en el Kālachakra como el nivel o capa externa, el nivel medio y el nivel interno. La capa externa del cuerpo a menudo se conoce como la "maṇḍala del cuerpo exaltado", mientras que el nivel prāṇico medio se llama la "maṇḍala del habla exaltado" y el nivel interior del ser se conoce como la "maṇḍala de la mente exaltada".

Lo que es visible es lo que está fuera en el nivel exterior. La Luna siempre es visible, como siempre lo es la mente consciente. Así que la estrella de nacimiento de la Luna comienza el Kālachakra. La Luna se posiciona en donde se ve el número uno en el diagrama anterior y los otros planetas se posicionan en sus respectivas nakṣatras.

Existen técnicas diferentes, que utilizan diferentes configuraciones con respecto a la que voy a enseñar aquí. La Luna al Este está alineada con el Sol natural, por lo que indica los prāṇas en el cuerpo. La Luna al noreste indica manas, ya que la mente siempre está bajo la influencia de Rāhu. A veces la nakṣatra del Sol también se utiliza com punto de partida para la secuencia de la dirección noreste para analizar males en la carta. También existe otro sistema utilizado para recibir conocimiento de y sobre los devas. En este Kālachakra las nakṣatras irán en el sentido contrario a las agujas del reloj.

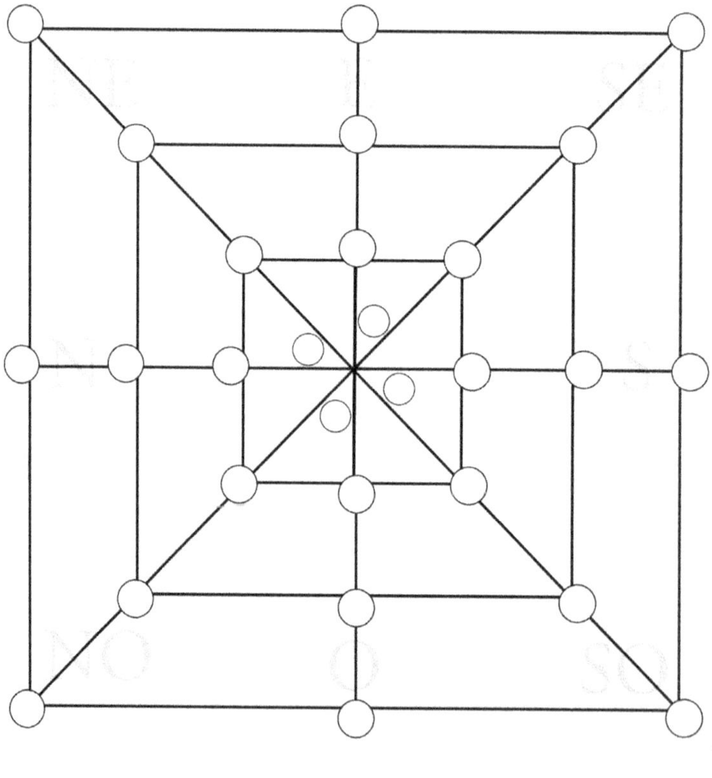

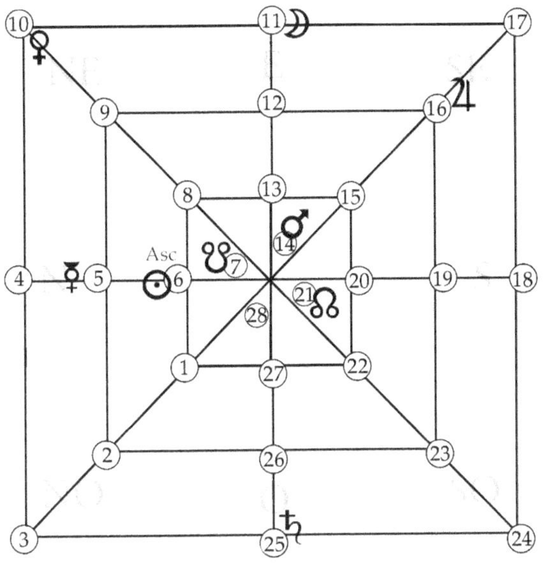


El siguiente es un ejemplo usando la carta del Dalai Lama.

Dalai Lama
Fecha: 6 de julio de 1935
Hora: 4:38:00 am
Zona horaria: 7:00:00 (al este de GMT)
Lugar: 101 E 12' 00", 36 N 12' 00"

| Cuerpo | Longitud | Nakṣatra | Pada | Rāśi | Nava |
|---|---|---|---|---|---|
| Lagna | 13 Ge 28' 53.22" | Ārdrā | 3 | Ge | Aq |
| Sol | 19 Ge 57' 38.48" | Ārdrā | 4 | Ge | Pi |
| Luna | 16 Le 39' 55.11" | P. Phal | 1 | Le | Le |
| Marte | 25 Vi 18' 31.49" | Chitrā | 1 | Vi | Le |
| Mercurio | 2 Ge 33' 25.32" | Mṛga | 3 | Ge | Li |
| Júpiter (R) | 20 Li 30' 39.83" | Viśākhā | 1 | Li | Ar |
| Venus | 5 Lc 16' 36.18" | Maghā | 2 | Le | Ta |
| Saturno (R) | 17 Aq 05' 37.27" | Śatabhiṣa | 4 | Aq | Pi |
| Rahu | 29 Sg 26' 48.52" | U. Ṣāḍhā | 1 | Sg | Sg |
| Ketu | 29 Ge 26' 48.52" | Punarvasu | 3 | Ge | Ge |
| Maandi | 5 Ta 33' 26.60" | Kṛttikā | 3 | Ta | Aq |
| Gulika | 24 Ar 23' 09.29" | Bharaṇī | 4 | Ar | Sc |

La Luna está en Pūrvaphalgunī, que es la undécima nakṣatra. Por lo tanto el Kālachakra comienza desde el 11 y continúa desde allí. La Luna está en la línea horizontal media superior en Pūrvaphalgunī. El Sol está en Ārdrā nakṣatra, que es la sexta estrella, por lo que vemos al Sol posicionado junto al número seis, que representa a Ārdrā. Marte está en Chitrā, que es la estrella 14, por lo que Marte se encuentra dentro de la Fortaleza de Durgā con el número 14 que representa a Chitrā nakṣatra. Otros planetas y puntos (*sphuṭa*) se escriben en consecuencia.

## Dirección

El prāṇa se mueve tal como las nakṣatras han sido puestas en el Kālachakra. La energía entra por las Kendras (líneas rectas) y la energía sale desde las Koṇas (líneas diagonales). Los planetas posicionados en uno de los eje de las Koṇas están sacando energía, necesitan ser protegidos, detenidos y regulados. Los benéficos posicionados en Kendras son buenos para traer energía a la vida de la persona. Esto se utiliza para ver en qué nivel es más probable que un planeta cause problemas: cuerpo, mente o habla.

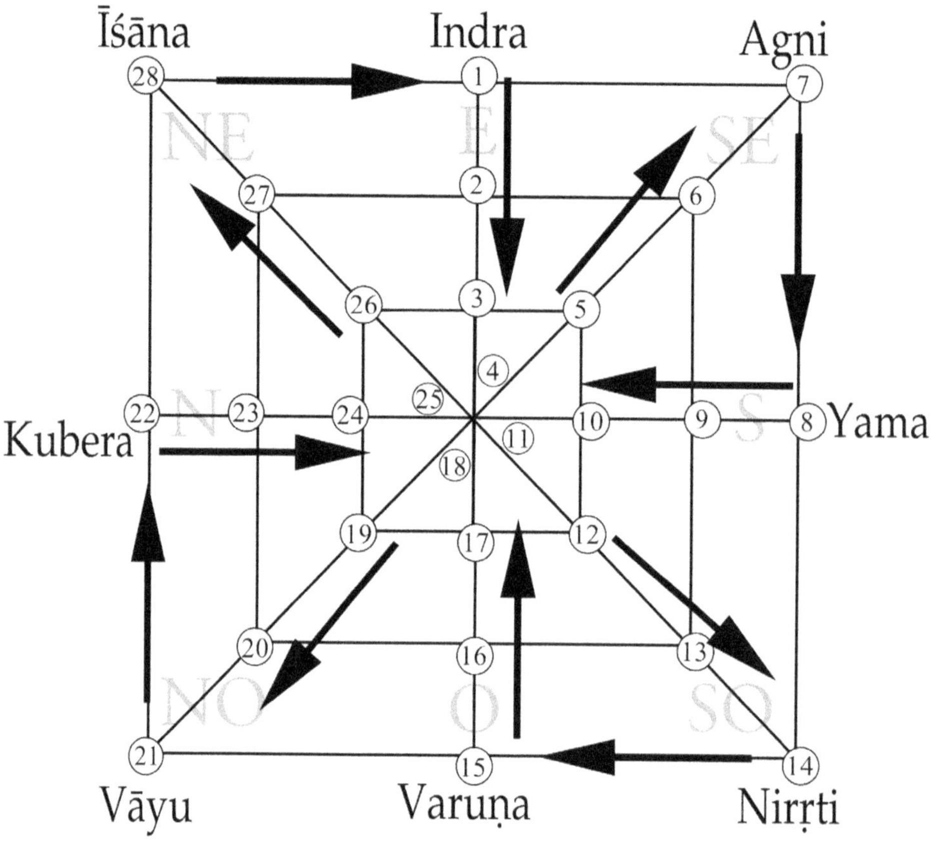


Esta es solo una pequeña introducción a algunos de los usos de las nakṣatras y los diversos chakras de la Astrología Védica asociados a las nakṣatras. Existen muchos otros chakras que se encuentran en los textos de Jyotiṣa, así como en los Purāṇas y Tantras. Por ejemplo, el Kurma (tortuga) Chakra se utiliza para observar el tránsito de Saturno por las nakṣatra y su relación con propiedades, así como el Phaṇīśvara (señor de la serpiente) chakra se utiliza para ver el éxito y fracaso de un viaje, o como el Śūla chakra que se utiliza para ver qué nakṣatras desde Sol son peligrosas para la longevidad. De esta manera el uso apropiado de estos chakras requiere una comprensión de las cualidades psicológicas de las nakṣatras y de sus momentos de fructificación de eventos, volviéndolas una herramienta más precisa y útil.

# Capítulo 12

## Daśā, predecir en el tiempo

## Predicciones en el tiempo (timing)

El momento cuando un evento va a suceder es muy importante, tanto para comprender el pasado, como para percibir correctamente el presente y tomar decisiones y predicciones sobre el futuro. En general cuando un astrólogo comienza a estudiar una carta, primero busca momentos clave de eventos pasados para verificar la precisión de la hora de nacimiento; posteriormente considera las condiciones de vida actual y finalmente, después de asegurar que la carta es correcta, dará predicciones sobre el futuro. Esta es la metodología tradicional incluso en los textos Nāḍī más avanzados. Existen tantas maneras de calcular cuando van a ocurrir eventos en nuestras vidas, como aspectos de la vida. Por ejemplo, la mente del nativo puede ser fuerte y al mismo tiempo puede no tener dinero o su crecimiento espiritual puede ser muy bueno, pero la salud puede ser mala. Todas las diferentes áreas de la vida tendrán diferentes formas para calcular cuando van a suceder. El tiempo es cualitativo y tal como el mapa de un país, también el tiempo también se puede trazar. Las montañas y valles de emociones, salud, espiritualidad, sufrimiento, etc. se pueden ver usando Jyotiṣa.

Un astrólogo védico tiene muchas herramientas para predecir eventos: la clave es saber qué herramientas utilizar, cuándo y cómo combinarlas para obtener los resultados más completos. Existen progresiones naturales (naisargika) del tiempo que son iguales para todos, como las maduraciones naturales de los planetas o de las casas, que alcanzan naturalmente una edad en la que dará los resultados que se indican en la carta. Además hay que considerar los daśās (periodos de tiempo) de los grahas, que indican la energía de que planeta está predominando en un área particular de la vida, y los daśās de los rāśi que indican las áreas de la vida que se activan en nuestras vidas. Dentro de esos periodos de tiempo también se analiza el movimiento actual de los planetas llamado gochara (tránsitos). Existen además muchas otras técnicas menores para precisar el tiempo. Eventualmente es posible aprender y utilizar todos estos métodos, pero en primer lugar es importante conocer bien una herramienta y ser capaz de utilizarla correctamente para luego desarrollar lentamente una comprensión del despliegue del karma con otras técnicas de predicción.

El sistema de predicción de eventos más utilizado es el Viṁśottarī daśā calculado a partir de la Luna. El ciclo de 120 años se relaciona con las tres divisiones zodiacales de 120 grados que componen los tres grupo de signos y nakṣatras desde Aries hasta Cáncer, desde Leo hasta Escorpio y desde Sagitario hasta Piscis. Cada tercio del zodíaco contiene nueve nakṣatras las que se les asigna un regente del Viṁśottarī daśā y este ciclo se repite tres veces a través del zodíaco. Cada uno de los nueve planetas repetidos tres veces se relaciona con las 27 nakṣatras en el navatāra chakra.

# Cálculo de Viṁśottarī Daśā

Es muy importante tener la capacidad de calcular Viṁśottarī daśā. En los tiempos modernos la gente es perezosa y deja que el ordenador lo haga por ellos, pero entender su ciclo y las diversas longitudes de cada daśā es de suma importancia para predicciones rápidas y acertadas. Aprender a calcular Viṁśottarī daśā también ayudará al principiante a entender los cálculos de grados, minutos y segundos, así como días, meses y años.

**Cómo calcular Viṁśottarī daśā:**

**1)** Encontrar la ubicación exacta de la Luna del nativo al momento del nacimiento: Tradicionalmente deberíamos (A) ver cuánto se movió la Luna durante el día, (B) buscar esto en GMT en la Tabla Planetaria Diurna y (C) añadir a 0 hr en la efeméride del día del nacimiento de la persona. Estas tablas no se incluyen aquí, pero se recomienda aprender a calcular la posición con la ayuda de un maestro y los libros adecuados. Por el momento tomamos los grados de la posición de la Luna desde la carta.
**Ejemplo:** La Luna está en los 13° 48’ Aries para un nativo nacido el 9 de octubre de 1976.

**2)** Tomar la ubicación exacta desde la tabla I y ver en qué signo y nakṣatra se encuentra esa longitud:
**Ejemplo:** la Luna en 13° 48’ Aries está en Bharaṇī nakṣatra y su regente Viṁśottarī es Venus. Esto significa que el nativo nació en el Mahādaśā de Venus y por lo tanto Venus fue un factor muy influyente en el desarrollo temprano del nativo. El daśā de Venus dura veinte años.

**3)** Restar la ubicación exacta de la Luna del final de la longitud de esa nakṣatra para ver cuánto de ese daśā queda en grados ° y minutos ’; recuerda que hay 30 grados de arco (30°) en un signo, 60 minutos de arco (60’) en un grado (1°) y 60 segundos de arco (60 ”) en un minuto (1 ’).
**Ejemplo:** Bharaṇī va desde 13° 20’ hasta 26° 40’ y la Luna está en 13° 48’, por lo que

26° 40’ que es también 25° (60’+ 40’) o 25° 100’
– 13° 48’ – 13° – 48’ – 13° 48’
= = = 12° 52’ restante en Bharaṇī

**4)** Los grados restantes indican cuánto de ese daśā queda por experimentar. Lleva este número a la Tabla II y III para averiguar la cantidad exacta de tiempo en años, meses y días (usando 30 días en 1 mes, 12 meses en 1 año).
**Ejemplo:** 12° 52’ restantes en Bharaṇī, regido por Venus.

En la columna de Venus de la *Tabla II*, 12° son 18 años, 00 meses y 00 días. Encuentra los minutos de arco en la columna de Venus de la *Tabla III*, donde 52’ equivale a 1 año, 3 meses y 18 días. Sumamos estos dos resultados parciales para obtener el resultado final. La cantidad de tiempo restante del daśā es de 19 años, 3 meses y 18 días.

| Períodos de tiempo | Años | Meses | Días |
|---|---|---|---|
| Tiempo desde la Tabla II (Grados) | 18 | 00 | 00 |
| Tiempo de la Tabla III (Minutos) | 1 | 3 | 18 |
| Total: | 19 | 3 | 18 |

**5)** Sumar el tiempo restante del daśā a la fecha de nacimiento para encontrar el inicio del siguiente daśā.
**Ejemplo:** el nativo nació el 9 de octubre de 1976 o

| Año(s) | Mes | Día | |
|---|---|---|---|
| 1976 | 10 | 9 | |
| +19 | 3 | 18 | |
| 1995 | 13 | 27 | (Restamos 12 meses y sumamos 1 a los años) |
| 1996 | 1 | 27 | (este será el final del daśā de Venus y el inicio del próximo daśā que está regido por el Sol) |

**6)** Regresa a la Tabla I para encontrar la longitud de cada daśā y suma esa duración a cada fecha progresivamente para encontrar los Mahādaśās.
**Ejemplo:**

| Año(s) | Mes | Día | |
|---|---|---|---|
| 1976 | 10 | 9 | Mahādaśā de Venus |
| +19 | 3 | 18 | |
| 1996 | 01 | 27 | Mahādaśā del Sol (6 años) |
| +6 | 00 | 00 | |
| 2002 | 01 | 27 | Mahādaśā de la Luna (10 años) |
| +10 | 00 | 00 | |
| 2012 | 01 | 27 | Mahādaśā de Marte (7 años) |
| +7 | 00 | 00 | |
| 2019 | 01 | 27 | Mahādaśā de Rāhu (18 años) |
| +18 | 00 | 00 | |
| 2037 | 01 | 27 | Mahādaśā de Júpiter (16 años) |
| +16 | 00 | 00 | |

7) Los Mahādaśās se dividen en sub-daśās más pequeños, llamados antar daśā. Comienza con el daśā que está corriendo para la persona y dirígete a la Tabla IV para encontrar el desglose de los daśās individuales. Los subperíodos de Viṁśottarī comienzan desde el mismo planeta que el Mahādaśā. **Ejemplo:** el nativo está actualmente en el Mahādaśā de la Luna.

| Año | Mes | Día | |
|---|---|---|---|
| 1976 | 10 | 9 | Venus |
| + 19 | 3 | 18 | |
| 1996 | 01 | 27 | Sol |
| + 6 | 00 | 00 | |
| 2002 | 01 | 27 | Luna |
| +10 | 00 | 00 | |
| 2012 | 01 | 27 | Marte |
| +7 | 00 | 00 | |
| 2019 | 01 | 27 | Rāhu |
| +18 | 00 | 00 | |
| 2037 | 01 | 27 | Júpiter |

| | | | |
|---|---|---|---|
| 2002 | 01 | 27 | Luna Luna |
| +00 | 10 | 00 | |
| 2002 | 11 | 27 | Luna Marte |
| +00 | 07 | 00 | |
| *(2002* | *18* | *27)* | |
| 2003 | 06 | 27 | Luna Rāhu |
| +01 | 06 | 00 | |
| 2004 | 12 | 27 | Luna Júpiter |
| +01 | 04 | 00 | |
| *(2005* | *16* | *27)* | |
| 2006 | 04 | 27 | Luna Saturno |
| +01 | 07 | 00 | |
| 2007 | 11 | 27 | Luna Mercurio |
| +01 | 05 | 00 | |
| 2009 | 04 | 27 | Luna Ketu |
| +00 | 07 | 00 | |
| 2009 | 11 | 27 | Luna Venus |
| +01 | 08 | 00 | |
| 2011 | 07 | 27 | Luna Sol |
| +00 | 06 | 00 | |
| 2012 | 01 | 27 | Mahādaśā de Marte |

8) Cada uno de los Mahādaśās tiene una cierta duración, luego el mismo Mahādaśā se divide proporcionalmente en las mismas partes dentro del tiempo de ese planeta. Por ejemplo, Venus corresponde a 20 años en un ciclo de 120 años (20/120), es decir 1/6 de la secuencia, y esa será la misma proporción del antar-daśā; también el antar-daśā se puede dividir en proporciones similares.

## - EJERCICIO PRÁCTICO -

1. Calcula tu propio Viṁśottarī daśā y él de otras tres cartas, asegurándote de entender el patrón de cálculo de los daśās.
2. En *Bṛhat Pārāśara Horā Śāstra* leer donde Parāśara menciona el cálculo de los Mahādaśās (BPHS capítulo 46/48 v.12-16) y de los Antaradaśās (BPHS capítulo 51/53).
3. Continuar calculando los sub-sub daśā (*pratyantar-daśā*) de la misma manera. Las tablas de cálculos están disponibles en *Bṛhat Pārāśara Horā Śāstra*.

**Tabla I: Nakṣatra y período del Daśā**

| Signo (Rāśi) | Grados | Nakṣatra | Grados | Regente | |
|---|---|---|---|---|---|
| Aries (Meṣa)<br>Tauro (Vṛṣabha) | 0° a 30° | Aśvinī<br>Bharaṇī<br>Kṛttikā | 0 00 a 13 20<br>13 20 a 26 40<br>26 40 a 40 00 | Ketu<br>Venus<br>Sol | 7<br>20<br>6 |
| Tauro (Vṛṣabha)<br>Géminis (Mithuna) | 10° a 30°<br>0° a 6°40' | Rohiṇī<br>Mṛgaśira | 10 00 a 23 20<br>23 20 a 36 40 | Luna<br>Marte | 10<br>7 |
| Géminis (Mithuna)<br>Cáncer (Karka) | 6°40' a 30°<br>0° a 3° 20' | Ārdrā<br>Punarvasu | 6 40 a 20 00<br>20 00 a 33 20 | Rāhu<br>Júpiter | 18<br>16 |
| Cáncer (Karka) | 3°20' a 30° | Puṣya<br>Āśleṣā | 3 20 a 16 40<br>16 40 a 30 00 | Saturno<br>Mercurio | 19<br>17 |
| Leo (Siṁha)<br>Virgo (Kanyā) | 0° a 30°<br>0° a 10° | Maghā<br>P.Phalgunī<br>U.Phalgunī | 0 00 a 13 20<br>13 20 a 26 40<br>26 40 a 40 00 | Ketu<br>Venus<br>Sol | 7<br>20<br>6 |
| Virgo (Kanyā)<br>Libra (Tula) | 10° a 30°<br>0° a 6°40' | Hasta<br>Chitrā | 10 00 a 23 20<br>23 20 a 36 40 | Luna<br>Marte | 10<br>7 |
| Libra (Tula)<br>Escorpio (Vṛśchika) | 6°40' a 30°<br>0° a 3°20' | Svātī<br>Viśākhā | 6 40 a 20 00<br>20 00 a 33 20 | Rāhu<br>Júpiter | 18<br>16 |
| Escorpio (Vṛśchika) | 3°20' a 30° | Anurādhā<br>Jyeṣṭhā | 3 20 a 16 40<br>16 40 a 30 00 | Saturno<br>Mercurio | 19<br>17 |
| Sagitario (Dhanu)<br>Capricornio (Makara) | 0° a 30°<br>0° a 10° | Mūla<br>Pūrvāṣāḍhā<br>Uttarāṣāḍhā | 0 00 a 13 20<br>13 20 a 26 40<br>26 40 a 40 00 | Ketu<br>Venus<br>Sol | 7<br>20<br>6 |
| Capricornio (Makara)<br>Acuario (Kumbha) | 10° a 30°<br>0° a 6°40' | Śravaṇa<br>Dhaniṣṭhā | 10 00 a 23 20<br>23 20 a 36 40 | Luna<br>Marte | 10<br>7 |
| Acuario (Kumbha)<br>Piscis (Mīna) | 6°40' a 30°<br>0° a 3°20' | Śatabhiṣa<br>P.bhādra | 6 40 a 20 00<br>20 00 a 33 20 | Rāhu<br>Júpiter | 18<br>16 |
| Piscis (Mīna) | 3°20' a 30° | U.bhādra<br>Revatī | 3 20 a 16 40<br>16 40 a 30 00 | Saturno<br>Mercurio | 19<br>17 |

## Tabla II: Balance del Daśā por grados de arco

| | Ketu | | | Venus | | | Sol | | | Luna | | | Marte | | | |
|---|---|---|---|---|---|---|---|---|---|---|---|---|---|---|---|---|
| ° | a | m | d | a | m | d | a | m | d | a | m | d | a | m | d | ° |
| 1 | 0 | 6 | 9 | 1 | 6 | 0 | 0 | 5 | 12 | 0 | 9 | 0 | 0 | 6 | 9 | 1 |
| 2 | 1 | 0 | 18 | 3 | 0 | 0 | 0 | 10 | 24 | 1 | 6 | 0 | 1 | 0 | 18 | 2 |
| 3 | 1 | 6 | 27 | 4 | 6 | 0 | 1 | 4 | 6 | 2 | 3 | 0 | 1 | 6 | 27 | 3 |
| 4 | 2 | 1 | 6 | 6 | 0 | 0 | 1 | 9 | 18 | 3 | 0 | 0 | 2 | 1 | 6 | 4 |
| 5 | 2 | 7 | 15 | 7 | 6 | 0 | 2 | 3 | 0 | 3 | 9 | 0 | 2 | 7 | 15 | 5 |
| 6 | 3 | 1 | 24 | 9 | 0 | 0 | 2 | 8 | 12 | 4 | 6 | 0 | 3 | 1 | 24 | 6 |
| 7 | 3 | 8 | 3 | 10 | 6 | 0 | 3 | 1 | 24 | 5 | 3 | 0 | 3 | 8 | 3 | 7 |
| 8 | 4 | 2 | 12 | 12 | 0 | 0 | 3 | 7 | 6 | 6 | 0 | 0 | 4 | 2 | 12 | 8 |
| 9 | 4 | 8 | 21 | 13 | 5 | 0 | 4 | 0 | 18 | 6 | 9 | 0 | 4 | 8 | 21 | 9 |
| 10 | 5 | 3 | 0 | 15 | 0 | 0 | 4 | 6 | 0 | 7 | 6 | 0 | 5 | 3 | 0 | 10 |
| 11 | 5 | 9 | 9 | 16 | 6 | 0 | 4 | 11 | 12 | 8 | 3 | 0 | 5 | 9 | 9 | 11 |
| 12 | 6 | 3 | 13 | 18 | 0 | 0 | 5 | 4 | 24 | 9 | 0 | 0 | 6 | 3 | 18 | 12 |
| 13 | 6 | 9 | 27 | 19 | 6 | 0 | 5 | 10 | 6 | 9 | 9 | 0 | 6 | 9 | 27 | 13 |

| | Rāhu | | | Júpiter | | | Saturno | | | Mercurio | | | |
|---|---|---|---|---|---|---|---|---|---|---|---|---|---|
| ° | a | m | d | a | m | d | a | m | d | a | m | d | ° |
| 1 | 1 | 4 | 6 | 1 | 2 | 12 | 1 | 5 | 3 | 1 | 3 | 9 | 1 |
| 2 | 2 | 8 | 12 | 2 | 4 | 24 | 2 | 10 | 6 | 2 | 6 | 18 | 2 |
| 3 | 4 | 0 | 18 | 3 | 7 | 6 | 4 | 3 | 9 | 3 | 9 | 27 | 3 |
| 4 | 5 | 4 | 24 | 4 | 9 | 18 | 5 | 8 | 12 | 5 | 1 | 6 | 4 |
| 5 | 6 | 9 | 0 | 6 | 0 | 0 | 7 | 1 | 15 | 6 | 4 | 15 | 5 |
| 6 | 8 | 1 | 6 | 7 | 2 | 12 | 8 | 6 | 18 | 7 | 7 | 24 | 6 |
| 7 | 9 | 5 | 12 | 8 | 4 | 24 | 9 | 11 | 21 | 8 | 11 | 3 | 7 |
| 8 | 10 | 9 | 18 | 9 | 7 | 6 | 11 | 4 | 24 | 10 | 2 | 12 | 8 |
| 9 | 12 | 1 | 24 | 10 | 9 | 18 | 12 | 9 | 27 | 11 | 5 | 21 | 9 |
| 10 | 13 | 6 | 0 | 12 | 0 | 0 | 14 | 3 | 0 | 12 | 9 | 0 | 10 |
| 11 | 14 | 10 | 6 | 13 | 2 | 12 | 15 | 8 | 3 | 14 | 0 | 9 | 11 |
| 12 | 16 | 2 | 12 | 14 | 4 | 24 | 17 | 1 | 6 | 15 | 3 | 18 | 12 |
| 13 | 17 | 6 | 18 | 15 | 7 | 6 | 18 | 6 | 9 | 16 | 6 | 27 | 13 |

**Tabla III.A: Balance de Daśā por minutos de arco (1'-30')**

| | Ketu | | Venus | | Sol | | Luna | | Marte | | Rāhu | | Júpiter | | Saturno | | Mercurio | | |
|---|---|---|---|---|---|---|---|---|---|---|---|---|---|---|---|---|---|---|---|
| ' | m | d | m | d | m | d | m | d | m | d | m | d | m | d | m | d | m | d | ' |
| 1 | 0 | 3 | 0 | 9 | 0 | 3 | 0 | 5 | 0 | 3 | 0 | 8 | 0 | 7 | 0 | 9 | 0 | 8 | 1 |
| 2 | 0 | 6 | 0 | 18 | 0 | 5 | 0 | 9 | 0 | 4 | 0 | 16 | 0 | 14 | 0 | 17 | 0 | 15 | 2 |
| 3 | 0 | 9 | 0 | 27 | 0 | 8 | 0 | 14 | 0 | 7 | 0 | 24 | 0 | 22 | 0 | 26 | 0 | 23 | 3 |
| 4 | 0 | 13 | 1 | 6 | 0 | 11 | 0 | 18 | 0 | 13 | 1 | 2 | 0 | 29 | 1 | 4 | 1 | 1 | 4 |
| 5 | 0 | 16 | 1 | 15 | 0 | 13 | 0 | 23 | 0 | 16 | 1 | 11 | 1 | 6 | 1 | 13 | 1 | 8 | 5 |
| 6 | 0 | 19 | 1 | 24 | 0 | 16 | 0 | 27 | 0 | 19 | 1 | 19 | 1 | 13 | 1 | 21 | 1 | 16 | 6 |
| 7 | 0 | 22 | 2 | 3 | 0 | 19 | 1 | 2 | 0 | 22 | 1 | 27 | 1 | 20 | 2 | 0 | 1 | 24 | 7 |
| 8 | 0 | 25 | 2 | 12 | 0 | 22 | 1 | 6 | 0 | 25 | 2 | 5 | 1 | 28 | 2 | 8 | 2 | 1 | 8 |
| 9 | 0 | 28 | 2 | 21 | 0 | 24 | 1 | 11 | 0 | 28 | 2 | 13 | 2 | 5 | 2 | 17 | 2 | 9 | 9 |
| 10 | 1 | 1 | 3 | 0 | 0 | 27 | 1 | 15 | 1 | 1 | 2 | 21 | 2 | 12 | 2 | 26 | 2 | 17 | 10 |
| 11 | 1 | 5 | 3 | 6 | 1 | 0 | 1 | 20 | 1 | 5 | 2 | 29 | 2 | 19 | 3 | 4 | 2 | 24 | 11 |
| 12 | 1 | 8 | 3 | 8 | 1 | 2 | 1 | 24 | 1 | 8 | 3 | 7 | 2 | 26 | 3 | 13 | 3 | 2 | 12 |
| 13 | 1 | 11 | 3 | 27 | 1 | 5 | 1 | 29 | 1 | 11 | 3 | 15 | 3 | 4 | 3 | 21 | 3 | 9 | 13 |
| 14 | 1 | 14 | 4 | 6 | 1 | 8 | 2 | 3 | 1 | 14 | 3 | 23 | 3 | 11 | 4 | 0 | 3 | 17 | 14 |
| 15 | 1 | 17 | 4 | 15 | 1 | 10 | 2 | 8 | 1 | 17 | 4 | 2 | 3 | 18 | 4 | 8 | 3 | 25 | 15 |
| 16 | 1 | 20 | 4 | 24 | 1 | 13 | 2 | 12 | 1 | 20 | 4 | 10 | 3 | 25 | 4 | 17 | 4 | 2 | 16 |
| 17 | 1 | 24 | 5 | 3 | 1 | 16 | 2 | 17 | 1 | 24 | 4 | 18 | 4 | 2 | 4 | 25 | 4 | 10 | 17 |
| 18 | 1 | 27 | 5 | 12 | 1 | 19 | 2 | 21 | 1 | 27 | 4 | 26 | 4 | 10 | 5 | 4 | 4 | 18 | 18 |
| 19 | 2 | 0 | 5 | 21 | 1 | 21 | 2 | 26 | 2 | 0 | 5 | 4 | 4 | 17 | 5 | 12 | 4 | 25 | 19 |
| 20 | 2 | 3 | 6 | 0 | 1 | 24 | 3 | 0 | 2 | 3 | 5 | 12 | 4 | 24 | 5 | 21 | 5 | 3 | 20 |
| 21 | 2 | 6 | 6 | 9 | 1 | 27 | 3 | 5 | 2 | 6 | 5 | 20 | 5 | 1 | 6 | 0 | 5 | 11 | 21 |
| 22 | 2 | 9 | 6 | 18 | 1 | 29 | 3 | 9 | 2 | 9 | 5 | 28 | 5 | 8 | 6 | 8 | 5 | 18 | 22 |
| 23 | 2 | 12 | 6 | 27 | 2 | 2 | 3 | 14 | 2 | 12 | 6 | 6 | 5 | 16 | 6 | 17 | 5 | 26 | 23 |
| 24 | 2 | 16 | 7 | 5 | 2 | 5 | 3 | 18 | 2 | 16 | 6 | 14 | 5 | 23 | 6 | 25 | 6 | 4 | 24 |
| 25 | 2 | 19 | 7 | 15 | 2 | 8 | 3 | 23 | 2 | 19 | 6 | 23 | 6 | 0 | 7 | 4 | 6 | 11 | 25 |
| 26 | 2 | 22 | 7 | 24 | 2 | 10 | 3 | 27 | 2 | 22 | 7 | 1 | 6 | 7 | 7 | 12 | 6 | 19 | 26 |
| 27 | 2 | 15 | 8 | 3 | 2 | 13 | 4 | 2 | 2 | 25 | 7 | 9 | 6 | 14 | 7 | 21 | 6 | 27 | 27 |
| 28 | 2 | 18 | 8 | 12 | 2 | 16 | 4 | 6 | 2 | 28 | 7 | 17 | 6 | 22 | 7 | 29 | 7 | 4 | 28 |
| 29 | 3 | 1 | 8 | 21 | 2 | 18 | 4 | 11 | 3 | 1 | 7 | 25 | 6 | 29 | 8 | 8 | 7 | 12 | 29 |
| 30 | 3 | 4 | 9 | 0 | 2 | 21 | 4 | 15 | 3 | 4 | 8 | 3 | 7 | 6 | 8 | 17 | 7 | 20 | 30 |

**Tabla III.B: Balance de Daśā por minutos de arco (31'-60')**

| | Ketu | | Venus | | | Sol | | Luna | | Marte | | Rāhu | | | Júpiter | | | Saturno | | | Mercurio | | | |
|---|---|---|---|---|---|---|---|---|---|---|---|---|---|---|---|---|---|---|---|---|---|---|---|---|
| ' | m | d | a | m | d | m | d | m | d | m | d | a | m | d | a | m | d | a | m | d | a | m | d | ' |
| 31 | 3 | 8 | | 9 | 9 | 2 | 24 | 4 | 20 | 3 | 8 | | 8 | 11 | | 7 | 13 | | 8 | 25 | | 7 | 27 | 31 |
| 32 | 3 | 11 | | 9 | 18 | 2 | 26 | 4 | 24 | 3 | 11 | | 8 | 19 | | 7 | 20 | | 9 | 4 | | 8 | 5 | 32 |
| 33 | 3 | 14 | | 9 | 27 | 2 | 29 | 4 | 29 | 3 | 14 | | 8 | 27 | | 7 | 28 | | 9 | 12 | | 8 | 12 | 33 |
| 34 | 3 | 17 | | 10 | 6 | 3 | 2 | 5 | 3 | 3 | 17 | | 9 | 5 | | 8 | 5 | | 9 | 21 | | 8 | 20 | 34 |
| 35 | 3 | 20 | | 10 | 15 | 3 | 5 | 5 | 8 | 3 | 20 | | 9 | 14 | | 8 | 12 | | 9 | 29 | | 8 | 28 | 35 |
| 36 | 3 | 23 | | 10 | 24 | 3 | 7 | 5 | 13 | 3 | 23 | | 9 | 22 | | 8 | 19 | | 10 | 8 | | 9 | 5 | 36 |
| 37 | 3 | 27 | | 11 | 3 | 3 | 10 | 5 | 17 | 3 | 27 | | 10 | 0 | | 8 | 26 | | 10 | 16 | | 9 | 13 | 37 |
| 38 | 4 | 0 | | 11 | 12 | 3 | 13 | 5 | 21 | 4 | 0 | | 10 | 8 | | 9 | 4 | | 10 | 25 | | 9 | 21 | 38 |
| 39 | 4 | 3 | | 11 | 21 | 3 | 15 | 5 | 26 | 4 | 3 | | 10 | 16 | | 9 | 11 | | 11 | 3 | | 9 | 28 | 39 |
| 40 | 4 | 6 | 1 | 0 | 0 | 3 | 18 | 6 | 0 | 4 | 6 | | 10 | 24 | | 9 | 18 | | 11 | 12 | | 10 | 6 | 40 |
| 41 | 4 | 9 | 1 | 0 | 9 | 3 | 21 | 6 | 5 | 4 | 9 | | 11 | 2 | | 9 | 25 | | 11 | 21 | | 10 | 14 | 41 |
| 42 | 4 | 12 | 1 | 0 | 18 | 3 | 24 | 6 | 9 | 4 | 12 | | 11 | 10 | | 10 | 2 | | 11 | 29 | | 10 | 21 | 42 |
| 43 | 4 | 16 | 1 | 0 | 27 | 3 | 26 | 6 | 14 | 4 | 16 | | 11 | 18 | | 10 | 10 | 1 | 0 | 8 | | 10 | 29 | 43 |
| 44 | 4 | 19 | 1 | 1 | 6 | 3 | 29 | 6 | 18 | 4 | 19 | | 11 | 26 | | 10 | 17 | 1 | 0 | 16 | | 11 | 7 | 44 |
| 45 | 4 | 22 | 1 | 1 | 15 | 4 | 2 | 6 | 23 | 4 | 22 | 1 | 0 | 5 | | 10 | 24 | 1 | 0 | 25 | | 11 | 14 | 45 |
| 46 | 4 | 25 | 1 | 1 | 24 | 4 | 7 | 6 | 27 | 4 | 25 | 1 | 0 | 13 | | 11 | 1 | 1 | 1 | 3 | | 11 | 22 | 46 |
| 47 | 4 | 28 | 1 | 2 | 3 | 4 | 7 | 7 | 2 | 4 | 28 | 1 | 0 | 21 | | 11 | 8 | 1 | 1 | 12 | | 0 | 0 | 47 |
| 48 | 5 | 1 | 1 | 2 | 12 | 4 | 10 | 7 | 6 | 5 | 1 | 1 | 0 | 29 | | 11 | 16 | 1 | 1 | 20 | 1 | 0 | 7 | 48 |
| 49 | 5 | 4 | 1 | 2 | 21 | 4 | 12 | 7 | 11 | 5 | 4 | 1 | 1 | 7 | | 11 | 23 | 1 | 1 | 29 | 1 | 0 | 14 | 49 |
| 50 | 5 | 7 | 1 | 3 | 0 | 4 | 15 | 7 | 15 | 5 | 7 | 1 | 1 | 15 | 1 | 0 | 0 | 1 | 2 | 8 | 1 | 0 | 22 | 50 |
| 51 | 5 | 11 | 1 | 3 | 9 | 4 | 18 | 7 | 20 | 5 | 11 | 1 | 1 | 28 | 1 | 0 | 7 | 1 | 2 | 16 | 1 | 1 | 0 | 51 |
| 52 | 5 | 14 | 1 | 3 | 18 | 4 | 20 | 7 | 24 | 5 | 14 | 1 | 2 | 1 | 1 | 0 | 14 | 1 | 2 | 25 | 1 | 1 | 7 | 52 |
| 53 | 5 | 17 | 1 | 3 | 27 | 4 | 23 | 8 | 29 | 5 | 17 | 1 | 2 | 9 | 1 | 0 | 22 | 1 | 3 | 3 | 1 | 1 | 15 | 53 |
| 54 | 5 | 20 | 1 | 4 | 6 | 4 | 26 | 8 | 3 | 5 | 20 | 1 | 2 | 17 | 1 | 0 | 29 | 1 | 3 | 12 | 1 | 1 | 23 | 54 |
| 55 | 5 | 23 | 1 | 4 | 15 | 4 | 29 | 8 | 8 | 5 | 23 | 1 | 2 | 26 | 1 | 1 | 6 | 1 | 3 | 20 | 1 | 2 | 1 | 55 |
| 56 | 5 | 26 | 1 | 4 | 24 | 5 | 1 | 8 | 12 | 5 | 26 | 1 | 3 | 1 | 1 | 1 | 13 | 1 | 3 | 29 | 1 | 2 | 8 | 56 |
| 57 | 6 | 0 | 1 | 5 | 3 | 5 | 1 | 8 | 17 | 6 | 0 | 1 | 3 | 12 | 1 | 1 | 20 | 1 | 4 | 7 | 1 | 2 | 16 | 57 |
| 58 | 6 | 3 | 1 | 5 | 12 | 5 | 7 | 8 | 21 | 6 | 3 | 1 | 3 | 20 | 1 | 1 | 28 | 1 | 4 | 16 | 1 | 2 | 24 | 58 |
| 59 | 6 | 6 | 1 | 5 | 21 | 5 | 9 | 8 | 26 | 6 | 6 | 1 | 3 | 23 | 1 | 2 | 6 | 1 | 4 | 21 | 1 | 3 | 1 | 59 |
| 60 | 6 | 9 | 1 | 6 | 0 | 5 | 12 | 9 | 0 | 6 | 9 | 1 | 4 | 6 | 1 | 2 | 12 | 1 | 5 | 8 | 1 | 3 | 0 | 60 |

**Tabla IV: Daśā y sub-períodos (bhukti)**

| Nakṣatra | Aśvinī 1 | | | | Bharaṇī 2 | | | | Kṛttikā 3 | | | | Rohiṇī 4 | | | |
|---|---|---|---|---|---|---|---|---|---|---|---|---|---|---|---|---|
| | Maghā 10 | | | | P-phalgunī 11 | | | | U-phalgunī 12 | | | | Hasta 13 | | | |
| | Mūla 19 | | | | Pūrvāṣāḍhā 20 | | | | Uttarāṣāḍhā 21 | | | | Śravaṇa 22 | | | |
| Mahādaśā | Ketu 7 0 0 | | | | Venus 20 0 0 | | | | Sol 6 0 0 | | | | Luna 10 0 0 | | | |
| Sub-Periodos * Antar Daśā | | A | M | D | | A | M | D | | A | M | D | | A | M | D |
| | Ke | 0 | 4 | 27 | Ve | 3 | 4 | 0 | Su | 0 | 3 | 18 | Mo | 0 | 10 | 0 |
| | Ve | 1 | 2 | 0 | Su | 1 | 0 | 0 | Mo | 0 | 6 | 0 | Ma | 0 | 7 | 0 |
| | Su | 0 | 4 | 6 | Mo | 1 | 8 | 0 | Ma | 0 | 4 | 6 | Ra | 1 | 6 | 0 |
| | Mo | 0 | 7 | 0 | Ma | 1 | 2 | 0 | Ra | 0 | 10 | 24 | Ju | 1 | 4 | 0 |
| | Ma | 0 | 4 | 27 | Ra | 3 | 0 | 0 | Ju | 0 | 9 | 18 | Sa | 1 | 7 | 0 |
| | Ra | 1 | 0 | 18 | Ju | 2 | 8 | 0 | Sa | 0 | 11 | 12 | Me | 1 | 5 | 0 |
| | Ju | 0 | 11 | 6 | Sa | 3 | 2 | 0 | Me | 0 | 10 | 6 | Ke | 0 | 7 | 0 |
| | Sa | 1 | 1 | 9 | Me | 2 | 10 | 0 | Ke | 0 | 4 | 6 | Ve | 1 | 8 | 0 |
| | Me | 0 | 11 | 27 | Ke | 1 | 2 | 0 | Ve | 1 | 0 | 0 | Su | 0 | 6 | 0 |

| Mṛgaśira 5 | | | | Ārdrā 6 | | | | Punarvasu 7 | | | | Puṣya 8 | | | | Āśleṣā 9 | | | |
|---|---|---|---|---|---|---|---|---|---|---|---|---|---|---|---|---|---|---|---|
| Chitrā 14 | | | | Svātī 15 | | | | Viśākhā 16 | | | | Anurādhā 17 | | | | Jyeṣṭhā 18 | | | |
| Dhaniṣṭhā 23 | | | | Śatabhiṣa 24 | | | | Pūrvābhādra 25 | | | | Uttarabhādra 26 | | | | Revatī 27 | | | |
| Marte 7 0 0 | | | | Rāhu 18 0 0 | | | | Júpiter 16 0 0 | | | | Saturno 19 0 0 | | | | Mercurio 17 0 0 | | | |
| | A | M | D | | A | M | D | | A | M | D | | A | M | D | | A | M | D |
| Ma | 0 | 4 | 27 | Ra | 2 | 8 | 12 | Ju | 2 | 1 | 18 | Sa | 3 | 0 | 3 | Me | 2 | 4 | 27 |
| Ra | 1 | 0 | 18 | Ju | 2 | 4 | 24 | Sa | 2 | 6 | 12 | Me | 2 | 8 | 9 | Ke | 0 | 11 | 27 |
| Ju | 0 | 11 | 6 | Sa | 2 | 10 | 6 | Me | 2 | 3 | 6 | Ke | 1 | 1 | 9 | Ve | 2 | 10 | 0 |
| Sa | 1 | 1 | 9 | Me | 2 | 6 | 18 | Ke | 0 | 11 | 6 | Ve | 3 | 2 | 0 | Su | 0 | 10 | 6 |
| Me | 0 | 11 | 27 | Ke | 1 | 0 | 18 | Ve | 2 | 8 | 0 | Su | 0 | 11 | 12 | Mo | 1 | 5 | 0 |
| Ke | 0 | 4 | 27 | Ve | 3 | 0 | 0 | Su | 0 | 9 | 18 | Mo | 1 | 7 | 0 | Ma | 0 | 11 | 27 |
| Ve | 1 | 2 | 0 | Su | 0 | 10 | 24 | Mo | 1 | 4 | 0 | Ma | 1 | 1 | 9 | Ra | 2 | 6 | 18 |
| So | 0 | 4 | 6 | Mo | 1 | 6 | 0 | Ma | 0 | 11 | 6 | Ra | 2 | 10 | 6 | Ju | 2 | 3 | 6 |
| Lu | 0 | 7 | 0 | Ma | 1 | 0 | 18 | Ra | 2 | 4 | 24 | Ju | 2 | 6 | 12 | Sa | 2 | 8 | 9 |

## Nakṣatra Daśās condicionales

En Viṁśottarī daśā la duración de la vida se calcula en 120 años y los daśās de los planetas suman 120, determinando el nombre de este sistema de daśā. Aṣṭottarī daśā es un sistema de daśā de 108 años en el que a cada nakṣatra se le asigna un regente planetario de Aṣṭottarī daśā y una duración que sumadas entre sí dan 108 años. Ambos métodos pertenecen a un tipo de daśā-s (periodos de tiempo) basados en la Luna y son conocidos como *Uḍu-daśās*, de los cuales el principal es Viṁśottarī, ya que se considera de aplicación universal, a diferencia de los otros Uḍu-daśās que son condicionales,[1] lo que significa que su uso dependerá de la carta y solo se relacionará con áreas específicas de la vida, mientras que Viṁśottarī se usa para todas las áreas.

Podríamos considerar a Viṁśottarī como una prenda de vestir de talla única, que se ve mejor en personas con ciertas forma, mientras que los otros daśās se puede ver más como trajes o vestidos a medida, que se ajustan específicamente a la forma de la persona para revelar el desarrollo de su naturaleza. Los diferentes daśā no se contradicen entre sí, sino que ayudan a revelar detalles más profundos sobre situaciones particulares de la vida.

| Daśā | Número de años | Regente | Condiciones de aplicabilidad[2] |
|---|---|---|---|
| Viṁśottarī | 120 | Luna | Aplicación universal |
| Aṣṭottarī | 108 | Ketu | 1) Rāhu debe estar en kendra o trígono desde el regente del lagna sin encontrarse en el lagna mismo y 2) Nacimiento Śukla Pakṣa en la noche o Kṛṣṇa Pakṣa en el día |
| Ṣodaśottarī | 116 | Rāhu | Nacimiento en Kṛṣṇa Pakṣa con el lagna en el Horā de la Luna o en Śukla Pakṣa con el lagna en el Horā del Sol |
| Dvādaśottarī | 112 | Venus | Rāśi lagna en un signo que contenga Venus en Navāṁśa (lagna en Śukrāṁśa) |
| Paṣchottarī | 105 | Ascendente | Lagna en Cáncer en el rango entre 0 y 2°30’ |
| Śātābdikā | 100 | Ascendente | Vargottama lagna, es decir, lagna que ocupa el mismo signo en Rāśi y Navaṁśa |
| Ṣaṭ triṁśata Samā | 36X3=108 | Mercurio | Nacimiento durante el día con el lagna en el Horā del Sol o durante la noche con lagna en el Horā de la luna |
| Chaturaśitī Samā | 12X7=84 | Regente de la diez | Regente de la diez en la casa diez |
| Dvisaptatī Samā | 9X8=72 | Hora/Luna | Regente del lagna en la casa siete o regente de la siete en el lagna |
| Ṣaṣṭi-hāyanī | 60 | Sol | Sol en lagna |

1 Más información acerca de Uḍu-daśās condicionales en *Viṁśottari and Uḍu Daśās* de Sanjay Rath, Sagar Publications

2 Bṛhat Parāśara Horā Śāstra, Daśā-Adhyāya, v. 1-43

Viṁśottarī es regido por la Luna, indica específicamente las experiencias que una persona tendrá y utiliza 9 planetas y 27 nakṣatras. Aṣṭottarī daśā utiliza 8 planetas y 28 nakṣatras tal como el Kālachakra; su regente es Ketu y dará precisión con respecto a importación y exportación, así como residencia en el extranjero y viajes. Dvādaśottarī daśa está regido por Venus e indicará detalles sobre labores artísticas. Chaturaśitī Samā daśā indica decisiones en la vida con respecto a la carrera. Dvisaptatī Samā daśā indica situaciones de la vida que giran en torno a las relaciones de pareja. Ṣaṣṭi-hāyanī daśā está regido por el Sol e indicará a la gente de alto estatus o personas que comienzan o llevan un linaje espiritual. De esta manera Viṁśottarī entrega una visión general de la experiencia y otros daśās afinarán los detalles de esa experiencia.

| | | 120 | 108 | 116 | 112 | 105 | 100 | 36 | 84 | 72 | 60 |
|---|---|---|---|---|---|---|---|---|---|---|---|
| 1 | Aśvinī | Ketu | Rāhu | Ketu | Ketu | Venus | Luna | Venus | Saturno | Luna | Júpiter |
| 2 | Bharaṇī | Venus | Rāhu | Luna | Júpiter | Luna | Venus | Rāhu | Sol | Marte | Júpiter |
| 3 | Kṛttikā | Sol | Venus | Mercurio | Sol | Júpiter | Mercurio | Luna | Luna | Mercurio | Júpiter |
| 4 | Rohiṇī | Luna | Venus | Venus | Luna | Sol | Júpiter | Sol | Marte | Júpiter | Sol |
| 5 | Mṛga | Marte | Venus | Sol | Saturno | Mercurio | Marte | Júpiter | Mercurio | Venus | Sol |
| 6 | Ārdrā | Rāhu | Sol | Marte | Marte | Saturno | Saturno | Marte | Júpiter | Saturno | Sol |
| 7 | Punarvasu | Júpiter | Sol | Júpiter | Mercurio | Marte | Sol | Mercurio | Venus | Rāhu | Sol |
| 8 | Puṣya | Saturno | Sol | Sol | Rāhu | Venus | Luna | Saturno | Saturno | Sol | Marte |
| 9 | Āśleṣā | Mercurio | Sol | Marte | Ketu | Luna | Venus | Venus | Sol | Luna | Marte |
| 10 | Maghā | Ketu | Luna | Júpiter | Júpiter | Júpiter | Mercurio | Rāhu | Luna | Marte | Marte |
| 11 | Pūrvaphalgunī | Venus | Luna | Saturno | Sol | Sol | Júpiter | Luna | Marte | Mercurio | Luna |
| 12 | Uttaraphalgunī | Sol | Luna | Ketu | Luna | Mercurio | Marte | Sol | Mercurio | Júpiter | Luna |
| 13 | Hasta | Luna | Marte | Luna | Saturno | Saturno | Saturno | Júpiter | Júpiter | Venus | Luna |
| 14 | Chitrā | Marte | Marte | Mercurio | Marte | Marte | Sol | Marte | Venus | Saturno | Luna |
| 15 | Svātī | Rāhu | Marte | Venus | Rāhu | Venus | Luna | Mercurio | Sol | Rāhu | Mercurio |
| 16 | Viśākhā | Júpiter | Marte | Sol | Mercurio | Luna | Venus | Saturno | Luna | Sol | Mercurio |
| 17 | Anurādhā | Saturno | Mercurio | Marte | Ketu | Sol | Mercurio | Venus | Marte | Luna | Mercurio |
| 18 | Jyeṣṭhā | Mercurio | Mercurio | Júpiter | Júpiter | Mercurio | Júpiter | Rāhu | Mercurio | Marte | Venus |
| 19 | Mūla | Ketu | Mercurio | Saturno | Sol | Saturno | Marte | Luna | Júpiter | Sol | Venus |
| 20 | Pūrvāṣāḍhā | Venus | Saturno | Ketu | Luna | Marte | Saturno | Sol | Venus | Luna | Venus |
| 21 | Uttarāṣāḍhā | Sol | Saturno | Luna | Saturno | Venus | Sol | Júpiter | Saturno | Marte | Venus |
| 22 | Śravaṇa | Luna | Saturno | Mercurio | Marte | Luna | Luna | Luna | Sol | Mercurio | Saturno |
| 23 | Dhaniṣṭhā | Marte | Júpiter | Venus | Rāhu | Júpiter | Venus | Sol | Luna | Júpiter | Saturno |
| 24 | Śatabhiṣa | Rāhu | Júpiter | Sol | Mercurio | Sol | Mercurio | Júpiter | Marte | Venus | Rāhu |
| 25 | Pūrvābhādra | Júpiter | Júpiter | Marte | Ketu | Mercurio | Júpiter | Marte | Mercurio | Saturno | Rāhu |
| 26 | Uttarabhādra | Saturno | Rāhu | Júpiter | Júpiter | Saturno | Marte | Mercurio | Júpiter | Rāhu | Rāhu |
| 27 | Revatī | Mercurio | Rāhu | Saturno | Sol | Marte | Sol | Saturno | Venus | Sol | Rāhu |

## Interpretación de Viṁśottarī Daśā

Existen muchos tipos de daśā y debemos tener claro que se analiza con cada uno de ellos para usarlos correctamente. Viṁśottarī Daśā, período de los 120, se calcula a partir de la nakṣatra lunar y muestra la guṇa que guía la mente, es decir indica lo que la mente quiere, si este deseo es rajas, tamas o sattva, y si seguir esa dirección, conducirá a acciones y resultados similares. Si la guṇa es beneficiosa o no, dependerá de la naturaleza de la persona, lo cual puede determinarse evaluando la guṇa del lagna del nativo, concepto explicado en el capítulo Rāśi. La interacción de las guṇas es el primer nivel y la energía básica que se debe entender al interpretar Viṁśottarī Daśā.

La siguiente sección enumera la gran cantidad de factores que se deben considerar al interpretar un daśā en un orden sistemático. Es necesario tener en cuenta todos los factores y llegar a un consenso final, ya que el resultado final será una combinación de todos los factores. Como principiantes comenzamos comprendiendo y utilizando las primeras enseñanzas, ya que darán resultados generales. Las técnicas adicionales son herramientas para continuar afinando estos resultados generales, está técnicas deben ser dominadas después de las generales. Las técnicas específicas no valen nada sin la comprensión adecuada de los resultados generales. Parāśara es muy sistemático en su enfoque.

Maitreya se siente iluminado al haber aprendido sobre todos los diversos sistemas daśā y le pide a Parāśara que le enseñe cómo obtener resultados (*phala*) usando daśā.[3] Parāśara comienza:

साधारणं विशिष्टञ्च दशानां द्विविधं फलम्।

*sādhāraṇaṁ viśiṣṭañca daśānāṁ dvividhaṁ phalam |2a|*

El daśā entrega dos tipos particulares de resultados:

ग्रहाणं च स्वभावेन स्थानस्थितिवशेन च ॥२॥

*grahāṇaṁ ca svabhāvena sthānasthitivaśena ca ||2b||*

Aquellos basados en la naturaleza intrínseca del planeta (*svabhāva*),
y aquellos basados en el lugar de residencia (*sthāna sthiti*).

ग्रहवीर्यनुसारेण फलं ज्ञेयं दशासु च।

*grahavīryanusāreṇa phalaṁ jñeyaṁ daśāsu ca |3a|*

Debes saber que los resultados del daśā se manifestarán de acuerdo
a la naturaleza de la fuerza del planeta (*graha vīrya*).

3 Bṛhat Parāśara Horā Śāstra, Daśā-phala-adhyāya, 2.

**1) Naturaleza intrínseca del planeta (Svabhāva)**

La naturaleza innata (naisargika) del planeta se manifestará durante su daśā: esto se refiere a su propio (sva) estado del ser (bhāva). En un periodo de Venus una persona será más artística, en un periodo del Sol una persona tendrá un estatus superior y éxito en la obtención de ganancias, etc. Las características naturales del planeta serán más prevalentes que en otros daśās. Se dice que Júpiter otorga trabajos religiosos, bienes relacionados con elefantes, las bendiciones del rey, concepción gracias a las bendiciones de la deidad, etc. Se dice que Saturno trae éxito en los negocios, tierras agrícolas, así como problemas con enemigos y atrocidades procedentes de otras personas.[4]

**2) Naturaleza del planeta modificada por su posición (Sthāna Sthiti)**

El lugar (sthāna) donde está situado el planeta (sthiti) modificará sus resultados. La Luna en la casa uno otorga fama social, en la casa dos indica búsqueda económica, en la casa tres una naturaleza suave y deseo de actuación teatral, en la cuatro otorga un corazón compasivo y la posesión de una casa o propiedad agradable, así como un enfoque educativo. La Luna en la seis crea argumentos o las ganas de aprender sobre salud, en la siete otorga una relación o nuevos socios de negocios. De esta manera el efecto de los significados naturales de los planetas serán modificados por su ubicación en las casas. El daśā activará los significados físicas y las experiencias que son posibles a través de esa casa.

El texto clásico Jātaka Pārijāta (18.17) dice que "un planeta produce su efecto sobre el bhāva que ocupa durante su daśā, este efecto será bueno o malo de acuerdo con la naturaleza del planeta", lo que significa que los benéficos dan buenos resultados y los maléficos crearán malos resultados sobre esa casa.

Cada planeta tendrá sus propios resultados sobre una casa específica en relación con las significaciones de esa casa. La Luna en la casa nueve entrega motivación religiosa durante su daśā, mientras que Rahu en la casa nueve hará que la persona renuncie a la religión durante ese daśā. Ambos pondrán los significados de la casa nueve en el foco de la vida del individuo, pero de una manera diferente.

Primero analizamos el daśā, entendiendo cuáles son los significados naturales de ese planeta, y segundo tomamos en cuenta cómo ese planeta actuará de acuerdo a la posición en la que se encuentra, analizando las significaciones de ese planeta canalizado a través de esa casa en particular. Tercero analizamos la fuerza del planeta como lo discutiremos a continuación.

4 Bṛhat Parāśara Horā Śāstra, Daśā-phala-adhyāya.

**3) Naturaleza del planeta modificada por su fuerza (Graha Vīrya)**

La fuerza del planeta (*graha vīrya*) determinará la naturaleza favorable o desfavorable de los resultados. La modificación de la naturaleza de los planetas es causada por la posición, fuerza, aspectos, avasthā y todas las indicaciones que se discuten en el capítulo de fuerza. En el capítulo de los resultados de daśā (*Daśā-Phala-Adhyāya*) el sabio Parāśara dice:

दशारम्भे दशादीशे लग्नगे शुभदृग्युते ।
स्वोच्चे स्वभे स्वमैत्रे वा शुभं तस्य दशाफलम् ॥ ५ ॥

*daśārambhe daśādīśe lagnage śubhadṛgyute* |
*svocce svabhe svamaitre vā śubhaṁ tasya daśāphalam* || 5||

Si el regente del daśā está en el ascendente, o recibe aspectos benéficos, o está en conjunción con planetas benéficos, o exaltado, o en su propio signo, o en un signo amistoso, los resultados favorables (*śubha*) se sentirán desde el principio del daśā.

षष्ठाऽष्टमव्ययस्थे च नीचास्तरिपुभस्थिते ।
अशुभं तत्फलं चाऽथ ब्रुवे सर्वदशाफलम् ॥ ६ ॥

*ṣaṣṭhā'ṣṭamavyayasthe ca nīcāstaripubhasthite* |
*aśubhaṁ tatphalaṁ cā'tha bruve sarvadaśāphalam* || 6||

Si el planeta está posicionado en las casas 6ª, 8ª o 12ª, o debilitado, o está en el signo de un enemigo, o en combustión, los resultados serán las cualidades desfavorables (*aśubha*) del planeta.

El Sol puede volvernos reyes o dar un gran éxito en los negocios, así como también puede crear baja autoestima, castigo del gobierno e incluso exilio a una tierra extranjera: el tipo de resultado será determinado de acuerdo a la fuerza del planeta. Marte en la cuarta casa puede dar nuevas propiedades, si es amistoso, y puede dar litigios respecto a propiedades, si es débil. De esta manera se debe entender la naturaleza favorable y desfavorable del planeta.

Las diversas reglas de fuerza indicarán de que manera el planeta dará buenos o malos resultados. Como se mencionó en el capítulo de fuerza, el aspecto raśi de Júpiter otorga recursos monetarios y el de Mercurio habilidades necesarias para el éxito. Los *graha dṛṣṭi* de benéficos hacia un planeta le dan fuerza y los de maléficos lo debilitan. Un planeta exaltado creará una situación de alto estatus para sí mismo y las casas que rige; un planeta debilitado provoca disfunción de la misma manera. Un planeta en rāśi sandhi causará dolor (*śoka*) y enfermedad (*roga*) en su daśā;[5] el avasthā del planeta también se sentirá en ese momento. Debemos así aplicar todas las técnicas hasta ahora aprendidas. Un astrólogo que dice que será un buen daśā porque es un planeta exaltado todavía no está interpretando completamente la carta. Se debe entender adecuadamente lo que causa uccha, provoca una mejoría en la vida, dependiendo de su situación y su estado; así que el daśā será "bueno" debido a estas cosas. De esta manera se debe utilizar una comprensión completa de todas las técnicas para describir la vida y su desarrollo natural.

5 Jātaka Pārijāta 18.27.

Los buenos resultados en un daśā provendrán de los factores de fuerza así como los malos resultados existirán de acuerdo con los resultados de los diversos factores de debilidad. Jātaka Pārijāta (18.13) dice que "durante un daśā auspicioso de un planeta, el alma interior (*antarātma*) asume un carácter benéfico y conduce al nativo a alcanzar la felicidad y la riqueza". Si el planeta está bien situado, pero carece de fuerza, entonces los resultados serán sólo en los sueños de la persona (*svapnachintā*). De esta manera debemos entender y utilizar los diversos aspectos de la fuerza y posicionamiento del planeta en la interpretación de los resultados de un daśā.

Los primeros tres principios de naturaleza intrínseca, posición y fuerza son demostrados por Parāśara en el capítulo *Daśā-Phala-Adhyāya*. Este es un pequeño extracto de los resultados para el Sol:

*mūlatrikoṇe svakṣetre svocce vā paramoccage I*
*kendratrikoṇalābhasthe bhāgyakarmādhipairyute II 7II*
*sūrye balasamāyukte nijavargabalairyute I*
Si el Sol se encuentra en su mūlatrikoṇa, en su propio signo, si está exaltado o su punto más alto de exaltación (*parama-uccage*) y en casas angulares (*kendra*), trinos (*trikoṇa*) o en la casa once (*lābhasthāna*) y si está en conjunción con los regentes de la casa nueve o diez u otro regente beneficioso y tiene fuerza y se está bien posicionado en las vargas

*tasmindāye mahat saukhyaṁ dhanalābhādikaṁ śubham II 8II*
*atyantaṁ rājasanmānamaśvāndolyādikaṁ śubham I*
durante el daśā del Sol el individuo adquiere grandes comodidades y felicidad,
hay riquezas y ganancias y todo lo que viene acompañado por esto y
gran (*atyanta*) respeto es dado por el rey y se mueve a un buen lugar. II7-9aII

*sutādhipasamāyukte putralābhaṁ ca vindati II 9bII*
*dhaneśasya ca sambandhe gajāntaiśvaryamādiśet I*
*vāhanādhipasambandhe vāhanātrayalābhakṛt II 10II*
El sol en conjunción con el regente de la casa cinco indica obtención de un hijo y otras ganancias,
con el regente de la once otorga elefantes (*gajāntaiśvaryamādiśet*),
con el regente de la cuatro el individuo adquiere tres vehículos (*vāhanā*) II9b-10II

*nṛpalatuṣṭirvittāḍhyaḥ senādhīśaḥ sukhī naraḥ I*
*vastravāhanalābhaśca daśāyāṁ balino raveḥ II 11II*
En el daśā de un Sol fuerte el individuo causa la satisfacción del rey (*nṛpa*),
se convierte en un líder o jefe (*senādhīśa*), obtiene felicidad, ropa y vehículos II11II

*nīce ṣaḍaṣṭake riḥphe durbale pāpasaṁyute I*
*rāhuketusamāyukte duhsthānādhipasaṁyute II 12II*
Si el Sol nīca, sin fuerza, en la sexta, octava o duodécima casa
o en conjunción con un maléfico, Rahu o Ketu o con regentes de dusthānas,

*tasmindāye mahāpīḍā dhanadhānyavināśakṛta |*
*rājakopaḥ pravāsaśca rājadaṇḍo dhanakṣayaḥ || 13||*
*jvarapīḍā yaśohānirbandhumitravirodhakṛta |*
*pitṛkṣayabhayaṁ caiva gṛhe tvaśubhameva ca || 14||*
*pitṛvarge manastāpaṁ jandveṣaṁ ca vindati |*
durante ese daśā habrá gran dolor (*mahāpīḍā*), destrucción de la riqueza y los granos,
ira del rey, residencia extranjera o exilio (*pravāsa*),
castigo del gobierno, disminución de los ahorros (*dhanakṣaya*), ||12-13||
padecimiento de fiebres (*jvarapīḍā*), pérdida de honor (*yaśohāni*), hostilidad con familiares y amigos,
miedo a la muerte del padre y otros resultados negativos para la vida doméstica.
Angustia mental debido al padre, odio del público ||14-15a||

*śubhadṛṣṭiyute sūrye madhye tasmin kvacitsukham |*
*pāpagrheṇa sandṛṣṭe vadetpāpaphalaṁ budhaḥ || 15||*
Si el Sol tiene aspectos o conjunciones benéficas, a veces dará buenos resultados,
si está con planetas y aspectos maléficos dará resultados negativos (*pāpaphala*) ||15||

### - EJERCICIO PRÁCTICO -

4. Analiza estos versos para ver cómo Parāśara está determinando fortaleza y debilidad. En una hoja distinta enumera en una tabla estas fortalezas y debilidades en dos columnas. Relaciona estos criterios con los enumerados en las tres secciones anteriores.
5. Observa en el verso 15 lo que está creando experiencias negativas en un daśā positivo y lo que está trayendo experiencias favorables en un daśā malo. Aplica estas tres primeras técnicas en unas cuantas cartas antes de continuar con este capítulo.
6. Lee el capítulo sobre los resultados de los Daśās (Daśā-Phala-Adhyāya) en BPHS.

**4) Yogas, asociación**

Estudia cuidadosamente estos versos anteriores, y observa como en el primer verso dado aquí, Parāśara primero menciona al planeta (*svabhāva*) al que se dirige, luego indica su *sthāna sthiti* y su *graha vīrya*; posteriormente menciona las conjunciones de otros planetas antes de definir los primeros resultados. Toma nota del orden y síguelo paso a paso tal como Parāśara lo ha explicado ya que estos son los primeros elementos que se sintetizan para llegar a una interpretación.

Los planetas darán resultados relacionados con los planetas a los que están asociados. Como se ve en los versos anteriores, Parāśara también menciona que los planetas en conjunción con los regentes de las casas seis, ocho o doce o en conjunción con maléficos provocarán algunos resultados desfavorables (*aśubha*) al daśā, mientras que en conjunción con regentes de casas benéficas darán resultados más favorables (*śubha*) al daśā. De esta manera los planetas en conjunción con otro planeta se activarán según las buenas y malas indicaciones asociadas con ese planeta. Si Júpiter y Rāhu están en conjunción, el daśā de Júpiter será menos fructífero, ya que estará oscurecido por Rāhu, pero a su vez el daśā de Rāhu no será tan malo debido a su conjunción con Júpiter. Los planetas maléficos derriban los resultados de los planetas benéficos, mientras que los benéficos elevan los planetas

maléficos. Júpiter se activará en el daśā de Rāhu y habrá aprendizaje y experiencias sattvicas; de manera similar cuando Rāhu se activa en daśā de Júpiter, el equilibrio y la paz de este último planeta se ven disminuidos por problemas y pruebas relacionadas a Rāhu. Los yogas se forman en una carta por combinaciones (*sambandha*) de planetas y se activan en los diferentes daśās. Existen varios yogas basados en planetas, casas y otros puntos que pueden ser activados por un daśā.

Si el Sol está en conjunción con Rāhu, durante el daśā del Sol se activará también Rāhu, así como durante el daśā de Rāhu se activará también el Sol. Cuando hay varios planetas en una casa, habrá ciertos planetas que interactúan más entre sí y por lo tanto se activan más que los demás. La

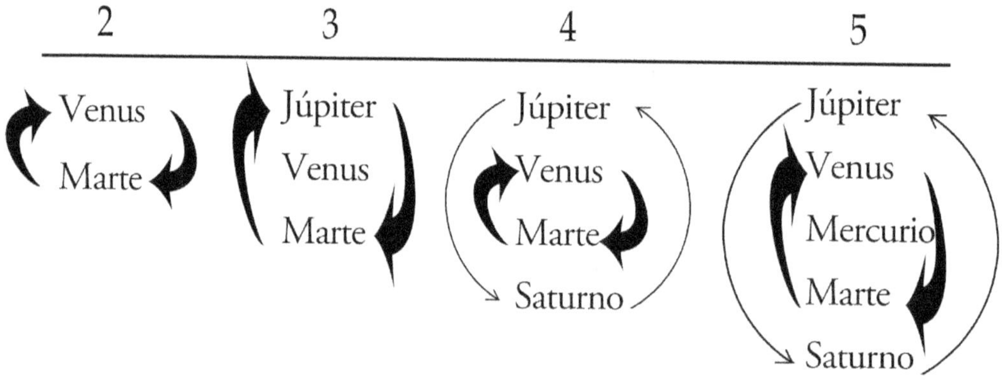


opinión de la tradición es que los planetas más maléficos interactúan con los más benéficos.

Si sólo hay dos planetas, interactúan entre sí, y si hay tres planetas, el más maléfico interactuará con el más benéfico y el de en medio estará menos afectado. Si hay cuatro planetas, entonces el más maléfico interactuará con el más benéfico y el segundo más maléfico interactuará con el segundo más benéfico. En el caso de cinco planetas, las asociaciones siguen el patrón tal como el de cuatro planetas, y el quinto planeta permanecerá más neutral.

Como por ejemplo si Venus y Marte están en conjunción, interactúan entre sí. Si se añade un tercer planeta como Júpiter, el más benéfico (Júpiter) interactúa con el más maléfico (Marte). Por lo tanto durante el daśā de Marte se activará Júpiter también, así como durante el daśā de Júpiter se activará Marte también, pero Venus en su daśā será capaz de dar sus propios resultados. Cuando se añade Saturno como cuarto planeta, el más benéfico (Júpiter) interactuará con el más maléfico (Saturno), mientras que el segundo más benéfico (Venus) interactuará con el segundo más maléfico (Marte). De esta manera se analiza la activación y resultados que comparten los planetas durante sus daśās.

**5) Casas regidas por el planeta**

Existen dos aspectos según cada regencia. El planeta dará resultados favorables o desfavorables de acuerdo a las casas que rija; por ejemplo, el daśā del regente de la seis trae enfermedad y enemigos, mientras que el daśā del regente de la nueve otorga riqueza y buena suerte. De esta manera las casas gobernadas por el planeta que rige el daśā se vuelven muy importantes y todos las características de esas casas serán predominantes en el daśā de su regente. Parāśara simplifica los resultados de los daśās según las regencias de las casas, pero debemos recordar usar todos los aspectos de la casa de acuerdo con la fuerza del planeta, el tiempo de vida y las indicaciones generales de la carta.

| **Durante el daśā de regente de...** | **Capítulo sobre los resultados de los Nakṣatra daśā (Viśeṣa-Nakṣatra-Daśā-Phala-Adhyāya v.1-8)** |
|---|---|
| Ascendente | Disfruta de buena salud y de gran fama |
| 2ª casa | Conflictos, miedo a la muerte |
| 3ª casa | Se esperan resultados desfavorables |
| 4º casa | Casa y tierras lujosas (propiedades) |
| 5ª casa | Avances en la educación y alegría por niños |
| 6ª casa | Sufrimientos físicos y peligros causados por enemigos |
| 7ª casa | Peligro para la esposa, miedo a la muerte |
| 8ª casa | Pérdida de riqueza, peligro para la vida |
| 9ª casa | Ganancias extraordinarias de riqueza y fama |
| 10ª casa | Reconocimiento del estado o de las autoridades |
| 11ª casa | Ganancias, obstáculos y miedo a la enfermedad |
| 12ª casa | Se enfrenta una angustia extensa |

La mayoría de los planetas rigen dos casas (excepto el Sol y la Luna) y otorgarán resultados de ambas casas. Cuando hay planetas en conjunción, existe una técnica para determinar si un planeta está apoyando más a una de las casas que rige que a la otra: el planeta apoyará más al signo del sexo opuesto a su posición. Por ejemplo, Saturno rige dos signos: Capricornio (10, par, femenino) y Acuario (11, impar, masculino). Si Saturno está posicionado en un signo impar, le dará más soporte a Capricornio, y si Saturno está en un signo par, apoyará más a Acuario. Un planeta posicionado en un signo par favorece a su signo impar y un planeta en un signo impar favorece a su signo par.

También se debe tener en cuenta la ubicación del regente del daśā desde el signo que rige. Si el regente de la casa nueve de la suerte está en la casa dos de la riqueza, se manifestará suerte con el dinero y los ahorros durante su daśā, pero si el regente de la nueve está en la casa ocho, entonces se experimentará pérdida de la suerte y las riquezas durante su daśā. Parāśara enumera algunas indicaciones, pero no enumera todas las indicaciones posibles. Se supone que debemos estudiar las indicaciones que ha descrito, entender los motivos detrás de sus explicaciones y luego aplicar los principios en los que se basan sus declaraciones.

Esto nos enseñará a pensar y usar nuestra mente racional apropiadamente. En Jyotiṣa podemos llegar a conclusiones que no están presentes en los textos, pero debemos basarnos en los principios allí enunciados. El primer paso es comprender estos principios, luego profundizar en ellos usándolos en diferentes situaciones. Este es el uso apropiado de la mente racional y creativa, porque sólo la lógica o sólo la creatividad no será un Jyotiṣa apropiado: la lógica correcta junta con la creatividad equilibra ambos lados de la mente y abre el tercer ojo.

| **Bṛhat Pārāśara Horā Śāstra, Viśeṣa-Nakṣatra-Daśā-Phala-Adhyāya v.9-20** | |
|---|---|
| **Resultados favorables y auspiciosos** | **Resultados desfavorables e inauspiciosos** |
| El daśā del regente de la diez ocupando el ascendente o el del ascendente ocupando la casa 10, sin duda traerá ganancias desde el rey | Daśās de planetas auspiciosos posicionados en la casa 3, 6 u 11, o de sus regentes o de planetas en conjunción con estos regentes |
| Daśā de planetas en conjunción con el regente de la cinco | El daśā de un planeta situado en la 8ª casa |
| El daśā del regente de la 10 si está en conjunción con el regente de la 5 o 9 | El daśā de un planeta en conjunción con los regentes de la casa 2 o 7 o posicionados allí |
| Daśā de planetas en conjunción con el regente de la casa 9 | |
| Daśā del regente de la 9 en conjunción al regente de la 4 | |
| El daśā del regente de la 10 si está en la casa 5 | |
| Daśā de regentes de koṇa en kendra es extremadamente auspicioso | |
| Daśā de regentes de kendras en koṇa es extremadamente auspicioso | |
| Daśā del regente de la 6, 8 o 12, si está en conjunción con regentes de trinos | |
| Daśā de planetas en conjunción con regentes de trinos posicionados en kendras | |
| Daśā de planetas en conjunción con regentes de kendras posicionados en trinos | |
| Daśā del regente del ascendente ocupando la casa 9 | |
| Daśā del regente de la 9 en el ascendente | |

Durante el daśā de un planeta se activan las casas que él rige, así como los planetas y ārūḍhas en esas casas. Por lo tanto si un planeta es dispositor (el regente de) un benéfico, entonces se manifestarán algunos resultados beneficiosos debido a eso, y si el planeta es dispositor de un maléfico, entonces resultados negativos vendrán por la posición del maléfico. De esta manera las regencias del planeta también se manifestarán en un daśā. *Jātaka Pārijāta* (18.5) dice que un planeta puede dar resultados negativos cuando es dispostor de el upagraha Mandi o está en una bhāva junto a Mandi. Es decir upagrahas, ārūḍhas y otros puntos especiales pueden activarse con daśā.

*Jātaka Pārijāta* (18.28) reitera los factores que se han considerado hasta ahora en este capítulo en el siguiente verso: "Un planeta debilitado en la carta natal no puede dar buenos resultados, tampoco planetas asociados con él. Si el planeta nīca está en conjunción con Rāhu, podrá causar daño al nativo en su daśā; esto también es cierto para regente de ese rāśi y planetas en el rāśi regido por ese planeta.

**- EJERCICIO PRÁCTICO -**

7. Toma el último verso de *Jātaka Pārijāta* y desglosa sus diversas partes para entender cómo se aplica a las varias reglas ya aprendidas. Convierte todas estas indicaciones para un planeta exaltado y conjunción con un benéfico.
8. Lee el Capítulo sobre resultados de los Nakṣatra Daśās especiales (*Viśeṣa-Nakṣatra-Daśā-Phala-Adhyāya*), que enseña sobre los daśās de regentes de las casas. Analiza los regentes de tu daśās actual y el anterior.
9. Si es posible, encuentra una copia del *Jātaka Pārijāta* y lee el capítulo dieciocho.

**6) Āśrama, las etapas de la vida**

Según la filosofía védica tradicional la vida se divide en cuatro etapas principales: la fase brahmachāra (estudiante), la fase gṛhastha (cabeza de familia), la fase vānaprashta (retiro parcial) y la etapa de vida sanyasin (enfoque espiritual completo). Estas etapas de la vida determinarán cómo se expresa un planeta. Un evento en la casa cuatro podría llevar al nativo a la universidad si es durante la fase de estudiante, o hacer que compre una casa en la fase de cabeza de familia, que comience estudios espirituales en la fase de vida semi-retirada o podría provocar un despertar interno en la última fase de la vida. Todos los resultados y predicciones deben tener en cuenta la edad del individuo.

| Edad | Natural Daśā |
|---|---|
| 0-1 | Luna |
| 1-3 | Marte |
| 3-12 | Mercurio |
| 12-32 | Venus |
| 32-50 | Júpiter |
| 50-75 | Sol |
| 75-108 | Saturno |

Adicionalmente debemos integrar el naisargika daśā a la interpretación del nakṣatra daśā, recordando que el naisargika daśā se refiere a la edad natural de los planetas y la evolución biológica del ser humano, por lo que es el mismo para todas las personas en función de su edad. La Luna rige el primer año de vida, ya que el bebé necesita de su madre y su cuidado para sobrevivir. Marte rige los siguientes tres años en los que el niño aprende el control sensorial y motor del cuerpo; luego en el daśā de Mercurio

el niño aprende habilidades sociales e intelectuales necesarias para vivir en el mundo. Durante el naisargika daśā de Venus la persona pasará por la pubertad, se relacionará con el sexo opuesto y eventualmente se casará, así como en el daśā de Júpiter el nativo criará a sus hijos y acumulará riqueza durante la etapa de vida del cabeza de familia. En el daśā del Sol la persona se retirará parcialmente y comenzará a abrirse a su vida espiritual y al final en el daśā de Saturno, el individuo comenzará a desvincularse del mundo material, enfocándose en el conocimiento de los Upaniṣads y preparándose para una transición saludable a la próxima vida.

Naisargika daśā es la tendencia natural de la vida humana, que es la misma para todos. Viṁśottarī daśā indica cómo esto varía debido a la guṇa de la mente y los lugares donde nuestros deseos nos guían. Si uno de estos planetas está afligido, entonces el nativo sufrirá esos resultados naturalmente durante ese periodo. Por ejemplo, si Mercurio está afligido, la persona puede tener dificultades de aprendizaje durante el daśā de Mercurio. Si Venus está afligido, la persona puede no casarse durante el naisargika daśā de Venus, y si Júpiter tiene algún tipo de sambandha con Venus, entonces la persona todavía estará buscando matrimonio durante el daśā de Júpiter; de la misma manera, si el Sol tiene sambandha con Venus, el nativo todavía estará interesado en matrimonio durante el naisargika daśā del Sol. Las personas que vuelven a casarse en sus ochenta años después de que su primer compañero fallece deben tener Saturno en asociación con Venus. De esta forma la interacción natural de los planetas se ve en el naisargika daśā. La dirección específica de la mente se ve en Viṁśottarī daśā y estará influenciada por estos cambios en la edad de la persona.

### 7) Regentes del mahādaśā y del antardaśā

El regente (*nātha*) del daśā se llama *daśānātha*, el daśā principal (*mahā*) se llama *mahādaśā*, y se divide en daśās más pequeños, llamados *antardaśās*, donde antara significa 'interno' o 'interior'.

El regente del Mahādaśā (*mahādaśānātha*) y el regente del Antardaśā (*antardaśānātha*) son tratados como si fueran una conjunción entre los dos planetas. La conjunción de Júpiter y Sol es gopala yoga y la conjunción de Júpiter y la Luna es gajakeśarī yoga, por lo que esos daśās darán resultados similares al yoga de estos dos planetas. La conjunción Luna y Venus se llama annapūrṇa yoga (diosa de la plenitud) e indica la prosperidad y comodidad que se manifiesta en ese periodo. Rāhu y Saturno juntos se llama preta (fantasma) yoga y la persona será perseguida por el pasado durante este período de tiempo. Mercurio y el Sol juntos normalmente se llama budhāditya yoga lleva el enfoque al conocimiento y aprendizaje. Cuando el Sol y Mercurio están juntos en Géminis, Virgo o Leo, se llama mahāpandita yoga, que crea una oportunidad fuerte para la educación o enseñanza. La fuerza de la combinación en la carta también afectará sus resultados. Rāhu y Marte juntos se llama agni stambhana yoga (combinación del fuego bloqueado) cuando Rāhu es más fuerte y vijaya yoga (combinación de victoria o éxito) cuando Marte es más fuerte. El daśā dará resultados similares a los resultados de ese yoga natal.

La interacción del regente del mahādaśā con el regente del antardaśā dará un sabor, para bien o mal, a los resultados del daśā, ellos trabajarán juntos para manifestar los significados de las características relacionadas con su conjunción. El daśā Luna-Júpiter será más auspicioso mientras que Luna-Rāhu tendrá la naturaleza de confusión que Rāhu crea cuando está en conjunción con la Luna.

**8) Bhāva Sambandha del Daśānātha**

El bhāva sambandha entre los regentes del mahādaśā y del antardaśā indicará cómo ese yoga está actuando durante el daśā,[6] pudiendo dar resultados favorables o desfavorables. Si los regentes del mahādaśā y del antardaśā están en una relación 5-9, entonces esos dos planetas darán sus mejores resultados respectivamente, mientras que si los planetas están en una relación 6-8, crearán fricción entre ellos. Jātaka Pārijāta (18.30) dice que cuando los regentes del daśā y antardaśā están en una relación de 6-8 entre sí, puede haber peligro, exilio o algún evento maléfico, especialmente si los planetas son enemigos entre sí, pero menos si son amigos entre sí.

Por ejemplo, la Luna y Júpiter en un sambandha del tipo 1-7 o 4-10 estarán formando un gajakeśarī yoga por lo que los nativos serán famosos y afortunados durante esos daśā en los que se activarán las bendiciones de este yoga. Si la Luna y Júpiter están en una relación de 6-8 forman un sakata yoga y el nativo será perezoso y carecerá de motivación con respecto a sus metas sociales; durante ese daśā enfrentarán sus problemas con esta tendencia y el daśā no será tan fructífero como si hubiera un mejor bhāva sambandha. En general el regente del mahādaśā indica la situación y el regente del antardaśa los deseos de nuestra mente: cuando la situación y la mente no funcionan bien juntos puede haber sufrimiento, pero cuando trabajan bien juntos, entonces habrá mejores oportunidades de éxito.

Parāśara enumera los resultados de todos los antardaśās en el Bṛhat Pārāśara Horā Śāstra. Este es un extracto de los daśās Luna-Jupiter daśā y Luna-Saturno:

**(22)** En el mahādaśā Luna - antardaśā Júpiter, si Júpiter está situado en kendra, koṇa o once desde el lagna o en su propio signos o exaltación, entonces hay ganancia de un reino (*rājyalābha*), gran iniciativa (*mahā-utsava*), **(23)** vestimenta, posición, adornos, obtención del favor del rey, del jefe o del gobierno, bendiciones de la deidad guía (*iṣṭadeva-prasādena*), concepción (*garbhā-dhānādikaṁ*), **(24)** obras auspiciosas (*śobhana-kāryāṇi*), hogar, el afecto de la diosa Lakṣmī (*lakṣmī kaṭākṣakṛt*), posición respetable (*rājāśraya*), riqueza, tierra, elefantes o vehículos, **(25a)** amabilidad del gobierno (*mahārāja*), realización de logros personales importantes (*sveṣṭasiddhi*), actividades que dan felicidad (*sukhāvahā*).

**(25b)** Júpiter posicionado en la casa seis, ocho o doce, en debilitación, combustión, **(26)** o en conjunción con maléficos manifestará acciones poco éticas (*aśubha karma*), aflicciones al maestro, niños y otros significados de Júpiter (*guru-putra-adi-nāśa*), caída de posición o rango para el nativo (*sthāna-bhraṁśa*), aflicción mental debido a engaños o peleas (*manoduḥkha-makasmātkalaha*), **(27a)** aflicción en el hogar o propiedades del nativo (*gṛha-kṣetra-adi-nāśa*), así como problemas con vehículos y ropa (*vāhana-ambara-nāśa*).

**(27b)** Júpiter en kendra, koṇa, tres u once desde el regente del mahādaśā **(28)** dará ganancias de comida, ropa, aprendizaje superior (paravādi), comodidades, felicidad con el hermano y los amigos, paciencia (*dhairya*), vigor (*vīrya*), fuerza de voluntad (*parākrama*), **(29)** rituales (*yajña*), penitencia (*vrata*), matrimonio (*vivāhādi*) y adquisición del dote (*śrī-dhana-sampada*).

6 Estas relaciones y sus resultados son discutidas en Bṛhat Parāśara Horā Śāstra, Viṁśottarīmatena Sūryadaśā-antardaśā-phala-adhyāya y los capítulos siguientes (Capítulos 54-62 en la taducción de Sharma, y 52-60 en la traducción de Santhanam).

Júpiter en las casas seis, ocho o doce desde el regente del mahādaśā o sin fuerza dará **(30)** comida de calidad inferior (*kutsinānna*), y viajes al extranjero (*videśagamana*). Se dice que el comienzo del antardaśā será beneficioso (*śobhana*), pero terminará en dificultades (*kleśakara*).

**(31)** Si Júpiter es el regente de la casa dos o siete, indicará enfermedad o muerte prematura (*apamṛtyu*). Se dice que el doṣa se puede evitar (*parihāra*) cantando los mil nombres de Śiva (*śiva-sāhasranāma*) y donando oro para mantener alejados (*nivāraka*) todos los problemas (*sarva-kaṣṭa*).

**(32)** En el mahādaśā Luna - antardaśā Saturno, si Saturno está situado en una kendra, koṇa o casa once desde el lagna o en su propio signo en rāśi o en la navāṁśa o exaltado (*tuṅga-aṁśa-saṁyuta*) **(33)** o aspectado o en conjunción con benéficos o con fuerza (*balasaṁyuta*), entonces hay obtención de niños (*putra*), amigos (*mitra*), ganancias (*artha*), encontrarse con trabajadores capaces (*śūdra-prabhu-samāgama*), **(34)** reclamar salarios dados por perdidos (*vyayasāyāt-phalādhikya*), aumento de posesión de terrenos (*kṣetra-adi-vṛddhi*), ganancias de hijo (*putralābha*) buena reputación (*kalyāṇa*) y posición alta (*vaibhava*) recibida del rey (*rāja-anugraha*).

**(35)** Si Saturno está en la casa seis, ocho o doce, o debilitado en la casa dos, ese antardaśā indica visita (*darśana*) y ablución (*snāna*) en lugares sagrados de peregrinaje (*puṇyatīrtha*), **(36)** problemas con mucha gente (*anekajanatrāsa*) y dolor de parte de enemigos (*śastrapīḍā*).

Saturno en kendra o koṇa o fuerte desde el regente del mahādaśā **(37)** entregará comodidades (*saukhya*) y adquisición de riquezas (*dhanāpti*), causará disputas con cónyuge e hijos (*dāra-putra-virodha-kant*). Saturno en la dos, siete u ocho dará aflicción corporal (*deha-bādha*). **(38)** Se dice que el doṣa puede ser evitado (*parihāra*) y el nativo puede estar libre de enfermedades (*ārogya*) cantando el mṛtyuñjaya-mantra y donando una vaca negra o un búfalo.

### - EJERCICIO PRÁCTICO -

10. Observa que en los versos recién mencionados del *Bṛhat Pārāśara Horā Śāstra*, el verso 22 se refiere a posiciones desde el lagna, mientras que el verso 27 se refiere a posición desde el regente del mahādaśā. Estudia y compara cómo Parāśara está dando resultados de la daśā tanto desde el lagna como desde el regente del daśā (*daśānātha*).
11. Identifica tu daśā actual dentro de estos capítulos del *Bṛhat Pārāśara Horā Śāstra* y observa cómo este y los daśās anteriores se relacionan con tus experiencias en estos momentos; toma nota de los remedios.

### 9) Niveles del Daśā

Viṁśottarī daśā se puede dividir en seis niveles: cuanto más detallado sea el nivel, más precisa debe ser la hora de nacimiento. Se cuenta que Śrī Jagannath Rath vio a alguien subir a un tren para un viaje específico, miró su reloj y con ese tiempo rectificó sus daśā hasta el sexto nivel. Los seis niveles son: mahā, antar, pratyantar, sūkṣma, prāṇa y deha.

Como principiantes debemos ser capaz de utilizar al menos los tres primeros niveles del daśā. Existe una manera sencilla de recordar el área de cada nivel. El *trípode de la vida* son los tres planetas sattva: el Sol, la Luna y Júpiter. Estos tres planetas sáttvicos (sustentadores) sostienen y guían toda la vida. El mahādaśā se relaciona con el Sol, el antardaśā se relaciona con la Luna y el pratyantardaśā se relaciona con Júpiter.

El **Sol** (*Āditya*) indica nuestra energía y recursos, cómo los obtenemos, qué son, cuándo vienen y de dónde; por lo tanto el **mahādaśā** indicará qué recursos están disponibles, en qué situaciones nos encontramos y qué tan prósperas van a ser esas situaciones. La **Luna** indica sustento, la mente, pensamientos y emociones, por lo que el **antardaśā** nos mostrará a dónde se dirige la mente, cómo nos estamos esforzando, qué emociones se están experimentando, etc. **Júpiter** se relaciona con nuestra inteligencia y poder de comprensión (*dhi-śakti*) y el **pratyantardaśā** mostrará cómo estamos aplicando nuestro intelecto, dónde estamos poniendo el entendimiento mental y cómo la inteligencia nos está sirviendo.

Para obtener información más profunda sobre el daśā, debemos también examinar el regente del mahādaśā desde el Sol para entender el alcance completo de la situación y potencial ofrecido por el planeta. El regente del antardaśā debe ser observado analizado desde la Luna para entender el estado mental y actitud durante ese daśā, así como desde el ārūḍha lagna para el estatus social. El pratyantardaśā es especialmente importante en su posición desde el lagna.

**10) Graha Dṛṣṭi**

Los graha dṛṣṭi (aspectos) de un planeta estarán más activos durante su daśā, indicando lo que la persona está deseando en ese momento. Los aspectos Rāśi funcionan de manera regular a lo largo de la vida, mientras que los aspectos graha funcionan principalmente durante su daśā. Los aspectos sobre el planeta regente del daśā impactan en su fuerza planetaria (*grahavīrya*) y se evalúan a ese nivel. Aquí analizaremos los aspectos que el planeta está proyectando sobre otras casas y planetas de la carta.

Durante el daśā y el antardaśā de los planetas, la energía creada por sus aspectos cobrará vida mostrando el interés del planeta y lo que está tratando de lograr. Por ejemplo, si Júpiter está en la casa doce, aspectará la cinco, siete y nueve desde donde se encuentra, es decir las casas cuatro, seis y ocho desde el lagna; durante su periodo tratará de mejorar los significados de la casa cuatro de la educación, el hogar y la felicidad, los de la casa seis deseando esforzarse para vencer enemigos y la casa ocho deseando superar deudas y pérdidas. De esta manera durante el daśā de Júpiter se entenderán los principales deseos de los nativos.

**11) Argalā**

En su capítulo de argalā Parāśara mencionó que los frutos de argalā se dan en el daśā correspondiente, especificando que argalā indicará (*dṛḍha*) los resultados definitivos de una casa y los resultados fijos (*sthira*) de los planetas. Argalā son los objetivos del nativo, a diferencia de los aspectos graha que son sus deseos o los aspectos rāśi que muestran las influencias físicas en las situaciones del nativo.

यत्र राशौ स्थितः खेटस्तस्य पाकान्तरं यदा ।
तस्मिन् काले फलं ज्ञेयं निर्विशङ्क द्विजोत्तम ॥ ९ ॥

*yatra rāśau sthitaḥ kheṭastasya pākāntaraṁ yadā |*
*tasmin kāle phalaṁ jñeyaṁ nirviśaṅkaṁ dvijottama || 9||*

En la temporada fructífera (daśā y antardaśā del argalā),
se sabe con certeza, oh mejor de los brahmanas, que el rāśi (y su contenido)
y las posiciones planetarias estarán en su período de madurez (darán sus resultados).

Los resultados del argalā se ven de manera diferente según el daśā que se esté utilizando. Tanto

Viṁśottarī (o algún uḍu-daśā especial) como también Nārāyaṇa daśā funcionan muy bien. Argalā profundizará inmensamente la lectura de estos períodos de tiempo e indicará cuando se manifestarán los resultados del argalā para el nativo.

Para la lectura de rāśi daśās, argalā es analizado desde el signo del daśā y los resultados se predicen en consecuencia. Por ejemplo, en una carta con ascendente Aries, con Júpiter en la casa cinco y en el daśā de Tauro, Júpiter está dando sukhārgalā en ese daśā y debido a que se encuentra en la casa cinco traerá felicidad a través del aprendizaje, mantra, niños o alguna otra indicación de Júpiter en la cinco.

Para la interpretación de grahas daśās, como Viṁśottarī, se quiere ver que tipo de argalā otorga el daśānātha a la carta. Como en el ejemplo anterior de una carta con ascendente Aries, Júpiter desde la casa cinco daría un argalā:

argalā de casa 2 sobre la casa 4
argalā de casa 11 sobre la casa 7
argalā de casa 4 sobre la casa 2
argalā secundario de casa 5 sobre el lagna
argalā secundario de casa 8 sobre la casa 10

Podemos decir que Júpiter llevará ganancias al hogar o a la educación, la persona puede comenzar un romance con una persona espiritual, estará feliz con sus ganancias, su inteligencia aumentará y habrá un ascenso en el trabajo. Todas estas predicciones están de acuerdo a un argalā sin obstrucciones, porque planetas dando virodha obstruirán esas indicaciones según la naturaleza de ese graha.

En el ejemplo anterior, si el planeta fuera un maléfico como Marte, tenemos que considerar los significados de ese graha y su relación con el bhāvakāraka. Marte es amistoso con la casa cuatro, que tiene como bhāvakāraka a la Luna, sobre todo con significados relacionados a terrenos, pero no a los de educación. Por lo tanto es posible obtener o renovar propiedades, pero habrá dificultades con el progreso en la educación. Marte y Venus son neutrales entre ellos, así como Marte y Júpiter son amistosos. En una carta masculina Marte daría ganancias de una relación amorosa o mayor pasión en la relación. En una carta femenina Marte puede traer una relación, pero también podría crear peleas y otros significados de Marte a la relación. Marte y Júpiter, el kāraka de la casa dos, son amigos y por lo tanto el argalā de casa cuatro sobre la dos hará que una persona trabaje más duro para obtener felicidad en el área de las finanzas. Es necesario analizar de esta manera como benéficos y maléficos darán sus resultados en los diferentes daśā, por lo que se aconseja repasar las amistades y enemistades planetarias.

El kāraka de una casa forzará a esa casa a cumplir con su deber si está obstruyendo esa casa. Por ejemplo, la Luna creando obstrucción sobre la casa 4 forzará a la persona a volver a casa durante su periodo, ya que el kāraka obligará a la persona a cumplir con los significados relativos a esa casa. Júpiter causando obstrucción sobre la casa cuatro de la educación obligará al nativo a ir a la escuela. Venus obstruyendo la casa siete forzará a una persona a tener una relación.

Existen muchas derivaciones de las reglas de argalā para la interpretación de un daśā y una

muy importante es la siguiente: el regente del bhāva rāśi respectivo contado desde cualquier kāraka traerá esos significados durante su daśā. Por ejemplo, para predecir relaciones de pareja el regente de la casa siete (kāraka bhāva) desde Venus (kāraka), traerá parejas en su daśā, el regente la casa nueve desde Júpiter traerá al gurú. Aquí se puede ver la base de esta regla y las diversas formas en que los resultados pueden ser obstruidos.

### - EJERCICIO PRÁCTICO -

12. Revisa atentamente el capítulo de argalā para luego interpretar el argalā de tu daśā actual, tanto *desde* el regente del daśā como *sobre* el regente de daśā.
13. Calcula qué daśā es más probable que traiga (1) pareja, (2) guru e (3) hijos?

### 12) Jīva del daśā

Al contar el número de signos desde el regente del mahādaśā hasta el regente del antardaśā y desde allí repetir el mismo conteo, el signo donde arribaste se convertirá en el Jīva e indicará los principales objetivos y experiencias del daśā, marcando hacia donde va la energía y de lo que seremos "conscientes". Para este cálculo no se aplican las excepciones a las reglas como en el caso del ārūḍha; la única excepción es si los planetas están en la misma casa, entonces la séptima casa se convierte en la Jīva.

### 13) Navatāra Chakra

El Navatāra chakra corresponde específicamente al sistema Viṁśottarī daśā. La siguiente tabla es un buen ejemplo de cómo percibir el Navatāra chakra a través de los daśās. Esta tabla es para la misma carta del ejemplo de cálculo.

| Viṁśottarī Daśā | | | Fechas de inicio | | |
|---|---|---|---|---|---|
| **Navatāra** | **Planeta** | **Período** | **A** | **M** | **D** |
| Janma | Venus | 19-3-18 | 1976 | 10 | 09 |
| Sampat | Sol | 6 | 1996 | 01 | 27 |
| Vipat | Luna | 10 | 2002 | 01 | 27 |
| Kṣema | Marte | 7 | 2012 | 01 | 27 |
| Pratyak | Rāhu | 18 | 2019 | 01 | 27 |
| Sādhana | Júpiter | 16 | 2037 | 01 | 27 |
| Naidhana | Saturno | 19 | 2053 | 01 | 27 |
| Mitra | Mercurio | 17 | 2072 | 01 | 27 |
| P.Mitra | Ketu | 7 | 2089 | 01 | 27 |

A cada daśā se le asigna su regente y duración de acuerdo con la progresión de las nakṣatras. De esta manera el primer daśā es su janma daśā, mientras que el segundo es el sampat daśā y el tercero es el vipat daśā, que es menos favorable. Tal como se mencionó anteriormente por Parāśara, la muerte puede ocurrir en las nakṣatras Vipat, Pratyak o Naidhana; en cuál de estas dependerá de si la persona tiene una vida corta, media o larga, un cálculo que se debe realizar previamente para poder predecir longevidad. Tal como experiencias de salud negativas son más prominentes en daśās de tāras negativos, experiencias positivas son más probables en daśās de tāras favorables. Jātaka Pārijāta (18.25) dice que primero hay que tener en cuenta la regencia de la casa del planeta, luego utilizar el navatara chakra. Los daśās saṁpat, kṣema, sādhaka, mitra y paramamitra traerán prosperidad general (*samṛddhi*) solamente si esos planetas rigen casas positivas.

Existen tres ciclos de nueve: el primero es el grupo janma nakṣatra (*janmarkṣa*), el segundo es el grupo karma nakṣatra (*karmakṣa*) y el tercero es el grupo ādhana nakṣatra (*ādhanamarkṣa*). Jātaka Pārijāta (18.23) dice que la guṇa (*sattva, rajas, tamas*) de un planeta en el grupo janma nakṣatra se manifestará durante el comienzo del daśā, mientras que en el grupo karma nakṣatra esa guṇa se manifestará en el medio del daśā y en el grupo ādhana nakṣatra se manifestará hacia el final del daśā. Por ejemplo, si Júpiter está en los primeros nueve nakṣatras, creará más sattva en la vida desde el comienzo del daśā. Si Júpiter está en el segundo grupo de nueve nakṣatras, manifestará su sattva durante la mitad del daśā, etc.

Para propósitos específicos de salud, el navatāra chakra se calcula a partir de la nakṣatra del lagna.

## - EJERCICIO PRÁCTICO -

14. Revisa tus notas del Navatāra chakra y completa tus propios daśās de manera correspondiente.

| Viṁśottarī Daśā | | | Fechas de inicio | | |
|---|---|---|---|---|---|
| **Navatāra** | **Planeta** | **Período** | **A** | **M** | **D** |
| Janma | | | | | |
| Sampat | | | | | |
| Vipat | | | | | |
| Kṣema | | | | | |
| Pratyak | | | | | |
| Sādhana | | | | | |
| Naidhana | | | | | |
| Mitra | | | | | |
| P. Mitra | | | | | |

**14) División de los resultados del Daśā**

Los resultados del daśā se han dividido de varias maneras, el día que entramos en un nuevo daśā, no desaparecen todas las cualidades del daśā anterior y se introducen unas completamente nuevas: los resultados ocurrirán lentamente. En un daśā de 20 años, por ejemplo, los principales resultados pueden estar en el principio, el medio o el final del daśā, y los diferentes aspectos de los resultados se volverán prominentes en diferentes partes del daśā.

Parāśara afirma que los resultados se basan en la fuerza (*graha-vīrya*) de los planetas.[7] Si el planeta está en el primer drekkāṇa (primeros diez grados del rāśi), entonces los resultados de esta fuerza se sentirán al comienzo del daśā, mientras que si el planeta está en el segundo drekkāṇa, manifestará los resultados de su fuerza en el medio del daśā, y al final del daśā, si está en los últimos diez grados; esta fuerza se relacionará con las significaciones naturales del planeta. Por ejemplo, si Venus está en el último drekkāṇa, la naturaleza artística florecerá completamente hacia el final del daśā, mientras que si Venus está en el drekkāṇa de en medio, la naturaleza artística florecerá en el medio del daśā.

Jātaka Pārijāta (18.24) define la manifestación general de los resultados al principio y al final del daśā. Los signos de ascenso frontal (*śīrṣodaya*) dan sus resultados en el comienzo del daśā, mientras que los signos de ascenso posterior (*pṛṣṭodaya*) dan resultados en la mitad final del daśā; tal como ya se ha mencionado anteriormente en las sección rāśi diurnos y nocturno, el único signo que asciende por ambas partes es Piscis, que dará sus resultados a lo largo de todo el daśā. Algunos astrólogos dicen que el ascenso frontal da resultados en el principio, el ascenso por ambos en el medio y el ascenso posterior en el final de la daśā. Dado que esta técnica se basa en signos, indicará los resultados relativos a la situación y los recursos disponibles en el daśā.

Los planetas maléficos manifiestan los resultados de su *fuerza* (uccha, nīca, etc) en la carta rāśi como en las varga al inicio de los daśās, es decir en los primeros tres antardaśā, mientras que los resultados de sus *regencias* y su *posición en las casas* se sentirán en el medio del daśā, es decir los tres antardaśā centrales; los resultados de los aspectos del planeta y los aspectos sobre él se sentirán principalmente al final del daśā, es decir los últimos tres antardaśā. Los benéficos manifestarán los resultados de sus regencias y posicionamiento en las casas en el primer tercio del daśā, los resultados de su fuerza a través de las diversas divisiones se sentirán principalmente en el medio del daśā, y sus aspectos en la última parte del daśā.[8]

| | **División de los resultados** | **Factores activados** |
|---|---|---|
| 1 | Drekkāṇa | Avasthā / naisargika |
| 2 | Navatāra | Guṇa y emociones |
| 3 | Tipo de signo | Indicaciones generales |
| 4 | Benéfico / maléfico | Bendiciones y sufrimiento |

7 Bṛhat Parāśara Horā Śāstra, Daśā-phala-adhyāya, 3-4
8 Jātaka Pārijāta 18.58-59

Estas variaciones útiles para la predicción ayudarán a pronosticar la obtención apropiada de los resultados indicados. Deben usarse con cuidado y comprensión, por lo que se sugiere tomar el tiempo necesario para prestar atención y observar cómo los diferentes frutos maduran en diferentes épocas del año.

**15) Charakārakas**

Se dice que el Viṁśottarī daśā del planeta ātmakāraka es doloroso porque es un momento en que sufrimos los karmas asociados con los ātmā a nivel mental. El planeta regente del signo donde se encuentra el ātmakāraka (dispositor del AK) también manifestará los resultados del AK. Si el AK está bajo aflicción, el sufrimiento del alma se sentirá; si el AK está creando un Rāja Yoga, sus efectos también sentirán.

Todos los planetas excepto Ketu tienen algún significado relacionado con los charakārakas. El Ātmakāraka indica nuestra alma, el bratṛkāraka es el alma de los hermanos y el gurú, el darakāraka el alma de la pareja, etc. Estos significados influirán en el daśā al indicar qué personas (ātmās) tendrán importancia en ese momento particular de la vida. Su importancia a menudo se sentirá más en el tercio particular de la daśā en el que el planeta dará sus resultados.

**16) Posicionamiento en las cartas divisionales**

Los efectos indicados por las diversas cartas varga se manifestarán en los daśās. Esto se discutirá más en el próximo capítulo, pero el principio fundamental a entender es que cada aspecto de la carta tendrá una influencia en el resultado final de un daśā: no existe ningún aspecto que no se tome en cuenta. Lo único importante es entender cómo usar las diversas herramientas de Jyotiṣa correctamente, para que se puedan aplicar de manera correcta al daśā.

Las cartas divisionales tienen sus propios daśās usados para eventos específicos relacionados con esa área de vida; pero también serán relevantes para los efectos generales de los nakṣatras daśās.

**17) Gochara**

Las posiciones actuales de los planetas en el cielo se llaman gochara (tránsito). Las posiciones de los planetas en tránsito causarán varios resultados en la vida que pueden apoyar o bloquear al daśā. Los planetas más importantes a tener en cuenta son el Sol, la Luna, Júpiter y Saturno, por ser las luminarias y los planetas de movimiento lento. Todos los planetas influenciarán al periodo, pero estos pueden modificarlo todo, por lo que hay que prestarles atención. Otro tránsito importante es él del regente del daśā que se vuelve prominente, por eso durante el daśā de planetas que se rápidos habrá más altibajos, mientras que en el daśā de planetas lentos habrá más estabilidad.

Los tránsitos se analizan según la naturaleza del daśā activo. Por ejemplo, si hay un daśā que indica el matrimonio, el tránsito de Júpiter en o aspectando la casa siete asegurará el matrimonio, así como si hay un daśā que indica mala salud y Saturno o Rāhu están transitando por el ascendente o un planeta débil, se asegurarán de que la enfermedad se manifieste, pero si Saturno está transitando sobre un punto sensible y el daśā es positivo, entonces los efectos nocivos se minimizarán. De esta manera los tránsitos se analizan dentro del contexto del daśā para facilitar o bloquear sus resultados.

Los tránsitos deben tener en cuenta los momentos de la vida y las indicaciones ya presentes en la carta natal. Rāhu transitando por la casa cuatro con un aspecto de Saturno probablemente no

causará un cáncer en la vida temprana de la persona. Para una mujer mayor que está pasando por un daśā negativo para la salud, el tránsito de Rāhu por la casa cuatro podría causar un cáncer de mama, especialmente si la Luna está débil o afligida en la carta natal. Un tránsito probablemente no creará una enfermedad, trabajo o riqueza que no esté ya indicada en la carta natal, solamente manifestará las circunstancias para que se manifiesten estos resultados. Los tránsitos y su influencia sobre los planetas natales son los mismos en los sistemas siderales y tropicales, por lo que si Saturno sideral está transitando el Sol sideral dañando la vitalidad, entonces Saturno tropical estará transitando el Sol tropical al mismo tiempo.

Los planetas en tránsito pueden ser interpretados desde el lagna, la Luna, el Ārūḍha lagna y dentro de las cartas varga. Por ejemplo, Júpiter en kendra al AL favorece la expansión de la reputación y es un buen momento para promocionar o modificar la imagen de la persona, mientras que Saturno en kendra al AL puede restringir la expansión de la reputación. La casa doce desde el AL son los enemigos secretos y Saturno transitando ahí puede traer eventos que expongan a estas personas y provoquen una confrontación directa. El Sol en koṇa a un bhāvapada activa sus resultados, como por ejemplo en trino al A5 puede activar reconocimiento o recompensas, en koṇa al A7 puede indicar el mes en que una relación puede comenzar, siempre cuando la carta natal y el daśā indiquen este resultado.

Los tránsitos en las cartas divisionales indicarán cómo un tránsito impacta ese aspecto particular de la vida. Esta tradición lleva al gochara rāśi directamente al varga chakra, de modo que si la Luna en navāṁśa se encuentra en Leo, tendrá un tránsito de Saturno cuando este último esté transitando en el cielo el signo de Leo. Esta transferencia directa hace que sea fácil identificar dónde Saturno, Rāhu y Júpiter estén transitando en las vargas. Para analizar el bienestar en la vida se debe prestar atención a los tránsitos sobre el rāśi donde se encuentra la Luna en la navāṁśa.

Existe una técnica llamada *Aṣṭakavarga* que muestra la fuerza de los planetas en tránsito. Esto es explicado por Parāśara cuando Maitreya le pregunta:

"Haz mencionado los efectos de los planetas y de las casas como lo han hecho otros sabios, pero estos resultados serán modificados por el efecto del tránsito de los planetas. Por favor, enséñame la ciencia a través de la cual una persona puede comprender su felicidad, sus penas y su longevidad simplemente delineando las posiciones de los planetas en tránsito".[9]

El gran sabio Parāśara le responde: "Has hecho una buena pregunta, así que te expondré la ciencia que indicará los resultados relacionados con la vida de los nativos y su longevidad. Los resultados de esta técnica no contradecirán ni repetirán lo enseñado anteriormente y beneficiará a todos".

Parāśara luego enseña que todas las otras técnicas se aplican y que este sistema de Aṣṭakavarga se utiliza para entender las modificaciones causadas por los planetas en tránsito. Aṣhtakavarga es un sistema donde la posición de los planetas da puntos (*bindhu* y *rekha*) a las casas. Los puntos totales se llaman Sarvāṣṭakavarga y promediarán entre 10-50, con 28-30 siendo la media. Los planetas que transitan por una casa con puntos bajos darán peores resultados,

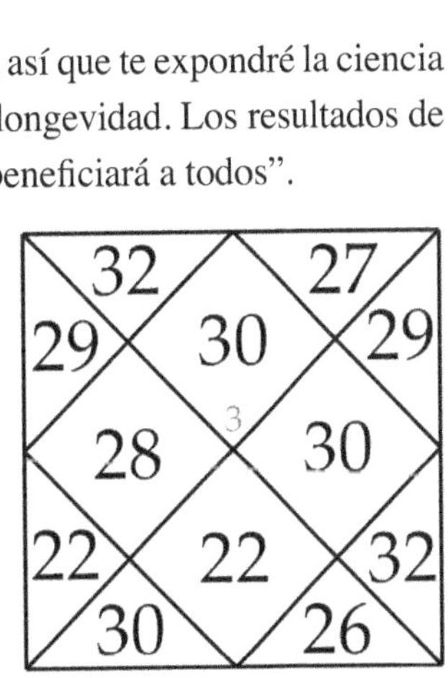


9 Bṛhat Parāśara Horā Śāstra, Aṣṭakavarga-adhyāya, 3-4

mientras que los planetas que transitan por casas con puntos altos darán resultados favorables en relación con sus indicaciones del tránsito.

### A. Cálculo del Aṣṭakavarga

En la sección 'Links' de *www.scienceoflight.net/jyotishasangha/* hay un PDF de aṣṭakavarga con un grupo de 8 círculos. Imprímelos o cópialos en cartón, recórtalos y pon un alfiler en el medio para que puedan girar. El ascendente es la primera casa. Alinea la Luna en la casa, desde el lagna, correspondiente a tu carta natal, asegúrate de alineas las lineas divisoras que están en negritas; manteniendo la Luna allí, alinea el planeta Mercurio (*Budha*) en la casa correcta según tu carta natal usando lo números de las casas del círculo exterior. Continúa hasta que todos los planetas estén en sus lugares correspondientes.

Cuenta cuántos planetas caen en cada casa y súmalos, para luego crear una tabla que tenga cada casa con el total de aṣṭakavarga escrito en las casas.

### B. Interpretación de los resultados

Cuando un planeta transita por una casa con puntaje bajo dará peores resultados. Si todas las casas tienen un número promedio de puntos, entonces el planeta dará resultados estables, pero si algunas casas tienen números altos y otras muy bajos, entonces habrá muchos altibajos según el tránsito. Es importante observar los tránsitos de los planetas lentos (Júpiter, Saturno, Rāhu), así como el tránsito del regente del daśā. Esta es una pequeña introducción a la ciencia del aṣḥtakavarga a la cuál Parāśara le dedicando una gran cantidad de espacio.

## 18) Daśā Sandhi

Al igual que los rāśi tienen puntos de transición donde son más débiles, los daśās también tienen momentos de sandhi cuando cambian de un período planetario al siguiente. Estos daśā sandhi se llaman daśā-chhidra , donde chhidra significa 'abertura', 'agujero' o 'punto débil'; este término se utiliza también para 'bache en la calle'. En estos lugares el daśā anterior está terminando con un aumento de tamas y un nuevo daśā está comenzando con un aumento de rajas. Este aumento de ta mas puede sacar a relucir los peores aspectos del período daśā, así como señalar cambios externos, por lo que durante estos períodos de tiempo se evita iniciar actividades importantes. A veces si el daśā-chhidra está dando resultados negativos, se realiza una ceremonia de pacificación (*śānti pūjā*) para calmar la energía de la transición.

La intensidad del cambio se relacionará con la forma en que los planetas se posicionan en la carta. Si se encuentran en la misma casa o en una situación similar, el cambio no será tan profundo. Mientras que si hay una diferencia extrema en sus situaciones, como un planeta causando celibato y el otro indicando sensualidad, esto causará un momento de transición difícil. La naturaleza humana se adhiere a su situación; por ejemplo, una persona que hace el karma de un médico creerá que es médico y este apego le causará sufrimiento cuando ya no estén ejecutando el karma de un médico. El ātmā está más allá de todos los factores de apego a la identidad en la vida, pero la mente se identifica constantemente con el mundo material y la situación del individuo. De esta manera cuando las cosas cambian puede haber sufrimiento.

## Predicciones

Jyotiṣa nos da las herramientas para hacer predicciones precisas sobre el pasado, presente y futuro. Depende de nosotros aprender las técnicas y aplicarlas correctamente. Esto requiere un estudio serio, buenos maestros y la experiencia que proviene del análisis de muchas cartas. En el capítulo *Spaṣṭabala-Adhyāya*, Parāśara dice:

गणितेषु प्रवीणो यः शब्दशास्त्रे कृतश्रमः ।
न्यायविद् बुद्धिमान् देशदिक्कालज्ञो जितेन्द्रियः ॥ ३९ ॥

*gaṇiteṣu pravīṇo yaḥ śabdaśāstre kṛtaśramaḥ |*
*nyāyavid buddhimān deśadikkālajṣo jitendriyaḥ || 39||*

ऊहापोहपटुर्होरास्कन्धश्रवणसम्मतः ।
मैत्रेय सत्यतां यादि तस्य वाक्यं न संशयः ॥ ४० ॥

*ūhāpohapaṭurhorāskandhaśravaṇasammataḥ |*
*maitreya satyatāṁ yādi tasya vākyaṁ na saṁśayaḥ || 40||*

Maitreya,
el experto en matemáticas (*gaṇita*),
que ha hecho grandes esfuerzos en gramática (*śabda-śāstra*),
que tiene conocimiento de las leyes de la lógica (*nyāya*),
que posee inteligencia (*buddhi*),
que ajusta su pensamiento de acuerdo a la
la cultura, lugar y tiempo (*deśa-dik-kāla-jṣa*),
teniendo los sentidos controlados (*jitendriya*),
buena comprensión (*ūha*), razonamiento claro (*apoha-paṭu*) y
que ha aprendido la rama de Horā de una fuente autorizada (*sammata*),
sus pronunciamientos (*vākya*) definitivamente serán verdaderos (*satyatā*).

# Capítulo 13

## Varga-Chakra, las divisionales

## Varga Chakra, interpretación de las cartas divisionales

Las cartas divisionales sirven para detallar la carta natal, ya que nos dan una explicación más profunda de lo que estamos viendo dentro de la carta, aunque no dan resultados por sí solas, sino que ayudan a refinar las indicaciones ya existentes en la carta natal. Así como los signos de la carta rāśi se dividen cada vez en partes más pequeñas a través de sus divisiones, los resultados dados por ellas son cada vez más precisos. Existen libros enteros para cada una de las cartas divisionales, también llamadas cartas armónicas, por lo que esta es solo una pequeña introducción a algunos principios generales de las cartas divisionales que nos ayudarán a navegar a través de la información disponible en la tradición.

## Las cartas divisionales

Existen dieciséis cartas divisionales ó vargas descritas por Parāśara y muchas más enumeradas por varios autores tradicionales. Parāśara enseña de manera muy detallada la navāṁśa, pero para las otras cartas varga sólo da unos pocos ejemplos y referencias sin ninguna enseñanza directa. Estas vargas se entienden utilizando los principios enunciados por Parāśara *en el área específica de la vida* que la carta divisional indica y que el sabio ha enseñado. Detalles más finos se encuentran a lo largo de la literatura astrológica.

La nomenclatura cambiará para las mismas divisionales por varias de razones. A veces el nombre se basará en el número de las divisiones del signo, como en el caso de navāṁśa, palabra compuesta por nueve (*nava*) y divisiones (*aṁśa*). Otras veces el nombre se refiere al área de la vida estudiada en la carta, como dharmāṁśā, que es otro nombre para la navāṁśa donde se estudia el dharma del individuo; se le llama bhāgyāṁśa porque también se puede estudiar nuestra suerte (*bhāgya*) en la navāṁśa. En el mismo texto se puede hacer referencia a una varga con distintos nombres; así que debemos acostumbrarnos lentamente a estos diversos nombres, como un amigo que puede ser llamado Matty por su madre, Mateo por su amigo y Dīnanāth en una reunión espiritual.

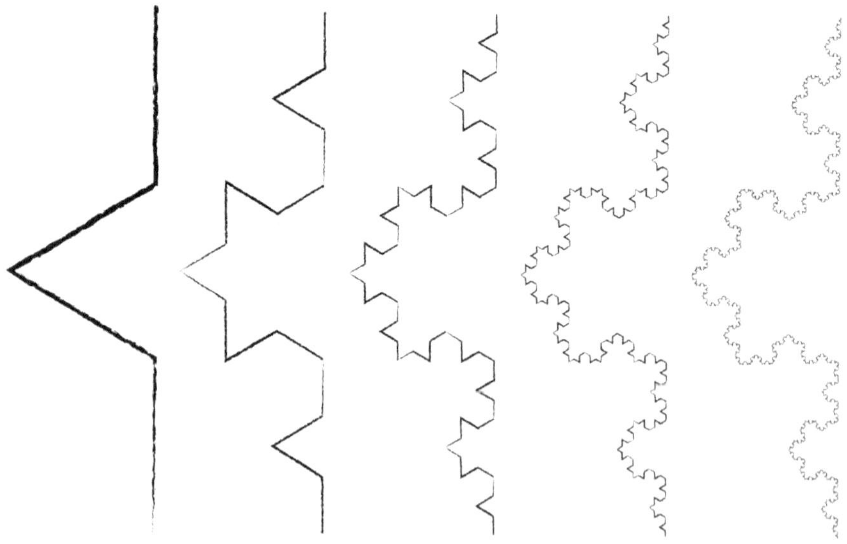

## Variaciones múltiples

Para una carta divisional específica existen diferentes formas de dividir el mismo signo, es decir una división numérica puede tener varias formas de dividirse.[1] Un ejemplo de ello es la D-3 que tiene cuatro formas comunes de fraccionar un signo. Esto podría resultar confuso, pero cada división distinta tiene un propósito diferente y una forma diferente de leerse.

Parāśara primero dice que la dreṣkāṇa, también llamada drekkāṇa o D-3, es utilizada para hermanos (*bhrātṛ*) así como para el bienestar, comodidad y salud (*saukhya*). Posteriormente añade que: " El 22° drekkāṇa contado desde el lagna puede causar la destrucción del individuo." Esto no tiene ninguna relación con hermanos lo que indica que hay múltiples maneras de utilizar las diversas divisiones.

En el primer ejercicio en el capítulo de los Rāśi calculamos cada una de las diversas vargas de manera tradicional, pero cuando empezamos a interpretar los significados de estas cartas divisionales debemos ser más específicos. Por ejemplo, drekkāṇa (D-3) es una división de una casa en tercios. La tercera casa indica hermanos, pero también muestra nuestras habilidades y parākrama (poder, coraje, energía), además de ser la casa del acto sexual (*maithuna*). Por eso existen maneras de calcular la D-3 que darán una visión más profunda de cada una de estas áreas.

La **D-3 de Parāśara** se muestra en el formato de la carta del sur de la India con los números de los signos respectivos en la división correspondiente; por lo tanto el primer signo Aries se divide en (1) Aries, (5) Leo y (9) Sagitario, así que los tres trinos elementales existen dentro de un solo signo. Este es el mismo sistema utilizado en la explicación anterior sobre vargas, que se utiliza para ver a los hermanos. La tercera casa en esta drekkāṇa es para hermanos menores y la undécima casa se utiliza para hermanos mayores. La tercera casa desde la tres, es decir la casa cinco, indicará al siguiente hermano menor y la tercera desde esa casa indicará el siguiente hermano menor. Las circunstancias de sus nacimientos están relacionadas con la casa que los indica y el regente de esa casa se utiliza como un ascendente que nos dirá todas las cualidades de ese hermano relacionadas con nosotros.

1 La astrología helenística tiene variaciones en los cálculos de sus cartas divisionales, como vemos a Manilius decir, *Nec genus est unum, ratio nec prodita simplex, pluribus inque modis verum natura locavit diduxitque vias voluitque per omnia quaeri*. "Existe más de un sistema para calcular los dodecatemories (dvadaśāṁśa), y el procedimiento transmitido admite alternativas"

La **Jagannāth drekkāṇa** es similar a la D-3 explicada por Parāśara en el cálculo de los trinos elementales; sin embargo en esta cada signo comienza desde el signo móvil principal en su kendra (ya sea 1, 10, 7 o 4, que es Aries-fuego, Capricornio-tierra, Libra-aire o Cancer-agua), mientras que para Parāśara la D-3 comienza desde el mismo signo sin ese enfoque en las kendras.

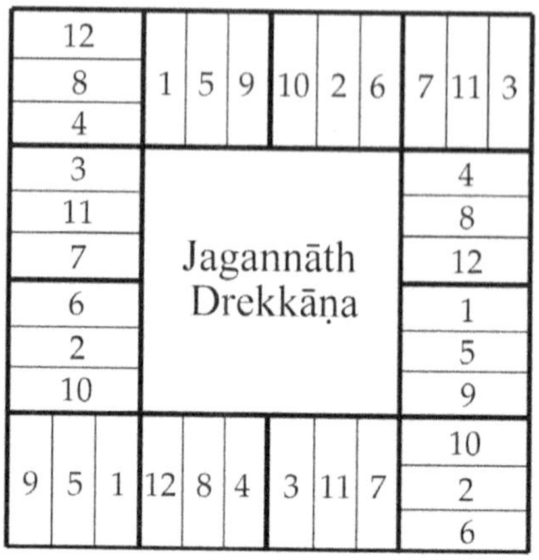


La Jagannāthdrekkāṇa nos muestra karma phala, es decir los resultados de nuestras acciones, y nos dará una comprensión sobre la activación y el sustento de los yogas. En general muestra el parākrama, coraje y energía de un individuo, mientras que un estudio independiente de la Jagannāth D-3 indicará donde está el enfoque o esfuerzo de la persona en su vida.

La **D-3 Parivṛtti-traya** es una división cíclica regular de las tres partes de cada signo, en la que la primera división (*aṁśa*) es Aries y el resto continúa hacia adelante en una progresión zodiacal regular.[2] Esta división indica como manifestamos nuestras habilidades, si hay algún bloqueo para expresarlas y se utiliza en conjunción con las habilidades indicadas en navāṁśa.

En esta D-3 las kendras (*Viṣṇu-sthāna*) muestran que habilidades usamos más y si las manifestamos en esta vida, mientras que los trinos nos indican las habilidades que deseamos dominar; todas las demás casas son habilidades menos utilizadas en la vida diaria. En la navāṁśa (D-9) los trinos (*Lakṣmi-sthāna*) muestran qué habilidades tienes. Los planetas pueden bloquear las habilidades de otros planetas basados en el *dig chakra*: Júpiter es obstruido por Rāhu, Venus por el Sol, Mercurio por Marte, etc.

La casa tres también indica el oído y lo que se oye. Por lo tanto esta división es importante para los talentos aprendidos de un maestro. También se relaciona con habilidades artísticas como la interpretación musical, la representación de obras de teatro y conciertos, etc.

2 Esta es la Drekkana usada por los Romanos como se puede ver en *Astronomica* de Manilius (4.294-386)

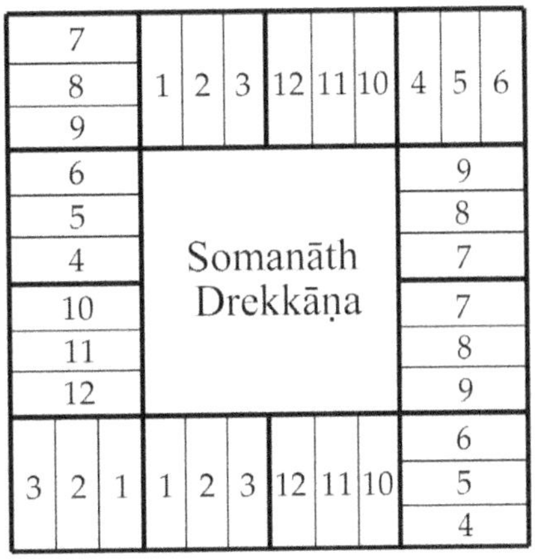


La **Somanāth Drekkāṇa** utiliza un formato cíclico a través de los signos, siendo zodiacal para signos impares y antizodiacal para signos pares. Se relaciona con el aspecto maithuna (acto sexual) de la tercera casa y utiliza los signos masculinos (impares) y femeninos (pares) en su cálculo. La D-3 Somanāth mostrará el impulso interno, el deseo sexual, la pasión, los ideales sexuales, la sexualidad y el celibato. Se relaciona directamente con el nivel de Ojas que impacta en la inmunidad, salud y resistencia de la persona.

Ojas es el últimos de los siete dhātu (tejidos) del cuerpo. Primero nos alimentamos de comida, luego su esencia se convierte en rasa, posteriormente su esencia se convierte en rakta y después su mejor parte se convierte en māsa, transformándose a medas, a asthi, a majja y a śukra, el último dhātu físico. La mejor parte (esencia) de śukra se convierte en ojas, este último a su vez apoya a śukra dhātu y śukra dhātu le da soporte a ojas; así que si no hay impulso sexual, hay una falta de ojas y si hay una falta de ojas (vitalidad, inmunidad) entonces habrá una falta de deseo sexual porque no hay suficiente energía que le de soporte.

Cuando alguien tiene cáncer, VIH o alguna enfermedad que destruye el sistema inmune, perderá su deseo sexual en la primera etapa de la enfermedad. Es lo primero en desaparecer en todas las enfermedades crónicas y explica la relación entre ojas y la sexualidad. De la misma manera existe una relación entre Agni (digestión) y ojas. Si el jaṭharagni primario (fuego estomacal) no digiere bien, entonces ¿cómo se desintegrará la comida correctamente para convertirse en ojas? Cada dhātu tiene un *dhātu-agni*, que digiere cada dhātu hasta que alcanza a Ojas, las diferentes enfermedades se basan en el nivel donde el *dhātu-agni* no esté funcionando. En un nivel sutil, en el hígado existen cinco bhūta-agnis para digerir cada uno de los cinco elementos, dándonos un total de 13 Agnis que se pueden encontrar afligidos y disminuir ojas en el cuerpo.

De manera similar existe una división llamada drekkāṇa donde el signo se divide en tres partes, pero con cuatro formas diferentes de realizar esta división: la drekkāṇa de Parāśara es para hermanos, la Jagannāth D-3 es para parākrama, la Somanāth D-3 es para sexualidad y la Parivṛtti-traya drekkāna para habilidades y destrezas. Cada una de estas divisiones se relaciona con un aspecto diferente de la casa tres y se interpretan de manera diferente según los principios generales que se explicarán a continuación.

## - EJERCICIO PRÁCTICO -

1. Calcula cada uno de los cuatro tipos de Drekkana para tu propia carta y la de otra persona para poder entender completamente estas variaciones. Anota la diferencia en cada cálculo e intenta hacer una suposición fundamentada sobre por qué esa división indica esos resultados específicos. Haz todo lo posible para interpretarlas.

# Principios generales

Existen ciertos principios generales que se aplican a todas las cartas divisionales. Cuando estas técnicas simples se utilizan correctamente, conseguimos gran cantidad de información general sobre esa área específica de la vida, mucho más específica que la de la carta Rāśi, pero aún general para lo específica que puede ser una varga. Estos principios deben aprenderse y aplicarse correctamente.

## I. Planeta Kāraka

Cada casa (bhāva) y cada área de la vida tiene un planeta indicador o planeta kāraka. Cuando miramos las cartas varga, ese planeta kāraka se vuelve muy importante. El Sol, kāraka de la casa diez, en la carta divisional de la carrera llamada daśāṁśa se vuelve fundamental para indicar la posición social y nivel de éxito profesional del nativo, mientras que Mercurio, otro kāraka de la casa diez, se convierte en un factor extremadamente importante para entender las habilidades empleadas en el trabajo. En la Parāśara drekkāṇa la posición de Marte, kāraka de casa tres, es fundamental, mientras que en la Somanāth drekkāṇa la posición de Venus, kāraka de ojas y maithuna, se convierte en un factor extremadamente importante.

Si el planeta kāraka está bien posicionado, los significados de esa varga fructifican, mientras que si ese kāraka no está bien posicionado, entonces esa área de la vida sufre. En general el planeta kāraka no debería encontrarse en la casa doce o esos significados se perderán. Por ejemplo, la navāṁśa indica aspectos relacionados con cónyuge y si Venus, kāraka de las relaciones, está en la casa doce, el nativo no se casará o si lo hace no será un matrimonio normal, ni durará mucho tiempo. En saptāṁśā, carta divisional de hijos, Júpiter que es el kāraka para niños se convierte en un planeta de gran importancia: si está en la casa doce, las posibilidades de tener hijos son bajas. En la misma carta (D-7) la Luna, kāraka de maternidad, indica si una mujer tiene la capacidad de sostener un embarazo. De esta manera la posición y la fuerza del planeta kāraka se vuelve muy importante y debe ser lo primero a analizar.

## II. Kāraka Bhāva

Kāraka bhāva es la casa relacionada con los significados del área de la vida que se está estudiando. Esa kāraka bhāva en la carta divisional correspondiente es la casa más importante para entender sus resultados. Cada análisis debe realizarse tanto desde el lagna como desde la propia casa. Por ejemplo para la carta daśāṁśa la casa diez es su kāraka bhāva. En la carta daśāṁśa la casa diez desde el daśāṁśa lagna indicará la carrera y todos los aspectos de la profesión, mientras que los aspectos relacionados con nuestra naturaleza en el trabajo se ven en la casa diez desde el lagna (D-1). La casa cinco desde daśāṁśa lagna indica subordinados, aquellos que son como estudiantes o hijos en el lugar de trabajo. La casa cinco es la octava casa desde la kāraka bhāva, lo que significa que es la transformación o longevidad de la profesión, así como cambios de trabajo. La casa seis desde daśāṁśa lagna son empleados y la mano de obra que trabaja para el nativo; esta es la novena casa desde la kāraka bhāva e indica lo que apoya la carrera, es decir el servicio y trabajo que el nativo y sus colegas realizan. El análisis de las casas, desde el lagna de la carta divisional, indican al nativo en esa área de la vida.

Las casas vistas desde su kāraka bhāva se entiende de acuerdo al principio de *bhāvat bhāvam* o de casas derivadas, según el cual desde una casa específica, que se toma como si fuera el lagna, se aplican los significados naturales a las casas desde ella; de la misma manera se puede aplicar el principio de argalā, gracias al cual podemos conocer los medios que tiene una casa para cumplir sus objetivos. Estas técnicas se utilizan para comprender los significados de las casas en las cartas divisionales y los planetas posicionados en ellas.

**III. Regente del Lagna**

El lagna de una carta divisional siempre representa al nativo en esa área específica de la vida. El lagna de la D-10 indica al nativo en el trabajo, el lagna de la D-7 muestra a la persona en relación con sus hijos y su crianza.

El regente del lagna es la naturaleza, inteligencia e ideales de la persona. Si el regente del lagna está exaltado, la persona tendrá ideales y estándares altos, mientras que si está debilitado, los ideales serán bajos. Por ejemplo, en una carta como la Somanāth drekkāṇa el regente del lagna exaltado indica altos ideales en cuanto a la salud y la sexualidad, por lo que la persona estará preocupada por su salud, cuidará lo mejor posible su cuerpo y será muy respetuosa en cuanto a la sexualidad. Si ese regente está debilitado, la persona tendrá ideales más bajos, no considerará su salud al tomar decisiones a largo plazo, ni tendrá un fuerte sentido de pureza relacionado con la sexualidad.

En la carta daśāṁśa los planetas debilitados son buenos porque nos ayudan a ganar dinero. Generarán ideales bajos, pero a menudo es exactamente esta falta de ideales lo que permite al nativo ganar mucho dinero. Al manipular la verdad un vendedor puede conseguir una comisión más grande forzando la venta de un producto más costoso que el comprador realmente no necesita. Por lo tanto los planetas debilitados (*nīca*) son buenos para generar dinero.

**IV. Integración de las cartas rāśi y varga**

Se puede estudiar al regente de la kāraka bhāva de la carta rāśi (*kāryeśa*) en la carta varga para ver cómo se está aplicando la conciencia en esa área de la vida. Por ejemplo la daśāṁśa, su kāraka bhāva es la casa diez y podríamos analizar al regente de la diez de la carta rāśi y ver dónde y cómo se posiciona en daśāṁśa para entender cómo el nativo aplica su conciencia con respecto al trabajo y la carrera. El kāryeśa debe estar bien posicionado tanto en rāśi como en la carta divisional correspondiente para dar sus resultados completos.

**Varga Nārāyaṇa**

Nārāyaṇa daśā nos muestra cómo aplicamos nuestra conciencia en el mundo, es un *rāśi-dāśa* que se estudiará más adelante. Nos indica hacia cual objetivo direccionamos nuestra conciencia y los resultados a obtener. En las cartas divisionales este daśā indica qué casas están activas, dando información más detallada sobre esa área específica de la vida.

Nārāyaṇa daśā y Viṁśottarī daśā se utilizan en conjunto. Por ejemplo, Viṁśottarī daśā en la daśāṁśa puede indicar que estás sintiendo ansiedad en el trabajo, mientras que nārāyaṇa daśā mostrará el origen de esa ansiedad. Los dos daśās muestran resultados diferentes, pero se utilizan juntos para obtener profundidad y una buena predicción. Todos los diferentes daśās se usan de esta manera.

## Agrupaciones de las varga

Podemos utilizar cinco distintos sistemas de varga, que difieren entre sí según el objetivo final de la interpretación. Para la lectura rápida de una carta praśna (responder a una pregunta) se utilizan tres cartas divisionales, una para el pasado, una para el presente y otra para el futuro. Para propósitos generales en la vida de una persona promedio se utiliza el sistema de diez cartas varga, ya que tradicionalmente el sistema de dieciséis vargas se utiliza sólo para reyes o personas poderosas que influyen en el karma de muchos otros, aunque en el mundo moderno estas dieciséis cartas se utilizan con más frecuencia.

Parāśara enseña el sistema de dieciséis vargas, número que está relacionado con la madurez de Júpiter a la edad de dieciséis años o los dieciséis años de Júpiter. Se trata de un número sagrado porque se refiere a las dieciséis kalas tāntricas de la Luna, en las que alcanza su plenitud, asociadas con la diosa Lalita Tripura Sundari, que es una niña de dieciséis años alcanzando la plenitud completa de una mujer. El conocimiento de las dieciséis divisiones representa la bendición de esta diosa.

| Sistema | Qué contiene | | Propósito |
|---|---|---|---|
| Trivarga (3) | 1, 3, 9 | Rāśi (situación actual), drekkāṇa (futuro después de la lectura), navāṁśa (pasado antes de la lectura) | Praśna general |
| Ṣaḍvarga (6) | 1, 2, 3, 9, 12, 30 | Rāśi (padre), horā (madre), drekkāṇa (hermanos), navāṁśa (parientes), dvadasāṁśa (hijos) y trimsāṁśa (esposa) | Praśna tradicional |
| Saptavarga (7) | 1, 2, 3, 9, 12, 30 | Rāśi, horā, drekkāṇa, saptāṁśa, navāṁśa, dwadasāṁśa (sūryāṁśa) y trimsāṁśa | Muhūrta |
| Daśavarga (10) | 1, 2, 3, 7, 9, 10, 12, 16, 30, 60 | Rāśi, horā, drekkāṇa, saptāṁśa, navāṁśa, dasāṁśa, dvadaśāṁśa, soḍāśāṁśa, trimsāṁśa and saṣṭyāṁśa | Persona común |
| Ṣoḍaśavarga (16) | 1, 2, 3, 4, 7, 9, 10, 12, 16, 20, 24, 27, 30, 40, 45, 60 | Rāśi, horā, drekkāṇa, chaturaṁśa, saptāṁśa, navāṁśa, dasāṁśa, dvadaśāṁśa, soḍāśāṁśa, viṁśāṁśa, chaturviṁśāṁśa (siddhāṁśā), bhāṁśa (nakṣatrāṁśa), trimsāṁśa, khavedāṁśa, akṣavedāṁśa y saṣṭyāṁśa | Personas poderosas, reyes |

## Cartas específicas

The beginner fundamentals have been explained. Now the breakdown of a few specific charts will be examined. The two most important, and most used divisional charts are the navāṁśa (married life) and the daśāṁśa (career). Relationship is ruled by Venus, and career is ruled by Mercury. These are the two rajas planets and therefore the ones causing the most thought, conflict, confusion and thereby questions to be asked of an astrologer. It is therefore important to have a good understanding of these charts. Then we will cover the saptāṁśa for ability to see gender in a varga chart. The others will be brushed over, to get a general understanding and to set the stage for later study.

# Navāṁśa (D-9), la carta del alma, habilidades y el amor

La navāṁśa es la carta más compleja y profunda de todas las varga, existen muchas técnicas sacadas de las escrituras o heredadas de la tradición para esta carta. Esta sección presenta los aspectos del alma vistos en navāṁśa, las habilidades y aptitudes heredadas de vidas pasadas y el dharma en las relaciones.

Cuando un planeta está en el mismo signo en rāśi y navāṁśa, se le llama vargottama, lo que significa que está en uttama (mejor) varga (división). Para entender la fuerza de un planeta, su signo en navāṁśa es tan importante como en la carta rāśi. Por ejemplo, si un planeta está debilitado en rāśi y exaltado en navāṁśa, obtendrá el estado de nīca-banga o inversión de la debilitación, es decir que la situación puede no ser la mejor, pero habrá suerte y recursos para encontrar el éxito. De la misma manera si un planeta está exaltado en rāśi, pero debilitado en navāṁśa, se convierte en uccha bhaṅga, dando los resultados de un planeta debilitado, creando una buena situación pero una falta de recursos, apoyo y suerte en esa área de la vida. De esta forma la navāṁśa tiene el poder de cambiar todos los aspectos de nuestra vida.

El navāṁśa lagna se puede y leer en múltiples niveles: desde el kārakāṁśa (el ātmakāraka en navāṁśa) para entender la naturaleza del alma, desde el lagna como parte de la carta rāśi que indica las habilidades con las que nacimos o como una carta independiente para analizar las relaciones y la sexualidad.

En una carta praśna, la navāṁśa representa la vida del nativo hasta el momento de la lectura, mientras que drekkāṇa indicará el futuro después del praśna y D-1 es la situación real y las opciones en ese momento. De esta manera debemos ser versátiles y capaces de cambiar las perspectivas y puntos de vista para abrirnos a las múltiples dimensiones de navāṁśa.

## I. Kārakāṁśa

Navāṁśa son las bendiciones que recibimos de nuestras buenas acciones de las vidas pasadas, así como las otorgadas por Dios (que en un nivel de conciencia superior no se pueden diferenciar). El ātmā es quien carga estas bendiciones a través de varias encarnaciones y el alma es indicado en la carta por el planeta ātmakāraka; la posición de este planeta en navāṁśa se llama *kārakāṁśa*, que significa "la división de gran importancia". Es desde aquí que el astrólogo puede reconocer los deseos del alma y las formas de la divinidad que están dando soporte las metas del nativo.

Parāśara dedica un capítulo entero al kārakāṁśa en su BPHS donde revela muchos secretos sobre la navāṁśa[3], empezaremos describiendo los aspectos espirituales de D-9. El sabio nos enseña que la casa doce desde el kārakāṁśa indica dónde el nativo gasta su energía y mostrará a dónde va después de la muerte (versos 63-67). Si hay maléficos en la doce, el ātmā pierde su energía en acciones negativas y sufrirá después de la muerte, mientras que benéficos indican que los nativos gastan su energía en buenas acciones y que ascienden a los planos superiores después de la muerte. Ketu allí representa a alguien que está cerca de alcanzar la liberación (*mokṣa*). Parāśara luego enumera las deidades que los nativos adorarán de acuerdo con los planetas asociados a la casa doce desde el kārakāṁśa: Śiva para el Sol, Gauri para la Luna, Kartikeya para Marte, etc.

3 Bṛhat Parāśara Horā Śāstra, Kārakāṁśa-phala-adhyāya.

De acuerdo con el *Chandra-Kāla-Nāḍi*, la casa doce desde el Kārakāṁśā (KK) se llama *Jīvanmuktāṁśa*, la división que indica la liberación de la jīva (alma individual). La deidad indicada por esta posición se llama *Iṣṭa-devatā*[4] La casa doce de la rāśī es la pérdida de nuestro cuerpo que ocurre cada noche cuando dormimos, pero más aún cuando morimos; esto no es la liberación del alma, solo del cuerpo. El ātmakāraka es la existencia individual de la persona: nuestra alma. La casa doce desde el ātmakāraka en D-9 indica lo que puede liberar nuestra alma, cómo puede perder su naturaleza individual para fusionarse con lo eterno.

La casa nueve desde el kārakāṁśa se llama *Vijñānāṁśa*, la división del conocimiento superior, y desde ahí se obtiene el *Dharma-devatā*, que es el protector de nuestro dharma en la vida y quien nos guiará o mantendrá en el camino correcto. Tanto la casa doce como la nueve desde el KK se relacionan con los signos naturales de Júpiter, que en este nivel representa la forma omnipresente de Dios que está todas partes y en todo (*sarva-vyāpakeśa*), conocido como Viṣṇu en la India. En la tradición Śrī Achyutānanda las formas de estas deidades generalmente reciben formas de Viṣṇu, siempre y cuando el nativo no tenga un fuerte apego por algún otro grupo de deidades.

Si la casa doce desde el KK contiene la Luna, la forma será Kṛṣṇa o Gauri.
Si hay dos planetas allí, entonces se utiliza al que tenga mayor grados.
Si no hay planetas allí, entonces el regente del signo indicará a la deidad.
Los aspectos indicarán qué deidades nos llevan a nuestro Iṣṭa-devatā.

El Iṣṭa-devatā guiará al nativo en todas las situaciones. Si hay maldiciones, el Iṣṭa nos ayudará a superarlas, mientras que, si hay confusión, el Iṣṭa nos guiará al lugar correcto para obtener ayuda. Es mejor realizar la adoración del Iṣṭa-devatā todos los días y se puede hacer en cualquier lugar. La adoración del Dharma-devatā es mejor en un templo, porque se relaciona a la casa nueve. La mayoría de las aflicciones a la casa nueve en la rāśi, pueden encontrar su remedio con el apoyo del Dharma-devatā.

El sabio Parāśara luego menciona que lo mismo se puede aplicar a la casa seis desde el amātyakāraka (verso 74), el segundo planeta con mayor grados. Eso es todo lo que menciona y Jaimini en sus *Upadeśa Sūtras* dice lo mismo. La casa seis desde el amātyakāraka se llama *Preṣyāmśa*, la división del sirviente, y de acuerdo con la tradición Śrī Achyutānanda, esta indica el *Pālana-devatā*, la deidad que cuida de nuestro sustento nos nutre y protege. Para determinar el planeta que indica al Pālana-devatā, se aplican las mismas reglas a la sexta casa desde el amātyakāraka (AmK). El ātmakāraka es como el Sol y el AmK es como la Luna. El Pālana-devatā es el aspecto femenino de la divinidad que cuida de nuestro bienestar y generalmente tomará la forma sátvica de la madre divina, para nutrirnos como a un niño. Esta forma se utiliza cuando hay problemas con el sustento, el dinero o alimentos.

4 Iṣṭa puede significar elegido, por elección propia, lo que se relaciona a la casa cinco de la Rāśi, pero aquí se refiere a la deidad que tiene la capacidad de liberarte.

El tercer planeta con mayor longitud es el brātṛkāraka (BK), que representa a los hermanos en la carta rāśi. En navāṁśa este planeta representará al guru. La relación (bhāva sambandha) entre el ātmakāraka y el BK en navāṁśa indicará la relación entre el alma del nativo y la del guru: si están en koṇa o en un yoga, entonces el nativo tiene una relación maravillosa con su guru en esta vida, mientras que si la relación es 6-8, entonces la posibilidad de encontrar al guru indicado es muy pequeña. Si están en una relación de 2-12, entonces es muy probable que el guru no esté presente en forma física en la vida del nativo. En este caso a menudo encontrarás personas que siguen a un maestro o santo ya fallecido como su guru.

El BK en navāṁśa se llama Ajñānāmśa, la división del tercer ojo, e indicará al Guru-devatā, indicando al guru interno dentro nuestro. Todo lo que está fuera es sólo un reflejo de nuestro propio ser y el guru externo es sólo un reflejo de nuestro propio guru interno y de nuestro karma con el guru. El Guru-devatā es la energía arquetípica que nos enseña sobre el universo y cuando esta energía se encuentra complacida, manifiestará a uno de sus seguidores para guiar al individuo. Por lo tanto, cuando hay problemas con el guru, con el aprendizaje o para encontrar un guru, etc., entonces se adora al Guru-devatā. El guru arquetípico es Śiva y por lo tanto la forma de Śiva que los nativos adoran como el guru es indicada por el Brātṛkāraka en navāṁśa.

| **División** | **Ubicación** | **Deidad** |
|---|---|---|
| Jīvanmuktāṁśa | 12° desde KK | Iṣta Devata |
| Vijñānāṁśa | 9° desde KK | Dharma Devata |
| Preṣyāmśa | 6° desde AmK | Pālana Devata |
| Ajñānāmśa | Posición de BK | Guru Devata |

El Iṣṭa-devatā es como el Sol, el Pālana-devatā es como la Luna y el Guru-devatā es como Júpiter. Estos son los tres planetas sátvicos y el trípode de la vida, por lo que con su oportuna propiciación todas las cosas en la vida eventualmente alcanzarán armonía.

Estas deidades trabajarán a nivel interno y sutil de nuestro ser. Cuando hay problemas constantes en un área de la vida relacionada con estas deidades, su propiciación se vuelve importante. Si una persona está teniendo problemas financieros y realiza un remedio védico que le da un trabajo, pero luego lo vuelve a perder pronto, esto indica que hay un problema en el área de sustento y soporte. Podemos analizar la condición del Pālana-devatā y ver si este planeta está débil o afligido. Si hay un problema con el planeta que indica al Pālana-devatā, entonces se debe propiciar en su forma indicada (Śakti-rūpa para el Pālana-devatā), para que el remedio de la carta rāśi pueda dar sus resultados completos. Si hay un problema en el área de aprendizaje, comprensión y relación maestro-alumno, entonces debemos asegurarnos de que el planeta Guru-devatā sea fuerte y, si no fuera así, entonces se debe dar esa forma de Śiva para mejorar la situación, así como remediar las indicaciones analizadas en la rāśi.

### Deidades de los signos de navāṁśā

Las Deidades de las diferentes navāṁśas fueron mencionadas en el capítulo sobre las divisiones de los rāśi. La navāṁśa se divide en Deva (divino), Manuśya (humano) y Rakṣasa (protectores/demonios), que se relacionan con el temperamento. Los signos deva corresponden a sattva y la búsqueda de conocimiento, comprensión y conciencia, mientras que los signos manuśya se relacionan con rajas y la búsqueda de riqueza, posesiones y sustento de la humanidad; por último los signos rakṣasa corresponden a tamas y la búsqueda de poder, control y dominio sobre los demás.

La posición del regente del lagna indica el foco de la inteligencia, así como la posición del regente del daśā es lo que está sucediendo en la vida en este momento. Si el regente del daśā y del lagna son diferentes, entonces hay menos éxito, ya que la persona podría aspirar al poder cuando debería perseguir el conocimiento o perseguir el conocimiento cuando debería estar en la política. Cuando se alinean, entonces el daśā otorgará bendiciones causadas por nuestra inteligencia.

La ubicación del regente de la casa nueve y planetas en la casa nueve, mostrará en qué se centra el dharma, así como la posición de la Luna indica la visión y actitud general de la persona.

**- EJERCICIO PRÁCTICO -**

2. Calcula tu Iṣṭa-devatā, Dharma-devatā, Pālana-devatā y Guru-devatā.
3. Encuentra el enfoque de la deidad de navāṁśa para cada planeta y compáralo con los daśās pasados y los que experimentarás en el futuro.
4. Memoriza tu propia navāṁśa y otras de algunos famosos.

### II. Trinos: habilidades y talentos

La navāṁśa funciona en trinos: las casas dharma (1, 5, 9) indican nuestras habilidades y talentos de esta vida con los que hemos sido bendecidos debido a acciones de vidas previas. Las casas artha (10, 2, 6) indican la fortuna relacionada con el dinero, así como las casas mokṣa (4, 8, 12) indican la fortuna relacionada con la salud, y las casas kāma (7, 11, 3) la fortuna relativa a la sexualidad.

Parāśara enseña que los trinos del dharma indican las habilidades que tenemos en esta vida. La Luna representa la melodía, o el canto y es por eso la gente canta en la ducha, lugar que está regido por la Luna. El Sol rige el ritmo, dando la capacidad de tocar instrumentos. Si la Luna está en el lagna de navāṁśa, entonces el nativo tendrá una buena voz, melodiosa y apta para cantar. Si el Sol está en el lagna de navāṁśa, entonces el nativo tendrá un buen ritmo y la capacidad de tocar un instrumento. Todos los planetas darán las habilidades que indican si están en los trinos de navāṁśa.

La diferencia entre la casa uno, cinco y nueve es el nivel de profundidad en el que se manifiesta la habilidad en la vida del nativo. Los planetas en el lagna indican un talento innato y natural, necesitando solo práctica. La quinta casa dará las habilidades relacionadas al planeta, pero el nativo tendrá que trabajar en ellas con un poco de esfuerzo. Los planetas en la novena casa darán sus habilidades respectivas pero se necesita la guía de un maestro. Planetas en las casas seis, ocho y doce generalmente no darán sus habilidades fácilmente o a los nativos usualmente no les gustará esa área de trabajo o estudio.

La tabla a continuación presenta las enseñanzas de Parāśara del capítulo Kārakāṁśa-Phala-Adyāya acerca de las habilidades de los planetas, con algunas indicaciones adicionales.

| Graha | Habilidades y talentos |
|---|---|
| Sol | kārakāṁśe ravau jāto rājakāryaparo dvija \|13a\|<br><br>Oh, nacido dos veces, el Sol en kārakāṁśa indica servicio a la realeza o al gobierno.<br><br>Liderazgo, persona directa, ritmo, instrumentos de cuerda y tambores, conocimiento de la música *(gītajña)*, danza tradicional, filosofía Vedānta o conceptos espirituales elevados sobre la naturaleza del yo y la Unidad; si está asociado con Ketu, indica aviones y vuelos. |
| Luna | pūrṇendrau bhogavān vidvān śukradṛṣṭe viśeṣataḥ \|\| 13b\|\|<br><br>La Luna llena mostrará un bhogavān (alguien que disfruta de los placeres de la vida) y un vidvān (inteligente, erudito, sabio); el aspecto de Venus indica la capacidad de sobresalir en esa área.<br><br>Trabajo social, enfermería, preparación de alimentos, gestión hotelera, conocimiento literario *(sāhityajṣa)*, conocimiento de Purāṇas o folklore, melodía, canto *(gāyaka)*, filosofía de yoga *(sāṅkhya-yogajṣa)* o filosofía relacionada con una visión dual, el funcionamiento del mundo físico, āyurveda; si está en conjunción con Mercurio, indica una persona buena en medicina natural y curación de enfermedades, en conjunción con Marte, indica un cirujano *(vaidya-sarva-rogahari)*, en conjunción con Venus productos farmacéuticos. |
| Marte | svāṁśe balayute bhaume jātaḥ kantāyudhī bhavet \|<br>vahnijīvī naro vā'pi rasavādī ca jāyate \|\| 14\|\|<br><br>Marte fuerte en svāṁśa hará que el nativo esté feliz de luchar, alguien que trabaja con fuego o la transformación de las cosas a través del calor, y un rasavādī, alguien que trabaja con medicina alquímica.[5]<br><br>Trabajo relacionado con el fuego y pasatiempos como vidrio soplado, metalurgia *(dhāturvādī)* o soldadura, ingeniería (del tipo relacionado con los planetas o signos asociados), trabajo eléctrico (especialmente si está asociado con Ketu), Tai Chi, artes marciales, uso de armas, especialmente la lanza *(kauntāyudh)*, conocimientos sobre la guerra, análisis, lógica fuerte (seguidor de la filosofía nyāya), acupuntura, cirugía. |
| Mercurio | budhe balayute svāṁśe kalāśilpavicakṣanaḥ \|<br>vāṇijyakuśalaścāpi buddhividyāsamanvitaḥ \|\| 15\|\|<br><br>Mercurio fuerte en svāṁśa será experto en artes, un escultor, perspicaz, con buen discernimiento (*vicakṣana*), un comerciante o hombre de negocios y estará asociado con la ciencia y el aprendizaje.<br><br>Diseño de productos, dar forma a ideas, cerámica y artesanías *(śilpa)*, comerciante *(vaṇija)*, habilidades comerciales, trabajo minorista, vendedor; si el nativo es espiritual, Mercurio también puede crear ascetas de primera clase *(paramahaṁsa)*; hatha yoga, ciencias relacionadas con el cuerpo como masaje, escritura generalmente de artículos cortos o técnicos (si está con Rāhu), investigador, examinador (mīmāṁsaka); conocimiento legal, abogados, buenos en el debate, múltiples opiniones, enfoque inestable. |

5 En esa época, Rasa-Śāstra (medicina alquímica) se hacía a través de calentar varios metales y minerales por largos períodos de tiempo en hornos que se encontraban muy calientes. Esto podría ser alguien trabajando hoy en día en un laboratorio o fábrica donde ocurren varios tipos de reacciones químicas. Todas las indicaciones siempre deben ser analizadas dentro de un contexto moderno (deśa, kāla, pātra)

| Graha | Habilidades y talentos |
| --- | --- |
| Júpiter | sukarmā jñānaniṣṭhaśca vedavit svāṁśage gurau । <br><br> Júpiter en svāṁśa mostrará a alguien que realiza buenas obras (*su-karma*), que posee un conocimiento o entendimiento elevado (*jñāna*) y que es conocedor de los Vedas. <br><br> Enfoque estable, conocimiento amplio , erudito, interesado en la literatura espiritual, conocedor de rituales religiosos, sacerdote; en conjunción con la Luna, el nativo es un autor *(grantha-karta)* y versado en todas las áreas de conocimiento *(sarva-vidyā-viśārada)*; Júpiter otorga un conocimiento amplio, pero no es bueno para hablar en asambleas *(na vāgmī ca sabhādiṣu)*, comprensión y uso correcto de la expresión y de la gramática (śabdajñāna), sobresaliente en Vedas y vedānta *(viśeṭeṇa-vedavedāntavit)*. |
| Venus | śukre śatendriyaḥ kāmī rājakīto bhavennaraḥ ‖ 16‖ <br><br> Venus hará de uno un śatendriya, 'el que tiene cien sentidos',[6] sensual, apasionado y que tiene posición en la realeza o política. <br><br> Persona apasionada en todas las actividades; Venus puede hacer que el nativo sea patriótico, apasionado de su país, *político (rājakīya)*, burócrata, diplomático; arte, pintura, danza moderna; bueno para encontrar vacíos legales en la ley, química, habla elocuente *(kavirvāgmin)*, conocimiento de poesía *(kāvyajṣana)*; si está con Luna, autor de libros cortos *(kiṣcidūna-grantha-kara)* |
| Saturno | śanau svāṁśagate jātaḥ svakulocitakarmakṛt । <br><br> Saturno en svāṁśa hace que una persona practique la profesión de su familia, tribu o comunidad (*kula*). Jaimini agrega que Śani es alguien que puede tener éxito en cualquier línea de trabajo que realice (*prasiddha-karmajivaḥ*). <br><br> Trabajo tradicional, en la profesión familiar, una persona destacada en todos los oficios; Saturno en navāṁśa lagna crea miedo escénico o el individuo es visto como un simplón *(bāla)* en una asamblea; Saturno en la casa cinco de navāṁśa da habilidades en tiro con arco *(dhānuṣka)* o la capacidad de ser estable y perforar cosas, como el curtir el cuero. |
| Rāhu | rāhau cauraśca dhanuṣko jāto vā lohayantrakṛt ‖ 17‖ <br> viṣavaidyo'thavā vipra jāyate nā'tra saṁśayaḥ । <br><br> Rāhu hará del nativo un ladrón, deshonesto o un comerciante injusto, un arquero,[7] o trabajador del metal, o alguien que trabaja con máquinas, o un médico que trabaja con venenos. <br><br> Herrería, fabricación de joyas, manufactura *(loha-yantri)*, trabajo en fábricas, maquinaria pesada, física, manejo de venenos y productos químicos, medicina moderna; curar venenos si se combina con Gulika con aspectos benéficos*(viṣavaidya)*, envenenar a otros si está con Gulika con aspectos maléeficos *(viṣārdita)*; Rāhu con Júpiter indica ingeniería de sonido o trabajar con equipos de sonido modernos |

6 Interesados en perfumes, aceites esenciales, ropas bellas, comidas sabrosas, satisfacer los sentidos, etc.

7 Aquel que usa un arco y flecha para cazar, por lo que podría ser traducido como un cazador o alguien que come carne, o que caza su propia comida, etc., y todo tipo de implicaciones y trabajos en esa línea. A nivel de guerra, Saturno y Rāhu son arqueros, Marte usa una lanza, y el Sol una espada, esto se podría relacionar hoy en día con las diferentes posiciones dentro de las fuerzas armadas.

| Graha | Habilidades y talentos |
|---|---|
| Ketu | vyavahārī gajādīnāṁ ketau cauraśca jāyate ‖ 18‖<br><br>Ketu crea un vyavahārī, es decir alguien que hace comercio, tráfico, transacciones mercantiles, procedimientos legales, contratos, litigios o administración de justicia, o alguien que trabaja con elefantes (modos de transporte grandes y masivos) o un ladrón (alguien que hace que las cosas desaparezcan).<br><br>Conocimiento de matemáticas *(gaṇitajñāna)*, dominio de astrología *(jyotiḥ-śāstra-viśārada)*, trabaja con máquinas pequeñas, relojero *(ghaṭikā-yantri-kāraka)*, computadoras, lenguajes informáticos, física cuántica, pensamiento no lineal, intuición. Si Ketu está en conjunción con Júpiter, indica las enseñanzas de una tradición o linaje *(sampradāya-saṁsiddhi)* |

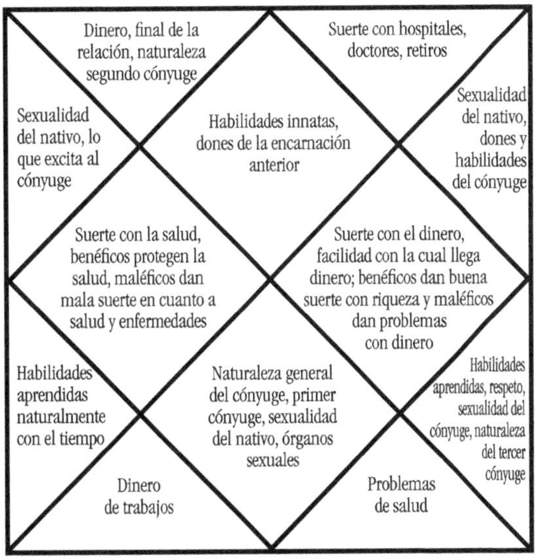


También hay ciertas habilidades que vienen a través de la combinación de ciertos planetas. Si Rāhu y el Sol están en conjunción en svāṁśa, hay miedo a las serpientes: si reciben un aspecto maléfico el nativo morirá por la mordedura de una serpiente; si tiene un aspecto benéfico esto será un médico que tiene la capacidad de curar a la gente de los venenos. Si Marte tiene sambandha con una combinación de Rāhu y Sol, la persona puede quemar su casa, u otras casas, o trabajar en un trabajo como un incinerador de basura (versos 19-20). Venus, regente del elemento agua, aspectando tal combinación puede indicar un bombero. De esta manera Parāśara nos ha dado algunas pequeñas indicaciones de ciertas combinaciones planetarias. Otras combinaciones deben ser extrapoladas de una manera similar.

Parāśara usa el término *svāṁśa* para cada uno de estos significados: a veces utiliza kārakāṁśa (KK) refiriéndose al ātmakāraka en navāṁśā, pero más comúnmente emplea el término svāṁśa, aunque las traducciones actuales de *Sharma* y *Santhanam* no lo muestran así. Es muy importante entender el término svāṁśa, compuesto por *sva* (uno mismo) y *aṁśa* (división), por lo que es la división que nos representa. Somos seres multidimensionales y hay muchas facetas de lo que llamamos "nosotros mismos".

El sabio Parāśara en el capítulo *Kārakāṁśa-Phala-Adyāya* utiliza el concepto de svāṁśa considerando todos los aspectos del yo incluyendo el kārakāṁśa, navāṁśa lagna y ārūḍha lagna. Cuando la Luna está en la casa cinco desde el kārakāṁśa, el nativo tiene un deseo del alma de cantar. Cuando la Luna está en la cinco desde el navāṁśa lagna, el nativo tiene la capacidad innata de cantar. Cuando la Luna está en la casa cinco desde elārūḍha lagna, el nativo es percibido por los demás como un buen cantante. Las combinaciones desde el kārakāṁśa indican el deseo del alma, mientras que las combinaciones desde el navāṁśa lagna son las habilidades que tenemos, y las combinaciones desde el ārūḍha lagna indican su manifestación en el mundo.

La capacidad de profundizar en la lectura de una carta mediante la diferenciación de estos factores es muy importante. Por ejemplo, había una carta en la que el nativo estaba confundido sobre su camino

espiritual y su sexualidad. Desde el KK había combinaciones de celibato, pero desde el navāṁśa lagna, el lagna y el ārūḍha lagna estas combinaciones estaban siendo contradecidas por otras combinaciones muy sexuales. El nativo estaba confundido porque sentía que el celibato era el camino para él, pero al mismo tiempo no era capaz de encontrar un equilibrio con lo que su cuerpo y mente estaban deseando. A menos que tales cosas se alineen, el nativo no puede tener éxito. Pude explicarle el deseo de su alma por el celibato y el estado mental que puede lograr incluso viviendo en un mundo de disfrute. Fue capaz de aceptar su sexualidad desde una nueva mirada y no tener la confusión que sentía antes. De esta manera estas combinaciones y todas las demás deben ser vistas desde el svāṁśa, es decir los diversos niveles que representan quiénes somos.

## Rectificación

La navāṁśa cambia aproximadamente cada quince minutos. Existe una gran diferencia en la determinación de la hora de nacimiento, que se puede basar en el momento la cabeza sale del útero, o cuando todo el cuerpo está fuera del útero, o el primer llanto, o el momento en que se corta el cordón umbilical, etc. Dado que en las cartas varga existe información tan específica, esta se pueden utilizar para *rectificar* el momento del nacimiento, es decir para ajustar el tiempo dado por el médico con el fin de encontrar el instante astronómico exacto del nacimiento que dará resultados correctos para la carta natal.

Por ejemplo, si el nativo es un cantante y la Luna está en la casa doce justo al lado de la primera, pero en una posición que indicaría un mal cantante, podríamos deducir que la hora puede ser ligeramente incorrecta. Al mover el tiempo del nacimiento unos pocos minutos podemos corregir la posición de la Luna para que esté en el lagna, lo que se ajustaría a esas habilidades innatas y nos permitiría rectificar la navāṁśa, teniendo un hora correcta de nacimiento de alrededor de quince minutos. A medida que las cartas varga aumentan en número, el lapso de tiempo se reduce hasta llegar a un intervalo de 30 segundos, de manera que el momento del nacimiento se puede rectificar hasta una exactitud de medio minuto. La mayoría de las veces, el proceso de rectificación comienza con la navāṁśa.

A continuación se muestra un ejemplo de la carta de Nikola Tesla, que nació en 1856, en lo que hoy se conoce como Serbia. En esta zona del mundo era común redondear la hora de nacimiento a la media hora más cercana y se cuenta que Tesla nació a medianoche durante una tormenta eléctrica. Esto sitúa a la Luna en Cáncer en el navāṁśa lagna, con Mercurio en trino. Esto lo habría vuelto muy bueno en Āyurveda, un buen cantante y escritor. Venus en la diez lo habría vuelto afortunado con los trabajos e ingresos. Estas descripciones no coinciden con la historia de su vida, pero catorce minutos más tarde el ascendente de navāṁśa cambia y Marte y Ketu, que indican electricidad, estarían en el lagna con un Sol en trino. La casa diez estaría vacía, pero su regente Mercurio está en parivartana con Ketu que crearía problemas financieros repentinos. Estas y algunas otras técnicas confirman que Nikola Tesla nació después de las 00:14 AM.

**Nikola Tesla**
10 July 1856 *44n35, 15e19*

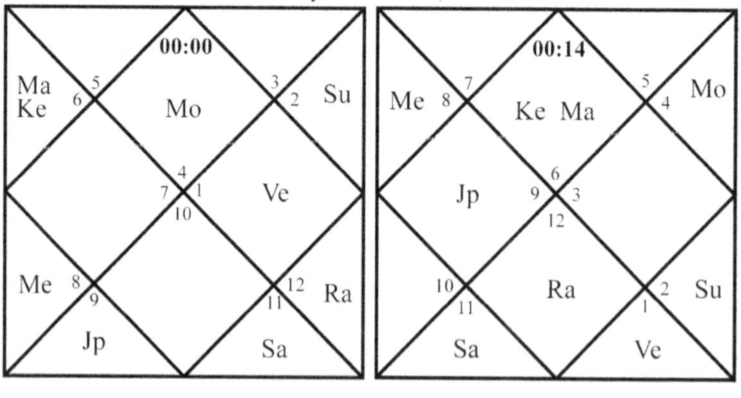

## - EJERCICIO PRÁCTICO -

5. Lee el capítulo sobre los efectos de *Kārakāṁśa, Kārakāṁśa-phala-adhyāya*, en *Bṛhat Pārāśara Horā Śāstra*. Analiza tu propia navāṁśa y otra más, para luego determinar los resultados de los diferentes planetas.

## III. Kalatra: cónyuge

La navāṁśa indica los aspectos del cónyuge, que es con quien cumplimos nuestro dharma-mārga (camino del deber) en el mundo, contrario a un monje que está cumpliendo el mokṣa-marga (camino de la espiritualidad) para el mundo. Para sostener el dharma en el mundo tomamos el camino de la vida de familiar, nos casamos y tenemos una familia. Si obtenemos un buen o mal cónyuge son las bendiciones o maldiciones de nuestra fortuna, que se analizan en navāṁśa.

La casa siete en navāṁśa se convierte en el lagna para analizar al cónyuge con todas sus cualidades y habilidades, de la misma manera que se ven desde el navāṁśa lagna para el nativo. La casa siete indica la naturaleza innata del cónyuge, la casa once (la quinta desde la siete) son las habilidades que el cónyuge adquiere con algo de práctica, y la casa tres (la novena desde la siete) son las habilidades que el cónyuge aprende de un maestro. Estas casas nos indicarán, de manera general, lo que atrae al nativo.

Cuando Parāśara habla de la casa siete de navāṁśa, describe las cualidades del cónyuge. Por ejemplo, dice que Júpiter y la Luna ahí hacen que el cónyuge sea extremadamente hermoso, mientras que Venus en la siete lo hará sensual, Mercurio versado en las bellas artes, el Sol hará que el cónyuge se centre solo en actividades domésticas, Saturno hará que el cónyuge sea mayor, tradicional o enfermizo. Se dice que Rāhu indica a alguien que se casa con una viuda, lo que también puede indicar personas divorciadas o personas que tienen hijos de un matrimonio anterior. Los planetas de la casa siete indicarán las características del cónyuge del nativo.

El primer cónyuge se analiza desde la casa siete, pero ¿Cómo se puede saber la diferencia entre las características del primer cónyuge y el siguiente, o si hubo tres matrimonios? ¿Cómo se puede saber acerca de las cualidades de cada cónyuge específico? Todos ellos serán diferentes en alguna manera. El primer cónyuge se analiza desde la casa siete, el segundo cónyuge se ve desde la octava casa desde el primero, es decir la casa dos. El tercer cónyuge se ve desde la octava casa desde el segundo, que sería la casa nueve, el cuarto cónyuge sería de nuevo ocho casas más desde la posición del tercero, es decir la casa cuatro y sus trinos. Así que si Venus está en la casa siete de la D-9, Mercurio en la dos, y Rāhu en la nueve, el primer cónyuge será sensual, el segundo será experto en bellas artes, un escritor o yogui, y el tercer cónyuge habrá enviudado.

Debido a que la casa dos indica el primer cambio de relación, en general esa casa nos mostrará la fidelidad del nativo. Parāśara dice que si Venus o Marte tienen alguna asociación con la casa dos, el nativo puede ser infiel (*pāradārika*), si ambos planetas simultáneamente se relacionan con esta casa, será un hábito de toda la vida.[8] La casa dos es la octava desde la siete, lo que causa que la primera relación termine o sufra. Venus y Marte indican otras relaciones y eso es lo que provocarán si ambos están ahí o aspectando. Ketu posicionado ahí cancelará esta combinación, mientras que Rāhu ahí la llevará a un extremo, relacionándola con actividades inmorales y prostitución. Sambandha es cuando el signo de la casa dos de D-9 está regido por Marte y Venus está ahí, o regido por Venus y Marte ahí posicionado.

8 Bṛhat Parāśara Horā Śāstra, Kārakāṁśa-phala-adhyāya, 30-31.

Además, Marte podría estar posicionado ahí y aspectado por Venus, o cualquier combinación similar. No se deben confundir las reglas de la casa dos con las reglas de las kāma trikoṇa, ya que los planetas tendrán diferentes efectos sobre la sexualidad si están es esa posiciones.

**Sexualidad**

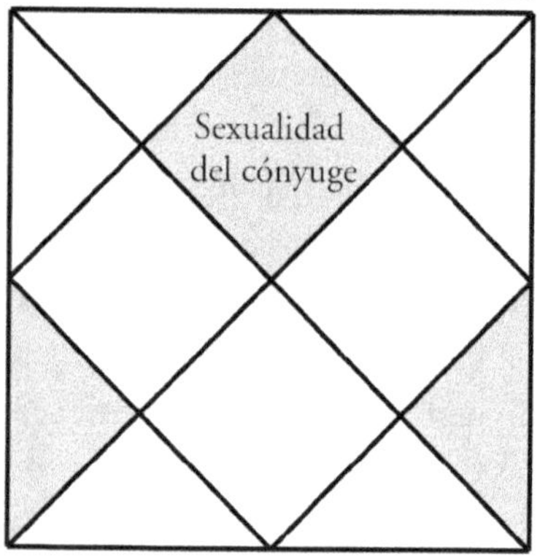


El kāraka de la sexualidad es Venus, el cual debe ser examinado primero en la rāśi y en la navāṁśa. Si Venus está en signos intrínsecamente sátvicos regidos por el Sol, la Luna o Júpiter, entonces la sexualidad será pura y con amor. Si Venus está en un signo rajásico, la sexualidad será con el propósito de compartir, placer y puede haber necesidad en las relaciones. Venus en un signo tamásico indica la visión de la pareja como un objeto sexual o para el sustento. Esto será modificado según guṇa de los planetas asociados con Venus.

Ya que navāṁśa funciona en koṇa, los trinos kāma describen la sexualidad de la siguiente manera: la casa tres se relaciona con mithuna (acto sexual), por lo tanto se analiza la casa tres y sus trinos (3, 7, 11) para entender la sexualidad del nativo. Kāma trikoṇa desde el lagna es la sexualidad del nativo, y como la pareja está representada por la casa siete, la tercera casa (mithuna) desde la siete es la nueve y sus trinos kāma desde ahí (9, 1, 5) serán la sexualidad de la pareja. De esta manera podemos entender que la sexualidad de la pareja es parte del propio dharma.

La casa siete es la quinta desde la tres e indica la mente con respecto a la sexualidad. Por lo tanto, planetas en la casa siete indicarán nuestra sexualidad. Al analizar una carta de un cliente es importante utilizar este tipo de técnicas con mucha discreción y se debe aprender qué decir y qué no decir.

Cuando un planeta de movimiento lento, como Saturno, se posiciona en casa siete, el nativo tarda mucho tiempo en excitarse. Cuando un planeta rápido, como la Luna, está en la casa siete de navāṁśa, la persona se excita fácilmente y disfruta de la actividad sexual diariamente. Existen otras combinaciones que pueden mostrar a una persona que está lista para tener relaciones sexuales en cualquier momento.

Júpiter en trinos a la casa siete forzará un tipo de sexualidad dhármica, que hará que la persona mantenga su virginidad hasta una edad más adulta, así como ser fiel y casto. En el lado opuesto del espectro es cuando Rāhu se asocia con los trinos kāma, creando dolor y shock en el ámbito de la sexualidad: es bueno para el sexo, pero no para las intenciones que tiene detrás. Un Rāhu benéfico será un "jugador", el nativo solo benéfico sexo, pero lo disfrazará de buena manera, mientras que cuando Rāhu es débil y está bajo asociación maléfica podría indicar situaciones como la violación. Estos son los tipos de indicaciones que se pueden ver en los trinos kāma de navāṁśa.

Marte y Venus teniendo sambandha en la casa dos de navāṁśa pueden hacer que el nativo sea menos fiel. Ya sea Marte aspectado por Venus, o Venus en un signo de Marte, etc. Si Marte está junto a otros maléficos en conjunción o aspecto en la casa dos o seis, esto puede indicar que la persona es abusada en sus relaciones, llegando a un extremo peligroso para la vida, si Marte está con Ketu. Una

combinación similar en la casa ocho o doce puede indicar que la persona abusa de su pareja. Estas asociaciones dependerán de la relación en particular. La primera relación se ve desde la casa siete y la octava desde la siete es cómo termina. La segunda relación se ve desde la casa dos, la tercera relación desde la casa nueve, y así sucesivamente contando ocho casas desde cada relación anterior. Los detalles individuales de cada relación se ven desde la casa indicadora, pero la sexualidad del nativo se seguirá viendo siempre desde los trinos de la casa siete y no se moverá como lo hace cada relación.

La casa siete se relaciona con los órganos sexuales, tamaño, forma, sabor, etc. Por ejemplo, Jātaka Tattva dice que si el regente de la siete (*madeśa*) está asociado con un maléfico (*sapāpa*) , entonces la mujer (*strī*) tendrá una vulva (*bhagā*) larga (*dirgha*). Los ślokas para hombres y mujeres se pueden extrapolar ya que los mismos tejidos se relacionan con los órganos sexuales masculinos y femeninos. Los labios mayores se relacionan con el escroto, los labios menores se relacionan con la piel del del pene, la capucha del clítoris se relaciona con el prepucio y el clítoris se relaciona con el glande del pene (cabeza). Así que si un śloka dice que cuando la casa siete de D-9 está regida por Leo hay una gran capucha en el clítoris, esto también se referiría a un gran prepucio. El sabor también seguirá siendo el mismo para hombres y mujeres. Esto puede parecer una información demasiado detallada para algunos, pero esta comprensión es necesaria cuando hay problemas sexuales y a veces puede ser una manera fácil de rectificar una carta. Dado que esta es una situación física, la respuesta puede ser un sí o no rotundo y muy útil para rectificar.

La casa tres se relaciona con el acto sexual, la virilidad general y la longevidad; también es la casa con la que atraemos al cónyuge a nivel sexual. Si Júpiter está ahí es la cortesía, el dharma y la sabiduría del nativo la que atrae al cónyuge, mientras que si Marte está ahí es el vigor del nativo; si Mercurio está ahí son las habilidades o la energía juvenil las que atraen al cónyuge. De esta manera la casa tres puede estudiarse para ayudar al nativo a ser más atractivo para su cónyuge.

La homosexualidad se ve a través de los planetas neutros Mercurio y Saturno y sus regencias (Géminis, Virgo, Capricornio y Acuario). Primero debemos analizar las indicaciones para la homosexualidad en la carta rāśi antes de buscar en la D-9. En navāṁṣa si Mercurio está en un signo de Saturno o Saturno está en un signo de Mercurio en uno de los trinos kāma, esto indicará bi-sexualidad o períodos temporales de homosexualidad. Si hay un sambandha fuerte como un parivartana yoga entre Mercurio y Saturno en un trino kama, esto indicará homosexualidad. Este tipo de combinaciones se vuelven muy útiles al momento de rectificar, así como en la asesoría y compatibilidad de relaciones.

Una vez estaba viajando con mi Jyotiṣa guru y estábamos en una Conferencia de Astrología en Boston. Un hombre indio mayor le mostró a mi Gurú la carta de su hija para preguntarle sobre su matrimonio y se quejó de que no estaba interesada en casarse. En su carta había un parivartana yoga entre Saturno y Mercurio en conexión con la casa siete; incluso ella estaba estudiando en una universidad conocida por su población lesbiana. Ella nunca iba a tener un matrimonio heterosexual, algo muy difícil de decirle a un brahmana indio tradicional.

En navāṁśa se analiza las características principales acerca de la sexualidad de un individuo: tanto positivas, como negativas. Este tipo de información necesita madurez y discreción para ser discutida con un cliente, pero es necesaria para una comprensión completa de la persona y su compatibilidad en las relaciones.

## Daśāṁśa (D-10), la carta de la carrera y profesión

La daśāṁśa es como una lupa que nos ayuda a obtener detalles precisos sobre la casa diez y sus significados; esta casa en la carta rāśi (D-1) es el karma del nativo con respecto a la carrera, ya sea positivo o negativo y sus resultados generales, mientras que en daśāṁśa entenderemos detalles específicos de la profesión, cambios de puestos de trabajo, la interacción con empleadores y empleados, y momentos y capacidad de ascenso en la área profesional.

Es importante integrar esta información con la carta rāśi. Tal como un mecánico tiene en cuenta el tipo de coche en el que está trabajando antes de siquiera mirar el motor, debemos tener en cuenta primero el karma de la carrera profesional del individuo indicado en la carta rāśi y luego analizar la información obtenida en daśāṁśa a través del filtro de esos resultados.

Primero se debe analizar el regente de la diez de la carta rāśi. Si se posiciona en la casa dos, puede indicar trabajo en una empresa familiar (si es Saturno) o en la industria alimenticia (si es la Luna), o consultoría (Venus), etc. La posición dará detalles muy generales de cómo la persona se está esforzando por su profesión. El regente de la diez de la rāśi también debe estar fuerte y bien posicionado en navāṁśa para alcanzar y lograr su potencial completo.

Luego debemos analizar la casa once desde el ārūḍha lagna, que indicará el tipo de personas a través de las cuales se obtendrán ganancias. Si Saturno está ahí, la persona ganará a través de personas ancianas o enfermas. Si la Luna está ahí, a través de las mujeres, especialmente madres. Luego estudiamos las habilidades y talentos indicados por navāṁśa, y si queremos una información más detallada de esas habilidades, también podemos estudiar la dreṣkāṇa. El amātyakāraka y cualquier planeta en conjunción con él en rāśi también coloreará la dirección de la carrera.

La casa diez desde la Luna indica el éxito social en la carrera profesional y las preferencias en el trabajo, mientras que la diez desde el navāṁśa lagna es la suerte con el dinero o el potencial de enriquecerse. El bhāva sambandha (relación) entre el dārākāraka y el ātmakāraka en rāśi es la relación del alma con el dinero, mientras que el bhāva sambandha entre el AL y el A7 es la relación social con el dinero; estos son detalles precisos que debemos tomar en cuenta. Con estos componentes se entiende la mentalidad del nativo relacionada al trabajo, lo que luego se analiza en la D-10.

1. Casa diez y su regente en la rāśi
2. Casa once desde el AL en la rāśi
3. Habilidades y talentos en navāṁśa
4. Daśāṁśa
    A. Planetas kāraka: Mercurio, Sol, Júpiter, Saturno
    B. Kāraka-bhāva: casa diez y casas desde ahí
    C. Daśāṁśa lagna y su regente
    D. Regente de la casa diez de la rāśi en daśāṁśa

## A. Planetas Kārakas

Los kārakas de daśāṁśa son los mismos planetas kāraka de la casa diez. Mercurio indica la aplicación de habilidades que es lo más importante para el trabajo y los signos de Mercurio se vuelven importantes para la forma en que una persona expresa sus habilidades. Mercurio también representa negocios, dinero (efectivo), bancos y comercio. Saturno indica la capacidad de realizar el trabajo duro y poner esfuerzo adicional para lograr metas, mientras que Júpiter indica recursos, bendiciones en forma de conocimiento en el trabajo y representa las profesiones intelectuales. El Sol indica el respeto, renombre y la capacidad de ascender al poder, así como la influencia del gobierno en el trabajo del nativo. El análisis de la ubicación y la fuerza de estos planetas en D-10 dará indicaciones más detalladas de la posición del nativo en el sector profesional.

## B. Kāraka-Bhāva

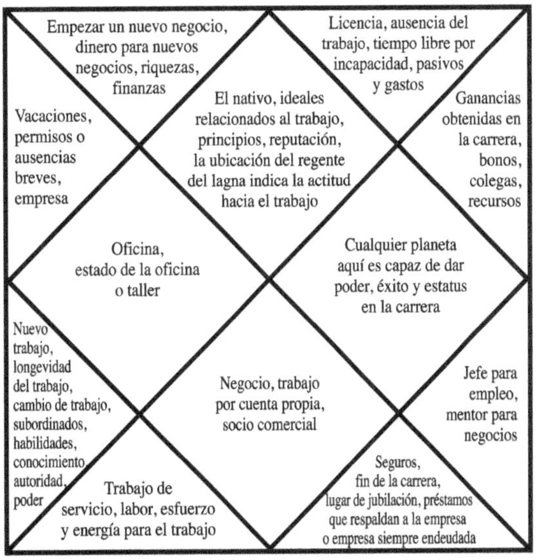


Las casas diez (Sol), seis (Saturno) y siete (Mercurio) son las casas más importantes para entender la trayectoria profesional de una persona. La **casa uno** en cualquier carta divisional representa al nativo en esa área específica de la vida. La casa uno de daśāṁśa indica al nativo en el lugar de trabajo. La casa uno otorga sukhārgalā a la diez indicando la felicidad del nativo en el trabajo. Los maléficos o planetas débiles en la casa uno crean tiempos difíciles en el trabajo, mientras que benéficos o planetas fuertes darán felicidad. La **casa cinco** de daśāṁśa indica a los subordinados (los hijos en el trabajo) y si su regente está bien posicionado, entonces ellos favorecen al nativo, mientras que si el regente de la cinco no está bien situado, puede haber problemas con los subordinados. Si la casa cinco es fuerte, entonces nuestro conocimiento del trabajo es mayor y habrá muchos subordinados haciendo que el nativo tenga más poder y autoridad. La **casa nueve** son los superiores o más específicamente el jefe; benéficos o planetas fuertes aquí indican aprendizaje y un buen jefe que nos cuida, mientras que maléficos o planetas débiles darán problemas con jefes o superiores. Si el regente de la nueve está en la ocho, habrá problemas con el jefe, mientras que si el regente de la nueve está en la nueve, el nativo recibirá una buena guía de parte del jefe. Si el regente del daśāṁśa lagna está en la nueve, el nativo querrá ser su propio jefe.

La **casa seis** indica a los sirvientes o al personal, mientras que la casa cinco son las personas inferiores al nativo que un día ocuparán su puesto de trabajo. La cinco se relaciona con los asistentes ejecutivos bajo el cuidado de un ejecutivo senior, mientras que la seis tiene que ver con el conserje o empleados de seguridad que no llegarán a ocupar un puesto de ejecutivo senior. El mismo regente de la seis puede indicar los enemigos en los negocios o la competencia profesional. Planetas en signos enemigos crearán sufrimientos, si la persona sigue esas indicaciones en el trabajo.

Un factor importante de la casa seis de daśāṁśa es que indica profesiones de servicio, mientras que la **casa siete** indica negocios. Cualquier casa que tenga más planetas o sea más fuerte determinará la

forma en que la persona trabaja. Si hay planetas en ambas casas, entonces la persona puede trabajar para otros antes de empezar su propio negocio, o puede cambiar dependiendo del daśā. Si hay maléficos en la casa siete o su regente es débil, puede indicar problemas con los socios e incluso problemas en los negocios, lo que indica que el servicio puede ser una mejor opción o se debe de hacer un remedio para ese planeta. Saturno es el kāraka para la casa seis del servicio, así como Mercurio es el kāraka para la casa siete de los negocios; debemos analizar y entender sus fuerzas para aconsejar el nativo a seguir sus fortalezas para lograr el éxito. El regente de la siete de daśāṁśa se relaciona con actividades de negocios, así como el regente de la seis se asocia al empleo. Si uno de estos regentes está posicionado en la casa diez o en el lagna de daśāṁśa, el nativo se inclinará hacia esa dirección específica.

Marte está maraṇa-kāraka-sthāna (MKS) en la casa siete indicando problemas para tener socios en los negocios. Venus representa el sector privado de los negocios y se encuentra maraṇa-kāraka-sthāna en la casa seis de servicio. Saturno está MKS en la casa uno indicando que la persona no disfruta trabajando o que trabaja lo mínimo posible. La casa de los planetas maraṇa-kāraka-sthāna indicarán sufrimiento en esa área del empleo o negocio.

La **casa cuatro** es la oficina y planetas ahí indican las características del lugar donde se realiza el trabajo. La fuerza de la casa indicará el tamaño y condiciones de la oficina. Los remedios para planetas en la casa cuatro se pueden realizar como parte de la decoración de la oficina. Si la Luna o Venus están en la casa cuatro, entonces será beneficioso si la oficina está cerca de cuerpos de agua o que se vea agua por la ventana. Si esto no es posible, entonces se puede instalar en la oficina una decoración como una fuente de agua para la Luna u otras comodidades o arte para Venus. El regente de la cuatro en la casa diez o el regente de la diez en la cuatro puede indicar que el nativo trabaja desde su casa o vive en el trabajo. El regente de la cuatro también representa a las personas o asistentes que hacen que la oficina funcione, ya que son parte de la existencia y el funcionamiento de la oficina. Daśā de planetas en su propio signo dará éxito trabajando localmente, mientras que si están frente a su propio signo requerirá viajar para el éxito del negocio.

La **casa ocho** se relaciona con préstamos que pueden ayudar al negocio (segunda desde la siete) y la carrera (onceava desde la diez) si es que los planetas son beneficiosos y el regente de la casa es fuerte; pero si hay aflicciones en esta casa y combinaciones maléficas, entonces puede haber deudas que se acumulan. El regente de la ocho indica peticiones de seguros y otras indicaciones problemáticas. Para trabajos como empleado la casa ocho puede indicar el final de un contrato o desempleo. La casa cinco es el cambio de un trabajo o empresa, ya sea ascensos si hay benéficos y planetas fuertes, o despedidos o bajar de puesto de trabajo si hay maléficos o planetas débiles allí. De esta manera los planetas en la casa cinco deben fortalecerse para el progreso de la carrera. La casa dos es el inicio de un nuevo trabajo o recursos para comenzar un nuevo negocio, la ocho es la pérdida del trabajo o el fracaso de la empresa, mientras que la cinco es transición dentro del trabajo o la carrera. Para que una empresa pueda comenzar los préstamos (energía) de la casa ocho generalmente necesitan convertirse en recursos de la casa dos.

Los planetas en la **casa doce** pueden indicar falta de habilidades relacionadas con los significados del planeta y por lo tanto lo que causará pérdidas o errores relacionados con esas indicaciones. La casa doce es el tiempo o momentos de descanso en el trabajo, generalmente por causas negativas como lesiones o pérdida de empleo debido a recortes en la empresa. La casa tres indica licencias cortas, vacaciones o viajar por trabajo, considerado como un tiempo de descanso positivo. El karmeśa (regente

de la diez de rāśi) o lagneśa de daśāṁśa en la casa doce puede indicar mejores oportunidades al trabajar en el extranjero. Para un negocio la casa doce también se relaciona con ventas y marketing, como gastos en publicidad y entrega de muestras gratuitas. Benéficos ahí indican que la empresa se beneficia al entregar muestras gratuitas o pruebas de sus productos.

Planetas en signos impares en daśāṁśa indican la necesidad de un fuerte autoenfoque para tener éxito en el trabajo, mientras que planetas en signos pares indican un enfoque hacia el deber social o el dharma. Diferentes daśā indicarán cambios de enfoque y propósito en el trabajo del individuo. De esta manera se deben considerar las casas y planetas posicionados a lo largo de la D-10.

## C. Daśāṁśa Lagna y su regente

El daśāṁśa lagna es el nativo mientras que el regente del daśāṁśa lagna indica sus ideales y actitudes relacionadas a la profesión, las cuales serán modificadas según los planetas que estén en el lagna. La fuerza del regente del lagna es cuánta energía y hasta donde quiere llegar el nativo en su profesión, indicando también los estándares y del qué y cómo del trabajo a realizar. Se debe recordar que planetas nīca son buenos para el dinero en la D-10. Si un planeta está en el signo de un enemigo o en el de un gran enemigo no será positivo, pero si está completamente debilitado el nativo ganará mucho dinero, aunque el planeta no manifestará habilidades fuertes relacionadas con sus significados.

La ubicación de diferentes regentes en el daśāṁśa lagna tendrán una gran influencia en la carrera profesional. El regente de la cuatro de daśāṁśa en el lagna indica un nativo que siempre está en la oficina o tiene la oficina en su mente, mientras que el regente de la cinco de daśāṁśa en el lagna es un individuo que siempre está ayudando a sus subordinados, si el planeta es benéfico, o molestando a sus subordinados, si es un maléfico o un planeta débil. El regente de la nueve de daśāṁśa ahí indica que el nativo siempre está interactuando o preocupado por el jefe. De esta manera la posición de los regentes de las casas en daśāṁśa se vuelve importante para indicar el área de la vida relacionada al trabajo.

La posición del regente del lagna de D-10 revelará la naturaleza de cómo trabajamos: si está en la casa nueve, la persona será su propio jefe, mientras que si está en la casa tres, el nativo siempre estará tomando vacaciones o tendrá un trabajo que involucre viajes cortos. Los regentes de las casas en el lagna 'perseguirán' al nativo, mientras que la posición del regente del lagna de daśāṁśa indicará lo que el nativo está 'persiguiendo'.

## D. Regente de la diez de Rāśi en Daśāṁśa

El regente de la diez de rāśi en daśāṁśa se llama *karmeśa* e indica cómo aplicamos la conciencia con respecto al trabajo. La ubicación del karmeśa en las casas es importante porque tanto las significaciones naturales de las casas como los significados de la daśāṁśa se pueden aplicar a este planeta. Las indicaciones relacionadas al karmeśa y los yogas creados por planetas a los que se une influirán en la elección de la carrera. La fuerza del karmeśa en daśāṁśa puede indicar la facilidad del desarrollo profesional, donde la exaltación y digbala se vuelven importantes para indicar éxito sobre los obstáculos.

## E. Svargāṁśa

La D-10 también es llamada Svargāṁśa o la división del reino del cielo (Svarga). Este es el cielo donde se encuentran los diversos dioses arquetípicos; es el cielo del que hablan las religiones como el lugar al que vas donde las calles están pavimentadas de oro y ves a todos tus viejos amigos y puedes disfrutar. Svarga es el reino celestial del disfrute, donde Indra, el rey de los dioses, se sienta en su trono. No es el cielo más elevado buscado por los yoguis, sino un reino intermedio donde uno disfruta del buen karma antes de renacer en la tierra. De esta manera muestra aquello que nos da poder y recompensas que podremos disfrutar a nivel material.

Las deidades de daśāṁśa son los regentes de las direcciones, llamados dikpāla, literalmente los 'protectores de las direcciones', y son los administradores de las direcciones que se relacionan con un tipo específico de trabajo. Las diez Mahāvidyā también se relacionan con las diez direcciones cardinales y tienen la capacidad de traer el conocimiento de esa dirección para que el trabajo (*karma*) se pueda realizar de manera correcta. Las Mahāvidyā darán el conocimiento correcto y los dikpāla darán el uso correcto de ese conocimiento, mientras que el śakti de esa dirección dará los frutos de esa dirección o tipo de trabajo.

| Dik | Deidad | मनतरा | | Remedio |
|---|---|---|---|---|
| Este | Indra | ॐ लं इन्द्राय नमः | aum̐ lam indrāya namaḥ | Adoración del Iṣṭa-devatā |
| Sureste | Agni | ॐ रं अग्नये नमः | aum̐ ram agnaye namaḥ | Mṛtyunjaya-Homa |
| Sur | Yama | ॐ मं यमाय नमः | aum̐ maṁ yamāya namaḥ | Propiciación de los antepasados (pitṛ) |
| Suroeste | Nirriti | ॐ क्षं नैर्त्तये नमः | aum̐ kṣaṁ nairttaye namaḥ | Brahma-Rakṣasa Śānti |
| Oeste | Varuṇa | ॐ वं वरुणाय नमः | aum̐ vaṁ varuṇāya namaḥ | Rudra-Abhiṣeka |
| Noroeste | Vāyu | ॐ यं वायवे नमः | aum̐ yaṁ vāyave namaḥ | Ornamento, decoración, etc. |
| Norte | Kubera | ॐ शं सोमाय नमः | aum̐ śaṁ somāya namaḥ | Adoración en el cumpleaños aum̐ viṣṇave namaḥ |
| Noreste | Iśana | ॐ हं ईशानाय नमः | aum̐ ham īśānāya namaḥ | Bhajan y las escrituras aum̐ namaḥ śivāya |
| Abajo | Brahma | ॐ अं ब्रह्मने नमः | aum̐ aṁ brahmane namaḥ | |
| Arriba | Ananta | ॐ ह्रीं अनन्ताय नमः | aum̐ hrīm anantāya namaḥ | |

Pandit Sanjay Rath enseña que si un individuo está sufriendo problemas con su profesión causados por el regente de algún antardaśā en particular, entonces la deidad que rige a ese planeta en daśāṁśa puede ser propiciada. Por ejemplo, si la carrera está bien y durante el antardaśā de Mercurio comienza a haber problemas con el jefe y nos damos cuenta que Mercurio está en el signo de un enemigo en la casa nueve, entonces uno puede ver que la causa del problema se relaciona con la D-10; en este caso la deidad de esa divisional puede ser usada como remedio.

## Saptāṁśa (D-7), la carta de los hijos

La saptāṁśa es la carta usada para ver la naturaleza individual de los hijos; se dice que también se relaciona con otros esfuerzos creativos, como también con ciertos instintos animales y lujuria en una persona. En este capítulo nos centraremos en su estudio para determinar el sexo de los hijos. Es más fácil aplicar estas reglas de determinación de genero en esta carta divisional y posteriormente las reglas se pueden aplicar en todas las otras áreas, como para ver si el jefe es hombre o mujer, o ver si la D-3 está indicando hermanos o hermanas, etc.

Antes de utilizar la D-7 se debe observar los resultados indicados por la carta natal, se analiza la casa cinco para cartas masculinas y la casa nueve para cartas femeninas de acuerdo a las reglas estándar de Śtrī Jātaka (horoscopia femenina). ¿Son estas casas beneficiosas en la carta? ¿El A5 está en conjunción con benéficos o maléficos (Saturno es el peor, luego Rāhu)? Los maléficos causarán retrasos o ningún hijo en absoluto. Después de entender estas indicaciones, procedemos con la D-7.

El planeta kāraka para saptāṁśā y para los niños en general es Júpiter. La Luna también juega un papel crucial desde el sustento de un embarazo hasta la crianza de los hijos después del nacimiento. A pesar de que la división en siete está relacionada con la casa siete (donde se crean los niños), su kāraka-bhāva es la casa cinco. El lagneśa mostrará los ideales relacionados con la crianza y el cuidado de los hijos.

**Regla:** si el lagna es un signo impar, la carta se lee en el sentido zodiacal, mientras que si es un signo par, se lee el sentido anti-zodiacal.

**Excepción:** *Tauro y Leo porque representan la variación de la naturaleza vimsa/sama pada relacionada con signos impares y pares. Así que Tauro aunque sea par se leerá en sentido zodiacal, y Leo aunque sea impar se leerá anti-zodiacal.*

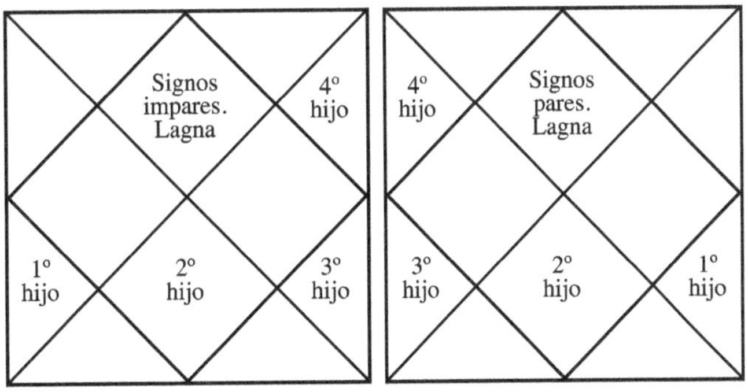


El primer hijo (zodiacalmente) se ve desde la casa cinco, para luego pasar a la tercera desde la casa cinco (la siete) que indicará el hermano del primer hijo; posteriormente la tercera casa desde la siete (la nueve) será el siguiente hijo, y así sucesivamente. Los hijos continuarán llegando hasta encontrar una situación maléfica o el eje de los Nodos. Júpiter es el principal kāraka para D-7 y Rāhu es su peor enemigo. El eje de los Nodos acabará con la capacidad de tener más hijos a menos que exista un Júpiter lo suficientemente fuerte u otro aspecto beneficioso para saltar los nodos.

La fuerza de cada una de estas casas indicará si nace un hijo o el porqué otro niño no nació. En estas casas también se indican los abortos espontáneos o provocados. Si hay indicación para un aborto en la casa cinco de una carta con un lagna de signo impar, entonces el primer hijo fue abortado. El siguiente hijo será visto desde la tercera casa de allí (la siete), incluso si no hay ningún niño físico con los padres. De esta manera la vida de un feto no nacido se ve en las cartas védicas, por lo que su aborto es debido al karma compartido de la madre y el hijo.

| | |
|---|---|
| Sol | M |
| Luna | F |
| Marte | M |
| Mercurio | F / M |
| Júpiter | M |
| Venus | F |
| Saturno | F / M |
| Rāhu | M |
| Ketu | F |
| Exaltado | M |
| Debilitado | F |

Un planeta nos indica un ser animado mientras un signo nos muestra el lugar y la situación. El niño es indicado por el planeta, es decir el regente de la cinco, siete, nueve, etc. indicando al primero, segundo, tercero respectivamente.[9] El regente de la casa cinco para un ascendente impar será el lagna para interpretar el sexo, características, personalidad, carrera, etc., del primer niño. Si el regente de la cinco está en la segunda casa, entonces la carta se lee desde allí. La casa dos se convierte en la uno y según el signo y planeta que lo rige se indicará el sexo y el carácter del nativo. Un planeta femenino en un signo femenino indicará una niña, mientras que un planeta masculino en un signo masculino indicará un niño. Los planetas neutros (Mercurio y Saturno) darán resultados basados en el signo en el que están posicionados. Las indicaciones mixtas necesitan ser estudiadas más profundamente para ver qué signo y planeta está dando la influencia más fuerte. Entonces hay algunas excepciones que necesitan recordarse.

| | | | |
|---|---|---|---|
| M | M | F | F |
| F | | | M |
| F | | | M |
| M | F | M | F |

**Excepciones:**

1. Parivartana en lagna revierte todos los sexos en la D-7
2. Parivartana en una casa específica revierte el sexo de ese hijo
3. Gemelos son posibles para Géminis, Virgo y Escorpio
4. Muchos planetas aspectados por la Luna indican un trastorno de personalidad dividida
5. Si las significaciones son 'masculinas', pero hay una fuerte influencia femenina, entonces el hijo puede ser un varón femenino, etc.

**Otras notas:**

El planeta que indica el lagna para un hijo se puede analizar con respecto al planeta que indica el lagna de los otros hermanos. Podemos así ver su relación con los demás utilizando los principios de bhāva sambandha, por lo que si se encuentran en kendras mutuas trabajan eficazmente entre sí, 6-8 se pelean, etc.

9 Si ese regente ya ha sido usado, se pueden usar a los planetas posicionados en las cassas 5,7,9, etc.

## La carta divisional Horā (D-2)

La carta **Horā de Parāśara** está compuesta de sólo dos signos, Leo y Cáncer, gobernados por el Sol y la Luna. El horā del Sol indica los recursos, la riqueza y el *suministro* mientras que el horā de la Luna indica el uso de esos recursos, la *demanda* y el sustento. Júpiter, Sol y Marte funcionan bien en el horā del Sol, así como la Luna, Venus y Saturno en el horā de la Luna. Mercurio es adaptable y se encuentra bien en cualquier área, por lo tanto es bueno en ambos horās. Parāśara dice que los mejores resultados ocurren en el horā de la Luna para un signo par y en el horā del Sol para un signo impar.[10] De esta manera la Luna se encontraría más débil en el horā del Sol de un signo impar, luego en el horā del Sol de un signo par, luego fuerte en el horā de la Luna de un signo impar y tendría el horā bala más fuerte en el horā de la Luna de un signo par. La D-2 de Parāśara utiliza solo el Sol y la Luna mostrando riqueza y prosperidad, mientras que la D-30 no tiene al Sol y la Luna, solo a los cinco planetas relacionados con los tattva (elementos), indicando destrucción y sufrimiento.

La **Parivṛtti-traya Horā** es una división cíclica, lo que significa que sus aṁśas se dividen en el orden regular del zodíaco. Esto se utiliza para definir la percepción de la familia, cómo el nativo se relaciona con su familia o con aquellos cercanos que se consideran familiares. Parāśara llama a la casa dos kuṭumba que significa 'familia' u 'hogar' y puede referirse a aquellos con los que vives en los confines de tu hogar.

La **Kaśināth Horā** se calcula usando los signos fuertes en el día y en la noche. La primera mitad del signo se será el signo mismo, si es un planeta fuerte de día y será el signo opuesto hombre/mujer, si es un planeta fuerte de noche. Esta carta mostrará el flujo de la riqueza. El lagna muestra al que está recibiendo riquezas. En esta carta el ascendente especial llamado Horā Lagna se utiliza para ver de quién y dónde el nativo está adquiriendo la riqueza en su vida.

| Kaśinath Horā | Sol | Luna |
|---|---|---|
| Aries | Escorpio | Aries |
| Tauro | Libra | Tauro |
| Géminis | Virgo | Géminis |
| Cáncer | Leo | Cáncer |
| Leo | Leo | Cáncer |
| Virgo | Virgo | Géminis |
| Libra | Libra | Tauro |
| Escorpio | Escorpio | Aries |
| Sagitario | Piscis | Sagitario |
| Capricornio | Acuario | Capricornio |
| Acuario | Acuario | Capricornio |
| Piscis | Piscis | Sagitario |

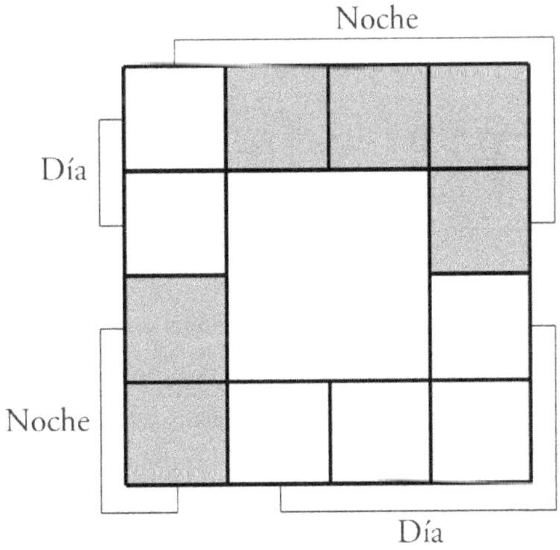


10 Bṛhat Parāśara Horā Śāstra, Varga-viveka-adhyāya, 14.

## La carta divisional caturaṁśa (D-4)

La caturaṁśa, también llamada turyāṁśa, indica terrenos y propiedades. Vehículos se analizan en la D-16, que es 12 X 1 + 4, lo que significa que también se usa para ver resultados de la casa cuatro. La D-4 es parte del grupo de 16 vargas usadas para reyes y por lo tanto se usa para aquellos que son realmente dueños de su casa o para las propiedades que realmente pertenecen al nativo. Puede ser utilizada para aquellos que están alquilando o arrendando, pero no se estará utilizando el aspecto principal que se puede ver en esta carta.

Parāśara afirma que la D-4 muestra el bhāgya o fortuna del nativo. Existen dos cartas divisionales principales utilizadas para ver bhāgya o las bendiciones: la D-9 y la D-4. Existen dos cosas fundamentales que cambiarán el karma general en la vida del nativo y ambas necesitan un buen muhūrta (astrología electiva) para comenzarse: la primera es el día de la boda, porque al casarse el nativo asume las cargas de karma de su conyuge para bien o para mal, y la segunda es el día en que la persona compra una casa uniendo su suerte con el vāstu (Feng Shui) de la propiedad, que cambiará completamente su destino para bien o para mal, dependiendo de la condición de la disposición energética de la propriedad, lo que lo puede volver más próspero y saludable, o causar todo tipo de problemas. De esta manera su bhāgya (fortuna o suerte) se ve a partir de estas cartas.

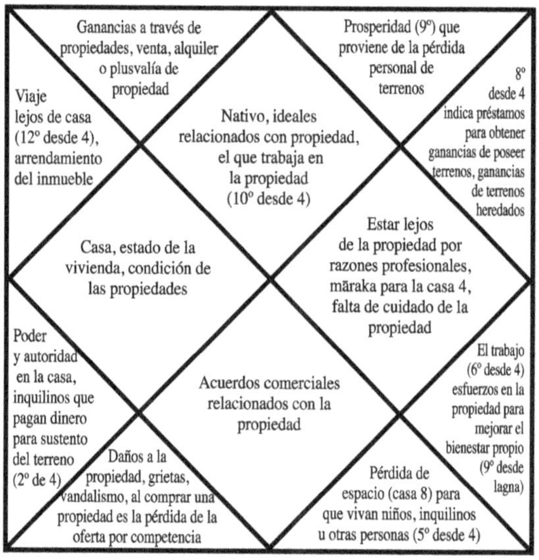


Los planetas kāraka para la D-4 son Marte para terrenos (*bhūmi*), Ketu para los edificios (*gantha*) y la Luna para la situación del hogar personal. Marte es el estado natural de la tierra, mientras que Ketu es como Marte pero anti-natural, como el lodo que se hornea y se transforma en ladrillos. Saturno y Rāhu causan problemas en la mayoría de las áreas de esta carta. Su kāraka-bhāva es la casa cuatro y todas las otras casas se entienden desde allí.

## La carta divisional pañcāṁśa (D-5)

La D-5 no es parte de las 16 vargas utilizadas por Parāśara, pero es recomendada por Jaimini (3.1.29-30) y mencionada por otros autores como Sārāvalī (35.63). Existen dos formas principales de calcular la pañchāmśa: una basada en triṁśāṁśa, que se asemeja a la de los griegos, y otra llamada parivṛtti pañchāmśa que es cíclica y que se utiliza para el poder político y la fama, relacionados con las casas cinco y nueve. Está conectada a la energía de Leo, el signo natural de la casa cinco, y se utiliza sólo para aquellos en posiciones influyentes para poder analizar las condiciones y el estado de su poder, como ganar y perder posición, la naturaleza de su autoridad y el poder en general. Aquellos lideres que tienen un efecto en la vida de miles de personas debido a su posición pueden usar la pañcāṁśa para comprender las dinámicas políticas.

El planeta kāraka para pañchāmśa es el Sol y el Ātmakāraka, así como su kāraka-bhāva es la casa cinco. El lagna de la pañchāmśa, los planetas en el lagna, sus regencias y dignidades, el lagneśa y su posición indicarán el porque una persona es conocida mientras está en el poder. Por ejemplo, John

F. Kennedy tiene a Júpiter en Virgo en el lagna de la D-5 y era conocido por tener una visión justa, pero Júpiter también era el bādhakeśa y muestra asociación con bloqueos. Vladimir Putin tiene en el lagna de la D-5 a Ketu en Escorpio y en la casa diez tiene a Marte junto al Sol ambos con digbala y su Ātmakāraka Júpiter; él es conocido por haber dirigido el servicio secreto y por mantener un fuerte control sobre el poder.

La casa cinco indica lo que lleva a una persona al poder, mientras que la casa nueve es de dónde viene el poder. La casa nueve desde el AL es la visión que la persona está dando al futuro de su país. La nueve desde el AK indicará lo que la persona logró y le dio al país al final de su mandato o lo que realmente sucederá en su mandato.

## La carta divisional ṣaṣṭhāṁśa (D-6)

La D-6 no es parte de las 16 vargas utilizadas por Parāśara, pero es descrita por Jaimini (3.3.59-69) y otros autores. Existen dos usos para ṣaṣṭhāṁśa (D-6): uno de ellos es para la patología de la enfermedad y el otro para litigios y las batallas contra los enemigos. Guerra a gran escala entre países se ven en rudrāṁśa (D-11), que también es enseñada por Jaimini. La ṣaṣṭhāṁśa nos muestra conflictos personales, lo que en el mundo moderno es visto principalmente como batallas legales.

En ṣaṣṭhāṁśa usada para la enfermedad la carta es en realidad una división de drekkāṇa. Cada drekkāṇa de 10° se divide en dos partes de 5° cada una llamadas *kaulakas*. Rāśī chakra nos muestra un mapa general de todo el cuerpo, mientras que drekkāṇa detalla la porción o área del cuerpo y su kaulaka determina el sufrimiento interno o externo de ese problema físico. Si hay un problema relacionado con la cabeza en la carta, el kaulaka determinará si este será en el cabello (externo) o en el cerebro (interno). De esta manera la D-6 se vuelve muy importante para la astrología médica. Saturno es el kāraka para la D-6 ya que representa la enfermedad.

En cuanto a disputas y demandas Marte es el kāraka para oponentes, competencia o enemigos. El lagna de la D-6 y sus trinos representan al individuo y sus problemas, mientras que la casa seis y sus trinos representan a la oposición. Si el lagna y el lagneśa son fuertes, el individuo tiene poder de lucha en la corte, pero si la casa seis y su regente son más fuertes que el lagna, entonces la corte es un lugar peligroso para el individuo y puede ser mejor evitar resolver problemas legales en la corte. Recuerda que los tránsitos y el daśā pueden alterar por períodos de tiempo la fuerza y soporte legal. Con el fin de tener éxito en las demandas y litigios, sólo se deben tomar batallas legales durante tiempos favorables con respecto al ṣaṣṭhāṁśa lagna y mientras su regente sea fuerte. Júpiter es el kāraka para los abogados del nativo. Un Júpiter fuerte indica un buen asesor legal, mientras que un Júpiter débil o afligido puede indicar todo tipo de problemas causados por abogados.

## Dvādaśāṁśa (D-12), la carta de los padres

La dvādaśāṁśa (dva 'dos', daśā 'diez', aṁśa 'división'), que es la duodécima carta divisional, fue llamada la dodecatemoria por los romanos.[11] También se llama la sūryāṁśa, la división del Sol o de los doce meses solares, y se relaciona con el karma ancestral del nativo. Parāśara dice que la D-12 se relaciona con los *Pitṛ* , es decir 'los ancestros' o 'los padres'. La casa doce se relaciona con las deudas que debemos a nuestros antepasados y a nuestros padres por darnos a luz y criarnos. La dvādaṣāṁśa dará detalles más precisos sobre la naturaleza y relación con la madre y el padre.

Cada signo se compone de 2,5 grados, lo que crea 144 dvādaśāṁśas. Cada signo comienza con su propio rāśi y el resto de los signos se asignan zodiacalmente: Aries comienza con Aries y termina con el signo que lo precede, Piscis, así como Tauro comienza con Tauro y termina con Aries y Géminis comienza con Géminis y termina con Tauro.

Los planetas kāraka son el Sol y la Luna, mientras que las kāraka bhāvas son las casas cuatro y nueve. El estado de estos planetas indica las características y la calidad del tiempo que el nativo tuvo con sus padres. Si el Sol está en la doce y un maléfico está en la nueve, el nativo no habrá pasado el tiempo necesario con el padre. Como los padres son seres vivos, el regente (graha) de la kāraka bhāva se utiliza para entender acerca de la naturaleza, carácter y situación de los padres. La condición del kāraka bhāva desde el lagna es la relación de los padres con el nativo, mientras que la información sobre el padre se ve usando al regente del kāraka bhāva como ascendente. Si ambos kāraka bhāva tienen el mismo regente, entonces se usa el sthīra kāraka: para Aries-Scorpio se usa a Venus como padre y para Tauro-Libra se usa a Marte como madre. La cronología de todos los eventos relacionados con los padres se puede observar con esta carta, incluyendo la carrera, la salud y la muerte de los padres y de los abuelos.

Las deidades de esta varga asociadas con el lagna y los planetas en D-12 también tendrán una fuerte influencia en las indicaciones positivas o negativas de sus posiciones. Las deidades son Ganeśa (el señor que elimina los obstáculos), Aśvinī Kumāras (los sanadores divinos), Yama (el señor de la muerte) y Sarpa (las serpientes). Ganeśa y los Aśvinī son divisiones benéficas. Si Saturno está en la casa nueve, podría indicar que el padre era muy duro con el nativo o que era un maestro tradicional. Si Saturno se encuentra en un Sarpa dvadaśāṁśa entonces se portará de manera negativa, mientras que si se encuentra en una dvadaśāṁśa benéfica, las indicaciones serán más positivas. Los regentes necesitan integrarse con el estatus de los planetas según la posición que tengan en los signos de D-12. Las divisiones de Gaṭeśa muestran ánimo, educación y protección de los padres y las divisiones de Aśvinī muestran nutrición y cuidado. Las divisiones Yama pueden mostrar la pérdida de los padres o de la infancia, mientras que las divisiones Sarpa indicarán un karma negativo que necesita ser experimentado.

11 Manilius *Astronomica* 2.693-750, uno de los primeros textos de astrología Helenística, escrito en latín aproximadamente en el siglo 14 d.c.

## Ṣoḍaśāṁśa (D-16), la carta de las comodidades y los vehículos

La ṣoḍaśāṁśa se relaciona al cálculo (12 X 1) + 4 y por lo tanto se asocia con la casa cuatro. Es un armónico más alto que las primeras doce divisiones y por lo tanto indica un nivel más sutil de la realidad. Parāśara dice que esta carta divisional revela la comodidad y prosperidad (*sukha*) o la falta de ellas (*asukha*), y los vehiculos (*vāhana*). En algunos lugares modernos la gente da por sentado el ser dueños de un vehículo para moverse con facilidad de un lugar a otro, pero este es un lujo que no debe pasarse por alto. La D-16 nos mostrará todos las características de uno o varios vehículos; también es la capacidad de apreciar y disfrutar de las comodidades materiales. Es una varga muy importante para ver el nivel de felicidad y satisfacción que tiene la persona.

| **Regente de la āṁśa** | **Gran apego a:** |
|---|---|
| Brahma | Sabiduría y aprendizaje |
| Viṣṇu | Casa, vehículos, materialismo |
| Śiva | Relaciones |
| Sūrya | Trabajo y sus frutos |

Los planetas kāraka son la Luna y Júpiter para la felicidad mental y emocional, y para las comodidades o la falta de ellas. Júpiter indica de dónde viene la felicidad (sukha), así como Venus es el kāraka para vehículos y los signos y planetas en conjunción con él modificarán el karma relacionado a vehículos. Para aquellos que tienen una gran cantidad de vehículos, como una empresa, la carta D-16 se puede leer al igual que la D-4, pero en relación con los vehículos en lugar de propiedades. Se pueden aplicar todas las reglas generales.

Existen cuatro deidades en la Ṣoḍāśāṁśa que darán una visión más profunda de dónde la persona está buscando alcanzar la felicidad. La Luna y el lagna deben ser examinados para entender las tendencias generales.

## Viṁśāṁśa (D-20): espiritualidad

Parāśara utiliza la D-20 para *upāsana*, que se traduce como 'adoración' y que es la combinación de dos palabras, upa que significa 'estar cerca' y āsana que significa 'asiento'. Literalmente significa sentarse cerca y se utiliza en el contexto de lo que practicamos para acercarnos a lo divino. Por lo tanto la viṁśāṁśa se utiliza para ver las inclinaciones espirituales de un nativo.

La viṁśāṁśa se relaciona al cálculo (12 X 1) + 8 y por lo tanto se relaciona con la casa ocho de transformación y muerte; es el hecho de que muramos y dejemos este cuerpo lo que nos obliga a pensar en algo más allá del aquí y ahora. Las casas cuatro, ocho y doce son los trinos mokṣa. La ocho es la quinta casa desde la cuatro, lo que demuestra que es el conocimiento, las habilidades y las prácticas utilizadas para alcanzar mokṣa. No hay espiritualidad sin transmutar las tendencias inferiores a frecuencias superiores.

El Sol es el indicador de espiritualidad y el bhāva sambandha entre el Sol y el lagneśa indicará el grado de energía que una persona pone hacia la espiritualidad. Si algún planeta esta conectando, a través de un sambandha, al Sol y al lagneśa, entonces ese planeta traerá espiritualidad. La relación entre el Sol y el ātmakāraka indicará el nivel más profundo de espiritualidad en la persona, donde el signo del Sol es como una antorcha para guiar el camino. El estado y la relación de Júpiter también se puede analizar para entender la religiosidad de la persona. En viṁśāṁśa el Sol y Júpiter son considerados como los planetas kāraka. También el AK y el BK (Gurú) se convierten en planetas muy importantes.

La casa cinco en la carta rāśi se analiza para determinar las deidades *favoritas* para al adoración. Planetas ahí indicarán la deidad de acuerdo con su estado (formas de Viṣṇu para exaltación, forma del graha en su propio signo, Marte en signo impar es Kartikeya, Marte en signo par es una forma feroz de la diosa, etc.). La casa cinco es la casa de mantras, yantras y tantra, así como la casa de la especulación y la planificación. Por lo tanto indica lo que el nativo desea, qué deidades manifiestan esos deseos y las prácticas que la persona hace para cumplir esos deseos y ambiciones, tanto espirituales como materiales. La casa cinco es la décima casa desde la ocho, mostrando que es el trabajo que hacemos para obtener el poder oculto de la casa ocho.

La casa cinco en viṁśāṁśa es la kāraka-bhāva principal con respecto a la divinidad que la persona adora, pero también se necesita estudiar con detenimiento el lagna, el regente del lagna y los trinos para conocer el tipo y profundidad de la espiritualidad. La Luna, Venus y la casa cinco nos muestran la naturaleza del bhakti (devoción) del nativo: si es fuerte y está asociado con regentes benéficos entonces el bhakti será fuerte. La naturaleza de los planetas posicionados ahí revelarán la naturaleza de las deidades que la persona adora, sus mantras, así como las prácticas que aumentarán el bhakti. La casa nueve indicará los puntos de vista y opiniones espirituales o la religión. Mercurio da una visión moderna o de celebración, Venus dará un enfoque sensualista o artístico, Júpiter dará un enfoque estricto y ritualista, Saturno dará una visión muy tradicional u ortodoxa.

La fuerza y estado del lagneśa es la integridad de la espiritualidad propia; también indica lo que aumenta la fe del nativo. Múltiples planetas en la lagna y sus trinos o planetas en conjunción con el regente de la lagna indican más conciencia espiritual. La posición del lagneśa en las casas indicará el enfoque espiritual del nativo.

La casa dos nos muestra la comunidad espiritual y la deidad familiar venerada tradicionalmente por dicha comunidad. La deidad indicada por la casa dos en viṁśāṁśa se llama *kula-devatā* (deidad familiar) y traerá armonía dentro de la familia. Cada vez que hay sufrimiento de todos en una familia (el padre está enfermo, la madre perdió su trabajo, el hermano es adicto a las drogas, la hermana está sufriendo... etc.), entonces esto es una indicación de que la deidad familiar no está feliz y debe ser adorada.

Planetas en la casa seis crearán problemas en la espiritualidad, incluso si son benéficos, indicando temas que la persona necesita superar o disciplinar para permitir que la espiritualidad crezca en su vida. El regente de la seis indicará lo que se puede hacer para eliminar el problema de la casa seis: si está en la casa cinco, entonces a través de mantras, y si está en la casa cuatro, hay que adorar a la deidad local y trabajar en la transmutación de las emociones; si está en la casa nueve, entonces respetando a los ancianos, tomando iniciación y haciendo peregrinajes, etc. Marte indica una lucha que perturba el crecimiento espiritual, Júpiter sería codicia o una prédica de superioridad moral.

Planetas en la casa ocho indican lo que bloquea la relación del nativo con la divinidad y lo que necesita ser eliminado para poder tener una mayor conexión: Marte es ira o demasiado impulso que necesita ser transmutado en confianza en la protección divina, mientras que Júpiter es exceso de estudio o terquedad que necesita ser convertida en confianza en las enseñanzas, así como Venus es demasiada preocupación por las percepciones externas y la necesidad de cultivar el amor de las cosas tal como son. De esta manera los planetas en la casa ocho indican atributos internos que necesitan ser transmutados y elevados a la mayor capacidad del planeta, mientras que los planetas en la casa seis son acciones externas que requieren de disciplina.

Cuando analizamos el signo del lagna de la D20 en rāśi, esa casa indicará qué área de la vida llevará a una persona a volverse espiritual. Si el lagna de la D-20 en rāśi es una casa duḥsthāna desde el lagna, indica que la espiritualidad está asociada con el sufrimiento, y que el dolor hará que la persona sea más espiritual. Si está en la casa tres, entonces las luchas traerán espiritualidad, y si está en la once, entonces los castigos traerán espiritualidad.

El signo de Rāhu/Ketu es importante, ya que indica lo que nos ayuda a superar el ego que nos esclaviza. El regente de ese signo será un elemento clave en las experiencias de desarrollo espiritual y madurez. Planetas nīca indican humildad en el reino de la espiritualidad, lo cual es un gran beneficio para progresar, mientras que planetas exaltados solo darán buenos resultados después de que se superen los problemas del ego asociados a ellos.

## Caturviṁśāṁśa (D-24), la carta del conocimiento y la educación

La caturviṁśāṁśa (catur 'cuatro', viṁśa 'veinte', aṁśa 'division') es la división que abarca vidyā, que significa 'conocimiento', 'aprendizaje', 'ciencia', 'estado de comprensión' y es lo opuesto a la ignorancia. También se le llama siddhā de la palabra siddhi, que significa tanto 'perfección' o 'logros', como 'poder sobrenatural', ya que la perfección es un poder sobrenatural. Debido al hecho de que somos humanos no hay nada que sea completamente perfecto y, por lo tanto, cuando algo se perfecciona se vuelve superhumano, más allá de lo natural, sobrenatural. La D-24 muestra nuestro conocimiento (vidyā) y nuestra capacidad para perfeccionar el conocimiento del universo.

La D-24 contiene los doce signos del zodíaco repetidos dos veces. La variación es que los signos impares comienzan desde Leo y terminan con Cáncer, mientras que los signos pares comienzan desde Cáncer y terminan con Leo. La importancia de Leo y Cáncer revela la importancia del Sol y la Luna para una verdadera educación. La Luna indica el conocimiento que es importante para vivir en la creación material, para la carrera y el sustento, etc; este conocimiento mundano se llama *aparavidyā*. El Sol es el conocimiento que nos ayuda a trascender el mundo y este conocimiento trascendental se llama *paravidyā*. El cálculo de la D-24 muestra el equilibrio esotérico de estas dos formas de vidyā (conocimiento). Este equilibrio de la energía lunar (intuitiva) y la energía solar (lógica) es la clave para obtener el más alto nivel de conocimiento. Esta es la comprensión del tercer ojo que proviene de equilibrar los canales izquierdo y derecho de energía en el cuerpo y la mente.

Los planetas kāraka para la D-24 son Mercurio para la habilidad mental, la educación, el análisis, el aprendizaje y la Luna para el enfoque intelectual de la mente; estos son los planetas kāraka relativos a aparavidyā (conocimiento material). Júpiter es kāraka de conocimiento, sabiduría y comprensión, mientras que el Sol es la guía del ātman hacia formas más elevadas de conocimiento; Júpiter y Sol indican paravidyā (conocimiento transcendental).

La situación de Mercurio y del regente del lagna es muy importante para comprender el desarrollo del proceso educativo; por ejemplo los maléficos en el lagna causarán problemas en el ámbito de la educación. La situación de la Luna nos mostrará la concentración en nuestros estudios, siendo que la Luna en signos fijos (*sthira*) es muy enfocada, mientras que en signos móviles (*cara*) hace que la mente divague en muchas áreas y diversos temas de estudios; los signos duales (*dvisvabhāva*) dan resultados mixtos. La posición de Júpiter indica el desarrollo del aprendizaje espiritual superior, así como los título de maestría y doctorado que son aspectos de los niveles superiores de aparavidyā. El Sol indicará la disponibilidad de enseñanzas de conocimiento espiritual elevado y la capacidad del nativo para acceder mentalmente a este conocimiento.

La casa cuatro, el signo natural de Cáncer, es el entorno para el aprendizaje aparavidyā, mientras que la casa cinco, el signo natural de Leo, es el método de aprendizaje paravidyā. Es por eso que la D-24 se construye a partir de los signos naturales de las casas cuatro y cinco (Cáncer y Leo). El regente del caturviṁśāṁśa lagna muestra la inteligencia y el regente de la cuatro de D-24 es cómo la conciencia se aplica al aprendizaje.

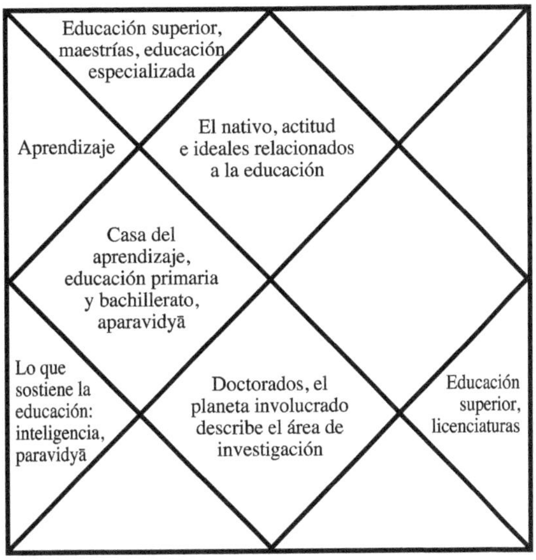


Los kāraka-bhāvas cambian dependiendo del nivel de educación. La casa cuatro es el kāraka-bhāva primario para la educación formal e indica el aprendizaje general que todos reciben desde la infancia. Los benéficos indica buenas escuelas y experiencias, mientras que maléficos ahí pueden crear dificultades, a menos que estén bien posicionados. Por ejemplo, un Marte exaltado puede dar una buena experiencia en una escuela militar.

El siguiente nivel de educación se ve analizando la sexta casa desde la cuatro, ya que es una adición al conocimiento. En general cuando algo termina y algo nuevo comienza, se considera la octava casa desde el kāraka, mientras que cuando algo crece, se toma en cuenta la sexta casa. Aplicando este concepto, la sexta desde la cuatro es la casa nueve que indicará el siguiente nivel de educación superior, tal como un título de licenciatura; posteriormente la sexta casa desde la nueve es la dos, que es la casa que indica un nivel de estudios más especializado, como una maestría; el nivel final de la educación es la sexta desde la dos que es la casa siete, que sería el nivel de doctorado o la experticia en un campo de estudio muy específico. Planetas en la casa siete (o casa kāraka) se relacionará con el tema de la investigación, mientras que el regente de la casa se relacionará con el nivel de éxito en ese nivel de educación. Todas las casas se leen de acuerdo con las reglas estándar del kāraka-bhāva. Por ejemplo, la casa que sustenta el nivel de doctorado es la casa ocho de investigación y préstamos; muchas investigaciones y muchos préstamos le permitirán al nativo terminar su doctorado.

La casa tres representa el aprendizaje. Si las casas de educación superior están afectadas pero la casa tres es beneficiosa, entonces aprender un oficio o habilidad a través de un puesto de aprendiz puede ser mejor para la persona. Las casas tres y cinco también pueden indicar el tiempo de las pasantías de educación superior.

Maléficos en el lagna causarán problemas en el sector de la educación. Si uno de los kāraka-bhāvas está débil o afligido, esto impedirá que la educación continúe de acuerdo con las razones indicadas por esas debilidades. En general Saturno y Rāhu son perjudiciales para la educación, Saturno causará problemas monetarios, o será demasiado difícil, o hará que el nativo comience a trabajar; también es el kāraka para el olvido. Rāhu bloqueará la educación al enfocarse más en otros factores, hacer que el nativo viaje u otras razones similares por falta de enfoque. Rāhu también causará confusión relacionada al camino de la educación.

## Triṁśāṁśa (D-30), la carta de las desgracias

La D-30 muestra los resultados de desgracias y mala suerte (*ariṣṭaphala*). La triṁśāṁśa se calcula con la fórmula (12 X 2) + 6 que muestra su relación con la casa seis de las enfermedades que son causadas por el mal karma que realizamos en contra de nosotros mismos, mientras que la casa ocho son las enfermedades basadas en el mal karma que realizamos en contra de otros. La casa seis son las enfermedades causadas por factores externos (*aguṇṭaka*), mientras que la casa ocho son enfermedades causadas por factores internos (*nija-doṣa*).

| Casa | Tipos de karma | Dos tipos de manifestación |
|---|---|---|
| Seis | Agaṇṭuka | Enfermedad provocada por causas dṛṣṭa o visibles |
| | | Enfermedad provocada por causas desconocidas |
| Ocho | Nija-Doṣa | Enfermedad y sufrimiento del cuerpo |
| | | Enfermedad y sufrimiento de la mente |

Enfermedades externas causadas por la casa seis pueden ser divididas en dos tipos: provocadas por fuentes conocidas (visibles) o por fuentes invisibles. Los factores visibles (dṛṣṭa) son eventos como accidentes automovilísticos, caídas, erupciones cutáneas contagiosas, violación, etc. Los factores invisibles incluyen el karma pasado, maldiciones, ira de deidades o antepasados (bādhaka). La D-30 se centra específicamente en los factores aguṇṭaka (externos) visibles de la enfermedad, el sufrimiento y la mala suerte.

Todos los maléficos, especialmente Saturno, y los planetas debilitados se convierten en kārakas en la triṁśāṁśa. El regente de la casa seis del la rāśi se vuelve muy maléfico para la D-30 y si tiene alguna asociación con la casa ocho o el lagna, creará desgracias.

Las duḥsthānas son kāraka bhāvas importantes, especialmente la casa ocho de la triṁśāṁśa. Si un planeta está en la casa ocho, entonces los signos de ese planeta también indicarán malos resultados. Estos eventos sucederán tanto de acuerdo con el naisargika dāśa como con el viṁṣottari dāśa de los planetas involucrados. El regente del lagna de la D-30 indicará el tipo de debilidades y problemas que tendrá la persona. Por ejemplo, si Venus es el lagneśa, la persona tendrá problemas con las relaciones amorosas, el matrimonio, la violación, etc. Si Saturno es el lagneśa, la persona tendrá problemas que la harán sufrir y sentirá grandes cantidades de dolor, pena o separación. Estos problemas con el lagneśa serán más pronunciados, si están conectados con el regente de la ocho en la D-30 o el regente de la seis en la Rāśi.

En la D-30 no hay divisiones asignadas a los signos de Cáncer o Leo, sólo hay divisiones asignadas a los signos regidos por los cinco planetas que rigen sobre los elementos (tattva). También existen solo cinco deidades en triṁśāṁśa relacionadas con cada uno de estos cinco tattvas. Cuando se utiliza la D-30 para una visión más profunda de la patología de la enfermedad, es muy importante tener en cuenta el tattva del signo, es triṁśāṁśa la que indicará las razones de la enfermedad.

| Tattva | Elemento | Deidad |
|---|---|---|
| Agni | Fuego | Agni |
| Vāyu | Aire | Vāyu |
| Ākāśa | Espacio | Indra |
| Pṛthvi | Tierra | Kubera |
| Jala | Agua | Varuṇa |

La D-60 nos muestra la razón kármica de todos los acontecimientos en la vida, así como la enfermedad y el sufrimiento, mientras que la D-30 ofrece una visión profunda del sufrimiento y se centra específicamente en el nivel subconsciente de la mente y su manifestación en la realidad física.

La carta divisional D-30 muestra las desgracias más oscuras en la vida, como operaciones que dejan a una persona discapacitada en lugar de sanarla, una pareja que se vuelve loca y te daña, el asesinato, abuso, desfiguración y adicciones. Cuando analizamos estos varga chakras, estamos mirando dentro de un campo de energía en la vida de una persona y conectándonos con esa energía. Cuando miramos la D-20, nos estamos conectando con los reinos espirituales de la persona y la energía generalmente se vuelve ligera y fresca. Al utilizar la D-30 estamos viendo los males y debilidades que existen dentro de los humanos y se siente una energía más pesada y oscura.

Existen otras dos formas de la D-30: una es Paravṛtti (regular y cíclica) y la otra se calcula como la D-60, y se llama *Ṣaṣṭyāṁśa Triṁśāṁśa* y se utiliza para determinar la forma de la deidad que un planeta se manifestará al individuo.

## Khavedāṁśa (D-40), la carta del linaje materno
## Akṣavedāṁśa (D-45), la carta del linaje paterno

La D-40 se compone de 40 aṁśas de 45 grados, mientras que la D-45 se compone de 45 aṁśas de 40 grados. El khavedāṁśa se obtiene con el cálculo (12 X 3) + 4 que muestras el vínculo con la casa cuatro de la madre, mientras que el akṣavedāṁśa se obtiene a través del cálculo (12 X 3) + 9 que muestra la conexión con la casa nueve del padre. Las primeras 12 vargas son el nivel material, mientras que las siguientes 12 (13-24) son el segundo armónico y el plano mental, así como las siguientes 12 (25-36) son el tercer armónico de vargas y se relacionan con un plano más subconsciente. El cuarto armónico (37-48) se relaciona con el nivel superconsciente de la realidad donde la conciencia es compartida entre grupos de personas.

La realidad física de los padres e incluso de los abuelos del nativo se ven desde la D-12, especialmente cuando está relacionada con la salud física y los problemas asociados con la muerte. Por ejemplo, si alguien quiere definir el momento de la muerte de la abuela materna, la cuarta casa desde la cuatro en la D-12 dará excelentes resultados. Las D-40 y D-45 están en el reino de la súper conciencia, representan lo que no se ve en la realidad, lo que ha venido antes que nosotros, pero que nos está influenciando. Son las generaciones de nuestra familia las que han pasado al reino superconsciente. Recordemos que nuestro karma afectará a nuestra descendencia durante siete generaciones y somos afectados por el karma de nuestros antepasados de las siete generaciones anteriores.

Cuando se hereda una enfermedad (*ādibala-pravṛtta*), se pueden estudiar las D-12, D-40 y D-45 para ver el karma genético de esta enfermedad, así como indicar un remedio para poner fin a la transmisión genética al pagar las deudas kármicas. Cuando una enfermedad genética o una situación kármica afecta a cada una de las generaciones, esto se ve por comparación de la rāśi con ambas D-40 y D-45. Cuando se ve una aflicción o maldición en la rāśi y es posiblemente genética; las mismas indicaciones aparecerán en la D-40 si es del linaje materno o en la D-45 si es del linaje paterno. A veces hay problemas como adicciones o el abuso en el matrimonio que pasan de generación en generación y se pueden ver en estas cartas divisionales.

Cuando le pregunté a mi Jyotiṣa guru sobre estas vargas hace algunos años, su primera respuesta fue: "¿Para qué quieres escudriñar en los secretos de las personas?" El sufrimiento causado por las

malas acciones de nuestros antepasados es evidente. La D-40 y la D-45 son parte del sistema de 16 vargas para reyes y personas poderosas, y pocos se vuelven reyes de la nada. Nacer en una familia poderosa sienta las bases del poder. El hijo de un rey que persiguió y aniquiló a una raza o religión en particular compartirá ese karma y experimentará el sufrimiento de ese karma a menos lo equilibrara con un karma igual pero opuesto.

Parāśara dice que la D-40 y la D-45 indican buenos (*śubha*) y malos (*aśubha*) resultados. De esta manera indicarán nuestras maldiciones, así como nuestras bendiciones de los antepasados. Si el bisabuelo fuera un gran devoto de una deidad en particular, ese deva bendeciría a la persona y a todo su linaje. Por lo tanto heredamos maldiciones y bendiciones, que darán buenos y malos resultados en nuestras vidas.

Los planetas kāraka son Mercurio (la madre Tierra) para la D-40 y Júpiter (el padre Cielo) para la D-45. Si Júpiter está en la casa 12 de la D-45 habrá poca o ninguna conexión con el linaje paterno. Si Júpiter está en la tercera casa (māraṇa-kāraka-sthāna), entonces la persona también perderá la conexión con el linaje paterno, excepto cuando hay enfermedad o muerte. De esta manera los kārakas mostrarán la conexión con el linaje.

El lagna representa el individuo y el regente del lagna sus ideales. La casa cuatro es el kāraka-bhāva para la D-40 y la casa nueve para la D-45. En estas vargas se debe analizar al matṛkāraka (MK) y al pitṛkāraka (PiK). El pitṛkāraka asociado con el lagna generalmente indica una fuerte espiritualidad, mientras que la conexión del matṛkāraka indica prosperidad material. Su asociación con el rāśi lagna indica una estrecha relación genética y su asociación con el ātmakāraka indica una conexión a nivel del alma con estos linajes. Para que una bendición o una aflicción en la D-40 o D-45 sea transferida genéticamente, el rāśi lagna necesita tener alguna asociación con el matṛkāraka y el pitṛkāraka, de lo contrario se trata de un evento que no comparte karma. Si el lagneśa no está involucrado, podría ser un hermano o hermana, o primo el que puede experimentar ese karma que aparece en la D-40 y D-45.

Cuando la casa cuatro de la rāśi está afligida, es bueno mirar en la D-40, de la misma manera cuando la casa nueve de la rāśi está afligida, es bueno mirar la D-45. Cuando planetas están en gaṇḍānta en el lado del signo de agua, pueden indicar problemas relacionados con el linaje materno, mientras que en el lado del signo de fuego pueden indicar el karma paterno. De manera similar maldiciones en el lado nocturno del lagna pueden indicar el karma del linaje materno, mientras que en el lado diurno pueden indicar el karma del linaje paterno. En estos casos las D-40 y D-45 se puede analizar para ver si contienen aflicciones relacionadas con el tema. Si esto se encuentra, indica que el remedio requiere apaciguar el karma familiar, así como el karma personal para así superar con éxito los problemas que se indican en la rāśi.

*dyaurme pitā janitā nābhiratra bandhurme mātā pṛthivīmahīyam*
*uttānayoścamvoryonirantar atrā pitā duhiturgarbhamādhāt ||1.164.33||*

El cielo es mi padre creador,
El centro está aquí, mis relaciones,
La vasta Tierra es mi madre,
Entre estos dos receptáculos nacemos y crecemos,
Aquí el padre impregnó su creación.
-Ṛgveda 1.164.33

## Ṣaṣṭyaṁśa (D-60), la carta de la vida pasada

De acuerdo con Parāśara la D-60 tiene el mayor peso en vimsópāka bala con respecto a las posiciones planetaria. La ṣaṣṭyaṁśa se obtiene con el cálculo (12 X 4) + 12, que se relaciona con el plano supra-consciente del ātmā y sus vidas pasadas. El gran sabio Parāśara nos enseña que la D-60 da la visión completa (*akhila-īkṣa*) o entendimiento de diversas vidas sin la brecha de los diferentes cuerpos que asumimos. Por lo tanto es el karma raíz que el alma está cargando a través de varias encarnaciones y nos da una comprensión de por qué existen ciertas situaciones en nuestra vida manifestándose en la rāśi.

Cuando cada uno de los doce signos se divide en sesenta partes, se crea un total de 720 aṁśas de treinta minutos de arco cada uno (30'), que divide cada grado a la mitad.[12] El Ṛgveda menciona esta división en la oración al Sol:

द्वादशारं नहि तज्जराय वर्वर्ति चक्रं परिद्यामृतस्य ।
आ पुत्रा अग्ने मिथुनासो अत्र सप्त शतानि विंशतिश्च तस्थुः ॥११ ॥

*dvādaśāraṁ nahi tajjarāya varvarti cakraṁ paridyāmṛtasya|*
*ā putrā agne mithunāso atra sapta śatāni viṁśatiśca tasthuḥ||11||*

"La rueda de doce puntas, del verdadero (Sol) gira alrededor de los cielos, sin decaer, setecientos veinte niños en pares, Agni, moran en ella"[13]

La rueda de doce puntas es el chakra rāśi de doce signos a través del cual gira el Sol. Cada uno de los 360 grados se divide por la mitad para crear 720 divisiones emparejadas. Cuando se divide la triṁśāṁśa de manera similar a la D-60, se le llama la *ṣaṣṭyaṁśa triṁśāṁśa* y se relaciona con la forma de la deidad que el nativo percibe para cada planeta. Cuando esto se divide a la mitad (en la D-60) nos muestra la historia kármica específica asociada a cada uno de los planetas. No se puede pasar por alto la importancia de ṣaṣṭyaṁśa.

Al igual que navāṁśa que tiene una multitud de técnicas, debido a su importancia, la D-60 también las tiene. Sólo unas pocas técnicas básicas se introducirán aquí. La D-60 cambia cada dos minutos de tiempo, por lo que a menos que el tiempo se rectifique a ese nivel, la precisión de la lectura de la vida pasada será cuestionable. Una vez que se rectifica existen muchas maneras de usar la D-60 como también una manera de usarla tal cual. Es sólo el ṣaṣṭyaṁśa lagna el que cambia cada dos minutos, los otros planetas permanecerán en su signo D-60 por mucho más tiempo. Por lo tanto podemos analizar esa posición.

12 La Ṣaṣṭyāṁśa principal es parivṛtti, pero existen múltiples variantes, en el *Astronomica* de Manilius (3.275-277, 437-438) se mencionan los cálculos para una precisión de dos minutos del ascendente y también se entrga el cálculo (2.738-750) para lo que es llamado Dvadaśāṁśa-ṣaṣṭyāṁśa, donde cada división de doce es vuelta a dividir en los cinco elementos.

13 Wilson y Sāyaṇācarya, Ṛgveda Saṁhitā, p.422

**Deidades de la Ṣaṣṭyaṁśa**

Cada aṁśa de la D-60 tiene una deidad que indicará la naturaleza de la situación kármica pasada que cada planeta carga.[14] Por ejemplo, si Venus está en la casa nueve y posicionado en daṇḍā-yuddha-ṣaṣṭyaṁśa, que significa 'bastón de combate', indica una lucha inconclusa de la vida pasada que se manifiesta en esta vida. Ya que Venus se encuentra en la nueve, la persona tuvo alguna lucha con la tradición (casa nueve) en su vida pasada que todavía está luchando en esta vida. Si ese mismo Venus en la casa nueve estuviera en pravīṇa-ṣaṣṭyaṁśa, que significa 'inteligente y experto' indica que la persona perfeccionó una habilidad en una vida pasada, entonces Venus indicaría algún dominio dhármico de la vida pasada que la persona está utilizando en esta vida. Si ese Venus estuviera en *kulaghna-ṣaṣṭyaṁśa*, que significa 'alguien que destruye a la familia' o 'destructor de casas' o 'alguien que detiene el linaje', entonces Venus causaría algún escándalo sexual relacionado a la casa nueve (templo, o universidad, etc.) que destruiría a la familia. Si Venus estuviera en *amṛta-ṣaṣṭyaṁśa*, que significa 'néctar', 'nutrir' o 'rejuvenecer,' entonces el nativo recibiría todo tipo de bendiciones y apoyo del Guru o del padre debido a la ayuda que ellos dieron en la vida pasada.

Si maléficos (especialmente Saturno o Rāhu) se posicionan en la casa nueve, entonces los nativos pueden ser irrespetuosos o deshonrar a su guru y linaje. La situación enṣaṣṭyaṁśa nos aclarará a qué nivel y por qué esto sucederá. Si Rāhu estuviera en *amṛta-ṣaṣṭyaṁśa* entonces los nativos estarían sanando, en esta vida, el karma negativo que causaron a la tradición en su última vida; mientras que si ese Rāhu está en un ṣaṣṭyaṁśa negativo, podría crear graves problemas para el guru del individuo. De esta manera las deidades de la ṣaṣṭyaṁśa se integran con toda la carta. Los planetas deben ser interpretados de acuerdo a la situación en que el planeta está dentro de la carta, mientras que la D-60 revelará un karma más suave o áspero asociado a esa situación.

También podemos analizar los regentes de las casas. La ṣaṣṭyaṁśa del regente de la nueve indicará las situaciones al respecto del dharma del nativo. Si el regente de la nueve está en *daṇḍā-yuddha-ṣaṣṭyaṁśa* entonces el nativo estará luchando entre dharmas. Si el regente de la nueve está en *amṛita-ṣaṣṭyaṁśa*, el nativo estará rejuveneciendo el dharma en el mundo. Recuerda que todas estas indicaciones deben verse con respecto a las posiciones en rāśi.

La deidad de ṣaṣṭyaṁśa del rāśi lagna nos debería hablar acerca de la naturaleza general del individuo. Si no lo hace, entonces podemos considerar mirar a los regentes justo antes y justo después de su lagna para encontrar el que sea más adecuado, este es un método de rectificación de la D-60.

*"Después de la muerte el alma va al otro mundo teniendo en cuenta las impresiones sutiles de sus actos y después de cosechar sus frutos regresa de nuevo a este mundo de acción. Así el que tiene deseos continúa sujeto al renacimiento".*

-Śukla Yajur Veda, Bṛhadāraṇyaka Upaniṣad 4.4.6

14 Se puede encontrar la lista de las deidades y sus significados en el Capítulo acerca de fuerza.

**La vida pasada y el karma presente**

La lectura de esta carta desde el lagna revelará qué resultados del karma pasado tenemos pendientes para esta vida y por lo tanto se puede leer tal como la carta rāśi. Esto se hace con una herramienta de tiempo llamada *mūla daśā*, que nos muestra la manifestación de nuestro karma de la vida pasada. Cuando un planeta tiene una bendición o una maldición, su razón se ve en la carta D-60. La predicción de la maldición se realiza desde la rāśi y su entendimiento desde la D-60.

La D-60 nos indica los karmas que no fueron completados en el pasado, ya sea en los lokas (cielos) o talas (infiernos) y que el individuo ha nacido para completar estos karmas. Las indicaciones de una D-60 correctamente rectificada fructificarán de manera garantizada y es por eso se da tanta importancia a esta carta varga por los astrólogos profesionales.

Se usa más en relación al por qué las cosas suceden más que ver lo está sucediendo, aunque ambas no se pueden separar completamente. Por ejemplo, si Júpiter es maléfico en la carta D60, la persona puede no encontrar a su guru en esta vida. Si Júpiter es maléfico y está en la casa dos, el nativo debería haber entregado una ayuda financiera y no lo hizo o pudo haber roto su palabra. Si Júpiter es maléfico y está en la casa once, se supone que la persona obtuvo ganancias que luego debía dar de vuelta, pero no lo hizo. Si Júpiter es maléfico y está en la casa seis, el nativo pudo haberse convertido en enemigo del guru y haberle causado al guru ese tipo de dolores. Si Saturno está aspectando a Júpiter indica desobediencia al guru y si Rāhu está aspectando a Júpiter muestra que el nativo engañó al guru. De esta manera la D-60 se lee para entender la razón detrás de la manifestación de la naturaleza de la vida.

El ārūḍha lagna de la D-60 se interpreta como la encarnación pasada del individuo, es decir se lee como la carta rāśi pero del cuerpo de la última encarnación. Para que el ārūḍha lagna sea correcto, el lagna de la D-60 debe ser exacto. Existen muchos métodos avanzados para esta rectificación. Por ejemplo, la tercera casa desde el ārūḍha lagna de la D-60 mostrará qué fobias tiene una persona, ya que indica el cómo murió en la vida pasada. Si la casa tres desde el D-60 AL es Piscis con la Luna en él, la persona puede haberse ahogado mientras estaba en un barco en el mar, lo que le causaría miedo al océano. Estas combinaciones de la naturaleza de la muerte se discuten en el capítulo de Āyurjyotiṣa del volumen dos. De esta manera existen muchas técnicas para rectificar la ṣaṣṭyaṁśa para que el ārūḍha lagna sea el correcto y así poder tener un buen entendimiento de la vida pasada. En muchos casos las lecturas de vidas pasadas de la D-60 son verificadas por los lectores y psíquicos nāḍī. A menudo ellos aportan una comprensión más amplia a un individuo en cuanto a ciertas emociones y tendencias en su vida.

### - EJERCICIO PRÁCTICO -

6. Trata de profundizar en la interpretación de todos tus planetas con sus regentes en la ṣaṣṭyaṁśa. Para cualquier yoga poderoso en la carta, analiza el graha que los rige.
7. Observa si el lagna de la D-60 se ajusta a ti; si no, analiza a las deidades que están justo antes y justo después para tratar de determinar la que sea más apropiada, explica por qué cree que este es el caso.

## Las cartas divisionales superiores

Las cartas divisionales discutidas hasta ahora son las 16 vargas clásicas necesarias para la comprensión completa y plena de una persona. Estas 16 cartas se relacionan con la Luna llena, y la madurez de Júpiter a los 16 años, el comienzo del desarrollo de la sabiduría y la comprensión. El dominio de estas 16 cartas varga es considerado la bendición de la diosa del Śrī Chakra.

También hay muchas otras cartas divisionales superiores utilizadas por astrólogos tradicionales para obtener resultados complejos y precisos. Por ejemplo, la aṣṭottarāṁśa (D-108) se utiliza para ver la relación entre el Sol y la Luna como el ātman y la mente, e indicará lo que sucede en el mundo de los sueños cuando una persona está dormida y no hay un cuerpo físico. En el sueño sólo existe la interacción entre el ātman y la mente. Que tu guru te visite en tus sueños o no, se puede ver en esta carta. Aquí se comprende la naturaleza de los sueños, desde aquellos con son la redigestión mental del plano material hasta la visita de grandes místicos en el plano astral.

La más importante de las divisiones superiores es la nāḍyāṁśa (D-150) donde cada signo está dividido en 150 aṁśās llamadas nāḍīs. La astrología nāḍī actual se relaciona principalmente con horóscopos pre-escritos que se guardan en bibliotecas mágicas. La gente llega y existen hojas de palma antiguas con sus cartas y horóscopo que fueron escritos hace mucho tiempo. El detalle que se ve en estas cartas es extremadamente preciso y detallado. Existen muchos textos modernos nāḍīs disponibles para el estudio. El más utilizado por nuestra escuela es el *Chandra-Kāla-Nāḍī*, también llamado el *Deva-Keralam*.

Esta carta cambia aproximadamente cada 30 segundos y su precisión es extrema, por lo que todas las cartas anteriores deben ser correctas. Una vez rectificada la D-60, entonces se rectifica la D-108 y posteriormente la D-150. Uno de los métodos de rectificación es la utilización de las deidades de los nāḍyāṁśa. La deidad del lagna se relacionará directamente con el nombre del individuo. El nivel de detalle que da esta carta es muy extremo y se discutirá en lecciones avanzadas. La división más alta es la ardha-nāḍyaṁśā (D-300). Tales vargas son sólo para expertos. Tuve la suerte de estar en compañía de mi guru mientras él enseñaba estos armónicos superiores a estudiantes avanzados.

## Conclusión

Las divisiones de un signo son un sistema complejo de numerología que nos ayuda a tener un gran detalle en ciertas áreas específicas de nuestra vida. Kalyāṇa Varma en *Sārāvalī* dice que no se debe dar un paso adelante en la Astrología Védica sin las cartas divisionales. Esta pequeña introducción es suficiente para entender los principios generales y la importancia de las cartas varga. Existen miles de técnicas más que tomarán tiempo para aprender y dominar.

# Capítulo 14

## Introducción a los remedios

# Introducción a los remedios

Los planetas representan los resultados del karma positivo y negativo y las consecuencias que experimentamos en nuestra vida. ¿De qué sirve conocer nuestro karma de la vida pasada (*daiva*), si no podemos hacer nada al respecto? ¿Te tocó una madre con una mente sana, siempre presente y amorosa, o una madre inestable o ausente? Todo esto está basado en nuestro propio karma de la vida anterior. Puede que no seamos capaces de cambiar a nuestra madre, pero podemos mejorar la situación: calmar la locura, abrir nuestros corazones y los corazones de los demás o encontrar una forma nueva y saludable de nutrirnos en la vida.

Uno de los aspectos más bellos de la Astrología Védica son los remedios (*upāya*) disponibles para ayudar a mejorar el estado actual, iluminar la perspectiva, equilibrar la neuroquímica del cerebro y encontrar satisfacción en la vida. El remedio en un nivel concreto (*sthūla*) es el consejo apropiado que guía a una persona con respecto a actividades, colores, alimentos, etc., para que estén alineados con su naturaleza más elevada. Los remedios a nivel sutil (*sūkṣma*) utilizan técnicas psicológicas como visualizaciones, re-entrenamiento de la mente o prāṇāyāma. Los remedios en un nivel kármico (*kāraṇa*) recurren a mantras, deidades, donaciones, ayunos o peregrinajes. Los factores kármicos crean los diversos aspectos de la realidad de un individuo; arreglar el factor kármico es similar a arreglar la inteligencia para luego tomar buenas decisiones en lugar de estar corrigiendo constantemente nuestras decisiones erróneas.

Si por ejemplo se tiene que remediar el proceso de toma de decisiones, habrá que decidir cómo y por qué no funciona correctamente. ¿Es el proceso defectuoso debido a la falta de fuerza para la toma de decisiones (regente de la cinco o kāraka débil) ?, entonces sería recomendable fortalecer al planeta o los grahas que lo están apoyando. Si se toman malas decisiones debido a influencia maléfica sobre la casa cinco, su regente o el kāraka, entonces el planeta necesita ser purificado. Si las decisiones se encuentran bloqueadas debido al argalā, obstáculos o una maldición, entonces se deben realizar los remedios para eliminarlos. Estos son principios que guían al astrólogo para poder determinar remedios específicos que den resultados tangibles. Parāśara enseña métodos śānti (apaciguar) para cada graha, que son procedimientos generales para mejorar los resultados de cada planeta.

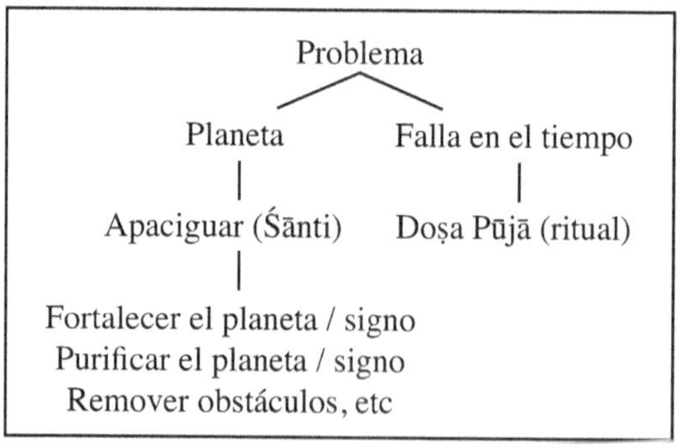


De acuerdo al Bṛhat Pārāśara Horā Śāstra existen dos tipos principales de remedios: el primero es apaciguar o aplacar (*śānti*) a los planetas, es decir cuando un planeta no está dando buenos resultados debido a alguna aflicción o debilidad, entonces se realiza un remedio para permitir que ese planeta dé resultados favorables. El segundo tipo de remedio es la eliminación de un problema (*doṣa*) indicado por el momento del nacimiento. Un doṣa requiere que se realice un procedimiento correctivo para superar el obstáculo indicado por el doṣa. Este capítulo introducirá métodos para *apaciguar* a los planetas. Los doṣas se introducirán en el siguiente capítulo después de que entendamos el *pañchāṇga*. Remedios específicos para fortalecer, rejuvenecer, purificar, etc. a un planeta serán introducidos en el próximo volumen.

El gran sabio Parāśara introduce por primera vez medidas correctivas en el capítulo Graha Śānti[1], en el que Maitreya pregunta:

ग्रहाणां दोषशान्त्यर्थं तेषां पूजाविधिं वद ।
मानवानां हितार्थाय संक्षेपात् कृपया मुने ॥ १ ॥

*grahāṇāṁ doṣaśāntyarthaṁ teṣāṁ pūjāvidhiṁ vada |*
*mānavānāṁ hitārthāya saṅkṣepāt kṛpayā mune || 1||*

Sabio, ten compasión para beneficiar el bienestar de la humanidad. Por favor explícame el procedimiento para la adoración (*pūjā*) con el propósito de apaciguar (*śānti*) a los planetas.

El gran sabio Parāśara respondió:

ग्रहा सूर्यादयः पूर्वं मया प्रोक्ता द्विजोत्तम ।
जगत्यां सर्वजन्तूनां तदधीनं सुखाऽसुखम् ॥ २ ॥

*grahā sūryādayaḥ pūrvaṁ mayā proktā dvijottama |*
*jagatyāṁ sarvajantūnāṁ tadadhīnaṁ sukhā'sukham || 2||*

Oh, mejor de los iniciados, he descrito anteriormente los planetas desde el Sol en adelante que controlan (*adhīna*) la felicidad y el sufrimiento (*sukha-asukha*) de todos los objetos (*jagatyāṁ*) y seres creados (*jantūnāṁ*).

तस्मात् सुशान्तिकामो वा श्रीकामो वा सुचेतसा ।
वृष्टायायुः पुष्टिकामो वा तेषां यज्ञं समाचरेत् ॥ ३ ॥

*tasmāt suśāntikāmo vā śrīkāmo vā sucetasā |*
*vṛṣṭāyāyuḥ puṣṭikāmo vā teṣāṁ yajñaṁ samācaret || 3||*

Por lo tanto para satisfacer el deseo de tranquilidad (*su-śānti-kāma*), el deseo de la prosperidad (*śrī-kāma*), la buena inteligencia (*su-cetas*), las lluvias (*vṛṣṭa*), la longevidad (*āyus*), el deseo de estar bien alimentado y completo (*puṣṭi-kāma*), los rituales son practicados (*yajña*).

Parāśara nos enseña que todos los aspectos de la vida dependen (*adhīna*) de la situación de los planetas y que los rituales apropiados para ellos ayudarán a satisfacer nuestros deseos favorables en la vida. Esto es apoyado por las enseñanzas del Bhagavad Gītā (III.10-14), donde se habla del éxito en el mundo material basado en la ejecución de rituales. Como astrólogos es importante ayudar a las personas a alcanzar los cuatro objetivos de la vida: dharma (camino correcto), kāma (placer), artha (prosperidad) y mokṣa (espiritualidad). Por lo tanto el uso de remedios es muy importante para ayudar al individuo a superar cualquier debilidad en su carta y alcanzar su máximo potencial. Un buen astrólogo es competente en dar remedios o medidas correctivas adecuadas.

1 Bṛhat Parāśara Horā Śāstra, Graha-śānti-adhyāya.

Los médicos pasan ocho años en la universidad para ser suficientemente competentes para recetar medicinas. Aunque cualquiera puede recetar una aspirina para el dolor de cabeza, cuanto más grave sea la aflicción, más fuerte debe ser el medicamento y más importante es tener un buen médico. No debes creer que es posible aprender sobre remedios en un solo capítulo o incluso en un solo libro, ya que requiere una comprensión completa de los principios estructurales de Jyotiṣa, sus implicaciones, ramificaciones y frutos. Incluso después de que un médico haya estudiado años en la universidad, todavía tienen que realizar pasantías antes de poder practicar por su cuenta. De esta misma manera dejemos que los upāyas (remedios) sean un aprendizaje gradual que tomará tiempo para madurar.

Discutiremos algunos fundamentos básicos a partir de los cuales se podrá comenzar a guiar la mente hacia la forma correcta de pensar sobre los remedios. Se volverá claro qué tan bien has dominado el arte del remedio y los principios detrás de él, cuando necesites darle un remedio a una persona de una religión extranjera, como un católico, o musulmán, u otra persona que no practique el hinduismo. Todos los remedios deben ajustarse para adaptarse al sistema de creencias religiosas del cliente, así como a su nivel de avance y comprensión espiritual. A continuación se presenta una lista de factores básicos a considerar cuando se aconseja un remedio, seguido de una explicación en profundidad de cada uno de ellos.

**I.** ¿Cuál es la causa de la aflicción y cómo afecta al individuo?

**II.** ¿Qué planeta o rāśi está indicando el remedio?

**III.** ¿Cuál forma de remedio del planeta o rāśi a remediar se indica por su posicionamiento?

**IV.** ¿Qué forma de upāya (remedios) es indicada por ese planeta o posicionamiento de signos?

**V.** ¿Qué forma de upāya se indica por la casa, trinos y aspectos?

**VI.** ¿Por cuánto tiempo se necesita realizar el remedio para obtener resultados?

**VII.** ¿Qué mantras u oraciones se utilizarán?

**VIII.** ¿Cuándo y en qué momento debe realizarse el remedio?

## I. Causa de la aflicción

El primer aspecto para prescribir un remedio es encontrar lo que debe remediarse. Se tiene que entender astrológicamente la causa de la aflicción y posteriormente debemos comprender cómo está haciendo sufrir al individuo. Por ejemplo, si hay un problema en las relaciones, determinamos si es la casa siete, el regente de la siete o el upapada lagna el que está afligido, analiza lo que está activando el problema - el momento de la vida, el daśā o un mal tránsito, etc. Podemos también proceder a la inversa: si mientras leemos una carta vemos que el regente de la casa siete está afligido, se debe determinar cómo esto está afectando al individuo; la indicación puede perjudicar a sus socios comerciales, o los valores de su vida amorosa, o pueden no ser capaces de encontrar a un socio, etc. Siempre determinar cómo una combinación negativa está afectando realmente al individuo.

Si una persona recibe la mejor medicina del mundo para el hígado y en realidad son los riñones los que están causando un problema, su enfermedad no mejorará. Se debe entender la causa y la raíz correcta del problema en base a principios generales, para posteriormente buscar el remedio de una manera que garantice resolver el problema.

## II. El planeta que indica el remedio

Si una casa es débil, es necesario fortalecer a su regente o a su kāraka y el planeta que indica el remedio es el planeta mismo. Otras veces el graha puede estar afligido y necesita ayuda para ser sacado de su sufrimiento. Esto sucederá si el planeta está mal posicionado, si rige casas maléficas o si está bajo una maldición. Por ejemplo, si Marte está mal posicionado en la casa ocho y se realizan remedios que lo fortalezcan, provocarán deudas o accidentes en el nativo. Utilizando otro ejemplo, si Saturno es el regente de la casa doce y está en conjunción con nuestra imagen (AL), entonces un remedio que lo fortalezca puede afectar la imagen y provocarle a la persona mala reputación. Si un planeta está bajo una maldición, puede recuperarse más rápidamente con la ayuda de otro graha, ya que el planeta en cuestión está en una mala situación.

Las maldiciones son creadas por el aspecto o conjunción de dos o más planetas maléficos, específicamente Rāhu, Saturno y Marte. Los maléficos tamásicos son la causa del sufrimiento creado por las maldiciones. La asociación de Marte mostrará que el planeta ha sufrido violencia, la asociación de Saturno mostrará sufrimiento y dolor, la asociación de Rāhu mostrará engaño, fraude y trauma. Si un planeta es "golpeado" por maléficos, sus significados naturales sufrirán en esta vida y tendrá que ser remediado para obtener buenos resultados.

| Bhāva | Casa | Aspectos que mejoran la casa |
|---|---|---|
| Bhāveśa | Regente de la casa | Planeta beneficioso bien situado |
| Bhāva-kāraka | Indicador de la casa | Planeta beneficioso bien posicionado |

Para determinar que planeta ayudará a la persona a salir de la maldición, existen tres factores que analizar: bhāva, bhāveśa y bhāva-kāraka del planeta bajo maldición. Debemos analizar si hay aspectos beneficiosos sobre la casa del planeta bajo la maldición, ya sea por aspecto rāśi o graha, ayudando a sacar al planeta del sufrimiento dándole apoyo de acuerdo con los significados benéficos. Si hay tales indicaciones, fortalecemos ese planeta. Por ejemplo, si la Luna está afligida en la casa seis, pero recibe un aspecto benéfico de Júpiter desde la casa dos, entonces fortalecemos ese aspecto comiendo buena comida indicada por Júpiter, manteniendo un habla positiva, etc., y la Luna se beneficiará. Si la Luna está afligida en la casa siete y Júpiter está aspectando desde la casa tres, entonces fortalecemos a Júpiter, realizando remedios para su māraṇa kāraka y escuchando música espiritual para fortalecer su capacidad de ayudar a la Luna. Las gemas de los planetas deben usarse después de que este principio se entienda completamente. En el caso de la Luna en la casa siete puede ser bueno llevar puesta su piedra, pero en el caso de la Luna en la casa seis sería mejor usar la gema de un benéfico que esté aspectando. Las piedras preciosas fortalecen un planeta de acuerdo a su posición y regencias, pero no le dan śānti al planeta.

Se debe tomar en cuenta si el regente de la casa está bien posicionado y es benéfico para que al fortalecerlo la situación en la casa mejore, ayudando a que la vida mejore. Observa si el indicador de la casa (Luna para la cuatro, Júpiter para la cinco, etc.) es benéfico y está bien posicionado de manera que quien rige naturalmente sobre esos significados pueda ser fortalecido. Maldiciones en la seis, ocho y doce tienen a Saturno como bhāva-kāraka y por lo tanto indican menos posibilidades de eliminar dicho sufrimiento.

Si los tres factores de los remedio están afligidos, entonces el karma está fijo y habrá sufrimiento debido a la maldición. Si uno de estos factores es beneficioso, entonces ese planeta puede ser utilizado para sacar al nativo del sufrimiento o en el daśā de ese planeta un remedio puede venir naturalmente a través de los medios indicados por ese planeta. El tránsito de Júpiter sobre la maldición o cualquier otra aflicción también resultará beneficioso para encontrar un remedio.

Es importante saber cuales planetas están ayudando a una persona y cuales le están haciendo daño, cuales están en situaciones difíciles y cuáles están listos para mejorar la vida de la persona. Debemos potenciar la energía de los planetas que están en condiciones de ayudar a proporcionar un remedio, mientras se realizan remedios śānti a los planetas que sufren.

## III. Forma del planeta o rāśi que indica el remedio

El graha tomará una forma personificada con la que la mente humana puede relacionarse. Existen formas generales de los planetas llamadas *graha-rūpas*, donde rūpa significa 'forma'; un graha-rūpa es el planeta personificado como una "deidad del planeta", es decir, el Dios Sol, el Dios Luna, el Señor Saturno, etc. Parāśara explica tanto las características visuales asociadas al planeta como una deidad, así como los materiales para crear su imagen.

ताभ्राच्च स्फटिकाद्रक्तचन्दनात् स्वर्णकादुभौ ।
रजतादयसः सीसात् कांस्यात् कार्याः क्रामद् ग्रहाः ॥ ४ ॥
*tābhrācca sphaṭikādraktacandanāt svarṇakādubhau |*
*rajatādayasaḥ sīsāt kāṁsyāt kāryāḥ krāmad grahāḥ || 4||*

Los grahas están hechos de cobre (*tābracca*) para el Sol, cristal de cuarzo (*sphaṭik*) para la Luna, madera de sándalo rojo (*rakta-chandan*) para Marte, oro (*svarṇa*) para Mercurio y Júpiter, color plateado (*rajata*) para Venus, hierro o acero (*ayas*) para Saturno, plomo (*sīsa*) para Rāhu y latón (*kāmsya*) para Ketu.

पूर्वोक्तैः स्वस्ववर्णैर्वा पटे लेख्या द्विजोत्तमैः ।
स्वस्वोक्तदिग्विभागेषु गन्धाद्यैर्मण्डनेषु वा ॥ ५ ॥
*pūrvoktaiḥ svasvavarṇairvā paṭe lekhyā dvijottamaiḥ |*
*svasvoktadigvibhāgeṣu gandyādyairmaṇḍaneṣu vā || 5||*

De lo contrario, oh mejor de los iniciados, dibuja o pinta (*lekhya*) en un lienzo (*paṭa*) el color del planeta (*svasva-varṇa*) mencionado anteriormente (*pūrvokta*), instala estos en la dirección del planeta y adórnalo (*maṇḍana*).

पद्मासनः पद्महस्तः पद्मपत्रसमद्युतिः ।
सप्ताश्वरथसंस्थश्च द्विभुजश्च दिवाकरः ॥ ६ ॥
*padmāsanaḥ padmahastaḥ pudmapatrasamadyutiḥ |*
*saptāśvarathasaṁsthaśca dvibhujaśca divākaraḥ || 6||*

El creador del día (Sol) en su forma de dos brazos se percibe con el resplandor de un loto, sentado en un loto (*padmāsana*) sosteniendo una flor de loto en una mano y parado en una carroza (*ratha*) tirada por siete caballos (*sapta-aśva*).

श्वेतः श्वेताम्बरो देवो दशाश्वः श्वेतभूषणः ।
गदाहस्तो द्विबाहुश्च विधातव्यो विधुर्द्विज ॥ ७ ॥

*śvetaḥ śvetāmbaro devo daśāśvaḥ śvetabhūṣaṇaḥ |*
*gadāhasto dvibāhuśca vidhātavyo vidhurdvija || 7||*

La Luna en su forma de dos brazos se percibe de color blanco puro (*śveta*), vestida de blanco, con adornos blancos, iluminada (*deva*) en un carro tirado por diez caballos, sosteniendo una maza (*gada*) en la mano.

रक्तमाल्याम्बरधरो शक्तिशूलगदाधरः ।
वरदस्तु चतुर्बाहुर्मङ्गलो मेषवाहनः ॥ ८ ॥

*raktamālyāmbaradharo śaktiśūlagadādharaḥ |*
*varadastu caturbāhurmaṅgalo meṣavāhanaḥ || 8||*

Marte (*maṇgala*) en su forma de cuatro brazos se percibe llevando una guirnalda (*māla*) y ropas rojas (*rakta*), sosteniendo una espada (*śakti*), una lanza (*śūla*), una maza (*gada*), con una mano otorgando deseos y montado en un carnero (*meṣa*).

पीतमाल्याम्बरधरः कर्णिकारसमद्युतिः ।
खड्गचर्मगदापाणिः सिंहस्थो वरदो बुधः ॥ ९ ॥

*pītamālyāmbaradharaḥ karṇikārasamadyutiḥ |*
*khaḍgacarmagadāpāṇiḥ siṁhastho varado budhaḥ || 9||*

Mercurio lleva una guirnalda amarilla (*māla*), que tiene el resplandor de una flor amarilla (*pterospermum acerifolium*), montado sobre un león, sosteniendo una pequeña espada curvada (*kaḍga*), un escudo (*carma*), una maza (*gada*), y con su cuarta mano otorgando deseos (*varada-mudrā*).

गुरुशुक्रौ क्रमात् पीतश्वेतवर्णौ चतुर्भुजौ ।
दण्डिनौ वरदौ कार्यौ साक्षसूत्रकमण्डलू ॥ १० ॥

*guruśukrau kramāt pītaśvetavarṇau caturbhujau |*
*daṇḍinau varadau kāryau sākṣasūtrakamaṇḍalū || 10||*

Júpiter es amarillo (*pīta*) en color y Venus es blanco puro (*śveta*), ambos tienen cuatro brazos, ofreciendo satisfacción de los deseos (*varada-mudrā*), sosteniendo un bastón (*daṇḍa*), un rosario (*sākṣa*), llevando el cordón sagrado (*sūtra*) de los brahmanas y sosteniendo una vasija de agua sagrada (*kamaṇḍalu*).

इन्द्रनीलद्युतिः शूली वरदो गृध्रवाहनः ।
वाणवाणासनधरो विज्ञेयोऽर्कसुतो द्विज ॥ ११ ॥

*indranīladyutiḥ śūlī varado gṛdhravāhanaḥ |*
*vāṇavāṇāsanadharo vijñeyo'rkasuto dvija || 11||*

Saturno se percibe con el brillo de un zafiro azul, sosteniendo una lanza (*śūla*), ofreciendo la satisfacción de los deseos (*varada-mudrā*), sosteniendo un arco y una flecha y montado sobre un buitre (*gṛdhra*).

करालवदनः खड्गचर्मशूली वरप्रदः ।
सिंहस्थो नीलवर्णश्च राहुरेवं प्रकल्प्यते ॥ १२ ॥

*karālavadanaḥ khaḍgacarmaśūlī varapradaḥ I*
*siṁhastho nīlavarṇaśca rāhurevaṁ prakalpyate II 12II*

Rāhu es establecido en la mente (*prakalpya*) teniendo la boca abierta, dientes sobresalientes y una cara terrible, sosteniendo una espada corta (*kaḍga*), un escudo (*carma*), una lanza (*śūla*) y la mano en varada-mudrā, es de color azul (*nīla*) y montado sobre un león.

धूम्रा द्विबाहवः सर्वे गदिनो विकृताननाः ।
गृध्रासना नित्यं केतवः स्युर्वरप्रदा ॥ १३ ॥

*dhūmrā dvibāhavaḥ sarve gadino vikṛtānanāḥ I*
*gṛdhrāsanā nityaṁ ketavaḥ syurvarapradā II 13II*

Ketu es del color del humo (*dhūmra*), con dos brazos, armado con una maza (*gadin*), otorgando deseos (*varaprada*), apariencia extraña y viviendo secluido (*vikṛta*), montado sobre un buitre (*gṛdhra*) y eterno (*nityaṁ*).

सर्वे किरीटिनः कार्या ग्रहा लोकहितप्रदाः ।
स्वांगुलेनोच्छ्रिता विज्ञैः शतमष्टोत्तरं सदा ॥ १४ ॥

*sarve kirīṭinaḥ kāryā grahā lokahitapradāḥ I*
*svāṅgulenocchritā vijṣaiḥ śatamaṣṭottaraṁ sadā II 14II*

Para dar beneficio (*hita*) a los seres en este plano (*loka*) los planetas están adornados con una corona o tiara (*kirīṭin*) y miden 108 de tus propios dedos de longitud.

Estas imágenes se pueden hacer como una estatua, un yantra o como una imagen. Parāśara ha descrito la forma oficial del planeta para ser adorado para la pacificación. De esta misma manera otros textos describirán la forma específica de otras deidades. Por ejemplo, Parāśara mencionala adoración de Mṛtyuñjaya durante un viṁśottari daśā de Luna-Saturno, pero no describe su forma, ya que se puede encontrar en el texto de la deidad respectiva. En el capítulo decimosexto del texto tántrico *Mantramahodadhi*, Mṛtyuñjaya-Śiva es descrito:

Meditamos en el Señor de tres ojos (*tryakṣa*), Mṛtyuñjaya, que es adorado (*bhaj*) por la hija del rey de las montañas (*sa-girija*).

Con sus dos primeras manos de loto sostiene un par de vasijas de agua (*kumbha*). El segundo par de manos salpica agua sobre su cabeza (*ghṛtya-toya-śira*). Sus manos más bajas sostienen una vasija en su regazo, mientras que las otras sostienen una mālā y mṛga-mudrā. La Luna creciente en su cabeza (*mūrdha-stha-candra*) gotea néctar (*pīyūṣa*) y moja todo su cuerpo (*ardra-tanu*). II 19 II

Se deben estudiar los diversos textos antiguos dedicados a una deidad en particular para obtener información relacionada con esa deidad. Parāśara solo ha dado las formas de los planetas en Bṛhat Pārāśara Horā Śāstra, ya que es un texto astrológico. Cuanto más se aprenda sobre las diversas deidades, más se podrá ayudar a las personas a alcanzar su máximo potencial.

Para obtener una forma más específica del planeta o rāśi que indica el remedio, se puede determinar qué forma está indicada por la dignidad del planeta. Por ejemplo, un planeta exaltado se manifestará en la forma de Viṣṇu (*Viṣṇu-rūpa*) mientras que un planeta debilitado indica Kāli-rūpa. Si el planeta es el guru-devatā, tomará una Śiva-rūpa. De esta manera deberíamos aplicar los fundamentos dados en el capítulo sobre los grahas para determinar la forma en que el planeta se manifestará. Los astrólogos avanzados también utilizan las deidades de las cartas varga y determinarán la deidad de acuerdo con las posiciones en las varga. Al usar la forma correcta del planeta el remedio será más eficaz. La forma está indicada por el elemento fuego en la mente que es lo que permite que se realice una ofrenda, tal como Agni lleva las ofrendas a los devas.

## IV. El planeta y signo en que se encuentra

La forma de upāya (remedio) está indicada por el planeta y/o su posición en un signo. Es necesario analizar qué elementos están desequilibrados y posteriormente determinar lo que el individuo requiere hacer para lograr la pacificación del graha o deidad que está representando.

El occidental promedio no está familiarizado con la pūjā védica (adoración), que es dualista y no dualista al mismo tiempo. Dios está fuera de ti y Dios está dentro de ti, estás adorando a Dios y eres parte de Dios. Desde el punto de vista más elevado, todo es Dios, por lo que es Dios quién en realidad está adorando a Dios. Pero para la mente materialmente manifestada, la energía de lo divino se personifica fuera de uno mismo para poder interactuar con ella. El *Bhagavad Gītā* enseña:

देवान् भावयतानेन ते देवा भावयन्तु वः ।
परस्परं भावयन्तः श्रेयः परम् अवाप्स्यथ ॥११ ॥

*devān bhāvayatānena te devā bhāvayantu vaḥ|*
*parasparaṁ bhāvayantaḥ śreyaḥ param avāpsyatha||III.11||*

Haz que los dioses existan y los dioses te harán existir,
Al llevarnos unos a otros a la existencia, alcanzarás el bienestar más elevado.

Las ofrendas materiales, que representan los elementos u otros aspectos del tiempo y el espacio, son ofrecidas a la deidad que es un aspecto personificado de la energía divina en el universo, así como una energía personificada dentro de nosotros, pero también un aspecto plenamente existente de la realidad. Las ofrendas no se dan como si la persona creyera que la imagen es un Dios real de 108 dedos de altura; más bien se ofrecen a la imagen que es un portal para que la mente se conecte con esa energía arquetípica específica del universo. Apreciamos a los dioses para que nos aprecien y al apreciarnos unos a los otros alcanzaremos la felicidad (*śreyasa*) más elevada (*param*).

Parāśara habla de pūjā y nos dice qué se debe ofrecer a los planetas,

यथावर्णं प्रदेयानि सुदृष्पाणि वसनानि च ।
गन्धो दीपो बलिश्चैव धूपो देयश्च गुग्गुलुः ॥ १५ ॥

*yathāvarṇaṁ pradeyāni sudṣpāṇi vasanāni ca |*
*gandho dīpo baliścaiva dhūpo deyaśca gugguluḥ || 15||*

Entregando flores y ropas del color del planeta, dando (*deya*) aceites esenciales fragantes (*gandha*), ofrendas (*bali*), incienso (*dhūpa*), guggulu,[2] y ofreciendo lámparas o velas (*dīpa*).

En general la tela del color del planeta o de la deidad se envuelve alrededor de la imagen.

Posteriormente se ofrecen flores de un color similar al planeta, que crearán armonía y una buena relación entre el adorador y la deidad/energía arquetípica.

Las otras ofrendas son parte de la pūjā (adoración) védica estándar. Se aconseja aprender *pañcha-upachāra pūjā* y realizar la ofrenda de manera tradicional. Entonces cuando se recomienden remedios, podremos prescribirlos de manera adecuada o ser capaces de hacer ajustes basados en el método correcto. Por ejemplo, si se recomienda dīpa (lámpara), podemos enseñar a un practicante de yoga el método apropiado para crear una lámpara de ghee y ofrecerla; o si un católico tiene una lectura, podrá encender velas a los santos apropiados.

Las cinco ofrendas relacionadas con los cinco elementos se pueden ofrecer en una pūjā o en algunos casos solo se indica un aspecto de los elementos. *Praśna Mārga* (XV.12) enseña que: "Si el planeta ocupa un signo de Marte o del Sol (elemento fuego), entonces se prescribe luz o una vela (*pradīpa*). Si ocupa los signos de Venus o la Luna (elemento agua), entonces arroz con leche (*pāyasa*), ghee (*ghṛta*) o leche (*kṣīra*) son ofrecidos repetidamente (*punar*). Si en el signo de Mercurio (elemento tierra), entonces se ofrece pasta de sándalo (chandana) u otra fragancia dulce. Si en el signo de Júpiter (elemento ākāśa), se ofrece una guirnalda de flores (mālā). Si en el signo de Saturno (elemento aire), entonces podemos ofrecer adornos (*bhūṣaṇa*) y ropa (*vāsana*). Esto complacerá al planeta." Por ejemplo, si el remedio se basó en Júpiter posicionado en Aries, entonces simplemente se puede ofrecer una lámpara encendida al Guru. Si el remedio es para una Luna en Capricornio, entonces un hermoso vestido y collar de piedras preciosas podrían ofrecerse a la Madre Kāli. El incienso también se relaciona con Saturno y la pacificación de vāyu (elemento aire), por lo que planetas en signos de Saturno se beneficiarán al ofrecerles incienso.

| | |
|---|---|
| Marte / Sol | Lámpara, vela, iluminación |
| Venus / Luna | Leche, pudding de arroz, ghee |
| Mercurio | Pasta de sándalo o aceites aromáticos |
| Júpiter | Guirnalda de flores |
| Saturno | Ornamentos (joyas), vestidos |

2 Guggulu es una resina āyurvédica, que se quema durante la adoración Limpia la energía y remueve lo bloqueos energéticos en el cuerpo. Tiene un efecto similar al sahumerio usado por los nativos americanos.

Cuando se utiliza una forma superior del planeta también puede haber algunas ofrendas adicionales a la deidad. Por ejemplo, Gaṇeśa es particularmente aficionado a que le ofrezcan dulces. Al adorar a Ketu en la forma de Gaṇeśa para superar los bloqueos de Rāhu, ofrecer dulces complacerá a esta energía arquetípica más rápido y dará resultados antes. Así como si alguien te diera un regalo para compensarte, serías más agradable con ellos; sin embargo, si fuera exactamente lo que querías, estarías aún más complacido y serías más favorable con ellos. Imagina a alguien tratando de conquistarte con las flores que menos te gustan en lugar de tus flores preferidas. Tomará tiempo aprender estos detalles, a medida que se estudian los devas. Existen muchos textos que hablan sobre la adoración y las deidades. A continuación se presenta una cita de *Mantramahodadhi*, Taraṇga 17, como ejemplo:

> Las postraciones, modestia, humildad (*nati*) son las favoritas (*vallabha*) del dios Sol (*mārtaṇḍa*), a Mahāviṣṇu le encantan (priya) las alabanzas (*stuti*), mientras que Gaṇeśa ama (*priya*) que lo satisfagan a través de la comida y bebida (*tarpaṇa*). ॥ 116 ॥
> Durgā se satisface por la adoración y veneración (*archana*), de la misma manera en que Śiva inmediatamente se contenta (*nūnam*) por la ablución o baño sagrado con agua (*abhiṣeka*); por lo tanto, para dar a estos devas el mejor placer (*pratoṣa*) usamos este conocimiento para adorarlos (ādṛta). ॥ 117 ॥

Además de hacer ofrendas a la imagen de la deidad, se aconseja realizar donaciones usando los objetos favoritos del planeta o la deidad. Parāśara nos dice:

यस्य ग्रहस्य यद्द्रव्यमन्नं यस्य च यत् प्रियम् ।
तच्च तस्यै प्रदातव्यं भक्तियुक्तेन चेतसा ॥ १६ ॥

*yasya grahasya yaddravyamannaṁ yasya ca yat priyam |*
*tacca tasyai pradātavyaṁ bhaktiyuktena cetasā || 16||*

Objetos / sustancias *(dravya)* y comida *(anna)* que el planeta disfruta *(priya)*
se entregan *(pradātavya)* con completa devoción *(bhakti)* por la persona inteligente.

Rāmakṛṣṇa Paramhaṁsa solía decir que si quieres encontrar una perla, entonces tienes que mirar dentro de una concha de almeja; si quieres encontrar a Dios, entonces mira dentro del hombre. Las deidades existen en todas las personas que nos rodean y vendrán a nosotros a través de ellas. Por lo tanto la donación de elementos relacionados a ellos es beneficiosa para apaciguar el planeta. La más común es la ofrenda de semillas de sésamo para Saturno, incluso algunas personas ponen semillas de sésamo en el pan y se lo ofrecen a cuervos negros, porque se cree que los antepasados vienen a través de los cuervos para tomar las ofrendas. Se pueden regalar perlas a la madre para apaciguar a la Luna, ya que el objeto se debe entregar a las personas significadas por ese planeta. Se pueden formar innumerables remedios cuando se entienden los materiales gobernados por el planeta. Se debe tener en cuenta, que el objeto a regalar debe ser puro (sattva) con el fin de obtener buenos resultados a largo plazo: darle de beber alcohol a mafiosos apaciguará a Saturno, pero sólo por un corto tiempo, mientras que donar vegetales que crecen bajo el suelo o aceite de sésamo a personas pobres apaciguará Saturno y dará buenos efectos a largo plazo, ya que es una acción consciente con ondas energéticas positivas.

## V. Posición en casas, trinos y aspectos

El remedio indicado según la casa es mencionado por Harihara en *Praśna Mārga* (XV.14) y comprender los remedios asociados con las casas ayudará a precisar el tipo de remedio utilizado para aliviar el sufrimiento de los nativos. Por ejemplo, si Rāhu está en la casa nueve causando problemas, la casa indica la adoración a la deidad en un templo y Rāhu representa a Durgā, por lo se podría adorar a Durgā en un templo para obtener alivio del sufrimiento causado por Rāhu. Si hay otra situación en la que el regente de la casa nueve está involucrado, esto también involucrará templos como parte del remedio. Las aflicciones en la casa cinco pueden ser aliviadas con mantras o si hay asociación con el regente de la cinco, también un mantra sería lo mejor. Los remedios para la casa seis se relacionan con donación de tiempo según los significados del planeta: si Júpiter está en la seis o si es el regente de la seis y está en la casa tres, entonces será un buen remedio el voluntariado en una asociación para ayudar a niños enfermos. De esta manera las casas nos ayudarán a precisar el remedio basado en el planeta o signo.

## VI. Duración o cantidad del remedio

Se debe determinar la longitud a realizar el remedio con el fin de obtener resultados. Algunas pūjās para doṣas requerirán un ritual de una vez, mientras que otros remedios requerirán un cierto número de mantras o un cierto número de meses de ayuno. Parāśara aconseja el número de mantras a cantar para la pacificación de los planetas. Recomienda 7.000 mantras para el Sol, 11.000 para la Luna, 11.000 para Marte, 9.000 para Mercurio, 19.000 para Júpiter, 16.000 para Venus, 23.000 para Saturno, 18.000 para Rāhu y 17.000 para Ketu. Muchas tradiciones del sur de la India utilizan el número de mantras según los años de viṁśottari daśā del planeta. Por ejemplo, Júpiter sería de 16.000 mantras, mientras que Venus es de 20.000 mantras, etc. También hay otras variaciones que se discutirán en lecciones posteriores.

Parāśara describe mantras védicos tradicionales en los versos 17 y 18 al mencionar solo las primeras palabras del himno védico. Por ejemplo, él dice "*bṛhaspate ati yadaryo*" como el mantra para Júpiter. Un experto en rituales védicos sabrá que se encuentra en el Ṛgveda 2.23.15.

## VII. Mantras védicos para Graha Śānti

Estos son los mantras védicos descritos por Parāśara en el capítulo Graha Śānti de Bṛhat Pārāśara Horā Śāstra. Deben ser realizados por practicantes y sacerdotes védicos. La traducción a continuación intenta entregar una sensación apropiada del verso sin alejarse de la traducción directa.

**Sol** (7,000 X) Ṛgveda 1.35.2

*ā kṛṣṇena rajasā vartamāno niveśāyannamṛtaṁ martyaṁ ca|*
*hiraṇayayena savitā rathenā devo yāti bhuvanāni paśyan||*
Presente en el cielo, pero habitando en lo mortal y en lo inmortal,
el Dios del despertar, en su carro de oro, entrega entendimiento a todos los seres.

**Luna** (11.000 X) Shukla Yajur Veda 9.40 y 10.18.[3]

*imaṁ devā asapatnaṁ suvadhvaṁ mahate*
*kṣatrāya mahate jyaiṣṭayāya mahate jānarājyendriyāya||*
Para el gran dominio, para el gran liderazgo, para la soberanía, para el poder de Indra,
Oh dioses, vivifíquenlo, para que no tenga rivales y se vuelva grandioso.

**Marte** (10,000 X) Ṛgveda 8.44.16

*agnirmurdhā divaḥ kakutpatiḥ pṛthiavyā ayam| apāṁ retāṁsi jinvati||*
Agni es la cabeza del cielo, señor de los jefes,
que anima el poder creativo del agua.

**Mercurio** (9,000 X) Yajur Veda 15.54[4]

*udbudhyasvāgne prati jāgṛha tvamiśṭāparte saṁsṛjethāmayaṁ ca|*
*asiman sadhasthe adyutarasmin viśve devā yajamānaśca sīdata||*
Despierta Agni, mantente atento para que entregues tu dulzura estacional,
Que todos los devas se sienten con el devoto en el lugar de la reunión.

**Júpiter** (19,000 X) Ṛgveda 2.23.15

*bṛhaspate ati yadaryo arhād dyumad vibhāti kratumajjaneṣu*
*yad dīdayaccavasa rtaprajāta tadasmāsu draviṇaṁ dhehicitram*
Bṛhaspati creador de la ley cósmica, quien es el más favorable, concédenos ese maravilloso tesoro, con el cual los piadosos pueden adorar abundantemente; ese resplandor (riqueza) que brilla entre los hombres es el medio para (realizar) ritos sagrados, y nos envigoriza con poder.

3 El Navagraha Sūktam usa oṁ āpyāyasva sametu te viśvatassoma vṛṣṇiyam | bhavā vājasya saṅgathe
4 El Navagraha Sūktam usa udbudhyasvāgne pratijāgṛ hyonamiṣṭāpurte samsṛjethāmayañca | punaḥ kṛṇvaggastvā pitaraṁ yuvānamanvātāmsīttvayi tantumetam |

**Venus** (16,000 X) Yajur Veda 19.75, Taittirīya Brāhmaṇa 2.6.2.2A[5]

*annāt paristru rasaṁ bṛhmaṇā vyapibat kṣatraṁ payaḥ somaṁ prajāpatiḥ|*
*ṛtena satyaminidrayaṁ vipānaṁ śukramandhasa*
*indrasyendriyamidaṁ payo'mṛtaṁ madhu||*
La nutrición fluye en abundancia desde la esencia (rasa) de la Fuente,
dándole poder y dominio al señor de la creación a través de leche y soma,
El piadoso Venus, rey de los sentidos, bebe orden, verdad y
poder como la leche, el amṛta y la miel.

**Saturno** (23,000 X) Ṛg Veda 10.9.4

*śaṁ no devīrabhiśṭaya āpo bhavantu pītaye| śaṁ yorabhi stravantu naḥ|*
Que la diosa nos favorezca con paz
y nos bendiga con agua divina para beber
y deje que la salud y la fuerza fluyan hacia nosotros.

**Rāhu** (18,000 X) Ṛgveda 4.31.1

*kayā naścitra ā bhuvadūtī sadāvṛdhaḥ sakhā| kayā śaciśṭhayā vṛtā||*
Oh mensajero del cielo, amigo siempre próspero,
¿De qué manera y por qué método podemos lograr la claridad?

**Ketu** (17,000 X) Ṛgveda 1.6.3

*ketuṁ kṛṇvannaketave peśo maryā apeśase samuṣadbhirajāyathāḥ||*
La conciencia nace como el amanecer en el hombre,
Dando brillo a la llama y forma a lo sin forma.

Estos mantras no están alabando a los planetas directamente. Tomando como ejemplo el mantra védico de Saturno, llama al poder femenino, la paz, el agua sagrada, la mitigación del deseo, la salud y la fuerza. Estas cualidades equilibran la vieja, seca, insatisfecha, débil y enfermiza energía de Saturno. El mantra de Rāhu llama a la claridad, la prosperidad y la amistad, así como el mantra de Ketu llama al despertar, a la conciencia clara (llama o luz) y a la estabilidad de la forma. Por lo tanto no vemos que Bṛhat Pārāśara Horā Śāstra apoye el uso de los graha mantras; en cambio está indicando el uso de mantras védicos que pacifican la negatividad de los planetas al orar por lo que los equilibra.

5 El Navagraha Sūktam usa oṁ pravaśśukrāya bhānave bharadhvam | havyaṁ cāgnaye supūtam | yo daivyāni mānuṣā janumṣi | antarviśvāni vidma nā jigāti

## Nāma mantras

Los mantras védicos requieren la guía de un maestro para aprender la pronunciación y entonación adecuadas. Se recomienda que un principiante comience con *nāma-mantras* simples, hasta que esté completamente entrenado. Un mantra '*nāma*' es un mantra de '*nombres*'. Agrega 'Auṁ' delante del planeta o el nombre de la deidad y 'namaḥ' después, con '*āya*' añadido al nombre como sufijo que significa 'para'. Namaḥ es una alabanza, por lo que sería algo como *Auṁ alabanza* al planeta.

Por ejemplo, 'Auṁ Chandrāya namaḥ' significa 'Auṁ Alabanzas (*namaḥ*) para (*āya*) la Luna (*Chandra*)". Podemos también usar el mantra de la deidad apropiado para el planeta. Cuando el Sol es adorado como Śiva, se dice '*Auṁ, namaḥ Śivāya*' o cuando se usa Viṣṇu para Mercurio, se puede utilizar '*Auṁ Viṣṇave namaḥ*'. En publicaciones posteriores estudiaremos la ciencia de los mantras más a fondo.

| Planeta | Namaḥ Mantras[6] | Mantras del Sādhu Sandkuli Tantra |
|---|---|---|
| Sol | auṁ namaḥ sūryāya | klīm aiṁ śrīṁ hrīṁ sūryāya namaḥ |
| Luna | auṁ namaśchandrāya | hrīṁ hrīṁ huṁ somāya svāhā |
| Marte | auṁ namo maṅgalāya | hrīṁ auṁ aiṁ kujāya svāhā |
| Mercurio | auṁ namo budhāya | auṁ klīṁ auṁ budhāya svāhā |
| Júpiter | auṁ namo gurave | raṁ yaṁ hrīm aiṁ gurave namaḥ |
| Venus | auṁ namaḥ śukrāya | huṁ huṁ śrīṁ śrīṁ naṁ raṁ śukrāya svāhā |
| Saturno | auṁ namaḥ śanaiścarāya | hrīṁ klīm śanaiścarāya namaḥ |
| Rāhu | auṁ namo rahave | bam aiṁ baṁ baṁ klīṁ baṁ tamase svāhā |
| Ketu | auṁ namaḥ ketave | śrīṁ śrīm āṁ baṁ raṁ laṁ ketave svāhā |

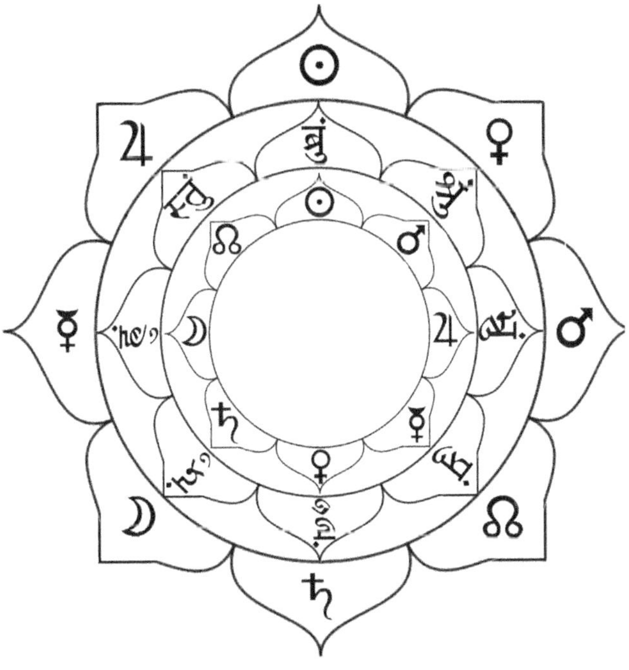

6 Se usa namaḥ al frente del nombre del planeta a menos que el nombre específico del del planeta se haya recomendado de acuerdo con mantra chakras y que la primera letra del mantra sea beneficiosa para el individuo.

## Notas acerca de las ceremonias del fuego

Parāśara luego enseña sobre *havana* (verso 21-22), que son las ceremonias de fuego utilizadas para adorar los planetas. Él menciona también *bhojana* (versículo 23-24) y las donaciones (verso 25) que se deben realizar después. Cada vez que se realiza una ceremonia de fuego, estas dos cosas se realizan para su finalización. El fuego le ofrece nuestras oraciones a la forma de la deidad que vive fuera de nosotros. La alimentación (bhojana) se realiza con alimentos específicos de los planetas para hacer ofrendas al aspecto de los deva que existen dentro del ser humano. Todavía podemos encontrar esto en nuestra cultura donde después de un matrimonio, graduación o funeral hay comida para todos los que asistieron a la ceremonia. Algunos dicen que el planeta o la deidad comerán la comida a través de estas personas para llegar a ser pacificados. Para el Sol Parāśara recomienda arroz con azúcar no procesado (jaggary), para la Luna arroz con leche (pudín de arroz), para Venus arroz con cuajada (crema agria), para Júpiter arroz con ghee, etc. La comida se relacionará con el planeta que está siendo propiciado. Luego después de la ceremonia del fuego se realizan donaciones.

Se hará una donación de objetos que beneficiarán a las personas gobernadas por el planeta o la deidad. Una vaca que da leche (dhenu) es donada para el Sol, mientras que para la Luna se donan conchas de caracol (śaṇkha), etc., según Parāśara. Estos objetos necesitan ser actualizados a las costumbres modernas en relación con lo que el planeta gobierna, como por ejemplo para Venus se puede regalar un vehículo a un refugio para mujeres, para Mercurio libros a una escuela o para Ketu ordenadores a un distrito escolar sin recursos. De esta manera los efectos beneficiosos de la pūjā continúan creando buenos karmas mucho después de que el ritual haya terminado. Es una práctica estándar, que después de una ceremonia de fuego, se realiza la alimentación y la donación.

El Bhagavad Gītā dice:

काङ्क्षन्तः कर्मणां सिद्धिं यजन्त इह देवताः ।<br>
क्षिप्रं हि मानुषे लोके सिद्धिर् भवति कर्मजा ॥१२ ॥<br>
*kāṅkṣantaḥ karmaṇāṁ siddhiṁ yajanta iha devatāḥ/*<br>
*kṣipraṁ hi mānuṣe loke siddhir bhavati karmajā//IV.12//*

En el mundo de los hombres que desean el éxito en sus acciones, ellos adoran a los devas y el éxito instantáneo nace de las acciones rituales.

**VIII. El momento para realizar el remedio**

Es importante que un remedio se realice en un momento auspicioso. Si vas al cine y llegas dos horas tarde no podrás ver la película. De la misma manera el tiempo tiene una cierta frecuencia y uso específico que permitirá que el remedio dé los mejores resultados. Cuando Júpiter transita en la misma casa o en trino a la aflicción, entonces es posible superar el sufrimiento. Es auspicioso realizar el remedio en un buen día de la semana y un tithi auspicioso. También se necesita un muhūrta (hora de inicio) apropiado. Parāśara menciona:

यस्य यश्च यदा दुःस्थः स तं यत्नेन पूजयेत्।
एषां धात्रा वरो दत्तः पूजिताः पूजयिष्यथ ॥ २६ ॥

*yasya yaśca yadā duḥsthaḥ sa taṁ yatnena pūjayet |*
*eṣāṁ dhātrā varo dattaḥ pūjitāḥ pūjayiṣyatha || 26||*

Cuando el planeta está en malas condiciones (*duḥstha*) se realiza el ritual (*pūjā*)
El creador (*dhatṛ*) ha concedido (*datta*) la bendición (vara)
que la petición del adorador (*eṣā*) será honrada (pūjita).

Los remedios son un aspecto importante de la astrología védica, que toma tiempo y estudio adicional para dominar. Cuanto más se aprenda acerca de las deidades, lo que representan, cómo son adoradas y el significado arquetípico secreto detrás de ellas, mejor seremos capaces de prescribir el remedio más apropiado. Por ejemplo, el jengibre es una buena ayuda para la digestión y si se los das a una persona, su digestión mejorará. La canela es un carminativo (elimina la flatulencia) y cuando se añade al jengibre mejora la digestión y la asimilación. Pero la canela provoca calor y si se usa sola con jengibre aumentará el calor demasiado. Si se añade comino, un digestor refrescante, promoverá una mejor digestión y eliminará la flatulencia de una manera equilibrada. Un principiante podría simplemente recetar jengibre y tomaría un poco más de tiempo, pero eventualmente funcionaría. De esta manera los remedios básicos serán beneficiosos y cuanto más precisamente se apliquen, más eficiente será el remedio para el individuo.

मानवानां ग्रहाधीना उच्छ्रायाः पतनानि च।
भावाऽभावौ च जगतां तस्मात् पूज्यतमा ग्रहाः ॥ २७ ॥

*mānavānāṁ grahādhīnā uñchrāyāḥ patanāni ca |*
*bhāvā'bhāvau ca jagatāṁ tasmāt pūjyatamā grahāḥ || 27||*

Los seres humanos están sujetos (*adhīna*) a la acumulación de prosperidad o
caer en la ruina según los planetas (*bhāvā'bhāvau*),
por lo tanto, los seres honran a los grahas con rituales (*pūjā*).

# Capítulo 15

## Pañchāṅga

## Pañchāṅga, las cinco extremidades del tiempo

Maharṣi Parāśara describe la relación entre los cinco elementos y los grahas en su tercer capítulo en donde describe los planetas.

अग्निभूमिनभस्तोयवायवः क्रमतो द्विज ।
भौमादीनां ग्रहाणां च तत्त्वानीति यथाक्रमम् ॥ २० ॥

*agnibhūminabhastoyavāyavaḥ kramato dvija |*
*bhaumādīnāṁ grahāṇāṁ ca tattvānīti yathākramam || 3.20||*

Fuego, Tierra, Éter/Cielo, Agua y Aire son regidos respectivamente por
Marte, Mercurio, Júpiter, Venus y Saturno.

Excluyendo al Sol, la Luna, Rāhu y Ketu, los cinco planetas restantes son los regentes principales de los cinco elementos. Esto se observa en los Pañcha-mahāpuruṣa yoga donde cada uno de los cinco elementos destaca en una carta y también está representado en la estructura de los 33 devas, de los cuales el Sol y la Luna son sus propios devas mientras que los otros grahas se relacionan como los cinco elementos dentro de los aṣṭa vasava. En ciertas técnicas el Sol y la Luna se relacionan al fuego y agua, pero sus significados primarios están por sobre los cinco elementos.

| **Mercurio** | **Venus** | **Marte** | **Saturno** | **Júpiter** |
|---|---|---|---|---|
| Tierra | Agua | Fuego | Aire | Éter |
| pṛthvi | jala | agni | vāyu | ākāśa |

Los cinco elementos conforman el mundo manifestado tanto en relación con el espacio, como con el tiempo. Considerando el espacio como el mundo material, todo está compuesto por la combinación de los cinco elementos y todo existe dentro de los cinco estados de la materia (sólido, líquido, combustión, gaseoso y éter). Este es el fundamento del mundo material y, por lo tanto, fundamental para el Āyurveda. De la misma manera el tiempo se compone de los cinco elementos, que le dan su naturaleza cualitativa. El astrólogo debe ser capaz de leer la condición de estos cinco elementos del tiempo a tal como el *Vaidya* (médico ayurvédico) lee las condiciones del espacio. Por consiguiente se necesita entender y estudiar tanto los momentos de tiempo benéficos (*festivales*), como los negativos (doṣas).

El Vaidya aprende a observar los cinco elementos en la naturaleza (espacio) para entender cómo funcionan en el cuerpo, basándose en el concepto de que somos un microcosmos que refleja el macrocosmos: aquello que hace que el universo funcione hace que el ser humano trabaje. De la misma manera los significados de los grahas en el plano material se reflejarán en la cualidad del elemento correspondiente relacionado al tiempo.

Cuando los cinco elementos se expresan como los cinco aspectos del tiempo, se les llama Pañchaṅga, término que deriva de **pañcha** (cinco) y **aṅga** (extremidades) del tiempo. Estos forman el análisis védico del tiempo y su efecto sobre TODAS las cosas creadas. En la India todas las mañanas los astrólogos leen la pañchāṅga en sintonía con las estrellas y los planetas. Como un árbol tiene raíces, corteza, hojas, flores y frutos, así el tiempo toma su propia forma dimensional que es percibida por el astrólogo entrenado.

| Elemento | Planeta | Aṅga | Cualidades |
|---|---|---|---|
| Fuego | Marte | Vāra | Salud, vitalidad, fuerza, protección |
| Aire | Saturno | Nakṣatra | Prāṇa, enfermedad, dolencias corporales, sufrimiento |
| Agua | Venus | Tithi | Amor, pasión, deseos, relaciones |
| Tierra | Mercurio | Karaṇa | Trabajo, carrera, logros, habilidad |
| Éter | Júpiter | Yoga | Armonía, relaciones generales, amigos |

## I. Vāra, el día solar

Hay siete días solares que juntos forman el periodo de tiempo llamado la semana. En el pañchāṅga el día solar es regido por el elemento Fuego (*agni tattva*). Marte (fuego) gobierna sobre la energía, la vitalidad y la fuerza, por lo tanto, el regente del vāra indicará la fuerza general y la vitalidad de una persona.

Según Āyurveda la fuerza de agni en el cuerpo es importante para los procesos digestivos y transformadores. Hay 13 tipos de agni en el cuerpo: el fuego digestivo en el estómago, el agni que digiere cada elemento y el agni de cada tejido (*dhātu*). Cuando el fuego digestivo es fuerte, elimina todas las toxinas (*ama*) del cuerpo; cuando el agni es bajo, hay toxinas presentes causando un ojas deficiente, mientras que cuando ama se elimina, ojas aumenta y la persona tiene un sistema inmunológico fuerte. Cuando cada uno de los siete dhātu agnis está sano, se permite que cada tejido se forme correctamente, garantizando así que el siguiente tejido se forme sano y fuerte. Esto lleva a que el ojas, el resultado final de la digestión dhātu, se formen correctamente y en una cantidad mayor. Por lo tanto el cuerpo es más saludable, tiene más fuerza de constitución, más energía y vitalidad. Si el regente del vāra está mal posicionado en una carta natal, agni tenderá a ser débil y habrá problemas relacionados con ama y la formación inadecuada de dhātus; esta debilidad se relaciona con la salud fisiológica. Si el regente del vāra está bien posicionado, la estructura corporal tenderá a ser fuerte y con más vitalidad.

| | Día | Vāra | Graha |
|---|---|---|---|
| 1 | Domingo | Ravivāra | Sol |
| 2 | Lunes | Somavāra | Luna |
| 3 | Martes | Maṅgalavāra | Marte |
| 4 | Miércoles | Buddhavāra | Mercurio |
| 5 | Jueves | Guruvāra | Júpiter |
| 6 | Viernes | Śukravāra | Venus |
| 7 | Sábado | Śanivāra | Saturno |

Los días de la semana se basan en los siete grahas físicos. Los chāya-grahas, o nodos de la Luna, no tienen cuerpos físicos y por lo tanto no se relacionan con el vāra . El orden de los días se calcula sistemáticamente en función de las horas (*horā*) del día, por lo tanto uno debe entender los horā.

Un rāśi tarda alrededor de 2 horas en ascender, mientras que la mitad de un rāśi, llamado horā-aṁśa, tarda una hora en ascender. Esta es la raíz del periodo de tiempo llamado hora (*horā*) que proviene del movimiento de los 12 signos del zodiaco, que divididos en medias porciones de partes lunares y solares crean veinticuatro horās en un día, cada una de las cuales está gobernada por un planeta físico.

El orden de los regentes de las horas se basa en el movimiento, de más lento a más rápido. Saturno es el más alejado del Sol y por consiguiente el más lento, seguido por Júpiter y luego Marte. La Tierra es el siguiente planeta más cercano al Sol, pero en Jyotiṣa estamos utilizando la perspectiva geocéntrica para los cálculos de Horā (helio-céntrico para gaṇita), por lo que el Sol se mueve a la velocidad de la Tierra haciendo del Sol el siguiente planeta más rápido. El siguiente en velocidad es Venus, seguido por Mercurio y luego la Luna que es el cuerpo en movimiento más rápido en el cielo. Este es el orden de los horā y la lógica detrás de su cálculo.

Según *Sūrya Siddhānta* (I.51-52) los regentes de los días de la semana se calculan a partir del día de la entrada en Kali Yuga. Este es también el día del diluvio según los astrólogos cristianos y musulmanes.

El día védico comienza al amanecer y el día está regido y nombrado por el horā al amanecer. Cada siete días el ciclo de horās repite la creación de la semana.

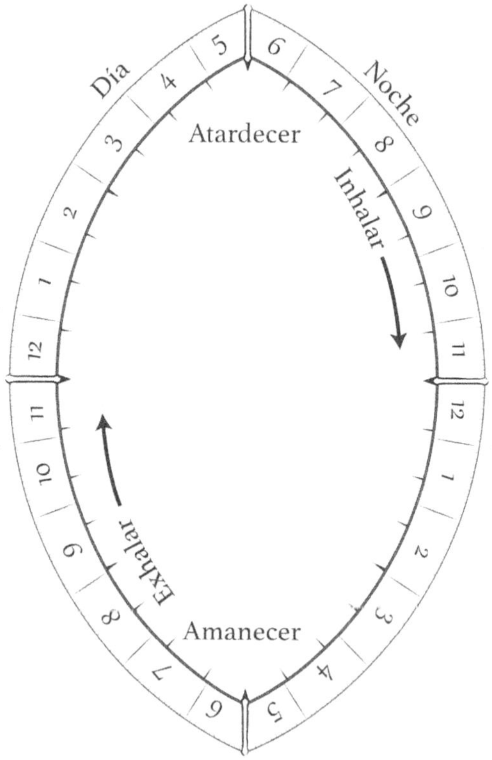

| LMT | Hora | Dom | Lun | Mar | Mié | Jue | Vie | Sáb |
|---|---|---|---|---|---|---|---|---|
| 6 AM | 1 | Sol | Lun | Mar | Mer | Júp | Ven | Sat |
| 7 AM | 2 | Ven | Sat | Sol | Lun | Mar | Mer | Júp |
| 8 AM | 3 | Mer | Júp | Ven | Sat | Sol | Lun | Mar |
| 9 AM | 4 | Lun | Mar | Mer | Júp | Ven | Sat | Sol |
| 10AM | 5 | Sat | Sol | Lun | Mar | Mer | Júp | Ven |
| 11AM | 6 | Júp | Ven | Sat | Sol | Lun | Mar | Mer |
| 12 mediodía | 7 | Mar | Mer | Júp | Ven | Sat | Sol | Lun |
| 1PM | 8 | Sol | Lun | Mar | Mer | Júp | Ven | Sat |
| 2PM | 9 | Ven | Sat | Sol | Lun | Mar | Mer | Júp |
| 3PM | 10 | Mer | Júp | Ven | Sat | Sol | Lun | Mar |
| 4PM | 11 | Lun | Mar | Mer | Júp | Ven | Sat | Sol |
| 5PM | 12 | Sat | Sol | Lun | Mar | Mer | Júp | Ven |
| 6PM | 13 | Júp | Ven | Sat | Sol | Lun | Mar | Mer |
| 7PM | 14 | Mar | Mer | Júp | Ven | Sat | Sol | Lun |
| 8PM | 15 | Sol | Lun | Mar | Mer | Júp | Ven | Sat |
| 9PM | 16 | Ven | Sat | Sol | Lun | Mar | Mer | Júp |
| 10PM | 17 | Mer | Júp | Ven | Sat | Sol | Lun | Mar |
| 11PM | 18 | Lun | Mar | Mer | Júp | Ven | Sat | Sol |
| 12 medianoche | 19 | Sat | Sol | Lun | Mar | Mer | Júp | Ven |
| 1AM | 20 | Júp | Ven | Sat | Sol | Lun | Mar | Mer |
| 2AM | 21 | Mar | Mer | Júp | Ven | Sat | Sol | Lun |
| 3AM | 22 | Sol | Lun | Mar | Mer | Júp | Ven | Sat |
| 4AM | 23 | Ven | Sat | Sol | Lun | Mar | Mer | Júp |
| 5 AM | 24 | Mer | Júp | Ven | Sat | Sol | Lun | Mar |

El primer horā del lunes está gobernado por la Luna y el primer horā del martes está gobernado por Marte; esta es una regla estándar que se aplica a meses, años, etc. El regente de un mes es él del día en que comienza el primer día del mes. En Jyotiṣa el principio es lo que cuenta: en tu carta es el momento de nacimiento y de inicio que habla de toda tu vida, y es el comienzo de un viaje que habla de todo el viaje. Así que el regente de la primera horā del día le da al día su energía y su sabor.

Por esa razón el regente del vāra se calcula basándose en el regente de la primera horā del día. Esto hace que todo el día sea beneficioso para las actividades particulares de los bhāvas gobernados por el regente de ese día en particular. Los vāras y las horās tienen un impacto relativo a sus bhāvas que gobiernan. Por ejemplo, el mejor día para ir por un trabajo es el día del décimo regente, el de la carrera profesional, así como el mejor día para ir al médico es el día del cuarto regente, el de la cura. El vāra mostrará qué actividades tienen fuerza (agni) detrás de ellos durante el día. Si no puedes ir a una entrevista de trabajo el día del décimo regente, entonces la segunda mejor opción es el horā del décimo regente.

"Todas las actividades que se inician durante el horā gobernado por el regente del bhāva relacionado a la carta natal seguramente fructificarán. De manera similar las actividades iniciadas durante el horā del bādhakeśa, o planeta obstáculo, desde esa bhāva en cuestión sufrirán obstrucción y las actividades iniciadas durante el horā del rogeśa, o regente de la casa ocho, desde esa bhāva en cuestión sufrirán aniquilación."[1]

Para un ascendente Géminis que intenta conseguir un trabajo, la décima casa es Piscis, gobernada por Júpiter, lo que hace que el jueves sea el mejor día para postularse. Si el nativo no puede aplicar el jueves, entonces debe asegurarse de que la horā es la de Júpiter para su entrevista. La ocho desde el bhāva en cuestión es Libra regido por Venus, por lo que el nativo debe evitar la horā de Venus para tratar de conseguir un trabajo.

## - EJERCICIO PRÁCTICO -

1. ¿Cuál es el regente del día en que naciste? ¿Cómo está posicionado ese planeta en tu carta? Mira las cartas de algunas personas que conoces que son propensas a estar enfermas y ve la situación de su regente del vāra.
2. ¿Cuál es el mejor día para ti para solicitar un nuevo trabajo o un aumento de sueldo? ¿Cuál es el mejor día para ti para comprar un coche o una casa nuevos? Si no puede realizar esta actividad en este día en particular, ¿a qué hora de un lunes sería beneficioso para estas actividades?
3. Revisa en el capítulo sobre la fuerza varṣādi-bala y analiza el nivel de importancia dado al regente de 1 horā.
4. Estudia atentamente la tabla de los horā y días y asegúrate de comprender el patrón para ser capaz de tomar cualquier hora de cualquier día y de calcular mentalmente el *regente de la horā* sin usar la tabla.

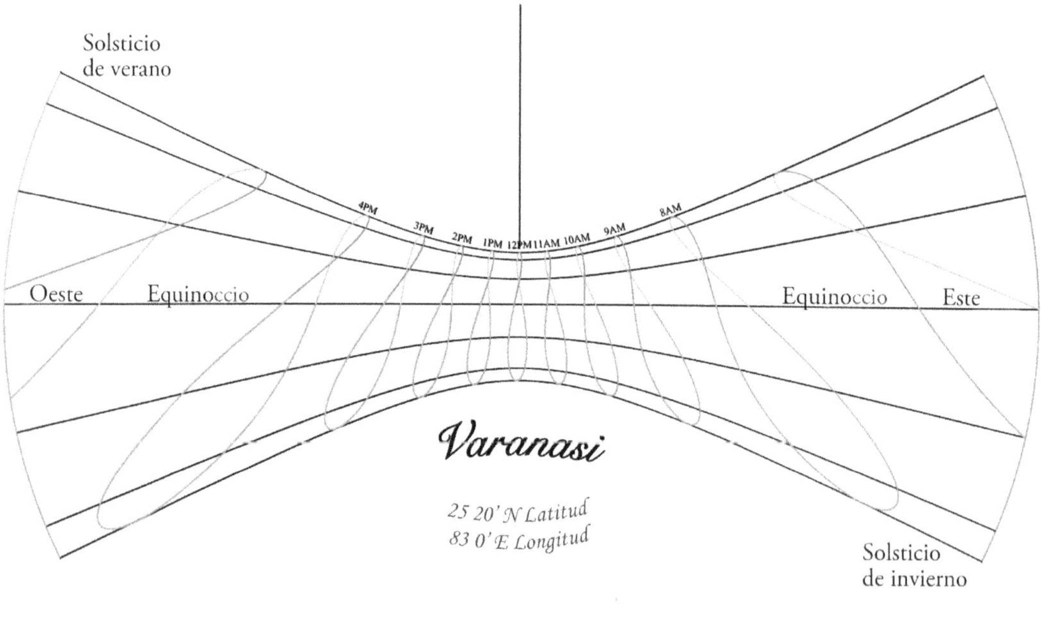


1 Rath, Sanjay, Kala Hora

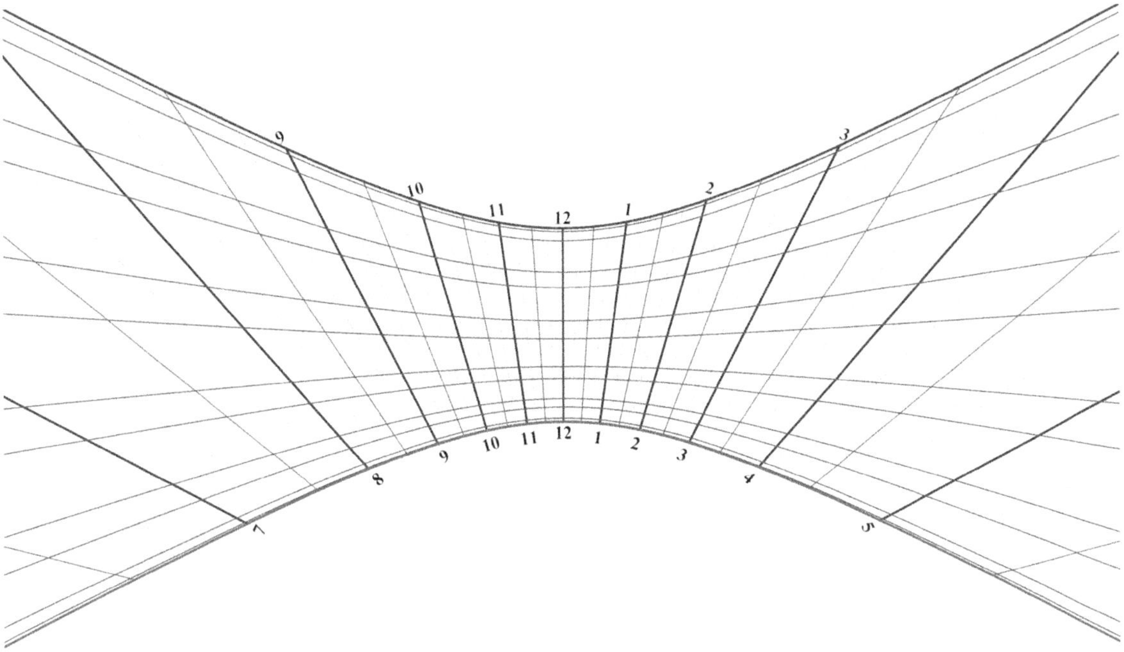


El diagrama anterior muestra las marcas de un reloj solar con horas iguales de 60 minutos cada una, mientras que el diagrama a continuación muestra un reloj solar con horas desiguales considerando que cada salida del sol hasta el atardecer tiene exactamente 12 horas. El reloj solar de la página anterior tiene una precisión de hasta dos minutos cuando es lo suficientemente grande y con la alineación adecuada. Las líneas verticales indican la época del año, mientras que las líneas horizontales indican la hora del día. Diagramas (yantra) como este fueron utilizados por los astrólogos de la antigüedad y sus conceptos acerca de el tiempo se pueden ver observar dentro de ellos.

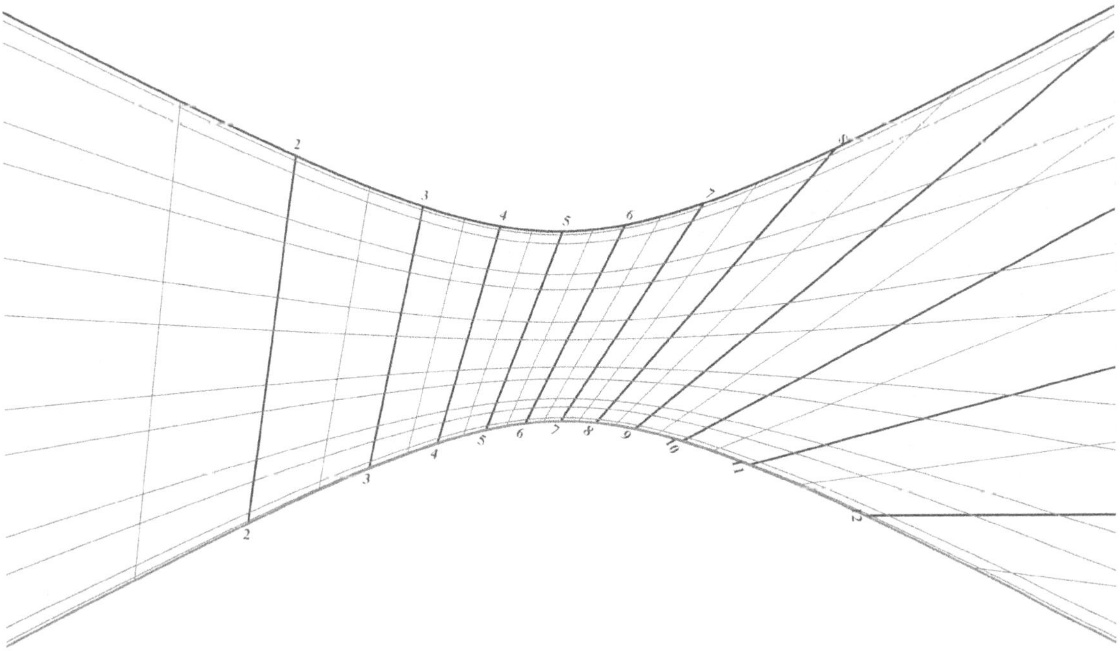

## II. Nakṣatra, la constelación lunar

En un mes sideral la Luna tarda 27,3217 días en completar una revolución al zodiaco y este movimiento es la base de nakṣatra. Para los cálculos del plano material el tiempo se redondea a 27 signos lunares, mientras que para propósitos espirituales el tiempo se convierte en 28 signos lunares. Las nakṣatra se relacionan con el elemento aire (*vāyu-tattva*) y por lo tanto se relacionan con el planeta Saturno.

Las nakṣatras indican la dirección y estado de vāyu, que se convierte en prāṇa en el cuerpo humano. La mente (concentración) va a donde se dirige el prāṇa y el prāṇa va a donde se dirige la mente. Al pensar en la devoción y el amor el prāṇa irá al área del corazón y lo calentará, mientras que al pensar en el sexo el prāṇa irá a los órganos sexuales y los despertará. De la misma manera al meditar (enfocar la mente) en el tercer ojo en la frente, la mente pensará en la comprensión espiritual, así como al meditar en el chakra raíz la mente se detendrá en cuestiones de seguridad, hogar y salud. El estado del prāṇa mostrará la dirección y el estado de la mente, como por ejemplo al comenzar un evento el estado de la mente mostrará las intenciones e ideas en la mente de las personas que comienzan el evento y este estado mental fructificará dentro de la existencia de ese objeto o evento creado. Si la mente está enfocada en la destrucción o la infidelidad en el momento del matrimonio, la unión no durará mucho; mientras que si la mente está enfocada en el amor y el compartir, por estar la Luna en la nakṣatra apropiada en el momento del evento, entonces esa energía fusionará a las dos personas en una unión feliz.

Las nakṣatras indican cómo el éxito general de un evento fructificará: si los prāṇas son buenos, el evento será saludable (bien disfrutado) y si los prāṇas son débiles o están en la dirección equivocada, no habrá salud para el evento. La fuerza y la posición del graha regente, de acuerdo al sistema viṁśottari, de la nakṣatra indicará la fuerza de la mente y del prāṇa dentro del evento u objeto creado o persona. En la carta natal si el *regente del viṁśottari* de la *janma nakṣatra* (nakṣatra natal) está mal posicionado, entonces los prāṇas del individuo se debilitan, conduciendo a la mala salud y la falta de enfoque en la mente que conduce al sufrimiento.

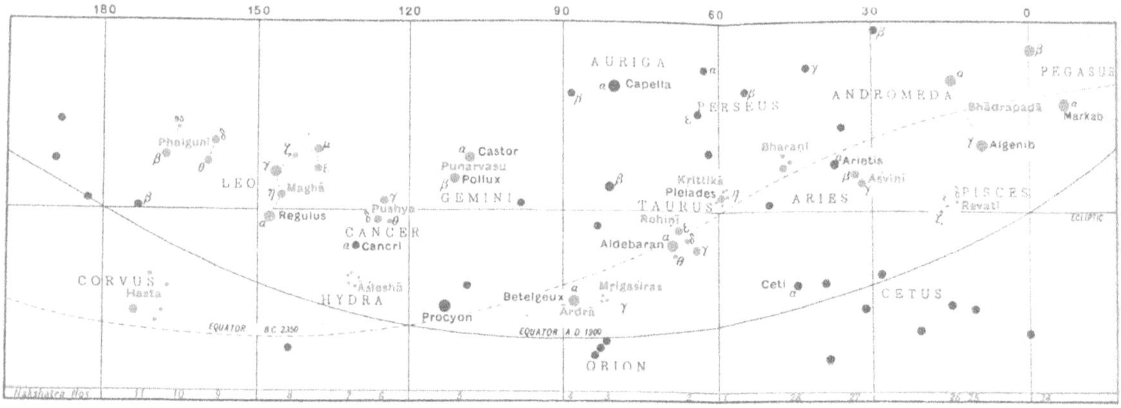

En Āyurveda existen dos aspectos principales de la salud: agni-ojas y el equilibrio de los cinco vāyus o prāṇas en el cuerpo. El vāra se relaciona con el agni y la fuerza de la estructura corporal, definiendo la salud fisiológica. La nakṣatra se relaciona con el estado del flujo apropiado o inapropiado del prāṇa en el cuerpo, que podríamos llamar bienestar somático. Cuando el prāṇa se bloquea o no fluye correctamente, la enfermedad comienza en el cuerpo. El vāra se relaciona con una enfermedad que se basa en el nivel físico, por lo que la medicina física es lo mejor para curarla, porque la enfermedad puede perturbar la mente, pero el tratamiento primario es del cuerpo físico, la raíz de la enfermedad. La nakṣatra indica una enfermedad que comienza en el *prāṇa-maya-kośa* (cuerpo energético) y en *mano-maya-kośa* (mente); esta enfermedad debe tratarse principalmente a través de la medicina energética y el tratamiento de la mente a través del yoga, la terapia psicológica, la meditación, etc. En estos casos cuando la enfermedad se manifiesta en el cuerpo físico, la terapia física puede funcionar, pero sólo temporalmente y se debe utilizar tanto el tratamiento físico para aliviar los síntomas, como la terapia sutil. En resumen el vāra muestra la fuerza del cuerpo, mientras que la nakṣatra muestra el funcionamiento y el flujo de energía.

| # | Nakṣatra | Graha | # | Nakṣatras | Graha |
|---|---|---|---|---|---|
| 1 | Aśvinī | Ketu | 15 | Svātī | Rāhu |
| 2 | Bharaṇī | Venus | 16 | Viśākhā | Júpiter |
| 3 | Kṛttikā | Sol | 17 | Anurādhā | Saturno |
| 4 | Rohiṇī | Luna | 18 | Jyeṣṭhā | Mercurio |
| 5 | Mṛgaśira | Marte | 19 | Mūla | Ketu |
| 6 | Ārdrā | Rāhu | 20 | Pūrvāṣāḍhā | Venus |
| 7 | Punarvasu | Júpiter | 21 | Uttarāṣāḍhā | Sol |
| 8 | Puṣya | Saturno | (28) | Abhijit | - - - |
| 9 | Āśleṣā | Mercurio | 22 | Śravaṇa | Luna |
| 10 | Maghā | Ketu | 23 | Dhaniṣṭhā | Marte |
| 11 | Pūrvaphalgunī | Venus | 24 | Śatabhiṣa | Rāhu |
| 12 | Uttaraphalgunī | Sol | 25 | Pūrvābhadra | Júpiter |
| 13 | Hasta | Luna | 26 | Uttarabhādra | Saturno |
| 14 | Chitrā | Marte | 27 | Revatī | Mercurio |

## - EJERCICIO PRÁCTICO -

5. ¿Cuál es el estado del regente de tu nakṣatra en la carta rāśi?
6. ¿Tu mala salud es más probablemente debida al mal funcionamiento del agni o al elemento vāyu? Con esta información ¿qué puedes hacer para proteger tu salud?

## III. Tithi, el día lunar

La Luna tiene 15 tithis en su fase creciente, llamados *Śukla-pakṣa* (mitad blanca y brillante), y otros 15 tithis en su fase menguante, llamados *Kṛṣṇa-pakṣa* (mitad negra y obscura). La última fase de la mitad menguante (K15) es la luna oscura, llamada *Amāvāsya*, término en el que amā significa 'juntos' y vāsya significa 'morar' y que se refiere a cuando el Sol y la Luna habitan juntos; esto es visto como una conjunción de las luminarias. Cuando empiezan a separarse y la Luna sobrepasa al Sol, comienza la Luna creciente y el primer tithi (Prātipad) de esa mitad es la Luna nueva. Los calendarios occidentales señalan el momento en que Amāvāsya hace la transición a Prātipad como el momento de la 'Luna nueva'. El octavo tithis es la media Luna y el decimoquinto śukla tithi (S15) se llama *Pūrṇimā*, que proviene de la palabra pūrṇa que significa 'lleno', 'completo', 'abundante', 'satisfecho', y que es Luna llena cuando el Sol y la Luna están a 180 grados de distancia.

Existen 30 tithi relacionados con los 29,5306 días que tarda la Luna en pasar por un ciclo sinódico. El día lunar es aproximadamente 0,9483 el de un día solar. Se calcula de acuerdo a cada movimiento de 12 grados de la Luna. El tithi se calcula restando la longitud del Sol de la Luna y dividiendo por 12 grados. Esto es para calcular cuántas porciones de 12 grados (tithis) la Luna ha avanzado.

La diferencia entre el Sol y la Luna origina el tithi, mientras que la adición de la longitud del Sol y de la Luna da como resultado el *pañcāṅga Yoga*. La resta del Sol y la Luna se relaciona con el asura-guru Venus[2], mientras que la adición del Sol y la Luna se relaciona con el deva-guru Júpiter. Venus se relaciona con el elemento agua (*jala-tattva*) mostrando los deseos y pasiones de la mente, pero también se relaciona con Lakṣmī indicando prosperidad.

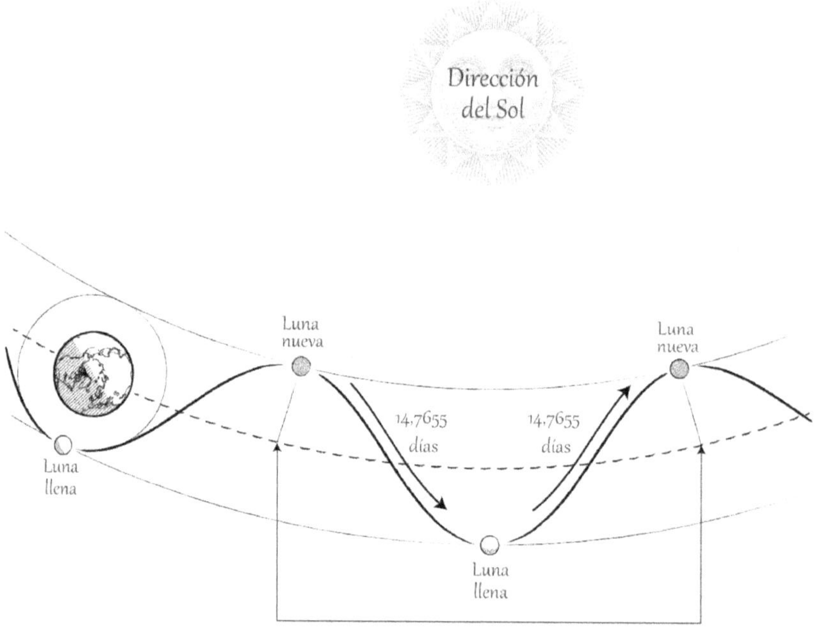


(movimiento lunar a medida que la Tierra se mueve alrededor del Sol)

2 Venus es el maestro (*guru*) de los demonios (*asuras*). Asuras son aquellos que carecen de luz (*sura*) o entendimiento, y están enfocados principalmente en el plano material de disfrute. Júpiter es el maestro (*guru*) de los devas (*seres luminosos*) quienes siguen el camino del buen carácter y acciones elevadas.

## Śukla-pakṣa (Fase luminosa)

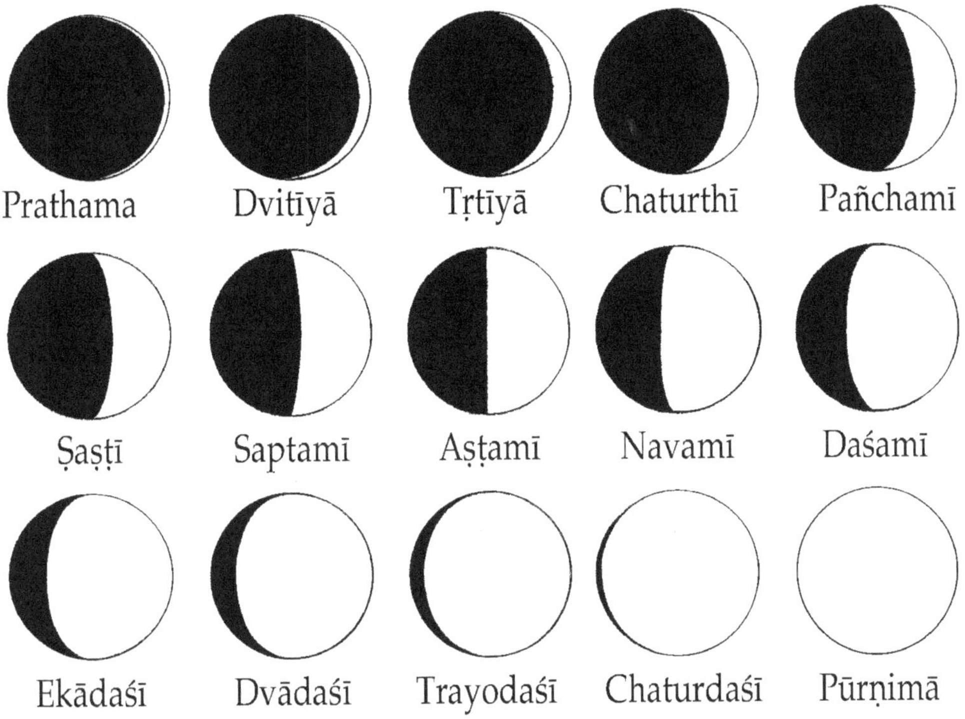


## Kṛṣṇa-pakṣa (Fase obscura)

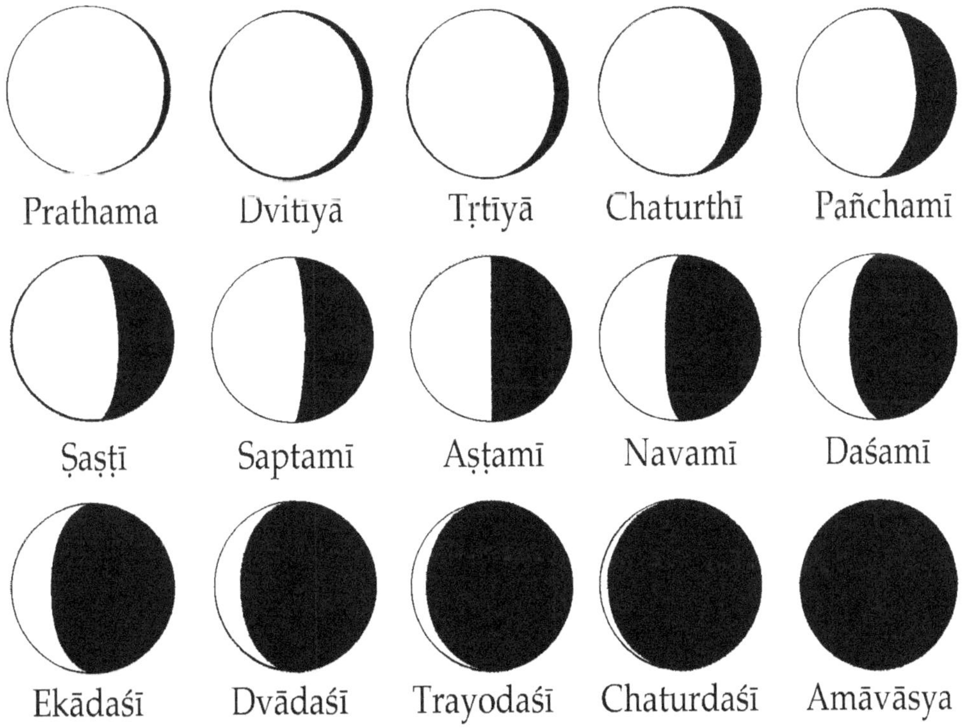

Usando un tithi dentro de un muhūrta, se verán los deseos de la mente en ese momento del evento o creación, lo que la gente querrá y lo que los hará felices, con qué facilidad se sentirán gratificados o insatisfechos. Esto se relaciona con la cualidad del deseo que se experimenta, mientras que la nakṣatra indica cómo la emoción que surge con él se integra por la persona y es utilizada por la mente. En la carta natal la posición del regente del tithi indica cómo se experimenta la relación amorosa: si se posiciona débilmente, indica que habrá problemas en el área de las relaciones.

| **Tithi** | Nombre del tithi | Regente |
|---|---|---|
| 1 y 9 | Pratipad, Navamī | Sol |
| 2 y 10 | Dvītiyā, Daśamī | Luna |
| 3 y 11 | Tṛtīyā, Ekādaśī | Marte |
| 4 y 12 | Caturthī, Dvādaśī | Mercurio |
| 5 y 13 | Paṣcamī, Trayodaśī | Júpiter |
| 6 y 14 | Ṣaṣṭhī, Caturdaśī | Venus |
| 7 y Luna llena | Saptamī, Pūrṇimā | Saturno |
| 8 y Luna nueva | Aṣṭamī, Amāvāsya | Rāhu |

Los quince tithis son regidos por los planetas en el orden de los días de la semana y Rāhu, empezando por el Sol (domingo), la Luna (lunes), Marte (martes), etc.; esto se repite dos veces a través de cada pakṣa o medio mes lunar. El regente del tithi debe estar bien situado para iniciar cualquier evento que involucre amor, pasión o la longevidad de la relación. Cuando el regente del tithi es débil, los factores que indican problemas en las relaciones se volverán predominantes en la vida de una persona.

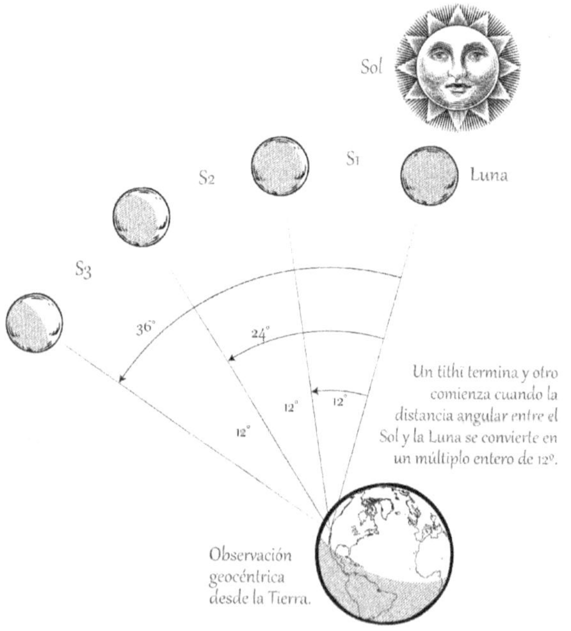

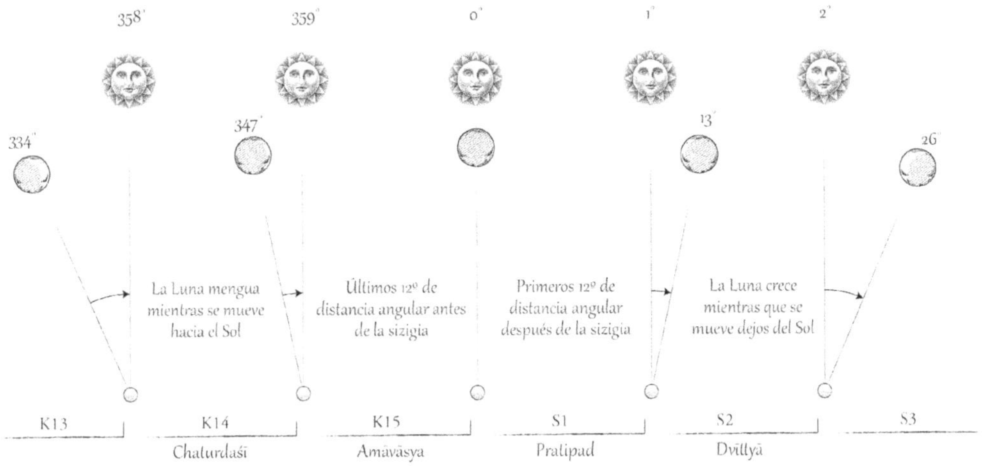


Desde una perspectiva geocéntrica el Sol se está moviendo al mismo tiempo que la Luna, pero más lento. El Sol se mueve aproximadamente un grado por cada 13 grados de movimiento lunar, resultando en 12 grados de ángulo. El cálculo del tithi no es un ángulo estático, sino uno en el que ambas luminarias se mueven. En la siguiente imagen observamos los grados del Sol y la Luna.

La nomenclatura moderna llama al segundo *tithi* creciente (śukla-pakṣa) como S2 y al tercero como S3. Los 12 grados antes de la oposición directa (180 grados) del Sol y la Luna, que es el decimoquinto śukla tithi (S15), se llama Pūrṇimā o Luna llena. En el momento después de la oposición comienza la fase menguante (*kṛṣṇa-pakṣa*); la nomenclatura moderna utiliza K1, K2, K3, etc. para denotar los tithi menguantes.

Un tithi puede cambiar en cualquier momento del día o de la noche y para propósitos civiles el día (*vāra*) se nombra de acuerdo al tithi activo al amanecer. En el mundo antiguo una transacción financiera o un día de trabajo se registraría en función de la nomenclatura del tithi al amanecer.

Los festivales religiosos tienen reglas más específicas para el tiempo. Algunas festividades se basan en el tithi al amanecer, otras tienen requisitos de tithi más detallados. La adoración de Gaṇeśa se realiza el día en que el tithi del mediodía (*madhyāhna*) es śukla chaturthī (S4), mientras que la adoración de los antepasados se realiza cuando el tithi es Amāvāsya en la cuarta parte (*aparāhna*) del día, aproximadamente desde las 3PM hasta el atardecer.

Para los astrólogos que aconsejan a la gente sobre los tiempos propicios para comenzar las actividades, llamados muhūrta, se utiliza el tithi exacto. Por ejemplo, Śukla pañchamī (S5) es un momento propicio para comenzar los estudios; si esto cambia a las nueve de la mañana, entonces se puede establecer el tiempo para comenzar los estudios después de que el tithi cambie a pañchamī.

El momento en que un tithi termina y otro comienza es el mismo en todas las partes de la superficie de la tierra porque el ángulo entre el Sol y la Luna no depende de la longitud (o latitud) de la región; pero el amanecer varía de acuerdo a la longitud del lugar y la hora local del comienzo del tithi diferirá en consecuencia. Si un tithi cambia a la medianoche (0:00) hora universal (UT), cambiará a las 5pm (18:00) en California (PST) y a las 5:30 AM en la India (IST), porque este es el mismo momento en la Tierra, pero en diferentes zonas horarias.

Esto significa que el tithi al amanecer es diferente en distintos lugares del planeta. En el ejemplo anterior, si el tithi se convidrte en S7 a la medianoche hora universal, la salida del sol en California ese día será S6, mientras que en la India será S7.

Los quince tithis también se dividen en cinco grupos que se entregan a continuación de acuerdo con los cinco elementos dentro del tithi. Estos son los cinco aspectos elementales del deseo (tithi-agua-Venus).

| Nombre | Tithi | | | Tattva[3] |
|---|---|---|---|---|
| Nanda | Pratipad (1) | Ṣaṣṭhī (6) | Ekādaśī (11) | Agni |
| Bhadra | Dvītiyā (2) | Saptamī (7) | Dvādaśī (12) | Pṛthvī |
| Jāya | Tṛtīyā (3) | Aṣṭamī (8) | Trayodaśī (13) | Ākāśa |
| Ṛkta | Caturthī (4) | Navamī (9) | Caturdaśī (14) | Jala |
| Pūrṇa | Pañcamī (5) | Daśamī (10) | Pūrṇimā/Amāvāsya | Vāyu |

Estos elementos se observan en el centro del Chakra Sarvatobhadra, estudiado en el capítulo Nakṣatra. Nanda tithi está asociado con el martes y el domingo, *bhadra* tithi están conectados con el miércoles, *jāya* está conectado con el jueves, etc. El planeta que rige un tithi se utiliza para determinar la fuerza del deseo en ese día lunar en particular y su elemento se utiliza para ver la naturaleza cualitativa del deseo. Se puede observar que los elementos crean ciclos formando una estrella de seis puntas cuando se mapean en los grados del zodíaco. La estrella de ejemplo a continuación es de los nanda tithis.

Tṛtīyā tithi (3°) es regido por Marte, pero como es jāya (gobernado por ākaśa/ Júpiter), puede unir a dos personas, ya que ākāśa es la fuerza vinculante que mantiene las cosas unidas. Ekādaśī tithi (11°) está gobernado por Marte y es nanda (gobernado por fuego-Marte) por lo que el deseo de luchar es muy fuerte; aquí Marte actúa apasionado, enérgico y crea conflicto, no siendo favorable para el matrimonio, pero auspicioso para la guerra y el liderazgo. Ayunar en ekādaśī hará posible superar la ira, porque Marte es su regente y además es un nanda (fuego) tithi. Los Vaiṣṇavas ayunan el 11° tithi para volverse devotos completamente apacibles; nadie va a luchar con quien realice este ayuno durante in tiempo. Ayunar en aṣṭamī hará que nunca engañes a nadie, así que no te engañarán, así como ayunar en la Luna llena te otorgará veracidad ya que elimina los efectos negativos de Saturno.

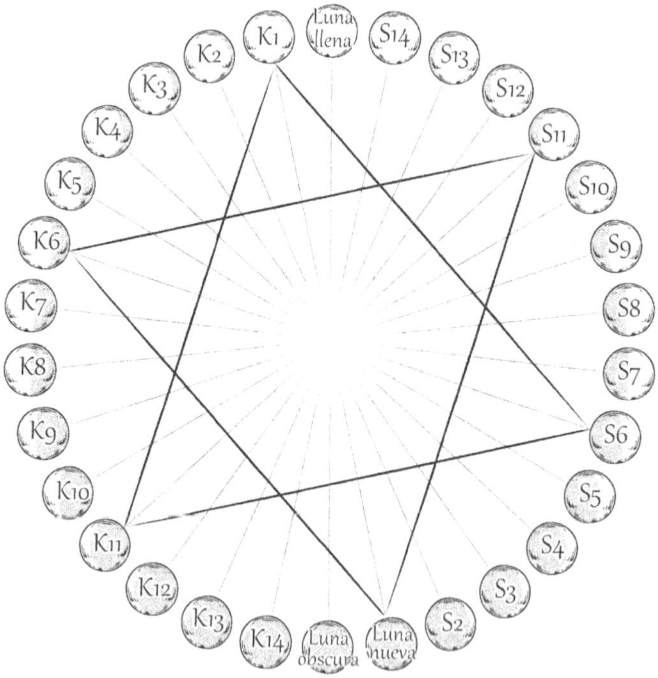


3 Rath, Sanjay, *Triṁśāṁśa* D-30

Para obtener una mejor comprensión del tithi podemos relacionarlos con su deidad respectiva. Varāhamihira dice en el capítulo XCIX del *Bṛhat Saṁhitā*: "Dado que la estrella Rohiṇī y pratipada están regidas por Brahmā, todas las acciones que están permitidas bajo esa estrella también pueden ser realizadas bajo este tithi. Del mismo modo con respecto a la estrella Abhijit y Dvītiyā, Śravaṇa y el 3º día lunar, Bharaṇī y el 4º día lunar, Mṛgaśira y el 5º día lunar", etc. Al entender sus deidades podemos usar la nakṣatra y el tithi más fácil y profundamente.

| Varāhamihira, Bṛhat Saṁhitā, chapter XCIX.1-3 | | | |
|---|---|---|---|
| **Tithi** | **Nombre del tithi** | **Regente** | **Deidad** |
| 1 | Pratipad | Sol | Brahmā |
| 2 | Dvitīyā | Luna | Vidhāṭṛ (Hari) |
| 3 | Tṛtīyā | Marte | Viṣṇu |
| 4 | Caturthī | Mercurio | Yama |
| 5 | Pañcamī | Júpiter | Chandra |
| 6 | Ṣaṣṭhī | Venus | Agni (Subrahmaṇya) |
| 7 | Saptamī | Saturno | Indra |
| 8 | Aṣṭamī | Rāhu | Vasus |
| 9 | Navamī | Sol | Nāga |
| 10 | Daśamī | Luna | Dharma (Aryamā) |
| 11 | Ekādaśī | Marte | Rudra |
| 12 | Dvādaśī | Mercurio | Aditya (Savitṛ) |
| 13 | Trayodaśī | Júpiter | Manmatha (Bhaga) |
| 14 | Caturdaśī | Venus | Kāli |
| Llena | Pūrṇimā | Saturno | Viśvadevas |
| Nueva | Amāvāsya | Rāhu | Pitṛs |

## Interacción entre el Vāra y el Tithi

Cuando los tithis específicos se alinean con ciertos vāras, se consideran combinaciones auspiciosas o inciertas. Uno de estos grupos llamado *siddhi-yoga* indica que una acción durante esos días se lleva a cabo con éxito. Si pratipada (1°), ṣaṣṭhī (6°) o ekādaśī (11°) caen un viernes, se considera auspicioso, basándose en correlaciones del ghātaka-chakra con los días.

| Nanda | Bhadra | Jāya | Ṛkta | Pūrṇa |
|---|---|---|---|---|
| *1, 6, 11* | *2, 7, 12* | *3, 8, 13* | *4, 9, 14* | *5, 10, 15/30* |
| *Viernes* | *Miércoles* | *Martes* | *Sábado* | *Jueves* |

De la misma manera hay ciertas combinaciones que son desfavorables, donde habrá obstáculos en la realización de nuestras acciones. Estos días inauspiciosos se han llamado Dagdha, Viṣa y Hutāśana. *Dagdha* significa 'quemado', 'desfavorable', 'consumido por el fuego', 'dolorido' o 'atormentado'; Viṣa significa 'veneno' y *Hutāśana* significa 'fuego', 'el devorador de la oblación', 'purificado por el fuego', 'miedo' y 'alarma'.

| | Sol | Lun | Mar | Mié | Jue | Vie | Sáb |
|---|---|---|---|---|---|---|---|
| Dagdha | 12° | 11° | 5° | 3° | 6° | 8° | 9° |
| Viṣa | 4° | 6° | 7° | 2° | 8° | 9° | 7° |
| Hutaśan | 12° | 6° | 7.° | 8° | 9° | 10° | 11° |

## Remedios del Kālachakra

Existen momentos específicos en los que se puede realizar una pūjā (ritual) para propiciar planetas dando como resultado el poder superar los problemas originados por esas combinaciones, aspectos y posicionamientos negativos. Usando el Kālachakra podemos calcular qué día y tithi sería mejor para ayunar, hacer pūjās y otros upāyas (remedios). Algunos remedios solo requieren un pūjā de una sola vez para obtener resultados. Estas pūjās pueden ser caras, consumir mucho tiempo y los resultados deben ser exitosos a la primera vez. Por ejemplo, si una persona ha tenido varias operaciones fallidas y luego se entera de un problema kármico que causa el mal funcionamiento en su carta, puede hacer la pūjā como remedio antes de la siguiente operación. En este caso necesitamos realizar esa puja en el momento más poderoso para garantizar resultados positivos para el individuo.

El momento más poderoso para hacer una pūjā es cuando el vāra de un planeta se alinea con el tithi opuesto en el Kālachakra; estos días específicos son muy poderosos para las propiciaciones planetarias. Por ejemplo, adorar al Sol en ṣaṣṭī o caturdaśī es auspicioso porque son tithi gobernados por su Kālachakra opuesto; de manera similar adorar a la Luna en pañchamī y trayodaśī es favorable porque estos tithi están gobernados por Júpiter, el opuesto a la Luna. Los remedios de Júpiter (*upāya*) son más poderosos en un jueves que cae en un dvitīyā o daśamī, momento llamado *Sudaśā-vrata*, lo que significa que el buen (su) período de tiempo (daśā) comienza y el mal (dur) periodo de tiempo (daśā) termina. Existen varios rituales realizados en ese día para empoderar a Júpiter.

Adorar a una rūpa (forma) de Mercurio es favorable para que aṣṭamī y amāvāsya destruyan y eliminen los efectos malignos de Rāhu. Cuando el miércoles cae en naṣṭamī se llama *Buddhāṣṭamī*, donde Rāhu quien confunde la memoria de Mercurio puede ser removido a través de los rituales apropiados. De esta manera las propiciaciones para estos planetas deberían hacerse en los días más poderosos. Estos días se usan cuando un cierto upāya (remedio correctivo) tal como una pūjā (ritual) de una sola vez, es recomendada para eliminar los efectos nocivos de un planeta.

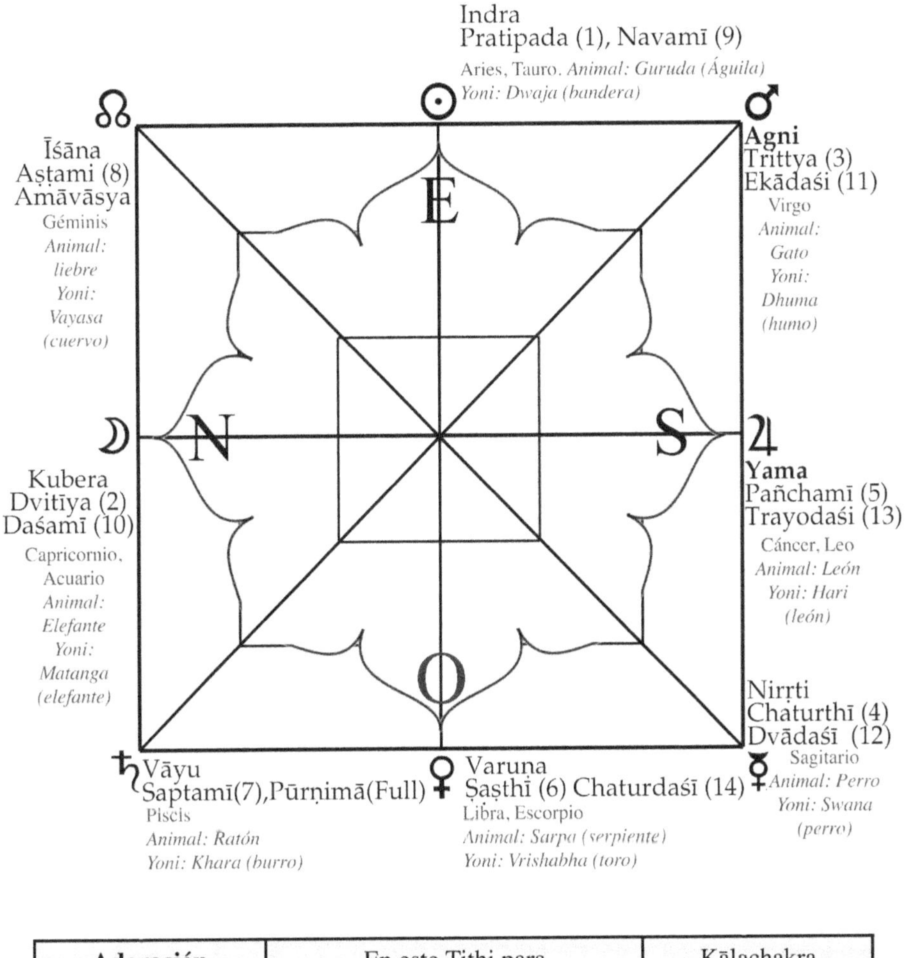


| **Adoración** | En este Tithi para Supresión de: | Kālachakra Opuesto |
|---|---|---|
| Sol | Ṣaṣṭhī, Caturdaśī | Venus |
| Luna | Pañcamī, Trayodaśī | Júpiter |
| Marte | Saptamī, Pūrṇimā | Saturno |
| Mercurio | Aṣṭamī, Amāvāsya | Rāhu |
| Júpiter | Dvitīyā, Daśamī | Luna |
| Venus | Pratipad, Navamī | Sol |
| Saturno | Tṛtīyā, Ekādaśī | Marte |
| Rāhu | Caturthī, Dvādaśī | Mercurio |

## IV. Karaṇa, el medio día lunar

Un tithi de doce grados es dividido en dos mitades de seis grados cada una que compone un karaṇa; estas dos mitades indican cómo se logra el deseo del tithi. Los karaṇa se relacionan con el elemento de la tierra (*pṛthvi-tattva*) y están asociados con Mercurio. El elemento tierra es la acción física ejecutadas para obtener el elemento agua, así como la tierra (un recipiente) es lo que le da forma al agua.

Mercurio se relaciona con la casa diez de la profesión y por consiguiente indica la carrera profesional, las habilidades y los logros. En muhūrta el karaṇa se volverá importante cuando se requiere trabajo para lograr el resultado deseado; aquí un karaṇa beneficioso asegurará que el trabajo se realice correctamente y a tiempo. La división del tithi en karaṇa es ligeramente diferente para cada fase de la Luna.

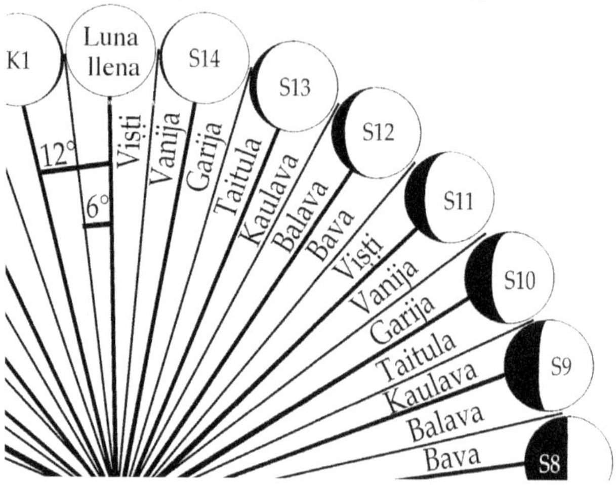


| Tithi | Śukla-Pakṣa Karaṇas | | Kṛṣṇa-Pakṣa Karaṇas | |
|---|---|---|---|---|
| Pratipad (1) | Kinstughna | Bava | Balava | Kaulava |
| Dvitīyā (2) | Balava | Kaulava | Taitula | Garija |
| Tṛtīyā (3) | Taitula | Garija | Vanija | Viṣṭi |
| Caturthī (4) | Vanija | Viṣṭi | Bava | Balava |
| Pañcamī (5) | Bava | Balava | Kaulava | Taitula |
| Ṣaṣṭhī (6) | Kaulava | Taitula | Garija | Vanija |
| Saptamī (7) | Garija | Vanija | Viṣṭi | Bava |
| Aśtamī (8) | Viṣṭi | Bava | Balava | Kaulava |
| Navamī (9) | Balava | Kaulava | Taitula | Garija |
| Daśamī (10) | Taitula | Garija | Vanija | Viṣṭi |
| Ekadaśī (11) | Vanija | Viṣṭi | Bava | Balava |
| Dvādaśī (12) | Bava | Balava | Kaulava | Taitula |
| Trayodaśī (13) | Kaulava | Taitula | Garija | Vanija |
| Caturdaśī (14) | Garija | Vanija | Viṣṭi | Śakuni |
| Pūrṇimā/Amāvāsya | Viṣṭi | Bava | Chatuspad | Nāga |

En la carta natal el regente del karaṇa es analizado para temas relacionados con la casa diez y Mercurio. Si el regente karaṇa está mal posicionado o afligido en la carta natal, indica problemas relativos a la profesión. Sus regencias se dan en la siguiente tabla:

| # | Karaṇa | Graha | Deidad |
|---|---|---|---|
| 1 | Bava | Sol | Jyeṣṭhā/Indra |
| 2 | Balava | Luna | Rohiṇī/Brahmā |
| 3 | Kaulava | Marte | Anurādhā /Mitra |
| 4 | Taitula | Mercurio | Uttaraphalgunī/Aryamā |
| 5 | Garija | Júpiter | Jyeṣṭhā/Indra (Bhū-Tierra) |
| 6 | Vanija | Venus | Śravaṇa/Viṣṇu (Śrī) |
| 7 | Viṣṭi | Saturno | Bharaṇī /Yama |
| 8 | Śakuni-Brahma | Regente del Lagna | Āśleṣā/Nāga |
| 9 | Catuspada-Viṣṇu | Cuarto regente | Rohiṇī/Brahmā |
| 10 | Nāga-Maheśa | Séptimo regente | Āśleṣā/Nāga |
| 11 | Kiṁtughna-Sūrya | Décimo regente | Svātī/Vāyu |

La fuerza y posición del regente del karaṇa indicarán la fuerza general del área de la vida relacionada con la carrera. Esto se puede ver incluso antes de analizar la casa diez y la carta D-10. El regente del karaṇa o cualquier planeta en conjunción con este regente influirá en el tipo de carrera que una persona seguirá. El pañcāṅga tiene prioridad sobre casi todas las otras indicaciones y se analiza al comienzo de una lectura de la carta. Esta es la razón por la que las cartas astrología tradicionales siempre tendrán la pañcāṅga justo al lado de la carta natal.

## V. Yoga, la unión del Sol y la Luna

La suma de las longitudes del Sol y de la Luna da como resultado el factor del tiempo llamado yoga o pañcāṅga-yoga. Los años de Júpiter (16) se refieren a la adición del Sol (6) y la Luna (10). Los pañcāṅga-yoga se relacionan con Júpiter y el elemento espacio (*ākāśa tattva*), que mantiene todo el universo unido, impregnando todo. En una relación interpersonal si el elemento espacio es fuerte, las dos personas se llevan bien, mientras que si es débil, las dos personas lucharán. Es por eso que Harihara dice en *Praśna Mārga* que si Júpiter es fuerte, todas las deidades te favorecerán y si es débil, todas las deidades te mostrarán su ira. Esto es porque el elemento espacio o ākāśa nos indica como el nativo se relaciona con el mundo.

| **Yoga #** | Nombre de Pañchāṅga-Yoga | Graha |
|---|---|---|
| 1, 10, 19 | Viṣkumbha, Gaṇḍa, Parighā | Saturno |
| 2, 11, 20 | Prīti, Vṛddhi, Śiva | Mercurio |
| 3, 12, 21 | Ayuṣmān, Dhruva, Siddha | Ketu |
| 4, 13, 22 | Saubhāgya, Vyāghāta, Sādhya | Venus |
| 5, 14, 23 | Śobhana, Harṣana, Śubha | Sol |
| 6, 15, 24 | Atigaṇḍa, Vajra, Śukla | Luna |
| 7, 16, 25 | Sukarma, Siddhi, Brahmā | Marte |
| 8, 17, 26 | Dhṛti, Vyātipata, Indra | Rāhu |
| 9, 18, 27 | Śula, Variyān, Vaidhṛti | Júpiter |

Si el regente del Yoga es fuerte en una carta, habrá armonía en las relaciones interpersonales, mientras que si el regente está afligido o débil, habrá conflictos, enemistad, falta de comprensión e incapacidad para conectarse profundamente.

El pañcāṅga-yoga se utiliza en muhūrta para grandes eventos donde muchas personas se reúnen, porque un regente del pañcāṅga-yoga fuerte asegura que la multitud se llevará bien. Es muy importante para eventos como reuniones por la paz y proyectos orientados a acercar las relaciones entre dos personas o múltiples organizaciones.

### - EJERCICIO PRÁCTICO -

7. ¿Quién es el regente de tu karaṇa, cómo se encuentra y cómo influye esto en tu carrera? Observa al regente del karaṇa en la carta de amigos o miembros de la familia que tengandificultades con esa área de la vida.

8. ¿Cuál es la situación del regente de tu pañcāṅga-yoga en tu carta Rāśi y cómo afecta esto a tu capacidad para llevarte bien con los demás? Revisa la carta de alguien que se lleva bien con los demás y analiza al regente de su pañcāṅga-yoga. Estudia la carta de algunas personas que tienen dificultades para llevarse bien con los otros y analiza al regente de su pañcāṅga-yoga. Observa las diferencias en el estado de estos planetas.

## Pañcāṅga-Doṣas, los defectos en el tiempo

Ahora tenemos una comprensión general de cada rama del Pañcāṅga y las formas de utilizar cada uno de ellos, tanto en la carta natal, así como en muhūrta para elegir un buen momento para una actividad. Parāśara enseña que existen ciertos momentos de acuerdo con la Pañcāṅga, que son indicativos de problemas o sufrimiento.[4] Toda la última parte del Bṛhat Pārāśara Horā Śāstra está dedicada al análisis de combinaciones que indican los sufrimientos procedentes del nacimiento previo y los remedios para superar estas combinaciones

## Amāvāsya Doṣa, el nacimiento en la Luna oscura

Según Parāśara el nacimiento en Amāvāsya, o Luna oscura, causa pobreza o dificultades a los padres y una falta de concentración provocada por una mente vacilante. Las personas con esta combinación a menudo tienen altibajos continuos en las finanzas y a menudo pueden tener grandes pérdidas después de acumular recursos. Este es el primer pañcāṅga doṣa que Parāśara enseña.[5] Su remedio radica en la adoración al Sol y la Luna por parte de los padres del niño; posteriormente se realizan pūjā y homa, remedios alternativos para el doṣa se basan en la forma de Kālī indicada por la posición de la Luna oscura.

Parāśara en el BPHS proporciona los detalles específicos del Śānti pūjā, como que las imágenes del Sol y la Luna se deben hacer en oro, plata o cobre de acuerdo con el presupuesto. Parāśara da los mantras utilizados para adorar al Sol y la Luna para este ritual de pacificación; a través de ellos se puede entender la intención detrás de este ritual

## Mantra para la Luna:

आ प्यायस्व समेतु ते विश्वतः सोम वृष्ण्यम् भवा वाजस्य संगथे ॥

*ā pyāyasva sametu te viśvataḥ soma vṛṣṇyam bhavā vājasya saṅgathe*||1.91.16||

Crece hasta la plenitud, Soma, que recojas fuerzas de todas partes,
centrándote en el éxito y la prosperidad.

## Mantra para el Sol:

सविता पश्चातात् सविता पुरस्तात् सवितोत्तरात्तात्सविताधरात्तात्
सविता नः सुवतु सर्वतातिं सविता नोरासतां दीर्घमयुः ॥१४ ॥

*savitā paścātāt savitā purastāt savitottarāttātsavitādharāttāt*
*savitā naḥ suvatu sarvatātiṁ savitā norāsatāṁ dīrghamayuḥ*||10.36.14||

Que Savitṛ al Oeste, Savitṛ al Este, Savitṛ al Norte,
Savitṛ al Sur, que Savitṛ nos envíe la riqueza deseada,
que Savitṛ nos conceda una larga vida.

4 Esto también es enseñado en *Muhūrta Chintāmani* de Daviagya Śrī Rāmāchārya, II.57

5 Capítulo acerca de apaciguar un nacimiento en amāvāsya en Bṛhat Parāśara Horā Śāstra, Darśa-janma-śānti-adyhāya

## Kṛṣṇa-Chaturdaśī Doṣa, el nacimiento en K14

El nacimiento en el decimocuarto tithi menguante crea un pañcāṅga doṣa asociado a sufrimiento debido la infidelidad. Jātaka Pārijāta (IX.68-69) divide el tithi en seis partes, con la primera porción sin efectos negativos. Los resultados de la segunda a la quinta porción a menudo sucederán en el octavo año de vida y la última porción durante un mal dāśa.

| | | |
|---|---|---|
| 1 | 0-16.6666% | Auspicioso, sin doṣa |
| 2 | 16.6666-33.3333% | Muerte temprana del padre |
| 3 | 33.3333-50% | Muerte prematura de la madre |
| 4 | 50-66.6666% | Ruina del tío materno |
| 5 | 66.6666-83.3333% | Destrucción de la familia |
| 6 | 83.3333-100% | Ruina personal y pérdida de riqueza |

El remedio se encuentra en el Bṛhat Pārāśara Horā Śāstra y consiste en adorar a Śiva con la Luna creciente sobre su cabeza, con ropa blanca, mālā blanca y montado en su toro Nandi. Se realiza un mantra a Varuṇa, pūjā a Śiva, la adoración de los nueve planetas y la recitación del mantra Mṛtyuñjaya. [6]

## Eka Nakṣatra Doṣa, el mismo Nakṣatra que un pariente

Cuando dos personas de la familia cercana nacen en la misma nakṣatra, el más joven sufrirá pérdida de riqueza y felicidad; esto a menudo se relaciona con algún proyecto similar que el mayor ha comenzado. Si comparten el mismo pada de navāṁśa, entonces la salud también sufrirá e incluso puede ocurrir la muerte. El doṣa se activará cuando las dos personas se separen entre sí y el remedio yace con la adoración apropiada de la deidad que gobierna la nakṣatra.[7] Este se deberá realizar en un vāra y nakṣatra auspiciosos mientras la Luna es fuerte, pero según Parāśara el remedio no se puede llevar a cabo ni en un Ṛkta-tithi, ni en un Viṣṭi-karaṇa.

Un doṣa como este no se verá estudiando solamente la carta del nativo, si no que se tomarán en cuenta las cartas de toda la familia; de lo contrario se determina a través del análisis lógico. Por ejemplo, si una persona dice que está teniendo problemas de salud o de dinero y notamos que comenzó justo después de que el hermano mayor se mudó de la casa, o justo después de que se mudó de la casa de sus propios padres, entonces observaríamos si puede haber alguna similitud en la nakṣatra. De la misma manera en Vāstu (Feng Shui Védico) si los problemas de salud o de matrimonio comienzan justo después de que una persona se muda a un nuevo hogar, entonces podemos sugerir recurrir a una consulta Vāstu para ayudar a superar estos problemas. Un astrólogo debe integrar todos los aspectos de la realidad a través del análisis lógico para determinar el problema raíz. Sólo cuando se descubre el origen del problema, podemos abordar la situación a través del remedio adecuado.

6 Bṛhat Parāśara Horā Śāstra, eka-nakṣatra-jāta-śānti-adhyāya (Capítulo 87 o 89)
7 Bṛhat Parāśara Horā Śāstra, kṛṣṇa-caturdaśī-jāta-śānti-adhyāya (Capítulo 89 o 91)

Los nativos más famosos de los últimos tiempos con eka-nakṣatra doṣa son los presidentes de los Estados Unidos George Bush Senior y Junior, que comparten Chitra nakṣatra. George Bush Jr. siguió a la sombra de su padre e incluso luchó guerras en lugares similares. Su padre lo ayudaba constantemente a superar sus fracasos. El análisis de sus vidas indica el impacto eka-nakṣatra doṣa.

## Saṅkrānti Doṣa, el Sol a cero grados

Ocurre cuando el Sol cambia de signo y aún no ha alcanzado más de un grado, por lo que la posición del Sol está entre cero y un grado. El día en que el Sol entra a otro signo, habrá Saṅkrānti-doṣa durante todo el día. En una carta natal las casas del regente del vāra serán destruidas por el Saṅkrānti-doṣa. Aquellas áreas de la vida, planetas y ārūḍhas posicionados allí no fructificarán hasta que se realicen las medidas correctivas. Parāśara dice que traerá pobreza (*daridra*) y sufrimiento (*duḥkha*) al nativo; esto se debe a que sí el Sol se encuentra en Saṅkrānti, indica la ira de Śiva.

Existen 7 tipos de Saṅkrānti-doṣa que dependen del día en que ocurra y que tienen cada uno su propio nombre; estas variaciones de Saṅkrānti se explican en profundidad en *Murhūrta-Cintāmaṇi*. Los efectos serán peores o mejores para un individuo dependiendo de su posición en la vida.[8]

La pūjā de Saṅkrānti-doṣa consiste en la adoración ritual del Sol, la Luna y Śiva en un kalaśa y bañarse después con el agua bendecida. El Sol y la Luna representan los ojos izquierdo y derecho, mientras que Śiva representa el tercer ojo. La forma específica de adoración es Mṛtyuñjaya Śiva, quien tiene el poder de rejuvenecer; posteriormente se realiza regularmente la repetición o japa de Mṛtyuñjaya Mantra.

| | | |
|---|---|---|
| Domingo | Ghora | Horrible |
| Lunes | Dhvāṅkṣi | Mendigo, guarida de cuervos |
| Martes | Mahodari | Grande edema en el vientre, inflamado |
| Miércoles | Manda | Borracho, intoxicado |
| Jueves | Mandākini | Sencillo, tonto |
| Viernes | Miśra | Mixto, diverso |
| Sábado | Rākṣasi | Demonio |

## Grahaṇa Doṣa, nacimiento en un eclipse

El nacimiento en un eclipse solar o lunar puede causar enfermedad, sufrimiento y pobreza; como remedio se adora con los rituales apropiados a la deidad de la nakṣatra en la que tuvo lugar el eclipse. Si es un eclipse solar, también se hace una imagen en oro del Sol, mientras que si se trata de un eclipse lunar, se hace una imagen en plata de la Luna. Para ambos también se hace una imagen de Rāhu en plomo. Según Parāśara cada imagen es adorada por los padres del niño con los rituales apropiados para la deidad particular y luego el agua consagrada del kalaśa se utiliza para bañar al niño para eliminar las aflicciones.

8 Muhūrta Chintāmani, 3.1

Hay tres tipos principales de eclipses: total (*grasana*), anular (*nirodha*) y parcial (*leha*). Los eclipses híbridos (*madhyatamas*) son una mezcla de eclipse anular y total. Un eclipse que ocurre cerca del perigeo, cuando la Luna es grande, puede bloquear completamente el Sol y se llama un eclipse solar total que se considera 'tragado' (*grasana*); otras palabras para eclipse total son 'devastación' (*vimarda*), 'cerrar los ojos' (*nimīlana*) y 'cerrarse' como una flor (*sammīlana*). Durante un eclipse total el resplandor de la corona del Sol es visible, pero debido a que la Luna se está moviendo rápidamente, estos eclipses son de una duración más corta y tienen un área pequeña de visibilidad. La duración más larga (central) de un eclipse total (perigeo) puede ser de 7 minutos y 32 segundos. El eclipse total más largo entre 4000 BCE (antes de la era común) y 8000 CE (era común) será en el 2186 CE y durará 7 minutos y 29 segundos.

Cuando la Luna está en su apogeo y es más pequeña, no cubre completamente el Sol creando un eclipse solar anular llamado 'encerrado' (*nirodha*) o un eclipse de anillo o pulsera (*valaya-grahana*). Estos eclipses duran más porque la Luna se mueve más lentamente y se pueden observar en más lugares de la Tierra. El eclipse anular crea un anillo de Sol, que es el espacio entre dos círculos concéntricos. Un eclipse anular (apogeo) puede tener una duración central de hasta 12 minutos y 30 segundos, que es 5 minutos más que un eclipse total (perigeo). Un eclipse parcial es cuando el Sol está solo parcialmente eclipsado y se le llama 'lamido' (*leha*), golpeado o azotado (*tāḍana*). De todos los eclipses solares alrededor del 35% son parciales, el 28% son totales, el 32% son anulares y el 5% son híbridos. Varāhamihira discute brevemente los resultados de los diversos tipos de eclipses en *Bṛhat Saṁhitā*. Todos estos factores de eclipse se vuelven muy importantes en la astrología política (*rāj-jyotiṣa*).

## Gaṇḍānta Doṣa, nacimiento en la transición

Hay tres tipos de gaṇḍānta y sus divisiones explicadas por Parāśara.[9] Estas indican la muerte o problemas de salud durante situaciones como el nacimiento, viajes, y ceremonias auspiciosas como el matrimonio, etc.

| | |
|---|---|
| **Tithi** | Los dos últimos ghati de Pūrṇa-tithis (5, 10, 15) y los dos primeros de Nanda-tithis (1, 6, 11) totalizan cuatro ghati, un ghati indica un tiempo de 24 minutos. |
| **Nakṣatra** | Revatī - Aśvinī, Āśleṣā - Maghā, Jyeṣṭhā - Mūla (2 ghati, correspondientes a un pada, a cada lado) |
| **Lagna** | Piscis - *Aries (*Sva-gaṇḍānta), Cáncer - *Leo (*Mātṛ-gaṇḍānta),<br>Escorpio - *Sagitario (Pitṛ-gaṇḍānta)*, medio ghati de cada lado del signo. |

En el caso de los nakṣatra gaṇḍānta, es decir cuando un planeta está entre nakṣatras, se recomienda realizar el remedio en los primeros 10 días de nacimiento antes de que el padre vea al niño. El remedio se puede hacer con el Padre si está en la primera mitad del gaṇḍānta y con la Madre si está en la segunda mitad del gaṇḍānta. En *Jātaka Pārijāta* (IX.45-59) se puede encontrar una interpretación más detallada del gaṇḍānta.

| | | |
|---|---|---|
| **Tithi** | Donación de un toro | Imagen de oro del regente del tithi |
| **Nakṣatra** | Donación de una vaca con su ternero | Imagen de oro del regente de la nakṣatra |
| **Lagna** | Donación de oro | Imagen de oro del regente del lagna |

9 Bṛhat Parāśara Horā Śāstra, Gaṇḍānta-jāta-śānti-adhyāya (Capítulo 92 o 94)

En el siguiente capítulo Parāśara dice que el nacimiento en el gaṇḍānta entre Jyeṣṭhā y Mūla es altamente desfavorable porque las deidades Indra y Rakṣasi son extremamente enemigas entre sí.[10] El nacimiento en el gaṇḍānta Mūla se llama Abhukta-Mūla. La aflicción puede resultar en que el niño pierda a su padre después del octavo año o en alguna otra situación que cause inestabilidad. El ritual correctivo es mucho más largo y complejo que los otros remedios y debe ser realizado por un sacerdote védico.

En el capítulo siguiente Parāśara habla de Jyeṣṭhā-gaṇḍānta que trae problemas al hijo y al padre, o a la hija y al hermano de su marido. Un niño nacido en los últimos 3 padas de Āśleṣā-gaṇḍānta puede causar la muerte de la suegra, mientras que el nacimiento en los primeros 3 padas de Mūla puede causar la muerte del suegro. En estos casos las medidas correctivas deben tomarse antes del matrimonio.

## Tattva Doṣas, problemas de elementos

El agua y el fuego son hostiles entre sí, al igual que la tierra y el aire, mientras que el espacio (ākāśa) remueve los conflictos y no tiene enemistad hacia los otros elementos. Jala (tithi) y Agni (vāra) entran en conflicto, así como Pṛthvī (karaṇa) y Vāyu (nakṣatra) pueden entrar en conflicto. Cuando un mismo graha conecta ambos miembros del pañcāṅga, el planeta se debilita y sus significados naturales así como las casas que rige son lastimados. Esto ocurrirá cuando los regentes del tithi y del vāra sean el mismo planeta, o los regentes del karaṇa y de la nakṣatra sean el mismo planeta.

Por ejemplo, si una persona nació en un lunes (vāra gobernado por la Luna), en un Kṛṣṇa-dvitīyā (tithi gobernado por la Luna), en Śravaṇa (nakṣatra gobernado por la Luna), en Taitula-karaṇa (gobernado por Mercurio), entonces el fuego (vāra) y el agua (tithi) están siendo conectados por la Luna; esto perjudicará a la Luna y sus casas. El remedio es la adoración del elemento conectado al planeta que los une; en este ejemplo es la Luna relacionada con el agua, por lo que la adoración del agua debe realizarse.

Ākāśa doṣa muestra problemas con la audición y Vāyu doṣa da problemas con la fuerza física o mental. Agni doṣa causa problemas que dañan la tez u otros aspectos de la apariencia y Jala doṣa puede traer problemas con malos hábitos, enfermedades o desregulación emocional. Pṛthvi doṣa indica problemas o disfunciones corporales que requieren la ayuda de un médico. El tattva doṣa puede crear problemas con el órgano sensorial relacionado con el elemento, si la casa correspondiente tiene un planeta maléfico.

| **Ofrendas (Dravya)** | **Rostro** | Bīja | **Mantra** |
|---|---|---|---|
| Leche *(Pāyas)* | Ākāśa | hauṁ | auṁ īśānāya namaḥ |
| Yogurt / Cuajada *(Dadhi)* | Vāyu | hyaiṁ | auṁ tatpuruṣāya namaḥ |
| Ghee *(Ghṛta)* | Agni | hruṁ | auṁ aghorāya namaḥ |
| Miel *(kṣaudra)* | Jala | hvīṁ | auṁ vāmadevāya namaḥ |
| Azúcar *śarkarā)* | Pṛthvī | hlaṁ | auṁ sadyojātāya namaḥ |

10 Esto también es enseñado en *Muhūrta Chintāmani* de Daviagya Śrī Rāmāchārya, II.53-56

Los cinco elementos son adorados a través de un Śiva-liṅga utilizando cinco mantras según las cinco caras de Śiva. Cuando ocurre un tattva-doṣa, el elemento particular se desequilibra. Para el ejemplo anterior del desequilibrio del tattva agua, se debe recitar el mantra "auṁ vamadevāya namaḥ" mientras se vierte miel encima del Śiva-liṅga.

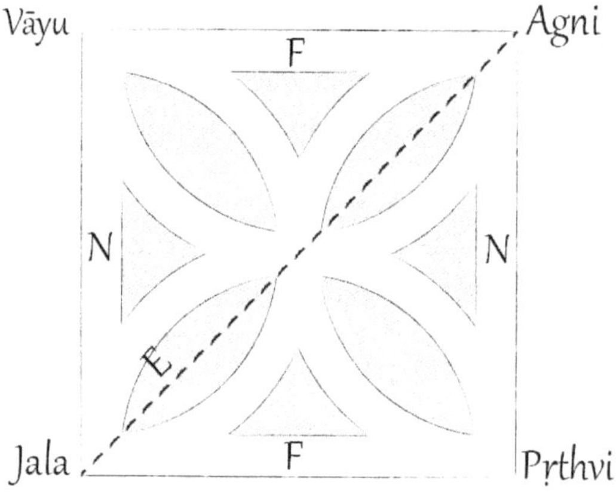


## Conclusión

El tiempo es más real de lo que se puede ver a simple vista. El astrólogo observa el pañcāṅga y con esa información analiza más profundamente la carta de una persona o de cualquier momento en el tiempo. Estos aspectos del tiempo también son responsables de hacer que las personas se levanten en la vida o pueden estar impidiéndoles alcanzar su máximo potencial. Cuando el tiempo es el incorrecto, el éxito es negado. El astrólogo védico ve los defectos en el tiempo y los remedia incluso antes que detalles más pequeños dentro de la carta. Cuando el tiempo es el adecuado, todas las posibilidades serán accesibles.

कारणेन विना कार्यं जायते जगतीतले ।
यदि तर्हि सदा सर्वं जायेतैवानिरोधतः ॥

*kāraṇena vinā kāryaṁ jāyate jagatītale |*
*yadi tarhi sadā sarvaṁ jāyetaivānirodhataḥ ||*

En este universo nada ocurre sin una causa.
Una vez que este concepto está claro, una persona puede lograr cualquier cosa.
(*Yoga Rahasya* of Nāthamuni, Vimarśana-Adhyāya, śloka 37)

# Capítulo 16

## La interpretación

## Interpretación

Los cálculos y análisis de fuerza de la Astrología Védica son una ciencia, mientras que la interpretación de sus significados y de cómo beneficiar la vida humana con esta información es un arte.

Existen varias maneras de leer una carta dependiendo de la situación y la intención de la lectura. Se puede realizar una lectura sin mencionar a los planetas en sí, tan solo traduciendo sus significados, ubicaciones, etc., directamente en resultados para la vida de la persona. La gente constantemente le pide a mi Jyotiṣa Guru una lección o clase sobre cómo leer una carta y cada vez que él ha estado de acuerdo, lo he escuchado enseñar sistemas totalmente diferentes. He tratado de organizar estos diversos métodos y esta es una presentación de las técnicas que considero fundamentales, que un astrólogo principiante debe conocer para el análisis general de la carta natal.

A veces el astrólogo analiza una carta sin información previa, otras veces ya conoce bien al nativo. Algunas lecturas son generales y la persona espera que conozcas las áreas importantes y otras veces no se pierde el tiempo en las áreas generales de la vida porque la persona quiere saber sobre un situación específica y nada más. Por lo tanto el orden del análisis debe modificarse para la situación, esto se desarrolla viene con la experiencia. La interpretación es un arte.

Los principiantes siempre preguntan qué mirar, atónitos por la plétora de técnicas de la Astrología Védica. El astrólogo experimentado analiza múltiples aspectos de la carta al mismo tiempo. No es un proceso lineal observar una carta, si no un proceso de análisis multidimensional y multitarea. Esta es una lista muy generalizada del enfoque que tomo cuando miro por primera vez una carta.

I. Comenzamos con un mantra a Gaṇeśa, luego un mantra Sūrya y nuestro mantra del Paramparā.

II. Analizamos el lagna y lagneśa (posición y situación).

III. Planetas en casas: vemos rápidamente las ubicaciones sin interpretar y simplemente alimentamos la información en la mente para recordar las posiciones básicas.

IV. Conjunciones de planetas y yogas: observar los grados para ver qué tan estrecha es la conjunción.

V. Estudiamos la nakṣatra y la situación general de la Luna; desde este análisis adquirimos un filtro útil para poder ver el resto de la carta y otros eventos serán interpretados a través del tono de este color.

VI. Análisis del AK y eventuales sustituciones entre charakārakas, para posteriormente analizar el ārūḍha lagna y los otros ārūḍha y así conocer tanto la esfera del alma, como la imagen en la sociedad.

VII. Buscamos tanto maldiciones, como bendiciones y yogas edificantes (maldiciones de graha-s, kālasarpa, mahāpuruṣa yoga, parivartana) para obtener un estado general de los planetas y sus implicaciones.

VIII. Analizamos los regentes del Pañcāṇga para determinar el enfoque de las áreas problemáticas en la vida.

IX. Verificamos qué daśās se aplican en la carta y luego observamos que daśās están actualmente en curso.

X. Observamos en navāṁśa sus trinos y las otras casas para ver bhāgya, la fortuna en la vida.

XI. Confirmamos la exactitud de la carta con algunas afirmaciones, rectificando si no es correcta, sin avanzar hasta que estemos seguros de que la hora es correcta y así poder hacer predicciones exactas. Predecimos el pasado antes que el futuro.

XII. Evaluamos los problemas del nativo a partir de la información que acabamos de escanear, consultando directamente si es en persona o con Praśna si no es en persona; posteriormente comenzamos a aplicar técnicas según los problemas del individuo.

XIII. Comenzamos a decirle al nativo el significado de toda esta información que acaba de recibir. Empezamos a hablar después de haber visto cómo todos los planetas, su fuerza y condición están interactuando.

XIV. Damos remedios y terminamos en una nota positiva.

## El arte de la interpretación

Cada lectura será diferente según el astrólogo, como humanos cada uno dará un sabor a la lectura de acuerdo con su propia percepción del mundo y madurez espiritual. Incluso una lectura del mismo astrólogo en diferentes períodos de su vida producirá diferentes interpretaciones. Existe un lazo kármico entre el astrólogo y el cliente. Algunas personas tienen el karma para recibir malos consejos y acudirán a un astrólogo inexperto o sin estudios que malinterprete su carta. A veces sucede que aunque la persona tenga el dinero para ir a un buen astrólogo, puede dar la información de nacimiento incorrecta y su lectura será errónea. Si una persona tiene el karma para obtener buenos consejos, llegará al lugar correcto. De esta manera el universo guía a todos hacia el astrólogo perfecto en el momento correcto.

La situación del A7 indicará el tipo de clientes que tiene una persona, mientras que la casa nueve, A9 y el planeta amātyakāraka indicarán el tipo de consejos que el nativo recibe y de quienes lo recibe. Es importante tener la intención de servir, empoderar y ayudar a las personas. Existe una evolución en cada lectura y si no estás leyendo cartas, esa evolución no sucede.

Al inicio el principiante comienza con una lista tal como se presenta anteriormente. Pero con el tiempo estos factores de la lista se analizarán simultáneamente. Por ejemplo, al principio el astrólogo lee una carta desde el lagna (situación física), luego la lee desde el ārūḍha lagna (situación social), posteriormente la lee desde el kārakāṁśa (intención del alma) todo por separado y luego integra lentamente las tres historias presentadas, pero con el paso del tiempo el astrólogo experimentado podrá ver todos estos lados del ser humano simultáneamente de un vistazo. El análisis del pañcāṅga, de las nakṣatras, de los grados y de los charakārakas se ve en una sola mirada. Las maldiciones, yogas, el lagna, las fortalezas y la rectificación se hacen simultáneamente. Después de que esto se vuelve simple, entonces se añaden técnicas más elevadas para dar más detalles porque se tiene más tiempo para esto.

### I. Mantras apropiados

Las lecturas ocurren a través del habla (sonido), por lo que debemos asegurarnos de que el sonido se manifiesta correctamente dentro de nosotros, por lo que comenzamos con el sonido en forma de mantra. Comenzamos con un mantra a Gaṇeśa, luego un mantra a Sūrya y posteriormente el mantra del Parampara, el mantra de tu tradición Jyotiṣa, y si aplica tu mantra dīkṣā, si eres iniciado por un maestro espiritual.

Se adora a Gaṇeśa por su habilidad matemática representada por Ketu y porque él asegura de que los cálculos sean correctos y, si no lo son, que se siga dando una lectura acertada. Los errores son gobernados por Ketu y el mantra a Gaṇeśa nos ayuda a evitar cometer equivocaciones o cualquier otro obstáculo para tener los datos correctos para leer la carta. A continuación encontramos dos mantras para Gaṇeśa, uno pequeño para principiantes y uno más grande para estudiantes avanzados. Recita este mantra antes de mirar una carta y también justo antes de una lectura.

ॐ ह्रीं ज्योतिर्गणेशाय नमः

*auṁ hrīṁ jyotirgaṇeśāya namaḥ*

Auṁ, poder universal, adoro a Gaṇeśa el dador de luz

गणानां त्वा गणपतिं हवामहे कविं कवीनामुपमश्रवस्तमम्
ज्येष्ठराजं ब्रह्मणां ब्रह्मणस्पत आ नः शृण्वन्नूतिभिः सीदसादनम्

*Gaṇānāṁ tvā gaṇapatiṁ havāmahe kaviṁ kavīnāmupamaśravastamam*
*Jyeṣṭharājaṁ brahmaṇāṁ brahmaṇaspata ā naḥ śṛṇvannūtibhiḥ sīda sādanam*

Oblaciones al Señor de todos los cálculos, la más alta sabiduría de los sabios,
"Tú eres el precursor (auṁ) de toda oración y el señor de todas las almas; oramos por tu guía para el éxito en todas las buenas acciones." (Ṛgveda 2.23.1)[1]

El Sol es adorado por la capacidad de "ver" en la carta. El Sol da el razonamiento lógico y la inferencia necesaria para entender las complejidades de una carta. Con las bendiciones del Sol se pueden ver los aspectos de la persona ocultos dentro de la carta. Cuando buscamos algo extraviado (Ketu) es bueno tomar un momento para adorar al Sol y luego busca el objeto, por que el Sol nos ayuda a encontrar lo que buscamos. En una carta el Sol nos ayudará a hacer un análisis adecuado y encontrar el problema correcto que necesita ser remediado. Este es un mantra simple para el Sol, o podríamos también cantar el Gāyatrī mantra.

ॐ नमः सूर्याय

*auṁ namaḥ sūryāya*

*Auṁ*, alabanzas al Sol

El mantra del Parampara es para la guía del Guru, que es nuestro propio tercer ojo abierto, o el maestro exterior si es que ese momento ya ha llegado. El mantra al Guru ayuda a abrir el tercer ojo o invocar las bendiciones de nuestro maestro y linaje para guiarnos a través de la lectura, para ver los factores correctos y para asegurarnos de guiar a la persona a alcanzar su máximo potencial. Cuando el ego se interpone en el camino y pensamos que podemos lograr cualquier cosa por sí solos, estamos destinados a lograr menos de lo planeado. Cuando se entrega cuerpo, mente y alma al Guru Supremo, entonces la conciencia superior tiene el espacio (*ākāśa*) para entrar y guiarnos. Este mantra es el más importante y siempre debe estar en la mente y ser invocado conscientemente antes de una lectura. El mantra Acyutānanda-Paramparā es el mantra Janaka-Ṣaḍakṣari Mantra "Hare Rāma Kṛṣṇa". Hare está conectada a Júpiter, Rāma al Sol y Kṛṣṇa a la Luna: los tres planetas de sattva. Este mantra nos abre los ojos para ver y dar equilibrio a la consulta. Para convertirnos en poderosos astrólogos se puede recitar tres mālā de este mantra al despertar.

También se puede recitar el mantra Śiva pañcākṣari "Namaḥ Śivāya", si no se está iniciado en otro guru mantra. Los astrólogos que aprenden de manera autodidacta de los libros y no son parte de un linaje (paramparā) no tienen el mismo śakti detrás de sus lecturas que aquellos en un linaje espiritual o de Jyotiṣa. La conciencia que se transmite a través del habla se activa cuando se invoca el paramparā mantra antes de una lectura.

1 Traducción por Sanjay Rath

Es importante tener el mantra dado por un maestro espiritual en nuestros labios antes de comenzar una lectura. Lo que hablemos saldrá de nuestra boca, pasará sobre nuestra lengua y labios, por lo que deberíamos estar teniendo una alta vibración. Esta vibración superior nos permitirá ir más profundo y más lejos en la lectura. Si en algún momento nos confundimos durante una lectura, recordamos estos mantras (de Gaṇeśa, Sūrya y Guru) y los repetimos en nuestra mente para guiarnos.

## II. Lagna y lagneśa: posición y situación

El Lagna indicará la personalidad, la guṇa y la composición general del individuo. Los planetas posicionados allí tendrán una gran influencia, así como planetas que estén aspectándolo. El signo que rige el lagna determinará las regencias de todos los planetas. Por ejemplo Júpiter es el regente de la uno y diez para Piscis, mientras que rige la tres y seis para Libra. Por lo tanto la cualidad de los planetas también se determina en relación al lagna.

La posición del lagneśa indica la dirección en que la persona aplica su inteligencia en el mundo, así como su composición física y fuerza general. Un lagneśa fuerte involucrado en yogas poderosos da éxito general y viceversa. Esto es lo primero y más importante a considerar. Para que cualquier combinación fuerte fructifique en una carta tiene que tener alguna conexión con el lagna o lagneśa.

## III. Planetas en casas

Miramos la posición de planetas en casas, observamos sus signos y cuán fuertemente están ahí. No interpretamos nada al principio; simplemente alimentamos la información en la mente para conocer estas posiciones. Visualizamos la carta para que sea como un yantra que entra en nuestra mente, tanto consciente como subconsciente. Si comenzamos a interpretar antes de haber echado un vistazo completo a la carta, comenzaremos a especificar un área de la vida sin echar un vistazo holístico a toda la carta. Toma nota de las fuerzas de los planetas, para que esté en nuestra conciencia a medida que analizamos el resto de la carta.

## IV. Conjunción de planetas

Observamos la conjunción de planetas (yogas) y vemos los grados entre ellos para saber qué tan cercanas son dichas conjunciones, qué combinaciones están destacando más, cuales son beneficiosas o dañinas para la vida. Como ya conocemos la fuerza de los planetas gracias al punto anterior podemos empezar a integrar esa información en las conjunciones. Hay que tomarnos el tiempo para investigar las combinaciones y no saltarnos combinaciones importantes que lo cambian todo. Buscamos yogas y parivartana que cambien los resultados, prestando atención especial a los grados de conjunción de los planetas, así como a las casas que esos planetas están rigiendo.

Observamos específicamente qué planetas están afectando a qué otros planetas. Por ejemplo, si Júpiter está aspectando todos los maléficos o si todos los planetas están ya sea en los signos de Saturno o aspectados por Saturno; si todos los planetas están en una cuarta parte del zodiaco creando un nābhasa yoga. De esta manera observamos las combinaciones presentes en la carta. Si hay múltiples combinaciones importantes, hay que ver cuáles son más fuertes para influir en el individuo de acuerdo con al lagna y la Luna.

## V. Nakṣatra de la Luna

Analizamos la nakṣatra de la Luna y determinamos el sabor de la mente del individuo. Este es el color a través del cual la mente filtrará la realidad, como anteojos de sol para ver su vida. Revisamos el signo, la nakṣatra y la fuerza de la Luna, observando como los aspectos sobre la Luna también colorearán el proceso de pensamiento. La Luna es como pintura blanca, la menor cantidad de color la manchará de otro color. Si Marte aparece, es como si pintura roja cayera sobre la blanca, el color rojo dominará, sólo diluirá ligeramente el color rojo. La casa también influirá en la mente, como por ejemplo la Luna en casa cinco siempre está especulando, en la casa seis siempre está discutiendo o debatiendo, en casa siete siempre está pensando en relaciones y será extrovertida, en la casa ocho es vulnerable y se siente incómoda, siempre tratando de protegerse, en la casa nueve la Luna está enfocada en la filosofía, etc.

Estudiamos a la Luna para entender cómo la persona percibe el mundo y utilizamos esta información para ajustar la forma en que le hablaremos a la persona. Si la Luna está en la casa nueve, podemos hablar de aspectos filosóficos superiores de la astrología mientras leemos la carta de acuerdo con su nivel de inteligencia e interés. Si la Luna se encuentra en la casa seis u ocho, debemos tener cuidado y ser gentiles al decir las cosas que observamos. No queremos herir o discutir sobre nada, así que nos expresamos con cuidado para ser más comprensivo. Si la Luna está afligida, la persona solo recordará nuestras afirmaciones negativas, mientras que si la luna es fuerte, podemos ser más directos. La medicina debe formularse para el individuo al que está destinada; al cambiar la forma en que abordamos lo que vemos en la carta, serán más receptivos y tendremos una mejor sesión.

Utilizamos la perspectiva indicada por la Luna con la constitución ayurvédica del nativo. A la gente vāta le gusta escuchar las cosas rápidamente y pasar a la siguiente cosa, pero olvidan fácilmente, así que con ellos hablamos más rápido y repetimos más de una vez. Para constituciones pitta les gusta profundizar en un área de la carta y enfocarse; también quieren sentirse en control, por lo que tenemos que dejar que nos guíen a las áreas que desean discutir. La constitución kapha es lenta para entender las cosas, pero recuerda bien, así que con ellos hablamos lenta y claramente asegurándonos de transmitir el concepto, pero una vez que lo tengan no hay necesidad de repetirlo. Las personas vāta fácilmente harán cambios en su vida, pero tienen dificultades para mantener una rutina constante, por lo que podemos enfocarnos más en la importancia de la constancia en los remedios y cuánto se necesita hacer para obtener resultados; son mejores con mucho a la vez, pero no durante un largo periodo de tiempo. La gente pitta necesita entender las cosas lógicamente y por lo tanto debemos darles un razonamiento intelectual para los remedios dados para que puedan seguir adelante. La gente kapha es lenta para hacer el cambio pero muy constante; podemos centrarnos en inspirarlos a comenzar un remedio y decirles la importancia de él. Necesitan motivación y podemos ser más directos con ellos para motivarlos, mientras que debemos ser más suaves con la constitución vāta.

Así obtenemos una idea de la persona a la cual el estamos leyendo la carta. No le hablamos como lo haríamos con cualquier otra persona o es posible que no puedan escuchar todos los consejos que tengamos para ellos y nuestro consejo tampoco será realmente el más adecuado para ellos. Hay que comprender la forma en que piensan e interactuar con ellos a través de la forma que les permite ser más receptivos a la información que estamos compartiendo.

## Nota sobre sensibilidad:

El astrólogo debe tener en cuenta la situación del cliente al que le está leyendo la carta. Necesitamos analizar la fuerza de la Luna (qué tan bien pueden manejar la información sensible) y la naturaleza de su personalidad (cómo necesitamos presentar la información). Daré dos ejemplos para que el lector medite en ellos, con la esperanza de que no cometa errores similares.

Cuando empecé a leer las cartas, vi que el regente de la casa ocho, el Sol, estaba fuertemente posicionado en la casa once. El regente de las herencias en la casa de las ganancias como el Sol (padre) indicando que ganancias vendrían a través del padre en forma de herencias. La mujer estaba a punto de entrar en un Mahādaśā del Sol y en mi primera lectura telefónica predije que pronto estaría obteniendo una gran herencia de su padre. Ella se quedó callada por un momento, más de lo habitual, y continué con la lectura diciéndole otras cosas. La lectura acabó sin entusiasmo. La amiga que me la recomendó me consultó más tarde diciendo que la había devastado. Su padre estaba luchando contra el cáncer y ella estaba haciendo todo lo posible para salvarlo. Arruiné toda su esperanza. Uno podría argumentar que siempre debemos decir la verdad y los otros deben aceptarla, pero las cosas deben ser compartidas de una manera sutil después de evaluar la situación. Decir que estaba a punto de recibir una herencia del padre es predecir su muerte, pero no tuve en cuenta esa consideración. Debería haber evaluado la salud del padre en la carta y discutido esto con ella primero y luego suavemente indicar los resultados de la herencia.

Otra situación ocurrió cuando estaba con otros dos astrólogos y uno estaba solicitando trabajo haciendo lecturas en una tienda. Le estaba dando lecturas a los empleados de la tienda frente al gerente para demostrar su precisión y así obtener el puesto. Miró la carta de una mujer de 18 años de edad y dijo que se casaría con un hombre que no amaba y tendría un hijo fuera del matrimonio. Eso estaba indicado realmente por la navāṁśa, pero no era algo apropiado para decir a una mujer de 18 años de edad. En lugar de eso él podría haber dicho que ella debería casarse basada en el amor verdadero y no sólo en la situación material, ya que una relación basada en lo material terminaría llena de problemas. De esta manera podemos aconsejar sin hacer que la persona se sienta condenada por algún tipo de karma. Hablar de una manera que permita a una persona sentir su libre albedrío es importante para su digestión de la información. Ver el karma es una ciencia, pero es un arte hablarlo con una persona de una manera adecuada.

## VI. Ātmakāraka y Ārūḍha lagna

Look at individual's Ātmakāraka as this will influence their inner being and soul's desires. A Venus AK Analiza el Ātmakāraka del individuo, ya que esto influirá en su ser interior y en los deseos del alma. Un Venus AK disfrutará del arte, la belleza y la sensualidad en su vida. Un Saturno AK se centrará en el sufrimiento de la vida y su alivio o incremento. De esta manera analizamos el ātmā del individuo y luego anotamos los otros charakārakas, comprobando si hay algún reemplazo sucediendo debido a planetas que estén en el mismo grado. El AK muestra el deseo semilla dentro de una persona empujándolos hacia el mundo, a través del área indicada por lagna y lagneśa y percibiendo dichas interacciones a través de la Luna.

Analiza el ārūḍha lagna, para ver como las personas perciben al nativo y estudia las posiciones desde el ārūḍha lagna para ver como interactúa con la sociedad. Analiza la posición de los otros bhāvapadas, que si se encuentran en conjunción con yogas importantes, entonces las personas indicadas por estos bhāvapadas ayudarán a lograr esos buenos resultados o eventos negativos.

A través de estas dos áreas estamos estudiando la naturaleza del alma interna de la persona y la naturaleza social externa para obtener una visión completa de cómo operan en su vida. Los otros charakārakas indicarán la naturaleza del alma con respecto a otras personas en su vida y los otros bhāvapadas indicarán su interacción con dichas personas a nivel social. Estas indicaciones permiten entender cual es el comportamiento que los motiva y cómo se percibe ese comportamiento.

## VII. Maldiciones y bendiciones

Buscamos maldiciones y bendiciones, recordando que las bendiciones son causadas por el aspecto o la conjunción de dos o más benéficos y las maldiciones son creadas por el aspecto o la conjunción de dos o más planetas maléficos (específicamente Rāhu, Saturno y Marte). Si un planeta es afligido por maléficos sus significados naturales sufrirán en esta vida y tendrán que ser remediados.

Parāśara habla sobre las maldiciones en el *Pūrva-Janma-Śāpadyotana-Adhyāya* o el capítulo sobre las maldiciones del nacimiento previo. Se centra totalmente en la quinta casa como ejemplo. Se puede estudiar Parāśara para una comprensión más profunda.

Para que una maldición dé sus resultados completos debe estar asociada con el ātmakāraka, el regente de la casa ocho o el lagneśa. Si el lagneśa está involucrado, entonces la persona tiene una experiencia física directa del sufrimiento de la maldición. Si el egente de la ocho está involucrado, entonces la persona se siente castigada por esa aflicción. Si el ātmakāraka está involucrado, entonces el sufrimiento se siente profundamente en el alma de la persona y se carga durante un largo tiempo.

Cuando la maldición ocurre en una buena casa, la persona tiene la capacidad de ganar de la situación después de experimentar el sufrimiento de la maldición. Esto sucede cuando la persona creó algunas situaciones negativas en una vida pasada sin la intención de hacerlo. Cuando una situación negativa sucede con intención maléfica, la maldición se encontrará en un duḥsthāna y entonces el sufrimiento continuará siendo un problema incluso después de que la maldición haya dado sus resultados. También ten en cuenta la situación de los benéficos y maléficos: recordemos que los benéficos son mejores cuando están débiles en duḥsthāna o fuertes si están enkendra. Cuando están en una kendra pueden hacer el bien y deben ser fuertes, cuando están en duḥsthāna causarán sufrimiento y cuanto más débiles sean, menos sufrimiento causarán. Mientras que lo opuesto es la situación con los maléficos: los maléficos pueden hacer mucho daño en kendras, por lo que si están allí es mejor que estén más débiles, pero cuando están en duḥsthānas es mejor si están fuertes. Integra este concepto en el nivel de sufrimiento que causará una maldición.

## VIII. Regentes del Pañcāṅga

Primero revisa el pañcāṇga para ver si hay doṣas en la cualidad del tiempo que requieran medidas correctivas y posteriormente mira la cualidad del tiempo. Ya tenemos una comprensión general de los planetas y su situación en la carta; así que ahora estudiamos la cualidad del tiempo para ver por qué parte de la carta comenzaremos nuestra lectura y pondremos un enfoque más profundo. Hay tantas direcciones por las que podemos comenzar para tener una comprensión más profunda de la carta y muchas técnicas para utilizar simultáneamente. El tiempo para compartir su comprensión de la carta se limita a un pequeño período de una lectura; por lo tanto debemos ser capaces de ver desde dónde debemos comenzar.

Toma al regente viṁśottari de la nakṣatra de la Luna y su posición en la carta rāśi; esto nos indicará la salud, el regente del vāra no mostrará energía, el tithi indicará las relaciones, el pañcāṅga-yoga las

conexiones sociales y el karaṇa la carrera. Si uno de estos planetas es débil o está afligido, entonces el área de la vida indicada por su regencia del pañcāṅga sufrirá. Esto nos dirá qué áreas de la vida se verán más afectadas si ya hay combinaciones negativas en esa área de la carta. Por lo tanto analizaremos más profundamente esa área de la vida. Por ejemplo, si el regente de la nakṣatra es Venus debilitado en la sexta casa, entonces primero veríamos los problemas de salud prāṇica en la carta. De la misma manera si hay indicios de mala salud en la carta, pero el regente vāra es extremadamente fuerte, entonces elAgni de la persona superará la mayoría de los problemas de salud fisiológica. De esta manera integramos el pañcāṅga de nacimiento para guiarnos en una lectura.

## IX. Aplicabilidad del daśā

Comprueba qué daśās se aplican en la carta y luego los daśās que se encuentra activos actualmente. Existen múltiples daśās especiales que pueden funcionar mejor que el tradicional Viṁśottarī, siempre se debe comprobar, utilizando la mejor de nuestras capacidades, cuales son los periodos aplicables a la carta y lo más apropiados para los fines de la lectura. Existen varias capas del tiempo que se pueden ver con diferentes daśās. Cuando nos perdemos en un viaje, buscamos en un mapa la ruta que contiene las principales carreteras o calles por las que estamos conduciendo. Si queremos comprar terrenos para minería comercial, localizamos en una cartografía cuales son las zonas y formaciones geológicas relevantes. Cuando queremos adquirir terrenos para agricultura, buscamos un mapa de aguas subterráneas y porcentaje de lluvia por año. De esta manera podemos ver diferentes mapas de la misma zona para diferentes propósitos. De forma similar podemos mirar varios daśās de tiempo dependiendo de nuestra intención al observar una carta. Los daśās son mapas del tiempo, y el tiempo se puede graficar al igual que el espacio.

Después de decidir los daśās que se utilizarán, vemos qué períodos de tiempo está pasando la persona, mirando desde cual periodo viene, en cual se encuentra actualmente y hacia cual irá. Primero analizamos esta información al nivel de los Mahādaśās para obtener el panorama general de su vida. Posteriormente tenemos en cuenta los antar-daśās para obtener el enfoque más inmediato de su período de tiempo actual.

Ya hemos comprendido la naturaleza benéfica o maléfica de los planetas y su posición; por lo tanto el análisis inicial de los daśā debería ser fácil. La comprensión general es lo importante cuando se analiza por primera vez la carta. Podemos investigar más a fondo los efectos del daśā usando argalā y otras técnicas o esperar hasta la lectura comience para aplicar un análisis más complejo. Ten en cuenta los tránsitos del momento actual analizando qué casas se benefician o perjudican, así como el aṣṭakavarga de las casas que reciben el tránsito de los planetas clave.

## X. Trinos de Navāṁśa

Estudia los trinos de navāṁśa junto a sus otras casas para ver *bhāgya* (fortuna) del individuo. La carta navāṁśa siempre se encuentra al lado de la carta rāśi con el propósito de profundizar y asegurar la corrección de la hora de nacimiento. Observa las habilidades y talentos del individuo, su karma con el dinero y salud, así como las deidades que guiarán al individuo indicadas por la navāṁśa. Cuando analizas las maldiciones y sus remedios, si algún planeta a remediar es también el Iṣṭa-devatā entonces es mejor usar esta forma como remedio.

## XI. Confirmación de la carta

Se deben realizar algunas declaraciones para confirmar la carta basándose en la navāṁśa, carta rāśi y el daśā. Rectificamos la hora de nacimiento si no es correcta, tratando de hacer que la navāṁśa coincida con la naturaleza del nativo. No se debe avanzar hasta estar seguros de que la carta es correcta o de los contrario podemos dar predicciones inexactas. Debemos ser capaces de predecir correctamente el pasado y hacer que el cliente lo confirme antes de intentar predecir el futuro o dar algún consejo importante.

Hay astrólogos muy famosos, que cobran tarifas muy altas por sus lecturas, que no rectifican primero debido a la gran cantidad de gente que ven al día y pueden dar lecturas completamente incorrectas debido a su falta de tiempo. Es importante tomarnos el tiempo para asegurarnos de tener los datos correctos o de lo contrario no estaremos ayudando a nadie, ni a nuestra reputación ni al bienestar del cliente.

Por ejemplo, una vez vi a una mujer que nació en Illinois en un momento antes de que hubieran empezado el horario de verano en todo el estado; solo en Chicago realmente cambiaron la hora en los relojes, mientras que otras áreas más rurales mantuvieron la misma hora durante todo el año. El software era inexacto al respecto. Siempre compruebo los cálculos en dos programas diferentes de Jyotiṣa y los comparo. Cuando los resultados no coinciden, indica que tengo que seguir investigando. Descubrí que algunos condados usaban el horario de verano y otros no y que aquellos que lo hacían a veces no registraban los datos de nacimiento de acuerdo con el horario de verano, incluso si el condado lo usaba para propósitos laborales. Esto provocó una variabilidad muy grande que ningún software promedio o base de datos fue capaz de tomar en cuenta. La clienta aseguró que había tenido una lectura terrible cuando utilizó el horario de verano y confirmó que no había horario de verano en su época. Como yo soy el que da la lectura, no puedo confiar en el análisis de otro astrólogo, incluso si se consideran "famosos". Miré la carta de la mujer con dos tiempos posibles diferentes. Le conté sobre su matrimonio tomando en cuenta la primera carta y posteriormente le conté sobre su matrimonio considerando la segunda carta. Rápidamente confirmó que la carta en la que ella había insistido era la incorrecta, sin saber cuál era cuál. Luego procedí a darle una lectura de la carta correcta. Por esto es tan importante asegurarse de tener la carta correcta antes de realizar una lectura.

## XII. Evaluación de los problemas de la persona

Se debe llegar a un entendimiento general sobre lo que está pasando y sobre lo que se necesita hablar. No se trata de impresionar, se debe hablar con la persona y hay que asegurarse de estar en la misma sintonía que ellos. Existen médicos famosos en la India, que sólo toman el pulso y prescriben la medicina sin hacer ninguna otra pregunta. Algunos ven a cientos de personas al día de esta manera; a veces son muy precisos y otras veces he visto que su medicina no funcionaba, ya que no se ajustaba completamente a la situación del cliente. Por eso es fundamental hablar con el cliente.

Ya deberíamos haber ganado algo de seguridad mientras rectificamos la carta. Los clientes querrán vernos demostrar que realmente podemos conocerlos, así que hacemos algunas predicciones sobre el pasado y sobre lo que están buscando, pero manteniéndonos abiertos y receptivos a lo que tienen para compartir. Para personas más activas será fácil decirnos que estamos completamente equivocados cuando no los estamos percibiendo como son, mientras que aquellos más pasivos nos permitirán dar una lectura completa de la carta erróneamente y tan solo dirán O.K. al final. En ese caso ellos pierden al recibir información inútil y el astrólogo también pierde al no poder aprender sobre la vida humana vista a través de las estrellas y la interacción humana.

Si no estamos realizando una consulta en persona, entonces podemos realizar una carta praśna para verificar la precisión de la carta natal, así como para determinar los temas pertinentes de la vida a discutir. En un praśna para comprobar la exactitud de la carta, el lagna natal de la persona debe coincidir con los trinos (o casa siete) del praśna-navāṁśa. La posición del praśna lagneśa y la Luna darán alguna indicación sobre la situación de la persona y en qué está enfocada su mente. Praśna es una gran ciencia en sí misma y debe aprenderse en detalle.

### XIII. Hablando acerca de la carta

Lo que se discutió en los puntos anteriores fue cómo analizar la carta y no es necesariamente lo que vamos a decir cuando realmente hablemos con la persona. Es posible que la persona no esté interesada en aprender astrología, por lo que debemos transferir los términos astrológicos a lenguaje regular. Ponemos toda la información anterior para obtener un boceto de la vida de la persona e interpretar la historia de su vida. Parāśara dice:

संयोज्य स्थानसंख्याया दलमेतत्समं फलम् ।
एवं सखेटभावानां फलं ज्ञेयं शुभाऽशुभम् ॥२० ॥

*saṁyojya sthānasaṅkhyāyā dalametatsamaṁ phalam/*
*evaṁ sakheṭabhāvānāṁ phalaṁ jñeyaṁ śubhā'śubham//*[2]

Los resultados de todos los factores de posicionamiento deben ser contados y reunidos,
entonces se conocen los buenos y malos resultados de los planetas en las casas.

Parāśara habla de tomar todos los diversos factores para arribar a una conclusión sobre la situación. Añade positividad para un planeta fuerte y negatividad para un planeta débil, peores resultados para aspectos maléficos y agregando mejores resultados para aspectos benéfico, etc. Él también menciona que cuando hay dos regentes para un signo tener en cuenta los resultados de acuerdo con el promedio de la situación de ambos planetas.[3] Parāśara enseña a analizar todos los factores para la comprensión de sus resultados. Debemos tener en cuenta todos estos factores para luego describir la situación del individuo. La carta es el yantra de la vida de una persona y debemos entender la vida de la persona a través de la carta.

### XIV. Remedios

Le recomendamos a la persona algo para ayudarla a lidiar con los problemas discutidos durante la lectura. Si los planetas están débiles o afligidos, habrá insatisfacción en las áreas relacionadas con sus significados. Si hay un problema en cualquiera de las cuatro kendra o los trinos, existirá un problema o falta de satisfacción en esa área de la vida. Podemos darle a la persona consejos o prácticas que la empoderen para crear un cambio en su vida y lograr sus objetivos con más éxito.

Toda la última sección del Bṛhat Pārāśara Horā Śāstra está llena de maldiciones y doṣas con sus diversos remedios. Algunos de ellos se han mencionado brevemente en la secciones sobre pañchāṅga-doṣa y sobre maldiciones. La ciencia de los remedios, llamada upaya, es un libro entero en sí mismo.

2 Bṛhat Parāśara Horā Śāstra, Iṣṭa-kaṣta-adhyāya, 20.
3 Bṛhat Parāśara Horā Śāstra, Iṣṭa-kaṣta-adhyāya, 18.

Cuanto mejor se entiende upaya, más seremos capaces de aliviar el sufrimiento general de los demás.

- ¿Cuál es la causa de la aflicción y cómo está haciendo sufrir al nativo?
- ¿Qué planeta o rāśi está indicando el remedio? ¿O es un doṣa con un remedio específico mencionado por los sabios, por ejemplo un Saṁkranti doṣa?
- ¿Cuál forma de remedio para el planeta o rāśi es indicada por su posicionamiento?
- ¿Qué forma de upaya se indica por ese planeta o posicionamiento de signo?
- ¿Qué forma de upaya se indica por la casa en la que se encuentra?
- ¿Qué forma de propiciación se indica por los planetas en trinos y aspectándolo?
- ¿Por cuánto tiempo hay que realizar el remedio para obtener resultados?
- ¿Qué mantra utilizará la persona?
- ¿Cuándo y en qué momento debe realizarse el remedio?

La intención de ayudar a los demás es el principio más importante. Es nuestro deber utilizar este conocimiento para beneficiar a la humanidad y hacer del mundo un lugar mejor.

## Conclusión

A estas alturas es importante comenzar a mirar tantas cartas como sea posible para integrar completamente lo que hemos aprendido. Recomiendo que el estudiante principiante comience a leer cartas de forma gratuita o por donación, Informando a la gente que es un principiante y que todavía está aprendiendo. Leer cartas nos enseñara más de lo que creemos. El astrólogo principiante cometerá errores, pero así es como aprendemos. Leer cartas inspirará al principiante a estudiar más profundamente.

La intención de ayudar a los demás es el principio más importante. Es nuestro deber utilizar este conocimiento para beneficiar a la humanidad y hacer del mundo un lugar mejor. Con un estudio serio y una práctica continua, la carta cobrará vida y nos enseñará más y más. Permite que te lleve más profundo dentro de este bello arte y ciencia de la Astrología Védica.

*satyaṃ brūyāt priyaṃ brūyānna brūyāt satyamapriyam /*
*priyaṃ ca nānṛtaṃ bruyadeṣa dharmaḥ sanātanaḥ //*
El esfuerzo en el Camino Eterno es no decir la verdad de manera desagradable,
Ni hablar falsamente, sino decir la verdad y hablar con bondad.
-Manusmṛti 4.138

# Apéndices

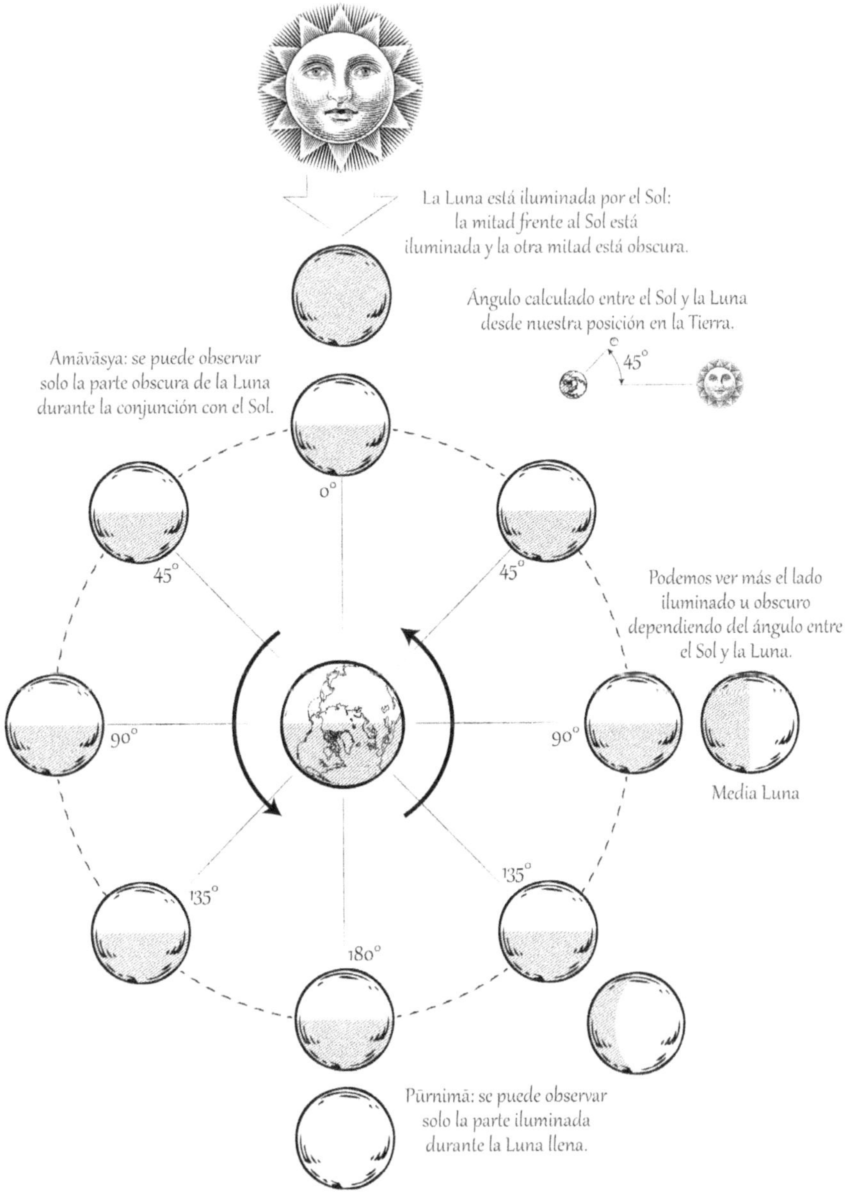

La Luna está iluminada por el Sol: la mitad frente al Sol está iluminada y la otra mitad está obscura.
Ángulo calculado entre el Sol y la Luna desde nuestra posición en la Tierra.
45°
Amāvāsya: se puede observar solo la parte obscura de la Luna durante la conjunción con el Sol.
0°
45°
45°
Podemos ver más el lado iluminado u obscuro dependiendo del ángulo entre el Sol y la Luna.
90°
90°
Media Luna
135°
135°
180°
Pūrnimā: se puede observar solo la parte iluminada durante la Luna llena.

# Apéndice I. Lecciones de sánscrito

Esta es una lección muy básica para comenzar a familiarizar al estudiante de Jyotiṣa con el sánscrito. A medida que el estudiante va aprendiendo una gran cantidad de nueva terminología sánscrita, es mejor aprenderla la primera vez con la pronunciación correcta o tendrá que aprenderla dos veces. Para la pronunciación apropiada de los mantras para uno mismo y para los remedios, la comprensión del alfabeto sánscrito es imperativa.

La parte A es el aspecto pragmático del aprendizaje de las letras, mientras que la Parte B es aprender un poco más en profundidad sobre cada letra para entenderla y ser capaz de pronunciarla. Es imposible aprender la pronunciación correcta sin un maestro y se aconseja la ayuda verbal de un experto.

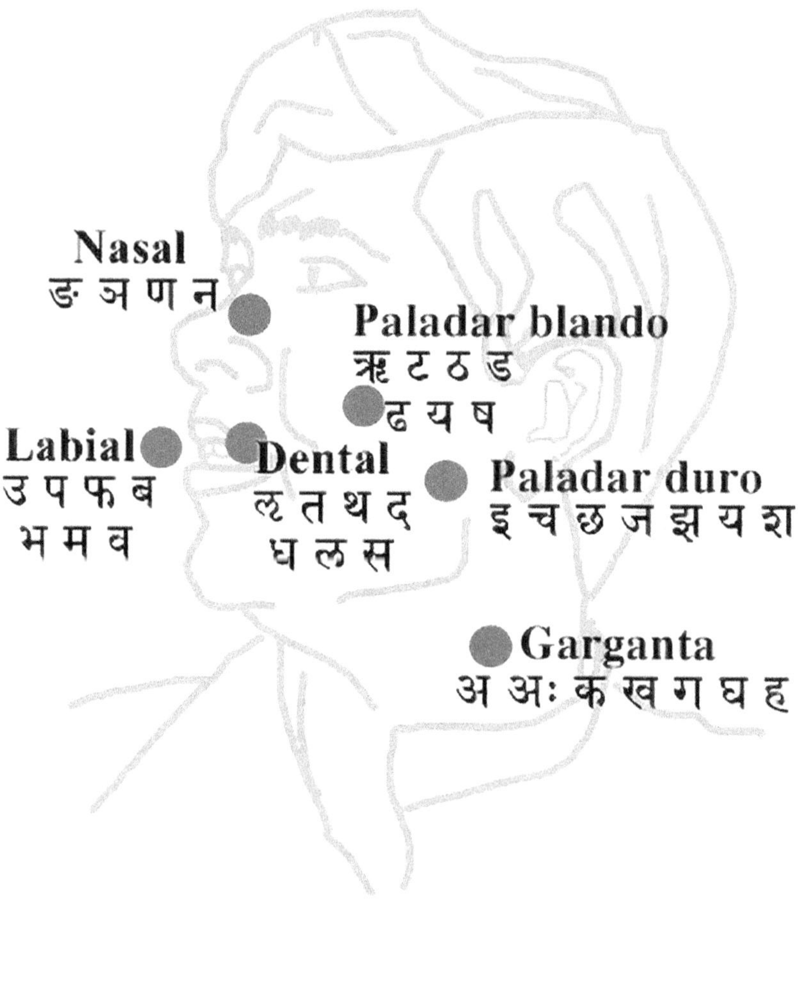

**Parte A**

Este es el alfabeto sánscrito escrito y una guía de pronunciación. Los estudiantes deben aprender el sonido de las letras y practicar la escritura de las letras.

| **Vocales en sánscrito:** | | |
|---|---|---|
| अ | a | como en indra, aditi,<br>[un tiempo *(mātrā)*: el sonido dura un segundo, a corta] |
| आ | ā | como en āśrama, grāha,<br>[dos tiempos *(mātrās)*: el sonido dura dos segundos, a larga] |
| इ | i | como en iṣṭa-devatā, citrā *(i corta: un mātrā)* |
| ई | ī | como en lakṣmī, jīva, klīṁ, *(i larga: dos mātrās)* |
| उ | u | como en uttaraphalgunī, rudra |
| ऊ | ū | como en bhūmi, sūrya, pūṣān, pūrvaphalgunī |
| ऋ | ṛ | como en el bṛhaspati, ṛṣi, mṛgaśiras, kṛttikā, ṛgveda; la lengua rueda en la parte superior de la boca para hacer un sonido continuo y sostenido rrrrrr *(un matra)* |
| ॠ | ṝ | lo mismo que la corta pero con dos matras, se crea cuando dos palabras con ṛ se combinan |
| ऌ | lṛ/ ḷ | como en kḷpta *(activada, conectada)*, la lengua rueda sobre la parte superior de la boca para realizar un sonido lllllllll continuo y sostenido *(un mātrā)*,<br>[lṛ Itrans99/ḷ Itrans2003] |
| ॡ | lṝ/ ḹ | lo mismo que corta pero con dos mātrās |
| ए | e | como en āśleṣa |
| ऐ | ai | como en caitanya, tasmai |
| ओ | o | como en ojas |
| औ | au | como en auxilio |
| अं | aṁ | sonido nasal que cae entre ang (en la garganta) y am (en los labios),<br>una "M" nasal sin cerrar los labios |
| अः | aḥ | Como en namaḥ el sonido de aspiración requiere los músculos del ombligo,<br>es una vocal *(no consonante como* ह् *-ha)* |

| Consonantes sánscritas: | | |
|---|---|---|
| क | ka | como en karate, kilo, Kāli, prakāśa (*iluminar*), pakṣa (*medio mes lunar*) |
| ख | kha | k explosiva, como en khaga (*moviéndose en el aire/planeta*), el mismo ka se dice con una expiración añadida proveniente del abdomen |
| ग | ga | como en gato, gātha, gītā, Gaṇeśa |
| घ | gha | g explosiva, como en ghaṭṭā (*campana*); la misma ga que antes, pero con un aire añadido al final que viene del centro del abdomen |
| ङ | ṅa | como en contenga, aṣṭāṅga-yoga; creado en la garganta, no en la boca |
| च | ca | como en chocolate, Chandra, Cāmuṇḍā |
| छ | cha | ch explosiva, como en chandas (métrica), la misma ga que antes, pero con una exhalación añadida al final desde el centro del abdomen |
| ज | ja | sonido similar a la "ll" de lluvia, llave, Jagannātha, Jyeṣṭhā |
| झ | jha | Similar al anterior pero explosivo, como en jhillīka (*un grillo*), khujjhaṭi (*niebla*); ja aspirada |
| ञ | ña | sonido nasal como en niña, pañchamī, chañchala (*inestable*) |
| ट | ṭa | como en aṣṭamī, ṣaṣṭyāṁśa; este grupo de sonidos comienza con la lengua en la parte superior de la boca y luego se produce el sonido, esto hace que el sonido sea cerebral en lugar de dental |
| ठ | ṭha | sonido explosivo como en dhaniṣṭhā, jyeṣṭhā; 'ṭa' aspirada |
| ड | ḍa | paṇḍita (*erudito*); este es un 'ḍa' cerebral que comienza con la lengua en la parte superior de la boca |
| ढ | ḍha | como en Uttarāṣāḍhā, dṛḍha-karma |
| ण | ṇa | como en guṇa, gaṇapati, pūrṇimā, purāṇa; muy similar a na excepto que el sonido comienza con la lengua en el paladar alto de la boca, es cerebral |
| त | ta | 'ta' dental como en tabla, tarro, Revatī, pratipada |
| थ | tha | sonido explosivo, 'ta' dental con una aspiración como en tithi, chaturthī |
| द | da | 'da' dental, como en día, dado, dusthāna, deva, Chandra |
| ध | dha | sonido explosivo, 'da' dental pero con una aspiración desde el ombligo; dhī (*inteligencia*), sambandha, dharma, dhāna-yoga, Dhaniśṭha |
| न | na | "na" dental, como en nadar, noche, Chandra, Punarvasu, Anurādhā |
| प | pa | como en papá, poder, Pūrvābādra, Paraśurāma |
| फ | pha | sonido explosivo, "pa" aspirada como en el nombre Pūrvaphalgunī, |
| ब | ba | como bebé, bandera, buddha |
| भ | bha | sonido explosivo, 'ba' aspirada como en bhadra-mahāpuruṣa-yoga |
| म | ma | como en la máquina, mujer, materia, mokṣa |

| Consonantes sánscritas: | | |
|---|---|---|
| य | ya | Suena mas como una "i", yantra (fonéticamente sería iantra) |
| र | ra | como en pera, cartera, rāśi |
| ल | la | como en lámpara, libro, lagna |
| व | va | como en variable, varga, vāstu, viṁśāṁśa |
| श | śa | 'śa' profundo que viene del mismo lugar en la garganta que el sonido 'cha'; similar al sonido de una "sh", śukra, Viśākhā, Aśvinī, navāmśa |
| ष | ṣa | 'ṣa' cerebral, similar al anterior pero con la lengua en el paladar al producir el sonido Dhaniṣṭhā, Puṣya, Kṛṣṇa |
| स | sa | 'sa' dental, como en santo, siete, sandhi, saptamī |
| ह | ha | Como en jota, jalar, sonido de "j" pero mas suave horā, Hasta |
| **El siguiente grupo son algunas de las consonantes conjuntas más comunes, que son combinaciones de las letras anteriores.** | | |
| क्ष | kṣa | la letra क् y ष cerebral se unen para crear *kṣa* como en kṣetra |
| त्र | tra | त् dental y la semi-vocal र se combinan para hacer *tra* como en trikoṇa |
| ज्ञ | jña | la letra ज् combinada con ञ platal se unen para crear *jña* que se pronuncia junto como en jñāna (*conocimiento*). La *jña* en hindi (gya) y la *jña* en sánscrito no se pronuncian de la misma manera. |
| द्ध | ddha | द् dental combinada con su versión aspirada ध para crear un sonido de dos mātrā aspirado *ddha* como en siddha (*perfecto*), vṛddhi (*crecer, prosperar*) |
| द्य | dya | द् dental que se combina con la semivocal य para obtener *dya* como en vidyā |
| श्र | śra | श् palatal que se combina con la semivocal र para crear *śra* como en śrī, Śravaṇa |

## Tarea 1

Estas letras deben imprimirse para practicar el escribirlas correctamente:

अ आ इ ई उ ऊ ऋ ॠ ऌ ॡ

ए ऐ ओ औ अं अः

क ख ग घ ङ

च छ ज झ ञ

ट ठ ड ढ ण

त थ द ध न

प फ ब भ म

य र ल व

श ष स ह

क्ष त्र ज्ञ द्ध द्य श्र

## Combinando consonantes y vocales

Las consonantes se consideran cojas o sin un apoyo, no pueden caminar sin una vocal. K (क्) se convierte en ka (क) cuando se le añade una a (अ), para que pueda ser pronunciada. Las consonantes no se pueden pronunciar sin la ayuda de una vocal. G (ग्) se convierte en gā (गा) cuando se añade ā (आ). C (च्) se convierte en ci (चि) cuando se añade i (इ). Por lo tanto se considera que todas las letras tienen una a (अ) invisible como parte de ellas que las puede sostener y las ayuda a ser pronunciadas.

| | | | | | | | |
|---|---|---|---|---|---|---|---|
| a | ā | i | ī | u | ū | ṛ | è |
| ा | ाा | ि | ी | ु | ू | ृ | ॄ |
| | e | ai | o | au | am | aḥ | |
| | े | ै | ो | ौ | ं | ः | |

K (क्) se convierte en

| | | | | | | | |
|---|---|---|---|---|---|---|---|
| ka | kā | ki | kī | ku | kū | kṛ | kè |
| क | का | कि | की | कु | कू | कृ | कॄ |
| | e | ai | o | au | am | aḥ | |
| | के | कै | को | कौ | कं | कः | |

## Tarea 2

En una hoja de papel diferente, practique escribir cada una de las 33 consonantes primarias con cada una de las 16 vocales, como el ejemplo de ka (क).

**Parte B**

Esta sección presenta un entendimiento más profundo sobre las letras de la lengua sánscrita. Debe ser estudiado después de que se tenga familiaridad general con las letras para que se pueda llegar a conocerlas mejor. Agradezco a mi maestro de sánscrito, Vāgīśa Śāstrī de Vārāṇasī, ya que gracias a sus enseñanzas obtuve una compresión más profunda de la lengua sánscrita.

## El alfabeto sánscrito

La palabra alfabeto proviene de la palabra alfa (a) y bet (b), de la misma manera que los tántricos llaman al grupo de letras *akṣara-mālā* que significa el collar (mālā) desde a (अ) a kṣa (क्ष). Las letras mismas pueden ser llamadas *akṣaras*, así como *varṇas* (colores) y a veces el alfabeto es llamado varṇa-mala. En el período puránico al alfabeto se le llamaba el *ahaṁ*, representándolo de nuevo desde a (अ) hasta ha (ह), ya que las consonantes conjuntas no fueron aceptadas como parte del alfabeto en ese momento. En la época del erudito sánscrito Paṇini (500 a. C.), al alfabeto se le llamaba *Varṇa-Samāmnāya*. En la época védica al alfabeto se le llamaba *mātṛkā*, que significa madres. Las letras se consideran no sólo la madre de toda la literatura (compuesta de palabras, y de letras), sino la madre de todo el universo que está hecho de sonido. De esta manera se dice que los tántricos no adoran estatuas como dioses, sino que adoran a las letras como divinidades.

## Las cuatro vocales primarias (svāra)

अ y आ (a ā) se llama acyuta (a= no, cyuta= cambiante). Se puede cantar continuamente sin cambios, ya que no necesita la ayuda de la lengua. Están conectadas a Viṣṇu.
इ y ई (i ī) se llaman śakti (energía/diosa), ya que cambiarán.
उ y ऊ (u ū)se llamna śambu y están conectadas a śiva.
ऋ y ॠ (ṛ y ṝ) y ऌ y ॡ (ḷ y ḹ) están conectadas a los ṛṣi (sabios) y Agni (fuego).
Ṛ se pronuncia como 'ri' en el norte de la India y 'ru' en el sur de la India, pero en realidad es una vocal que no se encuentra en español y que se crea haciendo rodar la lengua. ṛ se convierte en lṛ y tiene muchas de las mismas connotaciones.

## 4 Diptongos
### (nuevas vocales creadas a partir de las vocales primarias)

ए (e) es una combinación de अ (a) y इ (i), está combinación se llama guṇa vikāsa de इ (i). Si fueras a pronunciar अ (a) y luego abrir la boca como diciendo इ (i) entonces usted consigue el sonido de ए (e) como en la palabra pleito.
ऐ (ai) es una combinación de अ (a) y ए (e). Si fueras a pronunciar अ (a) y luego abrir la boca diciendo इ (i), entonces se crea el sonido de ऐ (ai).
ओ (o) se crea cuando अ (a) se pronuncia y la boca se abre como diciendo उ (u) entonces usted consigue el sonido de ओ (o) como en la palabra ola.
औ (au) es una combinación de अ (a) y ओ (o). Si fueras a pronunciar अ (a) y luego abrir la boca diciendo ओ (o), entonces se consigue el sonido de औ (au) como en caucho.

## 2 Ayogavāhas (Anusvāra y Visarga):
Los adornos del sánscrito

अं (aṁ) se llama anusvāra, que significa 'lo que se dice después de (*anu*) una vocal (*svāra*)'. Es la resonancia nasal que se hace sin cerrar los labios. Si cierras los labios, resonará en los labios en lugar de en el chakra del sahasrāra.
अः (aḥ) se llama visarga y se relaciona con la creación de una destrucción, tiene fuego y puede hacer que las cosas broten o se quemen cosas para hacerlas terminar. Anusvāra es un punto (*bindu*) y está conectado a śiva. Mientras que visarga tiene 2 puntos y está conectado a śakti.

Las vocales (*svāra*) son regidas por el Sol. Son *'svā'* - si mismo *'ra'* - brillante/ resplandente. Pueden estar solas sin apoyo. Son Puruṣa y representan la conciencia.

Las consonantes no pueden estar solas, necesitan el apoyo de una vocal. Prakṛti (la creación) no puede permanecer (existir) sin Puruṣa (conciencia). Cada consonante es coja sin un apoyo, por lo que 'a' (अ) ya es parte de cada letra. De esta manera k (क्) se convierte en *ka* (क) cuando se le añade una a (अ). En sánscrito una consonante no se escribe sin una vocal. Svāra están brillando por sí mismas ya que son conciencia, no necesitan nada añadido a ellas para ser pronunciadas, para brillar.

## Consonantes - Vyañjana

Hay cinco vargas (divisiones) de letras relacionadas con los cinco planetas principales de los Mahāpuruṣa yoga y los cinco elementos: Marte, Venus, Mercurio, Júpiter y Saturno. Cada una de estas divisiones contiene 5 letras, formando 25 letras de grupo. Luego hay 8 letras adicionales fuera del grupo conectadas a la Luna. Sumado 25 y 8 es igual a 33, que se relaciona con las 33 deidades principales del panteón védico que son el fundamento de Jyotiṣa. Los 2 ayogavāhas (anusvāra y visarga) representan los Aśvini-kumāras que residen como prāna en las fosas nasales y las otras 14 vocales representan los 14 lokas.

### क ख ग घ ङ
**ka kha ga gha ṅa**

La consonante dura क (ka) es el abuelo del ka-varga, también llamado ku (कु) - como 'u' es la quinta letra significa las 5 letras de ka. Estos vargas son guturales (kaṇṭhavya) y provienen de lo profundo de la garganta. Kha (ख) es el sonido aspirado de ka. Se dice que tal como *'a'* es superior dentro de los svāras *ha* (ह) es superior en las vyañjana. *'A'* viene de la garganta mientras que *'ha'* viene del abdomen. El sonido aspirado kha tiene un *'ha'* agregado a la consonante, por lo que la boca está abierta diciendo *'ka'* y además un *'ha'* que viene desde el abdomen. El sonido suave *ga* (ग) es el mismo que su abuelo *'ka'* excepto que más suave. Tómense un momento para decir *'ka'* y *'ga'* y sentir el sonido duro y suave que viene del mismo lugar en la garganta. Entonces *gha* (घ) es la variación aspirada de su consonante padre. Las primeras dos letras son duras, la tercera se vuelve suave y la quinta se vuelve aún más suave. Se dice que el sonido nasal *ṅa* (ङ) es como la tercera consonante, pero aún más suave *anunāsika* (गँ). Así que comienza en el mismo lugar en la garganta y resuena en la nariz como un sonido nasal. El ka-varga está conectado al planeta Marte.

### च छ ज झ ञ

**ca cha ja jha ña**

*Ca* (च) es el bisabuelo del que descienden las otras letras. Las ca-varga se originan de un sonido duro del paladar (*tālu*) y se llaman palatales (*tālavya*). *Cha* (छ) es su sonido aspirado (*mahāprāṇa*) originado de su padre no-aspirado (*alpaprāna*) ca; ambos son duros. La tercera letra *ja* (ज) proviene del mismo lugar que *ca* (च) pero es suave. La J puede pronunciar similarmente a la letra española *'ll'*; esto ayudará a mantener *ca* y *ja* separados en tu mente. Tómate un momento para practicar la pronunciación de ambos viendo cómo provienen del mismo lugar en la boca; sin embargo, el primero es duro y el segundo es suave. *Jha* (झ) es el mahāprāṇa de *ja* (ज). La letra utilizada actualmente en el sánscrito moderno viene de la escritura Maharastra, la forma tradicional de escribir *jha* es झ. La quinta letra es similar a la tercera letra, pero más suave y nasal (जँ), se escribe como *ña* (ञ). Como todas las demás vocales *ñ* (ञ्) no puede estar sola y toma una *'a'* (अ) para convertirse en *ña* (ञ). La ña nasal proviene del mismo lugar en la boca que el resto de su varga, pero luego resuena en la nariz. El *cu* (चु) está gobernado por el planeta Venus, mientras que los bījas como el *caṁ* (चं) por la Luna, el *jaṁ* (जं) para el agua, y *juṁ* (जुं) para el rejuveneciemiento (*mṛtyuñjaya bīja*) provienen de estas letras.

| Duro | | Suave | | Suave/nasal |
|---|---|---|---|---|
| **Alpaprāṇa** | **Mahāprāṇa** | **Alpaprāṇa** | **Mahāprāṇa** | **Alpaprāṇa** |
| क | ख | ग | घ | ङ |
| च | छ | ज | झ | ञ |
| ट | ठ | ड | ढ | ण |
| त | थ | द | ध | न |
| प | फ | ब | भ | म |

### ट ठ ड ढ ण

**ṭa ṭha ḍa ḍha ṇa**

El ṭa-varga proviene del paladar blando (*murdhana*) y se llama cerebral (*murdhanya*). Las letras de la división se crean apretando la lengua en el paladar alto de la boca mientras se inicia el sonido. El resto mantiene en el mismo patrón que las vargas anteriores. *Ṭa* (ट) es el sonido abuelo y duro que tiene a *ṭha* (ठ) como su mahāprāṇa. Suavizándose se convierte en *ḍa* (ड) y *ḍha* (ढ). Su sonido nasal es casi como el na normal en español excepto que es un sonido cerebral con la lengua en el techo de la boca creando *ṇa* (ण). Se dice que, en su caracter, la curva bajo línea (ण) representa la lengua en la parte superior de la boca. Los *ṭu* (टु) están gobernados por el planeta Mercurio.

त थ द ध न

**ta tha da dha na**

El ta-varga proviene de los dientes (*danta*) y se llama dental (*dantya*). Ta (त) es el sonido ta normal que pronunciamos como en Tomás y taladrar, mientras que su aspiración se dice con más fuerza desde el abdomen. Al pronunciar el tha aspirado (थ) se puede sentir como la respiración sale de la boca con fuerza, mientras que los sonidos no aspirados no tienen la misma capacidad para sentir la respiración. *Da* (द) y *dha* (ध) se originan cuando la lengua toca los dientes, pero son más suaves. El sonido *na* (न) es el sonido español normal con el que los occidentales están familiarizados. El *tu* (तु) es gobernado por Júpiter.

प फ ब भ म

**pa pha ba bha ma**

El pa-varga proviene de los labios (*oṣṭha*) y se llaman labiales (*oṣṭhya*). *Pa* (प) es el abuelo del que surgen los demás según las reglas de la agrupación de las letras. El sonido nasal *ma* (म) viene directamente de los labios. El *Pu* (पु) está gobernado por Saturno.

## 4 semivocales
(fuera del grupo de consonantes)

य र ल व

**ya ra la va**

Las semivocales se llaman así porque son consonantes que se originan a partir de vocales. En realidad son dos vocales que cuando se dicen juntas crean un sonido consonántico.

i (इ) + a (अ) = ya (य)

u (उ) + a (अ) = va (व)

ṛ (ऋ) + a (अ) = ra (र)

l (ऌ) + a (अ) = la (ल)

Si dices 'iiii' y luego abres tu boca y dices 'aaa' observaras como creaste el sonido ya. De la misma manera pronuncia una de las vocales y luego abre tu boca con una 'a' y escucharás cómo se crean estas nuevas consonantes. Estos sonidos están agrupados como no aspirados y suaves tal como el tercer grupo (ga, ja, a, da, ba).

Las semi vocales (*ardha-svāra*) son combinaciones de vocales con अ (a) y se conocen como *antastha*. Son vocales (Puruṣa/conciencia) que cuando se pronuncian con una अ (a) adquieren la forma de Prakṛti como consonantes. Al ser la luz de la Luna sólo un reflejo de la luz del Sol, estas semivocales son gobernadas por la Luna, son mitad Sol, un reflejo.

Las vocales son Puruṣa relacionadas con el alma, mientras que las consonantes son Prakṛti relacionadas al cuerpo, la Luna es lo que une el cuerpo al alma, es lo que está en medio. El primer conjunto de letras de la Luna está conectado a Ketu (las semivocales) y el segundo conjunto de letras de la Luna está conectado a Rāhu (las sibilantes y ha).

**3 Sibilantes** (suenan como shhhhh)

**श ष स**

**śa ṣa sa**

Hay tres sibilantes en sánscrito contrariamente a la única existente en español. Primero encontramos la palatal (*tālavya*) *śa* (श), que viene del mismo lugar que el cha-varga. La siguiente es el cerebral (*murdhana*) *ṣa* (ष), que comienza en lo profundo de la garganta y termina tal como el ṭa varga al que está asociado. Y por último la dental (*dantya*) *sa* (स) que es una s dura que se crea en los dientes como en la palabra santo. Las sibilantes son aspiradas y duras tal como el segundo grupo (kha, cha, ṭha, tha, pha).

**La última** (y superior)

ह

ha

La letra *ha* (ह) es la última letra oficial del alfabeto sánscrito. *Ha* es un sonido aspirado y suave, por lo que cae dentro del cuarto grupo (gha, jha, ḍha, dha, bha).

**Saṁyukta** (3 combinaciones famosas)

क्ष त्र ज्ञ

kṣa tra jña

Estas son combinaciones comúnmente encontradas y que no son consideradas oficialmente letras diferentes, se escriben en la escritura moderna, pero no se escriben en el alfabeto sánscrito antiguo, ya que en sí, son combinaciones de letras anteriores.

k (क्) + ṣa (ष) = kṣa (क्ष)

t (त्) + ra (र) = tra (त्र)

j (ज्) + ña (ञ) = jña (ज्ञ)

## Tarea 3

Canta en voz alta el *varṇa-mala* todas las mañanas. Primero empieza con las vocales, luego añade las letras de cada grupo de 3 maneras: 1. practíquelas hacia abajo (ka, ca, ṭa, ta, pa, kha, cha, etc.), 2. practíquelas de derecha a izquierda (la, gha, ga, kha, ka, ña, jha, ja, etc.) y 3. practíquelas de izquierda a derecha (ka, kha, ga, gha, la, ca, cha, ja, ña, etc.). Luego continua con el resto de las letras. Al pronunciar las letras siente de dónde provienen sus sonidos en tu boca, garganta, nariz, cuerpo. Toma conciencia del orden anatómico de las letras en el idioma sánscrito.

Preguntas de estudio: No se requieren oraciones completas; las tablas son buenas para las preguntas 3 y 7.

1. ¿Cuáles son los nombres de las letras?
2. ¿Cuáles son las 5 vocales originales?
3. ¿Cuáles son los cuatro diptongos y de qué sonidos se componen?
4. ¿Cuáles son los dos ayogavāhas y a qué deidades están conectados?
5. ¿Cuáles son los seis lugares de pronunciación?
6. Explica los cinco grupos que conforman la división labial.
7. ¿Cuáles son las cuatro semivocales y de qué sonidos se compone cada una?
8. ¿Cuáles son los 3 tipos de “s” y dónde se pronuncian (a qué varga se correlacionan)?

# Mātṛkā Sṛṣṭikrama-Nyāsa (nyāsa según el orden de creación)

| अ | आ | इ | ई | उ | ऊ | ऋ | ॠ |
|---|---|---|---|---|---|---|---|
| lalāṭa | mukha | netra | netra | karṇa | karṇa | nāsā-puṭa | nāsā-puṭa |
| frente | boca | ojo derecho | ojo izquierdo | oreja derecha | oreja izquierda | fosa nasal derecha | fosa nasal izquierda |

| ऌ | ॡ | ए | ऐ | ओ | औ | अं | अः |
|---|---|---|---|---|---|---|---|
| gaṇḍa | gaṇḍa | oṣṭha | oṣṭha | danta paṅkti | danta paṅkti | Śira (mūrdha) | Śira (mukha) |
| cachete derecho | cachete izquierdo | labio superior | labio inferior | dientes superiores | dientes inferiores | cráneo | boca / cara |

| क | ख | ग | घ | ङ |
|---|---|---|---|---|
| bhuja-mūla | kūrparas | maṇi-bandha | aṅguli-mūla | aṅgulyāgra |
| axila derecha | codo derecho | muñeca derecha | nudillos derechos | puntas de los dedos derechos |

| च | छ | ज | झ | ञ |
|---|---|---|---|---|
| bhuja-mūla | kūrparas | maṇi-bandha | aṅguli-mūla | aṅgulyāgra |
| axila izquierda | codo izquierdo | muñeca izquierda | nudillos izquierdos | puntas de los dedos izquierdos |

| ट | ठ | ड | ढ | ण |
|---|---|---|---|---|
| pada-mūla | jānu | gulpha | pādāṅguli-mūla | padāṅgulyāgra |
| muslo derecho | rodilla derecha | tobillo derecho | nudillos de los dedos del pie derecho | puntas de los dedos del pie derecho |

| त | थ | द | ध | न |
|---|---|---|---|---|
| pada-mūla | jānu | gulpha | pādāṅguli-mūla | pādāṅgulyāgra |
| muslo izquierdo | rodilla izquierda | tobillo izquierdo | nudillos de los dedos del pie izquierdo | puntas de los dedos del pie izquierdo |

| प | फ | ब | भ | म |
|---|---|---|---|---|
| dakṣiṇapārśva | vāma pārśva | pīṭha/pṛṣṭha | nābhi | udara |
| lado derecho | lado izquierdo | espalda | abdomen | vientre |

| य | र | ल | व |
|---|---|---|---|
| hṛdaya | dakṣāṁśa | kakuda | vāmāṁśa |
| corazón | hombro derecho | 7ª vertebra cervical | hombro izquierdo |

| श | ष | स | ह |
|---|---|---|---|
| hṛdayādi-hastantaṁ | hṛdayādi-hastantaṁ | hṛdayādı-pādāntaṁ | hṛdayādi pādāntaṁ |
| corazón a mano derecha | corazón a mano izquierda | corazón a pie derecho | corazón a pie izquierdo |

| क्ष |
|---|
| mukha |
| boca |

Para completar este nyāsa en particular, es necesario:

[1] agregar delante de la letra

Praṇava (ॐ *aum̐*) : todos los mantras se vuelven perfectos y fructíferos

- Māyā-bīja (ह्रीं *hrīṁ*): purificación
- Śrī-bīja (श्रीं *śrīṁ*): aumenta la riqueza
- Vāgbhava-bīja (ऐं *aiṁ*): obtiene la perfección del habla y siddhis

[2] Terminar con namaḥ (adoración, respeto).

| | | | | | |
|---|---|---|---|---|---|
| ॐ अं नमः | Auṁ aṁ namaḥ | frente | ॐ ऌं नमः | Auṁ ḷṁ namaḥ | cachete derecho |
| ॐ आं नमः | Auṁ āṁ namaḥ | boca | ॐ ॡं नमः | Auṁ ḹṁ namaḥ | cachete izquierdo |
| ॐ इं नमः | Auṁ iṁ namaḥ | ojo derecho | ॐ एं नमः | Auṁ eṁ namaḥ | labio superior |
| ॐ ईं नमः | Auṁ īṁ namaḥ | ojo izquierdo | ॐ ऐं नमः | Auṁ aiṁ namaḥ | labio inferior |
| ॐ उं नमः | Auṁ uṁ namaḥ | oreja derecha | ॐ ओं नमः | Auṁ oṁ namaḥ | dientes superiores |
| ॐ ऊं नमः | Auṁ ūṁ namaḥ | oreja izquierda | ॐ औं नमः | Auṁ auṁ namaḥ | dientes inferiores |
| ॐ ऋं नमः | Auṁ ṛṁ namaḥ | fosa derecha | ॐ अं नमः | Auṁ aṁ namaḥ | cráneo |
| ॐ ॠं नमः | Auṁ ṝṁ namaḥ | fosa izquierda | ॐ अः नमः | Auṁ aḥ namaḥ | cara |

| | | | | | |
|---|---|---|---|---|---|
| ॐ कं नमः | Auṁ kaṁ namaḥ | axila derecha | ॐ दं नमः | Auṁ daṁ namaḥ | tobillo izquierdo |
| ॐ खं नमः | Auṁ khaṁ namaḥ | codo derecho | ॐ धं नमः | Auṁ dhaṁ namaḥ | nudillos pie izq |
| ॐ गं नमः | Auṁ gaṁ namaḥ | muñeca derecha | ॐ नं नमः | Auṁ naṁ namaḥ | dedos pie izquierdo |
| ॐ घं नमः | Auṁ ghaṁ namaḥ | nudillos derechos | ॐ पं नमः | Auṁ paṁ namaḥ | lado derecho |
| ॐ ङं नमः | Auṁ ṅaṁ namaḥ | punta dedos der | ॐ फं नमः | Auṁ phaṁ namaḥ | lado izquierdo |
| ॐ चं नमः | Auṁ caṁ namaḥ | axila izquierda | ॐ बं नमः | Auṁ baṁ namaḥ | espalda |
| ॐ छं नमः | Auṁ chaṁ namaḥ | codo izquierdo | ॐ भं नमः | Auṁ bhaṁ namaḥ | abdomen |
| ॐ जं नमः | Auṁ jaṁ namaḥ | muñeca izquierda | ॐ मं नमः | Auṁ maṁ namaḥ | vientre |
| ॐ झं नमः | Auṁ jhaṁ namaḥ | nudillos izq | ॐ यं त्वगात्मने नमः | Auṁ yaṁ tvagātmane namaḥ | corazón |
| ॐ ञं नमः | Auṁ ñaṁ namaḥ | punta dedos izq | ॐ रं असृगात्मने नम | Auṁ raṁ aṣṛgātmane namaḥ | hombro der |
| ॐ टं नमः | Auṁ ṭaṁ namaḥ | muslo derecho | ॐ लं माम्सात्मने नमः | Auṁ laṁ māmsātmane namaḥ | 7° cervical |
| ॐ ठं नमः | *Auṁ ṭhaṁ namaḥ* | *rodilla derecha* | ॐ वं मेदात्मने नमः | *Auṁ vaṁ medātmane namaḥ* | *hombro izq* |
| ॐ डं नमः | *Auṁ ḍaṁ namaḥ* | *tobillo derecho* | ॐ शं अस्थ्यात्मने नमः | *Auṁ śaṁ asthyātmane namaḥ* | *corazón a mano der* |
| ॐ ढं नमः | *Auṁ ḍhaṁ namaḥ* | *nudillos pie der* | ॐ षं मज्जात्मने नमः | *Auṁ ṣaṁ majjātmane namaḥ* | *corazón a mano izq* |
| ॐ णं नमः | *Auṁ ṇaṁ namaḥ* | *dedos pie derecho* | ॐ सं शुक्रात्मने नमः | *Auṁ saṁ śukrātmane namaḥ* | *corazón a pie der* |
| ॐ तं नमः | *Auṁ taṁ namaḥ* | *muslo izquierdo* | ॐ हं आत्मने नमः | *Auṁ haṃ ātmane namaḥ* | *corazón a pie izq* |
| ॐ थं नमः | *Auṁ thaṁ namaḥ* | *rodilla izquierda* | ॐ लं परमात्मने नमः | *Auṁ laṃ paramātmane namaḥ* | *estómago* |
| | | | ॐ क्षं प्रणात्मने नमः | *Auṁ kṣaṁ praṇātmane namaḥ* | *boca* |

Después de completar este Nyāsa, uno medita en la Diosa como la encarnación del sonido:

पञ्चाशदर्ण रचिताङ्गभागां धृतेन्दुखण्डां कुमुदावदातां ।
वराभयेपुस्तकमक्षसूत्रं भजे गिरं सन्दधतीं त्रिनेत्रां ॥८१॥

*pañcāśadarṇa racitāṅgabhāgāṁ dhṛtendukhaṇḍāṁ kumudāvadātāṁ |*
*varābhayepustakamakṣasūtraṁ bhaje giraṁ sandadhatīṁ trinetrāṁ ||81||*

Medito en la Diosa de tres ojos Sarasvatī cuyo cuerpo
está constituido por las cincuenta letras del alfabeto
Nāgarī; cuya frente está adornada con la Luna creciente, cuya mano derecha
muestra el Vara mudrā (otorgando bendiciones) y un rosario
y la mano izquierda en la abhaya mudrā (otorgando valentía), y un libro.

## Janana Yantra

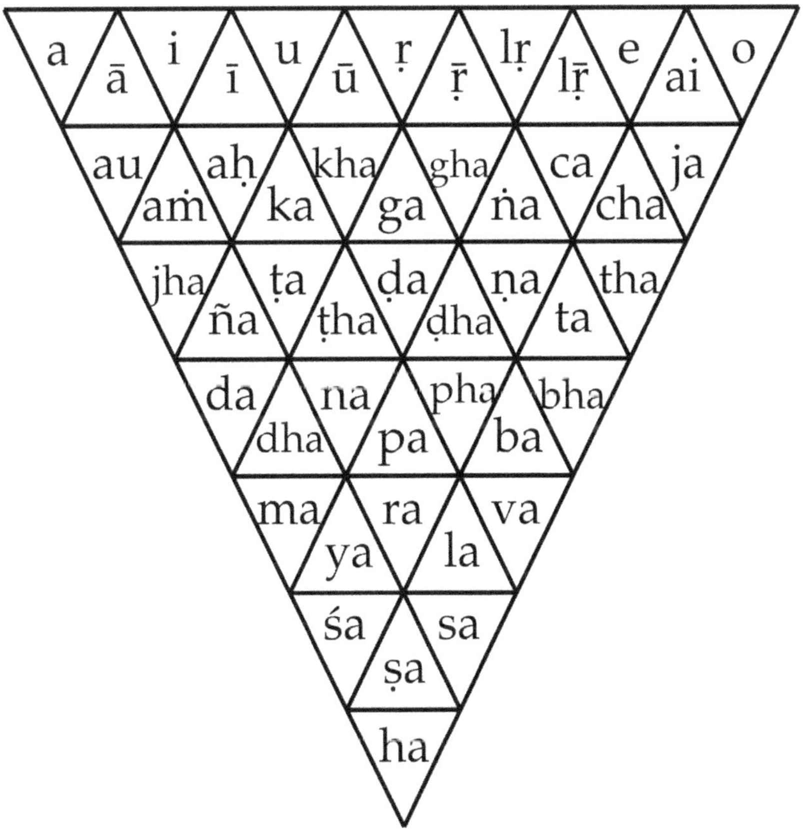

## Sādhana del mantra Hare Rāma Kṛṣṇa

**Janana** (nacimiento): Escribe cada sílaba después de cantar el mālā:
Auṁ hrīṁ śrīṁ klīṁ [haṁ] klīṁ śrīṁ hrīṁ viṣṇu-śakti-bhyam namaḥ (1 mālā)
Auṁ hrīṁ śrīṁ klīṁ [reṁ] klīṁ śrīṁ hrīṁ viṣṇu-śakti-bhyaṁ namaḥ (1 mālā)
Auṁ hrīṁ śrīṁ klīṁ [rāṁ] klīṁ śrīṁ hrīṁ viṣṇu-śakti-bhyaṁ namaḥ (1 mālā)
Auṁ hrīṁ śrīṁ klīṁ [maṁ] klīṁ śrīṁ hrīṁ viṣṇu-śakti-bhyaṁ namaḥ (1 mālā)
Auṁ hrīṁ śrīṁ klīṁ [kṛṁ] klīṁ śrīṁ hrīṁ viṣṇu-śakti-bhyaṁ namaḥ (1 mālā)
Auṁ hrīṁ śrīṁ klīṁ [ṣṇṁ] klīṁ śrīṁ hrīṁ viṣṇu-śakti-bhyaṁ namaḥ (1 mālā)

**Dīpana** (iluminar): haṁsa hare rāma kṛṣṇa so'ham (10 mālā)

**Bodhana** (despertar): hrūṁ hare rāma kṛṣṇa hrūṁ (10 mālā)

**Tāḍana** (proteger): phaṭ hare rāma kṛṣṇa phaṭ (10 mālā)

**Abhiśeka** (limpieza): aiṁ haṁsa auṁ (10 mālā) mientras viertes agua sobre el mantra

**Vimalikaraṇa**: auṁ troṁ vaṣaṭ hare rāma kṛṣṇa vaṣaṭ troṁ auṁ (10 mālā)

**Jīvana** (imbuir vida): svadhā vaṣaṭ hare rāma kṛṣṇa vaṣaṭ svadhā (10 mālā)

**Tarpaṇa** (ofrenda): hare rāma kṛṣṇa tarpayāmi (1 mālā)

**Gopana** (blindaje): hrīṁ hare rāma kṛṣṇa hrīṁ (10 mālā)

**Āpyāyana** (completar): hsauḥ hare rāma kṛṣṇa hsauḥ (10 mālā)

Luego, recitar un mínimo de 3 mālās al día durante 1 año: hare rāma kṛṣṇa
**Meditando en la luz de la conciencia.**

## Apéndice II: Bhāveśa-Phala-Adhyāya (regentes de las casas)

Este apéndice es una traducción del capítulo sobre los resultados de los regentes de cada casa (*Bhāveśa-Phala-Adhyāya*) en Bṛhat Pārāśara Horā Śāstra. Se entrega en formato de tabla para facilitar la referencia y el estudio. Algunos de los significados dados por Parāśara en este capítulo siguen una lógica simple. Por ejemplo, cuando el séptimo regente está en la casa dos, el nativo adquiere riqueza a través del cónyuge (la casa dos es riqueza y el regente de la siete representa la pareja). Cuando el séptimo regente va a la ocho (casa de problemas) el individuo obtiene poca felicidad de la relación y el cónyuge puede tener problemas de salud.

La beneficencia o negatividad de los regentes de las casas y el concepto de Bhāvāt Bhāvam se explica en el capítulo Bhāva. Estos conceptos ayudarán a explicar muchos de los resultados enumerados, pero no todos. Algunos principios no se han enseñado directamente en Bṛhat Pārāśara Horā Śāstra. Por ejemplo, Parāśara dice que el regente de la siete en la casa uno o siete causa exceso de vāta, el regente de la ocho en el lagna causa forúnculos (agravamiento pitta), mientras que el regente de la doce en el lagna causa problemas kapha. Esto sigue la regla de que las casas kendra se relacionan con vāta, las casas paṇaphara con pitta y las casas āpoklima con kapha. No hay ningún dictamen que lo explique, pero se considera una regla implícita.

Si se estudian seriamente los capítulos bhāveśa y bhāva, conoceremos el uso de principios muy avanzados solo explicados en los nāḍī saṁhitās. De esta manera en estos capítulos aparentemente simples, Parāśara muestra pleno conocimiento de varios principios avanzados y su uso. Cuando una persona puede explicar la lógica de los resultados de todas las ubicaciones mencionadas en este capítulo, así como los resultados enumerados en los capítulos de cada bhāva individual en BPHS, entonces realmente entiende a Parāśara. Todos los significados dados tienen una lógica que se puede aprender. Parte de la lógica está más allá del alcance de un libro para principiantes, pero se aprenderá en el camino de Jyotiṣa. Se debe leer a través de este apéndice y aplicar su propia lógica con su conocimiento presente siempre que sea posible.

Parāśara menciona la fuerza y la diferencia entre las posiciones benéficas y maléficas y la alteración de los resultados. Cuando el regente de la ocho está en la casa ocho, puede dar larga vida a menos que esté débil, en cuyo caso dará longevidad media. El regente de la ocho en la once dará vida larga, especialmente si se combina con un benéfico. El regente de la ocho en la doce da vida corta y aún más si está con un maléfico. Todas las posiciones de los regentes de las casas son modificadas por varias otras influencias tales como la posición de los planetas y de otros regentes casas, así como aspectos, ascendentes especiales, ārūḍhas, etc. Por ejemplo, el regente de la ocho en la casa cinco nos puede volver insensatos, con pocos hijos y que vivamos por mucho tiempo. Si Júpiter (el planeta de la inteligencia) se posiciona con fuerza en el ascendente, entonces el nativo es inteligente. Júpiter aspectando la quinta casa dará hijos y al mismo tiempo protegerá la salud y dará soporte a las indicaciones de tener una vida larga. De este modo se integrarán todos los factores.

Las diversas indicaciones, a veces contradictorias, se activarán de acuerdo con el daśā del individuo. En el ejemplo anterior habrá algunos problemas con la inteligencia o la especulación (indicaciones de la casa cinco) en el daśā del regente de la ocho. Los hijos pueden ocurrir sólo en el daśā de Júpiter o Júpiter puede necesitar ser fortalecido con un remedio para otorgar hijos. De esta manera el daśā mostrará los diversos resultados de las posiciones planetarias y sus regencias.

## Apéndice II: Bhāveśa-Phala-Adhyāya (regentes de las casas)

*(La tabla continúa de izquierda a derecha)*

| | 1 Lagna | 2 Dhanabhāva | 3 Sahajabhāva | 4 Sukhabhāva | 5 Sutabhāva | 6 Ripubhāva |
|---|---|---|---|---|---|---|
| 1 lagneśa | Lagneśa en Lagna da felicidad del cuerpo (lagneśe lagnage dehasukhabhāg), buena fuerza (bhujavikramī), inteligencia (manasvī), mente inconstante (caşcalaścaiva), tiene dos esposas (dvibhāryo parago'pi va) \|\| 1\|\| | Fuerza (bālaḥ), dotado de ganancias (lābhavān), erudito (paṇḍitaḥ), feliz (sukhī), de buenos modales (suśīlo), que sigue las reglas, respetable (dharmavinmānī), muchas esposas, buenas cualidades (bahudāraguṇair-yutaḥ) \|\| 2\|\| | Lagneśa en la tres nos vuelve valientes como un león (lagneśe sahaje jātaḥ siṁhatulya-parākramī), capaz de lograr (sarvasampadyuto), respetable (mānī), dos esposas (dvibhāryo), inteligente (matimān), feliz (sukhī) \|\| 3\|\| | Lagnesa en la cuarta nos da fuerza (lagneśe sukhage bālaḥ), hace a los padres felices (pitṛmātṛ-sukhānvitaḥ), muchos hermanos (bahubhrātṛ-yutaḥ), apasionado (kāmī), buenas cualidades y forma (guṇarūpasamanvitaḥ) \|\| 4\|\| | Felicidad a través de los niños (lagneśe sutage jantoḥ sutasaukhyaṁ ca), razonable (madhyamam), perdida del primer hijo (prathamāpatyanāśaḥ), respetable (syānmānī), se enoja fácil (krodhī), le gusta a las autoridades (nṛpapriyaḥ) \|\| 5\|\| | Falta de felicidad del cuerpo (lagneśe ṣaṣṭhage jāto dehasaukhya-vivarjitaḥ), problemas con enemigos si está aspectado por maléficos (pāpāḍhye śatrutaḥ), dolor si no es aspectado por benéficos (pīḍā saumyadṛṣṭi-vivarjite) \|\| 6\|\| |
| 2 dhaneśa | Tiene muchos hijos (putravān), conectado con riquezas (dhanasaṁyutaḥ), causa problemas a la familia (kuṭumbakaṇṭakaḥ), deseoso (kāmī), habla duro (niṣṭhura), realiza tareas de otros ( parakāryakṛt) \|\| 13\|\| | Rico (dhanavān), arrogante (garvasaṁyuta), tiene dos cónyuges (dvibhāryaḥ), o varios cónyuges (bahubhāryaḥ), desprovisto o abandonado por hijos (sutahīna) \|\| 14\|\| | Valiente y fuerte (vikramī), sabio (matimān), tiene buenas cualidades (guṇī), deseoso (kāmī), codicioso (lobhī), riqueza a través de buenos y malos medios (śubhāḍhye ca pāpāḍhye)[1] y ateo (devanindaka) \|\| 15\|\| | Dotado de todo tipo de logros (sarvasampatasamanvita), si está en conjunción con Júpiter, en signo propio o exaltado, la persona será comparable a un rey (guruṇā saṁyute svocce rājatulyo naro bhavet) \|\| 16\|\| | Dotado de riqueza (dhanasamanvita) y obtiene un hijo (dhanopārjanaśīlāśca jāyante tatsutā) \|\| 17\|\| | Con benéficos se ganará dinero a través de enemigos y litigación (saśubhe śatruto dhanam), con maléficos uno perderá a través de los enemigos, será incapaz de mantenerse firme (sapāpe śatruto hānirjaìghāvai-kalyavān) \|\| 18\|\| |
| 3 Sahajadīśa | Riqueza obtenida a través de las propias manos (Svabhujārjita-vittavān), conocimiento de servicio desinteresado (sevājṣaḥ), impulsivo (sāhasī), carente de educación formal pero inteligente, (vidyāhīno'pi buddhimān) \|\| 25\|\| | Cuerpo grueso (sthūlo), falta de coraje (vikramavarjita), Poca iniciativa (svalpārambhī), nada de felicidad (sukhī na) puede disfrutar de riquezas y esposas ajenas (syāt parastrīdhanakāmukaḥ) \|\| 26\|\| | Felicidad a través de hermanos (sahodarasukhānvitaḥ),riqueza e hijos (dhanaputrayutaḥ), alegre (hṛṣṭaḥ), come bien, consume (bhunakti), hace ruidos mientras bebe con felicidad (sukhamadbhutam) \|\| 27\|\| | Feliz (sukhī), asociado a riquezas (ca dhanasaṁyut), inteligente (matimān), infantil (bālo), sufre dentro del matrimonio (duṣṭabhāryāpatiśca saḥ) \|\| 28\|\| | Tiene hijos (putravān), posee buenas cualidades (guṇasaṁyuta), si el regente de la casa o el planeta está en conjunción con un maléfico tendrá una esposa cruel (bhāryā tasya bhavet krūrā krūragrahayutekṣite) \|\| 29\|\| | Enemigo de su hermano (bhrātṛśatru), grandes riquezas (mahādhanī), enemistad entre tío materno y el nativo (mātulaiśca samaṁ vairaṁ), pero amor de la tía materna (mātulānīpriyaḥ) \|\| 30\|\| |
| 4 Sukheśa | Dotado de educación (*vidyā*), buenas cualidades (*guṇa*), adornos (*vibhūṣita*), tierra (*bhūmī*), vehículos (*vāhana saṁyukto*) y felicidad materna (*mātuḥ sukhasamanvita*) \|\| 37\|\| | Alguien que disfruta de los placeres de la vida (*bhogī*), posee todo tipo de riquezas (*sarvadhanān-vitaḥ*), cercano a su familia (*kuṭumbasahito*), honorable (*mānī*), impulsivo (*sāhasī*), bueno para engañar (*kuhakanvitaḥ*) \|\| 38\|\| | Valiente (*vikramī*), tiene sirvientes (*bhṛtyasaṁyuta*), enfermedades digestivas (*udāro'rug*), buenas cualidades (*guṇī*), generoso(-*dātā*), gana riqueza por a través de sus propias manos (*svabhujārjitavittavān*) \|\| 39\|\| | Consejero, ministro (*mantrī*), todo tipo de riqueza (*sarvadhanānvitaḥ*), hábil, diestro (*caturaḥ*), buena conducta (*śīlavān*), honorable (*mānī*), conocedor (*jṣānavān*), ama a su cónyuge (*strīpriyaḥ*), feliz (*sukhī*) \|\| 40\|\| | Feliz (*sukhī*), querido por todo el pueblo (*sarva janapriyaḥ*), devoción a una forma sattva de dios (*viṣṇu bhakto*), buenas cualidades (*guṇī*), honorable (*mānī*), gana con sus propias manos (*svabhujārjita-vittavān*) \|\| 41\|\| | Falta de felicidad materna (*mātuḥ sukhavivarjitaḥ*), se enoja fácilmente (*krodhī*), roba con encantos y hechizos (*coro'bhicārī*), actua como le plazca (*svecchācāraśca*), preocupado, triste (*durmanāḥ*) \|\| 42\|\| |

1 Véase el capítulo de argalā relativo a la casa tres

## Apéndice II: Bhāveśa-Phala-Adhyāya (regentes de las casas)

*(Continuación)*

| | 7 Dārabhāva | 8 Randhrabhāva | 9 Bhāgyabhāva | 10 Karmabhāva | 11 Lābhabhāva | 12 Vyayabhāva |
|---|---|---|---|---|---|---|
| 1 lagneśa | Si el regente de la siete es un maléfico entonces la longevidad se acorta (pāpe bhāryā tasya na jīvati), si es un regente benéfico indica viajes (śubhe'ṭano), pobreza (daridro), o indiferencia (vā virakto), o asociación con la autoridad (vā nṛpo'pi vā) \|\| 7 \|\| | Lagneśa en la casa ocho nos vuelve expertos en el conocimiento oculto (siddhavidyāviśāradaḥ), enfermedades (rogī), un ladrón (cauraḥ), iracundo (mahākrodhī), un apostador (dyūtī), y adúltero (paradāragaḥ) \|\| 8 \|\| | Afortunado (bhāgya), querido por las personas (vāsjanavallabhaḥ), adorador de sattva devatās (viṣṇubhaktaḥ), inteligente y elocuente en su habla (paṭurvāgmī), tiene esposa, hijos y riqueza (dāra-putradhanairyutaḥ) \|\| 9 \|\| | Felicidades y comodidades desde el Padre (pitṛ-saukhyasamanvitaḥ), honor y realeza (nṛpamānyaḥ), popular entre las personas (jane khyātaḥ), sale adelante por sí mismo (svārjita) \|\| 10 \|\| | Siempre adquiriendo ganancias (sadā lābhasamanvitaḥ), bien educado (suśīlaḥ), popular (khyāta), fama (kīrti), muchas esposas (bahu-dāra), buenas cualidades (guṇairyutaḥ) \|\| 11 \|\| | Falta de bienestar corporal (dehasaukhyavivarjitaḥ), gasta su dinero en objetos inservibles y se enoja fácilmente si no recive aspectos de (vyarthavyayī mahā-krodhī śubha-dṛgyogavarjite) \|\| 12 \|\| |
| 2 dhaneśa | Deseos sexuales hacia las parejas de otros (*paradārarataḥ*), curandero (*bhiṣek*), si está regido por o en conjunción con un malefico (pāpekṣitayute) su pareja será adúltera y deshonesta (*tasya bhāryā ca vyabhicāriṇī*) \|\| 19 \|\| | Dotado de abundante tierra y riqueza (*bhūribhūmidhanairyuta*), poca felicidad a través del cónyuge (*patnīsukhaṁ bhavet svalpaṁ*), sin felicidad a través del hermano mayor (*jyeṣṭhabhrātṛsukhaṁ na hi*) \|\| 20 \|\| | Ascenderá en prosperidad (*dhanavān-udyamī*), inteligente (*paṭuḥ*), enfermizo cuando joven, pero feliz más tarde en la vida (*bālye rogī sukhī paścāt*), realiza peregrinajes, ritos religiosos, dharma, etc (*tīrthadharmavratādikṛt*) \|\| 21 \|\| | Deseoso (*kāmī*), honorable (*mānī*), erudito (*paṇḍita*), mucha riqueza y esposas (*bahudāryadhanairyuktaḥ*), pérdida de la felicidad a través de los niños (*kiṣca putrasukhojjhitaḥ*) \|\| 22 \|\| | Todo tipo de ganancias (*sarvalābhasamanvitaḥ*), siempre esforzándose, diligente (*sadodyogayutaḥ*), honorable (*mānī*), reconocido, famoso (*kīrtimān*) \|\| 23 \|\| | Orgulloso, desconsiderado (*sāhamī*), carente de riqueza (*dhanavarjita*), deseoso y dependiente de la riqueza de otras personas (*parabhāgyaratasta-sya*), no hay felicidad a través del hijo mayor (*jyeṣṭhāpatya-sukhaṁ nahi*) \|\| 24 \|\| |
| 3 Sahajadīśa | Sirve a otro rey (*rājasevāparaḥ*), sufren en la infancia(*bālye duḥkhī*), sin duda conseguirá la felicidad (*sukhī cānte*) \|\| 31 \|\| | Será un ladrón (*jātaścairo*), se gana la vida sirviendo a los demás (*āsavṛttyopajīvī*), morirá a la puerta del rey (*rājadvāre mṛtirbhavet*) \|\| 32 \|\| | Desprovisto de lo paterno (*pituḥ sukhavivarjitaḥ*), hace fortuna a través de la esposa (*strībhirbhāgyodayastasya*), feliz a través de los hijos, etc. (*putradi sukhasaṁyutaḥ*) \|\| 33 \|\| | Posee todo tipo de felicidad (*sarvasukhānvitaḥ*), riqueza obtenida con sus propias manos (*svabhujārjivitta*), consigue mujeres degradadas para placeres sexuales (*duṣṭastrībharaṇe rataḥ*) \|\| 34 \|\| | Siempre se beneficia del trabajo propio (*vyāpāre lābhavān sadā*), Falta de educación formal pero fuerte capacidad mental (*vidyāhīno'pi medhāvī*), impulsivo (*sāhasī*), ayuda a los demás (*parasevakaḥ*) \|\| 35 \|\| | Gastos en cosas negativas (*kutārye vyayakṛjjanaḥ*), el padre será cruel (*pitā tasya bhavet krūraḥ*), riqueza a través de la esposa (*strībhirbhāg-yodayastathā*) \|\| 36 \|\| |
| 4 Sukheśa | Altamente educado (*bahuvidyāsamanvitaḥ*), no acepta la riqueza obtenida a través del padre (*pitrārjitadhanatyāgī*), se quedará quieto en asambleas, pánico escénico (*sabhāyāṁ mūkavad*) \|\| 43 \|\| | Falta de felicidad doméstica (*gṛhādisukhavarjitaḥ*), poca felicidad paterna (*pitroḥ sukhaṁ bhavedalpaṁ*), será igual a un eunuco o neutro sexualmente (*klībasamo*) \|\| 44 \|\| | Amado por todas las personas (*sarvajanapriyaḥ*), amor de Dios (*devabhakto*), de buenas cualidades (*guṇī*), honorable (*mānī*), tendrá todo tipo de felicidad (*sarvasukhānvitaḥ*) \|\| 45 \|\| | Tendrá honores reales (*rājamānyo*), alquimista (*rasāyanī*), gran fiestero (*mahāhṛṣṭo*), feliz con los placeres de la vida (*sukhabhogī*), triunfará sobre sus sentidos (*jitendriyaḥ*) \|\| 46 \|\| | Miedo a enfermedades genitales (*guptarogabhayānvitaḥ*), liberales (*udārī*), que tienen buenas cualidades (*guṇavān*), caritativo (*dātā*), satisfecho al ayudar a otros (*paropa-karaṇe-rataḥ*) \|\| 47 \|\| | Falta de felicidad en el hogar (*gṛhādisukha-varjitaḥ*), inclinaciones negativas (*durvyasanī*), insensato, confuso (*mūḍhaḥ*), siempre perezoso (*sadā'lasyasaman-vitaḥ*) \|\| 48 \|\| |

## Apéndice II: Bhāveśa-Phala-Adhyāya (regentes de las casas)

*(La tabla continúa de izquierda a derecha)*

| | 1 Lagna | 2 Dhanabhāva | 3 Sahajabhāva | 4 Sukhabhāva | 5 Putrabhāva | 6 Ripubhāva |
|---|---|---|---|---|---|---|
| 5 Suteśa | Erudito (*vidyān*), obtiene felicidad a través de niños (*putrasukhānvitaḥ*), tacaño (*kadaryo*), torcido, deshonesto (*vakracittaśca*), se apodera de la propiedad de otros (*paradravyāpa-hārakaḥ*) \|\| 49\|\| | Muchos niños (*bahuputro*), ricos (*dhanānvitaḥ*), sostenedor de la familia (*kuṭumbapoṣako*), honorable (*mānī*), ama a su cónyuge (*strīpriyaḥ*), famoso en todo el mundo (*suyaśā bhuvi* )\|\| 50\|\| | Ama a los hermanos (*sodarapriyaḥ*), habla calumnias (*piśunaśca*), tacaño (*kadaryaśca*), siempre ocupado en su trabajo (*svakāryaniratah sadā*) \|\| 51\|\| | Feliz (*sukhī*), felicidad materna (*mātṛsukhānvitaḥ*), rico, Lakṣmi está con él (*lakṣmīyuktaḥ*), inteligente, buena discriminación (*subuddhiśca*), un rey o ministro o tal vez un maestro (*rājṣo'mātyo'thavā guruḥ*) \|\| 52\|\| | Tiene hijos (*putravān*) gana riqueza a través de buenos medios (*śubhāḍhye*) o no tiene hijos si obtiene ganancias a través de medios pecaminosos (*pāpāḍhye'patyahīno'sau*), buenas cualidades (*guṇavān*), apegado a sus amigos (*mitravatsalaḥ*) \|\| 53\|\| | Los niños serán como sus enemigos (*putraḥ śatrusamo*), o tal vez un niño puede morir (*mṛtāpatyo'thavā*), o tal vez nativo adoptará un niño (*dattakrītasuto 'thavā*) \|\| 54\|\| |
| 6 Ṣaṣṭheśa | Enfermizo (*rogavān*), famoso (*kīrtisaṁyutaḥ*), enemigo propio, rico (*ātmaśatrurdhanī*), honorable (*mānī*), impulsivo (*sāhasī*), buenas cualidades (*guṇavān*) \|\| 61\|\| | Impulsivo (*sāhasī*), el que destaca de su familia (*kulaviśrutaḥ*), país extranjero (*paradeśī*), feliz (*sukhī*), buen orador (*vaktā*), siempre ocupado en su trabajo (*svakarmanīratah sadā*) \|\| 62\|\| | Se enoja fácilmente (*krodhī*), sin valor (*vikramavarjitaḥ*), enemigo del hermano (*bhrātā śatrusamastasya*), un sirviente que le responde de vuelta (*bhṛtyaścottaradā-yakaḥ*) \|\| 63\|\| | Falta de felicidad materna (*mātuḥ sukhavivarjitaḥ*), inteligente (*manasvī*), habla calumnias, traidor (*piśunā*), disgustado (*dveṣī*), rico y de mente voluble (*calacitto'tivittavān* \|\| 64\|\| | Riqueza y otras cosas fluctúan (*yasya calaṁ tasya dhanādikam*), hostilidad con hijos y amigos (*śatrutā putramitraiśca*), feliz (*sukhī*), egoísta (*svārthī*), compasivo (*dayānvitaḥ*) \|\| 65\|\| | Problemático, vengativo dentro de su propio círculo de familiares (*vairaṁ svajṣātimaṇḍalāt*), pero tendrá amistad con los demás (*anyaiḥ saha bhaven maitrī*), felicidad media a través de riquezas, etc. (*sukhaṁ madhyaṁ dhanādijam*) \|\| 66\|\| |
| 7 Dareśa | Desea al cónyuge de otros (*paradāreṣu lampaṭaḥ*), corrupto (*duṣṭo*), perspicaz y constante (*vicakṣaṇo'dhīro*), acongojado por trastornos vata (*vātarujānvitaḥ*) \|\| 73\|\| | Tiene muchas esposas (*bahustrībhiḥ samanvitaḥ*), adquiere riqueza a través del cónyuge (*dārayogāddhanāptiśca*), procrastina (*dīrghasūtrī*), goza de honor (*mānavaḥ*) \|\| 74\|\| | Muerte de alguien de su descendencia (*mṛtāpatyo hi*), goza de honor (*mānavaḥ*), a veces una hija nace y el hijo sigue vivo (*kadācijjāyate putrī yatnāt putro 'pi jīvati*) \|\| 75\|\| | Cónyuge nunca lo obedece (*jāyā nāsya vaśe sadā*), el nativo ama la verdad (*svayaṁsatyapriyo*), es inteligente (*dhīmān*), religioso (*dharmātmā*), problemas dentales (*dantarogayuk*) \|\| 76\|\| | Honorable (*māni*), posee todas las buenas cualidades (*sarvaguṇānvitaḥ*), siempre alegre (*sarvadāharṣayuktaśca*), trabaja con todo tipo de riquezas (*tathā sarvadhanādhipaḥ*) \|\| 77\|\| | Cónyuge padece de dolor o está enfermo (*bhāryā tasya rujānvitā*), el cónyuge es desafiante u hostil (*striyāsahā 'tha vā vairaṁ*), el nativo se enoja fácilmente (*svayaṁkrodhī*) y carece de felicidad (*sukhojjhitaḥ*) \|\| 78\|\| |
| 8 Randreśa | Privado de felicidad corporal (*jātastanusaukhyavivarjitaḥ*), abusivo con la gente santa y Dios (*devānāṁ brāhmaṇānāṁ canindako*), tiene llagas, forúnculos, úlceras o tumores (*vraṇasaṁyutaḥ*) \|\| 85\|\| | Arruina mucho su fuerza (*bāhubalahīnaḥ*), poca riqueza (*dhanaṁtasya bhavet svalpaṁ*), no recuperará su riqueza perdida (*naṣṭavittaṁ na labhyate*) \|\| 86\|\| | Sin felicidad a través de los hermanos (*bhrātṛ-saukhyaṁ na*), perezoso (*sālasyo*), ningún sirviente o incompetentes (*bhṛtyahīnaśca*), sin fuerza (*balavarjitaḥ*) \|\| 87\|\| | Descuidado por la madre (*mātṛhīno bhavecchiśuḥ*), desprovisto de felicidad de casas y la propiedades (*gṛha bhūmisukhairhīno*), malicioso, traiciona a sus amigos (*mitradrohī*) \|\| 88\|\| | Sin sentido, estúpido (*jaḍabuddhiḥ*), poco entendimiento (*svalpaprajṣo*), vida larga (*dīrghāyuśca*), dotado de riqueza (*dhanānvitaḥ*) \|\| 89\|\| | Supera a enemigos y a competencias (*śatrujetā*), cuerpo enfermo desde la infancia (*rogayuktaśarīraścabālye*), miedo a las serpientes y el agua (*sarpajalādbhayam*) \|\| 90\|\| |

## Apéndice II: Bhāveśa-Phala-Adhyāya (regentes de las casas)

*(Continuación)*

| | 7 Dārabhāva | 8 Randhrabhāva | 9 Dharmabhāva | 10 Karmabhāva | 11 Lābhabhāva | 12 Vyayabhāva |
|---|---|---|---|---|---|---|
| 5 Suteśa | Honorable (*mānī*), dotado de todo el dharma (*sarvadharma-samanvitaḥ*), felicidad a través de niños, etc. (*putrādisukha-yuktaśca*), satisfecho por ayudar a los demás (*paropakaraṇe rataḥ*) \|\| 55\|\| | Poca felicidad a través de niños (*svalpaputra-sukhānvitaḥ*), padece de tos y/o asma (*kāsaśvāsasamā-yuktaḥ*), se enoja fácil (*krodhī*), desprovisto de felicidad (*sukhavarjitaḥ*) \|\| 56\|\| | El niño será un príncipe, igual a un regente (*putro bhapo vā tatsamo*) o uno de ellos (*svayaṁ vā*), autor (*granthakartā*), famoso, reconocido (*vikhyātaḥ*), la luz de su familia (*kuladīpakaḥ*) \|\| 57\|\| | Posición poderosa (*rājayogo*), mucha felicidad mundana (*anekasukhabhogī*), será reconocido y famoso (*khyātakīrtirnaro*) \|\| 58\|\| | Educado (*vidyāvān*), deseado por la gente (*janavallabhaḥ*), autor (*granthakartā*), grandes habilidades (*mahādakṣo*), muchos niños y riqueza (*bahuputradhanānvitaḥ*) \|\| 59\|\| | Infeliz con sus propios hijos (*putrasukhojjṣitaḥ*), niño adoptado (*dattaputrayuto*) o tal vez adquire un niño comprado (*vā 'sau krītaputrānvito' thavā*) \|\| 60\|\| |
| 6 Ṣaṣṭheśa | Desprovisto de felicidad en sus relaciones (*dārasukhojjhitaḥ*), famoso (*kīrtimān*), buenas cualidades (*guṇavān*), honorable (*mānī*), impulsivo (*sāhasī*), rico (*dhanasaṁyutaḥ*) \|\| 67\|\| | Enfermedades (*rogī*), enemigo de los sabios (*śatrurmanīṣiṇām*), codician la propiedad de otras personas (*paradravyābhilāṣī*), rompen la castidad de las esposas de otros (*paradārarato 'śuciḥ* \|\| 68\|\| | Vendedor de madera, piedra y materiales de construcción (*kāṣṭhapāṣāṇa-vikrayī*), experimenta altibajos en negocios (*vyavahāre kvaciddhāniḥ kvacidvṛddhiśca*) \|\| 69\|\| | Goza de honor (*mānavaḥ*), el famoso de la familia (*kulaviśrutaḥ*), le habla a su padre sin lealtad ( *abhaktaśca piturvaktā*), país extranjero (*videśe*), será feliz (*ca sukhī bhavet*) \|\| 70\|\| | Obtiene riqueza a través de los enemigos (*śatruto dhanamāpnuyāt*), buenas cualidades (*guṇavān*), impulsivo (*sāhasī*), honorable (*mānī*), desprovisto de felicidad a través de los niños (*kintu putrasukhojjhitaḥ* \|\| 71\|\| | Siempre gastando en deseos propios, apegos y adicciones (*vyasanevyayakṛt sadā*), odiado por los eruditos (*vidvaddveṣī*), adicto a la violencia hacia los seres vivos (*jīvahiṁsāsu tatparaḥ*) \|\| 72\|\| |
| 7 Dareśa | Felicidad en la relación (*dārasukhānvitaḥ*), inteligente (*dhīro*), perspicaz (*vicakṣaṇo*), sabio (*dhīmān*), centrado en sí mismo (*kevalaṁ*), trastornos vata (*vātarogavān*) \|\| 79\|\| | No hay felicidad de la relación (*dārasukhojjhitaḥ*), cónyuge afectado por la enfermedad (*bhāryā 'pi rogayuktā' sya*), mal comportamiento (*duḥśīlā 'pi*), desobediente (*nacānugā*) \|\| 80\|\| | Unión con muchas mujeres (*nānāstrībhiḥ samāgamaḥ*), sin dedicación por su esposa (*jāyāhṛtamanā*), comienza muchas tareas y proyectos (*bahvārambhakaro*) \|\| 81\|\| | El cónyuge no se comporta como se desea (*nāsya jāyā vaśānugā*), el nativo disfruta de una acciones justas (*svayaṁ dharmarato*), tiene riqueza, hijos, etc. (*dhanaputrādisaṁyutaḥ*)\|\| 82\|\| | Ganancias a través de la relación (*dārairarthasamāgamaḥ*), poca felicidad de los hijos, etc (*putrādisukhamalpaṁ*), tendrá muchas hijas (*kanyaprajo bhavet*) \|\| 83\|\| | Pobre (*daridraḥ*) o miserable (*kṛpaṇo 'pi vā*), el cónyuge siempre está gastando (*bhāryāpivyayaśīlā'sya*), tendrá un sustento a través de la ropa o textiles (*vastrājīvī*) \|\| 84\|\| |
| 8 Randreśa | Tendrá dos parejas (bhāryādvayaṁ bhavet), pérdidas negocios cuando está en conjunción con un maléfico (*vyāpāre ca bhavedhānistasmin pāpayute dhruvam*) \|\| 91\|\| | Vida larga (*dīrghāyuṣā*), o vida media si el regente está débil (*nirbale madhyamāyuḥ*), puede ser deshonesto o un ladrón (*syāccauro*), abusivo consigo mismo y los demás (*nindyo 'nyaninda-kaḥ*) \|\| 92\|\| | Traiciona la justicia y lo correcto (*dharmadrohī*), ateo, no creyente (*nāstikaḥ*), mal matrimonio (*duṣṭabhāryāpatiścaiva*), toma o roba la propiedad de otras personas (*para-dravyāpahārakaḥ*) \|\| 93\|\| | Privado de felicidad a través del padre(*pitṛsaukhya-vivarjitaḥ*), calumniador o soplón (*piśunaḥ*), desempleado (*karmahīnaśca*), estos resultados no sucederán si el regente de la casa es benéfico (*yadi naiva śubhekṣite*) \|\| 94\|\| | Desprovisto de riqueza si está con un maléfico (*sapāpedhanavarjitaḥ*), sufre en la infancia (*bālyeduḥkhī*) pero es feliz más tarde en la vida (*sukhī paścāt*), larga vida si se une con un benéfico (*dīrghāyuśca śubhānvite*) \|\| 95\|\| | Siempre gastando en malas acciones (*kukārye vyayakṛt sadā*), vida corta (*alpāyuśca*), especialmente si está con un maléfico (*sapāpe ca viśeṣataḥ*) \|\| 96\|\| |

## Apéndice II: Bhāveśa-Phala-Adhyāya (regentes de las casas)

*(La tabla continúa de izquierda a derecha)*

| | 1 Lagna | 2 Dhanabhāva | 3 Sahajabhāva | 4 Sukhabhāva | 5 Sutabhāva | 6 Ripubhāva |
|---|---|---|---|---|---|---|
| 9 Bhāgyeśa | Afortunado (*bhāgyavān*), respetado como un príncipe (*bhūpavanditaḥ*), disposición amable (*suśīlaśca*), bien formado, guapo (*surūpaśca*), bien educado (*vidyāvān*), reconocido por el pueblo (*janapūjitaḥ*) ‖ 97 ‖ | Académico (*paṇḍito*), amado por la gente (*janavallabhaḥ*), rico (*dhanavān*), deseoso (*kāmī*), dotado de la felicidad de la esposa, hijos, etc (*strīputrādisukhānvitaḥ*) ‖ 98 ‖ | Felicidad a través de los hermanos (*bhrātṛsukhānvitaḥ*), ricos (*dhanavān*), virtuosos (*guṇavāṁścāpi*), posee buen cuerpo y hábitos (*rūpaśīlasamanvitaḥ*) ‖ 99 ‖ | Dotado de felicidad a través de casa y vehículos (*gṛhayānasukhānvitaḥ*), todo tipo de buena fortuna (*sarvasampattiyuktaśca*), consagrado a su madre (*mātṛbhakto*) ‖ 100 ‖ | Posee hijos y buena fortuna (*sutabhāgyasaman-vitaḥ*), tiene devoción hacia su maestros y guías (*gurubhaktirato dhīro*), religioso (*dharmātmā*), académico (*paṇḍito*) ‖ 101 ‖ | Poca fortuna (*svalpabhāgyo*), carente de felicidad a través del tío materno (*mātulādisukhairhīnaḥ*), siempre preocupado por los enemigos (*śatrubhiḥ pīḍitaḥ sadā*) ‖ 102 ‖ |
| 10 Karmeśa | Erudito (*vidvān*), famoso (*khyāto*), rico (*dhanī*), un poeta (*kaviḥ*), enfermizo durante su juventud (*bālye rogī*), feliz en la edad tardía (*sukhī paścād*), su riqueza aumenta día a día( *dhana vṛddhir dine dine*) ‖ 109 ‖ | Rico (*dhanavān*), tiene buenas cualidades (*guṇasaṁyutaḥ*), honrado por la autoridad (*rājamānyo*), amistoso y liberal (*vadānyaśca*), felicidad a través del padre, etc. (*pitrādi sukhasaṁyutaḥ*) ‖ 110 ‖ | Felicidad de hermanos y sirvientes (*bhrātṛbhṛtya-sukhānvitaḥ*), valiente (*vikramī*), dotado de buenas cualidades (*guṇasampannaḥ*), discurso elocuente (*vāgmī*), dedicado a la verdad (*satyarato*) ‖ 111 ‖ | Feliz (*sukhī*), dedicado a su madre (*mātṛhiterataḥ*), vehículos, tierra, casas, etc (*yānabhūmigṛhādhīśo*), buenas cualidades (*guṇavān*), rico (*dhanavānapi*) ‖ 112 ‖ | Dotado de todo tipo de educación (*sarvavidyā-samanvitaḥ*), siempre alegre (*sarvadā hṛṣasaṁyukto*), rico (*dhanavān*), tiene hijos (*putravānapi*) ‖ 113 ‖ | Desprovisto de felicidad paterna (*pitṛsaukhya-vivarjitaḥ*), hábil (*caturo 'pi*), carente de riquezas (*dhanairhīnaḥ*), atormentado por enemigos (*satrubhiḥ paripīḍitaḥ*) ‖ 114 ‖ |
| 11 Lābheśa | De naturaleza Sattva (*sāttviko*), rico (*dhanavān*), feliz (*sukhī*), trata a todos por igual (*samadṛñṭiḥ*), poeta de habla elocuente (*kavirvāgmī*), siempre obteniendo ganancias (*sadā lābhasamanvitaḥ*) ‖ 121 ‖ | Dotado de todo tipo de riquezas (*sarvadhanān-vitaḥ*), todo tipo de logros (*sarvasiddhiyuto*), caritativo (*dātā*), religioso (*dhārmikaśca*), siempre feliz (*sukhī* sadā) ‖ 122 ‖ | Competente en cualquier tipo de trabajo (*kuśalaḥsarvakarmasu*), rico (*dhanī*), felicidad a través de los hermanos (*bhrātṛ-sukhopetaḥ*), puede sufrir trastorno con dolores agudos (*śūlarogabhayaṁ kvacit*) ‖ 123 ‖ | Obtendrá ganancias a través de la familia de la madre (*lābho mātṛkulād*), realiza peregrinaje a lugares sagrados (*tīrthayātrākaro*), dotado de felicidad por su casa y terrenos (*gṛhabhūmisukhānvitaḥ*) ‖ 124 ‖ | Sus niños serán felices (*sukhinaḥ sutāḥ*), educado (*vidyavanto 'pi*), de buen carácter (sacchīlāḥ), el nativo será religioso y feliz (*svayaṁ dharmarataḥ sukhī*) ‖ 125 ‖ | Posee enfermedades (*rogasamanvitaḥ*), cruel (*krūrabuddhiḥ*), vive en el extranjero (*pravāsī*), atormentado por enemigos (*śatrubhi paripīḍitaḥ*) ‖ 126 ‖ |
| 12 Vyayeśa | Siempre gastando (*vyayaśīlo*), débil (*durbalaḥ*), trastornos kapha (*kapharogī*), falta de riqueza y educación (*dhanavidyā-vivarjitaḥ*) ‖ 133 ‖ | Siempre gastando en buenas acciones (*śubhakārye vyayaḥ sadā*), religioso (*dhārmikaḥ*), amable al hablar (*priyavādī*), dotado de buenas cualidades y feliz (*guṇasaukhyasamanvitaḥ*) ‖ 134 ‖ | Falta de felicidad a través de los hermanos (*bhrātṛsaukyavivarjitaḥ*), hostilidad hacia otras personas (*bhavedanyajanadveṣī*), se sostiene a través de su propio cuerpo (*svaśarīrasyapoṣakaḥ*) ‖ 135 ‖ | Falta de felicidad materna (*mātuḥ sukhavivarjitaḥ*), sufre pérdidas continuas en propiedades, vehículos, hogar, etc. (*bhūmiyāna-gṛhādīnāṁ hānistasya dinedine*) ‖ 136 ‖ | Falta de niños y educación (*sutavidyāvi-varjitaḥ*), visita muchos lugares y gasta mucho dinero para poder tener un hijo (*putrārthe ca vyayastasya tīrthāṭanaparo*) ‖ 137 ‖ | Enemigo de su propio pueblo (*svajanavairakṛt*), se enoja fácilmente (*krodhī*), pecaminoso (*pāpī*), sufre (*duḥkhī*), disfruta de las parejas de otras personas (*parajāyārato*) ‖ 138 ‖ |

## Apéndice II: Bhāveśa-Phala-Adhyāya (regentes de las casas)
*(Continuación)*

| | 7 Dārabhāva | 8 Randhrabhāva | 9 Bhāgyabhāva | 10 Karmabhāva | 11 Lābhabhāva | 12 Vyayabhāva |
|---|---|---|---|---|---|---|
| 9 Bhāgyeśa | Feliz en sus relaciones (*dārayogātsukhodayaḥ*), buenas cualidades (*guṇavān*), famoso (*kīrtimāṁścāpi*), una persona espiritual \|\| 103 \|\| | Desprovisto de fortuna (*bhāgyahīno*), sin felicidad por parte del hermano mayor (*jyeṣṭhabhrātṛsukhaṁ naiva*) \|\| 104 \|\| | Dotado de mucha fortuna y buena suerte (*bahubhāgyasamanvitaḥ*), posee buenas cualidades y buena apariencia (*guṇasaundarya-sampanno*), mucha felicidad desde los hermanos (*sahajebhyaḥ sukhaṁ bahu*) \|\| 105 \|\| | Un rey o igual a un rey/posición poderosa (*rājā 'thatatsamaḥ*), ministro, consejero (*mantrī*), general del ejército (*senāpatirvā 'pi*), buenas cualidades (*guṇavān*), elogiado por el pueblo (*janapujitaḥ*) \|\| 106 \|\| | Gana riquezas constantemente (*dhanalābho dine dine*), dedicado a los ancianos (*bhakto gurujanānāṁ*), buenas cualidades (*guṇavān*), alguien que realiza buen karma (*puṇyavānapi*) \|\| 107 \|\| | Causa la pérdida de su propia fortuna (*bhāgyahānikaro*), constantemente gastando en buenas acciones (*śubhakāryevyayo nityaṁ*), se vuelve pobre debido a su excesiva generosidad (*nirdhano'titi*-thisaìgamāt) \|\| 108 \|\| |
| 10 Karmeśa | Es feliz en sus la relaciones (*dārasukhānvitaḥ*), inteligente (*manasvī*), buenas cualidades (*guṇavān*), habla elocuentemente (*vāgmī*), siempre dedicado a la verdad y la rectitud (*satyadharmarataḥ sadā*) \|\| 115 \|\| | Sin trabajo (*karmahīno*), asociado con la longevidad (*dīrghāyurapyasau*), abusa de los demás (*paranindāparāyaṇ*) \|\| 116 \|\| | Un rey (*rājā*) o de una familia real y poderosa (*rājakulodbhavaḥ*) o similar a una familia real (*tatsamo'nyakulotpanno*), tiene riqueza, hijos, etc. (*dhanaputrādisaṁyutaḥ*) \|\| 117 \|\| | Capaz de todo tipo de trabajo (*sarvakarmapaṭuḥ*), feliz (*sukhī*), valiente (*vikramī*), dice la verdad (*satyavaktā*), dedicado a sus maestros y guías (*gurubhaktirato*) \|\| 118 \|\| | Dotado de riquezas e hijos (*dhanasutānvitaḥ*), alegre (*harṣavān*), tiene buenas cualidades (*guṇavāṁścāpi*), siempre dice la verdad (*satyavaktā sadā*), feliz (*sukhī*) \|\| 119 \|\| | Gasta en favores reales (*tasya rājagṛhe vyayaḥ*), constante miedo a los enemigos (*śatruto ‹pi bhayaṁnityaṁ*), hábil (*caturaścāpi*), preocupado (*cintitaḥ*) \|\| 120 \|\| |
| 11 Lābheśa | Siempre ganando a través de la familia de la pareja (*lābhodārakulāt sadā*), noble (*udāraśca*), buenas cualidades (*guṇī*), deseoso (*kāmī*), nativo es sumiso a su pareja (*jano bhāryāvaśānugaḥ*) \|\| 127 \|\| | Fracaso y pérdidas en sus esfuerzos (*hāniḥkāryeṣu*), vida larga (*tasyāyuśca bhaveddīrghaṁ*), la pareja fallecerá primero (*prathamaṁ maraṇaṁ striyaḥ*) \|\| 128 \|\| | Afortunado (*bhāgyavān*), habilidoso (*caturaḥ*), cumple promesas (*satyavādī*), alabado por la autoridad (*rājapujyo*), rico (*dhanādhipaḥ*) \|\| 129 \|\| | Venerado por el gobierno (*bhūpavandyo*), buenas cualidades (*guṇānvitaḥ*), disfruta de su propio camino o religión (*nijadharmarato*), inteligente (*dhīmān*), dice la verdad (*satyavādī*), controla sus sentidos (*jitendriyaḥ*) \|\| 130 \|\| | Ganancias a través de todo tipo de trabajos (*lābhaḥ-sarveṣu karmasu*), conocimiento (*paṇḍityaṁ*) y felicidad (*sukhaṁ*) crecen día a día (*tasya varddhate ca dine dine*) \|\| 131 \|\| | Siempre gastará en obras honorables (*satkāryeṣuvyayaḥ sadā*), deseoso (*kāmuko*), muchas parejas (*bahupatniko*), se mezcla con personas de casta baja (*mlecchasaṁsargakārakaḥ*) \|\| 132 \|\| |
| 12 Vyayeśa | Siempre gastando en actividades de su pareja (*vyayo dārakṛtaḥ sadā*), falta de felicidad en la relación (*tasya bhāryāsukhaṁ naiva*), falta de fuerza y educación (*balavidyā-vivarjitaḥ*) \|\| 139 \|\| | Siempre dotado de ganancias (*lābhānvitaḥ sadā*), muchos amigos (*priyavāi*), vida media (*madhyamāyuśca*), lleno de buenas cualidades (*sampūrṇaguṇasaṁyutaḥ*) \|\| 140 \|\| | Faltará al respeto a los maestros y guías (*gurudveṣī*), hostil hacia los amigos (*mitrairapibhavedvairaṁ*), ante todo busca obtener sus propios objetivos (*svārthasādhana-tatparaḥ*) \|\| 141 \|\| | Gastos en la familia real. Funcionarios del gobierno (vyayo rājakulādbhavet), poca felicidad a través del padre (pitṛto 'pi sukhaṁ tasya svalpameva) \|\| 142 \|\| | Problemas de ganancias e ingresos (*lābhehāniḥ*), ganará a través de ahorros de otros (*pareṇa rakṣitaṁ dravyaṁ kadācillabhate*) \|\| 143 \|\| | Tendrá gastos abundantes (*vyayādhikyaṁ*), no hay felicidad a través del cuerpo (*na śarīrasukhaṁ*), se enoja fácilmente (*tasya krodhī*), lleno de odio y rencor (*dveṣaparo*) \|\| 144 \|\| |

# Apéndice III. Salida de la Luna aproximada de acuerdo con el tithī

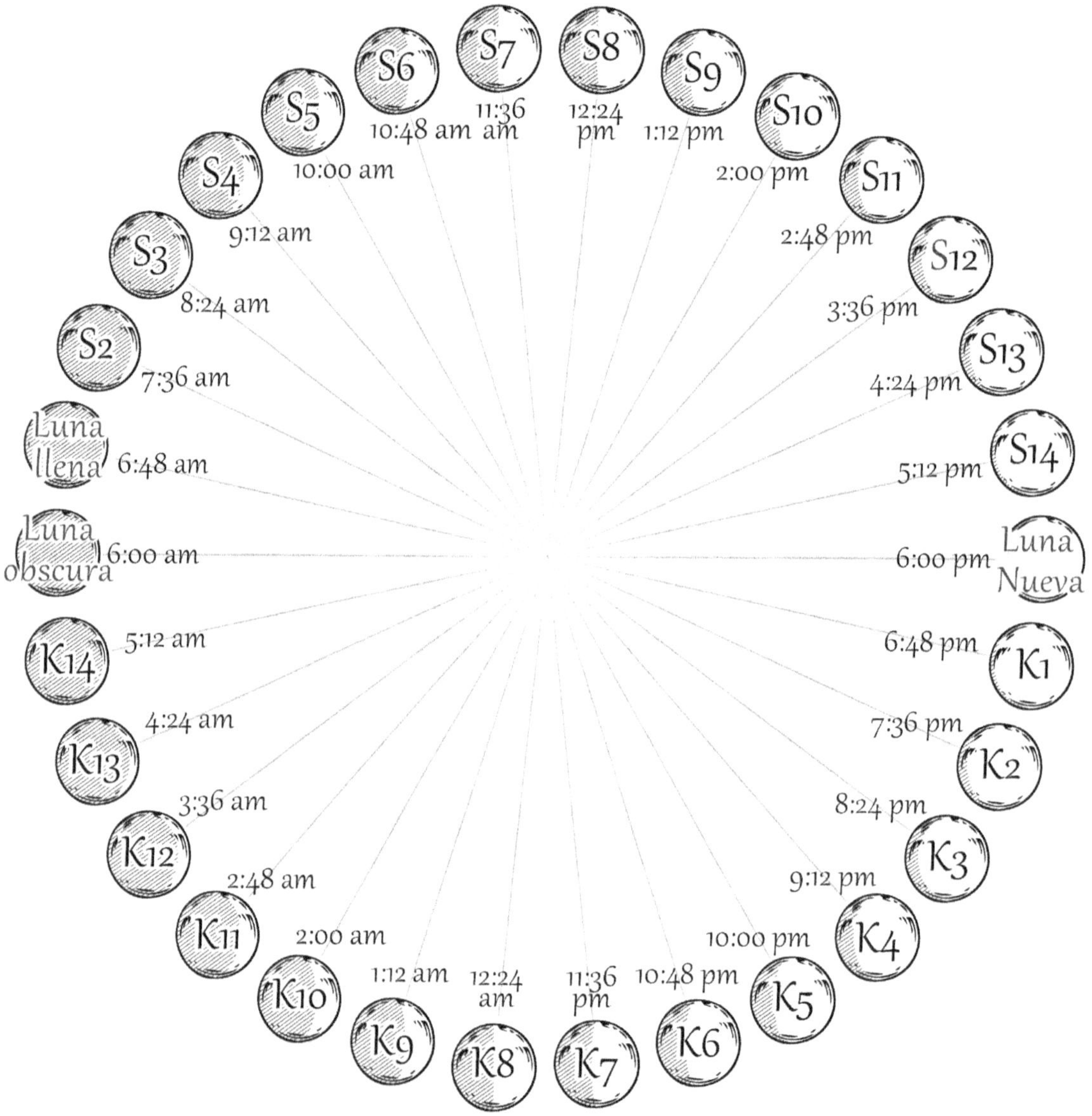


Este es el tiempo promedio de salida de la Luna para el equinoccio de primavera en el Ecuador. Se deben tener en cuenta las variaciones anuales y la ubicación

# Apéndice IV. Índice de textos principales

A continuación se presenta un índice y comparación entre cuatro textos principales para su estudios adicionales.

| Ślokas | Bṛhat Jātaka (VI d. C.) | Sārāvalī (X d. C.) | Phaladīpikā (XIII d. C.) | Jātaka Pārijāta (XV d. C.) |
|---|---|---|---|---|
| Oración de apertura | Oraciones al Sol, pidiendo por un buen habla. Glorifica al Sol de muchas formas (1.1). | Se ofrecen oraciones al Sol durante los tres sandhyas (1.1). | Oraciones al Sol y referencias acerca de la naturaleza del día de los devas, antepasados y humanos (1.1). Oraciones a otras deidades se ofrecen en el siguiente verso (1.2). | Vaidyanātha ofrece oraciones al Sol, comparándolo con el Señor Viṣṇu (1.1). |
| Razones detrás de la creación de la obra | Este trabajo conciso es para aquellos que no han podido cruzar el vasto océano de la horoscopia (1.2). | Este trabajo fue creado con la esencia de las enseñanzas de Bṛhat Jātaka, así como las enseñanzas de los Yavanas, etc. (1.2-4). | Este trabajo se ofrece como una versión lúcida y simple de las enseñanzas del sabio Parāśara y el sabio Atri (1.2). | Este trabajo es para el disfrute de aquellos que aprecian los dulces néctares de las verdades astrológicas. Es un suplemento del Sārāvalī de Kalyāna (1.2). |
| Acerca de la palabra horā | La palabra horā se explica como una corrupción de la palabra ahorātra, que significa "día y noche" (1.3). | Explica la palabra horā y elogia los horā-śāstra (2.1-5). | - | - |
| Definición de rāśi | Rāśi es explicado y se define de donde comienza, así como diferentes definiciones de rāśi, como ṛkśa, bha, etc (1.4). | El Sol creó todos los planetas y los 12 meses después del Pralaya (3.1-2). | - | También cita lo que Varāhamihira dice sobre los signos y sus diferentes definiciones, como kśetra, kśa, etc. (1.4-7). |
| Kalāpurūṣa | Las partes del cuerpo correspondientes a los rāśis a partir de Aries (1.4). | Asocia a Géminis con los brazos a diferencia de otros. También dice que los rāśis ocupados por los maléficos serán débiles (3.5-6). | Además de las partes del cuerpo también se menciona el rāśi-sandhis en jala-rāśis (1.4). | El Kalāpurūṣa se presenta siguiendo las mismas líneas del Bṛhat Jātaka y Phaladīpikā (1.8). |
| Más información sobre rāśis | Forma, graha y sus regencias, sandhis, nombres, modo de ascensión, modalidad, colores, etc., de los rāśis se presentan de manera concisa (1.5-20) a lo largo del primer capítulo. | Se presentan las mitades solares y lunares del zodiaco (3.9-10). Duración de la ascensión (3.37-38) y se entrega información adicional. | Información adicional sobre las direcciones, mūla-dhatu-jīva rāśis, etc., se dan (1.5-9) en el primer capítulo. | En el primer capítulo se ofrece información muy detallada. Superior a todos los demás clásicos en contenido acerca de los rāśis. |

| Ślokas | Bṛhat Jātaka (VI d. C.) | Sārāvalī (X d. C.) | Phaladīpikā (XIII d. C.) | Jātaka Pārijāta (XV d. C.) |
|---|---|---|---|---|
| Cálculo de los varga | Varāhamihira hace uso de ṣaḍ-varga (1.6-12). También cita un tipo diferente de cálculo para horā y drekkāṇa (1.12). | Kalyāna emplea sapta-varga. El cálculo de varga se presenta en el capítulo 3. | En el capítulo 3 se presentan los esquemas daśa, sapta y ṣaḍ-varga. Mantreśvara emplea un tipo diferente de cálculo para D16 (3.6). | Daśa-varga es utilizado por Vaidyanātha (1.30-43). También cita el esquema de ṣaḍ y sapta-varga (1.461/2-481/2). |
| Drekkāṇa | La división del cuerpo basada en el D3 y cómo interpretarlo se describe en 5.24-26. Las cifras de los 36 drekkāṇas se describen en el capítulo 27. | La división del cuerpo basada en D3 se da con una breve descripción sobre cómo interpretarlo (4.3-6). | Se describen diferentes categorías de drekkāṇas, como sarpa, chatuśpāda, etc. (3.13). | Se describen los sarpa, paśa, nīgaḍa y pakṣī drekkāṇas (5.55), así como el khara (5.56). |
| Utilidad de las vargas | El capítulo 21 trata de los resultados de los grahas y lagna en las vargas. | Sin conocimiento de las varga, no se puede dar ni un paso adelante en la astrología (3.12). | El capítulo 3 habla de vargas. | Vargas son tratan en el primer capítulo. |
| Vaiśeṣikāṁśa | - | - | Son consideras (3.7-10) con un enfoque diferente al de Parāśara. | La definición de vaiśeṣikāṁśa (1.44-461/2) es diferente de la de Phaladīpikā. |
| Vargottama | Varāhamihira dice que el primero, el de en medio y el último navāṁśa de rāśis móviles, fijos y duales son las posiciones vargottama (1.14). | Se presenta la misma definición en Varāhamihira. Kalyāna dice además que la persona se vuelve importante en su círculo cuando tiene un lagna vargottama (3.13). | Se entrega la misma definición de Varāhamihira (3.1). | Misma definición de Varāhamihira (1.34). |
| Bhāvas | Varāhamihira expone concisamente el tema de las bhāvas (1.15). También habla de upachayas, kendras, diferentes nombres de bhāvas, como tapa para la nueve, etc. (1.16-18). | Los Ślokas 26-33 del capítulo 3 entregan las definiciones de bhāvas. También explican cómo kendra, panaphara y apoklima dividen la vida en tres fases (3.32). | Los términos utilizados para las bhāvas (1.10-16), el concepto de casas invisibles (1.16), las divisiones de bhāvas en duḥsthānas, kendras, etc., (1.17-18) son tratados por Mantreśvara. | Se dan muchos nombres para las bhāvas y también están delineadas sus clasificaciones (1.40-55). |
| Fuentes de fuerza para las bhāvas | El aspecto de Mercurio, Júpiter o el propio regente es reconocido por Varāhamihira (1.19). | Está de acuerdo con Varāhamihira, Kalyāna añade el aspecto de un amigo del bhāveśa (3.25). | El cálculo del bhava-bala se describe en el capítulo 4. | El aspecto o posicionamiento de benéficos o de sus propios regentes y estar libre de influencia maléfica confiere buenos resultados (1.55). |

| Ślokas | Bṛhat Jātaka (VI d. C.) | Sārāvalī (X d. C.) | Phaladīpikā (XIII d. C.) | Jātaka Pārijāta (XV d. C.) |
|---|---|---|---|---|
| Fuente de fuerza para los planetas | En el capítulo 2 se considera el Ṣaḍ-bala. | El capítulo 4 trata acerca de ṣaḍ-bala. | El capítulo 4 es acerca de ṣaḍ-bala. Se mencionan Chandrakriya, Chandra avasthās y Chandravelas. | Desde el 33° śloka hasta el 40° śloka del capítulo 2, se mencionan las fuentes de fuerza, incluyendo el ṣaḍ-bala. |
| Mṛtyu bhāgas | - | Se mencionan en (10.111-114). | Se diferencian de los bhagas dados en Sārāvalī (13.10). | Los grados indicados son diferentes de los de Phaladīpikā (1.57). |
| Puṣkārāṁśas/ bhāgas | | | | Todos los puṣkāra-bhāgas están indicados (1.58). |
| Características de los grahas | Las descripciones de grahas, así como sus balas (fortalezas) se dan en el capítulo 2. Varāhamihira dice que Mercurio es un śūdra y que Saturno es un chandala (2.7), un punto de vista que persiste en Phaladīpikā, Sārāvalī y Jātaka Pārījāta. | Las descripciones se dan en el capítulo 4, incluyendo el ṣaḍ-bala. Las descripciones de los resultados de los grahas basadas en sus posiciones y de las diferentes fuerzas obtenidas por ellos se describen en el capítulo 5. | Phaladīpikā está de acuerdo con Bṛhat Jātaka acerca de los grahas, pero da una descripción más detallada de ellos a través del capítulo 2. Menciona los diferentes kārakas para padre y madre en caso de nacimientos diurnos y nocturnos (2.25). La relación entre los planetas y los cinco sentidos también se da en este capítulo (2.26). | En el capítulo 2 se da una descripción larga y detallada de los grahas y su ṣaḍ-bala que incluye su división en luminosos, tārā y chaya (2.8), una relación de ellos con los cuatro Vedas (2.15), sus avasthās (2.16 -18), kārakas de los bhāvas (2.51), kāraka-bhāva-naṣṭa (2.52), fuerza de los grahas en graha-yuddha (2.60), etc. |
| Rāhu y Ketu | - | No son mencionados en el capítulo 4 sobre las descripciones de graha. | Son descritos y se entregan sus relaciones (2.33-35). Se dice que Rāhu, Ketu y Gulika tienen enemistad con el Sol (2.26). Se menciona el rāśis en el que obtienen fuerza (4.5). | Algunas descripciones de ellos se dan a través del capítulo 2 e incluyen sus lugares de fuerza (2.68 y 2.71). |
| Upagrahas y aprakasa grahas | - | - | Una explicación completa se da en el capítulo 25. En el verso 5 del capítulo 4 se presenta una fuente de fuerza para Pariveśa e Indrachapa. | Los upagrahas y aprakasa grahas se mencionan en 2.4-5, y los resultados de Gulika en 9.1-9. |
| Dṛṣṭis, los aspectos | Se consideran los graha dṛṣṭis (2.13). | Se consideran los graha dṛṣṭis (4.32-33). | Graha dṛṣṭis son descritos y solo se considera el aspecto de la séptima casa, aunque menciona que algunos eruditos también consideran dṛṣṭis especiales (4.9). | Se consideran los graha dṛṣṭis (2.30-31) |

| Ślokas | Bṛhat Jātaka (VI d. C.) | Sārāvalī (X d. C.) | Phaladīpikā (XIII d. C.) | Jātaka Pārijāta (XV d. C.) |
|---|---|---|---|---|
| Gemas | - | - | Las gemas de los grahas son descritas (2.29). | También se mencionan en Jātaka-Pārījāta (2.21). |
| Bādhaka | - | - | - | Se presenta el concepto bādhaka (2.48) |
| Grahas que contrarrestan | - | - | - | Mercurio contrarresta a Rāhu, Saturno contrarresta a Mercurio, etc (2.73-74). |
| Enfermedades y problemas causados por los Grahas | - | - | El capítulo 14 está dedicado a este tema. | Se dan descripciones de enfermedades y otros problemas (2.75-81). |
| Avasthās | - | Se describen los diptādi avasthās y sus efectos (5.2-13). Los bālādi avasthās se describen de manera diferente (5.47-50). | Algunos avasthās (diptādi) se describen (3.18-20). | Se describen diptādi (2.16-18), bālādi (2.84) y jāgrādi avasthās (2.85). |
| Movimiento retrógrado | - | Un planeta exaltado en retrogresión pierde su poder (5.14). Los benéficos ganan fuerza para hacer el bien y los maléficos para hacer el mal cuando están retrógrados (5.39). | Un planeta retrógrado se considera fuerte incluso cuando está en debilitación (4.4). | Menciona la retrogresión en el capítulo 2 cuando habla de cosas que fortalecen a los grahas. |
| Nacimientos múltiples | Tercer capítulo | Capítulo 55 | - | Capítulo 3 |
| Concepción y condiciones de nacimiento | Los capítulos cuatro y cinco están dedicados a este tema. | Los capítulos ocho y nueve están dedicados a este tema. | - | Se trata en detalle en el capítulo 3, del śloka 11 al 80. |
| Aflicciones al nacer | El capítulo 6 está dedicado a los yogas bālāriṣṭa. | El capítulo 10 está enteramente dedicado a este tema. | En el capítulo 13 se describen algunos yogas, así como la causa de la muerte relacionada con los padres según la edad en que se produce la muerte (3-4). | El capítulo 4 trata sobre las aflicciones al nacer. Los tres primeros ślokas se ocupan de temas importantes. |

| Ślokas | Bṛhat Jātaka (VI d. C.) | Sārāvalī (X d. C.) | Phaladīpikā (XIII d. C.) | Jātaka Pārijāta (XV d. C.) |
|---|---|---|---|---|
| Antídotos para los males | - | El capítulo 11 está dedicado a los yogas lunares capaces de contrarrestar las aflicciones. El capítulo 12 trata de otros ariṣṭa-bhangas. | El verso 5 del capítulo 13 habla sobre las medidas correctivas que se deben realizar en el caso de las aflicciones de nacimiento . Los Ślokas 20-24 tratan algunos ariṣṭa-bhangas. | La anulación de estas aflicciones se describen en los ślokas 71-107 del capítulo 4. |
| Sobre la longevidad | El capítulo 7 trata de los cálculos de longevidad. El método utilizado es el piṇḍayurdāya y se basa en las enseñanzas de Satyacharya. | El capítulo 40 está dedicado a los cálculos de longevidad. Presenta tres métodos: aṁśayu, piṇḍayu y nisargayu. | El capítulo 13 trata de la longevidad. Presenta el método de los tres pares (13.14) que es único. Se indican muchos otros yogas para diferentes duraciones de longevidad. | En el capítulo [5] se presentan ocho métodos de cálculo de la longevidad. Existen ciertas condiciones para el uso de estos métodos. También se describe la determinación del māraka graha, daśā, tránsitos, las condiciones de la muerte y el destino después de la muerte (5.72-124). |
| 22th drekkāṇa | - | Los Ślokas 22-45 del capítulo 47 hablan sobre el 22° drekkāṇa y sus efectos. | El capítulo 17 menciona al regente del 22 drekkāṇa. | Se describen el 22° drekkāṇa y el khara (5.56/5.72/6.11) |
| 64ª navāṁśa | - | - | - | Se describe [al] 64° regente de navāṁśa de la Luna (5.53/5.56). |
| Bhūr bhuvaḥ svaḥ | -- | - | - | Se describe la relación de los rāśis con estos tres mundos (5.119). |
| Salida del mundo | Capítulo 25. | Capítulo 47. | El capítulo 17 se trata de este tema. El capítulo 14 se ocupa de las enfermedades, la muerte, los nacimientos pasados y futuros. | El capítulo 6 trata este tema de una manera muy detallada. |
| Remedios astrológicos | - | - | En el capítulo 10 se mencionan algunos remedios astrológicos. | Se recomiendan remedios astrológicos (2.83). |

| Ślokas | Bṛhat Jātaka (VI d. C.) | Sārāvalī (X d. C.) | Phaladīpikā (XIII d. C.) | Jātaka Pārijāta (XV d. C.) |
|---|---|---|---|---|
| Yogas lunares | El capítulo 13 se ocupa de esto. Varāhamihira da los resultados de los yogas basados en los grahas que los forman. | El capítulo 13 presenta descripciones detalladas de los grahas que forman los yogas. Se da un tipo diferente de sunapha y anapha yoga basado en kendras (13.8-9). | El capítulo 6 trata sobre los yogas lunares y muchos otros. También los diferencia como maléficos o benéficos. | Ślokas 71-82 del capítulo 7. |
| Yogas solares | - | El capítulo 14 trata de esto, incluyendo descripciones detalladas de los grahas que forman los yogas. | El capítulo 6 trata sobre los yogas lunares y muchos otros. También los diferencia como maléficos o benéficos. | Ślokas 121-124 del capítulo 7. |
| Conjunción de grahas | El capítulo 14 da los resultados de conjunciones planetarias dobles. | Los capítulos desde el 15 al 19 tratan de las conjunciones de dos, tres, cuatro, cinco y seis grahas respectivamente. | El capítulo 18 habla acerca de las conjunciones de dos planetas. | El capítulo 8 habla de conjunciones de dos, tres, cuatro, cinco y seis grahas. |
| Combinaciones para la renuncia | El capítulo 15 está dedicado a describir los yogas ascéticos. | El capítulo 20 contiene yogas ascéticos y descripciones de varios tipos de conjunciones de cuatro o más grahas. | El capítulo 27 está enteramente dedicado a los yogas ascéticos. | Los yogas pravrajya se describen en el capítulo 15 en la sección relativa a la casa diez. |
| Nakṣatras | El capítulo 16 describe los resultados de la nakṣatra ocupada por la Luna al nacer. | - | El capítulo 26 habla sobre los tránsitos de planetas a través de las nakṣatras incluyendo el sarvatobhadra chakra. | La Janma-nakṣatra se describe en 9.84-90. En el capítulo 18 se mencionan los cálculos de viṁśottarī daśā para diferentes nakṣatras. |
| Fuente de sustento | El capítulo 10 está enteramente dedicado a este tema. | El capítulo 33 habla sobre la casa 10 y los planetas en la 10 desde la Luna y el ascendente. | El capítulo 5 está enteramente dedicado a esto e incluye también la décima desde el Sol. | El capítulo 15 se ocupa de esto en la sección sobre la casa 10. |
| Yogas | Los yogas rāja, nābhasa, lunares, dvīgraha, pravrajya, miśra y bhanga se tratan en los capítulos 11, 12, 13, 14, 15, 22 y 23. | Los yogas lunares, solares, rāja, rāja yoga bhanga, mahāpurūṣa se tratan en los capítulos 13, 14, 35, 37 y 39 respectivamente. | El capítulo 6 trata de una gran cantidad de yogas, incluyendo tres tipos de yoga parivartana, doce yogas negativos y positivos relacionados con los bhāvas, etc. | El capítulo 6 trata sobre el yoga y el capítulo 7 trata sobre rāja y muchos otros tipos de yogas. |
| Rāja yogas | Capitulo 11. | Capítulo 35. | Capítulo 7. | Capítulo 7. |

| Ślokas | Bṛhat Jātaka (VI d. C.) | Sārāvalī (X d. C.) | Phaladīpikā (XIII d. C.) | Jātaka Pārijāta (XV d. C.) |
|---|---|---|---|---|
| Nabhasa yogas | El capítulo 12 trata sobre 32 nabhasa yoga en una forma concisa. | Existen 32 tipos de yogas nabhasa descritos en el capítulo 21. | Los śloka 39-41 del capítulo 6 describen los sāṅkhya nabhasa yogas. | El capítulo 7 trata sobre los nabhasa yogas. |
| Efectos de los grahas en los rāśis | El capítulo 17 trata de los resultados del rāśi de la Luna, y el 18 con los resultados de los otros grahas. El capítulo 19 describe aspectos del rāśi de la Luna. | Los efectos de Grahas en rāśis recibiendo aspectos de otros Grahas son descritos del capítulo 22 al 29. | - | Descrito en ślokas 39-55 del capítulo 8. |
| Efectos de los Grahas en las bhāvas | El capítulo 20 lo aborda de forma concisa. | El capítulo 30 se ocupa de esto de una forma mucho más detallada que cualquier otro clásico. | El capítulo 10 está enteramente dedicado a este tema. | Descrito en ślokas 39-55 del capítulo 8. |
| Lagna-rāśi y sus vargas | śloka 7 del capítulo 21 habla sobre navāṁśa del lagna. | Los capítulos 48-51 se ocupan de los ascendentes, sus horas, drekkāṇas y navāṁśas. | Capítulo 9. | Los Ślokas 104-121 del capítulo 9 tratan sobre los ascendentes, sus horas, drekkāṇas, navāṁśas y dvadāṣāṁśas. |
| Efectos de las Bhāva | - | Los capítulos 32 y 33 describen los resultados de las bhāvas nueve y diez. El capítulo 34 trata de otras bhāvas. | Los capítulos 10 y 12 tratan sobre las bhāva siete y cinco. Los capítulos 15 y 16 hablan sobre los resultados de todas las bhāvas. | Los capítulos 11 a 15 tratan extensamente con los resultados de las 12 bhāvas. |
| Aṣṭakāvarga | Capítulo 9. | Capítulos 53 y 54. El 54 da los resultados de BAV para todos los grahas. | Capítulos 23 y 24. El 24 se describe de acuerdo con Horā sārā. | Capítulo 10. |
| Horoscopía femenina | Capitulo 24. | Capítulo 46. | Capitulo 11. | Capitulo 16. |
| Resultados del año, mes, tithi, etc., | - | - | En el capítulo 10 se mencionan los 15 tithi y karaṇa. | El capítulo 9 trata extensamente con el año, mes, tithi, día de nacimiento, etc. |
| Prono y supino | - | - | - | Los grahas que están antes del Sol se llaman pronos y los que están detrás se llaman supinos. Los Grahas supinos producen felicidad y riqueza (2.70). |

| Ślokas | Bṛhat Jātaka (VI d. C.) | Sārāvalī (X d. C.) | Phaladīpikā (XIII d. C.) | Jātaka Pārijāta (XV d. C.) |
|---|---|---|---|---|
| Daśās | Mūla y nisarga daśā se mencionan en el capítulo 8 . | Mūla y nisarga daśā se explican en el capítulo 41. Los capítulos 42-44 tratan de los efectos de los subperíodos, los efectos malignos de los daśās y los antídotos para los daśās malignos, respectivamente. | En el capítulo 19 se describe el viṁśottarī daśā cuyos resultados se explican en los capítulos 20 y 21. El capítulo 22 trata sobre kālachakra, nisarga, aṁśa y pindayur daśā. También mencionan diferentes estrellas para el cálculo de los daśās. | El capítulo 17 trata extensamente del kālachakra daśā. En el capítulo 18 se explican viṁśottarī y śūla daśā. También se mencionan diferentes estrellas para el cálculo de los daśā y el esquema navatāra. |
| Tránsitos | El daśā praveśa chakra se menciona en el capítulo 8. | Los capítulos 41 y 44 hablan del daśā praveśa chakra. | El capítulo 26 trata sobre los tránsitos de la Luna, los nakṣatras y el chakra sarvatobhadra. También menciona los vedhas de todos los grahas. | Los Ślokas 6-9 del capítulo 18 tratan sobre el daśā praveśa chakra. |
| *Naṣṭa jātaka* | *Capítulo 26.* | *Los capítulos 48-51 tratan de la lagna y sus vargas para su rectificación. El capítulo 52 trata del cálculo de naṣṭa jātaka.* | - | - |
| *Conclusión* | *Varāhamihira es el hijo del brahmán Adityadāsa, de quien recibió su conocimiento. Dice que recibió la bendición de Sūrya-deva debido a su adoración de él, como de Vaśistha y su padre Adityadāsa, así él compuso esta obra (28.9-10).* | - | *Mantreśvara, un astrólogo y brahmán nacido en Tirunveli, dice que por la gracia de la diosa Sukun hizo este trabajo para el disfrute y beneficio de otros astrólogos (28.5-6).* | *Vaidyanātha, el hijo del ilustre Venkadatri, menciona que por la gracia del Sol y otros planetas hizo este trabajo, que contiene el néctar de la ciencia horaria (18.177).* |

Fuentes:

Traducción de Bṛhat Jātaka al inglés por N. Chidambaram Aiyar, segunda edición, 1905.

Traducción de Phaladīpikā por Dr. G. S. Kapoor, edición de 2012.

Traducción de Sārāvalī por R. Santhanam, edición de 2014.

Traducción de Jātaka Pārījāta por V. Subramanya Sastri, edición de 2014.

# Bibliografía


Beckwith, Christopher I. *Greek Buddha: Pyrrho's Encounter with Early Buddhism in Central Asia*, Princeton University Press, Princeton, New Jersey, 2015.

Bhasin, J.N. *Sarvath Chinatamani of Vyankatesh Sharma*. Sagar Publications, New Delhi, 1986.

Bloomfield, Maurice, trans. *Hymns of the Atharvaveda*. Sacred Books of the East, volume 42. 1897.

Burde, Jayant. *Rituals, Mantras, and Science, An Integral Approach*. Motilal Banarsidass Publishers, Delhi, 2004.

Bhat, M. Ramakrisna. *Varāhamihira's Bṛhat Saṁhitā (Part One & Two)* Motilal Banarsidass Publishers, Private Limited, Delhi, 2003.

Chand, Devi. *The Atharvaveda Veda*. Munishiram Manoharlal Publishers Pvt. Ltd. New Delhi, India, 2002.

Chand, Devi. *The Sāma Veda*. Munishiram Manoharlal Publishers Pvt. Ltd. New Delhi, India, 2004.

Chand, Devi. *The Yajur Veda*. Munishiram Manoharlal Publishers Pvt. Ltd. New Delhi, India, 2004.

Danielou, Alain. *The Myths and Gods of India*. Inner Traditions International, Rochester, Vermont, 1991.

Das, Gauranga. "Suryamsa (D-12 Chart)", *Varga Chakra*, compilación de la conferencia del SJC 2002 Hyderabad, Sagar Publications, New Delhi, 2002.

D.H. McNamara, J.B. Madsen, J. Barnes, F.B. Ericksen. *The Distance to the Galactic Center*. Publications of the Astronomical Society of the Pacific, Vol. 112, pp. 202-216, Febuary 2000.

Frawely, David. "The Shaktis of the Nakshatras". *Vedic Astrologer*, vol. II, Issue 2, New Delhi, March-April 1998.

Girish Chanda Sharma. *Daivagya Acharya Shriram's Muhurta Chintamani*. Sagar publications, New Delhi, 2006.

Goel, G.K. "Kaulaka (Shastamsa)", *Varga Chakra (compilación de la conferencia del SJC 2002 Hyderabad)*, Sagar Publications, New Delhi, 2002.

Goold, G.P. *Manilius Astronomica*. Harvard University Press, Cambridge, Massachusetts, 1977.

Harrison, Peter, Hill, Stephen. *Dhātu-Pāṭha, The Roots of Language*, Munshiram Manoharlal Publishers Pvt. Ltd., New Delhi, 1997.

Joshi, K.L. trans., *Viṣṇu Purāṇa*. Parimal Publications, Delhi, 2002.

Kaufmann III, William, Freedma, Roger. *Universe, Fifth Edition*. W.H. Freeman and Company, New York, 1999.

Keel, Bill. *Milky Way Central Region Map*. University of Alabama, http://www.seds.org/messier/more/mw_map.html

Larsen, Visti. Lessons: *Argalā or Intervention*, no ha sido publicado.

Larsen, Visti. *Kalamsa - The Fortune of Luxuries*, http://Śrīguruda.com/articles.htm , artículo actualizado publicado originalmente como "*Shodasamsa - The Fortune of Luxuries*", *Varga Chakra*, *(compilación de la conferencia del SJC 2002 Hyderabad )*, Sagar Publications, New Delhi, 2002.

Larsen, Visti. Rath's Lectures: *Upāsanāṁśa*, http://Śrīguruda.com/articles.htm, publicado en 2006.

Macdonell, Arthur Anthony. *A Vedic Reader, For Students*. Versión escaneada www.sacred-texts.com 31 de Agosto de 2000, Versión original del 1917.

Mani, Vettam, *Purāṇic Encyclopedia*. Motilal Banarsidass, Delhi, 1979.

McEvilley, Thomas, *The Shape of Ancient Thought*, Allworth Press, New York, 2002.

Muller, Max, Eggeling, Julius, *The Satapatha- Brahmana*, Part-V, Sacred Books of the East Vol. XLIV, Low Price Publications, Delhi, 1996.

Moore, Patrick. *Venus*, Cassell Illustrated, a division of Octopus Publishing Group Limited, London, 2002.

Panikkar, Raimundo (editor), N.Shanta, M.A.R. Rogers, B.Bäumer, M.Bidoli. *The Vedic Experience: Mantramañjarī: An Anthology of the Vedas for Modern Man and Contemporary Celebration*, University of California Press: Berkeley, 1977.

Pingree, David. *The Yavanajātaka of Spujidhvaja*, Volume II. Harvard University Press, Cambridge, Masschusetts, 1978.

Poddar, Sarajit. RE: [Om Krishna Guru] #3 *"Count from Lagna to it's lord..."*, Śrījagannath@yahoogroups.com, Sunday, March 13, 2005.

Poddar, Sarajit. *The Karakas I*, translation of Kalidasa's Uttara Kalamrita, www.varahamira.blogspot.com, February 2005.

Pujan, Shiv. "Trimsamsa", *Varga Chakra*, compilación de la conferencia del SJC 2002 Hyderabad, Sagar Publications, New Delhi, 2002.

Rai, Ram Kumar. *Mahidhara's Mantra Mahodadhiḥ*. Prachya Prakashan, Varanasi, 1992.

Raja, Dr. C. Kunhan. *Asya Vāmasya Hymn*. Ganesh and Co. Pvt. Ltd., Madras, 1956

Raman, B. V. *Praśna Mārga*. Motilal Banarsidass Publishers Pvt. Lmt., Delhi, 2003.

Rao, Bangalore Suryanaryan. *Varahamihira's Brihat Jataka*. Motilal Banarsidass Publishers, Delhi, 2001.

Rao, S.K. Ramachandra. *Ṛgveda Darśana*. Kalpatharu Research Academy, Bangalore, 1998.

Rao, S.K. Ramachandra. *The Āgama Encyclopedia*. Sri Satguru Publications, Delhi, 2005.

Rath, Sanjay. *Argalā*, Lecture at Śrī Jagannath Center Conference, Edison, New Jersey, 2003.

Rath, Sanjay. *Bṛhat Parāśara Horā Śāstra*, Graha Guṇasvarūpa Adhyāya, Śrī Jagannāth Center, Singapore, 2004.

Rath, Sanjay. *Career and the Daśāṁśā*, BAVA lecture at the Theosophical Society, London, July 30, 2005.

Rath, Sanjay. *Crux of Vedic Astrology*. Sagar Publication, New Delhi, 1998.

Rath, Sanjay. *Jaimini Maharishi's Upadesa Sutras*. Sagar Publications, New Delhi, 1997.

Rath, Sanjay, Kala Hora, http://srath.com/lectures/kalahora.htm

Rath, Sanjay. *Conferencia de apertura*, 0017 The Guṇas of Grahas and Rāśis, Vyāsa SJC, 2005.

Rath, Sanjay. *Pañcha Mahāpuruśa Yoga*, Jyotish Digest, Vol. 3 Issue 3, July - September 2004.

Rath, Sanjay. *Rashi and Drishti*. sohamsa@yahoogroups.com, Monday, May 08, 2006.

Rath, Sanja. *Steps to Horoscope Interpretation*. Śrī Jagannath Center East Coast workshops del 2003

Rath, Sanjay, *Triṁśāṁśa* D-30, Artículos, www.Srath.com

Rath, Sanjay. *Vedic Remedies in Astrology*. Sagar Publications, New Delhi, 1998.

Sadagopan, V. trans., *Sudarshana Ashtakam*, copmased originally by Swami Desikan, http://www.ramanuja.org/sv/acharyas/desika/stotras/sudarsana.html http://sanskrit.gde.to/doc_deities_misc/sudarshan8.html , 1995.

Santhanam, R. *Brihat Parasara Hora Sastra of Maharshi Parasara*. Ranjan Publications, New Delhi, 2008.

Santhanam, R. *Saravali of Kalyana Varma (vol. 1-2)*. Ranjan Publications, New Delhi, 2005.

Sastri, Dr. P.S. *Uttara Kalamrita [of] Kalidasa*. Ranjan Publications, New Delhi, 2001.

Sastri, V. Subramanya. *Vaidyanatha Dixita's Jātaka Pārijāta*, Ranjan Publications, New Delhi, 2004.

Sharma, Girish Chand, *Maharshi Parasara's Brihat Parasara Hora Satra*, Volume 1 & 2, Sagar Publications, New Delhi, 1995.

Sharma, Girish Chand, *Daivagya Acharya Shri Ram's Muhurta Chintamani*, Sagar Publications, 2003.

Sharma, Girish Chand, *Pt. Dhundiraj's Jataka Bharnam*, Sagar Publications, New Delhi, 1998.

Sharma, T.R.S. (chief editor). *Ancient Indian Literature: An Anthology*, Volume I. ISBN 81-260-0794-X, Sahitya Akademi, New Delhi, India.

Smith, Gene. *The Structure of the Milky Way*, Gene Smith's Astronomy Tutorial, http://cassfos02.ucsd.edu/public/tutorial/MW.html

Strobel, Nick. *Nick Strobel's Astronomy Notes*, Primis/McGraw-Hill, Inc., Columbus, Ohio, 2004.

Swami Shivananda. *Hindu Scriptures Part 1*, The Divine Life Society, Rishikesh.

Yano, Michio, (digitalizer), Sugita, Mizue (proof reader). *Varāhamihira's Bṛhatsaṁhitā*, based on the edition of A.V.Tripāṭhī, (SarasvatI Bhavan GranthamAlA Edition), Version 3, June 5, 1992.

Wandahl, Finn. *Jyotish in the Rgveda*, http://www.wandahl.com /Pages/Articles/ RigVeda.htm, 25.10.2002.

Wilson, H.H. and Bhāṣya of Sāyaṇācārya. *Ṛg Veda Saṁhitā*. Parimal Publications, Delhi, 2001.

Williams, Monnier. *Sanskrit-English Dictionary*. Munshiram Manoharlal Publishers Pvt. Ltd., New Delhi, 2002.

Wise, Micheal, & Abegg, Martin, & Cook, Edward. *The Dead Sea Scrolls: A New Translation*. Harper Collins Publisher, San Francisco, 2005.

Zharotia, Ajay (translator). *What Gurudev Said…*, Traducción de la conferencia de Sanjay Rath, SJC Atri Class 4, New Delhi, November 2005.

Chandrasekharendra Saraswathi MahaSwamiji. *Hindu Dharma: The Vedas* - se trata de un libro que contiene la traducción al inglés de algunas conferencias invaluables de Śrī Śrī Śrī Chandrasekharendra Saraswathi MahaSwamiji (diferentes momentos durante los años 1884 y 1994). http://www.kamakoti.org/hindudharma/part5/cha3.htm

# Índice analítico

## A


Abhijit 237, 274, 389, 395
Adhidaivata 20, 33
Adhiyajña 20
Aditi 115, 243, 250, 254, 271
Āditya 34, 115, 116, 209, 254, 257, 260, 267, 311, 395
Agni 19, 45, 46, 108, 183, 228, 229, 308, 325, 382, 383, 385, 389
    fuego 19, 20, 21, 23, 24, 32, 45, 54, 59, 71, 86, 88, 107, 108, 110, 121, 123, 128, 193, 227, 229, 230, 246, 251, 263, 308, 324, 325, 333, 358, 371, 372, 378, 382, 383, 394, 396, 405, 428, 429
Agni-stambhana yoga 227
Ahaṅkāra 45, 73, 79, 81, 106
Ahiṁsā 58, 74
Ahirbudhnya 79, 81, 243, 269, 271
Ajaikapada 243, 268, 271
Āja yoga 214
Ajñānāṁśa 331
Ākāśa 45, 46, 58, 85, 107, 182, 229, 265, 372, 382, 394, 400, 405, 411
    espacio 45, 46, 58, 85, 107, 182, 229, 265, 372, 382, 394, 400, 405, 411
    éter 45, 46, 58, 85, 107, 182, 229, 265, 372, 382, 394, 400, 405, 411
Amala Yoga 216
Amātyakāraka 75, 76
Amāvāsya 390, 392, 393, 394, 395, 397, 398, 401
Annapūrṇa 95
Antardaśā 70, 279, 308, 309, 310, 311, 313, 315, 344
Anurādhā 236, 242, 243, 260, 272, 274, 282, 292, 296, 298, 389, 399, 424
Āpas 45
Āpoklima 143, 145, 183, 188, 201, 437
Ārdrā 236, 239, 243, 249, 272, 274, 282, 285, 292, 296, 298, 389
Argalā XII, XIII, XIV, 197, 198, 199, 201, 202, 203, 204, 205, 206, 222, 223, 311, 312
Ārūḍha 191, 194, 317, 414 *ver también* bhāvapada
Ārūḍha lagna 190, 191, 192, 193, 194, 198, 200, 202, 208, 209, 214, 215, 216, 221, 229, 276, 311, 335, 336, 340, 361, 409, 410, 414
Aryaman 24
Āśleṣā 236, 239, 243, 252, 272, 274, 282, 292, 296, 298, 389, 399, 404, 405
Aspecto mutuo 135, 184
Aspectos rāśi 198, 199, 311
Aṣṭakavarga 317, 318
Aṣṭaṅgata 69
Aṣṭottarī 279, 297, 298
Astrología médica 236, 240, 243, 253, 255, 272, 274, 282, 285, 292, 296, 298, 389, 404
    *ver también* Āyurjyotiṣa
Aśubha 120, 152, 207, 301, 303, 309, 358
    aśubha yoga 120, 152, 207, 301, 303, 309, 358
Aśvinī 236, 237, 239, 243, 244, 272, 273, 274, 292, 296, 298, 350, 389, 404, 425
Aśvini-kumāra 243
Ātmakāraka 73, 74, 75, 76, 117, 187, 188, 220, 316, 348, 349, 414
Ātman 45, 116, 117, 276, 354, 362
    alma 45, 116, 117, 276, 354, 362
    prajñātmā 45, 116, 117, 276, 354, 362
Avasthā 168, 169, 170, 171, 172, 178, 180, 181, 301
Ayana 70, 143, 144, 185, 275, 277
    ayana-bala 70, 143, 144, 185, 275, 277
    ayanāṁśa 70, 143, 144, 185, 275, 277
    equinoccio 70, 143, 144, 185, 275, 277
Āyurveda 16, 36, 252, 333
    Āyurjyotiṣa 16, 36, 252, 333
    constitución āyurvedica 16, 36, 252, 333


## B


Bādhaka 151, 153, 267, 278, 356, 448
    bādhakasthāna 151, 153, 267, 278, 356, 448
    bādhakeśa 151, 153, 267, 278, 356, 448
Bālādi Avasthā 168
Bha-chakra 11, 115
Bhaga 115, 242, 243, 254, 271, 395
Bhagavad Gītā 32, 44, 45, 91, 92, 250, 365, 371, 378
Bhāgya 31, 59, 120, 147, 150, 161, 203, 204, 208, 254, 275, 322, 348, 409, 416
Bhakti 20, 31, 53, 75, 91, 92, 241, 352, 373
Bharaṇī 236, 239, 243, 245, 272, 273, 274, 282, 285, 289, 292, 296, 298, 389, 395, 399
Bhāva Kāraka 157

Bhāvapada 190, 193, 196, 198, 214, 255, 317
*ver también* ārūḍha
Bhāva Sambandha 213, 309
Bhāvat bhāvam 205, 327
Bhoga 66, 67, 110, 187, 274
Brahmā 34, 47, 72, 73, 94, 120, 212, 227, 243, 245, 247, 249, 251, 252, 257, 271, 395, 399, 400
Brahmachāra 307
Brahmā Yoga 212
Brātṛkāraka 331
Bṛhaspati 102, 138, 242, 243, 251, 257, 260, 271, 375
Bṛhat Saṁhitā 168, 217, 232, 238, 239, 274, 275, 395, 404
Buddhi 57, 93, 147, 219, 230, 239, 319
Budhāditya yoga 228

# C

Casta 48, 280, 443
Brahmana 48, 280, 443
kṣatriya 48, 280, 443
mleccha 48, 280, 443
śudra 48, 280, 443
vaiśya 48, 280, 443
Chakra 46, 112, 114, 133, 276, 277, 278, 279, 280, 281, 282, 286, 313, 321, 322, 362, 394
Chandas 16, 26, 31
Charaka Saṁhitā 248
Chāya-grahas 4, 63, 384
nodos 4, 63, 384
Chitrā 236, 240, 243, 257, 271, 272, 274, 282, 285, 292, 296, 298, 389
Chitta 30, 46, 91
Combustión 46, 50, 69, 167, 172, 178, 301, 309, 382
aṣṭaṅgata 46, 50, 69, 167, 172, 178, 301, 309, 382
Conjunción 95, 150, 152, 153, 154, 159, 167, 169, 170, 172, 173, 174, 180, 184, 187, 188, 193, 196, 213, 219, 221, 222, 224, 225, 226, 227, 228, 231, 232, 301, 302, 303, 304, 305, 306, 307, 308, 309, 310, 324, 333, 334, 335, 338, 340, 345, 351, 352, 367, 390, 399, 409, 412, 414, 415, 438, 439, 441

# D

Dara-kāraka 75
Daridra Yoga 225
Daśāṁśa 119, 161, 162, 326, 327, 328, 340, 341, 342, 343, 344
daśānātha 119, 161, 162, 326, 327, 328, 340, 341, 342, 343, 344
Destino 4, 40, 41, 42, 63, 254, 267, 348, 449
Dhana 147, 152, 194, 218, 219, 222, 224, 228, 232, 239, 240, 241, 309, 442
Dhanārgalā 204
Dhana Yoga 178, 224
Dhaniṣṭhā 236, 243, 266, 272, 274, 292, 296, 298, 389, 425
Dharma-karmādipati Yoga 212, 222
Dharmarāja 245, 273
Dhātu 25, 50, 53, 55, 57, 59, 61, 62, 147, 231, 325, 383
Doṣa 53, 54, 78, 151, 152, 160, 310, 364, 401, 402, 403, 405, 406, 418, 419
Drekkāṇa 183, 279, 315, 323, 324, 325, 326, 327, 328, 329, 349, 446, 449
drekkāṇa-bala 183, 279, 315, 323, 324, 325, 326, 327, 328, 329, 349, 446, 449
Dṛṣṭi 112, 113, 114, 158, 159, 160, 170, 187, 202, 212, 213, 301, 311
dṛṣṭi sambandha 112, 113, 114, 158, 159, 160, 170, 187, 202, 212, 213, 301, 311
pada dṛṣṭi 112, 113, 114, 158, 159, 160, 170, 187, 202, 212, 213, 301, 311
Duḥsthāna 146, 181, 225, 353, 415
Durgā 94, 95, 96, 227, 245, 285, 373, 374
Dvisvabhāva 105, 106, 107, 108, 113, 121, 122, 123, 140, 145, 151, 187, 354

# G

Gaṇḍānta 173, 236, 404
gaṇḍānta doṣa 173, 236, 404
Gaṇeśa 65, 78, 94, 95, 127, 141, 151, 173, 176, 373, 393, 409, 410, 411, 412, 424
Gaṇita 39, 234, 319, 384
astronomía 39, 234, 319, 384
Garuḍa 19, 20, 252
Gāyatrī 28, 31, 32, 35, 36, 50, 256, 411
Gāyatrī mantra 28, 31, 32, 35, 36, 50, 256, 411
Geocéntrico 9, 13
Gochara 71, 316
Gola XII, 8, 39
Graha Dṛṣṭi 158, 311
Grahaṇa Doṣa 403
Gulika 66, 176, 285, 334, 447
Guṇas 47, 107
Guru-chāṇḍāla yoga 227

# H

Harihara XIII, 94, 95, 107, 374, 400
Hasta 236, 240, 243, 256, 272, 274, 282, 292, 296, 298, 389, 425
Hoḍa Chakra 276, 277

# I

Indra 19, 20, 21, 23, 94, 115, 126, 242, 243, 250, 259, 260, 261, 264, 265, 267, 270, 271, 344, 356, 375, 395, 399, 400, 405
Indrāgni 243, 259, 271
Iṣṭa-devatā 330, 331, 332, 344, 416

# J

Jagannātha 27
Jaimini XII, 36, 93, 94, 95, 114, 182, 186, 199, 202, 330, 334, 348, 349
Jala 45, 46, 124, 183, 229, 230, 263, 382, 390, 445
  agua 45, 46, 124, 183, 229, 230, 263, 382, 390, 445
Janma 242, 245, 280, 283, 314, 388, 401
  janma nakṣatra 242, 245, 280, 283, 314, 388, 401
Jātakapārijāta 109
Jaṭharagni 325
Jīva 73, 227, 330, 423, 445
  jīvātmā 73, 227, 330, 423, 445
Jīvahatyā yoga 227
Jīvanmuktāṁśa 330, 331
Jñāna 20, 25, 30, 58, 91, 147, 274, 334, 425
  jñāti-kāraka 20, 25, 30, 58, 91, 147, 274, 334, 425
Jyeṣṭhā 236, 240, 243, 261, 272, 274, 292, 296, 298, 389, 399, 404, 405, 424
Jyotir-Liṅga 94

# K

Kāla 12, 80, 98, 319, 333
  kāla-bala 12, 80, 98, 319, 333
  Kālapuruṣa 12, 80, 98, 319, 333
  kālarūpa 12, 80, 98, 319, 333
Kālachakra 46, 283, 284, 285, 286, 298, 396, 397
Kālī 94, 95, 96, 128, 401
Kālika Yoga 212
Kāma 48, 80, 108, 143, 144, 240, 275, 332, 338, 339, 365
Kapha 51, 52, 53, 58, 59, 60, 61, 103, 230, 263, 413, 437, 442
Kāraka XII, XV, 72, 73, 75, 76, 157, 171, 196, 326, 340, 341
  charakāraka XII, XV, 72, 73, 75, 76, 157, 171, 196, 326, 340, 341
  naisargika kāraka XII, XV, 72, 73, 75, 76, 157, 171, 196, 326, 340, 341
  sthira kāraka XII, XV, 72, 73, 75, 76, 157, 171, 196, 326, 340, 341
Kārakāṁśa XII, XV, 72, 73, 75, 76, 157, 171, 196, 326, 340, 341
Kāraṇa 59, 364
Karma 6, 13, 20, 25, 36, 40, 41, 42, 44, 45, 50, 59, 62, 73, 74, 75, 78, 80, 81, 82, 83, 84, 88, 91, 94, 119, 120, 142, 146, 151, 158, 174, 192, 196, 204, 208, 212, 216, 222, 240, 243, 245, 253, 257, 267, 277, 280, 282, 288, 309, 314, 318, 324, 328, 331, 334, 340, 344, 345, 348, 350, 351, 356, 357, 358, 359, 360, 361, 364, 368, 410, 414, 416, 424, 443
  adṛḍha karma 41, 42
  āgama karma 41
  dṛḍha karma 41, 42
  prārabdha karma 41
  saṁchita karma 41
Kemadruma Yoga 226
Kendra 107, 123, 143, 144, 145, 152, 153, 159, 188, 193, 214, 215, 219, 222, 224, 229, 232, 297, 302, 306, 309, 310, 317, 324, 415, 418, 437, 446
  kendrādi-bala 107, 123, 143, 144, 145, 152, 153, 159, 188, 193, 214, 215, 219, 222, 224, 229, 232, 297, 302, 306, 309, 310, 317, 324, 415, 418, 437, 446
Kṛṣṇa 107, 123, 143, 144, 145, 152, 153, 159, 188, 193, 214, 215, 219, 222, 224, 229, 232, 297, 302, 306, 309, 310, 317, 324, 415, 418, 437, 446
Kṛṣṇa-pakṣa 390
Kṛttikā 390
Krūra 390
Kuṇḍalīni 390

# L

Labhārgalā 390
Lahiri ayanāṁśa 390
Lajjita 390
Lakṣmī 390
Lakṣmī-Nārāyaṇa Yoga 390
Lakṣmi-sthāna 390
Lakṣmī Yoga 390
Lalita 390
Libre albedrío 41, 42, 146, 414

# M


Maghā 236, 240, 243, 253, 255, 272, 274, 282, 285, 292, 296, 298, 389, 404
Mahābhārata 236, 240, 243, 253, 255, 272, 274, 282, 285, 292, 296, 298, 389, 404
Mahādaśā 236, 240, 243, 253, 255, 272, 274, 282, 285, 292, 296, 298, 389, 404
Mahā-dṛṣṭi Chakra 236, 240, 243, 253, 255, 272, 274, 282, 285, 292, 296, 298, 389, 404
Mahāpandita yoga 236, 240, 243, 253, 255, 272, 274, 282, 285, 292, 296, 298, 389, 404
Mahāpuruṣa 236, 240, 243, 253, 255, 272, 274, 282, 285, 292, 296, 298, 389, 404
Mahāvākyas 236, 240, 243, 253, 255, 272, 274, 282, 285, 292, 296, 298, 389, 404
Mahāvidyā 236, 240, 243, 253, 255, 272, 274, 282, 285, 292, 296, 298, 389, 404
Maldición 55, 57, 89, 158, 196, 357, 361, 364, 367, 368, 415
Manas 236, 240, 243, 253, 255, 272, 274, 282, 285, 292, 296, 298, 389, 404
  mānasa roga 236, 240, 243, 253, 255, 272, 274, 282, 285, 292, 296, 298, 389, 404
  mano-maya-kośa 236, 240, 243, 253, 255, 272, 274, 282, 285, 292, 296, 298, 389, 404
Mandi 236, 240, 243, 253, 255, 272, 274, 282, 285, 292, 296, 298, 389, 404
Mantra 236, 240, 243, 253, 255, 272, 274, 282, 285, 292, 296, 298, 389, 404
Mantramahodadhi 236, 240, 243, 253, 255, 272, 274, 282, 285, 292, 296, 298, 389, 404
Māraka 236, 240, 243, 253, 255, 272, 274, 282, 285, 292, 296, 298, 389, 404
Maraṇa 236, 240, 243, 253, 255, 272, 274, 282, 285, 292, 296, 298, 389, 404
Maraṇa-kāraka-sthāna 236, 240, 243, 253, 255, 272, 274, 282, 285, 292, 296, 298, 389, 404
Mātṛ-kāraka 236, 240, 243, 253, 255, 272, 274, 282, 285, 292, 296, 298, 389, 404
Medio cielo 135, 184
Mimāmsā 135, 184
Mitra 135, 184
Mokṣa 135, 184
  liberación 135, 184
Movible XV, 105, 109
Móvil 106, 107, 108, 112, 122, 123, 126, 151, 158, 274, 324
Movimiento retrógrado 10 *ver también* vakra
Mṛtyuñjaya 135, 184
Muhūrta 135, 184
Mūla 135, 184
Mūlatrikoṇa 135, 184
Murhūrta-Cintāmaṇi 135, 184


# N


Nābhasa Yogas 214
Nāga 214
Naidhana tāra 214
Naisargika 214
  naisargika-bala 214
  naisargika sambandha 214
Nakṣatra 214
  nakṣatra dṛṣṭi 214
  nakṣatrāṁśā 214
  yogatārā 214
Nāma-mantras 214
Narasiṁha 214
Nārāyaṇa 214
Navāṁśa 214
Navatāra Chakra 214
Nīca 214
  debilitación 214
  nīca bhanga 214
Nija-doṣa 214
Nimitta 214
Nirayana 214
  sideral 214
Nirṛti 214
Nirukta 214
Nyāya 214


# O


Ojas 214


# P


Pālana-devatā 214
Paṇaphara 214
Pañca mahāpuruṣa 214
Pāpa kartari 214
Pāpārgala 214
Parākrama 214
Paramātman 214
Paramparā 214
  paramparā mantra 214
  paramparā yoga 214

Parivartana 214
Phaladīpikā 214
Pitṛ 214
Pitṛkāraka 214
Pitta 214
Prajāpati 214
Prājñā 214
Prakṛti 214
Pramāṇa 214
Prāṇa 214
prāṇadhāraṇe 214
prāṇa-maya-kośa 214
Praśna 214
Praśna Mārga 214
Pratyāhāra 214
Pratyakṣa 214
Pratyak tāra 214
Pratyantardaśā 214
Pṛṣṭodaya 214
Pṛthvī 214
Pūjā 214
Punarvasu 214
Purāṇas 214
Pūrṇimā 214
Puruṣa 214
Pūrvābhādra 214
Pūrvaphalgunī 214
Pūrvāṣāḍhā 214
Pūṣan 214
Puṣya 214
Putra-kāraka 214

# R

Rajas 214
Rākṣasa 214
Rāma 214
Rāmāyaṇa 214
Rasa 214
Rasa-śāstra 214
Rasāyana 214
Ravimārga 10, 460
Eclíptica 10, 460
Rectificación 10
Remedios 10
Revatī 236, 241, 243, 270, 272, 274, 282, 292, 296, 298, 389, 404, 424
Ṛkta 236, 241, 243, 270, 272, 274, 282, 292, 296, 298, 389, 404, 424
Rohiṇī 236, 241, 243, 270, 272, 274, 282, 292, 296, 298, 389, 404, 424
Ṛṣi 236, 241, 243, 270, 272, 274, 282, 292, 296, 298, 389, 404, 424
Ṛta 236, 241, 243, 270, 272, 274, 282, 292, 296, 298, 389, 404, 424
Rudra 236, 241, 243, 270, 272, 274, 282, 292, 296, 298, 389, 404, 424
rudrāṁśa 236, 241, 243, 270, 272, 274, 282, 292, 296, 298, 389, 404, 424

# S

Śabda 236, 241, 243, 270, 272, 274, 282, 292, 296, 298, 389, 404, 424
Ṣaḍbala 236, 241, 243, 270, 272, 274, 282, 292, 296, 298, 389, 404, 424
Sakaṭa yoga 236, 241, 243, 270, 272, 274, 282, 292, 296, 298, 389, 404, 424
Śakti 236, 241, 243, 270, 272, 274, 282, 292, 296, 298, 389, 404, 424
śaktas 236, 241, 243, 270, 272, 274, 282, 292, 296, 298, 389, 404, 424
Salida de la Luna 135, 184
Sambandha 236, 241, 243, 270, 272, 274, 282, 292, 296, 298, 389, 404, 424
dṛṣṭi sambandha 236, 241, 243, 270, 272, 274, 282, 292, 296, 298, 389, 404, 424
naisargika sambandha 236, 241, 243, 270, 272, 274, 282, 292, 296, 298, 389, 404, 424
Saṁskāras 236, 241, 243, 270, 272, 274, 282, 292, 296, 298, 389, 404, 424
Sandhi 236, 241, 243, 270, 272, 274, 282, 292, 296, 298, 389, 404, 424
daśā sandhi 236, 241, 243, 270, 272, 274, 282, 292, 296, 298, 389, 404, 424
Saṅkrānti 236, 241, 243, 270, 272, 274, 282, 292, 296, 298, 389, 404, 424
Sārasvatī 236, 241, 243, 270, 272, 274, 282, 292, 296, 298, 389, 404, 424
Sārāvalī 236, 241, 243, 270, 272, 274, 282, 292, 296, 298, 389, 404, 424
Sarpa 236, 241, 243, 270, 272, 274, 282, 292, 296, 298, 389, 404, 424
Sarvatobhadra Chakra 236, 241, 243, 270, 272, 274, 282, 292, 296, 298, 389, 404, 424
Ṣaṣṭyaṁśa 236, 241, 243, 270, 272, 274, 282, 292, 296, 298, 389, 404, 424

Śatabhiṣa 236, 241, 243, 270, 272, 274, 282, 292, 296, 298, 389, 404, 424
Śatapatha-Brāhmaṇa 236, 241, 243, 270, 272, 274, 282, 292, 296, 298, 389, 404, 424
Sattva 236, 241, 243, 270, 272, 274, 282, 292, 296, 298, 389, 404, 424
  sāttvika 236, 241, 243, 270, 272, 274, 282, 292, 296, 298, 389, 404, 424
Saumya 236, 241, 243, 270, 272, 274, 282, 292, 296, 298, 389, 404, 424
Savitṛ 236, 241, 243, 270, 272, 274, 282, 292, 296, 298, 389, 404, 424
Sāyana 236, 241, 243, 270, 272, 274, 282, 292, 296, 298, 389, 404, 424
Siṁhāsana yoga 236, 241, 243, 270, 272, 274, 282, 292, 296, 298, 389, 404, 424
Sinódico 236, 241, 243, 270, 272, 274, 282, 292, 296, 298, 389, 404, 424
Śirṣodaya 236, 241, 243, 270, 272, 274, 282, 292, 296, 298, 389, 404, 424
Śiva 236, 241, 243, 270, 272, 274, 282, 292, 296, 298, 389, 404, 424
Soma 236, 241, 243, 270, 272, 274, 282, 292, 296, 298, 389, 404, 424
Śravaṇa 236, 241, 243, 270, 272, 274, 282, 292, 296, 298, 389, 404, 424
Sthira 236, 241, 243, 270, 272, 274, 282, 292, 296, 298, 389, 404, 424
Sthiti 236, 241, 243, 270, 272, 274, 282, 292, 296, 298, 389, 404, 424
Śubha-kartari 236, 241, 243, 270, 272, 274, 282, 292, 296, 298, 389, 404, 424
Śubhārgalā 236, 241, 243, 270, 272, 274, 282, 292, 296, 298, 389, 404, 424
Śubha yoga 236, 241, 243, 270, 272, 274, 282, 292, 296, 298, 389, 404, 424
Śukha 236, 241, 243, 270, 272, 274, 282, 292, 296, 298, 389, 404, 424
Śukla-pakṣa 236, 241, 243, 270, 272, 274, 282, 292, 296, 298, 389, 404, 424
Sūryakānti 236, 241, 243, 270, 272, 274, 282, 292, 296, 298, 389, 404, 424
Svabhāva 236, 241, 243, 270, 272, 274, 282, 292, 296, 298, 389, 404, 424
Svakṣetra 236, 241, 243, 270, 272, 274, 282, 292, 296, 298, 389, 404, 424
Svāṁśa 236, 241, 243, 270, 272, 274, 282, 292, 296, 298, 389, 404, 424
Svātī 236, 241, 243, 270, 272, 274, 282, 292, 296, 298, 389, 404, 424

# T

Tamas 47, 48, 50, 54, 60, 76, 105, 106, 112, 113, 114, 116, 117, 119, 123, 177, 208, 299, 314, 318, 332
Tapas 47, 48, 50, 54, 60, 76, 105, 106, 112, 113, 114, 116, 117, 119, 123, 177, 208, 299, 314, 318, 332
  Tapasya 47, 48, 50, 54, 60, 76, 105, 106, 112, 113, 114, 116, 117, 119, 123, 177, 208, 299, 314, 318, 332
Tārā 47, 48, 50, 54, 60, 76, 105, 106, 112, 113, 114, 116, 117, 119, 123, 177, 208, 299, 314, 318, 332
Tatkalika 47, 48, 50, 54, 60, 76, 105, 106, 112, 113, 114, 116, 117, 119, 123, 177, 208, 299, 314, 318, 332
Tattva 47, 48, 50, 54, 60, 76, 105, 106, 112, 113, 114, 116, 117, 119, 123, 177, 208, 299, 314, 318, 332
  tattva doṣa 47, 48, 50, 54, 60, 76, 105, 106, 112, 113, 114, 116, 117, 119, 123, 177, 208, 299, 314, 318, 332
Tejas 47, 48, 50, 54, 60, 76, 105, 106, 112, 113, 114, 116, 117, 119, 123, 177, 208, 299, 314, 318, 332
Teoría del apego 51
Tithi 47, 48, 50, 54, 60, 76, 105, 106, 112, 113, 114, 116, 117, 119, 123, 177, 208, 299, 314, 318, 332
Trik houses 47, 48, 50, 54, 60, 76, 105, 106, 112, 113, 114, 116, 117, 119, 123, 177, 208, 299, 314, 318, 332
Trikoṇa 47, 48, 50, 54, 60, 76, 105, 106, 112, 113, 114, 116, 117, 119, 123, 177, 208, 299, 314, 318, 332
Triśaḍāya 47, 48, 50, 54, 60, 76, 105, 106, 112, 113, 114, 116, 117, 119, 123, 177, 208, 299, 314, 318, 332
Tvaṣṭa 47, 48, 50, 54, 60, 76, 105, 106, 112, 113, 114, 116, 117, 119, 123, 177, 208, 299, 314, 318, 332

# U

Ubhayodaya 47, 48, 50, 54, 60, 76, 105, 106, 112, 113, 114, 116, 117, 119, 123, 177, 208, 299, 314, 318, 332
Uccha 67, 69, 139, 165, 169, 178, 182, 187, 188, 231, 301, 315, 461
  exaltación 67, 69, 139, 165, 169, 178, 182, 187, 188, 231, 301, 315, 329, 461
  uccha bhaṅga 67, 69, 139, 165, 169, 178, 182, 187, 188, 231, 301, 315, 329, 461
Udaya 47, 48, 50, 54, 60, 76, 105, 106, 112, 113, 114, 116, 117, 119, 123, 177, 208, 299, 314, 318, 332
Uḍu-daśā 47, 48, 50, 54, 60, 76, 105, 106, 112, 113, 114, 116, 117, 119, 123, 177, 208, 299, 314, 318, 332

Ugra 47, 48, 50, 54, 60, 76, 105, 106, 112, 113, 114, 116, 117, 119, 123, 177, 208, 299, 314, 318, 332
Upachaya 47, 48, 50, 54, 60, 76, 105, 106, 112, 113, 114, 116, 117, 119, 123, 177, 208, 299, 314, 318, 332
Upadeśa 47, 48, 50, 54, 60, 76, 105, 106, 112, 113, 114, 116, 117, 119, 123, 177, 208, 299, 314, 318, 332
Upagrahas 47, 48, 50, 54, 60, 76, 105, 106, 112, 113, 114, 116, 117, 119, 123, 177, 208, 299, 314, 318, 332
Upamāna 47, 48, 50, 54, 60, 76, 105, 106, 112, 113, 114, 116, 117, 119, 123, 177, 208, 299, 314, 318, 332
Upaniṣads 47, 48, 50, 54, 60, 76, 105, 106, 112, 113, 114, 116, 117, 119, 123, 177, 208, 299, 314, 318, 332
Upapada 47, 48, 50, 54, 60, 76, 105, 106, 112, 113, 114, 116, 117, 119, 123, 177, 208, 299, 314, 318, 332
Upāya 47, 48, 50, 54, 60, 76, 105, 106, 112, 113, 114, 116, 117, 119, 123, 177, 208, 299, 314, 318, 332
Uttarabhādra 47, 48, 50, 54, 60, 76, 105, 106, 112, 113, 114, 116, 117, 119, 123, 177, 208, 299, 314, 318, 332
Uttaraphalgunī 47, 48, 50, 54, 60, 76, 105, 106, 112, 113, 114, 116, 117, 119, 123, 177, 208, 299, 314, 318, 332
Uttarāṣāḍhā 47, 48, 50, 54, 60, 76, 105, 106, 112, 113, 114, 116, 117, 119, 123, 177, 208, 299, 314, 318, 332

# V

Vaiśeṣikāṁśa 47, 48, 50, 54, 60, 76, 105, 106, 112, 113, 114, 116, 117, 119, 123, 177, 208, 299, 314, 318, 332
Vaiṣṇava 47, 48, 50, 54, 60, 76, 105, 106, 112, 113, 114, 116, 117, 119, 123, 177, 208, 299, 314, 318, 332
Vājikaraṇa 47, 48, 50, 54, 60, 76, 105, 106, 112, 113, 114, 116, 117, 119, 123, 177, 208, 299, 314, 318, 332
Vakra 47, 48, 50, 54, 60, 76, 105, 106, 112, 113, 114, 116, 117, 119, 123, 177, 208, 299, 314, 318, 332 *ver también* Movimiento retrógrado
Vāra 4, 70, 383, 396
Varāha 4, 70, 383, 396
Varāhamihira 4, 70, 383, 396
Vargottama 4, 70, 383, 396
Varṇa 4, 70, 383, 396
Varuṇa 4, 70, 383, 396
Vāstu 4, 70, 383, 396
  brahmasthānam 4, 70, 383, 396
Vasudeva 4, 70, 383, 396
Vāsuki 4, 70, 383, 396
Vāta 4, 70, 383, 396
Vāyu 18
  aire 18
  apāna vāyu 18
Veda 18
  Atharvaveda 18
  Ṛgveda 18
  Sāmaveda 18
  Yajurveda 18
Vedāṅgas 18
  Veda Puruṣa 18
Vedānta 18
Vedavyāsa 18
Vidyā 18
Vijayā yoga 18
Vijñānāṁśa 18
Viṁśāṁśa 18
Viṁśopāka 18
Viṁśottarī 18
Viparītā argalā 18
Vipat tāra 18
Virodha 18
Viśākhā 18
Viṣṇu 18
Viśvadeva 18
Viśvakarma 18
Vyākaraṇa 18
Vyāsa yoga 18

# Y

Yajña 18
Yama 18
  yama yoga 18
Yantra 18
Yoga Sūtras 18
Yuddha 18
  guerra planetaria 18
  yuddha-bala 18
Yuga 18

# Acerca del Autor

**Freedom** es un astrólogo védico y terapeuta de yoga internacionalmente conocido y respetado. Desde una edad temprana ha practicado el Haṭha Yoga e incorpora con éxito la sabiduría del Yoga y el Āyurveda en sus clases y consultas de Jyotiṣa.

A los 19 años Freedom conoció a su Gurú de Yoga, Baba Hari Das, quien lo introdujo en la ciencia de Āyurveda y Jyotiṣa. Desde ese momento asistió al Instituto de Nueva Inglaterra de Medicina Āyurvédica y fue a la India para una pasantía clínica en la Academia Internacional de Medicina Āyurvédica. Su habilidad en la astrología fue reconocida en este momento después de que dió su primera conferencia entre respetados astrólogos de Pune y Bombay.

Freedom estudió Jyotiṣa con una variedad de respetados maestros en América e India, en la búsqueda continua de un Guru Jyotiṣa tradicional. Finalmente conoció a Pandit Sanjay Rath y comenzó a estudiar Jyotiṣa en el Paramparā de Odisha de Śrī Achyutānanda Das. Freedom pasó años viviendo cerca de su gurú, aprendiendo cómo se practica la astrología tanto en las ciudades modernas de Delhi y Bhubaneshwar, como en las áreas rurales que aún mantienen prácticas muy tradicionales. Viajó a muchas zonas de la India con su Guru y conoció a una serie de paṇḍits y astrólogos que de otra manera hubieras sido imposibles de conocer.

Freedom ha vivido en Vārāṇasī estudiando sánscrito con Vāgīśa Śāstrī, lo que le ha ayudado a dar muchas de sus propias traducciones en varias secciones de este libro. Freedom también ha completado estudios de posgrado en Psicología Clínica, que le permiten entregar un material relevante y expresado en un formato moderno adecuado.

Freedom se ha reunido con astrólogos indios, nepalíes y tibetanos, compartiendo una variedad de técnicas de astrología antiguas y modernas. Ha visitado a lectores nāḍi, palmistas y lectores de frente cuya precisión es asombrosa. Ha estudiado con sadhus, nāth yogis, pujaris y tāntricos. Transmite las enseñanzas del linaje de astrología védica de Śrī Achyutānanda Das y su entendimiento del mismo es notorio cuando lees sus escritos o lo escuchas en sus charlas. Freedom está actualmente establecido en Nevada City, California y da clases regulares de Jyotiṣa, filosofía de yoga aplicada y terapia del yoga.

Más información en
www.shrifreedom.org
www.scienceoflight.net

# Acerca de los Traductores

**Gabriel Bize** desde pequeño sintió una atracción por el cielo, las estrellas, y por los secretos escondidos en la inmensidad del universo. Ha estado vinculado con la filosofía, prácticas y rituales védicos desde hace más de quince años, tiempo en el que ha podido conocer y compartir con grandes maestros y maestras a lo largo de toda la India.

Después de una exhaustiva búsqueda de una escuela tradicional donde aprender Astrología védica, en el año 2016 después de escuchar hablar acerca de Pandit Sanjay Rath, entró en contacto con la tradición de Śrī Achyutānanda Dāsa, a través de la guía y enseñanzas directas del renombrado astrólogo Visti Larsen de quien continuó aprendiendo por cuatro años.

Desde el año 2020 a la fecha continúa sus estudios junto a su maestro Freedom Cole, de quien ha recibido invaluables conocimientos de las ciencias esotéricas de oriente y occidente junto con un entendimiento holístico del ser, las emociones y la mente; esto lo ha llevado a practicar la Astrología védica tradicional como una herramienta terapéutica y de autoconocimiento aplicada al mundo moderno.

Entre los cursos que Gabriel enseña en la Academia de La Ciencia de la Luz destacan el curso de 6 semanas de introducción a la Astrología Védica, enfocado en acercar a todo tipo de personas a las bases de la astrología Védica, y el Curso de 1 año que tiene como propósito formar Astrólogos Védicos certificados por la academia para ejercer la astrología y dar consultas astrológicas profesionalmente.

Desde 2017 Gabriel se dedica profesionalmente a la práctica de la Astrología védica tradicional, impartiendo clases y seminarios en diferentes países, y ayudando a cientos de personas lo largo de todo el mundo a entenderse y desarrollarse a través de la Astrología. Su naturaleza serena, confiable y honesta le brinda un carácter singular al desempeño de su labor como astrólogo, donde cada lectura o sesión se ve marcada por una clara y empática interpretación de las posiciones planetarias, ayudando a las personas a entender ciertas tendencias, patrones de condicionamiento, a ser conscientes de su naturaleza y tener herramientas para su desarrollo y plenitud.

Desde el 2013 Gabriel reside en India, encontrándose actualmente en la ciudad de Mysore, lugar desde donde ofrece lecturas online para todo el globo y continúa con sus estudios de gramática y literatura sánscrita junto al Dr. Guha Viśvanātha en el prestigioso Mahārāja Sanskrit College, recitación de mantras védicos junto a M.S. Shreedara de los Challakere brothers, y filosofía, rituales védicos y tántricos con el Dr. Shalvapille Iyengar, experto académico, Doctor en arqueología y practicante de la filosofía Viśiṣṭādvaita Vedānta.

Más información en www.gabrielbize.com

**Eleonora Zilli** es una dedicada astróloga védica, instructora de yoga y facilitadora de técnicas de meditación y respiración, comprometida con el crecimiento personal y el bienestar integral. Originaria de Udine, Italia, se mudó a México, donde inicialmente se dedicó a la enseñanza y la traducción, pero en 2010 decidió seguir sus verdaderas pasiones: el yoga, la respiración, la meditación y la astrología védica.

Después de completar diversas certificaciones de yoga en Europa, México e India, Eleonora comenzó a compartir sus conocimientos con la idea de que esta disciplina va más allá de las posturas en el tapete, siendo un camino hacia el autoconocimiento y la evolución personal.

Un punto crucial en su vida fue un grave accidente en 2013 que la llevó a descubrir el poder transformador de la respiración circular consciente (breathwork) y la meditación, durante su recuperación. Tras formarse en Italia, comenzó a ofrecer sesiones individuales y grupales de breathwork, mientras profundizaba en diversas técnicas de meditación, participando activamente en la organización de retiros Vipassana y organizando cursos de meditación en línea con reconocidos maestros de la India. Actualmente, su práctica personal se centra en la meditación con mantras, vinculada a sus estudios védicos.

En pandemia Eleonora decidió profundizar su conocimiento en astrología védica a través de las enseñanzas de Freedom Cole, alumno de Sanjay Rath (linaje Śrī Achyutānanda Dāsa). Se sintió atraída por su extenso conocimiento de las ciencias védicas, su forma de explicar conceptos complejos de manera sencilla, su gran capacidad de síntesis y su oratoria inspiradora. Al mismo tiempo, Eleonora colaboró en la traducción al español de los textos de Freedom, motivada por el deseo de compartir su magnífico trabajo y de poner la sabiduría milenaria de los Vedas al alcance de quienes no conocen el inglés o no pueden viajar a la India.

Integrando estas enseñanzas en su trabajo previo de acompañamiento, Eleonora ofrece lecturas personalizadas, brindando a sus clientes no solo comprensión y orientación en varios aspectos de la vida, si no también herramientas eficaces para vivir en manera más armoniosa.

Hoy, Eleonora continúa su formación en Jyotiṣa con el Parāśara Jyotiṣa Course, sigue colaborando en la traducción de textos de Freedom Cole y comparte su conocimiento a través de lecturas personalizadas y cursos, entre los cuales destaca la versión en español del curso principal de la academia Science of Light, diseñado para formar astrólogos védicos capaces de leer cartas con claridad y precisión.

Más información en www.eleonorazilli.com

# Science of Light

www.ingramcontent.com/pod-product-compliance
Lightning Source LLC
Chambersburg PA
CBHW081837230426
43669CB00018B/2739